“十三五”国家重点图书出版规划项目

中国近现代稀见史料丛刊【第五辑】

吉城日记（上）

张剑　徐雁平　彭国忠　主编

吉城　著

吉家林　整理

柳向春　审订

本辑执行主编　徐雁平

凤凰出版社

图书在版编目（CIP）数据

吉城日记 / 吉城著 ; 吉家林整理 ; 柳向春审订.
-- 南京 : 凤凰出版社, 2018.6
（中国近现代稀见史料丛刊. 第五辑）
ISBN 978-7-5506-2796-3

Ⅰ. ①吉… Ⅱ. ①吉… ②吉… ③柳… Ⅲ. ①吉城（1867-1928）－日记 Ⅳ. ①K825.4

中国版本图书馆CIP数据核字(2018)第125114号

书　　名	吉城日记
著　　者	吉　城 著　吉家林 整理　柳向春 审订
责任编辑	陈晓清
装帧设计	姜　嵩
出版发行	凤凰出版社(原江苏古籍出版社) 发行部电话025-83223462
出版社地址	南京市中央路165号,邮编:210009
出版社网址	http://www.fhcbs.com
照　　排	南京凯建图文制作有限公司
印　　刷	南通印刷总厂有限公司 南通市通州经济开发区朝霞路180号,邮编:226300
开　　本	880×1230毫米　1/32
印　　张	32.625
字　　数	848千字
版　　次	2018年6月第1版　2018年6月第1次印刷
标准书号	ISBN 978-7-5506-2796-3
定　　价	162.00元(全二册)

(本书凡印装错误可向承印厂调换,电话:0513-80237871)

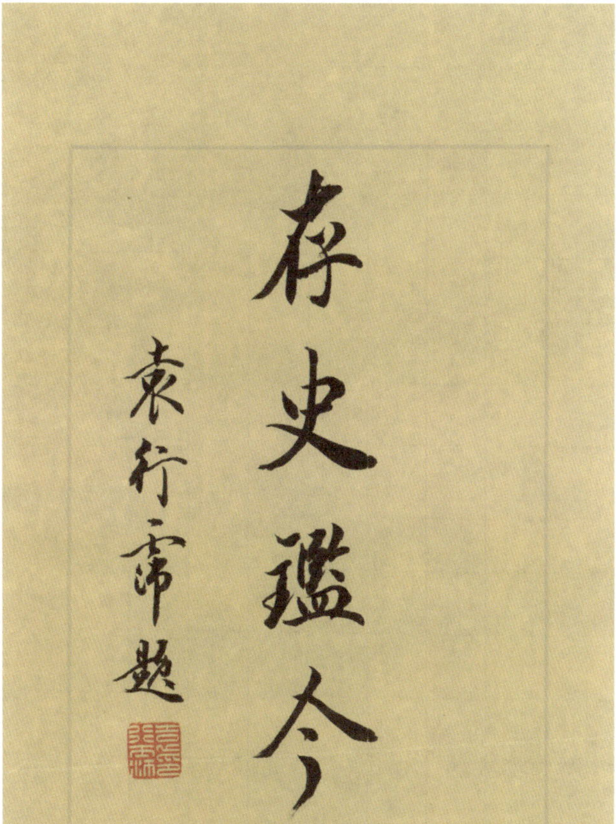

袁行霈先生题辞

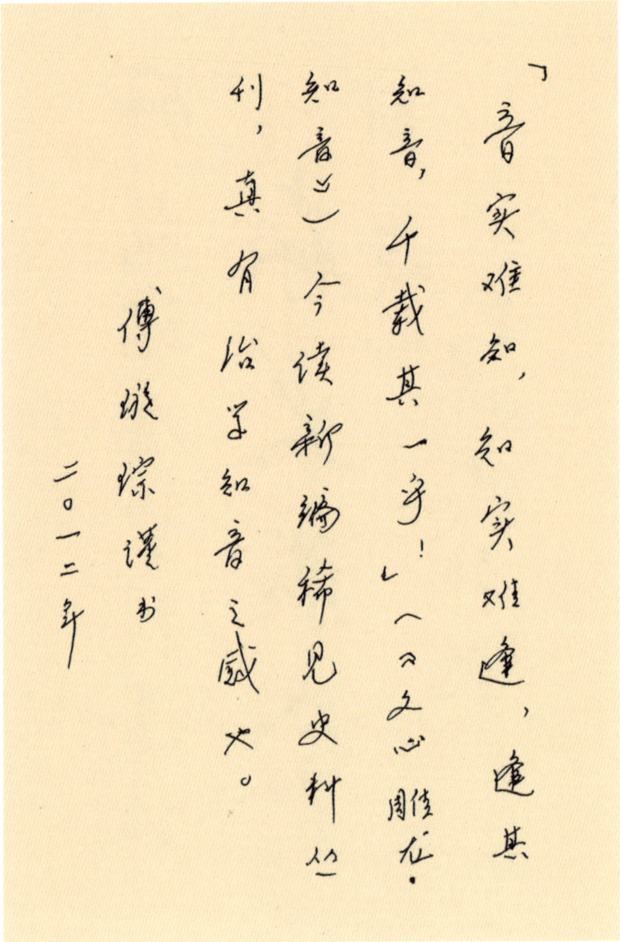

「音实难知，知实难逢，逢其知音，千载其一乎！」（文心雕龙·知音）今读新编稀见史料丛刊，真有治学知音之感矣。

傅璇琮谨书

二〇一二年

傅璇琮先生题辞

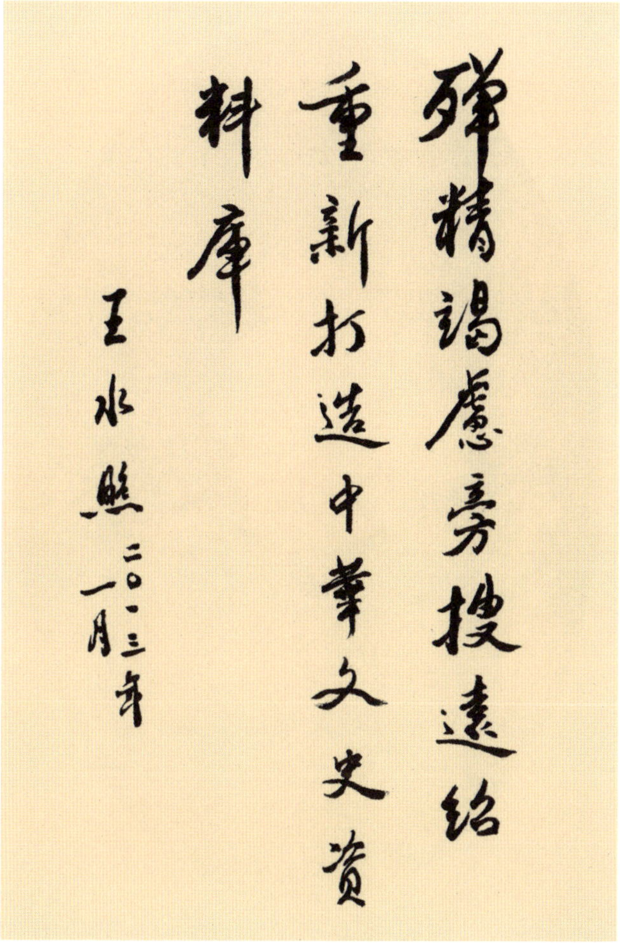

王水照先生题辞

吉城晚年像（1867—1928）

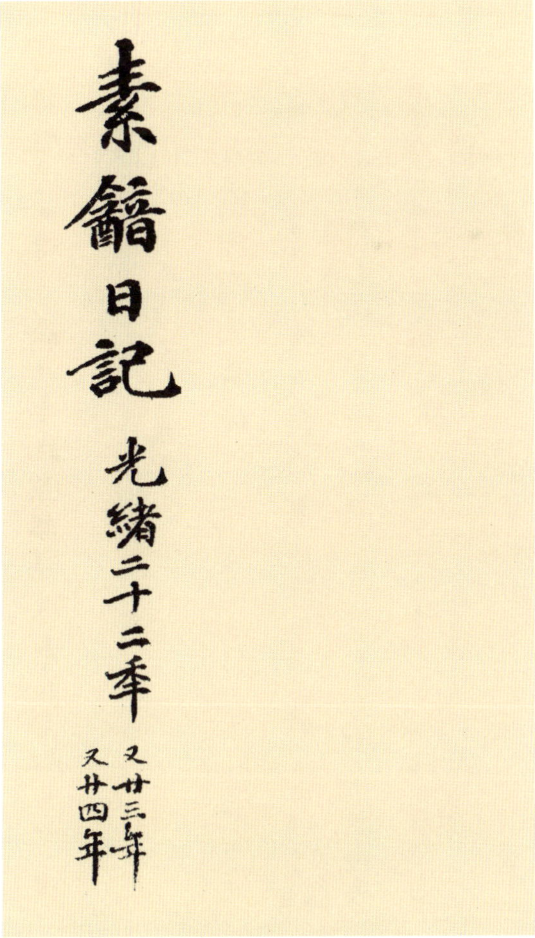

吉城题签的日记封面

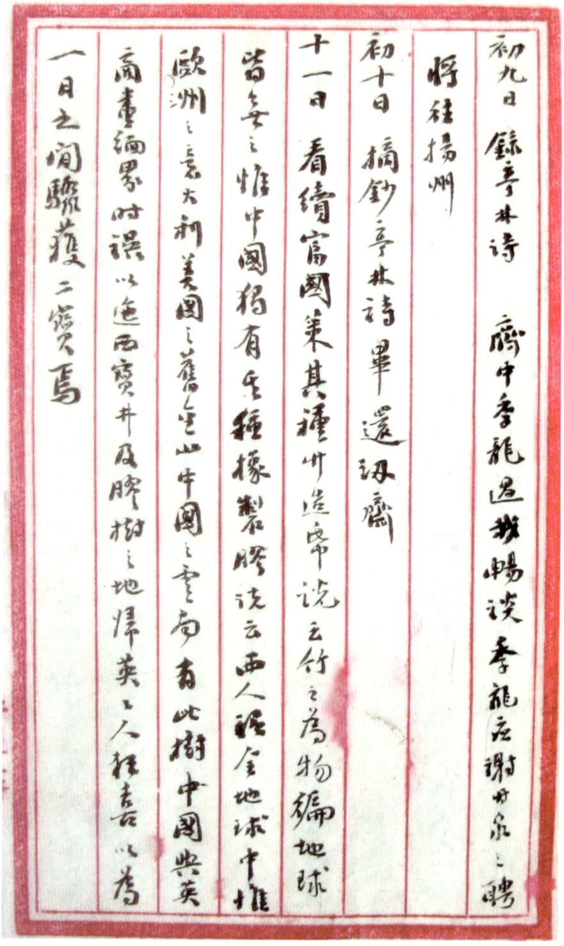
初九日　錄亭林詩　齋中季龍過我暢談季龍應謝丹泉之聘
將往揚州
初十日　摘鈔亭林詩畢還汲齋
十一日　看續富國策其種竹造紙說云竹之為物徧地球
皆有之惟中國獨有五種橡製膠說云西人謂全地球中惟
歐洲之意大利美國之舊金山中國之雲南有此樹中國與英
商畫緬界時誤以迤西寶井及膠樹之地歸英英人往者以為
一日之間驟獲二寶焉

吉城日记手稿

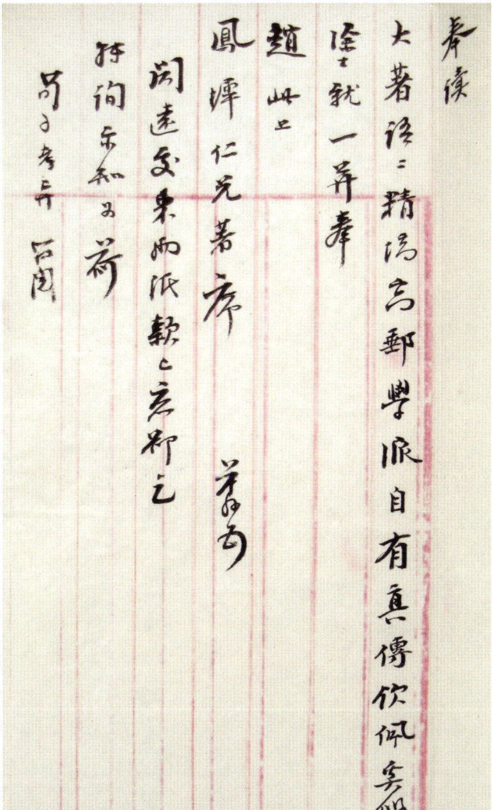
奉讀
大著語語精確高郵學派自有真傳欽佩奚似 佳槧
塗塗就一并奉
趙 此上
鳳墀仁兄著席 荃孫頓首
聞遠近來而派款款意行之
特詢示知爲荷
何子孝廉 均閱

缪荃孙致吉城书札

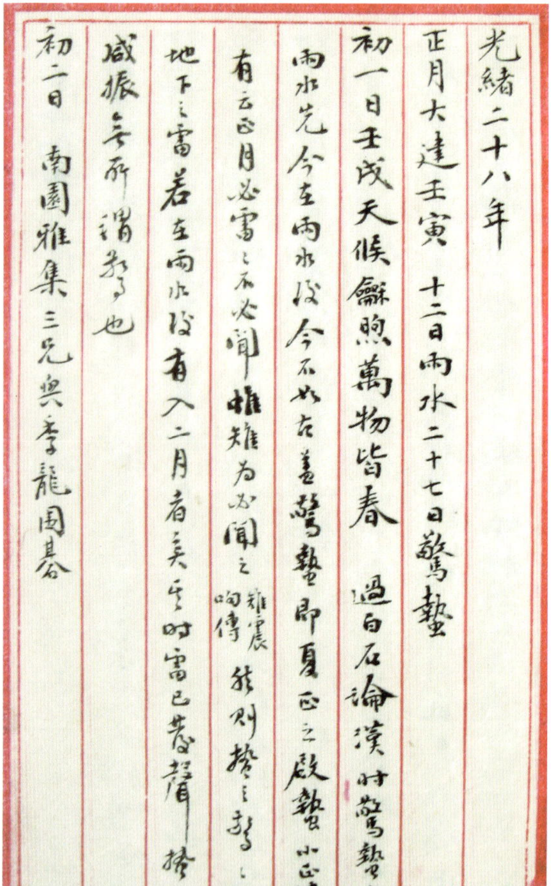
光緒二十八年
正月大建壬寅　十二日雨水　二十七日驚蟄
初一日壬戌　天候穌煦，萬物皆春。過白石論漢時驚蟄在雨水先，今在雨水後，今不如古善。驚蟄即夏正之啟蟄，小正傳有云：正月必雷，雷不必聞，惟雉為必聞之。雉震呴傳：雉則揆之聲，聲之于地下之雷。若在雨水後有入二月者矣，于時雷已發聲，揆已咸振，無所謂啟也。
初二日　南園雅集，三兄與李龍園甚……

吉城日记手稿

《中国近现代稀见史料丛刊》总序

在世界所有的文明中，中华文明也许可说是“唯一从古代存留至今的文明”（罗素《中国问题》）。她绵延不绝、永葆生机的秘诀何在？袁行霈先生做过很好的总结：“和平、和谐、包容、开明、革新、开放，就是回顾中华文明史所得到的主要启示。凡是大体上处于这种状况的时候，文明就繁荣发展，而当与之背离的时候，文明就会减慢发展的速度甚至停滞不前。”（《中华文明的历史启示》，《北京大学学报》2007 年第 1 期）

但我们也要清醒看到，数千年的中华文明带给我们的并不全是积极遗产，其长时段积累而成的生活方式与价值观具有强大的稳定性，使她在应对挑战时所做的必要革新与转变，相比他者往往显得迟缓和沉重。即使是面对佛教这种柔性的文化进入，也是历经数百年之久才使之彻底完成中国化，成为中华文明的一部分；更不用说遭逢“数千年来未有之变局”、“数千年未有之强敌”（李鸿章《筹议海防折》），“数千年未有之巨劫奇变”（陈寅恪《王观堂先生挽词序》）的中国近现代。晚清至今虽历一百六十余年，但是，足以应对当今世界全方位挑战的新型中华文明还没能最终形成，变动和融合仍在进行。1998 年 6 月 17 日，美国三位前总统（布什、卡特、福特）和二十四位前国务卿、前财政部长、前国防部长、前国家安全顾问致信国会称：“中国注定要在 21 世纪中成为一个伟大的经济和政治强国。”（徐中约著《中国近代史》上册第六版英文版序，香港中文大学 2002 年版）即便如此，我们也不能盲目乐观，认为中华文明已经转型成功，相反，中华文明今天面对的挑战更为复杂和严峻。新型的中华文明到底会怎样呈现，又怎样具体表现或作用于政治、经济、文化等层面，人们还在不断探索。这个问题，我们这一代恐怕无法给出答案。但我们坚信，在历史上曾经灿烂辉煌的中华文明必将凤凰浴火，涅槃重生。这既是数千年已经存在的中华文明发展史告诉我们的经验事实，也是所有为中国文化所化之人应有的信念和责任。

不过，对于近现代这一涉及当代中国合法性的重要历史阶段，我们了解得还过于粗线条。她所遗存下来的史料范围广阔，内容复杂，且有数量庞大且富有价值的稀见史料未被发掘和利用，这不仅会影响到我们对这段历史的全面了解和规律性认识，也会影响到今天中国新型文明和现代化建设对它的科学借鉴。有一则印度谚语如是说："骑在树枝上锯树枝的时候，千万不要锯自己骑着的那一根。"那么，就让我们用自己的专业知识与能力，为承载和养育我们的中华文明做一点有益的事情——这是我们编纂这套《中国近现代稀见史料丛刊》的初衷。

书名中的"近现代"，主要指 1840—1949 年这一时段，但上限并非以一标志性的事件一刀切割，可以适当向前延展，然与所指较为宽泛的包含整个清朝的"近代中国"、"晚期中华帝国"又有所区分。将近现代连为一体，并有意淡化起始的界限，是想表达一种历史的整体观。我们观看社会发展变革的波澜，当然要回看波澜如何生，风从何处来；也要看波澜如何扩散，或为涟漪，或为浪涛。个人的生活记录，与大历史相比，更多地显现出生活的连续。变局中的个体，经历的可能是渐变。《丛刊》期望通过整合多种稀见史料，以个体陈述的方式，从生活、文化、风习、人情等多个层面，重现具有连续性的近现代中国社会。

书名中的"稀见"，只是相对而言。因为随着时代与科技的进步，越来越多的珍本秘籍经影印或数字化方式处理后，真身虽仍"稀见"，化身却成为"可见"。但是，高昂的定价、难辨的字迹、未经标点的文本，仍使其处于专业研究的小众阅读状态。况且尚有大量未被影印或数字化的文献，或流传较少，或未被整合，也造成阅读和利用的不便。因此，《丛刊》侧重选择未被纳入电子数据库的文献，尤欢迎整理那些辨识困难、断句费力、裒合不易或是其他具有难度和挑战性的文献，也欢迎整理那些确有价值但被人们习见思维与眼光所遮蔽的文献，在我们看来，这些文献都可属于“稀见”。

书名中的“史料”，不局限于严格意义上的历史学范畴，举凡日记、书信、奏牍、笔记、诗文集、诗话、词话乃至序跋汇编等，只要是某方面能够反映时代政治、经济、文化特色以及人物生平、思想、性情的文献，都在考虑之列。我们的目的，是想以切实的工作，促进处于秘藏、边缘、零散等状态的史料转化为新型的文献，通过一辑、二辑、三辑……这样的累积性整理，自然地呈现出一种规模与气象，与其他已经整理出版的文献相互关联，形成一个丰茂的文献群，从而揭示在宏大的中国近现代叙事背后，还有很多未被打量过的局部、日常与细节；在主流周边或更远处，还有富于变化的细小溪流；甚至在主流中，还有漩涡，在边缘，还有静止之水。近现代中国是大变革、大痛苦的时代，身处变局中的个体接物处事的伸屈、所思所想的起落，藉纸墨得以留存，这是一个时代的个人记录。此中有文学、文化、生活；也时有动乱、战争、革命。我们整理史料，是提供一种俯首细看的方式，或者一种贴近近现代社会和文化的文本。当然，对这些个人印记明显的史料，也要客观地看待其价值，需要与其他史料联系和比照阅读，减少因个人视角、立场或叙述体裁带来的偏差。

知识皆有其价值和魅力，知识分子也应具有价值关怀和理想追求。清人舒位诗云“名士十年无赖贼”（《金谷园故址》），我们警惕袖手空谈，傲慢指点江山；鲁迅先生诗云“我以我血荐轩辕”（《自题小像》），我们愿意埋头苦干，逐步趋近理想。我们没有奢望这套《丛刊》产生宏大的效果，只是盼望所做的一切，能融合于前贤时彦所做的贡献之中，共同为中华文明的成功转型，适当“缩短和减轻分娩的痛苦”（马克思《资本论》第一卷第一版序言）。

《丛刊》的编纂，得到了诸多前辈、时贤和出版社的大力扶植。袁行霈先生、傅璇琮先生、王水照先生题辞勖勉，周勋初先生来信鼓励，凤凰出版社姜小青总编辑赋予信任，刘跃进先生还慷慨同意将其列入“中华文学史史料学会”重大规划项目，学界其他友好也多有不同形式的帮助……这些，都增添了我们做好这套《丛刊》的信心。必须一提的是，《丛刊》原拟主编四人（张剑、张晖、徐雁平、彭国忠），每位主编负责一辑，周而复始，滚动发展，原计划由张晖负责第四辑，但他尚未正式投入工作即于2013年3月15日赍志而殁，令人抱恨终天，我们将以兢兢业业的工作表达对他的怀念。

《丛刊》的基本整理方式为简体横排和标点（鼓励必要的校释），以期更广泛地传播知识、更好地服务社会。希望我们的工作，得到更多朋友的理解和支持。

2013年4月15日

目 录

前　言

吉城是我的曾祖父，他是江苏东台人（祖居丹徒、籍贯丹阳），字凤池（凤墀），别字经郛、更婴、完仲，号曾甫（曾父），云阳吉氏丹徒支22世，晚清至民国时期著名经史学家、教育学家、诗人、书法家、文博收藏家。

吉城的曾祖吉宗沅（盈科）是清嘉道年间“京江诗派”诗人，盈科公与丹徒著名诗人余京（江干）等曾组建诗社，并撰有《竹深吟榭诗钞》。咸丰年间，吉城的伯祖父吉森和祖父吉棣为避太平天国战事，举家自镇江丹徒迁徙苏北，寓居东台县城。为谋生计，吉城的祖辈和父辈均在东台经营商号“吉泰和”，销售南北货。

晚清之时，像吉氏一样从外地迁居东台的家族很多，这些家族大多是官商人家，因避战乱而从苏南、皖南、浙北等地迁徙苏北。那时江南战火如荼，可地处黄海之滨一隅的东台恰似世外桃源，商贸繁荣，文化发达，本地和外地人士都能在这里读书学习、安居乐业。斯时，很多寄寓东台的镇江籍、徽州籍、杭州籍官商子弟很快就与东台本地学人融合到一块了，他们从小就在一起投师受业，读书赶考；吟诗作对，舞文弄墨；以文会友，集会研学，形成了一个跨越籍贯的“东台文人学者集群”。据不完全统计，自同治六年到光绪二十九年的36年间，“东台文人学者集群”里经院试、乡试、会试、殿试而考中进士者就有陈宝（东台籍）、丁立瀛（镇江丹徒籍）、丁立钧（镇江丹徒籍）、夏寅官（东台籍）、刘嘉斌（镇江丹徒籍）、卢元璋（镇江丹徒籍）、周应昌（东台籍）、徐谦（徽州歙县籍）、武曾任（杭州钱塘籍）等人（其中陈宝、丁立瀛、丁立钧、夏寅官、徐谦五人还被钦点为翰林），平均每科都能出一名进士，至于考中举人、贡生、生员者则为数更多、比比皆是。

就在上述家族迁徙与文化融合的背景下，吉城于清同治六年八月二十日(1867 年 9 月 17 日)出生于江苏东台城。

吉城幼时，祖父吉棣即与父亲吉煌、伯父吉焕商定：将来“吉泰和”商号经营不需所有孙辈都参与，为崇尚儒学，继承曾祖盈科公的学问，可以商养学，各自挑选一子，培养其“学而优则仕”。于是，吉城(吉煌次子)和他的堂兄吉墉(吉焕次子)自小即被祖父及父辈指定为读书举业之人，从而走上了一条“从学、考学、教学、治学”的为学之路。吉城幼时，祖父吉棣就开始教他吟咏陆游等人的诗句了。

同治十一年(1872)，吉城 6 岁(虚岁，下同)，师从丹徒侨居东台的宿儒孙大生与丁绍錢，受“四书五经”。光绪二年(1876)，吉城 10 岁，始读“春秋三传”。光绪六年(1880)，吉城 14 岁，经丹阳县试、镇江府试后，又应庚辰科童生院试而受知于江苏学政黄体芳宗师，一举进生员并拨为镇江府学。光绪八年(1882)，吉城 16 岁，首次赴南京参加江南乡试，未取。光绪九年(1883)，吉城 17 岁，经岁考由附学生员递补为增广生员。光绪十一年(1885)，吉城 19 岁，第二次赴南京参加江南乡试，未取。光绪十二年(1886)，吉城 20 岁，在岁考中受知于江苏学政王先谦宗师，并与兴化籍生员李详一起成为王先谦门下入室弟子。

光绪十三年(1887)，吉城 21 岁。自该年起，吉城除继续应生员岁试、科试和江南乡试外，还参加了东台西溪书院、东台三贤书院、上海求志书院、上海格致书院、宁波辨志书院的各种课考，并享受各书院颁发的膏火(津贴)。与此同时，吉城在东台城内开设了一家私塾馆，以课书授徒为生，兼教亲友子弟。除此之外，吉城还自该年起开始撰写日记，并坚持了 25 年之久。

光绪十四年(1888)，吉城 22 岁，第三次赴南京参加江南乡试，虽未中举，但因岁考成绩优异而补为廪膳生员，享受廪饩(米粟补助)；

同年十二月,儿子吉荣泰出生。光绪十七年(1891),吉城25岁,第四次赴南京参加江南乡试,又未能中举。光绪十九年(1893),吉城27岁,第五次赴南京参加江南乡试(恩科),已经录科(学政考试)后,却因突患疟疾而不得不放弃了这次乡试。光绪二十年(1894),吉城28岁,第六次赴南京参加江南乡试,仍未能中举。光绪二十一年(1895),吉城29岁,由廪膳生员选拔为廪贡生,江苏学政龙湛霖于二月初四日给吉城颁发了选拔贡单。光绪二十二年(1896),吉城30岁,七月,授文林郎候选训导;八月,父亲吉煌病逝。

光绪二十三年(1897),吉城31岁,受山东沂州府知府丁立钧之聘,遥领沂州府书院阅卷之任。光绪二十五年(1899),吉城33岁,发起组建了以文会友的集会——青冰文会,很多东台城及周边文人学者相继加入。光绪二十六年(1900),吉城34岁,再次受丁立钧之聘,遥领江阴南菁书院阅卷之任。光绪二十九年(1903),吉城37岁,发起创建了东台第一家公益性图书馆兼文人读书研学会——能群书会,先后加入书会的文人学者有24人。光绪三十年(1904),吉城38岁,与杨世沅、丁立棠等人联手创建了东台城第一所公立学堂——能群学堂。光绪三十一年(1905),吉城39岁,主持能群学堂教务,废除旧式书院八股式教学,开设国语、国文、经学、史学、修身、算学、美学、音乐、外文等新式教学科目,众多学子踊跃入学;同年十一月,两江学务处特派视学沈兆祎来东台视察能群学堂学务。

光绪三十三年(1907),吉城41岁,受淮扬海兵备道加按察使衔蒯光典之聘赴南京,先后担任蒯氏家塾教师和南京上江公学教员,还与蒯光典、缪荃孙等苏皖学者共同组建了国文研究会,并在上海《政艺通报》上发表《国文研究会序》一文。光绪三十四年(1908),吉城42岁,受襄办安徽省学务、咨议局议长李国松之聘赴合肥,担任安徽庐州府中学堂国文和历史科教员,每年脩膳漕银500两,外加川资龙银40元。宣统二年(1910),吉城44岁,因慕亲心切而辞合肥学堂教职返乡,即受东台县知县何元泰之聘,担任东台县中学堂教员,执教经学、文学、修身三科，每学期薪脩龙银180元。宣统三年(1911)，吉城45岁，该年四月，孙子吉伊俦出生；同年皖北发洪水遭灾，即举其历年所得束脩，捐龙银1000元助赈。

民国五年(1916)，吉城50岁，十二月，母亲吉钱氏病逝。民国六年(1917)，吉城51岁，受东台县知事彭世祺之聘，担任东台县修志局名誉协修。民国八年(1919)，吉城53岁，安徽省立第六师范学校校长戴允孙延聘其主讲该校国文三班，年束脩银元1000块，奈因家事牵绊而未就。民国九年(1920)，吉城54岁，七月，唯一的儿子吉荣泰不幸英年早逝；九月，安徽合肥师范学校校长许凤蕉又诚聘其主讲该校国文两班，年束脩银元800块，伙食费校方另备，又因丧子之痛而未就。民国九年以后，吉城讲学于东台城乐学馆，一时间云景风从，熏陶者众。民国十五年(1926)，吉城60岁，家族经营的"吉泰和"商号倒闭，自家生活陷入困境。民国十七年四月一日(1928年5月19日)，吉城病逝于东台县城吴家巷寓所，享年62岁，葬于东台城郊东舍茔地。

吉城病逝时，因其孙吉伊俦尚未行冠礼，便由其同学至友陈祺寿代撰了《告哀书》。治丧期间，陈祺寿、李详、蔡庆昌、戈铭猷、刘启琳、周应昌、夏寅官、陈培寿、丁传靖、鲍焘、李国松、李国筠、张寿仁、杨午樵、谭锦章、张梦岩、冯镜波等40多位吉城至友及门生均撰书挽联挽诗以示哀悼；张詧(张謇三兄)、张怡祖(张謇哲嗣)、严均甫(时交通银行天津分行总理)、严渥甫、乔德林(原江苏省省长韩国钧卫队长)、田良骥(时东台县县长)、戈绍甲(时东台县教育局长)、任厚琨(时东台县商会会长)、戈公振(时上海《申报》设计部主任)、范景成(原北京政府大总统曹锟部下总务官)、徐润周(围棋史学家、《辞海》编辑)等800多位东台及合肥、天津、上海、杭州、汉口、南京、徐州、镇江、扬州、泰州、姜堰、兴化、江都、高邮、南通、海安、盐城等地的著名学者和知名人士前来吊唁或函电致哀，可谓备极哀荣。

纵观吉城一生，其读书举业与教学治学生涯中有两大转折点：

其一，吉城于光绪十二年岁考时，成为江苏学政王先谦宗师门下入室弟子。此后学业愈精，境界愈高，宏通博雅，思精识锐。为了科举应试，他以经、史、子、集四部之学为骨架，广览博撰时文（八股文），打下了深入钻研四书五经的基本功。为了研究学问，他将研经与读史结合起来，重点研究“齐鲁学”（对齐学和鲁学均有研究，却独钟鲁学，抑《公羊》、张《穀梁》）、“班马书”（《史记》与《汉书》），且以考据为主，经史互参互证，抉张古义，多发前人所未发。

其二，吉城自光绪二十年参加江南乡试后，就不再迷恋科举，而以读书撰文和教书育人为终身职业，将毕生精力都用于交贤育才、学术研究和著书立说上来。他从塾馆授徒、书院阅卷转而致力于新式教育，在南京、合肥、东台等地中学堂执教修身与文史，培桃育李而硕果累累。他对经学的研究跳出了八股文圈子，转为系统性的文字训诂考据与经典章句注疏，并侧重于阐述《鲁诗》《鲁论语》《春秋穀梁传》等鲁学典籍之义理；他对史学（含舆地学）的研究则从中国扩大到世界各国；他对子学（含算学）研究的重点是《荀子》《墨子》和初等数学；他对集学研究的重点是《楚辞》和《亭林诗集》；他还将治学领域拓展至语言学、辞赋学、金石学、谱牒学等等。

难能可贵的是，吉城在弃科举后即视时文（八股文）为“尤无益者”，而将其束之高阁，并将其中“庸劣者”付之一炬，从而走向创新通变的为学之路与治学之道。更为重要的是，吉城还积多年来的社会经验和研学体会，提出了“孟荀为体，管商为用”的治国与治学理念，他还进一步指出：“儒、墨两家虽有别，其救世之心一也，故孔墨相为用，孔必用墨，墨必用孔。”“言道极于孟荀，言器极于墨氏，而皆造端讽籀，覃虑形声，此我中国三千年黄帝之灵所照烛左右，不容泯没者也！”吉城当初提出的“弘扬中国文化、治国理政”理念，亦当可以借鉴。

吉城在其50多年的读书举业与教学治学生涯中，体现的是淡泊明志，践行的是诗文会友，虽未能入仕途，但终以学术成就名世，成为学术界公认的著名学者、鲁学大家，从而自立于扬州（高邮）学派之门墙。

吉城生前交游甚广，所交之友多系文人学者和社会贤达，其中既有满腹经纶的耆宿，也有才华横溢的晚学；既有入朝为官的政要，也有不履仕途的文彦，可谓是“谈笑有鸿儒，往来无白丁”。

为交流学术、相互促进，吉城与夏寅官、丁立瀛、丁立淦、丁立钧、丁立棠、陈祺寿、陈培寿、陈汝玉、陈康、陈臧、蔡庆昌、蔡庆生、蔡子贞、戈铭猷、杨葆寅、杨世沅、周应芹、周应昌、李步青、汪济、鲍振玉、鲍赓培、鲍焘、徐齐仲、徐谦、宣霖、袁承业、程畹、吉墉、吴春棪、毕彦林、刘嘉斌、卢元璋、卢榕、吕德忱、潘树华、武曾任、王会图、王稷堂、王济、王荣官、翟登云、杨冰、范昌士等东台籍及外地寓居东台的知名学者结为学友，他们经常集会研学，诗文唱和，极大地活跃了地方文化氛围。

为研究国文、弘扬国学，光绪三十三年三月，吉城在游学南京期间与蒯光典、缪荃孙、朱孔彰、陈汝玉、张锡恭、李详、吴涑、梁公约、陈祺寿、程先甲、殷晋龄等学者一起组建了“国文研究会”。斯时，南京“国文研究会”和邓实等在上海组建的“国学保存会”宗旨一致，在宣传国学、提倡国粹、反对全盘西化等方面都有较大影响。

为诗文会友、提倡学问，吉城还与张謇、张敬文、张文运、吴昌硕、邓实、刘启琳、刘泽源、刘师培、刘慎诒、马其昶、马甲东、傅春官、陈独秀、陈宜甫、陈庆年、柳诒徵、易顺鼎、项承明、沈曾植、沈兆祎、崔朝庆、桂埴、李国松、李国筠、李国英、李绪昌、李寅恭、姚慎思、姚永概、徐天玉、徐绍桢、徐嘉、丁立中、丁立鋆、丁林森、丁传靖、况周颐、茅北叟、程铭善、史简南、蔡楚材、盛于斯、黄勋伯、贺善余、汪有泰、延清、郑孝胥、王韧阶、赵光荣、许湝祥、曾熙、支恒荣、沙元炳、邱炜萲等各地著名学者交友研学，他们互通诗文书信，交流治学心得，广结翰墨缘。

吉城一生在东台、南京、合肥等地从事教学工作 40 余年，揽俊撷英，培才育贤，可谓是“春华秋实，桃李芬芳”。

吉城在东台塾馆所课弟子、在各地学堂所教学生以及平时授业的门生大多学业有成，才华出众，佼佼者不少，其中有：英国格拉斯哥大学毕业，民国初出任沪宁、沪杭铁路总理的蒯孝先；同盟会会员、民国初北京《民苏报》主笔、重庆复旦大学教授汪同尘；清末京师大学堂毕业、东台景范学堂校长汪家干；民国著名新闻教育家、上海新闻记者联合会会长戈公振；民国时与胡适齐名的北京大学地质学教授鲁邦瞻；北京政府国务院秘书厅主任万庆镛；交通银行天津分行总理严均甫；左翼作家联盟成员、上海戏剧专科学校教授严渥甫；上海《时报》主编张翔鸾；民国时与吴昌硕齐名的篆刻家杨祚职；东台文武将军黄逸峰的授业师蔡召猷；著名考古学家、天津文史馆副馆长陈邦怀；著名秦汉史学家、西北大学历史系教授陈直，等等。

吉城一生博览群书，辛勤笔耕，著书立说，著作等身，其作品有国学论著 31 种、历年日记 26 集、各类诗词 500 多首，至于其所撰之经典短文则不计其数。

按写作时间之先后，吉城所撰的 31 种国学论著为：《鲁论语大义述》（原名《荀子鲁论义》，系为证荀子传《鲁论》而作）1 卷；《檀弓壹学》（原名《檀弓补注》，系为证檀弓即子游而作）2 卷；《夏小正约义》1 卷；《嘉祥西汉石壁画记疏证》（原名《武梁祠堂画象记》）2 卷；《庄子间诂》（系针对王闿运《庄子注》之不足而作）2 卷；《墨子经说句指》1 卷；《论语弟子名字古义述》（系补王引之《春秋名字解诂》之阙而作）1 卷；《易象礼征》1 卷；《尚书微子注》1 卷；《孙卿赋章句》（又名《荀卿赋注》）2 卷；《穀梁范注家法考》1 卷；《左氏诗学》（原名《左氏引诗考》）1 卷；《左传兵事用旗考》1 卷；《左传旗考》（原名《左传人名取旗考》1 卷；《亭林诗补注》（又名《顾诗补注》）2 卷；《吉氏谱系考》1 卷；《左氏郑义述》1 卷、《论语王充义》1 卷、《左传小识》1 卷、《左氏许义》1 卷、《论语问答》1 卷；《论语齐鲁学长篇》1 卷；《读经积微》1 卷；《读史积微》1 卷；《读碑积微》1 卷；《石鼓文考证》1 卷；《鲁学斋金石跋》2 卷；

《太玄经释文校语》1 卷;《鲁学斋文钞》4 卷;《鲁学斋诗钞》4 卷;《楚辞甄微》4 卷。

由于吉城晚年子亡孙幼,家道中落,上述论著中除《左传旗考》有油印本外,其余均未能在其生前刊刻成书。直到 1980 年后,方由其孙吉伊侍整理出《嘉祥西汉石壁画记疏证》和《楚辞甄微》两种,其中《楚辞甄微》之"《天问》十五则"编入 1982 年中华书局《文史》第 13 辑;另由其曾孙吉家林等整理、陈壁生教授审订的《易象礼征》和《左氏郑义述》两种,也已编入《经学研究》第四期(2018 年将由中国人民大学出版社出版)。此外,1994 年出版的《江苏艺文志・镇江卷》,在"吉城"条目里也列入了上述论著中的 16 种。

从清光绪十三年至宣统三年,吉城历年来所撰的日记(含诗文)有:《将就斋日记》5 集、《台笠人家日记》1 集、《如不及斋日记》1 集、《式古训斋日记》3 集、《素齰日记》3 集、《鲁学居日记》3 集、《壬寅日记》1 集、《遐年簃日记》2 集、《遐年砚簃日记》2 集、《鲁学斋日记》5 集。2009 年,吉城的曾孙吉家林开始整理汇编全部《吉城日记》手稿。2010 年,国家图书馆出版社出版了吉城和吉均(吉城胞兄)、吉荣泰(吉城之子)手写的《鲁学斋日记(外二种)》影印本。

吉城上述作品之手稿现均作为珍稀文献入藏国家图书馆古籍馆。

对于吉城的品行、才学和他的各类作品,在其生前身后得到许多著名学者的好评与点赞。现简介如下:

其一是在吉城生前(光绪、宣统年间)。晚清状元张謇非常喜爱吉城的诗文并与之结下翰墨缘。南菁书院山长丁立钧高度重视吉城的才学,称其为"今之学者、史席",并一再诚聘其遥领书院阅卷。一代鸿儒缪荃孙曾以"真读书人"赞许吉城,并贻书札评价吉城之论著云"奉读大著,语语精清,高邮学派自有真传,钦佩奚似"。著名学者马其昶、李详均为吉城的《孙卿赋章句》作序题跋。马其昶作《序》曰:"戊申(光绪三十四年)秋八月读一过,叹其用功深而所得多,于荀学可谓贯通矣。”李详题《跋》曰:“吾友吉君曾甫,专意荀学,揭焉有得。昔东原(戴震)之治《楚辞》,稽以《汉志》,名从主人,今君放之,具可缮写,窃愿公诸海内。庶几大儒之赋与屈子并峙,则君之功不后王叔师(王逸)矣。”扬州学派经学大家刘师培亦赞吉城之诗作云:“精炼处似义山(李商隐),松脱处似放翁(陆游)。”

其二是在吉城丧礼期间(民国十七年),他的至友、门生撰书挽联、挽诗来悼念和评价其一生。诸如:“通鲁学兼通齐学,乡贤似胜段金沙(段玉裁)”(翰林夏寅官所送挽联句)、“是山东经学大师,群仰郑(郑玄)门通德”(举人张景观所送挽联句)、“穀梁传、屈子辞,撰注孅爬疏”(举人陈培寿所送挽联句)、“学宗许郑(许慎、郑玄),才俪温邢(温子升、邢邵)”(学友蔡庆昌所送挽联句)、“三十年经师人师,滨海共推汪容甫(汪中);一腔血忧时忧世,长城顿失顾亭林(顾炎武)”(学友罗运际、丁凤翔所送挽联句)、“是汪容甫、洪北江(洪亮吉)一流”(学生张寿仁、杨午樵、谭锦章所送挽联句)、“文藻荀卿(荀子)同寿世,词铭邹衍(邹子)善谈天。”(弟子张梦岩所送挽诗句)

其三是在吉城身后(民国十七年以后)。陈直(吉城门生、西北大学教授)撰写了《记丹阳吉曾甫先生之博学》一文(收入张伯驹汇集的《春游社琐谈》一书),后又为吉城遗著《楚辞甄微》撰写了引言(发表于 1982 年中华书局《文史》第 13 辑)。陈邦怀(吉城门生、天津文史馆副馆长)在 1980 年撰写了《丹阳吉城先生小传》(发表于 1999 年南京师范大学《文教资料》第 244 期),后又于 1981 年撰写了《鲁学斋遗著目录后序》(收入其专著《一得集》)。鲁邦瞻(吉城学生、北京大学教授)在其百岁时(1992 年)还口授了《怀念吉风池老师》的回忆文章(收入合肥一中《难忘的记忆》一书)。冯克为、杜金鸿(吉城曾经执教的东台中学历史语文教研组组长)撰写了《园丁吉城见证东台中学百年》(载于 2004 年 12 月 31 日《东台日报》)。吉家林(吉城曾孙及其家学传人)撰写了《吉城日记——清末东台社会人文的实录》(载于 2005 年 12 月 16 日《东台日报》)。汪国璠(吉城学友汪济传人、东台市政协文史委委员）撰写了《吉城日记是珍贵的历史文献》（载于 2010 年 12 月 28 日《东台日报》）。陈栋（吉城曾经执教的合肥第一中学校长）于 2014 年为吉城的《鲁学斋日记》撰写了序言。柳书诚（吉城学友柳宝善传人、东台市政协文史委委员）撰写了《穿越世纪风云的人杰之光——读吉城日记有感》（载于 2014 年 12 月 4 日《东台日报》）。蒯文峥（吉城授业弟子蒯孝先之孙、安徽巢湖学院党委组织部部长）于 2017 年为《吉城日记》作了细致校对，纠正了日记整理过程中出现的若干差错。

吉城是清末民初江苏东台著名经史学家、教育家、诗人、书法家、文博收藏家，在《江苏艺文志·镇江卷》和《盐城历史名人》等文献中均详列其名其著。吉城崇尚国学，思想维新，博览群书，著作等身，为治学大家。他勤奋劬学，讲学苏皖，传道授业，教学相长，培育了东台、南京、合肥等地一大批学子。他集会研学，游学交友，诗文唱和，翰墨结缘，结识了东台以及全国各地一大批著名学者和知名人士。

吉城从 21 岁开始撰写日记，自光绪十三年（丁亥）六月起至宣统三年（辛亥）七月止，历时 25 年。吉城在日记中除了记述个人日常活动与生活琐事外，还记述了各地发生的重要事件以及社会上、家族里的各种趣闻轶事。除此之外，吉城还将自己创作的诗文、读书札记、研学心得、考据见解、章句按语等，全都记录在日记之中。

《吉城日记》的主要内容有如下四个方面：

一是记述了吉城本人的为学生涯，含其在江苏东台、兴化、镇江、南京和安徽合肥等地学习、工作、生活、交往、旅游的经历，以及与一大批著名学者互相交流、砥砺学术的经过，涵盖其读书求学、参加科举、从事教学、研究学问、著书立说、以文会友、居家生活等各个方面。对于自身研读的各种书籍，历次科举考试的题目，从学及阅卷的书院，执教的塾馆与学堂，教学的科目与课程，结交的文人学者，游览的名胜古迹，知悉的奇闻轶事等，吉城在其日记中均记载得十分详细而清晰,生动而有趣。

二是记述了东台、兴化、镇江、南京、合肥等地的政治动态、经济行情、文化氛围、历史掌故、城镇风貌、乡土风情、名人轶事、名流行踪、环境变迁、物候变化、天灾人祸等方面的实况。对于彼时学子苦读求学,学生科举应试,学者集会研学,学堂开课教学的各种详情与细节,吉城在其日记中均记载得非常具体而透彻,真实而可靠。

三是记录了吉城本人撰作的诗词与楹联。诗词大多系与亲朋好友的唱和与酬应之作,主要有抒怀言志、咏物纪事、书画题识、游览寄兴、感叹时局、缅挽故友、赞颂先贤、奖掖后生等方面,这些诗作均格律严谨、用典精辟、意境深远、韵味浓厚、赋比兴俱佳。楹联中既有门联、堂联、景物联,也有寿联、喜联、哀挽联等,由于吉城的骈文与律诗功底深厚,他所作的联语皆对仗工整、平仄协调、言简意赅、赏心悦目。

四是记录了吉城本人所撰写的论著名称,读书的札记,评论的按语,创作的艺文,辨识的金石、书画、器物等。对于国学典籍的各种注疏,特别是"齐鲁学"与"班马书"的章句,吉城均注重义理与考据,阐明自己的见解,多发前人所未发。吉城对国学典籍的训诂与甄微,自有其独到之处,不仅令人信服,而且发人深省。

从上述内容可以看出,《吉城日记》既有较多的史料价值,又有较高的学术价值,其中有些内容可与通行文献相互印证,有些可订正通行文献中的讹误,有些可补东台、兴化、镇江、南京、合肥等地方志、档案之遗缺,有些可供研究国学的专家学者作参考资料。

《吉城日记》是我曾祖在清光绪和宣统年间撰写的,原稿为文言文,且多引经据典,识文比较困难;原稿中无标点,断句颇为不易;原稿中的文字都是手写繁体小字,且字体多为行草,辨认难度较大。为便于今人阅读,我对《吉城日记》进行了系统性整理。现将整理体例简介如下:

一是按年进行分集。全部《吉城日记》手稿原先已装订成 23 分册(每册封面上均有题签),但其中有些分册是跨年度、跨月度装订成册的。这次整理时打破了原先23分册的界限,而按其写作年份(农历)将全部日记重新划分为26集,除第11集《素籥日记》例外,其余25集都是每个年度一集(各集之名仍按原册之题签)。

二是转换与替代。为便于今人阅读,将原先的直行文字转为横行文字,繁体字转为简体字,异体字(以1989年版《辞海》界定)转为通用规范字。日记原稿照录,夹注以小字排。对于日记原稿中因漫漶而难以辨认、因涂改而无法辨认的字,则以"□"替代。

三是断句和标点。按现代汉语加标点符号的方法与要求,对全部日记正文进行了断句和标点。

四是增补页下注。对于日记原稿中有些作简称或某种特称而不易识别的人名(如"某氏、某公、某君、某家"等),一些作简称而未改全称的图书名,一些作旧称的地名,一些重要而特殊的场所名(含书院、会所等);对于未纳入《吉城交往人物录》但与吉城关联度高的历史人物(含其未见过面的先祖、先师);对于日记中所记当时发生的一些重大历史事件;对于吉城所撰的各种国学论著和学术评论、批注;对于日记中某些虽已提及名称而未曾录入具体内容的信缄、诗文等,均增补了页下注。

五是按月进行人物编录。对日记中出现的与吉城有交往的大多数人物编撰了《吉城交往人物录》。所录人物的序号,是按其人在《吉城日记》中首次出现年月的顺序而编排的。

2017年11月,吉家林识于东台亭树阁

第一集　将就斋日记
（光绪十三年　丁亥）

序　言

余年十九，岁在乙酉，始效刻楮，略署日行。爰逮丁亥，三易寒暑。六月之吉，读曾公[①]书《求阙》一篇，勃焉兴慕。虎臣同志，服膺“潜庵”[②]，创立“志学”[③]，于焉会友登堂，共论攸赖。《札记》旧册短劣，殊不雅驯，更用今本，其权舆也。绵绵延延，勿滥勿漏。湘洛有灵，其许我乎？

六月小　建丁未

六月十六日（1887年8月5日）　读《孟子》公孙丑章至“孔子者也”句止。“必有事焉而勿正心勿忘勿助长也”，前人句读解注不一。倪思谓：“正、心二字乃忘字之误，即‘必有事焉而勿忘，勿忘勿助长也’，重一‘勿忘’字，如《尚书·无逸篇》叠‘生、则、逸’三字。”读《汉书·司马相如传》。阅《庄子》自“序”起“养生主”止。写大字三十、小字一百。

六月十七日（8月6日）　读《孟子·公孙丑》至“君子不由也”句

---

① “曾公”指曾国藩。

② 此“潜庵”当指南宋辅广所创立的“潜庵学派”。

③ “志学”即“志学会”，该会是由夏寅官（虎臣）等人于光绪十三年发起组建的东台籍和寓居东台的文人学者集会。

止。读《汉书》公孙弘、卜式、兒宽全传。阅《南华经》[1]内、外篇终。写大字一纸，诵文、赋各若干首。下午时足间胀痛异常，顿生烦懑。偶一回想，彼劳劳于夏畦者，又将谁告？自问饮食、居处无一或缺，区区小恙独不能耐耶？且安知户庭不出，正可消多少咎妄，加几许功夫，其成就又何限也？于是心地一清，诵读如故。

六月十八日(8月7日) 读《诗经》"瞻彼洛矣"至"青蝇"止。读《汉书·张汤全传》。阅《老子本义》一本。咏汉魏六朝赋数篇、管文[2]数首。写大字一纸、小字一百。

六月十九日(8月8日) 读《诗经》"宾之初筵"一篇，写大字一纸，抄赋三首。虎兄午前来话，手谈一局。

六月二十日(8月9日) 读《诗经》"鱼藻"起"何草不黄"止。读《汉书·杜周传》、《庄子》"天下""逍遥游"两篇、韩文[3]、杜诗[4]。写大字一纸、小字一百。阅《文赋》数首。杜"鱼龙寂寞秋江冷"。按：秦州天水县有"鱼龙水"，见《水经注》，可对"鸟鼠山"。韩"虱其间"。阅《纲鉴》十页。白头公何在？苏武节似不如是。

六月二十一日(8月10日) 读《诗经》"文王"起"旱麓"止。读《汉书》张骞、李广利传，又司马迁传。阅《庄子》"缮性""至乐"篇，抄韩文一首，写小字一百。《庄》"轩冕在身，非性命也"；《诗》"干禄岂弟"。

六月二十二日(8月11日) 读《诗经》"思齐"至"有声"止。读《汉书·武五子传》。阅《庄子》"外物""让王"二篇，诵韩文三首，写小字一百，观《纲鉴·五代鉴》一本。点《文选》数页。《诗》"惟此二国"六句；"下武维周"。

六月二十三日(8月12日) 读《诗经》"生民"至"假乐"。读《汉

---

[1] 《南华经》即《庄子》，下同。

[2] 管文为《韫山堂时文》，下同。

[3] 韩文为《韩昌黎文集》，下同。

[4] 杜诗为《杜甫律诗》，下同。

书》严助、朱买臣、吾丘寿王传。阅《庄子·齐物论》，写大字四十，阅《纲鉴·五代鉴》一本，点《礼记·内则》篇。清夜自省，愆咎良多，方寸未能安适。

六月二十四日(8月13日)　读《诗经》“公刘”至“板”止。读《汉书》严安、终军、王褒、贾捐之传。阅《庄子·秋水》篇，阅杜律[①]，阅《纲鉴·晋鉴》一卷。写大字二十，抄文、赋各一。

六月二十五日(8月14日)　读《诗经》“荡”至“云汉”止。卫武公圣人也，春秋九十有五，犹且诵诗自警，而篇中一则曰“小子”，再则曰“小子”，殷殷好学，抑何真切乃尔，勉之，识之。读《汉书·东方朔传》传中隐语未解。阅《庄子·寓言》篇。点枚乘《七发》。相如之赋、枚生之《发》，可谓双绝。咏《哀江南赋》，作大字四十。午前曹鉴翁来访，谈及作舟兄于天文甚为精悉，俟暇往候。三兄来信一函，内与六弟《小题正鹄》一部。

六月二十六日(8月15日)　读《诗经·荡之什》终。《风》终系以《豳》，《雅》终系以《召》，人之思二公者深矣。读《汉书》公孙贺、刘屈氂、田千秋诸人传。阅《庄子》“盗跖”“养生主”二篇。写大字四十，点《礼记》一本，阅《纲鉴·晋鉴》一卷，圈韩文十页。

六月二十七日(8月16日)　读《诗经·周颂》五章。读《汉书》杨王孙、胡建、朱云、梅福传。阅《庄子》“刻意”“达生”二篇。圈韩文五篇。阅《纲鉴·晋鉴》一卷。陶侃云：“禹惜寸阴，吾人当惜分阴。”阅文、赋各数首。下午着五弟还《韵府群玉》至范彝翁家。晚食盆池内莲子三枚，亦清心之一助也。

六月二十八日(8月17日)　读《诗经》“时迈”起“潜”止。读《汉书》霍光、金日磾传，阅《庄子》一篇，圈韩文十首，阅《纲鉴·晋鉴》一卷，写大字四十。晚接镇江信并《史略》一部。

六月二十九日(8月18日)　复芝信，又致崇信。阅《酉阳杂俎》一本，咏管文数首。虎兄晚刻过访，清话片时，言及家有一琴，乃为五

---

① 杜律为《杜甫律诗》，下同。

百年旧物。

七月小　建戊申

七月初一日(1887年8月19日)　读《诗经·周颂》至“有客”止，阅《晋史略》十页。午正三刻日全食，申初复圆。

七月初二日(8月20日)　书院[①]课题：“放郑声，远佞人”；“五风十雨岁丰穰”。勉作一卷。

七月初三日(8月21日)　早起抄文，读《诗经·周颂》“访落”至“般”止。虎兄以昨作见示，精思妙笔，议论风生，为之叹赏不止。

七月初四日(8月22日)　读《诗经·鲁颂》终。鲁、卫之政兄弟也，非惟衰乱相似，即致治之道亦有同者，如僖公“驷牡之歌”、文公“騋牝之咏”，可见一斑。读《汉书·赵充国传》，涉猎时文数十首。庭前荷花渐觉零落，伯父大人命题作二律以饯之。灯下作《读书曲》，令诸弟吟咏。

七月初五日(8月23日)　读《诗经·商颂》五篇。读《汉书·陈汤传》。陈汤有大功而为匡衡辈所沮，俗儒误事，可堪浩叹。阅《庄子》一篇，写小字一百。虎兄午刻来畅叙，强留一饭，饭罢旋去。

七月初六日(8月24日)　读《书经》“典”“谟”终，读《汉书》隽不疑、疏广、于定国、薛广德、平当、彭宣列传。抄试帖两首，写小字一百、大字四十。晚接少芝兄来信，又来崇信，言八月中考期未确。晚饭后咏时文数遍，虫声四壁，如相和然。

七月初七日(8月25日)　读《诗经·周南》一卷、《尚书·禹贡》一卷，读《汉书》王吉、贡禹、龚胜、龚舍、鲍宣列传，诵韩文一篇，抄杜诗二首，写大字二十、小字百。晚与两弟空庭小坐，明河自皎，彩云不飞，稍待片时，倦而归寝。

七月初八日(8月26日)　读《尚书·商书》一卷、《诗经·召南》

---

① 吉城参加课考和从事阅卷的书院甚多，日记中若未言明是何书院，则是指东台西溪书院。

五章，读《汉书》韦贤、魏相、邴吉列传，阅《庄子·人间世》一篇，诵韩文数首，抄子美诗一首，写小字百余。曹鉴翁来，言镇江城科试本月二十取齐，容俟确访。

七月初九日(8月27日)　读《诗经·召南》终、《尚书·周书》一卷。读《汉书》眭弘、夏侯始昌、夏侯胜、京房、翼奉、李寻列传，写小字一百。晚刻雷雨一时许，烦暑顿消。

七月初十日(8月28日)　读《诗经·邶风》五篇、《尚书·周书》至《无逸》篇止。读《汉书》赵广汉、尹翁归、韩延寿、张敞、王尊、王章传。阅《庄子·天地》一篇，抄韩文、杜诗各一首，写小字一百。从虎兄处借来《尊经书院五刻》六本。

七月十一日(8月29日)　读《诗经·风诗》至"简兮"止。简兮、硕人，其东方朔之流亚欤。读《尚书·周书》至"立政"止。读《汉书》盖宽饶诸公传。宽饶若采王生之言以终其身，斯近古之贤臣矣。阅《庄子·外篇》一首。稽"而"字韵典。老苏与荆公同作《赠别诗》得"而"字，苏公连作三首，究乎"而我"与"而鳞"之"而"。君子不欲多上人，苏、王之隙未尝不由此也。

七月十二日(8月30日)　委靡终日，一事未作，荒唐之极。

七月十三日(8月31日)　读《诗经·邶风》终、《尚书·周书》终。读《汉书》萧望之、冯奉世列传，写小字一百，阅《渔父》篇，览《尊经书院五刻》三本。虎兄午刻过谈。

七月十四日(9月1日)　闻金沙[①]科试确信。

自此以往，课程竟未能按，行考累之，病复误之。计两阅月，昏昏扰扰，几不识此心之抛于何处矣。定静功夫一毫无有，可耻孰甚，记大过一次。

---

①　金沙指当时的江苏省金坛县。

九月小　建庚戌

九月二十一日(1887年11月6日)　宿恙新去。和虎臣兄文一首子曰"衣敝缊袍"二章,又补作《焦岩纪游》四咏。阅《俞曲园集》半卷。李吉兄午前拢话,携来《李培英试草》。虎臣兄晚来,挑灯共话。论及湘乡相国立身行己,俱从切实得来,而"有恒"二字尤为第一要义,我辈朝三暮四,安望有成,从此须当痛改。

九月二十二日(11月7日)　晓起,晴日满窗,起砚涤笔,将昨和稿录写一通,寄求虎臣兄斧正,顺还去《俞曲园集》五本,续假六本。父大人因伤风而动痰饮,杨楚翁诊以宣肺化痰法桂枝、前胡、茯苓、杏仁、白芍,今日未服药。晚接二兄信,又《申报》一纸内记郑州决口拨帑助工事,又招股印《九朝东华录》。吴杏翁得岁贡,送卷帖来文题"不曰白乎"一句。阅俞集[①]两卷有议郎、说项、正毛、通李诸种。

九月二十三日(11月8日)　复镇江函,附诗文稿,又吴融翁托购《史略》一部。虎兄午后来话,询其近课,云现诸事皆以"专"字为主,大是、大是。父大人服昨方,伤风渐愈。阅俞集一本。

九月二十四日(11月9日)　托福弟送昨函到店[②],今日风雨,明日发。曹鉴翁晚来闲叙,其读书皆求得义理,不沾沾于字句解,人不当如是乎?晚饭后,聆伯父大人论俞荫甫先生文集得失,兼及医理。阅俞集一本。

九月二十五日(11月10日)　吉兄巳刻来,携《小仓山房尺牍》六本属点,午后为点毕。俊民兄午后过访,畅谈衷悃,其于医学已得门径,可佩之至。伊弟竹卿恙可望痊,为之心喜。习小篆五十字,阅俞集一卷。父大人昨邀楚翁复诊,服药一帖,鼻塞已通,仍未能茹荤。

---

① 俞集为《俞曲园集》,下同。

② 店指吉泰和号,该店是吉城的祖辈在东台城寺街三昧寺西首开设的一家经营南北货的商号,吉城在日记中常称其为"店、泰和、泰和号、祖屋"等。

九月二十六日(11月11日)　背诸生书，颇多梗塞，至午后始毕。午后伯父大人命写与崇如信一函，属二兄转交。

九月二十七日(11月12日)　吉兄巳刻来，留饭，饭罢为作祝人八十寿信一封，晚去。足间湿患，经杜海翁妙手，稍稍能行。晚偕六弟勉步至杏林新宅[①]一观，旋回。

九月二十八日(11月13日)　父大人早来家，与大伯父议公。伤风已十愈其九，计服药五帖，午刻仍到店。李吉翁来，为新宅照料一日，晚去。习大字三十，近来神气不足，未能读书，惭愧。

九月二十九日(11月14日)　曹鉴翁读《载驰》之诗，谓许穆夫人何事不可归唁？特以相质。自惭谫陋，有负明问，姑将管见所及者略书以答之。虎兄遣其弟送六月十六、七月初二日两次卷款来，并索去俞集共十三本，十月初言有邗江之行。吉翁携来《皇甫诞碑》三页，甚佳，留写。二兄来信，又附来三兄一函。习大字三十，从虎兄处借来《韩非子》六本。

十月大　建辛亥

十月初一日(1887年11月15日)　日间以薄物细故忽然动气，逾刻始平。噫，吾过矣。夫人读书养气，欲观其平时之体验，当审其临时之涵养，临时有一分忍不住，即其平时有一分认不真耳。况天下两争者多、两让者少，彼争而我让焉，岂不省却多少口角。待事后徐思，不独让者适然，即争者亦觉其无味也。尝怪今世争端日开，甚至有抛却本题，徒斗门面，是更无理取闹，得罪于名教者矣。书至此惧甚、悔甚、愧甚、勉甚，因得二联以自警云：山容带笑含春气，江水无风息怒潮。百动不离静，四时皆有春。汉卿毋舅早来一缄，并赠继声兄画扇一柄。吉兄下午来闲话，须臾即行。粥后检理书籍，分叠清楚，

---

① 杏林新宅是吉城家族在东台城内新增的一处寓所，吉城在日记中常称其为“杏林宅、新宅、杏林巷、西宅”等。

至午乃毕。临大字五十，点《曾文正公家书》十页。

十月初二日(11月16日) 午刻，二伯父率大兄等移居杏林新宅。书院课题文“子曰：知及之”一章；诗“左手持蟹螯”，作一卷，计历申、酉、戌三时始完稿。小友题“信其大者”至“桃应问曰”。临《皇甫诞碑》三十字。午后诸生大半未来，云系看会。

十月初三日(11月17日) 早起誊卷，合诗、文共九百字。临大字三十，诵时文一篇，点《曾文正公家书》十页。散学后至东宅①，晤及吉兄，清话片刻旋返。

十月初四日(11月18日) 写镇江信三缄内附诗文稿、外油纸包一件，明早交福兴润局②。临大字三十。

十月初五日(11月19日) 粥后微觉畏寒，继之以热，避风一日，至晚稍可。袁少鹤先生午前来会伯母，旋去此行盖为女公子于归而至，舟泊玉带桥边。

十月初六日(11月20日) 市中赛会，计十起，喧闹一日。神气清爽。点《曾文正公家书》一卷。

十月初七日(11月21日) 早起，写大字四十。二伯父下午来家，茗话许时，遣五弟送归东宅。父亲晚来，粥罢，五弟偕福弟送至店。灯下缮兴化信一缄，点《曾文正公家书》三十页。

十月初八日(11月22日) 兴化信早交帮舟寄去。五弟早随父亲往东有事，在李府③饭，下午始归。临大字四十。吉翁午刻一拢，即行。点《曾文正公家书》三十页。少鹤先生女公子出室，伯父母皆

---

① 东宅是吉城家族在东台城内的一处寓所，之所以称东宅，是相对于杏林巷的西宅而言的。

② 福兴润局是吉城胞兄吉均在东台城内开设的一家经营典当业的商号，吉城日记中有时将福兴润局简称为“局”或“典”。

③ 李府即李殿传的寓所。吉城伯姑母兼岳母李吉氏是李殿传的母亲，故吉城常去李府看望岳母。《吉城日记》中有时将李府称为“李家”。

往贺。晚接二兄初四日手信,并《申报》一纸。

十月初九日(11月23日) 写大字四十,读《诗经》十页,点《曾文正公家书》一卷。曹鉴翁灯下共话,逾时始去。晚接三兄来信,并《秋色赋》一篇。张虎翁下午来,取去《后汉书》一部。

十月初十日(11月24日) 看《韩非子》二十页,读《诗经》十页,写字一张。吉斋兄午前来寓,因事而去。西北风,早晚微寒。

十月十一日(11月25日) 读《诗经》十页,圈古诗十页,阅《韩非子》二十页,写字八十,抄赋一篇。大伯母晚自袁舟回在舟四日。

十月十二日(11月26日) 圈《古诗》十页。吉翁午前来,畅谈写字及处世之道。

十月十三日(11月27日) 看《韩非子》十页,读《诗经》十页,写字一张,圈古诗十页。二兄来信,并《申报》一纸首载东台程孝子事。午刻至二伯父宅,散学后到店,灯下作复兴化信稿。陈心翁令弟树人入泮传事禀十六日。

十月十四日(11月28日) 吉兄午前来,留饭。写字一张,圈古诗十页,诵文一首。鉴翁为王益翁来借阑干,告以家无此物,闲坐片刻去。

十月十五日(11月29日) 写字一张,圈《文选》十页。吉斋兄午后至,见《秋雨庵随笔》中赵秋舲《致梁晋竹书》,假去留稿。散学后偕往新桥西一行,归途月色良佳。

十月十六日(11月30日) 为人写扇二柄,其余一事未作,所自幸者,心犹敛而不放耳。

十月十七日(12月1日) 圈《文选》十页,写字一纸,诵杜诗数首。李还来《秋雨庵随笔》。鉴翁晚至。虎臣自维扬回,午刻枉过,纵谈别愫,兼述其途中新咏四首。早发镇江缄上二兄信一、上三兄信一,附去赋稿。

十月十八日(12月2日) 习字二百。读《诗经》十页,《汉书》严助、朱买臣传。阅《簪元社稿》一本,圈《文选》诗二十页。午正过虎臣兄处，未晤，怅然而返。辰刻接二兄信内附崇信，并批还文稿二件，又寄来文稿一件、《申报》数事。

十月十九日(12月3日) 写小字一百，读《诗经》二十页、《汉书》二十页，圈《文选》七十页。复镇江函，早交局去。鉴殷、吉斋均晚来。

十月二十日(12月4日) 早邀虎臣、吉斋如意馆茶，吉未至，以今日晚舟收拾行李故。茶后与虎臣兄偕过毕俊、吴融、蔡禹三处。俊有目疾，禹未晤，融因兄寿，不在塾馆而在家，即蒙旧居也。重经故地，不胜今昔之感，作诗四章以纪之。回拢店少坐。闻扬州府试首场案发，申甫以县前十而名在头圈以外，何数之奇也，然距跃三百犹有望焉。写字一百，读《诗经》二十页、《汉书》十五页。吉斋晚来，言今日风不利，明早发。

十月二十一日(12月5日) 写字一张，浮沉半日未读书，恨恨。裁素纸一幅，托俊民向吴简斋求书。融甫午前来，见昨诗稿携去，并假《汉书·帝纪》二本。镇江舟抵何垛场[①]，带来《古文辞类纂》十六本、《唐宋诗醇》二十四本、《史略》六本、《类腋》六本，又自鸣钟一架转交大兄。灯下录《剑南诗稿》"临安春雨诗"一首，以应大伯父大人命。

十月二十二日(12月6日) 习小字百，读《诗经》二十页、《前汉》二十页，阅《韩非子》三十页。着人送《史略》至融甫处。

十月二十三日(12月7日) 写小字百，读《诗经》二十页、《汉书·列传》三十页，点《文选》八十页，阅《韩非子》三十页。辰刻发镇江一缄言收到书件。借来融甫《文选》六本、《续古文辞类纂》八本。

十月二十四日(12月8日) 写小字二百，读《诗经》二十页、《汉书》四十页，阅骈散文，圈《文选》百页。

十月二十五日(12月9日) 写大字五十，读《诗经》二十页、《汉

---

① 东台建县时辖原泰州东北境之九个盐场和四个乡，其中东台场与何垛场的场署均设在县城内，吉城的家就在东台县城内的何垛场启明坊。

书》二十余页，阅《资治通鉴》三十页，点《文选》二十页。虎臣已刻来。午刻过蔚如闲话，假光绪十二年《丙戌科殿试策》一本，内有探花冯煦策，用笔纯乎颜矣。特以示弟云：习字无论何家，只要写到尽头，自能有成，否则见异思迁，甚非有识者所取也。往东宅，伯父在寓。

十月二十六日(12月10日) 早与夏子翁茶话。谒孙师。拢店，接二兄二十二日信、又三兄信。散学后往东宅。读《诗经》二十页，读《汉书》二十页，写小字百。

十月二十七日(12月11日) 写小字百、大字五十，读《诗经》二十页。复镇江函，早发。

十月二十八日(12月12日) 早往祝二伯父寿，在东宅饭。午后写大字三十、小字百，读《诗经》二十页。

十月二十九日(12月13日) 不雨者月余矣，鸡鸣时闻风雨之声，不觉忻然色喜，曙后或作或辍，至晚遂霁。读《诗经》十页，写小字百。

十月三十日(12月14日) 读《诗经》齐魏唐秦诸风，点《文选》十页，写大字三十。

十一月小 建壬子

十一月初一日(1887年12月15日) 点《纲鉴》一本。北风甚寒。晚接二兄来缄，并《申报》数条。鉴翁晚来闲话。

十一月初二日(12月16日) 过虎臣畅谈。读《诗经》十页，点《文选》十页，读《汉书》二十页。

十一月初三日(12月17日) 虎臣早邀乐泉茶叙，座有仰吾夫子，蔚如未至。读《诗经》二十页、《汉书》四十页，写大字二十，阅诗半卷。辰刻写复镇江信内附致崇信，外油纸包一件，已刻发。

十一月初四日(12月18日) 融甫还来书款，并续托购《史略》。

十一月初五日(12月19日) 点《文选》四本，散学后与群季闲步至大王庙。

十一月初六日(12月20日) 读《古文辞类纂》三本。午后偕虎臣过蔚如兄处,晤及鲍声甫先生、作舟兄,畅叙半日。

十一月初七日(12月21日) 父亲寿辰,早起恭祝,二伯父、李姑母皆来。与俊民兄至茶园闲话,坐有蒋莲翁,特以诗稿见示。蔚如兄早来,未晤。

十一月初八日(12月22日) 早与五弟至店。午前偕虎臣过蔚如,晤唐月翁。袁少鹤先生来。二伯父午刻来家,祀祖。作舟兄晚至,纵谈两时许。

十一月初九日(12月23日) 读《诗经·豳风》,点《纲鉴》一本,阅俞集二卷。从虎兄处假来《唐宋诗醇》十八本、《曲园集》八本。晚接少芝兄信,附来致大哥信内言三兄初五日渡江。

十一月初十日(12月24日) 校对唐诗六本。虎臣遣弟送来《俞曲园骈文》一本,合前共九本。

十一月十一日(12月25日) 校对唐诗两本。三兄下午抵家,计舟行七日,把晤之余,快慰无极,偕过东宅,复至店。

十一月十二日(12月26日) 校唐诗二本。昨晚复接少芝兄信,早作复函,并三兄一信。李府在观音堂作道场,下午与三兄同往,晤及作翁。酉刻过东宅。

十一月十三日(12月27日) 校唐诗二本。鉴翁午前来话。午后偕三兄访鉴翁及恭甫兄。

十一月十四日(12月28日) 校《唐宋诗醇》三本。

十一月十五日(12月29日) 校《唐宋诗醇》三本。

十一月十六日(12月30日) 校《唐宋诗醇》三本。毕俊兄午后来,偕过东宅寻崇如,小坐片时。

十一月十七日(12月31日) 校《唐宋诗醇》毕,写大字三十。蔚如早来,闲谈片刻。

十一月十八日(1888年1月1日) 阅《韩非子》一本。晚在东宅饭。

十一月十九日(1月2日)　写小字百二十字。二伯父午刻来，曹鉴午前过谈。

十一月二十日(1月3日)　昏昏一日。在东宅晚饭。灯下缮寄兴化信一,上二兄信一。

十一月二十一日(1月4日)　点《文选》一本。

十一月二十二日(1月5日)　校《文选》一本。

十一月二十七日(1月10日)　作书院文一首题“荡荡乎,民无能名焉”合下一节;诗“恣韵激天鲸”。

十一月二十九日(1月12日)　抄昨稿,虎兄来取去。

十二月大　建癸丑

十二月初一日(1888年1月13日)　校《古文辞类纂》一本。午前往东宅。

十二月初二日(1月14日)　放学,在东宅一日未回。

十二月初三日(1月15日)　是日微雨。三兄喜期。晤及刘蔚、夏虎、吴融、沈仁、毕俊诸君。随孙师至丁三夫子家道贺。

十二月初四日(1月16日)　茶后随父亲过东宅,丁府[①]来会亲六人。灯下作复兴化、金沙信各一缄,又复镇江信一函。

十二月初五日(1月17日)　东宅三朝,女客三席。校《古文辞类纂》一本。

十二月初六日(1月18日)　诸生复进塾馆。校《古文辞类纂》一本。兴化来信,晚作复函。写大字三十个。

十二月初七日(1月19日)　午后过东宅。二伯父微受风寒,中夜气闷殊甚,昼起稍愈。校《古文辞类纂》一本。

十二月初八日(1月20日)　校《古文辞类纂》半本。作舟晚至,检《汉书·枚叔传》一阅,以其作《吴江图说》引用故耳。写大字六十。

---

①　丁府指丁绍奎(丁三夫子)的寓所。

二伯父恙较昨愈多。在外午饭。

十二月初九日(1月21日)　校点《古文辞类纂》半本，写大字二十。午后至东宅。东坎汪来信。虎臣晚来畅叙，煮茗以待，云明正扬属有岁试之信。灯下读六一居士诗二十页。

十二月初十日(1月22日)　校点《古文辞类纂》十页。与三兄盘桓一日。作舟申刻来闲话。

十二月十一日(1月23日)　早作复东坎汪信两缄。校《古文辞类纂》一本。融甫还来《前汉·帝纪》二本，复假去《列传》第一本。

十二月十二日(1月24日)　望日乃逢大伯母五十诞辰，今日预假东宅奉觞上寿外客三席。校点《古文辞类纂》一本。午后与三兄闲逛片刻。

十二月十三日(1月25日)　晨往夏、汪两处吊，途遇蔚如、薪樵。校《古文辞类纂》一本。曹鉴翁午刻来闲谭。散学后往东宅。盐城姚来信一缄。

十二月十四日(1月26日)　巳刻过东宅，晤三兄闲话。蔚如晚来，假去《汉书》两本。大兄、三兄暨六弟皆来晚饭，饭罢同步至三昧寺①观铸钟，乘月而归。

十二月十五日(1月27日)　卯正起，诣伯母大人前行礼，并代二兄叩头，寿客来二十余位。酉刻送二伯父到东宅，晚饭后回。放学一日。兴化来信一缄。二兄来函，又《申报》数纸。

十二月十六日(1月28日)　早起开门，雪深寸余，邻里争庆，以为来年丰穰之兆。张府开吊，辰初去，晤及蔚如与李木翁，同归。膝间作痛，静息半日。点《古文辞类纂》二十页。崇兄名戳失去，托柳楚一书，书成交容保送来。鉴翁下午冒雪来寻，时正与六弟讲《论语》，至"仁在其中矣"句，反复于天人理欲之交。而鉴适至，不遽入，潜立

① 东台城内的一座著名寺庙，始建于唐代，原名"圣果院"，清康熙帝赐名"慈济禅寺"，乾隆时易名"三昧寺"。

窗外。噫，其亦暗中目笑欤，抑一二言之有当也？神气稍歉，晚饭前假寐片刻。灯下阅《申报》，有《东乡旱灾记》一则，所言确切，作者亦有心人与？

十二月十七日(1月29日) 点《古文辞类纂》一本。灯下写复镇江信，时正雨雪，寒气逼人。

十二月十八日(1月30日) 校《古文辞类纂》一本相如、子云诸作，迭宕绝人。检《佩文韵府》，释旧疑二事。崇取去《胡曾要略》一本。大雪至晚始霁，推窗闲望，寒月一丸东出林表，阶下梅影横斜数枝，檐滴皆垂垂作冰筋，敛手立逾刻，心境朗然。忽忆"雪月梅花三白夜，酒灯人面一红时"之句，不记何人所作矣。

十二月十九日(1月31日) 校《古文辞类纂》一本。大兄、六弟皆来晚饭，杯酒盘餐尽欢而罢，明日乃母亲生日也。

十二月二十日(2月1日) 晨起，肃衣冠至堂上敬祝。鉴缨之仲兄亦于今日四十寿，便往拜祝。诸生散学，诗文余债检偿清楚。写兴化复缄外带去红橘等。午后至东宅问三兄恙，已愈。虎臣适往，瀹茗清谈，夕阳西下始去。与三兄"升官"①数局。写大字四十，校《古文辞类纂》一卷。

十二月二十一日(2月2日) 毕俊午前来话，与之访作舟、虎臣，皆不遇，中途分道而别。点《古文辞类纂》一本，灯下写上二兄信一函。

十二月二十二日(2月3日) 校《古文辞类纂》一卷。早过虎臣不遇，遇蔚如，立谈片晌。至店午饭。二伯父已刻来，下午去，送至东宅。

十二月二十三日(2月4日) 立春节。《古文辞类纂》点竣计阅

---

① 又称"升官图"，是一种棋类游戏。升官图如同一张棋盘，用棋子在图上行走，通过掷骰子来决定行走的步数。

二十余日，疏玩之至。曾祖盈科公[1]周忌。午后沐浴。虎臣来，未晤。

十二月二十四日(2月5日) 午刻东宅高邻失慎，时适在店，闻警急驰。至则烟雾四塞，与东宅仅隔一墙，幸人众水齐，当即扑灭，幸矣哉！下午复至店，写寄镇江信一缄，接兴化来信。房主杨锡三来帖，付去大几一张。

十二月二十五日(2月6日) 往候蔚如不值。午后到店。写大字四十，腕力甚弱。

十二月二十六日(2月7日) 午前蔚如、虎臣偕来闲叙。检《佩文韵府》，一事未得，后检得，即携至蔚如处共阅。还虎臣《古文辞类纂》七本，复假来《荀子》六本。

十二月二十七日(2月8日) 阅《荀子》一本。早崇如来约茶话，恭、楚两弟同聚。茶后至东宅，观鉴殷、崇如围棋，局未半，闻柿轩巷杨宅祝融之警。心兰、恭甫皆其紧邻，而张厚翁家即与之同门，尤为险迫。所幸火未出头，旋复熄灭。同时，新桥西失慎，焚去茅屋三家，各龙驰救，几于奔走，不遑甚矣。直突积薪，古有明戒，居家者慎诸。虎臣至心兰家问视，顺邀至东宅同话片刻，云明正初三、四即拟启行，往赴科试。二伯父晚来祀先，少坐即行，送至东宅。

十二月二十八日(2月9日) 阅《荀子》三篇。崇如来闲坐，午后同至店，见《申报》格致书院[2]题“水旱灾荒平日如何预备、临时如何补救”论。近日颇多言过，心绪亦芜杂，不治读书，无甚进功，殊可痛恨。

十二月二十九日(2月10日) 阅《荀子》一本。午前过虎臣，借来《皇朝经世文编》二十本。崇如晚来。辰刻接二兄信，外带来《申报》数条、“升官图”一纸，复函交原局寄去。

---

① “曾祖盈科公”即吉宗沅(1761—1843)，字盈科，号跛牂。清嘉庆时议叙八品，例授修职郎。性耽吟咏，著有《竹深吟榭诗钞》一卷。

② 格致书院是清光绪二年(1876)在上海落成的一家书院，吉城曾参加格致书院的课试，《吉城日记》中有时将格致书院简称为“格致”。

十二月三十日(2 月 11 日)　阅《荀子》一本，为虎臣录布政使慕天颜《淮黄合流归海奏疏》一通。大雪一昼夜，深计尺余。申正至店，逾刻回到东宅少坐，归时上灯矣。祀神、祭祖并料理一事，迁延至丑正始卧。

第二集　将就斋日记
（光绪十四年　戊子）

正月大　建甲寅

正月初一日（1888年2月12日）　早起祀神，诣堂上各位大人前叩头。随三兄至诸戚友家拜贺，申正回。雪霁风和，日出杲杲，大有春意。

正月初二日（2月13日）　巳刻偕崇如补贺昨未及者数处，过店小憩，午后回。父亲来家。虎臣着人来取代抄之慕天颜《淮黄合流归海奏疏》。阅《荀子》《韩非子》毕。

正月初三日（2月14日）　父亲以残年劳顿兼受风寒，痛泻数次，蒋卿翁诊云寒湿相搏，以宣通分利法，服一帖稍愈。鉴翁晚来闲话，上灯后去。

正月初四日（2月15日）　早与崇如兄至李府祝寿。父亲腹泻已止，卿翁复方卷官桂、茯苓、车前子、炙斛、引煨姜、熟附片、猪苓、泽泻、炒冬术。

正月初五日（2月16日）　与恭弟到店，早面，“升官”一局，午刻回。阅《翠筠山房集》“户政门”要论三五条。

正月初六日（2月17日）　至东宅拜生日。父亲仍邀蒋卿诊，以三仁加味。阅《味闲堂赋钞》，存疑一则，俟质。写寄兴化贺柬，写小篆六十、真字六十。杨屏翁会父亲，议公。

正月初七日（2月18日）　兴化寄来贺柬一函，便将昨信交原舟带去。三兄上灯时来，盘桓片时，晚饭后去。习小篆六十、真字六十。

阅东台冯务堂《七府水利全图》。亥刻毛雨。

正月初八日(2月19日)　读《汉书·天文志》二十四页，阅《皇朝经世文编》"荒政类"数条，写小篆六十、真字六十。父亲腹泻已止，第微咳。二伯父来，为易方砂仁、荆芥、半夏、苡仁、杏仁、青防、苏叶、会皮，服一帖。鉴翁午前至，以"升官"消遣，饭后去。家俊民来。闻崇如言，近日天见彗星，未识然否？大兄午刻来。

正月初九日(2月20日)　写小篆六十、真字六十，读《汉书·五行志》三十八页，阅《皇朝经世文编》十条。鉴缨、崇如午后小聚，晚饭后去。父亲仍服昨方。

正月初十日(2月21日)　早至店。巳刻过东宅闲叙，酉刻回。晚接二兄信，欢喜无极，盼之十日矣。

正月十一日(2月22日)　晨起，招大、三兄与五、六弟至汪福宜社茶话，大伯父及鉴翁在坐。巳刻至茅府，拜先姐三周。与恭、崇、楚及曹鉴、毕俊东郊闲步，归时午矣，过店饭。融甫、俊明下午来会俊假去《尊经书院初刻》六本，融还来《汉书》一本。陪吴、毕二君至东宅寻崇如，小坐片刻。趁月送融、俊至银锭桥，分道回，坚订元宵之饮。灯下作寄兴化信一缄内附两位伯父贺柬。读《汉书·五行志》十页。

正月十二日(2月23日)　早发复镇江信。诸生入学。与崇如作上元招饮启。午后偕三兄访俊民、仁卿，不遇。过融甫闲谈。闻杏楼云泰属生古赋题"人寿年丰"以"为此春酒以介眉寿"为韵。

正月十三日(2月24日)　崇如早来，招至俞福兴馆茶聚，坐有书农夫子、毕俊兄。茶后同至仁卿处，商酌东台程孝子诗，未得一字。幸崇如成古风一章，聊以解嘲。仁卿留饭。午后观吴简翁作字，并试少林拳法。晚步月归，灯下乘兴草程孝子古诗一章。

正月十四日(2月25日)　巳刻与三兄至店。到东宅请大伯父安。缮寄少之兄信内附贺刘信一缄。晚刻毛雨，旋忽大风，雨止。

正月十五日(2月26日)　招融甫、仁卿、俊民、恭甫、鉴缨午饭，继以晚饮，是日乐甚，子刻始罢。月色大佳。俊携去书院文一首、《材艺赋》一篇。

正月十六日(2月27日) 午刻偕崇如赴笙甫夫子之招，饭后回。孙师早邀如意馆茶话。巳刻过孙师处。

正月十七日(2月28日) 制西汉人酒筹①一付计五十支。二伯父下午来。晚与五弟至店。三兄晚饭后至，约明早往东宅。

正月十八日(2月29日) 俊民早来，并邀崇如至东宅小聚，兼有仁卿、融甫作主人。与三兄过书农夫子家小坐。仍至仁卿处午饭，共八人，晚宴亦然。联诗猜谜，乐与上元之游同，所微异者前夜明月、今夕大雨耳，亥刻回。从俊处借来《十五家谜选》两本。

正月十九日(3月1日) 阅《酉阳杂俎》一卷。闻东台长友科案虎臣第三，作舟、式金皆一等。晚写寄兴化信稿。

正月二十日(3月2日) 王厚翁早约茶叙，大伯父、大、三兄皆在坐。读《汉书·五行志》十页。三兄午前来。

正月二十一日(3月3日) 少廷、崇如两兄及楚弟午刻来祀先。丁次兄午后来寻崇如。杨厚翁下午来会父亲要话。

正月二十二日(3月4日) 早偕崇如至孙府②祝寿。午刻过东宅饭，书农夫子在东宅闲话。

正月二十三日(3月5日) 恭甫来寻崇如，订同舟行止。午后乃辉表弟自兴化来。张协翁来，小坐即去。写复兴化信一。

正月二十四日(3月6日) 邀张协翁、杨屏翁、辉弟及大兄、元侄茶。下午同崇如至无量庵，访陈老者谈元托占一课名“元胎”。三兄来晚饭，二兄来信一缄。昨闻申甫兄撷芹之喜，特偕崇往贺。毕俊来，未晤。

---

① “酒筹”即行酒筹令，就是把酒令刻在酒筹之上，抽到酒筹的人依照筹上酒令的规定饮酒，并由此引申出敬酒、劝酒、罚酒等名目。酒筹上通常刻的是《西厢记》《西游记》《水浒传》《红楼梦》中的人名，这里刻的是西汉人名。

② 孙府指吉城授业师孙大生的寓所。

正月二十五日(3月7日)　至东宅午饭。午后与恭甫弟等东行,便将《十五家谜选》还毕俊,不遇。

正月二十六日(3月8日)　夏子翁早约茶话。仁卿下午过访,谈至上灯时去。晚写寄东坎汪信一函,并带去《文赋》共三部。

正月二十七日(3月9日)　早发寄兴化信一缄。

正月二十八日(3月10日)　早与余杏翁茶话。虎臣兄由泰州回,巳刻过我未晤,惠赠《辅轩语》一部。吉斋自曹甸来,小坐片刻去。家福弟自沈灶来,时午正。父亲、二伯父皆晚来。连日浮沉,不读不看,学业日退,可惧哉! 辰刻发镇江信一缄。

正月二十九日(3月11日)　早与崇如往候吉斋,顺过俊民。至虎臣家报步,未晤。往张府拜"二七"。作寄二兄信一函,托崇如兄面交。崇如今晚舟,与杨恭、严柘同行。与吉斋至东宅饭,晤鉴缨、恭甫两兄。亥刻,闻东台棋杆巷后失慎,三兄及五弟皆往观,与丁三夫子家紧邻,各龙驰救,逾刻始熄。送崇如兄登舟。父亲来家。祝景兄下午来拜。

正月三十日(3月12日)　吉斋午前来,杨屏翁下午来。读《汉书》十页,抄诗一首,阅《辅轩语》一本。晚偕恭弟到店。

二月小　建乙卯

二月初一日(1888年3月13日)　读《诗经·豳风》一章,写大字四十,看《书目总》一本,读《汉书·五行志》数页,作论一首。晚偕恭、楚、辉、福四弟入市观灯。

二月初二日(3月14日)　往李延甫家吊。过虎臣畅叙阔怀,并以新购经史各籍见示,快甚! 读《汉书》十页,阅《说文》五页。写兴化信一函,交舟带去。

二月初三日(3月15日)　在店半日,至晚归。招虎兄晚酌,未果。

二月初四日(3月16日)　姨丈何镜清自兴化来往墩头就馆,舟泊新桥口。午刻往谒，未会，后邀来晚饭，明早启行。

二月初五日(3月17日) 早到店，上午往东。晚刻复东行，偕大兄回。

二月初六日(3月18日) 至东宅请大伯父安，顺拟复少芝兄信稿。晚邀虎臣、蔚如小酌，畅话至月影西斜始罢。父亲日来因风寒，齿痛异常，卿翁来诊，以温化法。

二月初七日(3月19日) 早发镇江信一函。着五弟至凌云馆购笔。仁卿、竹卿两兄前来闲叙。托简斋书影格已有。

二月初八日(3月20日) 县中甄别，托虎臣领卷文题“孟子曰：道在尔”一章；诗题“花与思俱新”，草草成篇，晚偕恭、辉弟送至虎臣处，晤及月川。

二月初九日(3月21日) 早发镇江信一函，午前过东宅。下午往东，顺过俊民闲话，偕步月至玉带桥头，小立片刻。晚接少芝兄上二伯父禀启内言三兄于初四日抵镇江。在店晚饭。

二月初十日(3月22日) 骫困终日，未能从事于学，恨恨。晚饭后过东宅。虎臣晚来，携去《校士录》一本。容保手借来庾集[1]四卷。

二月十一日(3月23日) 午前往东，过笙甫师。在李府晤及孙师。心绪芜杂，下午聊阅庾子山文十页，思其身世寥落，感慨悲歌，益觉愤闷。“楚歌非取乐之方，鲁酒无忘忧之用”，诚哉斯言！过鉴翁，未晤。

二月十二日(3月24日) 早访鉴殷闲谈。上午往东，晤及孙、丁两师，下午回。阅庾集十页，心神稍定。

二月十三日(3月25日) 鉴翁午刻过我。诵《哀江南赋》一过。下午往东，父亲来家。

二月十四日(3月26日) 巳刻东行，旋返。诵《哀江南赋》一

---

① 即《庾子山集》，下同。

过。放学后神疲肢倦，倚枕假寐片刻，稍可。

二月十五日(3月27日)　杨屏翁早来闲话，祝子翁有帖来十七日芹卮。晚因事至东宅，子刻回。大兄晚舟往镇江。虎臣来招晚饮，缘别故，敬辞。闻有心兰、蔚如诸君子挑灯话雨，快何如之，自恨俗人，累为俗事所缚，抑何无缘至此耶？阅《韫山堂时文》至“犯者不校”，后二比不禁涵讽久之，诚有慨乎其言者也。灯下写寄润信一缄。

二月十六日(3月28日)　早在东宅，晤及曹鉴翁。晚接少芝上二伯父禀启一缄。东宅请客，晚酒共五位。

二月十七日(3月29日)　读《礼记》“月令、礼器、郊特牲”一过，阅《史略》十页，诵庾赋一篇。作“鹰化为鸠”试帖一首以示弟。二伯父午刻来。早发兴化信一函，交舟人带去。

二月十八日(3月30日)　巳刻东行，午初回拢东宅。读《礼记·内则》一篇、《汉书·五行志》十页，阅《史略》五页。

二月十九日(3月31日)　早往朱府祝寿。晤蔚如兄，言书院案发，后询之虎翁，云未也。至张府吊，又至汪、祝两家贺，会及俊民。写大字三十。父亲晚来家，言吉斋今午回来。午后到店，会蒋楚翁谈别事。晚饭后到东宅。

二月二十日(4月1日)　写大字二十，作试帖一首。吉斋午前过我。午刻接二兄来信。

二月二十一日(4月2日)　巳刻东行，午刻过东宅，晤及鉴翁。灯下读《汉书》十页。吉斋晚来。

二月二十二日(4月3日)　午前携笺联晤简斋先生，托书。作赋一首。

二月二十三日(4月4日)　散学一日。巳正至东宅，殷君翁适来，闲叙片刻。午正祀祖，午后同恭、楚两弟及家福弟等踏青于东郊。过仁卿，未晤。读《汉书》十页。

二月二十四日(4月5日)　仰吾夫子早偕赵宽兄来会，未晤。午前回候赵宽甫。往东，祝吉斋寿。写大字二十，点《乐记》一过。从虎臣处借来《芸碧巢时艺》一阅。

二月二十五日(4月6日) 早在东宅,陪仰吾夫子、赵宽甫面。午刻过虎臣闲叙,留饭。

二月二十六日(4月7日) 东宅夜有穿窬之盗,幸键锁严固,未能得手,闻其左邻竟被窃去。至颂杉老伯处问话。下午东行,顺过店。

二月二十七日(4月8日) 写大字二十。融甫及钱茂斋之弟皆于今日大喜,偕虎臣往贺。午刻到东宅,晤及殷君翁。写小字二百。晚与赵寿兄至三元号换鞋。

二月二十八日(4月9日) 写小字二百。午后至东宅,下午回。俊民二哥来拢。楚弟东行,顺托至沈仁兄处转借棉袍。闻二兄于二十四日由镇江启行,未识今晚能抵东台否?

二月二十九日(4月10日) 早随伯父东行,下午回,过店。二兄午后到家,相见握手,快何可言。晚刻陪往小蓬瀛沐浴,戌刻至东宅。是月也,浮沉俯仰,碌碌因人,未能进德修业,且心地亦不清静,稍有诵读,皆如浮云过目,逝而不留。岁月日增,鄙陋犹昔,奈何!

三月大　建丙辰

三月初一日(1888年4月11日) 早至东宅,午前到店,午刻往东。晚坐船回,复拢店,偕二兄步归。

三月初二日(4月12日) 午前后两次东行。崇如来信言须《乙酉墨》、管文一阅。

三月初三日(4月13日) 写大字四十,阅庾子山文一篇。灯下作复崇如信一缄。

三月初四日(4月14日) 早将昨信发去,与楚翁茶聚。过虎臣未值,遇于路,立谈片刻。甄别案发,前作两卷一超三、一壹等。

三月初五日(4月15日) 写大字三十。父亲来家。

三月初六日(4月16日) 晤毕俊,知今日山长课题文"子张问政"

至“以忠”；诗“重与细论文”。

三月初七日(4月17日) 东至李府，午刻回。会及仰吾夫子。

三月初八日(4月18日) 检理前日借来各件，璧还清楚。阅《赋学正鹄集》。

三月初九日(4月19日) 午前至东，与王春翁、张虎翁聚谈，上灯前回。

三月初十日(4月20日) 大伯父寿辰，晨起恭祝。午刻往东，并偕吉斋至笏山先生及殷式如家步谢，晚回。

三月十一日(4月21日) 吉斋早来。午前写沈灶信一封。东行至李府午饭，范湘翁大醉而去。下午偕吉斋西行。颂杉老伯下午来。二兄晚具卮酒，为大伯父补祝。阅《己卯墨》数篇。

三月十二日(4月22日) 夜半雷雨，至早未已，午刻西风起，檐滴始停。申刻邀客饭，计两席。阅《夜雨秋灯录》“青天白日”一节，甚矣，儒家积善之言，释氏因果之说，固并行不悖也。检《己卯山东墨》复阅一遍，首首琳琅。二伯父午前来，晚回。

三月十三日(4月23日) 杨屏翁早约少芝兄茶，坐有仰吾夫子、吉斋兄。茶后吉斋过我。先祖妣生忌，午祭四簋。二伯父午前来，饭后去。君木着人来借物。未刻偕楚弟至丁府拜寿，便过李府。吉斋拟数日内往曹甸，不觉其行色匆匆矣。虎臣过我，以会课作见示，题乃“明乎郊社之礼”二句。鉴缨月上时来闲话，少坐即去。晚过东宅，二伯父命抄课稿，步月回。夏子翁赠来江水一瓮。沈灶信足至，将昨信检付。张仲翁送其犹女来学。挑灯诵文一篇。

三月十四日(4月24日) 阅《史记·齐太公世家》，咏东坡诗十首。早偕吉斋拜客，共七处。

三月十五日(4月25日) 午后至李府，途遇景韩，立话须臾。晚冒雨归，灯下与二哥清谈。写寄崇如信并文两部。

三月十六日(4月26日) 山长课题，“小人怀土”三句，诗题“绿天”得“蕉”字，作一卷。

三月十七日(4月27日)　早起抄昨卷,巳正遣送虎臣处,托缴。午刻随二兄并率五弟及钱、姚两弟至东宅饭,带去《己卯墨》一部呈二伯父阅。天气郁暖,遍地皆潮,晚刻陡觉不快,腹痛作呕,继以身热,服姜汤稍可。

三月十八日(4月28日)　邀蒋卿翁来诊,以温散法桂枝汤一帖。夜半汗出,愈矣。

三月十九日(4月29日)　静息一日。午后阅《八贤手札》十页,内曾文正公书较多,笔法根柢深厚,瞻摹之下,浮伪全消。

三月二十日(4月30日)　二兄有信寄至大兄处,顺将十五日所写致崇一缄托同带去。虎臣晚来视贱疾,闻已愈,快慰而去。良友情深,可不作"多病故人疏"之咏矣补昨日。闻前日"子张问政"课案发,陈沅名是陆云翁捉刀,取超五。二伯父午后来闲谈,将暮仍过东宅。

三月二十一日(5月1日)　阅《味闲堂赋钞》一本、《乙酉墨》数篇,毫无心得,闷恨之极。

三月二十二日(5月2日)　早发兴化信一缄外提盒一个。读《汉书》薛宣、朱博传,阅东坡诗。灯下接兴化寄来乃辉书件。虎臣着人取去庚子山文四本。

三月二十三日(5月3日)　王厚翁午前来。逊斋姨丈晚至,樽酒清话,二更后去,云明早动身往盐城矣。

三月二十四日(5月4日)　仰吾夫子携折扇来,属少之兄画。午后写大字二十,腕力甚弱。散学后与二兄过蒋卿翁,颂谢前日之诊。灯下诸兄季作"升官"之游,半局而罢。读《史记·吴泰伯世家》及苏诗①。

三月二十五日(5月5日)　父亲早来家,午后回店。杨性翁率其弟来拜。孙师遣容保假去《八贤手札》一部。福弟往东,至星士叶诗谷处占六壬,系询终身,云不宜贾而宜儒,前事亦颇有验。二兄闻

---

①　即苏轼的《东坡诗集》,下同。

之，怦怦然欲往矣。阅《申报》，知镇江本月十二日地震[①]之信是实，并非一处然也。灯下阅《史记·鲁世家》。

三月二十六日(5月6日)　早随大伯父及二兄至福宜茶话。巳刻过虎臣未遇，见案头《潜庵漫笔》[②]二卷，假来一阅。读《汉书·翟方进列传》。虎臣午后过我，畅谈一时许，言及蔚如日内将南行，托其代为致意。鉴翁酉刻过我，云近来伤酒，未甚出门。鉴翁云，渠现购有《家庭讲话》板一部，惟须集资刷印。写大字二十。

三月二十七日(5月7日)　读《史记》"管蔡世家、陈杞世家"。阅《潜庵笔记》二卷毕，明日拟还。阅二哥所留《申报》数十条。灯下读《左传·宣公传》二十页，其中事迹颇有天然配合处。如：华元非马其人，灵公弃人用犬；黑臀则神语分明，兰梦则孙谋垂裕；楚子问鼎而生心，郑宋以尝鼎而染指；狼心、虎乳、腼熊、献鼋之类，即此二十页中不一而足。可见古人属词比事，奇偶相生，整赡风华，不必有意求工，而自无不工者。连日阴雨，晚闻鸲鸟及谷姑声甚急，意潇潇者犹未已耶？五弟旧疾复发，服赵方一帖。弟疾不作已年余矣，私衷甚为欣幸，此次因外感兼劳倦故，竟于立夏节后复作。伏根已久，何日净除耶？思之郁郁。

三月二十八日(5月8日)　东岳帝圣诞，天雨未能出巡。先伯祖茂林公[③]周辰，午刻敬祀。二伯父至，将《潜庵漫笔》呈阅。写大字四十，读《左传》十页，《史记》"卫康叔世家、晋世家"。阅《申报》数十事。

---

① 按《江苏地震志》"光绪十四年三月十二日（1888年4月22日15时35分）镇江4.5级地震"。此次地震的情况光绪十四年三月十八日的《申报》有载。

② 《潜庵漫笔》是东台程畹所著的志怪传奇小说集。

③ "伯祖茂林公"即吉森（1792—1879），字茂林，号漪园，太学生。咸丰三年为避"洪杨战乱"，与胞弟吉棣举家从镇江丹徒迁徙东台城，并在此开设了经营南北货的"吉泰和"商号。

三月二十九日(5月9日) 杨屏丈早邀茶话,即拟数题交去。王六太太由安丰来,云云。写大字三十。午后与诸季闲步至新桥西,由大街回。改辉弟文一首,漫书折扇两柄。

三月三十日(5月10日) 李殿抡自曹甸来,午后过我。二兄偕楚及辉、福两弟下午往东。闻张廉访舟泊龙王庙。放学后到店。至东宅,改试帖一首。阅《笑笑录》,内有纪文达公事数则,诙谐入妙,不减匡衡说诗。

四月大 建丁巳

四月初一日(1888年5月11日) 早与二兄、六弟回候李殿兄,即过李府。过俊民书室一坐。读《汉书·翟方进传》。晚至张府,晤廷兄及俊二兄,上灯时回。

四月初二日(5月12日) 邀殿兄至太平园茶话,杨屏翁在坐。过虎臣,闻官课题文"子曰富与贵"至"成名";诗"清秋四月初"得"初"字,敷衍两卷,思笔滞塞,未能畅发旨要为恨。前日崇如来信,云在镇江作书院甄别两卷,其文境必纯熟,特未曾目及,殊觉歉然。虎臣此次作四卷皆妙;心兰一卷清机汩汩,扫尽肤词;月川一卷亦妙。偕虎兄过云衢兄、伯石丈两处,皆少坐即行。

四月初三日(5月13日) 早起抄昨稿,午刻携至虎臣处就正,即托代交。午后与福、辉两弟至清一池沐浴。"清一"二字未知是出《老子》书否?阅《申报》,赵君元益《备荒八策》酌古准今,洞中窍要,非平日留心经济岂易办此?又见徽州潘正卿述白下杂事数则,风雅宜人,用笔超脱,迥非时流所及。灯下咏余江干先生诗①。六弟晚往东。

四月初四日(5月14日) 盆池莲叶小若叠钱,阶头月季数枚,亦自妩媚可人。回顾前种之兰草,萎然歇矣。噫,九十韶华,去如逝

---

① "余江干"即余京。余京字文圻,号江干,清嘉道年间镇江丹徒诗人,其与吉城曾祖吉宗沅等在丹徒组建过"竹深诗社",著有《江干诗集》四卷。

水，美人迟暮，千古同嗟！时乎时乎不再来，几欲搔首作碧翁之问。履之来，约同少芝兄茶聚。坐顷，晤及春海兄，谈前日书院文。诣孙师，知虎臣昨日文题“居处恭”三句。原任东台场童君灵輀由舟回里，挽送者不一人，想遗爱在民，荣哀备尽矣。在店午饭。读《汉书·谷永传》十三页。放学后至东宅，复至店，八点钟回。

四月初五日(5月15日)　早过东宅，偕楚弟坐舟往东，至李府携芹官回。午刻，鉴翁过我。读《汉书·杜邺传》。下午雷雨，逾时即晴。

四月初六日(5月16日)　李府招往午饭，晚刻回，晤及仰吾夫子。灯下阅时文数首，作沈灶复信一封。

四月初七日(5月17日)　读《汉书·何武传》，肄《诗经·宵雅》三章。鉴缨携《柏蕴高先生小题文》来与楚弟抄读。阅《申报》数事。

四月初八日(5月18日)　读《汉书》“王嘉、师丹传”又“扬雄传”，诵《诗经·常棣》一章，阅时艺数首。虎臣午后来，邀至海道口观筑堤。

四月初九日(5月19日)　至东宅观芍药，二伯父午刻来饭。午后与二兄、五弟至太平巷问舍归，路过茶园口，下帘矣。晚刻复过东宅。兴化来信内致何处一缄，加封寄去。

四月初十日(5月20日)　写大字二十，读《扬雄传》，阅《诗经·天保》一章，咏《韫山堂时文》十遍。袁吉人令孙晋喜，早往贺。拟过虎臣，因雨而止。父亲微受风寒，体觉不爽。

四月十一日(5月21日)　早至店请父亲安，午刻至东宅。先二伯母冥诞，敬祭如礼。改文一首。

四月十二日(5月22日)　巳刻到店请安。过虎臣未遇，留扇一柄，托其代求陈白石丈一绘。阅时艺十余首。饱食终日，无所用心，晚与二兄为博弈之戏。

四月十三日(5月23日)　早与赵寿兄往钱府贺乔迁。午刻二兄命同往李府，下午回。至店，有事禀二伯父。

四月十四日(5月24日)　父亲午前来家，饭后到店。午后与二兄至浴德池沐浴。晚月色良佳，闲步至关桥口。鉴翁过我闲话。

四月十五日(5月25日) 辰初起，盥沐毕敬占《牙牌灵数》[①]一条卜秋成，句有云“而今学得交衢舞，突过寻常一辈贤”。福弟等至三昧寺，闻县公宣讲圣谕。偕辉弟至李府拜冥寿。晤徐捷翁。写大字二十，读《汉书·儒林传》，点《周礼·两官》。接崇如初五来缄并课，作一篇。

四月十六日(5月26日) 早往汤署贺喜，便至李府。过俊民叙阔。过虎臣，知山长课文“好仁者无以尚之”；诗“酒学佛”，作一卷，草率之至。下午与二兄至大街一行。鉴缨晚来闲谈。父亲在家晚饭。写大字二十。

四月十七日(5月27日) 早起抄文，送至陆云翁处托交。至虎臣家贺喜。鉴翁午刻来，适写扇未毕，即请渠足之。抄时文一首。午前在店。

四月十八日(5月28日) 早课毕，至殷府拜冥诞。过李府午饭，父亲及二兄皆在李府，午后同舟回。元官昨受风热，楚弟来询，知已好矣。孙师谈及镇江甄别课题，是偏全作法。杨性翁以扇属书。今日及前日两次遇仁卿于途。为李姑作信寄曹甸。盆莲叶高近尺，竹工送架来，稍大一围，未能合用，令其修削。二哥、五弟晚寻房经纪不着。读《汉书·循吏传》，点《周礼·春官》，阅管文。

四月十九日(5月29日) 殿翁以团扇属书，午前写就，草率之至。与殿兄、芷翁茶聚。点《周礼节训·夏官》，阅《韫山堂文》。在店小坐，与王嘉翁订围棋之约。下午随伯母、母亲及诸兄弟坐舟东行，视屋未成是刘姓。

四月二十日(5月30日) 早招虎臣茶话，即同至礼房看案。“子曰富与贵”课取超三，“小人怀土”则被黜矣，虎兄与有同慨焉。途遇金陵方君，亦道中人也忘询其字。崇如兄生日，巳刻往祝。元官前受风寒身

---

① 是一种用牙牌(牌九)来占卜求签、预测命理的书。

热，服杨叔翁方二剂，未全好，今日请楚山先生。阅方棨如《三方稿》及管文，写大字二十，点《周礼节训》一官。

四月二十一日（5月31日）　早往李府祝寿，即将昨扇留交殿兄。到店，见解侍卫报单。俊民早至，畅谈竟日，兼邀鉴翁午饭。午后热甚，五弟等以洋机激水洒地，稍觉凉爽，戏作文一首以赋其事。写大字二十。

四月二十二日（6月1日）　蔷官生日，午前过东宅。读韫山文[①]。天气骤热，寒暑表升至九十分。

四月二十三日（6月2日）　二伯父午刻至。借虎兄《联捷墨粹》三本。写大字二十。闻虎臣会课题"子曰：加我数年"二章。何姨丈来信一封。

四月二十四日（6月3日）　午前往李府，偕二兄回。过店，晤杨性翁。到东宅，知后日请客元官已好。写大字二十，阅《困学纪闻》三十页。二兄为我画折扇一柄。虎兄晚过我，云二十七日蔚如生日。

四月二十五日（6月4日）　写大字二十，阅时文。午后沐浴，过东宅。俊民二哥由南来，兼悉昨日生一女，下午遣五弟往贺。后日为蔚翁三十生日，仰吾夫子命同虎臣及唐月、陈心两兄、王子翁公作东道，在京江公所[②]晚宴，以预馔焉。饮至初更始散归，路有心兰、蔚如同行。虎臣作会课"子曰：加我数年"二章，文以述古作意。范又翁早来。

四月二十六日（6月5日）　早至张府贺芹喜，途遇心兰、蔚如、薪樵三君及子明先生。午前，二伯父命往招春海兄午饭。过李府，吉斋有家信至。在东宅陪客，共六客：孙师、春海、君木、谭润、蒋楚、杨屏。子久来缄，昨日到。

---

① 韫山文即《韫山堂时文》，下同。

② "京江公所"是镇江籍侨居东台的商家同仁在东台城内开设的同乡会馆，同时也是一个慈善机构。《吉城日记》中有时称其为"公所"或"公局"。

四月二十七日(6月6日)　早往祝蔚如寿。丁幼翁今日迁乔，六弟去。送公款至孙师处。晚过东宅，到店偕二兄回。大风。

四月二十八日(6月7日)　阅《稗说》一部，甚有道理。写大字二十。风雨一日，上灯后假寐片时。

四月二十九日(6月8日)　改文一首。午后到店，即至李府，将定金面交王翁以达陈姓，免生疑议。过融甫书斋，畅谈至日落始行。晤殿抡，顺道弄璋之喜。二伯父亦于下午至李府小坐。晚刻陪二兄闲坐，寻"太王逾梁山"故事，鄙艺多能，竟效萧君赢二。拟访虎臣，未得。

四月三十日(6月9日)　写扇一柄。李府招往午饭，孙师及二兄咸在焉。饭罢，孙师略谈小学。为李作信一封，由店交帮舟。杨屏翁有墩头之行，晚作信一缄，外夏衣凉席，托交何镜清。在三和店晤及鉴翁。

五月小　建戊午

五月初一日(1888年6月10日)　二兄拟今日晚舟许大船，作复崇一缄，便托面交。午后诸生有不辞自去者。许船小有耽搁，二哥改于明早启行。写大字二十，阅时文数篇。

五月初二日(6月11日)　卯初恭送二兄登舟。巳正往东宅，陪王厚翁早餐。官课文题"孟子曰：人有不为也"一章；诗题"醉后题诗醒已忘"，作一卷，晚饭后脱稿。

五月初三日(6月12日)　辰起抄昨卷。虎臣携所作四卷来，午刻去。热甚，下午雷声隐隐，疏雨一阵。午后沐浴。李府遣纪送来角黍一筐。

五月初四日(6月13日)　虎臣遣使取去《壬午墨粹》一部、《联捷墨粹》三本，复假来《联捷墨》三本。二伯父午刻来祀先，荐其时食。阅《乘槎笔记》上、下卷斌椿撰。申刻微雨，分栽月季数种。

五月初五日(6月14日)　早起敬神，并至伯父、父亲处贺节。

与耀廷弟三昧寺小立。午刻焚降真香，置菖蒲酒，偕诸季畅乐。午后蔚如、心兰、虎臣同过我，行“升官图”以为乐，至暮始散。五、福两弟至大街观灯判。

五月初六日（6 月 15 日） 大兄自镇江归，辰初抵家。询悉三兄平安，途中未遇二兄，镇江事尚为顺妥。李姑母自东来。阅制艺数十首。昨日时雨时晴，新种花有生意矣。午刻往张府慰。下午大兄来清话。

五月初七日（6 月 16 日） 请蒋卿，因齿痛，未至。阅时文。辉弟生日。早发镇江信两封一致少芝、一致崇如。晚接二兄来信初四午后即抵镇江矣，可谓神速之至。二伯父来，午面，大哥亦至。

五月初八日（6 月 17 日） 早发兴化信一封内有乃辉禀件。晚接兴化来信并付乃辉信件及寄墩头信件。汪履和作古，往慰。到店，见朱某试草。灯下检偿案头余债。二伯父下午来，与姑母闲谈。父亲戌刻来家，旋即到店。午前偶作《荷钱诗》一首，写纨扇三柄、大字二十。

五月初九日（6 月 18 日） 早将昨兴化寄致墩头信件交便舟带去。虎臣午刻过我。五弟往东。俊民还来《脉诀》一部。融甫来帖，知会课之举俟以异日。在凌云馆购笔三枝。子久文交杨性手寄去。抄文一首。孙府请客，姑母、伯母皆去。

五月初十日（6 月 19 日） 抄文两首，写大字二十。闻云贵已放主考之信，至店取《申报》，未见。卿翁来为内人诊。二伯父下午至。父亲晚来，乘月到店，送至桥下。

五月十一日（6 月 20 日） 早间至店，偕张仲翁往汪恒益，会同他业恭送牌伞到局，盖为方公永斋七十寿也。兴化寄来去年合购书票，所得副彩《渊鉴类函纂要》一部，另例送《医方》一部。晚赴方局宴，子正始回。接值路来缄，知翟宗谦丁艰出缺。沈灶寄到芥菜等。阅《鉴要》一本，抄科墨一篇。子久递来文两首。姑母回府。

五月十二日（6 月 21 日） 汪福宜新分茶社今日开张，大伯父率海、明两弟及五弟往。恒丰[1]着人来邀明弟早餐，未着。至方局祝寿，在店小憩。虎臣以所作"子夏问曰：巧笑"一章文见示。融甫午刻过我，订会课题。晚写复丹阳信。

五月十三日(6月22日) 虎臣午后过我，渠于得题后作至昨晚二更，三艺已成矣，可谓至速。偕虎过蔚如闲谈，晤及心兰。由蔚处借来《学政全书》一本帮补增廪类。月色极佳，明弟在恒丰晚饭，子正始回。

五月十四日(6月23日) 昨发镇江信一缄内附复丹阳信，又发复兴化信一函。早往孙师处闲话，还去《算学启蒙》二卷，顺至店小坐。孙师拟作"子曰：道千乘"一章文一首，晚刻携稿来，遂得拜读。五弟下午往东。

五月十五日(6月24日) 毛雨时作。恭、楚等皆在城隍庙观剧。草成会课首题文一篇。二兄来信一函内附三兄来信。夜有雨。

五月十六日(6月25日) 八祖母大人寿辰，早起恭祝。孙履之来，午饭。山长课题文"子谓子夏"一章；诗"先雨芸耨"得"农"字，作两卷。

五月十七日(6月26日) 卯刻起抄昨文，巳刻送去，未晤及虎兄。虎臣过我，观其书院四卷皆圆熟，时犹无诗也，为续成之。

五月十八日(6月27日) 午前偕明弟东行，至李府午饭。过俊民书斋畅叙。午后与俊同过融甫观会课作。晚仍偕明弟回，行至西屏，为会所阻，久之始通。

五月十九日(6月28日) 冯镜翁过我闲谈。蔚如以会课作见示。作《中庸》题文，未就。丹阳书斗复来一缄。二兄来信一函、并《申报》。

五月二十日(6月29日) 戴府生日，福弟去周旋一日，至晚回。五弟等观剧。父亲晚来家。

---

① "恒丰"是兴化钱氏族人在东台城内开设的一家典当铺，吉城的大舅父钱汉卿负责经营。《吉城日记》中有时称其为"恒丰典"。

五月二十一日(6月30日)　草成课艺二、三题，文思笔钝塞。虎臣借去仇继恒会试卷。代李姑写致吴信一函。

五月二十二日(7月1日)　早随二伯父福宜茶，楚、屏两翁及六弟、兄侄等咸集。午后，携文稿诣孙师求正。东至李府。过虎臣，偕往福慧庵散步。虎臣拢舍闲叙。沈仁卿过我王某扇托渠张罗。未、戌两次到店，接少芝兄信并《申报》。大兄嫂明早有沙沟之行，作一信并物托寄。晚有雨，由店送伯父回。

五月二十三日(7月2日)　鉴殷午刻来谈，饭时去。

五月二十四日(7月3日)　早偕明弟约冯镜翁茶话，晤及心兰。阅制艺。快雨。

五月二十五日(7月4日)　发文题交杨性翁。阅香山诗一卷。叶姓下午来相宅。

五月二十六日(7月5日)　福弟生日，早与诸弟茶聚，大伯父亦在坐。写复少芝信一函内附崇信。父亲在家午饭，午后随伯父往新宅一行。过虎臣，未晤，借来《尊经书院集》一本。送款至仁卿处王某扇。虎臣晚来，邀往演剧处观下场。入时已云散风流矣，相与登台长啸，披襟当风，亦是一快。兴尽仍过舍小坐，言及书院"人有不为"课案发，名已取。

五月二十七日(7月6日)　早将镇江信发去，致兴化信一函附姚寄物件。从虎臣处取来"富与贵"文一卷，又借《紫阳书院课文》二本。梦得闱题"请问其目"四句。晚接少芝信，又崇信、午时茶、韫山文等。下午过东宅。

五月二十八日(7月7日)　阅时文。暖甚，午刻沐浴。午后雷雨。

五月二十九日(7月8日)　携管文、《壬午墨》还虎臣，便将《会课三艺》留存渠处，拟得文题六个。少芝兄寄来《申报》一纸，内登福建、广东、甘肃、湖南主试官名字。热不可当。阅《紫阳书院文》十余首，写致吉斋信一缄。

六月大　建己未

六月初一日(1888 年 7 月 9 日)　早往李府芹官生日。到店，未背早书。虎臣晚来，以"非礼勿视"四句文见示。热甚。

六月初二日(7 月 10 日)　天热如昨。虎臣取去《史记》并《尊经书院集》。复芝信一缄言收到午时茶等。复崇信一缄带去笔十枝。

六月初三日(7 月 11 日)　阅香山诗，有《六月初三闻蝉》一首，即以"新蝉第一声"为题命诸季作之。日间欲作文，热氛纷扰，苦思未就。晚饭后，移榻就荷花下小坐许时，但觉暑退酷吏，风来故人，繁星满天，凉露在地，一片清凉世界，心为爽然，文机亦稍来矣。午后沐浴。阅紫阳文。

六月初四日(7 月 12 日)　巳刻蔚如来，邀同星南、虎臣送会课卷，至融甫处时已交十卷，闻尚有二、三卷。至李府饭。饭后微云掩日，作欲雨之势，疾行而归。晚凉可喜。

六月初五日(7 月 13 日)　至蒋府拜寿。在店发镇江信一函，店中荷花高过屋寸许。下午雨数点，大风吹芦蓬如蝶，翩翩而下，掠前邻后檐，堕瓦少许，而詈声作矣。

六月初六日(7 月 14 日)　作文一篇。早至东宅。虎臣取去《紫阳课艺》一本。晚腹中不快，服午时茶少许，稍可，终觉昏昏然，不如平时明爽。接少芝信并《申报》《日札》[①]等。

六月初七日(7 月 15 日)　胸脘不快，四肢颓然，欲卧，有汗而微热，仍服午时茶一碗，亦不觉其愈也。写大字二十，阅《思益堂日札》一本又时文数篇。上灯即睡，烦闷殊甚。早发复芝信。

六月初八日(7 月 16 日)　黎明起，更衣一次，泻后脘闷稍可，服胃苓丸二钱后仍是痛泻。午前融甫来畅谈，携去文稿一本。晚虎臣来，清话多时，腹中块垒顿消，借去文四本。

---

① 《日札》指清代周寿昌的《益思堂日札》。

六月初九日(7 月 17 日)　仍服胃苓丸，痛泻较减。下午闻雷，欲雨不雨。六弟下午东行。白荷花放矣。

六月初十日(7 月 18 日)　写大字四十，阅紫阳文，咏香山诗十余首。神志稍爽。

六月十一日(7 月 19 日)　大兄昨夜由金沙回。孙师遣使来取文谱一阅，时犹存虎处，原使往索之。二伯父午后来，携去《思益堂日札》一本。连日热甚，因不良于腹，未敢食瓜，今午分尝数角，爽彻心肺。

六月十二日(7 月 20 日)　咏白居易诗十余首。大兄来言试舟。

六月十三日(7 月 21 日)　早起见红莲初放，映日嫣然，真不数凌波妃子也。辰初往丁师处，询及考伴。在李府清话，至夕始回。盼雨有日矣，午刻雷电交作，訇磕有声，急雨一阵，未能沾足，据闻他处已得透霈。到店晤大哥，告以周舟作罢。虎臣早来，不值，留下会课题一纸。

六月十四日(7 月 22 日)　吴三兄早来，云今日回兴化，乃辉有信托寄。李使送昨服衣褂来。倦怠殊甚，时时思卧。大兄午刻来。虎臣晚至畅话。下午雷雨，妙极。

六月十五日(7 月 23 日)　早接二兄十一日信外书十本、午时茶乙盒，又头绳等。夜雨至早未止，午后放晴。

六月十六日(7 月 24 日)　《乘槎笔记》《紫阳书院课艺》等皆交虎臣来使带去。李府送来词十二本。早至二伯父前请安。复镇江信一缄内附崇信。六弟东行，至种善堂配药。

六月十七日(7 月 25 日)　下午过东宅，伯父仍请杨楚翁诊，客感已去，赞理脾阳。丁师晚到东宅，遣人来呼即往言船定事。在东宅晚饭。辉弟至卿翁处托诊，云是寒湿，用川朴等，服一帖。

六月十八日(7 月 26 日)　少廷内人三十生日，早往贺，在东宅午面。大兄午后偕五弟等往福宜茶社听书。晚到店。融甫索去《文选》《古文》[1]等。

六月十九日(7月27日) 午前过李府,饭罢访俊民。至李殿兄家问疾,到店小憩,带回《申报》二纸。下午雷雨。

六月二十日(7月28日) 京口寄来《申报》,一条载湖北、江西、浙江三省主试名。五弟至花映堂处取来"迁居选日单"。巳刻雨。蒋卿翁来为大伯父及乃辉等诊,皆寒湿所致。

六月二十一日(7月29日) 大兄因感寒暑身热,服卿翁方。早过东宅,墩头寄来家信一缄,托转交。大伯父痛泻稍减,仍邀卿诊,乃辉原方加减。午前沐、午后浴。

六月二十二日(7月30日) 吉斋寄来复信一缄。李府送来瓜藕等。早到店。子久寄来文二首。大伯父原方,乃辉止药一日。写致少芝兄信。

六月二十三日(7月31日) 祖父忌辰,二伯父午刻来祀。虎臣过我。镇江寄来信件。午后沐浴。早发昨信,顺言收到今件。

六月二十四日(8月1日) 作会课文一首,草率不堪。

六月二十五日(8月2日) 作文二首。有人往李府,带去莲蓬二枚。

六月二十六日(8月3日) 晚过东宅,大兄已愈。作"众仙同日咏霓裳"诗一首。

六月二十七日(8月4日) 早在店。至李府,下午回。诣丁师处,见书农夫子信。虎臣、蔚如早来,不值,鉴翁亦来。

六月二十八日(8月5日) 抄会课卷,午刻送蔚兄求政。晚与蔚同交卷至虎臣处,留晚饭,畅谈许时偕蔚回假来《癸酉墨》。

六月二十九日(8月6日) 阅《癸酉墨》数省。鉴翁午刻过我,携去《三方文》二卷。背书后到店。

六月三十日(8月7日) 毛雨间作,风声猎猎,大有秋气。食瓜

---

① 此《古文》指《古文辞类纂》,下同。

数片,凉洞心肺。据《卜岁恒言》云,是日阴雨而东风者,人和年丰,有秋之券可预操矣。接少之兄信并痧药二包,外《申报》一纸,江南主试官正李文田、副王仁堪附调帘名单。崇如有信至。到店问新宅筑墙事。诣孙师处,未晤。过虎臣,假来《金台书院课艺》二本。鉴翁午刻过我,借文一本,饭后去。大兄下午来,晚饭后去。李纪送来米粉,闱内用也。由店取来《癸酉缙绅全函》。

七月小 建庚申

七月初一日(1888年8月8日) 阅《举业要言》二卷、《墨艺》数十篇。先伯祖茂林公诞辰,敬祀如礼。二伯父午前来。还去虎臣《癸酉墨》,复假乙亥、乙酉两科墨共六本。

七月初二日(8月9日) 东宅递来书农先生寓名。早由店至新宅检点,东行过李府,到六夫子处告以三夫子寓所。过虎臣,知今日课题"使于四方";"斋焚香荐士",未作。在店午饭。景梁携其弟作见示,清爽之至。子久寄来文一篇。

七月初三日(8月10日) 虎臣早过我,携来昨作之二卷,并商酌诗句,已正去。午初到店,适王伯庸与蒋楚翁语相抵牾,不欢而散。风雷昨至今,时作时息,早晚甚凉。大兄携元官下午至。心绪不定,未能看书及文。

七月初四日(8月11日) 早到店。虎臣约晚聚,因往新宅检点并解馆等事,顺步往辞,未晤,留字代面。东至李府。放学后随楚翁等同至新宅一行,在店晚饭。少之兄来信内附《申报》一条,"李文田侍读学士"。兴化寄来信件并转递何信。王姓遣工来,筑厅照墙。

七月初五日(8月12日) 早至店,午刻回。与诸弟清查书籍,分叠停匀,以便入箱。

七月初六日(8月13日) 山长课"发而皆中节";"同学少年多不贱"得"秋"字。邀陈宣谷诸翁在店午饭。午后过虎臣,携来课卷二本。与蒋楚翁至新宅一行。词曲十二本,交唐六还去。写寄墩头信附去钱信。

七月初七日(8月14日) 早起摊卷,草成课文一篇,托虎兄交。王姓筑墙,继之以夜始竣。虎臣下午来,约同至街观判官。连日疫气盛行,有不须臾而逝者,里人祷求都天神出巡。

七月初八日(8月15日) 寅刻发斧石至新宅,余物雇徐船驳去。新宅安床。饭后乘船一行,至左家吊。五弟生日。

七月初九日(8月16日) 晚至新宅,与大兄同回,至东宅检点祟考具。俊民来。

七月初十日(8月17日) 徐船装物两次。晚至新宅。早带去镇江信一封外茶叶。

七月十一日(8月18日) 午刻至店,到新宅。张邻又将后窗击开,不识何为。镇江来信一。

七月十二日(8月19日) 寅刻进新宅,卯刻部署清定,遍拜各邻。与大哥陪楚翁复仪茶话,来客三十余位。吉斋午刻至,大兄晚饭后去。

七月十三日(8月20日) 吉斋早至。托姚弟至虎臣处询会课。少芝来信。五弟到店,顺过旧宅。晚过吉斋,月下归。

七月十四日(8月21日) 早到店会楚翁,询王东消息。西至杏林宅,便过旧寓,同六弟去。归过店,晤吉斋,稍谈片刻,同行至新坝分路。过虎臣,见二次会课卷,虎第一。阅初五、六两日《申报》,写大字二十,阅时艺三篇。晚偕弟等部署书卷。吴三哥至兴化寓,平安。

七月十五日(8月22日) 俊民早来,畅话积愫。三兄来信,询启行何日。午刻祀先,二伯父及大兄、六弟皆至。晚送二伯父至店,随大伯父回,途中见舆榇者、伐木者,邪所之声不绝于耳。疫深矣,可若何?王子纯作古。午后鸣雷,雨不甚大,然一震之威,邪气固当稍却。城隍神出巡。李姑母来,晚去。

七月十六日(8月23日) 吉斋过我。丑刻急雨两阵。夜来身热,头微痛,早起避风慎食。发题并前文交屏翁。大兄下午偕吉斋至,送祟考具来。

七月十七日(8月24日) 大兄早至，携来三哥信一函，当作复书带去。屏翁早来。丁师传谕，十九日晚舟。吉斋过我，留晚饭。虎臣、融甫过我，虎臣明日酉刻启行。身热解而倦甚。

七月十八日(8月25日) 检理考具及行囊等，属五弟买笔六支，匆匆一日，未能出行。着保龄送山药至丁师处。六弟下午至，交功课单一纸。

七月十九日(8月26日) 早至西宅，陪丁师、吉斋兄等聚谈。晚至李府，复至店告辞。

七月二十日(8月27日) 早刻登舟，同行者丁师、薪翁、坦翁、属翁共五人。晚泊尖角。

七月二十一日(8月28日) 行至乔苏，泊焉，沽酒共酌。

七月二十二日(8月29日) 下午至扬州，丁师、何坦、朱新诸翁皆上岸一行。

七月二十三日(8月30日) 早由扬州开舟过瓜州，上午至京口，江风甚静。随丁师至二兄处畅谈片时，到福园午饭，有何三兄。午后与二兄进城，晤三兄，少坐许时，即同步出城。时有微雨，坐划船上大舟，二兄送至金山河而返。朱薪翁在镇江稍有耽搁，迟二、三日附轮南行。

七月二十四日(8月31日) 早东风，开江，晚泊栖霞山。

七月二十五日(9月1日) 顺风渡黄天荡，时犹高卧，饭后抵金陵水西门。与三兄及丁师、坦庵骑马进城，在得月台小憩，晤及月川、虎臣。选寓在小石坝巷张宅，房主人字树村。与崇如同诣孙师寓。张四兄晚来。

七月二十六日(9月2日) 发家信两封，皆由少之兄处转寄。孙景楼移寓来。贡、监录科①文题“有子曰”四章；诗题“问寻封策应多味”，

---

① “录科”是由各省学政对生员和贡生、监生的一种考试。按清代科举考试制度，生员必须参加岁试与科试，因故未参加科试的生员和不列于学宫的贡生、监生等就需要录科，录科合格者才准许参加乡试，乡试考中后就称为举人。

买三场卷。

七月二十七日(9月3日) 仰吾、书农两夫子早至,邀同崇如得月台分坐茶聚,坐有徐适庵、笙师及景楼。与崇如交卷至收卷处。午前至荫棠叔祖寓,偕丁师、崇兄回。下午与三兄约坦翁得月台茶,途遇月川,联步而归。

七月二十八日(9月4日) 与崇如往请荫祖至问柳[①]茶话,丁师在坐。曾宫保至贡院会考优贡。偕崇如诣书农夫子,不值。书农师茶后来,留饭,下午去。孙师约茶。与崇如、虎臣至贡院内一逛。下午偕崇过书坊,小为浏览。

七月二十九日(9月5日) 约虎臣茶,不果。巳正,虎臣、崇如、戈伯鸿诸公游清凉山,便过莫愁湖。薪樵午刻由镇江坐轮来。

八月小 建辛酉

八月初一日(1888年9月6日) 早与三兄及月川、薪樵问柳茶话。往书坊购《经世文编》等。刘六先生招游元武湖[②],乘马出太平门,唤船未得,骑行数里,至湖楼拜曾公像。一路垂杨夹道,湖心莲气袭人,叶大于盖,花稍减矣。下午游妙相庵及大钟亭钟上镌"洪武年铸"数字。

八月初二日(9月7日) 与三兄县学领宾兴费,便过刘六先生寓。蔚如、心兰、虎臣约同往考棚看贡榜,时犹未发,道过南门茶社小憩。偕虎臣购阮《注疏》[③]乙部。据闻,监临陈公查,号太常。仙蝶飞来。

---

① 清代,南京夫子庙有问渠、问柳、问津三家很有名气的茶馆,而问柳就在贡院街上,如今已复建为问柳菜馆。

② "元武湖"即玄武湖,清代因避康熙皇帝"玄烨"之讳,而将玄武湖改称元武湖。

③ 阮《注疏》即阮元校刻的《十三经注疏》。

八月初三日(9月8日)　薪樵招往买春园小聚,孙师、蔚如同往。贡榜已发,丹徒陈庆年得优正贡六名、陪员十八名。李实甫送来二兄信一封。书农夫子午后至,占课得姤卦。与三兄邀丁三、六两夫子,午后得月台分座茶话,晤及卢楚翁。

八月初四日(9月9日)　过钱正宾闲话,携来《味根录》一部。早刻偕三兄邀孙师茶叙,蔚、薪在坐。

八月初五日(9月10日)　荫祖饭后至,邀往问柳茶聚,并请书农、笙甫两师。书斗毛周付去三场送考费。

八月初六日(9月11日)　偕应绍翁至状元境,观陈监临、李、王两主试及内外提调、监试帘员诸公进贡院,仪从甚盛。

八月初七日(9月12日)　早与夏虎、刘蔚至点石斋购《经策通纂》及《文献通考》《经籍纂诂》等书。过孙师寓小坐。至荫祖寓,不值。

八月初八日(9月13日)　辰初,第五起与三兄入闱,坐英字号,崇坐淡字对号。今科应试者,上、下江合计二万三千人,平江府南总门一带新搭席号数百间,往来甚觉狭隘,以致挤毙多人。崇如欲过我,未果。晚饭后早睡,邻号为泰州王翁,其年老矣。何坦庵病疟,未能与试。

八月初九日(9月14日)　寅刻题纸下。首题"子曰:可与共学"两章,次题"及其广厚"三句,三题"堂高数仞"至"在彼者皆我所不为也";诗题"金罍浮菊催开宴"得"鸣"字。三鼓后,三篇始脱稿,黎明时誊毕,即过崇如号舍,立谈片刻,交卷出场。倦亟欲眠。

八月初十日(9月15日)　钱正兄过我,送来二兄信一函。午后强步至点石斋换《说文》三本。昨日微雨。

八月十一日(9月16日)　辰初进场,坐之字号,三兄坐果字号,属东文场,封门后携考具入崇如号,号舍仅空一间,敷能容膝。虎臣亦同号,月下共话,乐不可支。写复二兄信一缄,托钱振兄寄去内附家。

八月十二日(9月17日) 丑刻题纸下。《易经》“为电”;《书经》“淮海惟扬州[①]”;《诗经》“既景乃冈”三句;《春秋》“夏五”;《礼记》“脍,春用葱,秋用芥”。上灯时五艺成,誊至夜半,忘写添注,涂改时已抄过三篇,急翻一过,幸文后皆余八九字,将可补注,亦危矣哉!

八月十三日(9月18日) 早饭时,约薪樵、崇如一齐交卷出场。行至明远楼下,寒风袭骨,凉不可耐,服药茶一碗始解,不然病矣。

八月十四日(9月19日) 早刻仍与三兄入闱,风雨潇潇,同坐廉字号本号映字“九十三”,邻号上江丁先生亦弟兄同号。

八月十五日(9月20日) 第一问“杜注《左传》”,第二问“《辽史》”,第三问“古子”,第四问“海军”,第五问“金石”。午刻,同寓五人齐交卷归寓。晚杯酒痛饮,圆月如盘,闲步至秦淮河一带,三兄同行,盘桓片刻即返。攀桂轩沐浴。

八月十六日(9月21日) 丁三夫子、刘六先生早至。诣荫祖寓。应绍翁约午茶,三兄、丁师皆往,途遇虎臣。

八月十七日(9月22日) 孙师约茶,三兄及虎臣、薪樵同去。至李光明家购经书二部。午刻登舟,晚泊江干。

八月十八日(9月23日) 巳刻抵镇江,饭罢上岸,晤二兄畅叙一切。至观音洞散步。晚邀丁师福园小酌,三更回舟。

八月十九日(9月24日) 二兄早约福园茶,丁师、孙景皆在坐。午刻与二、三兄同至庆乐园观剧。

八月二十日(9月25日) 黎明开舟,午刻抵扬州。与三兄上岸闲步,买大石榴二枚。虞府眷附舟至东台。

八月二十一日(9月26日) 东风未便行,过仙女镇数十里即住。

八月二十二日(9月27日) 东风阻舟,过拦江坝,水甚溜,船头

---

① 《尚书·禹贡》中的“扬州”是古代一个广泛的地理概念,包括了今淮河以南、长江流域及岭南地区。

为水所逼，斜触岸旁，訇然有声，头舱几为震裂。晚泊方溪。

八月二十三日(9月28日)　东风阻，至溱潼。晚与三兄上岸散步，日落风寒，心绪茫乱，几致迷路。连日石尤肆虐，樯舻虽设，无所用之。“东风不与周郎便”，信然。

八月二十四日(9月29日)　仍东风，午刻到家，由大王庙登岸。先至杏林巷请伯父安，即诣店请父亲安。检理行装毕，日已暮矣。

八月二十五日(9月30日)　早至李府，晤吉斋闲话。写寄镇江信，交福兴润局。巳刻到店，午刻回。三兄、吉斋、大兄皆来，盘桓一日。

八月二十六日(10月1日)　早刻偕吉斋至福宜分坐小聚，丁少农、大兄、三兄、六弟皆往。在杏林巷陪丁师午饭，饭罢与吉兄、三兄清一池沐浴。

八月二十七日(10月2日)　昨虎兄过我不值，今晤于福宜茶坐，立谈数语，蔚如亦在坐。早与吉斋邀丁师茶聚。巳刻至杏林巷共三兄话。过杨恭甫，未晤。谒孙师。至李府问疾，至店有事。晚写镇江信一缄。

八月二十八日(10月3日)　镇江信由店寄去。发兴化信一缄。李府招午饭，坐有李潜庵、孙师、大兄、三兄。午后偕三哥过俊民叙阔。三兄过我小聚，晚饭后去。吉斋晚舟，过我作别。阅《酒令丛钞》两卷。

八月二十九日(10月4日)　楚翁约茶，坐有崇如。大兄生日，往祝。母亲因受风热，唇间肿痛，邀蒋卿诊，云恐是外症。与崇如过虎臣不值，晚复过，谈一切。赴徐府晚宴。

九月大　建壬戌

九月初一日(1888年10月5日)　早请孙师茶，有虎兄、三兄、大兄，三兄后为杨爽泉约去。二兄来信并书一包。徐府午饭，偕三兄去，饭后与蔚如同过融甫。午前由杏林巷至店小坐。

九月初二日(10月6日) 虎臣早约茶话,有孙师、崇兄。诣店请父亲安。左府嫁喜,三兄往贺。检点书籍及杂件。“长沙地小,不足回旋,惟有将就了事而已”,读《国朝文栋》数篇。至凌云馆偿前日砚债。过李府,途遇孙师。至种善堂配药。六弟午后至。阅《申报》,云南闱试卷本月初二、三日方可誊竣。

九月初三日(10月7日) 早起剃头,偕三兄、蔚如兄至徐府吊,兼为小相,戌刻归。袁小芗由安丰来,晚仍回舟。吴木工来收拾书房,明日开馆。阅《经世文编》五页。

九月初四日(10月8日) 阅《国朝文栋》三十篇,诸生早来,写大字二十。晚至店,食螃蟹,孙师在坐。

九月初五日(10月9日) 复镇江信一缄,外书一札。三兄来,留饭。午后谒丁师,过李府问疾。晚刻,王春翁招饮,偕虎臣归。高鹤舫馆在恒远巷内。

九月初六日(10月10日) 早与俊民复仪园茶话。微雨数点。改文四首,交性翁去。李府送来螃蟹,烹而食之,六弟在此晚饭。阅《尔雅注疏》四页、《国朝文栋》数篇。

九月初七日(10月11日) 早偕三兄过俊民,即至太平园茶,融甫在坐,邀丁师不值。过融甫闲话。李姑母来,三兄亦来,午饭。晚与崇如兄至三昧寺方丈西室扶鸾,上下手为孙大生、笙甫师也,语多难解,洋洋一篇。晚饭后复在店内客坐间请吕祖,亦各示一机,并以十一字属对,问中数则曰“《秦誓》不可不读”,异哉!二鼓时,与楚翁、丁师、五弟东归。夜来大风怒吼,窗扇为开。

九月初八日(10月12日) 孙师母寿辰,往祝。过虎臣纵谈。书院课题“子曰:三年学”一章;“满城风雨近重阳”得“城”字。读《吴可读遗疏》,孤忠郁勃,声泪俱下。晚与三兄、虎臣至三昧寺复坛,丁师、孙景亦往,在店晚饭。

九月初九日(10月13日) 早同虎臣至蔚如家时,蔚已茶罢,因偕过三兄,即约至乐泉小聚。巳刻同过刘继翁,各占一课。午后虎臣过我。恭、楚两弟登泰山①。王伯庸居然逝矣。

九月初十日(10月14日)　早起云气如墨,沉沉欲坠,凉风徐送,疏雨洒窗。晚来檐雀噪晴,若有霞意。清坐一日,聊藉《稗说》消遣,楚弟因雨未至。前日兴化有复函来。早晚甚凉,薄棉恰好。元庆叔携纸来,属书。

九月十一日(10月15日)　先祖妣周辰,敬祀如礼。父亲、二伯父及三兄皆来祀先。阅九月初四、初五日报内载帘员内调单。晚与三兄、诸弟小酌,左螯右酒,行中式令三巡。

九月十二日(10月16日)　丁师约茶,有张小斋、崇如兄。茶后与三兄至李府拜寿,留连一日。晚刻食螃蟹,有张虎臣、孙师亦在李府。午前途遇融甫,立话数语。融甫过我,未值。月下同三兄回。

九月十三日(10月17日)　毛雨。曹鉴翁夫人仙去,遗一子一女,女犹未弥月,呱呱在抱,伤哉!往慰,申刻殓后始归。过崇如。虎臣过我,清茗共话,上灯后樽酒盘餐,纵谈近事,九点钟去。晤吕子纯、汪式金,谈及王姓事。占《牙牌数》两条,一为虎臣、一自占。

九月十四日(10月18日)　写镇江信一封,交项舟带去。二伯父邀蒋楚翁茶,三兄、六弟往陪。到店少坐。

九月十五日(10月19日)　圈《国朝文》数篇、《晋略》一本,写行书六幅。三兄至李府小聚,晚过我。属容保往蔚如处借《经学辑要》,未遇,帖留朱薪樵处。闻二十二日发榜确信。晚大风,甚凉。

九月十六日(10月20日)　早与王星斋、四叔、三兄茶话。谒丁师,偕崇过李府。虎臣着人送课卷来。山长题"夫人不言"二句;"拔茅连茹"得"茅"字。小友题:"仁者寿,子曰齐。"阅《晋略》半本,点《国朝文》数篇,阅《说文》两页。偕三兄过蔚如闲谈,便以六壬课相证,假来姚氏《易学》一本。晤薪樵。大兄邀啖螃蟹,芹甫、明远同去,十点

---

①　此"泰山"指的是东台城郊西溪的一座小土山,北宋嘉祐年间在这里建造了泰山护国禅寺。

钟步月归。

九月十七日(10月21日) 检得十三岁所作“仁者寿,子曰齐”文一篇,因从虎臣处借卷抄之。巳刻过虎臣闲谈,假来《正学篇》四本,又《声母千文》一本。早起,寒不能耐。闻湖北榜发,解首毛君荫桐,武昌、汉阳两县中者较多。阅《正学篇》一卷、《说文》三页,点《国朝文》五篇。薪樵下午过我,旋往王府。父亲咳嗽,连旬未愈,邀楚翁诊,用小青龙法,煎服一剂。子久寄文来三篇。

九月十八日(10月22日) 早过李府。何姨丈由兴化至,周旋一日,晚饭后送登舟,明早开往墩头矣。接二兄信,附李杂件、锁匙等,又上父亲禀一、致三兄信一、《申报》四纸。广东、广西、湖北、河南四省榜已发,湖北元毛荫桐,广西元毛荫蕃,名字颇复相似。父亲服药后未得汗,仍邀楚翁诊,仍以小青龙法。与明弟至泰山堂配药。

九月十九日(10月23日) 霜降节。父亲服药后仍未见汗,而热已解,咳亦稍好,停药一日。李府馈白鱼一尾,旋买二尾转赠。三哥来午饭,下午偕往曲江池沐浴,乃辉亦去。与崇如过虎臣,即约同至玉带桥一带观菊。三径就荒,陶令风流顿减。兴尽而返,至吕祖宫小坐,有陆云衢。二兄发来信并十五日报,浙江乡试元王会澧,正榜百零五;福建元郑俊陔,正百零二、副十七,林姓中二十一名,可谓盛极;河南中额正榜八十二名,元彭士彦;湖北中额正六十名、副九名;广东元杨裕芬,正八十八名、副十四名;广西正五十二名、副九名。江南榜信,据云俟二十二日方有的讯。阅八月念九日《京报》,江苏学政王奏为《经解》[1]刊有成书折,计用银一万六千三百余两,为书二百九部,计一千四百三十卷。张冰臣有小幅托汪继声画。写《说文》四十字,复兴化信一缄。

九月二十日(10月24日) 早至杨楚山处邀为父亲诊,至晚始来,用干姜、五味、白芍、甘草等药,未及服。巳刻至杏林巷,偕大、三

---

① 此《经解》即《续皇清经解》,下同。

兄到店。与三兄东行至李府。过春海，未晤。过俊民。俊民晚来，留饮，坐有大兄及三兄。时雨声潇潇，遂与三兄咏连床之句，谈至子刻始睡去。在李府晤及孙师，云今科正主试意在经策，首场并非所重也。阅《说文》三页、《策学备纂》数条。

九月二十一日（10月25日）　李姑母来，三兄等牌聚一日。父亲服昨方，风感已愈八九。姑母及三哥皆晚去。下午腹痛异常，服干姜少许，稍好。

九月二十二日（10月26日）　丁师早约茶园闲聚，坐有崇如。茶后同过崇如。三兄午刻雇舟下乡一行，明后日即归来也。接二兄寄来《申报》并李件等。二伯父、李姑母皆于午刻来。午后敬占《牙牌数》一条，录后："泗上何人识沛公，谁知草昧起英雄。帝王卿相非常业，多在鱼盐版筑中。"顺天乡试南七省题名，南元黄毓琳，江苏人；解元刘坪，直隶人。江西乡试《题名录》，解元李政炽，共计正榜百零一名、副榜十八名。广东南海县计中二十三名。父亲呛咳已愈，惟痰多，腹中时或涨泻，仍服昨方。在杏林巷遇虎臣，稍谈数语即去。江西榜中，如羊新暴益堂、司徒赓束之璜、泠元英、竺元荫，皆可谓榜花也。张府嫁，王府殡。

九月二十三日（10月27日）　九点钟起，晏甚。据闻昨日发榜，茶后逛至虎臣处闲谈，晤及心兰，下午孙师、蔚如亦至，相对寂寂。时已上灯，外间杳无消息，忽喧嚷之声直欲破扉而入，虎臣急出开门，而报者至矣。噫，此时此景，而犹曰我不动心，是岂人之情也哉！于是惘惘归来，孙师、心兰、蔚如亦各回寓所。逾饭时丁师过我，云汪作舟中三十五名亚魁，猛喝之后又加一棒，区区方寸于斯乱矣。无已，复步出门，行至彩衣街首，闻虎臣家业已开报，中第十七名经魁。同学少年，竟多不贱，不才如我，惭欲涕零。正无可奈何之际，又得丹徒正榜八名、副榜一名之信，蔚如则一百十九名也。试数平日知交，无逾此数人者，今皆奋翼而去，此亦人生最可喜事，无如人各有亲人，皆有以慰亲望，我亦人子，我父母之望我果何时已耶？思至此，簌簌泪下，不得已由原径步回，闭门言卧。凤兮凤兮[1]，抑何不飞而不鸣也？兴化来信一缄。

九月二十四日（10月28日）　俊民早来，约往夏、汪、刘三处致贺，路经谭先生课馆，俊民求占一课。见丹徒全单，徐坦第五、姚锡光三十九，其中如张宝森、陈廷错等，名次高卑不一。孙师过我，闷闷不乐。大兄下午来，三兄由乡来，闻信后惟泪睫相对而已。复检乩语，颇有可信，如"读秦誓"即指虎臣一人言也，"左之右之"即隐言不中也，"改得春在先生杖履"皆切夏姓中也。仙耶、佛耶、神耶、鬼耶，其真有灵来耶？

九月二十五日（10月29日）　曹家"二七"，偕崇如往吊，便与之过蔚如、虎臣。见全录，丹阳优廪生魏有声中第七名，丹徒正榜共计九名，电报漏去王树勋也；解元姚永概，桐城附生，年二十三。孙师过我，关切丹阳又出一缺。二兄寄至《题名录》一本，忆前人咏此题云"传来一纸魂销，顷刻秋风过了"，二语真令人泣下。

九月二十六日（10月30日）　父亲复受新凉，痛泻十余次，亟邀楚翁诊。用当归四逆加味法，服一帖即愈。三兄早来约茶，未去。朱次云家开吊，着人持片上号。心兰午刻过我，谈及"志学会"中今岁得刘、夏二君，大为增色，我辈年华甚富，激励正在此时，要不可自丧锐气。携去《国朝文栋》两本，送至渡头而别。饭后无聊，偕五弟出门闲行，过板桥观打鱼，立片刻，信步过融甫畅话，复偕行至板桥，倚栏许时，日落始散。三兄下午过我，俊民亦过我，皆不值。

九月二十七日（10月31日）　背书后至凌云馆购笔，顺过杨楚山，邀诊。东至李府闲谈，途遇心兰，约我午后杏林巷会。午后与三兄东行，便诣丁师，借来《角山楼赋》二本。在西院晚饭，坐上共三人，心兰、崇如、凤池也，二炮后各散。二兄寄来信一缄，言收到梨子等。风信甚紧，夜分渐闻雨声。阅二十一、二等日报。楚翁来诊。

---

① 吉城字凤池，故"凤兮凤兮"乃自我感叹之语。

九月二十八日(11 月 1 日)　雨由昨夜直至今午后始止，晚明霞映天。巳刻，携昨方就楚翁正，便至种善堂配药。过俊民，见袁子才先生十四岁作《高祖论》，笔情恣肆，迥不寻常。俊民赠我笔一枝。阅《角山楼赋》二首。下午过虎臣闲谈，拟托购《汉书》，因不至金陵而罢，取来《文正书札》四本。静坐数息百入，灯下阅《明季遗事》数则。父亲服昨方。写寄扬州信一封附衣包。阅《曾公书札》[1]两篇。

九月二十九日(11 月 2 日)　遣时二至虎臣处，借来《诗注疏》二十本、韩文十二本。三兄过我，便偕过俊民。午后拟与三兄至间壁听书，未果。小步巷口，顺雇南行之舟。虎臣过我闲谈，彼此以学相勉，升沉之概无存于中，古称益友，其庶几乎？三兄携去《国朝文栋》一本。心兰遣其弟来借《汉书》不值，晚以两本托六弟带交。《毛诗注疏》《尔雅注疏》《孟子注疏》共成一套，交六弟带与三哥。杨楚翁午刻来诊。虎臣着纪送来《尔雅注疏》五本。灯下阅《文正手札》十页。西北风甚寒，天气阴晦，静坐数息百入。

九月三十日(11 月 3 日)　写复东坎汪信一缄，阅《輶轩语》及《文正手札》，代李姑母复吉斋信一缄。丁师晚过我，还来洋蚨四元并信，托崇如带镇江。午后春泉沐浴，见一沈姓者，兴化人，略与谈谈，颇谙世故。话及予伯仲髫年入泮事，艳羡不置。嗟嗟，转瞬光阴葛裘九易，侧身自顾，仍披着一领青衫，坐看衮衮诸公联翩直上，未免有情，谁能遣此？灯下改明弟文，静坐数息百入。辰正起，亥正卧。西北风。

十月小　建癸亥

十月初一日(1888 年 11 月 4 日)　早接镇江信一缄，附丹阳张佩兰来信，内言补廪[2]各节，又附《申报》数纸。巳刻过心兰未遇，至

---

① 《曾公书札》和《文正手札》均指《曾文正公书札》，下同。

② 按清代科举制度，经岁试与科试成绩优秀者，增广生员可升为廪膳生员，其过程谓之为“补廪”。吉城即于当年办理了“补廪”手续。

杏林巷小坐。复与三兄过心兰，清话片刻。出门联步行至三元巷口，三兄特至谭柳亭处占六壬。三兄东至丁师家告辞。俊民过我。雨声过我，约会课缓以明年。午后约心兰听书，未至。偕崇、俊至凌云馆购笔，薄暮同至城南观鱼。途晤蔚如，闻闱墨已出，所登名作半皆古藻纷披。拟复丹阳信稿。是日城隍神出巡，奉旨利孤，楚、明两弟皆往。阅九月二十三、四日《申报》。

十月初二日(11月5日) 写寄二兄信并附复张信，总封一缄交福兴润局。书院课题"子曰：由，诲女，知之乎"一章；诗题"料得寒枝有早梅"得"梅"字。作两卷，未有稿。俊二兄来，福弟午刻自沈灶来。检出《研经堂集》[①]，敬阅《先梦熊公[②]行述》一过。

十月初三日(11月6日) 早起作试帖二首，补誊二卷，着明弟送虎臣处托交。与崇如偕过李府。阅《文正书札》一本。过虎臣，未晤。子久寄来文一篇，即为评阅寄去，附文题三个。

十月初四日(11月7日) 崇如兄早过我。二兄发来三十日信一缄，当复去，附江浙闱墨两本。《江墨》元作平平，亚首刘棠灏文可谓无愧，至如江标"为电"、汪济"既景乃冈"，皆能于百万军中独树一帜。阅未毕，为丁师取去。六弟由心兰处携来墨板闱墨一本，虎臣之物也。虎臣过我，偕往城南闲逛。午刻以闱墨送交融甫。检出《晋略》四本、《文正书札》四本、《酒令丛钞》二本应先生者、条纸四幅、《经世文》二本，统由六弟手交与三兄。灯下商改子久文四首、又二首。

---

① 《研经堂集》即《研经堂诗文集》，系吉城族祖吉梦熊所撰。

② "先梦熊公"即吉梦熊(1721—1794)，字毅扬，号渭厓，云阳吉氏十七世祖。乾隆十七年殿试二甲第二名进士，钦点翰林院庶吉士；十九年散馆授编修，充武英殿纂修、续文献通考馆提调；二十八年补掌江西道监察御史；三十二年巡视西城鸿胪寺少卿，升光禄寺少卿；三十五年升任顺天府府尹，加二级；三十九年迁太仆寺卿；四十三年迁内阁侍读学士；四十九年直四库全书馆总阅；五十三年补通政司卿；五十四年钦命福建学政。著有《研经堂诗文集》《丹阳闻见录》《随辇赓和集》《棣晴书屋课草》等。去世后于嘉庆八年奉旨入祀江南乡贤祠。

虎臣晚舟往江阴。

十月初五日(11月8日)　崇如过我,定于今日晚舟,成二律以饯之。毕俊过我,未晤。在杏林巷晚饭,坐有恭甫、心兰、鉴缨,畅饮纵谈,月斜始散。即送崇如登舟,本约恭甫同行,后恭甫以他故致羁,遂作罢论。独行踽踽,殊难为情。在店晤及孙师,晚饭后由店归,便将子久文交屏翁。

十月初六日(11月9日)　孙师属六弟假《浙墨》一观。谒孙师,至店。李姑母来。过笏山丈。早阅《浙墨》,佳作颇多,较江南有过无不及也。遣人还灯笼至陈府。楚翁午后来,取去王屋交单等。李府晚送来螃蟹十枚。

十月初七日(11月10日)　早往西,会楚翁诸君,交房与王姓。八祖母暂移杏林巷。今日辰良,恭请祖位入本宅,在杏林宅中饭。王宅押租,由楚手拨回。晚由店回。风雨一日。

十月初八日(11月11日)　点《论语注疏》至"道千乘"章止,写大字二十。阅《角山楼赋》一本。绛树双声、黄华二陵。风甚冷,午晴时补纸窗隙数处。发镇江信一缄王托购书。静坐数息百入。

十月初九日(11月12日)　邹骏兄来,借闱墨一观。心兰至,略谈近日课程,以"寡言、静坐、收放心"三者谆谆相勉,携去《江墨》一本、又《研经堂集》一部。蔚如今日拜客,午刻至。融甫晚来,赠我试策纸两套并墨格,月上时去。晚由店至杏林巷易衣,往杜府寿筵,坐有吴尧翁,谈及作舟由江阴乘轮赴鹿鸣宴。静坐数息百入。诵朱文公《敬斋箴》,楷录一通。阅《正学编》一本,如"严立课程,宽著意思,省说闲话,省见闲客,半日静坐,半日读书"诸语,皆为学要诀,能无三复!阅杜诗六首,写大字二十。在店见二伯父,属访陈府寿辰。养心莫善于寡欲,方读经便欲观史,方作字又欲做诗,此即多欲之谓也,勿忘、勿助长最好。

十月初十日(11月13日)　俊民三十生日,偕弟往祝云是初八日,途晤云衢。写大字四十,点《论语注疏·学而》终共两页。阅《〈尔雅注疏〉序》三页、《〈诗谱〉序》七页。午后谒丁师，还去《角山楼赋》两卷。过李府闲话，月出而归。

十月十一日(11月14日) 写大字四十，阅《正学编》一本，点《论语注疏·为政》，点《尔雅注》三页，点《说文》标目十二页。午后到店禀二伯父，送陈府寿礼。《尔雅》"绯、善也"，义未详。静坐数息百入，明月如入我怀。接二兄来信并初一、二、三、四日报，钱桂森谢恩折由驿驰递，非是交部察议。新种菊花两盆。八祖母由西来，晚去，时刚月上。戴少琴上《黄方伯条陈》六条，一正礼乐服色，以重名器；一禁寺院香市佛会，以端风俗；一慎选绅衿，以资表率；一禁台基，加重爔棍罪名；一畅行轮船，以兴商务；一造铁路，宜先其所急。晚饭后与钱弟步月。

十月十二日(11月15日) 早谒孙师。融甫借去《浙墨》一本。丹阳书斗来信一缄，当写复函，由二兄处转交。写大字四十、小字百二十。点《尔雅注》三页、《论语注疏》页半"子曰由"章止、《说文》三页、《诗经大序》三页。点古文三篇，诵《文选》诗、赋各三页，读《汉书·历律志》三页，阅《正学篇》一本。晚至桥头望月。静坐数息百入。读管文六篇，改文二篇。

十月十三日(11月16日) 写大字五十、小字百二十。点《尔雅注》三页、《说文》十三页"蓝"字止、《论语注疏》页半"无勇也"止。读《诗经大序》，读《律历志》三页。早往杜府祝寿。李姑母至。晚偕弟巷口步月，听邻家读《论语》"子路问成人"。静坐数息百入。

十月十四日(11月17日) 夏子、蒋楚约至复缘茶话。过俊民，未晤。过李府，携桂官来。接二兄信，知三兄于初八下午抵镇江，明年馆事如常。又接张佩来信。午后谒孙师，未值。到店见二伯父，知三兄寄有《汉书》二本，由局寄下，又《里乘》八本。过心兰，亦未晤，秋岩老伯留谈片刻，携回《江墨》一本。镜丈来信一缄，又致兴化、泰州各一信，托转寄。

十月十五日(11月18日) 早发镇江信一函，内附复张信。又发墩头信一缄。送陈寿嶂等。二伯父至，饭后往李府。俊二兄来谈家务。心兰至，带来《研经堂集》四本。晚过丁师未晤，见案头今科遗卷，又复荐而未售，丁三夫子亦荐卷。静坐数息百入。

十月十六日(11月19日)　三兄由局寄下《前汉书》两本。心兰递来书单一纸，六弟手捎去。点《论语·八佾》注疏一页，圈《国朝文》四篇，点《说文》三页、《尔雅注》一页，读《关雎》三章、《律历志》三页。往夏府贺喜。山长有课，托渭秋接卷，未至遂罢。阴雨竟日，晚饭后小霁，微露月影。

十月十七日(11月20日)　晓起，复闻窗外雨声。诸生半不到。楚弟手假心兰邓石如《多心经》一部。写大字四十，点《说文》三页、《尔雅》三页、《论语注疏》两页"八佾"终。读《葛覃》《卷耳》《桃夭》注疏，阅古文十篇，读《律历志》三页。风雨又一日。晚蔚如邀饮，亥正回。

十月十八日(11月21日)　早携《汉书》二卷过心兰，不遇。至杏林宅禀伯父安。朱履和作古心樵三叔，往慰。又闻李延甫赴修文之召，上有老亲，竟尔长逝，亦可哀也。晤心兰于李家，过象三房[1]小坐，略谈近况。父亲今早到店，在店晤及俊二兄。写大字二十四个，点《说文》一页、《尔雅》三页、《论语注疏》三页"里仁第四"终。读《汉书·礼乐志》二十页，气息深厚，愈读愈妙。点《经世文》六篇。北风潇潇，戌刻毛雨，凉甚。江南武闱消息近在旦夕，第连朝风雨，或致迟迟耳。

十月十九日(11月22日)　小雪节。据闻昨夜微雪。早过李府。由杏林宅偕六弟往贺蔚如喜。柳楚翁藏有《爨龙颜》《爨宝子》二碑，与心兰共赏之，并观步江、小花诸先正墨迹。心兰至蔡家吊，同行而东。李府招午饭，晤及孙师。过毕四俊民，过笏山丈。晚随二伯父坐船回。点《说文》一页、《尔雅注》页半、《论语注疏》一页"无所取材"，

① "象三房"指吉烺继妻吉陈氏的寓所。

材、哉古字通。读《毛诗传笺》“兔罝”“芣苢”“汉广”“汝坟”“麟之趾”“鹊巢”“采蘩”。读《刑法志》十五页，点《经世文编》“学术”“治体”“兵政”文八篇。晴冷。静坐息百入。

十月二十日(11月23日) 晓起，霜华满屋。背书未毕，俊二来，为其家事部署一日。在李府饭。过春海略谈。下午复过李府，五弟亦至，于巷内见丁次书。是晚未能静坐，夜来梦境荒唐，存诚不密，于此可见。崇来信一缄，索《经籍纂诂》等书，并有和前诗二章。

十月二十一日(11月24日) 早，父召至店，阅二哥来信，外《里乘》八本。点《说文》三页、《尔雅注》七页，写大字四十、邓石如篆三十字，静坐。下午偕俊二东行，便过李府。日将暮，一人着布衫蓦蓦然来，丁其姓、立福其名。据云来寻大伯父，见伯父亦不识，惟称身世落拓，现需阿堵物三百文，缺一不可。且以男子汉自命，昨曾在西宅借得少许，不足遂至此，当门而立，亦无他词。时已上灯矣，渠久不去，遂假以百余文，仍不去，且出恶言。伯父见其狂妄，姑置之，直至晚饭后，诘以何故相寻，渠亦不能答。迁延久之，增至二百，始肯出门。噫，可怪也，而实可恶矣！

十月二十二日(11月25日) 借来蔚如衣两袭。写完白山人篆书三十字，临黄摹《醴泉铭》四十字，点《说文》三页，读《食货志》十三页。接二兄十九日寄来手书、《申报》数纸，无别语。晚往陈府馔筵，闻武闱榜发，东台中两人，一方姓。又晤及宋午翁，言初二县课陈沅已取。静坐数息百入。

十月二十三日(11月26日) 写大字三十，点《说文》三页、《尔雅注》三页、《论语注疏》二页“十室”节止、《经世文》六篇，读《汉书·食货志》十二页、《毛诗传笺·召南》终篇。灯下作致兴化信稿。五弟小恙，服赵方一帖。阅《藤香馆小题文》六十首。

十月二十四日(11月27日) 虎臣由吴归。早约同心兰、蔚如乐泉茶叙。蔚如午后启行往江阴矣。写大字六十。下午往李府，为姑母作复吉斋信及致兰阶先生一缄，上灯后回。诵《韩昌黎集》二篇。

静坐数息百入。五弟仍服药。写致兴化信一缄，附何、张信件，明早发。

十月二十五日(11 月 28 日)　孙师过我。陈府八十秩寿辰，早往祝，周旋一日。晤及融甫、虎臣、仁卿诸君，汤少安、苏龙翁颇为殷懃。五弟小愈。三点钟由陈归，静坐未能读书。阴雨。接兴化信。

十月二十六日(11 月 29 日)　拟复镇江信两缄，交周兄手带店。犹雨，至夜风声大作。点《说文》一页、《尔雅》一页、《论语注疏》页半、《国朝文》八篇。读《诗谱》"邶""鄘""卫"，《毛诗传笺》"柏舟""绿衣""燕燕""日月""终风""击鼓"，《汉书·食货志》三页。静坐数息百入。言多气浮。

十月二十七日(11 月 30 日)　写大字三十。点《说文》七页，《尔雅》"释训""释亲"，《论语注疏》一页"雍也"章。读《毛诗传笺》"凯风""雄雉""匏有苦叶""谷风""式微""旄丘"，《汉书·郊祀志》十页。阅《策学》数条，读韩文一首。接二兄信并十八、十九两日《申报》、《顺天墨》一本。午后与楚、明两弟讲路闰生先生文。冷不可当。

十月二十八日(12 月 1 日)　二伯父寿辰，早往杏林宅恭祝。在店发复兴化信一缄，继翁手带交。行过小月塘，微作冰花，寒可知也。过心兰书馆畅叙。虎臣今日拜客。阅《顺天墨》共三十八首，多清真之作，稍有包孕。诗题"杨柳读书堂"得"书"字。第五名温仲和，广东嘉应人，其试帖最佳，特录存之："杨柳楼台外，萧斋坐拥书。近依东观读，逼拟北堂储。风雨青箱业，云烟绿野居。轩明金鸟了，树暖玉蟾诸。小隐陶元亮，孤吟董仲舒。阴移重榻静，韵破一窗虚。世界春归燕，神仙字饱鱼。还窥中秘籍，恩荫荷丹除。"东台学师课士题：趋进翼如也；诗"成人在始"得"先"字。为人作文一篇。

十月二十九日(12 月 2 日)　作试帖一首。点题；次联云"造基金在冶，慎始水成渊"；以下数联云"凤奏来仪日，鸿荒待辟天""出头分石玉，总角即舆权"咏昨题也。虎臣过我闲谈，上灯后去，托其领书院卷并催陈件。楚弟手由陈取来《赋钞笺略》《宋四家诗》各一部。早屋瓦凝霜，不甚冷。陈府招饮，未往。九点钟时，吴家巷后失慎。

十一月大　建甲子

十一月初一日（1888 年 12 月 3 日）　虎臣早约茶话，便至昨夜火处，计焚二十余家。遇心兰。为王石泉邀至复漾小聚，坐有唐月川、郭六丈。茶后，月川、心兰同过我，心兰假去《经学纂要》首二本。借来虎臣《淮南子》《吕氏春秋》《列子》三书。俊二约至王处话。过李府午饭，为写致高信一缄。陈瑞西过我。二伯父属信，托镇江购件。读《淮南子》原道、俶真二训。静坐息百入。融甫往邗沟，遣福弟索《浙墨》，未得。

十一月初二日（12 月 4 日）　接二兄前月二十七日手书，又崇信、《申报》等。吕渭送来书院"官课卷"二本，文题"固天纵之将圣"一句；诗题"寒松色转新"得"寒"字。作一卷。俊民午后过我，借去《戊子江南墨》一本、《輶轩语》一本，书院余一卷，亦为携去。三兄来信，略述乡赈始末，现有"开塘蓄水，以工代赈"之说，行止尚未可知。

十一月初三日（12 月 5 日）　孙师昨作一卷，遣容保交去，诗有云："苍颜留夏社，白眼属春官。未便翻时样，长教结古欢。"亦可见其抱负矣。托虎臣交卷。张佩兰由丹阳来，与之周旋，晚饭后回。在店剃头。写致姜信一缄，交张带去。夜有贼，窃去布裳两件，后邻群起攻之，始去。阅《淮南子》。

十一月初四日（12 月 6 日）　早到店，呼保正陈煦并更夫至家查看，促其追还，以警后来。约张佩兰小聚，楚翁在坐。茶后，佩借去洋四元，以归后算，光景跟夜帮船往泰州。写复扬州戴一缄。阅《淮南子・精神训》，点《尔雅》一页、《说文》一页、《论语注疏》三章。灯下写复镇江信一总封，内有附崇信。亥正时屋瓦有声，振臂一呼，寂然不动。

十一月初五日（12 月 7 日）　早发镇江信，随二伯父福宜茶话，坐有蒋楚、杨屏、六弟、元官。晤作舟，略谈。陈府眷来谢寿。逊斋姨丈至上灯后去。大兄由北安丰回。

十一月初六日(12月8日)　早往李府，携芹儿来，途遇丁师。大哥来午饭。阅《淮南子·主术训》。虎臣招饮，晚去，坐有孙师、心兰。李姑母至。地滑于油。

十一月初七日(12月9日)　父亲寿辰，早起叩祝，二伯父及大兄、楚弟皆至，孙履之至。县君外姑之殡舆归里，仪从甚都。午前过丁师，取来《顺天墨》一本。过俊民，匆匆略谈。途遇虎臣、作舟，皆东行。申刻与大兄、福弟携元官至五福堂沐浴，回时暮矣。何镜清来信一缄。静坐。容保手带去《顺天墨》一本。

十一月初八日(12月10日)　写大字十八个，阅《淮南子》。俊民来，留饭，下午时去，假去《续经世文》拾六本，有夹板。阴阴欲雨，早饭后假寐片刻。

十一月初九日(12月11日)　往夏府贺喜。京口递来二兄手书一缄初五日发，并十月二十八、九、十一月初二、三等日《申报》。

求志书院[①]秋季课题：

[经学]“三事大夫”解，“相者二人”解，“以什共车”解，“十人为联”解。

[史学]《后汉书·党锢传》书后、又《儒林传》书后，《五代史·一行传》书后，《五代史·唐六臣传》书后。

[掌故]“怡贤亲王兴办畿辅水利营田”考，书魏默深《军政篇》后、又《军储篇》后，书储六雅《原势上篇》后。

[舆地]“古大九州”说，“禹都安邑”辨，“卫从楚丘”辨，“束水刷沙”议。

[词章]“宋以八月十五日试举人”赋诸道以中秋日引试；拟东坡《鹿鸣宴》诗，用原韵“秋窗、秋篁、秋灯、秋漏、秋吟、秋眺、秋怀、秋梦”皆

---

① 求志书院是清光绪二年创办于上海小南门的一家书院，吉城曾参加该书院课试并领取膏火(津贴)，《吉城日记》中有时简称其为“求志”。

七律;“何处秋光好”,用白乐天“何处春深好”体。

大哥下午由东来,携元官去。读《淮南子》十页。借俊民试帖二部,福弟手。早微雨,夜复闻雨声。

十一月初十日(12 月 12 日) 阅泰州王子勤《青箱塾试帖》一部,共四本,钩心斗角,巧不可阶。有《朱陈村》一首云“此乡殊赤紧,旧姓属朱陈”。又“俪皮屠肆客,坦腹卧楼人。绵湛筐纳采,金铸屋长春。”又如《未到晓钟犹是春》句云“日高天定悔,僧懒佛能容”;《咏韩王湖上骑驴》云“清凉士竟居”,押韵妙极。《舟人夜语觉潮生》云“鱼虾来日贱,鸥鹭隔窗听”;《关西汉唱大江东去》云“浪淘人物尽,天入雍梁低”;《泥地沽酒拔钗》云“贫无方点石,馋有愿如淮”。略志一斑,其中神妙,概可想见矣。

背书后至西宅,请二伯父安。到店请父安,带来张林翼朱卷。拟往心兰处晤谈,未果。阅《明史略·帝纪》,惠宗《咏新月》:“谁将玉指甲,捏破碧天痕。影落江湖内,蛟龙不敢吞。”二更时急雨一阵。

十一月十一日(12 月 13 日) 阅《宓燕山试帖》二卷,笔意静细,大有先正遗风。午后过李府,为作复吉斋信,盘桓至戌刻归。宓诗《吕子卿还汉》一首甚佳,录后:“十九年前节,三千里外人。不图胡地牧,还作汉家臣。鞭指秦关路,衣留瀚海尘。楼台寻旧梦,冠剑剩孤身。马角居然出,龙颜得复亲。趋朝同辈少,属国署衔新。受命真无辱,羣客尚有神。河梁诗酒伴,愁绝饯行晨。”三兄寄来信一封,外赠虎臣诗二句云“长安道上休回首,怕有双龙破簏来”。淡晴。

十一月十二日(12 月 14 日) 孙履之二十生日,早往贺。阅宓诗二本,如《麦陇风来饼饵香》云“好供馋客饱,翻爱庶人雌”,亦自新警可喜。阅《困学纪闻·小学编》“马缺其一,虎多于六”。孙师约午餐,坐有金少云、殷旭初及大兄等。风甚寒,昏黄时月色皎然。

十一月十三日(12 月 15 日) 虎臣过我,携来《直墨》[1]三本。写

① 《直墨》指《直隶闱墨》,下同。

大字三十，点《尔雅》“释天”“释地”“释山”“释水”，阅《淮南子》“缪称训”“说林训”，阅福建、湖北闱墨。俊民晚来，黄昏洒雨数点。

十一月十四日(12 月 16 日)　阅《淮南子·说林训》《广东闱墨》，写大字二十，点《尔雅》止“释草”。写复东坎汪信一缄。晴冷。

十一月十五日(12 月 17 日)　写大字四十。子久午前来，谈片刻去。写复镇江信一总封内复崇信，又铜刀一柄。点《尔雅》“释木”“释虫鱼”，《经世文编》三页，《淮南子》三页。大兄晚至。晴冷，月色可爱。

十一月十六日(12 月 18 日)　李府约午饭，盘桓一日。过俊民闲话。今日山长课，不知题，月送卷来，未作。俊民过我不晤，带来《经世文》一套、《渊鉴集要》四本、《江墨》一本，取去闱墨二本。镇江来信一封，外《后汉》八本、《十三经注疏》二十五本。

十一月十七日(12 月 19 日)　点《尔雅》“释鸟”“释兽”“释畜”，点《说文》“走部”起“爻部”止，阅《淮南子·齐俗训》。《后汉书·仲长统传》翻读一过，令人有远引之想。送书至王丈处，便过李家。读文正公《答刘孟容书》及《圣哲画像记》。午后观天色，微茫中隐隐若悬一目，其目眶若画之双钩者，然亦一奇也。

“元气为舟，微风为柁”“千里之堤以蝼蚁之穴漏，百寻之屋以突隙之烟焚”“政贵有恒，辞尚体要”，皆至言也。海内其所出，故能大；轮复其所过，故能远。

十一月十八日(12 月 20 日)　写大字二十四，读《毛诗传笺》“简兮”“泉水”“北门”“北风”“静女”“新台”“二子乘舟”，朗诵《前汉·郊祀志》十一页，点《说文》“目部”至“鸟部”，阅《经世续编》一卷。诵昌黎《南山诗》、子美《北征诗》，允称双绝。早发复镇江信一缄。接崇信，当复数行，由镇江信内封去。为李姑作复兴化信一缄。虎臣晚过我畅谈。月光如画。

十一月十九日(12 月 21 日)　早过李府，道遇俊民、申甫，邀至家闲谈。申甫借去读文壹本。午前送俊民至城南，立谈片刻。风日晴和，一阳其已动乎？午刻祀祖，二伯父、六弟俱至。俊民、申甫午后复过我。虎臣、心兰、伯鸿同过我，心兰携去《汉书·天文志》一本，虎臣带来“发而皆中节”课文一首并此课膏火①。送心兰、虎臣出门，且行且话，不觉已至当年寓庐矣，时融甫在邗江，故未入其室。今日畅友朋之乐，惟仲、叔两兄遥隔江左，引领南望，情动于中。

十一月二十日(12月22日) 得二兄十六日手书，愈信圣人“未思，何远”之言，“唐棣”一章，古人欺我。过虎臣闲话，将前借之闱墨三本归之，假来《皇清经解》三本，又《文选》一部、《俞曲园丛书》三本。朋辈少年皆裘矣，见我犹絮袍，咸谓为耐寒守素，其信然耶？阅俞集一本。晴冷。

十一月二十一日(12月23日) 过心兰，读其近作，可爱之至。往朱府吊，晤及虎臣。下午东行，便过李府。晴，微风。读《淮南子》三卷，阅俞集二本。

十一月二十二日(12月24日) 孙容保送来闱墨一本。午前剃头。观《淮南子·要略训》终。灯下接镇江信，今科落卷寄回，第拾七房赖先生批云：“条鬯，少精意。”三兄卷亦寄来，头场房批：“两章作一笔书，御空而行，自成机括，次三亦篇法井然，诗稳。”堂批：“一气旋折，文笔甚清，次三亦出一律。”二场房批：“气盛词昌，题情各肖。”堂批：“五艺均流利清适，惟征实处少，不免为额所遗。惜之，备。”三场房批“清顺”，堂批略。房考是湖南武陵人，甲子补行辛酉举人梅琛，丁三夫子之卷即在此公房内，翁婿同在第一房，亦一佳话。

天气阴，天微寒。

十一月二十三日(12月25日) 早到店，蓦有王姓某率其妇女奔而来，且詈且愬曰：吉光甫向之告借未允，即拽之往东，如此无礼，尔家不问，后日开罪于尔，莫怪言之不早也。来势汹涌，后经他人理

---

① “膏火”是书院发给生徒的一种补助费。清道光年间，安徽阜阳聚星书院每月发给每名正课生膏火钱1200文、副课生500文。

譬情喻，方率属出门。店伙赵某忽为县君伍伯所拘，据云有票据壹纸，数计百千，是其亡叔手笔，今为不知何许人所得，粘呈琴堂，愿以半归公、半偿其私。缧绁之来，职是故也。诣二伯父前禀安，并将廪事[①]本末呈明。过笏山先生。过李府午饭。晚写复镇江信，又接二十日两兄来书。晴，有霜。

十一月二十四日(12月26日)　由店到西宅禀事，便过秋岩老伯，时已午矣，复过店小憩。夏四婿家之老太太仙去，顺道往慰。灯下作寄荫祖禀启，附入复镇江函中。西正倦而假寐，逾时复起，这两日未能读书。前日汉卿舅氏递来壹缄，云《古今图书集成》头、二批书已出，计两大箱一千余本，许以往观，第不能邮寄耳。和融之至，在人家见《新历》一本，明年正月初四立春，凡三百五十五日。

十一月二十五日(12月27日)　早往李府，旋到店，赵事已解。写小字八十、大字二十，为福弟书折扇一柄。录放翁诗[②]五首，闲逸之致，流露行间。阅《淮南子》"诠言""兵略"两篇。姚府伻来接福弟还家，整理行装半日。日暖烘人，可爱之至，早霜甚重。

"江路云低糁玉尘，暗香初探一枝新。平生不喜凡桃李，看了梅花睡过春。"偶读《放翁诗钞》，见其《探梅》一绝寄托遥深，爰录之。

十一月二十六日(12月28日)　鉴翁早至，闲谈片刻，携去今科房考单。往庄受家吊，见丁师，谈及崇如卷，同为惋惜。福弟坐车归沈灶。读《列子》"天瑞、黄帝、周穆王、仲尼"四篇"仲尼"篇一曰"极智"。申甫午前过我，假去《读文》壹本计文百首。先祖成秋公[③]诞辰，敬祀如礼。丁师放学后约同西行，过杏林宅。闻杨文宗观风题：邦有道，贫且贱焉；赋题"岁寒堂赋"。未识然否，容再询。晴和，地气润滑

---

① "廪事"指吉城由增广生员补为廪膳生员之事。

② 放翁诗即《陆放翁诗钞》，下同。

③ "先祖成秋公"即吉棣(1800—1874)，字成秋，号子苍，考授山东沂州府郯城县吏员，清咸丰三年与胞兄吉森一起，举家从镇江丹徒迁居东台城。

之至。

十一月二十七日(12月29日) 毕俊民之弟今日吉席,早往贺。巳刻西行,偕六弟至张府贺喜其女公子出室。午刻到店,见二兄寄来之《申报》,载丹徒筹赈诸公书,又茅鉴秋致李子钧书。二伯父午前至,饭后同至花映堂处,占楚弟姻事。晴,午刻大风起,早有雾。

十一月二十八日(12月30日) 阅《列子》"汤问""力命""杨朱""说符"四篇。《汤问》篇云:"昔者女娲氏炼五色石以补其阙,断鳌足以立四极。其后共工氏与颛顼争为帝,怒而触不周之山,折天柱,绝地维。故天倾西北,日月星辰就焉;地不满东南,故百川水潦归焉。"

二伯父午刻至,旋坐舟往李府。午后至店,晤及虎臣,谈谈近事。阅《吕氏春秋·孟春纪》五篇。和融如昨。

十一月二十九日(12月31日) 东北风大作,阴晦欲雪。为人书挽联一副。阅《吕氏春秋》仲春、季春、孟夏三纪。偶翻《张百川先生小题文》,允为先正典型,沾溉后学不少。

戌刻即卧,三更后骤闻挝门声,几百余击,应之不止,急询何事,弟云有贼。率弟披衣启户,持烛遍视,未得其踪。逾时屋瓦有声,由西而东,若不一其人者,摄息静听,其声渐寂。与弟坐话至天明,遣仆出巷口探问,据云街头洋货店被窃。夜来挝门者,更夫也。

十一月三十日(1889年1月1日) 早到店,大哥午刻来,携元官去。六弟购来《张太史塾课》一部。东北风,微有寒意,戌刻瑞雪纷霏,成团而下。阅时文数十首。

十二月小　建乙丑

十二月初一日(1889年1月2日) 早发镇江信一缄。午刻过李府,饭后回。北风甚冷,余雪未化,若有等伴之意。

十二月初二日(1月3日) 颇有晴意,寒气侵人,水瓮皆冰。屏翁以笺联属书，读《剑南诗》[1]，有云“气钟泰华中条秀，文在先秦两汉间”，即书以归之。

十二月初三日(1月4日)　夜分大风起，缸冻有声。早起冷不可当，点水皆冰。父命到店，行经广济桥头，见一人之帽为风吹去，“巽二公”亦利矣哉！

十二月初四日(1月5日)　早过李府，忘带风帽，两耳几非我有。虎臣过我。阴冷欲雪，束手竟日，非暖砚不能运笔。

十二月初五日(1月6日)　俊民早过我，纵谈两淮盐政利弊，并述先正事略一二。午刻微雪，无何风势渐紧，飞花如席，薄暮已将寸许。关门甚早。

十二月初六日(1月7日)　晓起开门，雪花未已，诸生不到。午刻雪霁，日光杲杲。不剃头十余日矣，予发种种，殊难为情，亟唤王某者小试其技，藉免此后搔头耳。王某遗我铁了事[2]一枝，循年例也。六弟作《扫雪诗》一首，为易数字云：“洗红新乐府，飞白旧书家。芬芳和玉茗，爱惜到天花。”咏《聚星堂雪》禁体诗。虎臣遣伻来取去俞集三本、《经解》三本。

十二月初七日(1月8日)　易布帐而棉矣，寒气逼人太甚，檐头余雪化作玉筋千条。店内程兄送来拂尘一柄。昨夜三更后闻竹竿窸窣之声，五弟大呼有贼，逾刻寂然。

十二月初八日(1月9日)　早偕俊民由店至汪府贺喜，复过舍小憩，携去《青箱塾帖体诗存》两部。托容保往毕处取回《浙墨》一本，又借来阮氏《钟鼎款识》一部。读韩诗[3]十余首，点《说文》五页。俗传今日为佛诞，家家煮腊八粥。天气晴和。

十二月初九日(1月10日)　在店书春联一副，午后回。晴日可

---

① 《剑南诗》即《剑南诗稿》，下同。

② “铁了事”即耳挖子。

③ 韩诗系指《韩昌黎诗集》，下同。

爱，南风化雪，桥南一带滑汰之至。读韩诗一卷。大哥晚至。月光如水。镇江久无信至，据驿人云，河冻故耳。

十二月初十日（1 月 11 日） 午刻到店。读《韩昌黎集》一卷。晴而和，早有霜。

十二月十一日（1 月 12 日） 往店一行，归时东风大作，雪花扑面，逾刻风紧而雪遂止。读韩诗一卷，奡荡奇诡，动心眩目。

十二月十二日（1 月 13 日） 晓望溪桥，一白无际，侵午雨雪杂霏，尚不甚寒。往李府问疾。孙师寿辰，亲往叩祝，谈及观风题云。点《说文》三页，诵韩集[①]一卷。过融甫未值，途遇丁师略谈。

十二月十三日（1 月 14 日） 昌黎《酒中留上襄阳李相公》诗云："浊水污泥清路尘，还曾同制掌丝纶。眼穿长讶双鱼断，耳热何辞数爵频。银烛未销窗送曙，金钗半醉座添春。知公不久归钧轴，应许闲官寄病身。"又如"阳月时之首，阴泉气未牙"；"衙时龙户集，上日马人来"；"唤起窗全曙，催归日未西"，皆自然工整。案："唤起"，声如人络丝，圆转清亮，偏于春晓鸣，江南谓之"春唤"。

店内酬神，早面，往啖。至王家道喜。过心兰纵谈，得知观风各题：

［生题］"邦有道"至"耻也"；"雪芽为我求阳羡"得"芽"字，五言八韵；范文正公《岁寒堂》赋，以"堂有二松，故以名之"为韵；咏怀古迹六首，不拘体韵（十字碑、三高祠、投金濑、试剑石、桃叶渡、梅花岭）；"九江何解为长"说；《左传》是非多不合于圣人，近桐城姚氏谓"后人屡有附益，非复丘明说经之旧"，其说然否；"汉高祖斩丁公"论；《后汉书·梁鸿传》书后；《扬子法言》或问近世社稷之臣，子云氏以"张子、陈平、绛侯勃、霍将军"拟之，又曰"终之以礼乐，可谓社稷之臣矣"，夫三代而下固少完人，然身系天下安危者，史不绝书，诸生读书论世，尚友古人，盍扬榷而陈之以觇蕴蓄？

---

① 韩集为《韩昌黎集》，下同。

［童题］“文学：子游”；“庾岭忆梅”赋以“南枝已放、北枝方开”为韵；赋得“天转江南碧玉宽”得“南”字，五言八韵。余题同。

读昌黎律诗一卷。巳刻雨雪杂霏，寒甚。

十二月十四日（1月15日）　接二兄初一、初八两次手书，又三兄前月三十日信，畅悉种种，计不接镇江信几半月矣。早到店，顺至西宅归来。午饭之后至丁府问疾。过李府，地滑难行。阴冷。

十二月十五日（1月16日）　大伯母寿辰，早起恭祝。写复镇江函交局寄去外书四本。午前过李府有事。内人身有觉，至夜分二点钟时生一男，已是明日丑刻矣，小孩堕地声甚洪亮。此夜未睡，五更后盘膝静坐，黎明时起，并不觉冷。风甚大，月朗之至。

十二月十六日（1月17日）　早到店禀父亲安，东至李府，大哥至。闻《申报》有恩科之说。晴明。

十二月十七日（1月18日）　镜清姨丈至。早与大兄同至复兴茶，途遇虎臣，未能畅谈。在店书帐簿面数十本。兴化船来，料理乃辉归装。为李姑母书信一封，托乃辉带兴化。北风清冷。

十二月十八日（1月19日）　是日洗儿，父亲、两位伯父、大兄、楚弟皆至，李十二太太及三嫂皆来，命儿名曰“魁官”。早送乃辉弟登舟，又送三姨丈登舟，东北风甚便。孙师至，未晤。晴而冷。昨接二兄来信，抄录上谕一道，明年确有恩科。

十二月十九日（1月20日）　写大字数十，笔冻须呵。早接二兄及三兄来信，即作复函寄去。虎臣招饮，午后过虎臣。早有日光，薄午转阴。

十二月二十日（1月21日）　母亲寿辰，晨起恭祝。诸生放学。李姑母至。虎臣过我闲话。晴和。

十二月二十一日（1月22日）　阅《述学》两本。心兰过我。晴而风。

十二月二十二日（1月23日）　早过李府。祝申甫来。到店，接二兄来函及溧阳原函，三兄于十八日已附王正开船来何垛场，早晚可到家，快极。融甫、俊民、申甫同过我，畅谈至晚去。福弟往盐城，送之登舟。过心兰少叙，便将书款归之，假来《袁文笺正》八本。朗晴。

十二月二十三日(1月24日) 二伯父午刻至，薄暮送至渡口，遂扶登舟，不意舟子遽拔篙而起，伯父未入舟而予已坠河矣，幸旁有木栅攀缘上岸，袍裳尽湿。归来饮姜汤数碗，蒙被而卧，腹中幸无恙。无风而晴。祀灶，祭盈科公。

十二月二十四日(1月25日) 早起觉腕膝间隐隐作痛，殆昨日余波。巳刻车行过李府，途值孙师。午后沐浴，汗出而痛愈。阴有风。孙师过我。

十二月二十五日(1月26日) 三兄到家，畅谈壹是。王船带来书红本。与三哥至丁府问疾，复过李家小坐。虎臣过我，未晤。偕三兄同过虎臣。蔚如过我畅话，携去《经学纂要》一卷。晴和。晚作寄二兄信，诵《袁子才文》五篇，阅《史记·勾践世家》。申甫来。

十二月二十六日(1月27日) 早将昨信发去。黄公夫人四十寿，各业公送万民伞，三兄去。读袁文[①]一卷。虎臣遣伻来，取去《经注疏》[②]、韩集等。晴。

十二月二十七日(1月28日) 俊民早过我，偕过崇如，晤及恭甫、鉴缨诸翁。曾祖妣讳辰，敬祀如礼。留俊民午饭，饭罢同寻融甫不值，即过申甫小坐。东北风，颇冷。

十二月二十八日(1月29日) 早接二兄二十四日发来手信，知十九日信已收，又附下新《时宪书》二本。三兄午刻过我，虎臣遣纪送来三次书院卷子。剃头。天气晴冷。

十二月二十九日(1月30日) 阅袁文一卷。清理杂事，午后毕。杨二来，少坐即去。晚祀神、祭祖后，与三兄往各尊长家辞岁。东北风，甚冷。

---

① 袁文即《袁文笺正》，下同。

② 《经注疏》即《十三经注疏》，下同。

第三集　将就斋日记
（光绪十五年　己丑）

正月大　建丙寅

正月初一日（1889年1月31日）　寅初起祀神，诣祖堂行礼，至各大人前叩头。偕崇如兄往诸戚友家贺岁，在店午饭。顺过西宅，晤及虎臣。蔚如午前来。风日晴和，天光明朗，大有丰年之象。

正月初二日（2月1日）　祝申甫、毕俊民偕来。晚与三兄邀济世道人临坛，问今科得失，云在坛中者有妇人焉。左、右手乃丁师、孙景楼也。晴，北风。阅袁文十页、管稿五篇。

正月初三日（2月2日）　二伯父午后至。随三兄补贺东街数家，过李府小坐。阴，有风而寒。

正月初四日（2月3日）　立春。有司迎春于东郊。李姑寿辰，往祝。午后偕三哥、孙师至社稷坛闲步。坛在迎春门外，正屋三楹，旁一楹，更衣之所前有二石，一祭天、一祭地也。当日修建者为王公玉成，残碑剥蚀可认。“祥兴庵堂”字一幅，即其手笔，计更寒暑百年矣，寺僧护持尚为完整。晴和。父亲来家。

正月初五日（2月4日）　到店早餐，发镇江贺函。三兄携元官至。暖日烘窗，晴光可爱。

正月初六日（2月5日）　接兴化舟柬，即作复缄，交舟带去。申甫、俊民同过我，午后偕至兰香听说书。晴朗。镇江寄来旧年念七日信，云廪事已偕[①]。

正月初七日（2 月 6 日） 人日。早过崇如，便过心兰，遇徐捷庵。过虎臣，未晤。陈府送来鸡子等。读《史记》“仲尼弟子列传、勾践世家”，作镇江信一封。

正月初八日（2 月 7 日） 与三兄及严柘湖茶话。至丁师家祝寿。仍晴。

正月初九日（2 月 8 日） 三兄约同丁师茶聚。至杜海峤家乞药。留三兄盘桓一日。

正月初十日（2 月 9 日） 早拟与三兄、仁卿、俊民小聚，后因三哥腹痛而罢。午刻微雨，杂雪珠。静坐半日。俊民赠我印石二章。

正月十一日（2 月 10 日） 读《三国志》十页，阅苏诗。接镇江信，知租界于初六晚法教堂领事衙门等处被人焚毁，闻系洋巡捕殴伤华人所致。视三兄恙，已愈其八九，避风在家。过心兰，不值。午后到李府，复西行至店，归时月色满街，渐有上元景色。

正月十二日（2 月 11 日） 五弟西行视三兄，至晚归。读《后汉书·方术列传》。午刻剃头。阅时文，隔膜不入。晴和，月光如水。

正月十三日（2 月 12 日） 巳刻到店，便至杜家求药少许。虎臣遣伻送来银锁一件，云与魁郎作长生之券。据言，虎臣于昨日偕蔚如北征。诵《圣主得贤臣颂》，读《后汉书·逸民列传》。着保龄还风帽与仁卿。晚饭后同弟步月至桥头，听河干唱曲。楚弟晚来。沈灶姚府寄到湘莲各件，当写复信寄去。

正月十四日（2 月 13 日） 读苏诗二百余首，阅《困学纪闻》数则，诵《哀江南赋》一过。连日晴和，青阳已畅，晚步巷口，见有放风筝者。三兄命六弟来，约明日啖汤圆，并招毕四、陈五诸君子。四教以文为先，由博而约；四科以文为后，由本而末。

正月十五日（2 月 14 日） 上元节。早起，占牙牌数一条，卜今

---

① “廪事已偕”指吉城补廪膳生员事已经成功。

年丰歉。辞曰:“胯下王孙久见轻,登坛还使一军惊。鱼龙变化原无定,时至风云足下生。”往西宅践昨约,坐有心兰、恭甫、俊民、鉴缨,畅话片刻,同登泰山。一路香车宝马,游目骋怀,信可乐也。遇陈白石、汪作舟,于西客楼小坐茗谈。途晤陈四先生,携短策,乘白驴,诚所谓老子兴复不浅。碧霞宫东寮有杨公碑一,是乾隆时立,笔致平常。李府招饮,未去。在杏林宅午饭,酉刻归来,倦于行矣。天气晴暖,几欲脱去羊裘。晚来月光可爱,强步至街头看灯。三兄晚过我,少坐即去。

正月十六日(2 月 15 日) 魁官弥月,陈府送来花幅、锦兜。八祖母由西至。镇江寄到十一日信,知洋街滋闹业已平静。大风,晴而不暖。

正月十七日(2 月 16 日) 福慧庵南人家失慎,水龙救熄。过西宅,未见崇如,云已至李府矣。脱衣受凉,腹痛,服姜汤不愈,殆有肝气杂乎其中,早睡养神。

正月十八日(2 月 17 日) 父亲来家,旋至李府。腹痛稍减,午后与崇如兄过俊民诊脉。店内邀丁师晚饭,往陪,子正始回,寒月笼人。写大字二十,腕力不足。

正月十九日(2 月 18 日) 雨水。三兄往乡,至丈人家拜年,坐船去。过陈瑞西闲谈,知旧年为作“趋进,翼如也”之文取超等第一。原评云:“同一借宾定主,此卷独见遒净。提比、开合生动,中二经术湛深,入后则持满而发,心细手和,具征读书人吐属。通篇提振处,尤见精神。”检理旧文。晴和。

正月二十日(2 月 19 日) 二兄递来手书并门斗来信。早到店,晤及孙师。过崇如,在乡未归。

正月二十一日(2 月 20 日) 清坐一日。内子午后寒热骤发,不识何由,母亲夜来亦吐泻交作,大抵寒湿为病。晴畅,西风。阅《困学纪闻》三页。

正月二十二日(2 月 21 日) 笙师约茶,偕崇如去,坐有邹二丈。

过李府，吉斋前日抵家，因咳嗽避风三日。母亲及内人同邀蒋卿诊。阴雨。

正月二十三日（2月22日） 母亲服药已愈，内子身热亦减，惟汗多，呛咳，咽门红痛。据卿翁云，邪留上焦，仍以辛散法。巳刻过李府，便过俊民。阴而寒。大、三兄均来午饭。

正月二十四日（2月23日） 俊民早来闲谈，假去《经世文编续集》一套、《述学》二本。三哥茶后至。属五弟至青云斋购来橘江笺纸四幅，以一幅请孙师作行书，为二月中赠仁卿卺喜用也。上灯时卿翁来诊，母亲服健脾和胃药，内人按昨方加减。早晴，下午微雨，至夜未止。灯下作寄镇江信一缄，寄兴化信一缄。

正月二十五日（2月24日） 昨两信均交足人带去。大、三兄及元、祥、明三侄皆来午饭。内人表邪已解而汗多，仍邀卿翁诊，用清养法。晓起雨意颇浓，未能畅行。阅《续经世文编》十页。

正月二十六日（2月25日） 早约孙师、心兰、崇如苏式园茶叙，茶后与心兰同过崇如。心兰代弟作《桃叶渡诗》，结句云"渡江舟楫安排定，从此无心写洛神"，足征风雅。象三伯母六十寿，午刻往祝。偕三兄过吉斋，饭后回。崇如今日晚舟，往送之，带去《续经世文编》十本、又《三场备要》四本。坐王三船，大伯母同行至镇江。乃辉弟酉刻由兴化至。阅《图书集成目录》，计六汇编、三十二典、六千一百零九部，共一万卷，洵洋洋大观也。戌刻雨。

正月二十七日（2月26日） 发镇江信一缄，交局使。早到店，携回十一、二、五、六、七日报。阅《经世文编》四卷。《倭艮峰先生遗书》日记二十二则，内云："知其不可为而为之，满腔恻隐之心也。不问世道人心如何，这一副与人为善热肠断冷不得。无坚定之力，视听持行且游移无据，更莫论处大事、临大节。"诚哉斯言。文正公《圣哲画像记》允为不朽之作。西风甚寒，蒋卿来诊。

正月二十八日（2月27日） 阅《经世文》一卷。午后至店，见二十日报。闻东台师课题"若禹之行水也，则无恶于智矣"。托陈瑞西书笺纸乙幅。早起瓿瓮皆冰，西北风大作。

正月二十九日(2月28日)　楚弟早来。柘湖过我。阅《经世文》一卷治体门。饭后西行至杏林宅，便过心兰，畅话至暮，偕行及观音堂而别。闻蔚如生子之喜。晴，风。

正月三十日(3月1日)　今日开学，六弟早至。吉斋过我。阅《牍山稿》四本。卿云来诊。晴而风，午刻剃头。夜微雨。

二月小　建丁卯

二月初一日(1889年3月2日)　早起，奉家严命诣城隍庙行礼。属六弟至凌云馆购笔。阅《困学纪闻·历数类》。《定之方中》《公刘》之诗，皆择地之法也，作舟经文未尝无本。吉斋申刻至。检字典"几几，鸟羽也"，昨日蒋卿方用此语。俊民过我闲话，时已放学，遂偕步至玉带桥北别去。路遇心兰，述月川近作，其"一龙一猪"试帖有云："先生诸葛卧，儿辈景升愚。登门客李白，入笠诮杨朱。"工整中独见新颖。晓有细雨，朦朦然，午后转晴。

二月初二日(3月3日)　发镇江信一缄。吴芍孙来约茶。吉斋晚至，留饮，亥刻去。点《说文》七页，阅《论语注疏·述而》，读时文一篇。晴暖。

二月初三日(3月4日)　点《说文》"力部"起、"覃部"止。"皿部"列"盅、盉"二字，可知饮食之有节。"爵禄"之爵似当以㸑为正文。点《论语注疏》至"尝从事于斯矣"句止。诵《韫山时文》《牍山时文》。午后谒孙师，假来《乡会墨粹》六本，谈及《戊子河南闱墨》良佳。过心兰，借来《曹寅谷稿》。晴，甚暖，改着絮袍。灯下与楚、明两弟讲《孟子》。

二月初四日(3月5日)　惊蛰。吉斋早过我。阅《寅谷集》乙本。瑞西携来笺幅，楷法工整之至。属六弟至心兰处，取来前日托写之件。饭后到店，晚过俊民。晴暖。

二月初五日(3月6日)　早到店请父亲安。殷式如来，午刻回拜。在李府饭，与吉斋小聚，至晚始归。瑞西送来《元魁墨粹》，并托购书。阅《寅谷集》乙本。晴暖。

二月初六日（3月7日） 托俊民裱笺字四幅。接二兄信，知大伯母、三兄于初一日抵镇江。昨东坎汪来信，询观风题解。偕吉斋雇舟，定高大船。由店至杏宅，便过心兰。下午至李府。晚又至店，与吉兄同回。阅二十七、八两日报。晴，南风甚暖。

二月初七日（3月8日） 早刻登舟，同舟者张执夫、李吉斋，另搭客郭某。舟至三昧寺，上岸告别父亲。午刻与吉斋对弈，互有胜负，晚复挑灯而战。阅《史略》两页。泊溱潼，计去东台六十里。早南风，下午转东北风，巳刻微雨。晚饭后闻箫声，自远而近，既有灯会从岸上过，锦衣绯袴，六七人各作骑马势，大约演《文姬归汉》诸阕，乡村风景颇可娱目。

二月初八日（3月9日） 由溱潼开舟至杨家庄，停泊时东北风过大。前路多歧，落帆不易，因歌《诗经·有客》"宿宿"之章。昼有毛雨，夜分淅沥有声，风狂于虎。前人云"船底江声蓬背雨，旅人听得最分明"。阅《经世文》五篇。

二月初九日（3月10日） 晓起，冷不可当，滴水成冻。幸带羊皮褂，否则号寒矣。假吉兄套裤一着，两膝暖意盎然。雨，雪珠。午刻过广福桥，水浅难行，与吉斋登岸，稍复生气。桥旁设捐卡，有乡人船带竹数捆，已报过捐，卡人强欲补缴，致遭老拳。而卡中人犹未肯已，唤地保押乡人而去。同舟郭先生往为说项，未行。与吉斋象棋赌胜，未能得手。下午闻雷，电光闪烁。晚住夷陵。

二月初十日（3月11日） 辰刻开行，午初过仙女镇，西北风，毛雨，冷甚。申刻抵六闸，风势愈狂。前船先行，几触石礁，同舟俱有戒心，遂下舵停泊。薄暮，雪花漫天而下。夜分，风浪之声大作，不能成寐，与吉斋共榻。连日菜羹疏食，肠胃颇觉廓清。

二月十一日（3月12日） 茶后抵扬州，船泊东关。吉斋上岸有事，郭先生别去。午刻剃头。阴寒。

二月十二日(3月13日)　上午渡江，风平浪静。唤挑夫将行李送至谦和祥，见二兄，罄谈别悃。午后随二兄至跃龙池沐浴。晤姚哲之、张冰臣。晚至吉盈丰[①]、恒记两处，宿二兄店内，发家书一封。为哲翁书挽柳吉云联。朱寿翁有家信，托赵寿带何垛场。

二月十三日(3月14日)　早与二兄润园茶。进城，过刘四、六两先生处。过吉斋，不值。偕二、三兄谒潘蠡翁，亦不值。路过兴善庵小坐，往持济南师。大闸口遇兰阶老伯，立谈数语。移寓泰来。吉斋过我，退来舟资。二兄晚饭时至。

二月十四日(3月15日)　兰阶先生约茶，坐有吉斋。代人购《康熙字典》乙部六本。在寓午饭。饭后进城，过崇如，晤及吉斋，即偕至县学会潘五先生，归路拢谦和祥。在寓晚饭。尹丈来，同寓，其戚孔弼翁颇为豪爽。晴和。

二月十五日(3月16日)　贯之老伯约茶，坐有兰阶、吴渔之两先生。茶后至奎光阁购《尔雅图》一部。偕吉斋过吴渔翁。在邹府午饭。申刻过二兄，日晴无事，联步江边，便至机器局一观，运动灵活，具见匠心，归时月上矣。谦和祥留晚饭。晴暖。

二月十六日(3月17日)　上午，过二兄少坐。未刻，三兄出城，约同戴、潘、刘、徐四公在鹤鸣园午饭。饭后过江边，遇赵寿卿。潘蠡翁过我。二兄晚饭后至。在寓晚饭。

二月十七日(3月18日)　早至二兄处，会见吉斋。进城，随六舅氏往谢唐老师，询悉丹阳两学师未至。登鼓楼，望江山之胜，由城头拢药师庵徐功翁处小坐。在刘府饭，饭后出城。二兄留饭，九点回寓。

二月十八日(3月19日)　与吉兄、二兄至润园茶叙。

宝晋书院甄别，长友文题“损者三乐”至“乐骄乐”；诗题“含英咀

---

① “吉盈丰”是吉城胞兄吉均在镇江城内开设的商号，吉城在日记中有时称其为“二兄店”或“二哥店”。

华”得“含”字。作一卷。在邹府午饭、谦和祥晚饭。月下闲步江口。

二月十九日(3月20日)　进城见老师,未着。过刘府午饭,饭后剃头,在谦和祥晚饭。

二月二十日(3月21日)　早进城,见沈、闻两学师,路遇张门斗。过三兄少坐。出城赴邹府约,坐有虎臣兄、李吉斋诸人,主人翁邹沛青。暖甚,东风,申刻微雨。在谦和祥晚饭,冒雨回寓。吉斋拟明日回何垛场。

二月二十一日(3月22日)　北风大作,雨止。移寓进城,下榻刘府。午后偕三兄过潘五先生,县学梅花盛开。派保三十五人,续派未定。途晤程范卿。过徐功甫闲谈。

二月二十二日(3月23日)　晴。约范卿茶话,三兄同往,茶后偕过蠡湖。访韩巨川,未遇。范卿午后过我。子铭今日到镇江,往拜。过徐功翁闲谈。晴暖。范卿住丹阳贤桥福源槽坊。

二月二十三日(3月24日)　在药师庵候押,共来十余人。阅《骈体正宗》壹本。三兄招往北城一游。四母舅招饮,坐共九人。补考,续派及摊派共六名。晚北风大作。

二月二十四日(3月25日)　早过范卿,便见学师。四舅氏约茶。补画考结清楚。谒姜子澄畅谈,途晤韩巨川。与三兄同登光风霁月亭。晚拟寄溧阳信稿。晴冷。

二月二十五日(3月26日)　早与崇如福园茶,过谦和祥夕憩。晴,风。丹阳文童正场,文题“而无耻”至“有耻”。

二月二十六日(3月27日)　出城,见二兄,畅谈。下午进城,晤刘子庚。

二月二十七日(3月28日)　六舅氏约茶。丹徒县发案,郭应丰第一。下午随六舅氏出南郊,至张王庙小坐。过高公书院晚饭,晤吴南宾先生。

二月二十八日(3月29日)　出城住。

二月二十九日(3月30日)　四舅氏约茶。大风未能渡江,在奎光阁略坐。由江西带来兰花两包。购王凤洲《纲鉴会纂》一部。

三月大　建戊辰

三月初一日(1889年3月31日)　偕二兄坐课船至扬州，时已薄暮，毛雨，寓德新栈。早在鹤鸣园小聚。

三月初二日(4月1日)　康四先生约茶。午后逛至天宁寺，兼谒史公祠，过香影廊小憩，拢存济堂购夔膏。

三月初三日(4月2日)　辰正，坐车到仙女镇，雇小金三舟，午后开船，晚泊广福桥。东南风。

三月初四日(4月3日)　由广福桥开行，下午至尤家庄，风逆难行。阅《寄园寄所寄》一本，聊以消遣。

三月初五日(4月4日)　清明。东南风，晚转东北，计行百二十里，戌刻到家。晚饭后与二哥曲江池沐浴。晴冷。

三月初六日(4月5日)　早随二兄到店，即过西宅，午后过李府。东台县试，文题"紫"至"缁衣"，案元吕炳南。

三月初七日(4月6日)　午刻至店，下午过李府，吉斋晚舟往兴化。着人送兰花至丁师处。西风。

三月初八日(4月7日)　屏翁约同大、二两兄茶聚。至王家吊。晤汤夕翁，云及虎臣、蔚如复试皆列一等。谒丁师，便过俊民。午后过陈瑞翁。点《说文·木部》。东北风，雨冰杂雪。

三月初九日(4月8日)　早随伯父及二兄、五弟至如意馆茶话。复兴化信一缄。谒孙师。写小字一百。点《说文·木部》，"权，黄华木也，一曰反常"。举人复试题"君子哉若人"三句。阴冷。

三月初十日(4月9日)　大伯父寿辰，大兄携元、祥、明三官来。点《说文》至"贝部"止，点《论语注疏》至"禹，吾无间然矣"。阅《纲鉴》五页、《六朝文絜》五页。晚读管稿一篇。过心兰，不值。

三月十一日(4月10日)　阅《纲鉴》五页，读时文数首。子久送稿来，少坐。发镇江信一缄致崇如。

三月十二日(4月11日) 俊民过我，谈及融甫前有家书至，复试列二等。点《续经世文编》一本。

三月十三日(4月12日) 先祖母生忌，敬祀如礼。伯仁午刻过我，携孙师改作来，并述其县试三场文，甚觉得意。下午与二哥同至县署前观三场案，沈鸣凤第一。途晤王星斋、祝子鸿。过俊民闲谈，其徒吴某作《纸鸢诗》云"尽凭心思巧，不待羽毛丰"，其心思亦云巧矣。过李府少坐。

晚饭后检点各事毕，家人将寝矣，二兄偶从天井过，突见柴房火光熊熊，不可向迩，大惊呼救。于是，率诸季及群仆携筒挈榼，竭力喷洒，计一点钟，其焰始杀。后比邻咸集，水龙复来，遍洒屋宇，幸获熄灭，危乎危乎！是殆鬼神所以大戒予家也，敢不痛自修省，以忏既往而警将来。事后细检致火之由，不得其故，冥漠中当必有主之者耳。徐某者，不知何许人，火时闯然入门，竭力浇护，不作一辞。灭后又复迟迟而去，心德之，又甚异之。毕俊民、赵寿卿、谭润生诸君皆夜来，通宵未卧。有月无风。

三月十四日(4月13日) 孙师、丁师、楚翁、殷新翁、王星斋、张兆都来问慰，早刻谢邻。昨夜之徐公复来，所谈之词无首无尾，仿佛葫芦中《汉书》，令人不甚了了。观其形景，大约是因窘索谢耳。阴雨。父亲在家一日，晚到店。

三月十五日(4月14日) 徐某午后至，因请孙师善言转谢，并有菲仪，聊以将意，藉纾其迫，伊始欣然去。阴雨。

三月十六日(4月15日) 早至店，见初八日《申报》载会试考官：李鸿藻、潘祖荫、廖寿恒、昆冈。阅《经世文篇》。不雨。

三月十七日(4月16日) 早与大兄、二兄、楚翁迎春园茶聚，便过象三房。午刻往东，会严二先生。四场县案，陈幽第一。会试首场题"子曰：行夏之时"四句，"取人以身"二句，"子不通功易事"至"皆得食于子"；诗题"马饮春泉踏浅沙"得"沙"字。十一日报载，京口救生船黑夜碰翻洋划一只，法领事索赔二百余洋。下午同二兄谒丁师，不值。过李府，上灯时回。淡晴，微暖。

三月十八日(4月17日)　子久午刻至。今日县试总复，作起讲四筒题为“巍巍乎、荡荡乎、郁郁乎、堂堂乎”。

三月十九日(4月18日)　西风微雨。星南、月川过我，并携来虎臣由都门发来候函。夜半雨声甚急。

三月二十日(4月19日)　吉斋昨晚由兴化回，午刻往候，留饭。下午便谒丁师。二伯父来。晴。沐浴。

三月二十一日(4月20日)　晨至炎帝宫行礼。书院甄别，文题“孟子曰：养心”一章；诗题“吏部文章日月光”，作一卷。陈瑞翁晚至。俊民茶后约同过申甫。晴暖。

三月二十二日(4月21日)　吉斋约茶，坐有胡居、王某、大二两兄。东至李府，问姑母疾。过笏山丈。下午请孙师至迎春园小聚。过心兰，晤及月川。大风。

三月二十三日(4月22日)　巳正到店，午刻过李府，午后归。晤严颂丈。俊民送《程孝女征诗册》来。

三月二十四日(4月23日)　武童县试，先于北郊驰马。早偕二哥往阅，突见西南火光直上，急行回寓。询之，知月塘失慎，计焚十余家，一七十余老妪、一三月幼孩毙焉。午后至店，见三兄由镇江寄来本月十九日信，内文稿三首，书院作也。读《剑南诗》一卷。甚暖，换夹衫。

六月大　建辛未

六月十一日(1889年7月8日)　俊民早来，叙阔竟日，为余拟方，仿三仁汤法。抄时文一首。

题《程孝女征诗册》，集《诗经》句云：“彼美人兮，邦家之光。瞻望母兮，寿考不忘。母也天只，乃生女子。女子有行，礼则然矣。伐柯伐柯，如何如何。无母何恃，莫知其他。亦有兄弟，经营四方。岂无他人，曷其有常。我心匪石，欲报之德。无忝尔所生，乐子之无室。

吁嗟女兮,永言孝思。彤管有炜,天子葵之。”

六月十二日(7月9日) 抄时文。瑞西午后过我。冬季课卷,学宪评云:“树骨典训,笃雅有节,诗叶。”晴暖。点《〈文献通考〉序》。

六月十三日(7月10日) 阅《山海经》一本。瑞西重来论文。热闷无风,至夜尤甚,不能安枕。

六月十四日(7月11日) 五点钟,为热氛逼迫而起,时朝阳犹未上也。抄文二首。晒书。心兰过我畅话,示我近作“天下有道”二句文,湛然经籍之光。于荷花下共饮百合茶,携去《清嘉集三编》,临行坚定会文之约。闻陈冕放主考差。瑞西遣伻送来课题“子贡问曰:乡人”三章。北风其凉,泠然善也。

六月十五日(7月12日) 约殿抡茶叙。发镇江信一缄,附寄崇如《经籍纂诂》。晚刻虎臣招饮,坐有月川、心兰、蔚如。月食。忆余江干先生诗云“自满定知招外侮,处高原忌太分明”,警世深心流露言表。阅《东华录》一本。晚凉。

六月十六日(7月13日) 抄时文二篇。晚谒丁师。

六月十七日(7月14日) 早往李府,句留一日。俊民、申甫过我。观黄文节公写《梨花诗》,笔势秀劲,爱不忍释。阅《黄河沿革源流考》。二兄寄来午时茶二盒并信。

六月十八日(7月15日) 俊民招至品陆园小聚。作“子贡问曰:乡人”两章文一首,以“桑”为均试帖一首。

六月十九日(7月16日) 午刻往李府。饭后便过俊民闲话,占今科休咎,兄弟皆得“家人”之四爻。微雨,颇凉。

六月二十日(7月17日) 虎臣过我,携去《清嘉集》四本。属六弟往虎臣处,借来旧年闱墨并题名录。晚过星南畅谈,携来《东华录》乾隆朝六本。寒湿为病,服午时茶,未愈。孙师遣容保送来《会墨》。转暖,晚有雷电。

六月二十一日(7月18日) 夜来烦热,昼起疲倦异常。口生清水,服胃苓丸,不思饮食。阅《东华录》一本。

六月二十二日(7月19日)　就杨楚翁诊，以香砂胃苓法，服一帖，较愈。

六月二十三日(7月20日)　先祖考周忌，李姑母来。心兰属其弟送来《汉书》三卷，携去《汉书》一本、《多心经》壹卷，又黄文节公墨迹。王益卿作古。风凉之至，仍服昨方。

六月二十四日(7月21日)　阅《山海经》"北山、中山二经"，观《易学启蒙》，抄文一篇。俊民过我，携示近作。往李府祝寿。过楚山复方。中庭闲立，见一雏燕为猫所扑，僵于地，意其毙矣。占《易》，得屯之四爻六四，应初九一阳居下，尚有生意。爰亟命家奴援之以手，送至巷口，忽翩然飞去，群燕盘旋于左右，若翼之使行者。得其所哉，得其所哉！载子叔自安丰来。早刻微雨。兴化来信一函并件，复缄交原舟寄去内附复东坎汪信件。

六月二十五日(7月22日)　往请载叔茶，不果。闻湖水逐涨至一丈三尺有奇。改诗。午后谒丁师，晤及俊民。接镇江信两封，芝一、崇一并文一篇。疏雨微凉。

六月二十六日(7月23日)　大暑。复镇江信，交局寄去。阅《山海经》"中山、海外山经"。闻丹徒老师唐公作古，拟挽联云："桐叶怅飘零，栖凤留枝，无福再修相见礼；梓乡宏乐育，骖鸾遗世，至今争颂老成人。"

六月二十七日(7月24日)　抄文八篇。晴暖，正是伏中天气。

七月小　建壬申

七月十一日(1889年8月7日)　立秋。

七月二十日(8月16日)　晚刻登舟，次早开行。

七月二十七日(8月23日)　抵石埠桥。东风怒发，帆不能张，小住三日。

七月二十九日(8月25日)　夕阳西下，与崇如登燕子矶闲眺，相传矶边水神为裘文达公曰修。

八月大　建癸酉

八月初一日(1889年8月26日)　早抵南京省城,寓石将军巷,同居者丁、李、左、卢诸夫子。

八月初八日(9月2日)　辰初,第五起应点入场,坐制字号,崇如坐政字,相隔不数武。封号甚迟,五更题纸下。"君子有三畏"四句,"明乎郊社之礼"二句,"天子适诸侯"至"述所职也";诗题"江涵秋影雁初飞"得"秋"字,五言八韵。

八月初九日(9月3日)　薄暮三艺成,燃烛纾卷,誊毕已三鼓矣。作诗一首,书之而睡。

八月初十日(9月4日)　贡院启门甚迟,援笔题号舍壁云:"羲昼谁开混沌天,妙香亲味木樨禅。养成凤羽云风会,身在龙腮雨露边。抱负不甘随屋小,文章翻欲构题先。承恩莫作孤恩者,郑重殷勤十四篇。"

八月十一日(9月5日)　坐操字号,对号迫狭之至。幸对坐无人,遂移置风炉、茗碗于其中。

八月十二日(9月6日)　丑刻,《五经》题纸下。刚柔者,昼夜之象也;遍于群神;其蔌维何?维笋及蒲;晋侯伐郑;命大师陈诗,以观民风。

八月十三日(9月7日)　辰刻出场,明远楼下贴有首场文稿一篇,云是京江相国后十五龄童子作。

八月十四日(9月8日)　坐平江府川字号,三兄坐静字号,亦平江府也。

八月十五日(9月9日)　中秋。第一问经学,第二问《史》《汉》异同,第三问六书,第四问碑版,第五问别集。午后与三兄同移号于心兰号内,三人共话至三更始眠。月色夜分尤佳,得句云"灯火楼台归一览,弟兄朋友得三人"。

八月十六日(9月10日)　午后出场,同寓诸公皆有行色矣。

八月十七日(9月11日)　日既夕,骑马出西门,上船时已灯矣。有心兰同舟。

九月小　建甲戌

九月初九日(1889年10月3日)　昔人以九、久音通,有长久之义,故枣糕、菊酒以祝延龄焉。茶后陪孙师、心兰、虎臣、崇如诸公登泰山。阴雨累日,微旭放晴,一路泥痕滑汰,游者皆望而生畏,以故山堂寂然。王子仪为东道主,剥蟹蒸鱼,酒肴杂进,致足乐也。谒三贤祠[①]。下午坐船归,在虎臣家晚饭,谈内典一时之久,坐有心兰、崇如。乘月陟广济桥四望,心兰等谓我曰,此君家月台也。

九月十三日(10月7日)　接二兄来信并《申报》乙纸。早在虎臣处扶乩。往李府拜寿,饭后回。点《纲鉴》十页。

"扬波遂动漏声迟,云净无尘月满时。笑问嫦娥缘底事,任人来去折花枝"。济世道人《降鸾诗》也。拟示《明日重阳节》试帖一首:"佳节明朝是,登临喜欲狂。天教留一日,我忍负重阳。春酒愁乌有,秋帆梦焉当。家山群季念,风雨五更长。老态书墙记,童心放学忙。催租情渐怯,问菊价先昂。杖履增行色,楼台遻胜场。题诗烦检点,莫便作刘郎。"

今年乡试过镇江时在第一楼茶,归亦如之。自镇江启行时,锡蕃老伯邀至迎春楼小聚,抵东[②]日大哥亦约在迎春,无不巧合。得一联云"往来皆第一,南北总迎春"。

病寒湿者八日。通阅《国朝先正事略》一过,慕阳湖孙先生之为人,爰改字渊如焉。点《通鉴》乙本,计六卷。刘累生而有文在手,曰刘累,与叔虞、季友、鲁惠夫人后先辉暎。郑以祊易许田,巡狩、述职

---

① "三贤祠"在东台西溪,为纪念北宋范仲淹、张纶、胡令仪三位修筑范公堤有功先贤而建的祠堂。

② "东"指东台,《吉城日记》中常简称东台为"东"。

俱废矣。周穆王时，有高奔戎生捕虎，王命畜之东虞，是为虎牢。梁亡鱼烂。

《国语》云："西方之书曰怀与安，实疚大事。"蜀杜光庭有《墉城集》六卷，多言神仙事。愚伯仲将来稍有著述，可题为《续墉城集》。《穀梁传》季孙行父秃，晋郤克眇，卫孙良夫跛，曹公子手偻，同时而聘于齐。天生残疾，聚聚一堂，妇人之笑亦有自也。

九月十四日(10月8日) 点《通鉴》一卷，至"周敬王"止。从虎臣处借来《养晦堂文集》两本。"远音琴外送，小照镜中留"，可谓今年闱中试帖名句。阅《刘霞仙集》乙本。少芝兄寄来《申报》三纸，内载总理衙门复奏遵筹铁路折稿，颇详晰。书农师在店内宿，往陪晚饭，孙师亦在坐。谢一之御史巡视南漕，阻风瓜仪，祷于神，得济，至今京口人犹呼谢止风。

九月十五日(10月9日) 维九月戊午，越四日壬戌，龙虎争，群贤集，斗腾辉耀，蓬荜出头，地无不吉，恭喜。

九月十六日(10月10日) 三兄约往东，过李府、毕俊民、王笏山老丈诸处，饭后同过徐捷庵、陈心兰、夏虎臣。吃螃蟹三枚。

九月二十五日(10月19日) 与崇如过虎臣，谈论竟日。下午偕心兰、作舟诸君过月川，不遇。

九月二十六日(10月20日) 往王府祝寿。闻冯镜波获隽，正月二日之语竟应斯人，科名有数，于斯益见。招心兰午饭，藉酒遣怀。下午，闻东台中式两正一副之信吕子纯、周应昌，潘树华。在店晚饭，丁师与三兄围棋，从旁观阵。狂风暴雨，良久始止。

九月二十七日(10月21日) 孙师至，留饭闲谈。虎臣午刻过我。下午与三兄闲步桥下。点《曾文正公大事记》一本。二兄生日。

九月二十八日(10月22日) 点《荣哀录》一本。虎臣招饮，坐有孙师、心、月、蔚诸君子。

十月大　建乙亥

十月初一日(1889 年 10 月 24 日)　虎臣过我，留饭。饭后与崇如同过虎臣、心兰、蔚如诸处。城隍神出巡，奉旨利孤。阅《东三省边防议》，发镇江信、盐城信各一。

十月初二日(10 月 25 日)　过俊民，携回《文正家书》七本。午后过虎臣，听范老鼓琴。借来书农夫子吴《骈文》①一套，共八本。点《通鉴辑览》第二本终。官课题，"天下国家可均也"三句；黄叶山川知晚秋，未暇作。吴灼孙来喜联托写。发镇江信第二封。

十月初三日(10 月 26 日)　早起摊卷，握笔成文一首，托瑞翁交。与虎臣论学，札记不可废。从虎臣处借来《思辨录》二本。三兄午前过我。阅吴《骈文》三篇，点《通鉴》十页，阅桴亭先生《思辨录》卷一终。吴三携去对联。夜梦内子书"青云"二字示我，砚池余墨未干，得诗一联，醒时只忆其下句云"笔话初浓墨熟时"，上句不可复得矣。

十月初四日(10 月 27 日)　晨起洒扫毕，恭阅《思辨录》卷之二。邀孙师、虎臣兄午饭。晚阅《思辨录·治平类》一本。家中请客，至晚雨势甚大，车轿纷纷散去。

十月初五日(10 月 28 日)　三兄来，小聚一日。阅《思辨录》二本、《有正味斋骈文》壹本，点《通鉴》三页。三兄带往镇江《先正事略》《文献通考》《研经堂集》。

十月初六日(10 月 29 日)　改六弟文一日。三兄午后至。

十月初七日(10 月 30 日)　虎臣约同崇如、心兰茶话。过虎臣观闱墨元作，出自英年，望如老手，真不愧群英弁冕也。以次各有妙处，总之风气渐转，板实帮贴定不行矣。虎臣留饭。三兄晚舟南上，偕虎臣饯之。拟诗题二十个。

十月初八日(10 月 31 日)　点《通鉴》三十八页，改明远文五首、

---

① 吴《骈文》指吴锡麒《有正味斋骈文》，下同。

子久文一篇。向大九点半钟时敲门,送来冬瓜糕两瓶、龙眼肉一包,云二兄所寄。

十月初九日(11月1日) 东坎来信,汪十太太于本月初四日作古。店中邹兄取杨子久文去。点《通鉴》五十页,起元帝二年、止光武十八年。俊民过我,借去《前汉》三本,谈及昨日山长课题:“不知者”二句;“十月涤场”。改“牛带寒鸦过别村”诗一首。

十月初十日(11月2日) 培叔于昨日亥刻辞世,清晨闻信,驰往慰视,壹切身后毫无所有,衣衾棺廓颇费周章。晚刻回,途遇虎臣,略谈数语而别。

十月十一日(11月3日) 早往杏林巷,晤及吉斋。培叔未初入殓。午饭后颂杉老伯至,下午偕吉斋回寓。毕俊民来,未晤。灯下点《通鉴》十五页,发镇江信一封。复盐城信,交合顺带去。传事禀云,陈季青令堂于今午仙逝,明日申时入殓。

十月十二日(11月4日) 丁师过我,借去《困学纪闻》六本。点《通鉴》二十页。吉斋过我,留饭。午后至陈府候殓。酉刻过吉斋,观其日记中有“赠人六十寿”诗,颇足解颐。

十月十三日(11月5日) 午初由店往杏林巷,饭后始回。母亲明日往兴化,五弟及明弟随去。为明弟点定功课单。子久寄来文二篇。日晷渐短,饭后须臾即暮矣。

十月十四日(11月6日) 辰初送母亲及两弟登舟。吉斋至。改子久文一首,属六弟交屏翁手。未正一刻,过俊民闲谈,夕阳时同往城南看菊,红紫阑珊,花畦已莱矣,过时不赏,能无慨然。点《通鉴》至“桓帝”止。晴冷,北风。

十月十五日(11月7日) 心兰过我,午刻去,送至渡口。吉斋来,留饭,下晚去。虎臣晚过我,冒雨而去。点《通鉴》二十页,发镇江信一封。亥初睡。小衔失慎。

十月十六日(11月8日) 卯正起,点《通鉴》十页。店中招严颂丈、孙师、张四、吉翁早餐,往陪。过瑞西,未晤。还心南《思辨录》二本，重假一本。书院课题："女以予为"至"非也"；玉衡指孟冬。闻昨日淤泥河有女自尽，剃头者为了其事云。陆二自兴化回，云母亲以下于十四日安抵兴化。

十月十七日(11月9日)　卯正起，盥漱毕构文，逾时成，至巳正完卷，走至虎臣处托交，借来《分韵诗》一本，携回《经解》一函。俊民午后至，闲谈，申正去，借去《汉书》二本。点《通鉴》二十页。晋泰始十年作河桥，即近世浮桥之始。

十月十八日(11月10日)　寅正起，与卞司至杏林巷送四叔葬，在北关桥下半里许，壬山丙向，辰初回。过店早餐。复兴化信一封，交范舟带去。母舅寄来代刻之石章三方，笔致劲老。点《通鉴》十页。重装《皇清经解》函板，改八函为四函，细录小目四纸，分粘于面，以便翻阅。虎臣晚过我，合议送陈六贺礼。发东坎汪信一封，内附樊川茅府信件。北风甚冷，日未出，见北关桥北逃荒难民数百人，鸠形鹄面，扶老携幼而来，其气象甚惨。

十月十九日(11月11日)　辰初起，书贺联一副，携往虎臣处，合纸、墨等件交贵纪送至陈府。昨借《浙墨》一观，文格不拘而皆有根抵，为虎臣携去。偕虎臣往心兰家贺喜。阅《思辨录》"格致类、诚正类"，点《通鉴》三十页。午后剃头，向晦颇冷。吉斋早来，未晤。开钟左十六、右十五。

十月二十日(11月12日)　早接少芝兄十五日发来手书，附崇如兄信。李府招往啖野鸭饭，八点钟回。点《通鉴》一页。晨霜如雪，早寒午暖，薄冰。

十月二十一日(11月13日)　辰初一刻起，屋瓦皆霜。糊窗一日，六弟亦助余上下。点《通鉴》十页。

十月二十二日(11月14日)　山长课，"子述之"至"文王之绪"，"时有养日"得"冬"字，未作。装订旧书二十余本，至晚始竣。点《通鉴》十五页。过俊民，携来《温病条辨》四本。李姑母、高姑奶奶皆晚至。

十月二十三日(11 月 15 日) 由镇江寄回今科落卷，第一房批云：“大致楚楚，尚欠洗伐。”三兄卷又复堂备，强台屡踬，溺水频回，搔首问天，能无扼腕？其卷是第九房朱镜清荐，批云：“文笔倜傥不群，不受题缚。后比一唱三叹，神味渊永，颇似蕴山、鹿泉两家得意文字。次晓畅，三饬雅，诗工致。”阅顺天、江、浙、江西、广东、湖北六省闱墨，顺天最佳，次广东、次湖北、次浙江、次江南、次江西。点《通鉴》五页。吉斋早携芹官至。大哥午后来问陈吊礼。

十月二十四日(11 月 16 日) 点《通鉴》十页。晴和。

十月二十五日(11 月 17 日) 检点旧存画轴、对联等件。发镇江信一函，附复崇信。早至店，往贺吕子恂喜。点《通鉴》十八页，阅《思辨录·修齐类》壹卷。吉斋招晚饮，坐有吴会翁及其令郎、孙师、少廷大哥，晚饭后与吴君象棋一局。阅《申报》六纸。和暖之至，南风。

十月二十六日(11 月 18 日) 点《通鉴》十八页。午刻到店，往杏林宅午饭。与吉斋兄过孙师，借来《陈太仆文》五本。吉斋兄招往陪吴会翁晚饭，十点钟回。陈府着人来邀晚饮，皆未遇。虎臣来，亦不值。晴暖。早闻永茂栈房内孙某云，自扬州来，知新解元方君赴玉楼之召。果尔，则天夺才人矣。

十月二十七日(11 月 19 日) 点《通鉴》十五页。发兴化信一封。阅《论语稽求编》。谒丁师。阅《思辨录》完。大兄晚至。虎臣过我，携去《顺天墨》一卷。晴暖。

十月二十八日(11 月 20 日) 早往杏宅祝二伯父寿，便过泰和店。谒孙师，未晤。吉斋兄招往午饭。过俊民闲谈。王公索落卷一阅。周啸溪苹喜，未暇往。县课，文题“惠而不知为政”至“民未病涉也”，诗题“以风鸣冬”得“冬”字，未作。汪颂言兄晚至，船泊巷口，留之晚饮，仓猝无物，属唐六来料理肴酒。据云明晨动身，坚留不肯，十点三刻时送之登舟。方出门五步，突见一人隅立酱园栈门角，面傅黑灰，短衣窄袖，其形可骇。急问何人，听其言语支梧，若心惊而舌战者，因吪之去。噫，时穷则民不知耻，狗偷鼠窃，酿之即斩木揭杆。转瞬风雪残冬，饥寒愈迫，忍之不可，则非义之事起焉。其人可怜，而其祸可惧，居家者能无戒心乎？晴暖。

十月二十九日(11月21日)　阅《申报》，载上谕一道，各省藩、臬，准其专奏，并历引乾隆十三年、三十年、五十八年三次圣训、告谕，皇上想见朝廷明目达聪之盛。点《通鉴》二十页，阅《论语稽求编》一卷，诵《陈太仆文》数首。过虎臣、心兰。吉斋午前至。见作舟挽某公联句云“淘水即山阳，从此停舟惨闻留；霜天传恶耗，那堪拭泪听鸣钟”，用笔颇妙。心兰《咏书灯》有句云“人意澹于僧”。

十月三十日(11月22日)　小雪。午后微雨。点《通鉴》十页。与吉斋盘桓一日。饭后沐浴。

十一月小　建丙子

十一月初一日(1889年11月23日)　点《通鉴》五十八页，诵《哀江南赋》一过，阅骈文一首。往施家吊。午前微雨，东风，后转北风。

十一月初二日(11月24日)　李府招往午饭。见鹿瀛理、于齐庆诸公所书条幅，大半欧派。五弟由兴化寄来信一函，内附赵方两纸。

十一月初三日(11月25日)　心兰过我，述求志书院补行秋季课题，并检阅《公羊传》“其余从同”之解。甚寒。虎臣过我略谈。

十一月初四日(11月26日)　早往店，北风砭骨。

十一月初五日(11月27日)　东过李府，便至种善堂。过俊民闲话。午后偕吉斋到店。过星南书塾，携来《求志书院章程》一本、《列女传》二本。见泰州单某朱卷，文跟上章“三戒”作主，颇多附会。读《吴都赋》，悟“苞笋抽节”之苞，即《禹贡·扬州》“厥苞橘柚”之苞。昨发镇江信一封。

十一月初六日(11月28日)　蒋楚翁约陪吉斋茶话。邀吉斋及少廷大哥午饭，晚刻散时，雪珠如线，扶伞而去。

十一月初七日（11月29日）　晨起，到店祝父寿，带领魁官行礼。吉斋来，未晤。过虎臣谈谈，借来《历代地理沿革图》一本、《万国史记》十本、《先正事略》七本、《十七史商榷》一本。午后过心兰。阅《〈十七史商榷〉序》《陈太仆文》及黄梨洲、顾亭林、汤文正、陆清献四公事略。

十一月初八日（11月30日）　阅恽子居、张惠言、方苞、姚姬传先生事略。检启《说文》，脱一页，闷闷。发兴化信一封，附方配药。二伯父晚至。

十一月初九日（12月1日）　吉斋约茶，有孙师及履之等。作《厥苞橘柚赋》一首并序，下午送呈心兰指政，更易数字，灵蠢迥别。甚矣，学力浅深非可强也。见初三日《申报》载求志书院全题：

[经学]“物至知知”解，“三夫人及公之妻服”考，“栈车役车为一为二”考。

[史学]《周礼贾疏》引《史记》“九皇、六十四氏”考，《汉书·律历志》“骊山女”考，《汉书》舟制考，《续汉书·舆服志》车制考。

[掌故]黄宗羲、顾炎武、汤斌、陆陇其、陆世仪学派论，方苞、姚鼐、恽敬、张惠言文派论，钱大昕、王鸣盛史学论，段玉裁、桂馥、钮树玉、严可均“《说文》学”论。

[算学]题繁，不及备载。

[词章]厥苞橘柚赋，以“厥苞橘柚乃三物”为均；鹿鸣宴曲不限体均；效晋陆机《百年歌》十首，效嵇中散《秋胡行》七首。

[舆地]凿龙门考，泗滨浮磬考，原沙原涌泉。

午后雨霰。灯下写镇江信一封，诵颜延年《秋胡行》。

十一月初十日（12月2日）　改昨赋，重誊一稿。俊民还来《诗韵》五本、《汉书》三本，复假去新局本《汉书》二本、《江南闱墨》一本。改六弟诗三首。心兰下午过我，携来《古文苑》四本，检《骊山女考》，未得。寒月一丸，清澈若水，与心兰闲逛至玉带桥北而别。吉斋晚过我。兴化来信一封，五弟手笔。

十一月十一日(12月3日)　大兄早约陪吉斋茶，过华王庙小憩。阅惠征君《九经古义》一卷、《万国史记》一卷、《古文苑》数篇，点《礼记》"曲礼、檀弓"两本。复东坎汪信一封，致五弟信一封。吉斋晚刻来，留饭，乘月而去。晴，不甚冷。

十一月十二日(12月4日)　阅《九经古义》一卷，点《通鉴辑览》五页、《文选》三页。阅丹徒陈庆年、孙渊如《释人疏证》，阅《汉书·律历志》十七页。晚寒甚。

十一月十三日(12月5日)　早闻镇江谦和祥倒闭之信，到店一询，据云有五六万之数。心兰早来未晤，留遗《离骚草木疏》二本并《经解》四道。阅《江淮异人录》一卷、《草木疏》一卷、《史记·秦本纪》五页，读《汉书·舆服志》三页。下午过心兰书塾，见冯镜翁朱卷。月色甚皎。

十一月十四日(12月6日)　作效陆机《百年歌》十首、效嵇中散《秋胡行》七首，检《骊山女考》及《汉舟车制考》。买洋带一条，换点洋灯，甚明。器惟求新，信哉斯言。

十一月十五日(12月7日)　吉斋早至，到店问镇江信。午后过心兰，偕过蔚如。灯下抄求志书院卷八百余字。月色黯晦，亥刻就寝。

十一月十六日(12月8日)　在店复兴化信一封。作镇江信一缄，托汪锡翁留交少芝兄。虎臣由泰州回，邀茶话，坐有蔚如、心兰。东台长友正场：麒麟之于走兽；高邮：凤凰之于飞鸟；宝应：河海之于行潦；官学："自有岁寒心"赋，以"江南有丹橘，经冬犹绿林"为韵。抄求志书院卷二千余字。过虎臣，观其新购《资治通鉴》并《续通鉴》及《万国舆图》，石印精良，可羡之至。另有《大清会典》与《大清律例》《诸子平议》诸书亦好。

据《舆图》云，五大洲最高之山为亚细亚洲厄少士利特，计九千四百余丈。过心兰正卷，并托其同交。晚至李府小酌，送吉斋登舟。阅

《俄国史记》五页。晴有风。

十一月十七日(12月9日) 到店,见二哥来信,甚慰。借景梁衣冠至陈府吊,周旋两时许。过李府更衣。过虎臣,托其信致陈瑞翁代购《汉魏丛书》,寄去洋五元,交聚盛局小何手,面取回条。在虎臣处阅《大清会典》《会典则例》各一本。会见丁师,言江庆河、左翰臣均荐卷。点《通鉴辑览》十页,阅《九经古义》一卷。晴,北风。

十一月十八日(12月10日) 虎臣过我。接少芝兄十三日信。阅《九经古义》一卷,点《通鉴辑览》十八页。母亲率五弟及钱弟由兴化回。灯下作兴化信壹缄,复镇江信乙缄。晴和,东风。

十一月十九日(12月11日) 送信到店。毕俊民来,留饭,申初初刻去。点《通鉴辑览》五页。

十一月二十日(12月12日) 一夜北风,滴水成冻。早谒孙师。心兰已初至,云康成注礼颇引汉制,如《考工记》"巾车氏"大有可据,假去《续志》一本、《说文》一本、《经策通纂》一本、《周礼注疏》一本。孙师晚约西行,过杏林巷,为书农师事。冷不可当。

十一月二十一日(12月13日) 风止冰凝,寒于昨日。拟考汉舟制,未就。

十一月二十二日(12月14日) 作《汉舟制考》一篇。东至李家,往花邻贺寿。晤宋叟,云东台一等案已发,不尽知名之士。午后过心兰,携回《注疏》一本、《汉书》一本。灯下检《说文》,郦字与骊字不通。闻子宜孝廉由如皋来何垛场。

十一月二十三日(12月15日) 作《骊山女考》一篇,检《史记》"九皇"及《礼郑注》引汉制之事。晚接三兄信壹函,附孙师落卷,仍是房备,批云:"首艺后比畅达,前半稍逊,次、三顺妥。"拾捌房不知何人?与六弟讲《桱花馆试帖》一首。

十一月二十四日(12月16日) 虎臣遣人来取《十七史商榷》《地理沿革》诸书,外假《通鉴辑览》二本。偶翻《周礼制度菁华》,内夹白纸,书集张、邵二子本传语,不知何人手笔,亟录之留览:"俯而读,仰而思，反而求经，张横渠深明道学；寒不炉，暑不扇，夜不就榻，邵康节欲树功名。”

昌黎文：“用功深者，其收名也远，若皆与世沉浮，不自树立，虽不为当时所怪，亦必无后世之传也。”柳州文：“人生少得六七十者，今已三十七矣。长来觉日月益促，岁岁更甚，大都不过数十寒暑，则无此生矣。是非荣辱，又何足道？”

十一月二十五日（12月17日）　早过心兰，观其《车制考》。在店剃头。心兰假去《礼记注疏》四本。在杏林巷一日。

十一月二十六日（12月18日）　先祖考九十生忌，在杏林宅行礼，来客二十余位。往蒋、王两家贺喜。晤心兰，云《俞氏丛书》有述骊山女事。孙师坐诵《书洛阳名园记后》文一篇。下午，孙师招至济安局[①]新购别室小坐，甚是清旷。闻楚翁云，杜八去矣。俊民还来《汉书》二本、科墨一本。虎臣来，未晤。阴阴欲雪。

十一月二十七日（12月19日）　心兰来，助予撰“九皇、六十四氏”及“汉志车制”等考，至晚始去。虎臣过我，言《汉魏丛书》已购，价五元，书六十八本。曲园先生丛书中有“与夫人论骊山老母”一则，援引《史记》《汉书》，确确可据。噫，一日长尔，先登于岸，后人求之数日而始得者，前人已于谈笑中了之矣。著书翻恨古人多，有以哉！

抄求志书院卷，至子正一刻始卧。

十一月二十八日（12月20日）　早起补誊昨未完之卷，通共二十五页，交聚盛局寄去。点《通鉴辑览》十页，阅王光禄《〈尚书后案〉序》。午后与两弟讲《孟子·梁惠王下》“鲁平公将出”一章、《韩慕庐先生小题文》一首。晴冷，耳轮微痒，殆冻疮将作欤？“海阔从鱼跃，天空任鸟飞”；“月到天心处，风来水面时”，胸襟气量，自然不凡。

十一月二十九日（12月21日）　冬至节。晓有日光，午后阴晦，

---

① “济安局”或称“济安堂、济安公所”，是安徽籍侨居东台的商家同仁在东台城内开设的同乡会馆，同时也是一个慈善机构。

有风。案《孝经说》:“斗指子,为冬至。至有三义,一者阴极之至,二者阳气始至,三者日行南至,故谓之至。”《淮南子·天文训》:“阳生于子,故十一月日冬至,鹊始加巢,人气钟首。”临《柳公权帖》四十字。祀先。阅《思益堂日札》半本。

十二月大 建丁丑

十二月初一日(1889年12月22日) 早微雪,毛雨,无日光。虎臣过我。陈瑞翁由泰州回,托带之《汉魏丛书》亦到,计六十四本,为八十六种,王谟刻。晚题丛书面二百四十余字。午刻候瑞翁少谈,到店一走。

十二月初二日(12月23日) 早微雨,午刻偶露日光。遵张惠言、惠栋校本《汉书》点《天文志》十页,写苏诗八首。

十二月初三日(12月24日) 晓霜甚重,晴和。邀瑞翁及虎臣茶话。东至李府,为作信一封。心兰过我,并还来《经策通纂》一本、《事类赋》一本,携去《□山移文稿》。丁师呼往面话。阅《韩诗外传》三页。

十二月初四日(12月25日) 霜重水冰,日出后稍和。早往店。李姑母至。阅《三辅黄图》一卷,阅《说文·木部》得“橃、欚”二字,可补前《舟制考》所未及。

十二月初五日(12月26日) 无霜,午初三刻起风,日光融融。阅《说文·木部》一过。“楥,履法也”,段氏注云“今鞋店之楦即此”。“槎,邪斫也”,段氏云“《汉书》‘山不差蘖’,差即槎古字”,今《汉书》讹为茬,义不通矣。便谒丁师。俊民来,未晤。校点《汉书》半本。

十二月初六日(12月27日) 霜,晴,不冷,晚月色不明。堂屋扫尘。李木清来。校点《汉书》半本。亥正卧。下午过李府。镇江寄到《先正事略》《经世文编》,共二十二本。

十二月初七日(12月28日) 早毛雨,午晴,有风,月色甚皎。接二兄初三日信,知寄卷已到。在店发复信壹缄,又为李姑母作家信，寄兴化赵某处。校点《汉书》半本，疑误数处，俟晤心兰时问之。明弟在济安堂为其四母舅效劳，传来“再备即疲”之语。拟“肥东”两字，属六弟作试帖一首得“肥”字。

十二月初八日(12 月 29 日) 晴和，有月。过心兰，正《汉书》疑误。啜腊八粥。遵惠本批，点《汉书》“帝纪”七十三页、“叙传”二十七页，共百页。

十二月初九日(12 月 30 日) 晴和，有月。早往济安堂贺冯君苹喜。俊民来话。点《汉书》“宣帝、元帝诸纪”。

十二月初十日(12 月 31 日) 阴寒欲雪。往杏林巷省二伯父。到店请安。午后过俊民，不值。过李府。虎臣来话。楚翁晚来。晚到店，唤司来家。

十二月十一日(1890 年 1 月 1 日) 微有日光，夜月甚明。父亲来家，大兄、六弟皆来。黎明请楚翁，便过李府。

十二月十二日(1 月 2 日) 早到店，复往杏林巷，又往请蒋卿云。复海安信一函。

十二月十三日(1 月 3 日) 北风甚冷，日光时见。店中酬神，早面请客，孙师、曹公、房茂、黄先生等人。发镇江信一函，发兴化信一函。俊民携《元秘碑》[①]来。二伯父午前来，下午去。丁师晚至，借去《朱卷》三本。过虎臣，不值。阅《九经古义》一卷。

十二月十四日(1 月 4 日) 朔气逼人，有月。虎臣招往乐泉茶话，坐有月川、心兰、蔚如。镇江来初十日信。剃头。阅《九经古义》一卷。晚写复镇江信、并致姜子澄信，又寄东坎汪信。

十二月十五日(1 月 5 日) 严霜满屋，日光杲杲，月光皎皎。从丁师、毕兄两处取回《困学纪闻》六本、《汉书》二本。点《汉书·游侠传》，未毕。阅《九经古义》一卷，点《白虎通》两卷。过虎臣，不值。过心兰，捎去《草木疏》二本，并正订《汉书》疑误。阅《困学纪闻》五页。

---

① 《元秘碑》即《玄秘塔碑》。

十二月十六日(1月6日) 早霜甚重,红日可爱,东南风,和暖之至。魁官生日,以笔、印、戈、矛、算珠、脂粉等物试周,乃摒去诸物,执笔而笑,奇哉!孙师、毕俊翁皆来。午后到店,见吕炳南试草。丛书本《白虎通》甚劣,假虎臣处抱经堂刻本来校。

十二月十七日(1月7日) 阴阴欲雪,地皆回潮,甚和。心兰早来闲话,同过虎臣小坐。写大字数百。在店午饭。校《白虎通·谥部》,未毕。改肥冬诗一首。阅《困学纪闻》。

十二月十八日(1月8日) 晴和,东北风。南来之舟不便。坐废一日,可惜。晚诵《陈太仆文》数篇,改弟文三首。冯四先生邀明远弟同舟归去。

十二月十九日(1月9日) 晴和,无风。校《白虎通》"五祀""社稷"两篇,阅《古文尚书考》,阅韩文一篇。午后过虎臣,不晤。过心兰,得见虎臣、蔚如。虎、蔚皆作"子禽问于子贡曰"一章题文,精妙相匹。日夕月未上时,四人同步老坝之北。晚放学。复盐城信一封。兴化来信一封。

十二月二十日(1月10日) 晴和,晚有凉风。母亲寿辰,恭祝如礼。三兄早由镇江回许大船,有袁吉人同行。临柳公权书八十字,校《白虎通》十五页,诵句山太仆文十首。午后偕三兄东过李府,便谒丁师。姑母晚刻由孙府至,旋坐轿去。心兰犹未放学。清晨送明远弟登舟。晤冯镜翁。

十二月二十一日(1月11日) 阴,无风。与三兄过虎臣,借来《汉魏丛书》六本、《史通削繁》四本。午后过三兄,观地图。过心兰。在杏林巷晚饭,携回《地图》一册。三兄赠我《殿试策》一卷、《千字文》一本。

十二月二十二日(1月12日) 大风。剃头。六弟手携去《汉书》二本。校点《汉书·元后传》。

十二月二十三日(1月13日) 北风其凉,先集维霰。校《汉书·王莽传》三卷。曾祖周忌。三兄来饭,午后同过虎臣,托书名戳。约心兰沐浴，在清一池。日既夕，三人往茶园小坐。晚发东坎汪信一封，早发兴、盐、镇[1]信各一封。祀灶。十一点钟卧。

十二月二十四日(1月14日)　雨雪霏霏，上天同云。校点《汉书》一本半，亥正始睡。晚接二兄二十日信并《申报》。

求志书院冬季题目：

[经学]“五鼓、三鼓”解，“十薮、八薮，五大、五细”解；“三入、三出”解。

[史学]《两汉·儒林传》补遗，补《三国志》“儒林传”，补“后梁疆域志”，补《南唐书》“艺文志”。

[掌故]拟“国朝诸经新疏”提要，拟“国朝诸史补志”提要，“铁路枝干缓急”议，“筹赈官私利弊”议。

[算学]题繁，不载。

[舆地]涂山考，“川浸山薮不属诸侯”说，“武王用庸蜀羌髳微卢彭濮”说；问“油能平浪，其理何在”。

[词章]十二月二日“三君合会”句曲山赋以事见梁通明《真诰》为韵；仿欧阳公禁体咏雪诗，即用原韵；宋伯仁《梅花喜神谱》分八类，曰蓓蕾、曰小蕊、曰大蕊、曰欲开、曰大开、曰烂漫、曰欲谢、曰就实，各赋七绝一首；咏款冬花七律二首。

十二月二十五日(1月15日)　阴，不甚冷，日光间见。为楚翁书春联。偕三兄过蔚如。虎臣叔母仙逝，往吊。在西宅午饭。晤心兰畅谈，带回《汉书》一本。复兴化、镇江信各一封。俊民来，未晤。

十二月二十六日(1月16日)　晴和。校《汉书》十页。谢神。偕三兄过俊民。

十二月二十七日(1月17日)　有风。昨晚受寒，今觉伤风。

十二月二十八日(1月18日)　雨雪。校《汉书》十页。

---

① “兴、盐、镇”即兴化、盐城、镇江的简称。

十二月二十九日(1 月 19 日) 阴。虎臣处送来卷款[①]。避风,未愈。接镇江来信,丹阳沈老师以不谨去官。

十二月三十日(1 月 20 日) 阴,地滑于油。早过三兄,同过心兰。祀祖。下午复过三兄,约同往李府及丁、孙二师处辞岁。戌刻,到泰和、杏宅两处辞年。

① "卷款"指参加书院课试作课卷而得到的津贴。

第四集　将就斋日记
(光绪十六年　庚寅)

正月小　建戊寅

正月初一日(1890年1月21日)　午前微雨,东风。早在堂上各大人前行礼。至李府贺节,下午回。谒丁、孙两师贺禧。至泰和号。三兄及钱继翁来。

正月初二日(1月22日)　补贺东、西亲友十余家。心兰早至。

正月十七日(2月6日)　走别三兄,下午上船。西风微动,长篙短纤,行五六里许忽东南风大作,舟子欣欣有喜色,帆速若驶。月乍升,风愈猛,夜未半至大垛宿焉。

正月十八日(2月7日)　晚大风,微雨。辰初抵兴化,晤钱二于白云庵畔,云才自邵伯归。进城甚早,谒悦老及炳南二母舅,均未见。下午啖汤圆,有悦老在坐。晚陪母舅闲话,至十点钟睡。谢庭兰,丹徒人,有《湘谷诗赋古文集》。客访。看小玉放烟火。

正月十九日(2月8日)　甚寒,须着絮履。悦老呼往福来茶话,晤及继声兄。阅《说文·肉部》。柳小泉至。晚有小翁杯酌。不手时文已三阅月,偶拈旧抄本,诵不成声。

正月二十日(2月9日)　夜分大雪。母舅招至复胜园小聚。阅《说文·力部》。下午随母舅沐浴。灯下阅《中兴名臣像》,鄂褒毛发,千古生钦。高邮周雨窗著有《诗古文集》,其剞劂氏不知谁何,颇通许学。

正月二十一日(2月10日)　同云如昨,似有等伴之意。早阅

《官军克服金陵》三图，诵时文三首。

正月二十二日（2 月 11 日） 放晴。悦老早来，少谈即去。阅《说文》二页，诵时文三首，阅周雨窗古文一本。拈"益智图"[①]。晚掷"状元筹"，连得"三鼎甲"者二次。周雨窗有挽其兄朴山先生联，甚沉痛，录后："君何忽一霎长眠，书满案，诗满箧，悲愁郁结满胸，万事全输，只带得草草衣冠去了；我剩有数茎短发，影无依，病无怜，患难忧劳无告，一门谁恃，真不知茫茫身世如何？"

正月二十三日（2 月 12 日） 晴和。悦丈招至城闉茶话，有徐先生在坐。至定寺，观观音楼之"观"字，寺中和尚作华严会；见任子田先生题板桥画盆兰一幅，可称二妙。阅《说文·示部》，观雨窗、云客两人诗钞。尝蜜饯香橼，味甚美。

正月二十四日（2 月 13 日） 晴和。继声兄招至景福园小聚，谈至午刻始散。五弟有信来并衣件。复东台信一封，附致崇如、虎臣、吉斋三处函件。

正月二十五日（2 月 14 日） 作禁体咏雪诗一首。

正月二十九日（2 月 18 日） 悦老招至城闉小聚，坐有徐夫子。偕明远弟至公记栈查《图书集成》，携回《山川典》二本。汪润鸿至。母舅以《笔华堂印存》见示。斗益智图，至十一点钟始睡。

二月大 建己卯

二月初一日（1890 年 2 月 19 日） 晴和。老王扛书来计《图书集成》一箱，六百二十本。阅《图书集成·经学名儒列传》。海秋弟午前至，携来盐城原柬一封，属余寄何垛场。悦丈午后同至景福园，见江宁夏博言朱卷。晚饭后陪母舅过汪府，晤继声兄略谈。

二月初二日（2 月 20 日） 早在福来茶。阅《申江胜景图》。随母舅至南门瞻兴邑泮宫。悦老招午饭，徐公有粤东之行，兼以饯之。

---

① 益智图即七巧板，是一种拼图益智游戏。

汪家对门为东寺佛地也,午后借和尚“四大”作我“匡床”,清谈煮茗,顿离尘垢。堂中悬额书“是寿者相”四字,沅甫制府手笔也。神味秀颖,魏徵妩媚,吾见其人。“狂澜万顷归沧海,危石一拳傲罗山”,徐进之《题甘露寺》诗句。悦老赠我《国朝贡举年表》二本。晚刻,母舅以酒相款,举烛传杯,以永今夕,坐有徐公、悦丈、继、润两兄及海秋弟。复五弟信附姚来信,交舟寄去。

二月初三日(2月21日)　阴冷,有雪意。文昌帝君圣诞,相传灶君亦于此日降生。比丘尼两个来诵经,余生平爱见僧不乐见尼,恶其似也。适仲妹唤余吃茶,遂与二尼相值。噫,我是文昌弟子,不得见孝友前身,徒见此优婆稗类,亦不幸之甚矣!母舅出古砚一方,色黯紫,混沌无窍,研墨甚细腻,亦佳物也。

国朝“三元及第”二人,一钱棨,字湘舲、一字振威,江苏长洲人,乾隆己亥解元,辛丑会、状;一陈继昌,字莲史,原名守壑,广西临桂人,嘉庆癸酉解元,庚辰会、状。五弟寄来信一封,内有崇如、虎臣两兄复言。虎臣祖大人子良先生于正月二十日作古,噫,泰山梁木,奈何颓乎?

二月初四日(2月22日)　早起闻鸠鸣,午后阴。悦丈招至城闉,赵萃卿先生在坐,托余致意东台笏山诸老。闻子成十六丈过兴化。母舅早来家,示我以诗。送鲜蛏与悦老,东台物也。茶后过天后宫小坐,晤及乡人董某及郭某。阅《图书集成·经学名儒列传》。咏梅花,《蓓蕾》云“多少调羹贤宰相,出身端向此中来”;又《小蕊》云“生就魁材人不识,依稀当作李桃看”。

二月初五日(2月23日)　早毛雨,旋晴。老王送来《图书集成》后两箱。午后沐浴。随母舅至东岳庙观“岱宗锡福”四大字。剞劂周某所居,乃三月扬州地也。因以图书眉戳属刻,误入其门,心悔之,即拔步出。举足必慎,诚哉!

二月初六日(2月24日)　午刻微见日光,薄暮雨,夜分有风。早起,母舅已煮茶招饮矣,忽毛子来,传悦丈福来之约,爰随母舅往。

与明远弟检理《图书集成》三汇编，至晚始歇，九点钟睡。

草名吉祥，家之宜也，梁仆移来数茎，淑妹笑倩予种之。思得一联云："一笑何如，如意花当如意女妹小字如意；二月初吉，吉祥草应吉祥人。"展吴兢《乐府古题要解》，《百年诗》合十岁一首，陆士衡作也，前拟求志书院课中诗微误。开卷有益，行年知非，通之谓儒，谈何容易。复五弟信、附经学卷，交舟带去。

二月初七日(2月25日) 风甚利。随悦丈至杨家书室。谒六母舅，少谈。与明远弟检理《图书集成》"明伦、经济、理学"三汇编，十一点钟起，申刻毕。凡九百余本，三过手，以两人而三时尽之，亦勤矣。昨犹有仲妹，今无之也。

二月初八日(2月26日) 毛雨竟日。母舅茶后来家，属余撰联赠某公。改《三君合会赋》一首。吾乡[1]今日有"吃个馄饨病不发"之语，外祖母如其言为余早餐。二母舅送来肉圆、春饼二事，日来口福甚浓。小玉咏"重重叠叠上瑶台"之句，颇堪一笑。

二月初九日(2月27日) 风雨。补作《咏梅》六首。悦丈茶后过我，谈谈近事。二母舅午后携来陈刻图书章三十二方。乃辉背书，至下午始毕，书生书生，不愧书生。灯下与淑妹谈皇甫君故事，十点钟睡。

二月初十日(2月28日) 晴冷，月色甚朗。昨发东台信，今日寄去。在景福园晤及汪丈、徐公。"潭水暎桃花，交我情感深千尺；己山采仙术，祝君寿愿比三峰。"右丹徒茅三峰寿汪某即次帆先生，悦庵舅氏伯祖联也，后有某君[2]辑《楹联丛话》采入之，而易"己山"为"灵山"，殊失其运用之妙矣此联现存悦老处，闵柏庵先生书。

曾祖盈科公尝以汤圆遗三峰先生，先生即以为题，作四十韵见酬，并书于扇。今见《有香草堂诗集》此诗已登，择其精浑数联录后：

---

① 《吉城日记》中的"吾乡"指镇江丹徒。

② "某君"为梁章钜。

“全神归掌握，元气运中央。完全将乞火，放下早探汤。身虽随宛转，性颇爱徜徉。纯化终须到，功夫要耐长。熟食千人便，清晨一担装。晓风残月后，官道市门旁。始悟圆才浑，休嗟贱可伤。只因扶冻馁，未屑伍膏粱。”

《有香集》悦庵舅氏藏本也，今只见近体诗一册，其全部容检。万物生于春，而款冬独生于冻下；百花开以日，而款冬独荣于雪中。背阳向阴，小人之类，傅咸作赋称其“岁寒不变”，未免失当。爰作七律一首讥之，结句云“输与葵花心最热，一生常向太阳开”。

誊求志书院卷一本计千七十余字。子初始睡。

接三兄初五、初七两道手书，知《铁路说》已脱稿，写数行复之，并将卷子寄去。

二月十一日（3月1日）　早寒，地有薄冰，月明如水。阅《山川考》，得《尔疋》①“八薮”一解。悦庵舅氏来，少谈即去，送至城湾。阅《小学汇考》。

二月十二日（3月2日）　《诚斋诗话》：“东京二月十二日为花朝，又为扑蝶会。”以“一年春事说今朝”七字，命乃辉咏之。悦丈招至景福茶话。往顾宅看梅。检母舅书簏中有《西游补记》二本，内载文士观榜一段，形容尽致，可笑亦可怜也。阅《图书集成·经学部》一本。月上时好风一阵，送来箫鼓之声，出门迈步，见是人家送耍孩儿者。看月眠迟，时已子正。

又赋《款冬》一首，中二联云：“蜂斗善钻行小慧，虎须可捋减英风。半生卧雪欺名士，十丈冰山倚相公蜂斗、虎须，花别字也。”

今日花始萌芽，月才半面，而家家弄篴、处处传觞，美景良辰，忒花香月满时矣。昔人云“花未全开，月未圆良”，阅历语也。

二月十三日（3月3日）　上午晴，未刻雨雹，甚冷，晚寒月一丸，照人眉宇。二母舅自大楼至大楼者，冯家宅也。剃头。阅《图书集成·

---

①　《尔疋》即《尔雅》。

经学部总论》一本。悦老款闵先生，呼余往陪，坐有何郎、徐君。济深哥不可以风，养疴一日。午后无事，相与长谈，其《经术误苍生说》及《晴丝晴絮》诸作皆妙，有咏“九月团脐十月尖”一联云“一诗如可换四美，定相兼刻划无痕”，足征心思。小书画船主人《咏梅》云“风雪凭他欺压惯，十分冷处让吾红”，风格固高，然究嫌其疏傲。明月满窗，隔墙一笛，与诸弟妹闲话，夜分始卧。为启泰弟画《先生吃茶图》，颇足发笑。接五弟初十日信并书七本，即写数行复去。诵文伯时文一篇。

二月十四日(3月4日) 晴冷，风月良佳。母舅早来家，书“四壁书声小邹鲁，一庭和气古唐虞”联见示，古朴之气，扑入心宇。阅《图书集成》“经学汇考、职方考”各半本。午后，陪两母舅及大妹作“斗叶”[①]之游，继之以烛，酉正方散。

蟾光如水，风意才丝。咏东坡“春月色胜如秋月色”词，殊满人意也。晚饭后，与两妹一弟步月至巷口，有感云“姐妹一家添笑语，弟兄三处望团圞”。偶谈小时事，六岁启蒙，十年上学，鸡声灯影，徒事劳劳，只博得一领青衿，经济、词章未获尺寸，爰自愤云“读书仅为科名计，不若将身作女儿”。

二月十五日(3月5日) 晴，有月。悦庵舅氏茶后过我，携去《輶轩语》四本。过书坊，见《谢湘谷文赋稿》又《刘氏六种》。阅《镇江府城池考》。母舅晚来家。继声兄乘月至，留饮尽欢，月下送继兄归。余衣有破绽，外祖母为余缝之，有句云“感深慈母线，补到外孙丝”。启泰弟与乃兄同榻。

三峰先生挽外太祖征士公云“济世十全心最热，哭君一痛眼几枯”。又，筠谷先生挽某友云“老友无多，又伤一个；君思不已，少活几年”。又，邑庙中悬一联云“阴骘可回天，有意回天须非阴骘；文章能拗命，无才拗命终怪文章”。以上三联，皆悦丈述。

---

① “斗叶”指玩一种娱乐游戏“叶子纸牌”。叶子纸牌共120张，其游戏规则与麻将不尽相同。

二月十六日(3月6日)　晴和。早陪母舅、悦丈、继声兄景福园小聚。阅《图书集成·传经名儒列传》。三兄寄来十三日手信，知前卷已收。下午印《图书集成》眉戳一箱。母舅晚至，携来八大山人《平安富贵图》一幅。启泰弟见月必呼“跟我走、跟我走”，余闻之忽得句曰“阿弟大呼随我走，请看天亦为钱忙”，录之聊当一哂。

“於乎有吴延陵君子之墓”[①]，右《十字碑》。

二月十七日(3月7日)　晴暖，凉月生毛。悦丈茶后至。诵时文二篇，阅《图书集成·经学部》十页。灯下与母舅作铺地锦算法法载《经世文编·户政门》。陪外祖母闲话，至亥正始睡。

二月十八日(3月8日)　阴，午刻微雨两三点。母舅招至景福园茶，坐有陶公，据云是此地董事。晤及李八丈、丁公，略谈数语而散。悦老来，略坐。下午陪外祖母斗牌。仲妹不知诗而性好学，昨夜月下闻笛声，妹忽吟曰“一轮光满掩银缸，蓦送谁家弄笛腔”，余为续之云“色相闻根都涤尽，不辞风冷坐临窗”。

二月十九日(3月9日)　午前毛雨，午后淡晴，鸠鸣。观世音圣诞。阅《图书集成·东汉经学名儒列传》，诵句山时文一首。悦庵舅氏午后约茶。邹某者，淮扬道之裔也，落魄江湖，沿门乞食，下午承伊枉降，赠以一碗茶资而去。灯下说《儿女英雄传》一段，为外祖母大人消遣。背临《多宝佛塔碑》八十字。二母舅云，今日县官审割鸡一案，动手某人重笞八十。“师出以律”，律字当训吹律之律，作法律解似误。

二月二十日(3月10日)　为吴大姨母作寄儿信一封。接五弟十七日信，晚写复函。阅《图书集成·经学名儒列传》半本。西邻嫁女，婿来亲迎，从人手奉铜雁一双，殆所谓告朔之饩羊也。晚陪母舅、悦丈福来一坐，观十样景，看娘娘湖。晚与二妹讲“夫子何为”一首。

---

① 日记原稿中的“於乎有吴延陵君子之墓”10字既写了篆字，又写了与之对照的楷字。

风筝满天，咏“四野风多仗宝绳”之句，诚有味乎其言之也。

二月二十一日(3月11日) 早在城闉啖面，坐有汉卿母舅、悦庵舅氏、济声兄。随悦丈至杨履翁家一逛。过蒋小石、董小春，少谈即行。阅《图书集成·三国经学名儒列传》。风甚狂，二母舅欲归不得。为明弟讲“不可以风”一章。晚饭后诵时文一首。燃守岁余烛，与大妹牌聚。

二月二十二日(3月12日) 风冷，有冰。接三兄催归之札、并诗二绝。母舅早来家，以扇面属书并题。阅《图书集成·晋传经名儒列传》，诵时文一首。下午又为小游。

《宋书·臧焘传》“宋高祖与臧焘书”曰：“此境人士，子侄如林，明发搜访，想闻令轨。然荆玉含宝，要俟开莹，幽兰怀馨，事资扇发。”六朝人吐属，固自风疋。

二月二十三日(3月13日) 晴冷。早陪瀚如从舅、炳南母舅景福园茶话。阅《图书集成·六朝传经名儒列传》。作七绝二首，以道欲归不得之思，即步三兄原韵。瓶花谢矣，插笔于其中，口占云“四面琴书要装点，夜来斑管可生花”。母舅晚来家，旋去，云不日有兰花送来，妙极矣。晚饭后“斗百湖”[①]，迁延至亥正，倦欲眠矣，两妹强余诵文，不得已应之。读寅谷先生《仁亲以为宝》一篇，哀思动人。

二月二十四日(3月14日) 和煦。悦庵舅氏茶后过我，谈及外伯祖之《鼎公文赋》皆有刊本，午刻去，送过桥东，迤逦至伊府小坐。张十丈自泰州至，小住一日。申刻陪母舅太平泉澡身。人生父母俱存，兄弟无故，有半亩宫，观万卷书，赏四时花，此乐诚不减南面。余家庭之乐备矣。书无多而尽可读，今又得外家新本，亦不下万卷矣，所阙者花耳。汉卿母舅特购春幽兰两盎，悦庵舅氏若虑其不足，又遣伻人送来数茎。噫，昔人云，不如意事十常八九，今何如意之多耶？文正公以“求阙”名其日记，余不禁记今日之事，而有意于

---

① “斗百湖”是一种棋牌游戏。

求阙焉。

东坡先生《题兰诗》，偶忆及之，录后："春兰如美人，不采羞自献。时闻风露香，蓬艾深不见。丹青写真色，欲补离骚传。对之如灵均，冠佩不敢燕。"

二月二十五日(3月15日)　晴和，夜星不繁。昨舟子天保来，便将不着之敝裘属其送归，另有诗函复三兄。与母舅印《图书集成》眉章两箱。寅正即起，在家早面。陪悦丈及汉卿舅氏福来一坐。阅《图书集成》"陈及北魏传经列传"、又"兰馨传"一首，检"国朝平定噶尔丹事略"。昨日手种之兰，欣欣已有生意。晚啖面饼稍多，以烟克之，不尝此味久矣，偶然入口，辣气逼人。

二月二十六日(3月16日)　晴暖。赵丈萃卿、汪舅悦庵及继声兄招往城闉小聚。卖兰人住长生院里，院有屋三楹，中悬一联云"庭前古桧千年树，院里长生不老人"。接念三日家书，内有膏方外钵。诵时文二首。蒋小石招余午茶。

二月二十七日(3月17日)　大风。阅《命相汇考》，多未解处，便将八字属鱼某排之。诵"君子怀刑""游于圣人之门者"二篇。乃辉有事晚出。晚饭甫毕，忽闻警锣。出门一询，云是城南顾四房失慎，随众往观，火光逾刻始熄，途晤庄鸿兄。

二月二十八日(3月18日)　微雨，无风。十年前见某人《咏芍药诗》押铤字，茫然不解。今阅《草木考》，铤乃芍药别名，见《别录》。畴昔之疑一旦冰释，不亦乐乎。悦老遣伻来，假母舅元套缎靴，明日杨吊。诵时文二首。润盆兰以雨。

二月二十九日(3月19日)　阴。早陪汉卿母舅、瀚如从舅方来茶坐。《题墨笔芍药》云："征能妩媚扶唐室，端自糊涂理赵家。不是人间无彩笔，淋漓才称相公花。"东人之子顾念祖，方十一岁，《五经》将毕矣，《文选·两都赋》亦已成诵，小楷工整之至，长眉秀目，面若傅粉，可儿可儿，不凡才也。午后略与闲谈，出话都能中肯，奇哉！晚来无所用心，聊借“叶公”[①]消遣，孔子曰“博弈犹贤”，庶几藉以文过耳。福弟自盐城来，盛称绿野草堂之景。

二月三十日(3月20日) 早与悦丈及继声兄、明远弟城阛茶叙。观岳庙古桧，盘屈如龙，千年物也。虎臣将北行，作四律饯之。

闰二月小

闰二月初一日(1890年3月21日) 风雨竟日。阅《坤舆汇考》。早发何垛场信一函，并寄昨诗。

闰二月初二日(3月22日) 雨如昨。悦丈茶后来闲谈。阅《坤舆考》，诵时文一首。

闰二月初三日(3月23日) 于今三日潇潇矣。文正书院[②]甄别，长友题“仁者不忧”至“夫子自道也”，小友“不耻下问”至“其事上也敬”；诗题“闰月定四时”得“成”字，率书一卷。继声兄晚至，留饮。母舅携来何垛场信一函，前月二十五日大兄举女。

闰二月初四日(3月24日) 晴。又《题墨芍药》一绝云：“芳姿默默倚园东，不羡扬州万簇红。应是一腔离恨满，纵多脂粉若为容。”阅管公明《地理指蒙》。郭璞《葬经》甚矣，阴阳流泉，公刘审覙，西瀍东涧，姬相綷醬，堪舆家言亦未可厚非也！悦庵舅携来小口酥四枚，别饶风味。昨日小友诗题“春雨种鱼苗”。五弟寄来信一封、并笔四枝，二兄于二十九日抵何垛场。新月一钩，纤眉如画。闻雁观鹰。

闰二月初五日(3月25日) 晴。拓扇面一个。阅《图书集成·北魏传经名儒列传》。悦庵舅氏招至乾元午饭，坐有郑伯、张公。福弟午前来。写白折一开。

闰二月初六日(3月26日) 早晴，有风，后微雨。临《兰亭帖》，观《王墨林册页》。偕明弟往招悦丈午饭，在上池斋视其配药，晤及顾

---

① “叶公”代指“叶子纸牌”。

② “文正书院”是兴化的著名书院，建于清道光十四年，废于光绪三十四年。

一丈。邹某又至。母舅来家。诵时文一首，阅《身体汇考》。晚陪外祖母、母舅牌聚。光普和尚为昭阳东广福寺宏开上人再传弟子，而凝岚师之高才生也，少学佛，通儒家言。向在浮玉山晤其兄引儒方丈，即为予述之，今见益信，爰撰联以赠，聊缔方外缘耳。联云："清远定钟山水秀，慈悲能补圣贤心。登华子冈，月夜犬声若豹；游赤壁矶，秋江鹤影如人。但想前贤，神明开绦。"见《砖塔铭》。

闰二月初七日(3 月 27 日)　微雨。读《胡文忠公本传》，书小字百余，阅《图书集成・身体部汇考》。复何垛场信。

闰二月初八日(3 月 28 日)　微雨，午刻止。读《胡文忠集》，阅《图书集成・坤舆考》。悦老下午至。

闰二月初九日(3 月 29 日)　仍雨。二兄由东台来，晤谈一切。阅《格致书院课艺》三卷。早陪悦丈福来茶。

闰二月初十日(3 月 30 日)　晴。郑光叔招同二兄、明弟茶聚。午后随母舅沐浴，景福园晚茶。陪二兄过汪府及二母舅与薛文翁处。发东台信一封。

闰二月十一日(3 月 31 日)　早与二兄城闉茶，坐有母舅、悦丈、赵萃丈、继声兄。阅《格致书院课稿》。月下送二兄至恒和。

闰二月十二日(4 月 1 日)　复泉小聚，汉、悦两舅氏及二兄。送外祖母及二兄登舟。

闰二月十三日(4 月 2 日)　东北风，范舟小泊北门外。随母舅往陪外祖母，闲话消遣。下午，登元武灵台、观音、玉皇阁诸处，相传此处为昭阳十二景①之一，归来暮矣。写大卷六十字。

闰二月十四日(4 月 3 日)　早发何垛场信一封，走托福弟交舟。过上池斋，携回膏汤一钵。陪悦丈茶话，晤及继兄。前晚过继声书

---

①　兴化的"昭阳十二景"为：景范名堂，三间遗庙，沧浪亭馆，玄武灵台，阳山夕照，南津烟树，东皋雨霁，龙舌春云，胜湖秋月，木塔晴霞，十里莲塘，两厢瓜圃。

屋，见李复堂墨迹。瀚如舅馆中兰花甚茂，其茶花一株尤可爱。乃辉不知何处去矣，下午忽偕何郎来。福弟午后至，作盐城信一封托其寄去。昨日占两字，今日皆验，亦奇矣。

二兄因北风不顺，命以"快"字测今日风如何。按：快旁为心，心南方火属也，夬同中央之央而缺其左口。古人云"空穴来风"，左方空，风即从左方入也，爰定为东风兼南，且问风而得火旁之象，是家人大吉之卦，此行可卜平安。今果东南风。淑妹失银针一支，属以"吉"字占之。按：吉上似土，土能生金，此物断其无失，下有口以承之，是必遗于小圆窍中者，其日甲寅，东方象也。后果于东房煤子桶中得之。

继声晚来，约同至伊家晚饭，一更时归。继声携去《戊子格致书院课艺》一本。

闰二月十五日(4月4日) 月色甚佳，晚携启泰弟至文正公祠[①]小步。接五弟初十日来函，知东台十五日甄别。书厨来家。

闰二月十六日(4月5日) 清明。月明如昨。红桃绿柳，都写相思，掩卷低头，兴味殊萧然也。早有沈、赵二丈及悦庵、汉卿两舅氏城闉茶话。风筝满天，纸灰一路，此情此景大略相同。修灶，母舅在家一日。

闰二月十七日(4月6日) 吴三兄由东台至，递来五弟手信一缄、又吉斋信一封。早与郑省翁茶聚，其人气味冲淡，出言有伦，良可友也。临《灵飞经》一页。午后陪悦丈登最乐楼小坐，晤及郑光亭。继声晚至，留饮畅谈，酒罢为余画墨梅一幅，亥初别去，送至伊家小坐而返，时月色满街。归来不忍遽寝，与乃辉弟讲书一页。今日伤茶，少啖饭一碗，心神不适，嚼冰糖而愈。

闰二月十八日(4月7日) 母舅来家，午前出城。作复五弟信一缄，恳请母舅带交帮舟。荒嬉竟日。月下步至县署前，闻今日有观

---

① 兴化的文正公祠是祭祀范仲淹的祠堂。

音灯。十一点钟睡。

闰二月十九日(4月8日)　吴三兄约茶,坐有二母舅及郑省翁,又晤及瀚如从舅、悦庵表舅。母舅来家未晤,携来范舟回函十四日到盐城,东南风不错。该舟前日泊北门时,余与二兄谈金坛考事,偶述一联,下句云"向北水关下船举哀"以为戏,不意该舟之母竟于归途大去。噫,谑语亦成谶耶?

闰二月二十日(4月9日)　晴暖。换絮袍。福弟昨晚至。汪三丈由上海回,早在城阛茶聚。种花半日。钟天纬有致董小春信一封,其言医理颇细腻。诵时文二首。

闰二月二十一日(4月10日)　晴,午阴晚雨。悦庵舅氏茶后至,清话片刻。诵时文二首,阅《图书集成·文学列传》。白行简为乐天从弟,友爱逾常。福弟携来少芝兄信,即写数行复去。兰芽得雨,神气大倍。叠书。

闰二月二十二日(4月11日)　夜雨,午晴,有风。诵时文二篇,阅《胡文忠集》一本。见文正公趋朝遗像。阅《史略》五页、《图书集成·文学名儒列传》。下午同汉、悦两舅氏、蒋子小石至文昌阁观梨花,登魁星楼俯视一切,过泮池小憩。顾祠有紫藤一株,将着花矣。祠中有联云"衍祖宗一脉薪传,曰忠曰孝;教儿孙两条好路,惟读惟耕",祠之西有园名卤园。怀素姓钱。

"叶子"①逍遥,夜将半矣,红烛余光,嫣然可爱。朗诵《板桥诗集》一本。昨日在裱画铺内见板桥画一幅,题云:"一竹一兰一石,有节有香有骨。共成君子之风,永壮千秋之色。"相传兴邑城形如葫芦。

闰二月二十三日(4月12日)　早陪母舅茶话。诵时文二首,阅《板桥词》及《家书》两种。

闰二月二十四日(4月13日)　阴雨。接吉斋二十一日手札,闻周达夫作古。兰箭挺然直上矣。母舅家有绿端一方,背镌铭云"一卷

---

① "叶子"即"叶子纸牌"。

之石取其坚，一勺之水取其洁”，下注“康熙御铭”四字，未识真赝，然石质迥殊庸俗矣。写真楷百二十字，临草书三五纸，诵时文。与母舅围棋。

闰二月二十五日(4月14日) 仍阴。城阛早茶，至午方散。临草书数纸。继声兄赠我梅聘海棠扇头一个，其用笔之妙，非可以言语形容，诚哉画而化矣！与大妹围棋一角。

闰二月二十六日(4月15日) 晓晴，午阴。小斋无事，藉《秋雨庵随笔》遣怀。继声招往福来小聚，坐有何、余二君。阅《图书集成·文学考》。复吉斋信，属福弟交舟。饭罢教淑妹围棋。始信人间有离别，不知天上可高寒。

闰二月二十七日(4月16日) 晓起看花，露气爽目，盆兰一箭十三花，精神卓绝。福来晤汪三丈。写扇面一个，午后围棋三局。

懒作昭阳客。空缱绻、茜纱窗外，拈花拜石。几日东风吹面软，已透归帆消息。却又被、主人轻勒。都道家山春正好，恨一条、衣带涓涓碧。怕听见，邻家笛。　梦中相晤醒相失。谁知这、别离团聚，宜怜可惜。一把英雄儿女泪，背着子规偷滴。暗地里、罗衫拉湿。谎说明儿归去了，累深闺、红豆相思汁。只染得，肝肠赤。

调寄《贺新郎》，道欲归不得之意。

闰二月二十八日(4月17日) 晴暖，时主人夹袄翩翩矣。接二兄、三兄、五弟来信三函。母舅早来家。阅《图书集成》“六韬、三略、八阵、六花图考”，诵时文一首。午后逛至福来，晤及继声、庄鸿翁，略谈学问。与继声闲步至县署前官厅，柳色青青，风中小立，殊得清致。闻张石庵孝廉以喉症逝。余犹着絮袍，人以“冬烘”见诮，口占一绝解之云：“熏风吹暖画楼台，黄竹箱儿个个开。恋此绨袍抛未忍，为经阿母手中来。”

“湘乡曾学问，武进管文章”拟书此十字悬之东壁，藉以自励，兼竭瓣香之思。汉公孙弘《握奇经解》云：“革音五：一誓兵、二结阵、三行、四趋走、五急斗。麾法五：一元、二黄、三白、四青一作赤、五赤一作青。”案：

此可为《穀梁》“五麾、五鼓”之证。

闰二月二十九日(4月18日)　阅《图书集成·戎政门兵法总论》,诵时文一首。汪三丈招晚饮,坐有董、蒋、徐三小翁。继声出《伦敦画景》四幅见示,莫明其妙。邹大哥来闯席。

生在百花前,万紫千红齐俯首;春归三月暮,人间天上总销魂相传稚庵文宗以撰此联故,淹滞者几二十年。

三月大　建庚辰

三月初一日(1890年4月19日)　诵文一首,围棋二局。悦丈遣伻送来《张九征祖绍南公赈饥记》,刘观文撰、笪重光拜书。晚饭后,听两妹歌“东风袅袅”“春城无处”二绝,余唱“群山万壑”以先之。大好兰花,开而不振,定力不足之故耶?雷乃发声,亥正急雨一阵,暖甚。接吉斋二十八日信。

三月初二日(4月20日)　晓起,凉风袭体。江都史子和先生熟精选理,文郎仲畬亦能世其学,十三龄以此见知于益吾恩师,今年才十七耳,《十三经》而外,《汉书》《文选》《文献通考》皆能成诵,我弗如也。早在城闉与之畅谈,钦佩无既。子和先生著有《种蕉轩赋钞》,悦丈饷余一部,其赋多古音。午刻,招悦丈及仲畬兄小酌。饭后过瀚如舅书屋观兰花,一盆十五箭、一箭十五六枝,排次如城,殊可爱也。母舅晚来家一坐。

三月初三日(4月21日)　上巳,修禊之辰。东北风甚大。史子和乔梓过我。悦庵舅氏茶后过我。姜丝早饭一餐。阅《种蕉轩赋》。午后,观母舅画兰。复盛园小坐。灯下阅外家《家乘》,希仲公之学行、贡南公之善弈、鹤山公之词章,皆超出凡辈。案:希仲公名为震,贡南公名为金,鹤山公名之鼎。君瞽我聋,好古都成书画癖;邑增郡庠,而今总作孝廉翁丹徒前辈夏、蔡两先生事也。

三月初四日(4月22日)　早有雨。母舅在家,乃辉伤风。临贡南公《棋谱》。街南一小楼,宴饮地也,母舅邀余小酌,坐上客为汪丈悦庵、董君小春、吴子灼孙。二母舅家今日移居，书门联作贺。

三月初五日(4月23日) 晚雷雨，夜来尤甚，屋有漏痕。继声约茶。写扇面三个。吴三兄至。汪四夫人来，谈锋甚厉。邹某又来。谱棋一局。唐裕灿舟来接予。乃辉服赵聋子方。

三月初六日(4月24日) 昨夜因屋漏不寐。写扇面三个。料理行装。往二母舅及汪大舅舅家告辞。继声来晚饭，求其唱北曲，不肯。下午沐浴。复胜园小坐。卞雨翁由东台至。

三月初七日(4月25日) 晴和。昨晚测字，知今日东北风，不意其竟然也。晓往书院谒赵丈，便观文正手泽。城闉早茶，大、二两母舅、悦庵舅氏、萃卿赵丈、继声大兄。午刻登舟，由兴化南门开舟，东风甚大，洪、福二弟来送。昔人云“客久别人难”，此情诚不谬也。阅《古文苑》一本。晚宿大垛，月色颇佳，繁星满天。作七截一首，留别汪继声，云：“抱书当日就君家，今夕相逢感岁华。情比春波深几尺，临行为我画桃花。”

三月初八日(4月26日) 仍东风。舟中阅《逍遥游》一篇。薄暮到家，堂上平安，快晤群兄弟。月下过吉斋，晚饭后归。作兴化谢函，明早交唐某舟。

三月初九日(4月27日) 晨到店，请父亲安，即过西宅。昨日书院有课，文题“是故君子”至“则财恒足矣”，诗题“春雨乍晴桑吐叶”。偕三兄贺张厚四十。便过心兰。洗砚。

三月初十日(4月28日) 早毛雨，午晴。吉斋约茶，坐有三兄暨明弟。大伯父寿辰，敬祝如礼。在李府中饭，有三哥闲聚。吉斋有兴化之行，晚与二兄等送之。

三月十一日(4月29日) 大风，毛雨。检理书屋。过震记，交汪济鸿件。张冰臣来取画件，又携去《尔疋图》二卷。午后陪二兄沐浴。闻乔某某以“衹”字失占停科。

三月十二日(4月30日) 甚寒。心兰过我，携去《枕善居杂说》三本。过凌云馆视笔。三兄畏寒不出。阅《明季稗史・吴三桂传》。

六经衷许郑，百行法程朱阎百诗先生撰联也。

三月十三日（5月1日） 转晴。先祖妣忌辰，敬祀如礼。父亲来家。冰翁还来《尔雅》。大兄、六弟皆午刻至。写小字百八十。咳嗽较甚，不可以风。灯下与二兄谈年大将军故事。翻阅《蜀碧》。检《贡举年表》，渭厓公[①]以乾隆三十九年甲午乡试典试山东时为太仆卿，副考官为御史费南英，乌程人，是科解首为泰安赵东周。书一帖送崇如。细阅《云麾碑》。

三月十四日（5月2日） 阴晦。伤风。改子久文二首、并寄去题目六个。观安徽汪鸿《上彭宫保书》，惜非完稿。《七种纪事本末》《士礼居丛书》。

三月十五日（5月3日） 晴，有风，晚雨。咳甚，头涔涔痛，畏风。写小字百八十，改明弟文，睹曾袭侯遗像。五弟往西宅，携来心兰史学稿、崇如掌故稿。大兄晚至。李姑母由观音堂礼佛回，过此小坐。阅《左传杜解补正》。兰花无力透开，爰易以军山沃土助长之，消余弗免矣。谦受益，俭养廉，敏有功。

三月十六日（5月4日） 晓犹雨，后晴。风咳不止。山长课题："吾与点也"至"夫三子者之言何如"；首夏犹清和。心兰属金兄送来一卷，勉强拓成，殊草草也。诗中得"圣想惠夷侍"五字，而未有其偶，将置之矣，忽闻明弟读《左氏》[②]至"赵衰、赵盾孰贤"，不觉狂喜云"贤参衰盾意"。阅《清嘉集》。

三月十七日（5月5日） 晴，月色甚好。邀楚翁来诊，以疏解法，服一帖。写条幅一张，真中有隶，颇自喜也。阅《杭堇甫先生事略》。冰翁送来《书目》。三兄下午至。举人复试题为"荐其时食"一句，吕子恂一等十一。

求志书院春季题目：

---

① "渭厓公"即吉梦熊。

② 此《左氏》即指《左传》，下同。

“一君二民、二君一民”解，“九合诸侯”解；“书列七卜”说，“七十曰艾”说。经学

《明史》“宦官传”书后，“阉党传”书后，“佞幸传”书后，“奸臣传”书后。史学

《孙夏峰年谱》书后，《张杨园年谱》书后，《顾亭林年谱》书后，《阎百诗年谱》书后。掌故

《通典》“岭南于九州岛之外”辨、“嵩高为中岳”辨，“楚奄征南海”考；拟订《禹贡》塾本例言。舆地

“曾子七十乃学，名闻天下”赋犹当晚学不可自弃；元宵立春歌；正月晦送穷、二月二日迎富，各纪以诗；闰花朝曲。词章

三月十八日(5月6日) 晴暖，晚有雷雨。三茅合会之辰，曾记求志书院课赋中有句云“除是来春十八再接音尘”，今其时矣。二兄动身，由兴化往镇江，匆匆作致汪继声一缄。钞江、浙两局《书目》，阅兴化刘熙载《持志塾言》一卷。笙甫师送来兰花。服昨药，咳声大减，惟鼻尚未通耳。玉敲棋一局，银卷幔双钩，再现此种闲况。细阅黄、王两宗师试牍，一以气胜、一以韵胜。鸦边碎影，犹带昭阳；门外微波，可通潭水致汪继声信中语。

闰月初旬，虎臣北征，余以就读外家，未克饯其行，曾作《寄怀四章》以当握手。今忆及之，特录于此：

荒城鸡唱响胶胶，回首蓬门感故交。骥马料难安枥食，蠹鱼翻自误书巢。声听夜雨愁苏辙，魂化春云逐孟郊。我不能归君竟去，焚香悔读出门爻。

试把功名较别离，多应无泪到临歧。重寻定见仙源路，再鼓当搴上将旗。雨露端因名世重，风云都为少年奇。玉堂清秘书无限，好共刘郎细细窥。

家书几道寄当归，刚到归时计转非。嫁浅只怜贫手指，宫袍须惜旧腰围。江南消息争红杏，天上文章艳紫薇。敢为升沉淡交分，苍龙好望应龙飞。

蓬莱有踞绝尘凡，助尔长风海上帆。高举已成鸿渺渺，痴情还学燕喃喃。鞭催祖逖先教着，州恋钱昆岂愿监。昨梦相随到京洛，醒来灯影笑青衫。

三月十九日(5月7日) 晴而暖。月季全开，幽兰半展，供之案侧，香韵蓬然。夏仆送来朱氏《说文通训定声》三十二本，并传命云，此书是棠荫轩主人亲手检点也。诵稚存先生骈文。

三月二十日(5月8日) 晴和。北乡濒海，每值桃花水后，必有银刀万尾随波上下，土人取之以为时品，谓之夜潮春鱼。今日家人聊复效颦，惜臭味差池，几如秦祖龙之辒辌，乍过掩鼻不遑，渊才若生，定增一恨。李姑母至，晚饭后去。闻舆人云，融甫家奴误用尊拳，致伤乞丐。细询其由，盖丐方过庭而旋顿，触郏庄公之怒，遂不免槌碎黄鹤、踢翻鹦鹉耳。

三月二十一日(5月9日) 云垂如墨，颇有雨意。接二兄信，知已平安抵兴化。传来会闱题："子贡曰：夫子之文章"二章，"知所以治人"三句，"霸者之民"四句；"城阙参差晓树中"得"门"字。写小字百五十，读《卧龙先生传》，诵谷人先生骈文。

三月二十二日(5月10日) 朗晴。早接母舅复函，内附诗件。拟作赋未就。午后过崇如、并过星南，偕至复仪茶室，坐谈至暮。楚翁来，为母亲诊，云风感夹饮，以开饮疏风法。往种善堂配药，便过李府。

三月二十三日(5月11日) 晴，有风，午后急雨两三点。早随二伯父往复兴别坐茶话，坐有楚翁洎、三兄、五、六弟、明弟。途晤心兰。在店阅《申报》，铁路有别开之议。暮雨新霁，挈五弟至城头观鱼。

三月二十四日(5月12日) 欲雨仍晴。往程家吊。偕三兄东谒丁师。午后过祝申甫。

三月二十五日(5月13日) 晴暖。东至李府，为作复函一封。作《曾子七十乃学赋》一首。放学，闲步城南。

三月二十六日(5 月 14 日) 风燥。早与三兄邀丁师茶聚。三兄携去《贡举年表》二卷。饭罢寻心兰,不得其门而入。点《颜氏家训》三篇,阅《明鉴辑览》。楚翁晚来。

三月二十七日(5 月 15 日) 阴,晓凉午暄。复母舅信一缄。阅《明鉴》十五页。闻淮扬道观风题,有"拟杨四将军庙碑"一首。

三月二十八日(5 月 16 日) 早晚微凉,午暖。东岳大帝出巡。先伯祖忌辰,二伯父至。午后过崇如,携来《柏蕴皋文稿》二本。阅《明鉴》十页。晚饭后到店,接二兄来信,云月初回东台。

三月二十九日(5 月 17 日) 晴。阅《明鉴》二十页。南京御史蒋钦具疏劾刘瑾,方属草时,灯下闻鬼声。钦念疏上必掇奇祸,此必先人之灵欲寝此奏,因曰:"果先人,盍厉声以告?"言未已,声益凄怆。钦叹曰:"业已委身,不得缄默为先人羞。"遂奋笔曰:"死即死,此稿不可易也。"后卒于狱。写小字半开,阅杜茶邨诗。夜梦晤毕俊民于金陵考肆中。

三月三十日(5 月 18 日) 晴暖。早随二伯父至如意馆茶坐,晤及李木清,述丹阳府试二场题为"绵驹"二字。抄执照乙纸。阅《清嘉集二编》,不少佳构。

四月小　建辛巳

四月初一日(1890 年 5 月 19 日) 晴煊。偕三兄贺心兰乔喜,便过捷庵。阅《明鉴》一本。孙师遣人来借衣。午后过李府,携回《宋四家诗》。下午到店,托香柯某又来,呵饬而去。车路口何姓被焚,先是北关桥后茅屋有警,兼毙一孩。占离之四爻,殊可骇也。三兄、六弟飞至,因误传聚东门北巷为南巷也。

四月初二日(5 月 20 日) 雷雨。早往张家祝寿。招心兰、崇如兄来午饭。县课题:"人无远虑"二句;"麦黄初涨陇头云"得"黄"字。午后至许复仪观芍药,有柳敬亭其人者,闲坐说汉家故事,与心兰姑妄听之。

四月初三日(5月21日)　淡晴，有风。早起作昨题，以“圣人示人以学《易》”作骨，有旧稿一首，属五弟书之送心兰处。午刻往李府小聚，晚刻三兄亦往，即同行归。

四月初四日(5月22日)　晴。捷庵遣人送来《明史纪事本末》二十四本。从申甫处取回《浙墨》一本。读虎臣闱撰，高华沉实，通体无一懈笔，杏花消息应在斯人。午后到店，见三月二十四日报，江苏中额二十六。阅《明鉴》至“甲申之变”，君非亡国之君，臣皆亡国之臣也。

四月初五日(5月23日)　晴。遣明弟渡河，询南极长老起居。曝医书百九十本，入黄竹箱。分理书籍。读睿亲王致史阁部两书，阅《太祖平东南事略》。戊子浙江第六名汤震闱墨，不可多得之文。三兄晚至，饭后去。五弟微喘，避风。

四月初六日(5月24日)　晴畅。携前日文稿就心兰正之，即过崇如，月上始归，假来《东魏刘府君墓志铭》石拓。午后到店。阅《明史纪事本末·宦寺误国》。

四月初七日(5月25日)　晴，有风。有昼撞某，乘开门时徜入中堂，窃去青蚨三百、蓝舄一双。家人瞥见，大呼而追之。适酱园二伙立于巷口，截其去路，遂见获焉。搜其身，原物俱在。本欲捉将官里去，观其状，一似迫不得已而为此者，且叩头乞哀，爰训斥之而任其行。阅《明史纪事本末·张献忠之乱》。早到店，请父亲安。接二兄来信，知初三、四可动身。房寿岩大去。昨与心兰拟“溪桥八景”①：城隅观钓、临流唤渡、南郊省耕、板桥晚眺、石狮验潮、许园啜茗、朴斋读帖、匏室谈诗末二景即余与心兰两家事而补之也。阅《唐代丛书》。

四月初八日(5月26日)　晴。相传今日为浴佛之辰，午后至曲江池澡身。为万年青剃头。改“浴乎沂”试帖两首，写小字百八十，点

---

① “溪桥八景”即东台城及西溪古镇的八景。

《骈体文抄》十页，诵韩公《送穷文》。大伯母自西宅归。

四月初九日（5月27日）　晴暖。接二兄来信、并初四日《申报》。求志书院案发，史学卷取超等第四，心兰掌故卷取超等第二、经学卷特等第四；词章第一是殷松年，朱逢甲取四本。三兄、星翁同过我，下午至城头闲眺。

四月初十日（5月28日）　仍暖，有月。吴芍孙由兴化至，带来《有香草堂集》四本。二伯父午后至。心兰来，未晤。东过李府，晤及孙师。

四月十一日（5月29日）　愈暖，十点钟有雨，夜分尤甚。早往李府问姑母疾，晤殿抡。午刻到店，请父亲安。至西宅，拜二伯母生忌。饭后与三兄过心兰，迤逦而东，拢房八家，未有案，复过李家。西宅荷叶亭亭出架，遍视各家，无有过者。过虎臣家询榜信，见天井中双桐树清洁可爱，榴花一株，相映成趣。心兰《题杜丽娘图诗》四首，大佳。

四月十二日（5月30日）　阴雨。晓闻虎臣捷音[①]，不觉喜心翻倒，偕心兰、崇如往贺。"志学会"中得斯人出一头地先登，余勇我欲贾之。

四月十三日（5月31日）　二兄由镇江回，云汪少湘已中。

四月十五日（6月2日）　早随二伯父及二、三兄如意馆茶。晤旭斋老伯，云虎臣有家电至，第六十四[②]。

作《闰花朝曲》六首："年年香国敞琼筵，弹遍银筝十二弦。无恙东风依旧月，今朝重过寿花天。""蝴蝶纷纷扑不停，眼前景物感重经。不须再拾溪头翠，旧着衫儿未脱青。""红紫枝头意渐纷，瑞云加倍护氤氲。不知走马长安者，春色看来又几分。""多情似我定怜香，玉酿亲斟琥珀浆。一样栽培桃李意，苦心何事厄黄杨。""故遣芳华缓缓

---

① "虎臣捷音"指夏寅官参加殿试，中了进士。

② "第六十四"之说有误，夏寅官中的是二甲第六十三名进士。

开，春深两度傚灵胎。梧枝藕节优昙瓣，都是天生不易才。”“韶光苒荏驻空庭，莺语难留乞凤翎。谱就一篇新乐府，花前莫当尾声听。”作《送穷》《迎富》各一首《送穷》结句云“唱罢骊歌休惜别，知君到处有逢迎”；《迎富》结句云“执鞭且作周旋意，未必今吾改故吾”。

四月十六日(6月3日)　誊史学卷。作《元宵立春歌》一首。心兰至。

四月十七日(6月4日)　见《申报》“会试全录”，镇江仅二人汪嵩甫、汪少湘。三兄来，下午去。

四月十八日(6月5日)　写词章一卷。心兰晚至，送至河干。

四月十九日(6月6日)　在李府陪三兄一日，晚始归。早有杨屏、杨性、大兄、二兄、三兄茶。将去年秋课订卷誊清，交局寄去。送二兄登舟往盐城。

四月二十日(6月7日)　作《“七十曰艾”说》。心兰晚至略谈，携去《先正事略》一本、《经解》《注疏》各一本。早与大兄陪李殿翁茶话。往贺三兄生日。阅《明史略》。

四月二十一日(6月8日)　作《一君二民解》，又赋一首、诗四首。

四月二十二日(6月9日)　钞词章卷一本。星南过我，并携示骈文两首。五弟往视三兄疾。汪云逵寄来复缄。二兄递来手札，云当日抵盐城。

“结草为船柳作车，嗟君此别意何如。养成淡泊情原厚，奇到文章价已虚。鲁瘠百年终有豕，冯愁之唱忍无鱼。倘嫌世上多铜臭，再共春风枉敝庐。”“喧传壁屋与金堂，几辈熙熙喜欲狂。腰骨竟教输靖节，指头应许借纯阳。妻孥莫作鸡鸣瞷，显贵无非龙断场。如不可求从所好，执鞭何事大匆忙。”

四月二十三日(6月10日)　抄撮《经说》，又得《虞氏易·说卦》一注，乐不可言。陪母亲小牌。阅骈文数十首。

四月二十四日(6月11日)　问三兄恙，便过心兰塾就正《经解》,假来莫友芝《仿唐写本说文木部笺异》一本。千年宝物,于今尚在,瞻摹之下,快也何如。镇家寄到七种《纪事本末》一箱,共四十八本。书扇面一个。

四月二十五日(6月12日) 九者,数之究也;究,尽也。"九合诸侯"即"尽合诸侯",义本与"纠"通,无庸破字为训,昨作《九合诸侯解》未见及此。康成释"九合"云"自柯之明年";《公羊传》云"自柯之盟始";明与盟通,"柯之明年"训为"柯之盟年",则诸说纷纭,皆可不必陈心兰说。抄经学卷一本。心兰过我,相与东行。夜雨甚大。

四月二十六日(6月13日) 晓起,雨声未断。星翁遣弟送掌故卷来,附寄上海。作《宦官、奄鄗两传书后》。

四月二十七日(6月14日) 晴暖。昨托星南作《〈奸佞传〉书后》,今来苦辞,复书一纸以嬲之。作《〈佞倖传〉书后》。暮往城下观鱼。闻彗星见。新秧蔚秀,足开文思。"木瓜",《郑笺》云"以果实相遗者必苞首之",《尚书》曰"厥苞橘柚"。宋吴仁杰《离骚草木疏》谓康成有"三物"之说,殊不足凭。

四月二十八日(6月15日) 晓雨,午晴。心兰遣送《〈奸臣传〉书后》稿来。抄史学卷,交局寄计一千七百余字。阅《仪礼》《礼记》两提要。闻蔚如已归。诵句山塾课,先辈用笔固自不凡。连日东涂西抹,毫无心得,恨恨。阅《名儒事略》。朱兄晚送糖宝塔来。今日药王圣诞,诸卖药家皆陈其宗器、荐其时食。陈兆仑《宵尔索绹文》云:"如欲舍宵以待昼而姑为早休,即亦可舍昼以待宵而转为晏起。"此二语足起懒者之膏肓。

四月二十九日(6月16日) 北风。早诣店,请父亲安。午后偕两弟沐浴。过李府。点《尔雅》《孟子》《周礼》《周易注疏》提要,阅句山文及《骈文类苑》。闻状元吴鲁,榜眼文廷式,探花吴荫培,传胪萧大猷。六弟午刻至,携去《味闲堂》四本。李家送蒲、艾来,为明日预作端阳熏宅。交子久文题四个端、阳、长、至。盆池莲有蕾矣。

五月大　建壬午

五月初一日(1890年6月17日)　日食,戌初初亏,至正复圆。星南属其弟送来经史各册二十二本。孙容保早至。阅宋翔凤《论语说义》。家人作艾虎以驱邪。写盐城信,交便舟寄去。午后到店,便过崇如,以骈体稿就正。同过心兰略谈,齐至何垛场署观救日。过蔚如,即省赓廷老伯疾。闻虎臣会覆二等五十几名。阅王昙骈文,颇有豪侠气。与星南在土地祠大树下说王昙逸事,殊为可骇。

五月初二日(6月18日)　三兄早至。点《汉书》十页,作"子曰:素隐行怪"三节题文一首。"绕屋树扶疏"试帖云"中原荆棘泪,退吏菊松居"。又书致二兄。

五月初三日(6月19日)　早有暴雨,飘风,旋即晴霁。张公、苏公皆于昨日化去。与三兄合作"其有所试矣"至"有马者"文一首。点《汉书》十页"贾邹枚路传"毕。大伯父寒湿为恙,昨邀蒋卿来诊,服药稍痊。检《明史纪事本末》,该局云欠一页,其实不差,快甚。昼寝。灯下阅《三藩纪事本末》。默骈文三首,阅墨卷。

五月初四日(6月20日)　午后风雨。往朱薪樵家吊,晤及严二先生。写小字百二十,阅谷应泰《明史纪事本末》书后,翻检《说文》。三哥来,小聚一日。虎臣尚无信来,渭北江东,思念何极。地藏庵后有蒲塘,风景大佳。新秧得雨,生意盎然。

五月初五日(6月21日)　夏至。雨阳互见。求志书院寄来词章卷照两纸,以一纸交心兰弟辅清。《宋璟奏表》云"月维仲秋,日在端午",然则凡月五日皆可称端午矣。心兰、崇如偕来,作逍遥游竟日。

五月初六日(6月22日)　晚大雨。点《汉书》十页。在李府一日,晚食后回。

五月初七日(6月23日)　阴。明远弟生日。至杏宅省疾,携来墨卷五本。点《汉书》五页。在店闻杨家遭无妄之变。以艾熏书房蚊子。

五月初八日(6月24日) 晴阴相半，地潮天暖。陈辅清假去《清嘉集三编》。点《汉书》李广、李陵、苏建、苏武列传。阅《仪礼义疏》，阅《湖南闱墨》一本，诵时文二首。镇江来信，知膏火尚未领到。向见某家出柩，柩前有亚字牌二，不解何故。今阅《仪礼礼器图》，乃知即黻翣也，用二者，士也。回首当年，不免骆驼肿背矣又，引柩用功布。五弟西行至杏宅。

五月初九日(6月25日) 甚热，西风。三兄下午过我。阅《文献通考》，八卿不在卤簿中，确为公卿。

五月初十日(6月26日) 热如昨，西南风。五弟到店。李姑母至，盘桓一日。三兄往汤府祝寿。

五月十一日(6月27日) 仍暖。阅《通鉴纪事本末》。辅清假去《清嘉集二集》。俊民寄来复函。上海寄到卷照三纸。

五月十二日(6月28日) 早过心兰，便至西宅。饭时闻虎臣点庶常[①]之信，午后偕星南、崇如往贺。阅《骈体文抄》。盐城递来二兄手函，上海又寄到收照乙纸，计"春课卷"收毕矣。

五月十三日(6月29日) 稍稍转凉。五弟早至京江公所关帝殿前行礼。点《蜀志》关张赵马黄列传。写纨扇一柄，用曾文正《唐本说文书后》诗。点《骈体文抄》，阅时文。明弟、恭弟皆晚饭归。

五月十四日(6月30日) 李木清早至，与三兄往徐家慰。在李府一日。晚与三兄约申甫兄，至城隍庙瞻礼器兼听神弦。一曲未终，黑云如盖，雨将至矣。飞行而回，趾才到门而大声如注。阅《国策》十篇。为李姑母写致镇江信一函。

五月十五日(7月1日) 欲雨不雨。阅《周礼·春官》郑注，读《国策》三本，诵骈文十首，阅《乙西陕西闱墨》。格致书院夏课，首题

---

① "庶常"指翰林院庶吉士。

"圜法",次题"历法"。

五月十六日(7月2日)　暮雨。早诣店,请父亲安。往吊张家。至西宅祝八祖母寿。与三兄过心兰书塾,携来《癸酉墨》《榕城诗话》《诸史然疑》三种。写姚孟起临《九成宫醴泉铭》一纸,点《周礼·天官注》一卷,阅时文一本、段玉裁《尚书古文撰异》一卷。邹经甫丁母艰。

五月十七日(7月3日)　早晚凉。早往李家。点《汉书》严助、朱买臣、吾丘寿王列传,"寿王传"有"荐见宗庙"一语,可证《郊祀志》"广臧"之讹。阅《十六国春秋》前赵、后赵、前秦、后秦诸录,阅《左传纪事本末》五卷,诵《乙酉顺天墨卷》。

前令尹文公以瓜代[①]去,都人士[②]恭撰联语寄去思云:"以实心任事,以虚心听讼,以菩萨心待人,不酷不贪,不愧为民父母;有儒吏风流,有纯吏性情,有清白吏操守,果廉果惠,果能还我使君。"右联不知何人手笔,情致甚佳,惟下联三"果"字稍硬,"廉惠"一语又与上联"不酷不贪"意复。余拟易数字云"可歌可泣,可能还我使君"。信笔录之,留质大雅。

五月十八日(7月4日)　雨。写小字二百,点《周礼·天官注》毕,读《大戴礼》"王言"至"夏小正"六篇,阅《经籍纂诂》"骈文类""苑序类",诵《乙酉浙江墨》。千茎素发,十丈红尘。西地寒蛩,一声去雁。句山先生句大星已陨,余光尚耿于天;小子幸存,斯文敢坠于地。苍苍在鬓,斗古雪于峨眉;脉脉即情,听淋铃于剑阁。仓山先生句

五月十九日(7月5日)　晴。都天神出巡。早过李府,为作寄镇江信一缄。崇如、心兰过余小坐。与心兰观《乙酉墨》,心兰不觉怦然心动,假去《汉魏丛书》八本、《乙酉直墨》一本。送心兰至寺街头,大谈而别。

灯下点《汉书》严安、终军、王褒、贾捐之列传。阅《前燕录》,诵

---

① "瓜代"指任职期满由他人继任。

② "都人士"是《诗经·小雅》中的一篇,这里代指东台城人士。

《过秦论》三篇。昌黎《原道》一篇，起用《中庸》“天命之谓性”笔法，结用《孟子》“由尧舜至于汤”笔法，翼经训，扶圣教，伟哉文公！

五月二十日(7月6日) 晴而凉。点《周官》一卷、《大戴礼》三篇，写小字一百八十，阅陈奂《毛诗音》，诵骈文“书启类”一本，阅《福建墨》。星南抄来辨志文会①全题：

［汉学］“宗其继别子之所自出者”解，“字不若子”说，“丈人妇人”说。

［宋学］“无欲则静”说；何氏谓“以《洪范》参之《大学》《中庸》，有不约而符者”，试详言之；读《思辨录》书后。

［史学与掌故］“孟尝、平原、信陵、春申四君”论；书《史通·疑古》篇后；问“翰林、修撰、编修、检讨、庶吉士诸官，昉自何时代？进士一甲一名为修撰，次及二甲为编修、三甲为检讨，定自何时？”

［舆地之学］“率山率水”辨；“云云亭亭”考；问“《易传》‘河出图’与《尚书》‘东序之河图’异同若何？”

［词章之学］“南村诸杨北村卢”赋以“叶蒸雾雨、花傲风霜”为均；拟皇甫湜《谕业诗》、国朝诸家骈体文、太学《石鼓歌》。

假心翁《经典释文序录》。

五月二十一日(7月7日) 东南风。偕三兄东行。为李姑母作信一缄。点《汉书·东方朔传》，阅骈体文。

五月二十二日(7月8日) 诣父亲前请安，至西宅问疾。检《韵府》②，“率山”在徽州，“率水”出焉。谟觞藏书之室。

五月二十三日(7月9日) 与三兄招心兰、申甫茶聚，作舟不至。观作翁与八妹及袁淡生两书，信乎其为才士也。阅“奏进类”

---

① “辨志文会”即宁波辨志书院，该书院于光绪五年建于浙江宁波月湖竹洲，光绪二十八年改为学堂，《吉城日记》中称其为“辨志”“辨志文会”“辨志书院”等。

② 此《韵府》指《佩文韵府》，下同。

骈文。

五月二十四日(7月10日)　阅新科《会墨》及《己丑乡墨》二本。从星南处假来《戊子直墨》及《己丑墨》。订文格一本，拟抄选。并蒂莲朵，高已出架。

“存诚主敬两儒宗，天柱分栽作主峰。群笏儿孙罗列似，倚天晴碧万芙蓉。”“九达天门诜荡开，凤鸾翔翥众仙来。迷离阊阖排云出，无数金银召上台。”傅子莼评吕子恂文诗也。

五月二十五日(7月11日)　未刻烈风骤雨，雷电并作。阅骈文“序类”及《己丑闱墨》。磨墨汁半壶。

五月二十六日(7月12日)　点《周礼·地官》五页、《汉书》田千秋诸人列传，阅骈文一本。往徐府拜“二七”。过李府，晤孙师。虎臣由都门发来一函。红莲开矣。

五月二十七日(7月13日)　在李家，听乐人窦公唱“韩湘求仙”数阕。

五月二十八日(7月14日)　崇如早来约茶。心兰送来《山海经》四本，假去《己卯墨锞》二本。刘赓丈病将不起。午前后大雨，下午由李家归，凉风习习。闻汪清麒以知县用，嵩甫大约逃殿[①]。

五月二十九日(7月15日)　大南风。早过星南，便至崇如处，偕往视赓丈恙。见星南序《程兰翁诗话》[②]骈文一首，推许尽致。诣店请父亲安。阅《山海经》“浙江出三天子都”一条，点《汉书》杨王孙及朱云列传，阅《文献通考·小学类》，诵时文。

西溪之西有三家圩焉，乡人醵赀演剧，市众趋观。已而夕阳在山，人影散乱，行至海道口，板桥忽断，落水者不一其人，其中善凫泅者逃赴彼岸，余皆从屈大夫游矣。

---

① 指汪嵩甫已通过会试取得贡士资格，却因病未能参加殿试，从而与进士失之交臂。

② 《程兰翁诗话》即程畹的《啸云轩诗文集》。

五月三十日(7月16日)　仍南风。蒋大太太仙逝,往慰。写小楷二百四十字。子久寄来文二首。寄盐城信一封。改杨生文二首、诗四首。读昌黎《原道》《原毁》《讳辩》诸篇。

《咏榴火》云:"才子文章先绚烂,女郎心眼最分明。细数此花开与落,炎凉如写世人情。"《丈人》云:"千古才人偏口吃,一般好色惹情狂。冰台尚记头衔字,薪火谁传肘后方。"《龙舟》云:"冲开波浪休回首,定有风雷在上头。怪爪神鳞遮莫现,恐惊俗眼叶公愁。"《角黍》云:"剖觚几辈总为员,头角森森独斩然。吹律暖从邹子借,掷弓中让养由先。束脩有志难磨骨,槁饿甘心肯胁肩。拔尽邪蒿留善米,神羊风节想当年。"

六月大　建癸未

六月初一日(1890年7月17日)　东南风大作。复虎臣信一函。芹官生日,便至李家。吉斋来信,须初五后方能回东台。二兄来信云,汪崧甫以病未与殿试。

六月初二日(7月18日)　大风如昨。三兄早至。往朱家吊,途遇星南,即至地藏庵内畅谈。

六月初三日(7月19日)　写小字百二十。为李姑母复吴信一函。

六月初四日(7月20日)　热甚。阅时墨。上海寄来夏季题目并去年秋季奖品。

[经学]"《虞书》'同律'孔、郑异义"说;"春秋筑郿"说;"'以枚数阖、识其枚数'两传不同"说;"郑公子语字子人、公子发字子国"说。

[史学]"《通鉴》不书符瑞"论,"《通鉴》不载文人"论;"西辽世次、纪年"考实;"元遗山为崔立立碑"辨。

[掌故]《太学进士题名碑》原始,《乡会试进呈录》原始;"殿试读卷之名"起于何时;"孟夏雩祀"考。

[舆地]"曲防"解;"兵家上下游"之说据何为定;"释氏四洲"辨;

“西士说地圆，中儒早有觉之者”，试证其说。

［词章］“海外覃皇泽”赋以献《海外覃皇泽诗》为韵；“钟馗迎福嫁魅”图七古一首；仿《长恨歌》体，咏《穆天子传》“盛姬”事；“∴”梵书伊字、“卍”梵书万字，各赋七律一首。

母亲微受风暑，内夹湿气，下午忽觉寒热，服卧龙丹，有汗，至五更时热始退净，腹泻数次。

六月初五日(7月21日)　大暖。邀蒋卿来为母亲诊，以温通分利法。吴灼兄由兴化来，递到母舅手札，云时文不可偏废，良然良然。阅《阅微草堂笔记》。早发镇江信一，致与陈竹坪。灼孙并述舅氏家莲花盛开，每盆约十五六枝。忆清明手种此花时，不图为花之至于斯也。

六月初六日(7月22日)　热，尚不酷。母亲原方服一帖。五弟以齿痛未到店。大兄下午至。内子来归。阅《吹影编》四卷、骈文一本。吴木匠来上篷。

六月初七日(7月23日)　大暑。早过李府，午后回。心兰过我不值，携去上海课卷，伊掌故卷批云：“稽镜前修，发抒素蕴；妍茂腾掷，缀轨北江。”黄麻子前日看大王庙前溺尸，遇鬼成病，据蒋卿云说不可治矣。

六月初八日(7月24日)　早晚凉。发盐城信一函。灼孙来约茶话。茶后与三兄往答赵宽甫之拜，便过心兰塾。阅骈文一本。吴木匠扫屋。午后尝西瓜。印泥画沙。四姨母送来花兜两件，给与魁官。五弟仍服昨方。闻西街某买瓜致命。

六月初九日(7月25日)　写《张绍南赈饥记》毕，跋数语于后。阅《左传纪事本末》及毛检讨《四书剩言》，知“攻乎异端”之“攻”作攻击解，宋人已有此说。门斗来信，索守岁钱，与三兄酌书一函复之。晚到店。心兰过我云，“书列七卜”四字见《论衡·辨祟篇》，“伊”字作“∴”见《涅槃经》。饭后偕星南、崇如步月巷口。心兰携去《庚寅会墨》《己丑乡墨》又《湖北墨》一本，崇如携去茅三峰诗三大本。

六月初十日(7 月 26 日) 吉斋昨晚抵东台,茶后往候,盘桓一日,至晚归。

六月十一日(7 月 27 日) 欲雨不雨。早约赵宽甫茶,坐有孙师、吉兄、三兄。闻赓廷丈仙逝,偕吉斋、崇如往慰。到店请父安。在孙府陪赵宽兄午饭。下午至刘家候殓。与心兰过胜春园,晤及汪作翁,又有王作舟及石某在坐。二兄来信一函。

六月十二日(7 月 28 日) 早往蒋家拜"二七"。复盐城信一封。吉斋过我,留之"斗叶"。蔚如以挽章来托。不知何许人手携对子闯然入门,叱之去。

桓公十四年《经》"郑伯使其弟语来盟",《传》称其字曰"子人"。襄公五年《经》"郑伯使公子发来聘",《传》称其字曰"子国"。庄公二十八年冬"筑郿"。襄公十八年《传》"以枚数阖",二十一年《传》"识其枚数"。

六月十三日(7 月 29 日) 好雨。午前过吉斋,便邀杨楚翁为五弟诊。阅毛西河《经问》,中有"东门襄仲以己字为氏"一条,足见前辈读书精细万分。阅《梦华庐赋海》。

六月十四日(7 月 30 日) 快雨三阵。早邀星南来观并蒂莲,携去《经典释文序录》《诂经精舍文》各一本。点《汉书 · 梅子真传》,阅"寿序""杂体"骈文一本,诵时文一首。前数日失去手巾一件,今日无意得之。上海膏火不知能复飞来否?洪稚存《招发》一篇极有趣,不可不看。

陶味闲《开门看雨月满湖赋》"押月字一联"云"几徇虚声于小草,凭空不觉倾风;幸消翳障于浮云,彻底终能见月",语有包孕。

六月十五日(7 月 31 日) 代潘祖荫挽赓廷丈云:"有子孝且廉,他年重读楹书,身在九泉心亦喜;俾尔耆而艾,今夕遽弢藜耀,眼穿千里泪偏多。"又与三兄同代郭应丰挽联云:"乌养许陈情,六一先生表墓,惊垂风木涕;鲤庭重问字,二三小子删诗,应废蓼莪篇。"晚饭后与三兄踏月访心兰,不遇。三兄代孙诒经挽联云:"莲界遽寻盟,须知世仰高风，何因便弃人间世；兰亥归养志，幸是天怜孝子，果然先到海天帆。”桑梓数同心，君遽鸾翔，独行好留耆旧传；门闾劳望眼，儿能乌养，归帆未滞孝廉船。此秋岩老伯挽句，心兰笔也，余稍修饰之。

六月十六日(8月1日)　午刻急雨一阵。县官于昨日祈雨，下令断屠。李姑母至。留吉斋小聚。三兄午刻来。

六月十七日(8月2日)　往李府。开学，明弟随去。毓琳开读《尔雅》“初、哉、首、基”，可为确训。

六月十八日(8月3日)　在塾。助吉斋料理一日。和尚设坛，明日拜大悲忏。晚与吉斋同榻。县尹求雨，续禁屠宰三日。

六月十九日(8月4日)　寅刻即起。姑丈十周之期，恭诣行礼，晚饭后回。有雨。

六月二十日(8月5日)　早至杏宅问疾。东翁来，劝先生休息一日。作挽诗二章，即书以归蔚如。还去汪丈茅三峰诗四本。

六月二十一日(8月6日)　早到塾，写团扇二柄，阅骈文数篇，酉刻回。沐浴。应劭《汉官仪》曰：“不制之臣，相与比周。比周者宫邻金虎。言小人在位，比周相进，与君为邻，贪求之德坚若金，谗谤之言恶若虎也。”此说与薛综《东京赋注》异。

六月二十二日(8月7日)　立秋。东家招饮，馆甥之酒易为先生之馔焉。

六月二十三日(8月8日)　先祖忌辰，敬祀如礼。在塾晤及杨雁、吴九两翁。吉斋午后过我。心兰过我，携去膏火，偕往彩衣街观灯。为作舟作挽章一首。

六月二十四日(8月9日)　热甚。早约心兰同过崇如，即至蔚如家拜“二七”，饭罢方回。暖不可当，几乎成病。晚饭后畅雨。

六月二十五日(8月10日)　北风其凉。早到塾，明弟以病痛未来。

明公允列丈人行，硕德素堪师，悔未从珂里执鞭，亲御李元礼驾；小子忝随太史氏，揣文倘相属，会且向墓门秉笔，大书陈仲弓碑江标挽赓丈，心翁手笔。愧我作经师，今番又客毗陵，年近古稀犹不倦；痛君婴痼疾，前度曾来孟渎，医推国手亦无方严颂杉挽赓丈。

六月二十六日(8月11日)　凉爽。圣寿节。放学后，偕崇如过星南，同至彩衣街观灯。求志书院去年冬季课案发，经学取一等，词章取特等，又与三兄合作经学卷取特等，王英冕词章第一，心兰史学卷亦取特等。阅《研经室集》《文选》各数页。张四太太仙逝。董其昌写《琵琶行》，与原本相校，颇多易字。

六月二十七日(8月12日)　凉甚。辰初到塾。发上海信一函。阅《研经室集》，诵时文三首，检点旧赋稿。兴化寄来竹榻一张。晚饭后挈两弟入市观渔樵耕读灯，人势甚拥。

六月二十八日(8月13日)　阅《研经室集》。属五弟送掌故稿与三兄，还史学稿与心兰。午后陪姑母小牌。明日往李木翁家扰寿酒，散学甚早。吉斋、崇如同过我，又作看灯之游。

六月二十九日(8月14日)　午在塾啖韭饼，午后腹痛，下午散学服午时茶，痛不解，寒热交作，大泻数次。通夜未寐，迟明热始退。

六月三十日(8月15日)　邀楚翁来诊，云寒暑夹滞，用正气法。

七月小　建甲申

七月初一日(1890年8月16日)　李木清母七十寿、刘蔚如家"三七"，皆未能往。腹中较昨稍爽。阅《说文通训》"语、人、发、国"诸字。求志书院经题后二条，见《春秋名字解诂》。

七月初二日(8月17日)　复邀楚翁诊，以醒脾导湿法。父亲晚往东，拢家看莲花。吉斋家请江四先生。县课题，"执射乎"二句，未能作。昨晚心兰、崇如来畅谈，述陈某挽曾袭侯联句，云："文正在天，隐忧时局，留围棋数子待公补之，记从海外归槎，都愿中朝相司马；不才入洛，苦少知音，弹蕉琴一声更谁听也，回忆堂前樽酒，曾呼下士当元龙。"

七月初三日(8月18日)　神气渐复。三兄晚至。阅《经解说》

文一种。晚接陈竹坪信，知秋季史课膏火为张绶卿、吴兆麒二公取去，奇哉！

七月初四日(8月19日)　发兴化信，托购苏、浙二局书籍。早招心翁来，酌写一函与吴五公。心翁携去《古文栋》二本。“天员地员”说见《曾子》《管子》。沐浴。吴三兄以程揖翁扇属书。

七月初五日(8月20日)　到塾，脚力甚乏。抄各季课词章卷，未毕。吉斋兄至余家，拟劝余稍息一二日，不意余之已出也。

七月初六日(8月21日)　写程揖翁扇子，腕力大不如。抄卷毕，补“十薮八薮”稿，阅《困学纪闻》“左氏”一种，圈骈文三首。

七月初七日(8月22日)　晚饭后雨。阅《困学纪闻》“公羊、穀梁”二部。孙师属阅溱潼小友会课卷，题为“则何以异于教玉人雕琢玉哉”，仅有一卷能有题神，余均不尽善，其甚者搬弄“玉”字典故，几如骨董店，自叙来历，厌人听闻矣。放学后，便将圈评过卷子交与肇泰坊李心岩先生。途晤张西箴先生令郎，述及伊兄绶卿代领到落卷一本，膏火尚未寄来云云。

七月初八日(8月23日)　雨。早到店，父亲有谕。五弟生日，吉斋兄来贺，留之牌聚，未到塾。三兄亦至。写团扇乙柄。

七月初九日(8月24日)　批阅杨生文三首。陪姑母牌聚。心兰以字条属书。申甫午后过我。吉斋往张府拜“二七”。一日未归家。

七月初十日(8月25日)　内子肝郁为恙，邀楚三丈来诊，以散结輴法。在家，啖吉斋送来熏肉。午后复到塾，写心翁条幅。

七月十一日(8月26日)　仍邀楚丈诊。内人生日，吉斋、崇如均至，荣光、毓琳亦来，皆留住。孙家三姑娘晚至，亦留住。

七月十二日(8月27日)　早挈明、琳两弟到塾。蔡禹、李吟匆匆而西，遇蒋佑民，如获至宝云。阅明弟文。下午放学，邀柳绎如来视内子恙。

七月十三日(8月28日)　夜大雨。吉斋招至俞馆茶话。午刻由塾回，偕内子至浣花草堂就海峤先生诊。父亲来家，姑母亦至。午后沐浴。兴化回信来，云托购之书容照办矣。涌翠巷口裱画店有浣岳写《晚渡图》一幅，精妙之至。又，万家裱铺悬周子香写生四幅，亦佳。

七月十四日（8月29日） 下午大雨。阅明弟文，在塾写白折一纸。

七月十五日（8月30日） 散学一日。内子仍托海翁诊。至刘府拜"五七"。偕吉斋往杏林巷。到店请父亲安。午刻祀先，大兄、三兄皆至，吉斋亦至。午后偕吉斋、崇如到塾小牌。

七月十六日（8月31日） 早至张府拜"三七"，晤及心兰、禹言两兄。与心兰同回，畅话阔衷。山长课："所藏乎身"三句；一年容易又秋风。

七月十七日（9月1日） 早陪吉斋到店，在店吃面。往杜家乞药，海翁犹未起。吉斋约余坐舟到塾。改明弟文一首，阅《困学纪闻》"评诗"。

七月十八日（9月2日） 邀陈宣、蒋楚茶。抄时墨一首，阅《困学纪闻》。星南借去《经义述闻》《周官疏》《舜典疏》各一本。三兄携金书《灵飞经》见示。

七月十九日（9月3日） 大雨一日，北风其凉。未到塾。明弟小恙。吉斋、崇如早至。午后与五弟至评园听书。吉斋以受寒项强。

七月二十日（9月4日） 早往蒋府吊，旋即到塾。明弟未愈。晤石泉，云上海卷已寄。吉斋又将南行，陪之看牌。阅《戊子墨》。

七月二十一日（9月5日） 刘府有邀余兄弟襄礼之说。陈东拟换约。抄文一篇。往丁师家拜生日。崇如过我。明弟犹未愈。晚崇如复至，携去《阅微草堂笔记》二本。吉斋以风寒未愈，改命王有富到镇江。

七月二十二日（9月6日） 早到店，请父亲安。发东坎汪信一函，由盐城转寄。虎臣闻于十二日出京。三兄与王厚翁围棋。过星南书塾，假来《金源纪事诗》。阅《金源纪事诗》一卷，又《江汉炳灵集》文三十首。灯下复阅《金源纪事诗》一卷。《辅轩语》中"戒早开笔、出考"二条紧要之至。

七月二十三日(9月7日)　属五弟送《佩文韵府》一本至三兄处。阅《己丑闱墨》。过万家裱铺观《百马图》。明远昨邀楚丈诊，云湿郁兼容感，以越鞠法。发兴化信一函，并附去鞋子、山药等件。洗砚。

朝非朝兮市非市，生非生兮死非死。道旁见者泣不止，云是南朝旧天子。呜乎鲁有鸜鹆歌，愍怀之辱无如何。椒宫乘马并北去，凄凉满目宋山河。一城一哭泪如霰，青衣去拜乾元殿。梦来艮岳暂逍遥，梦醒韩州督耕佃。谢表愁从字里排，敝衣虫垢烟尘埋。安得三日一易服，两日一易鞋。山水佳处，放鸽开胸怀。录汤虞樽《青衣叹》。

七月二十四日(9月8日)　腹痛，表热，楚丈来诊，以仓廪汤加减。未到塾。

七月二十五日(9月9日)　原方一帖，腹中稍清爽。阅《金源纪事诗》一本。

七月二十六日(9月10日)　蔚如邀往陪祭，今日演礼，午前偕星南、崇如去，晚回。

七月二十七日(9月11日)　见戴道诠扇面画《三山图》甚精，偶效为之，略变其格，作金焦对峙，形颇自得。偕三兄往楚三丈家。

七月二十八日(9月12日)　早往蔚兄家吊，午后陪祭，三献礼毕已亥初矣，膝际酸痛非常。

七月二十九日(9月13日)　假休一日。虎臣自京回，早过我畅谈。吴芍兄由兴化至。与心兰、崇如至刘府奠辞，便过虎臣，晚饭后回。虎兄示我以《西岳华山庙碑》，并述所见东洋女子及豪侠赵某，又女侠罗碧玉、紫玉云云，可为三奇。

八月大　建乙酉

八月初一日(1890年9月14日)　阅“孙渊如、洪北江两先生事略”，写《困学纪闻》“俗语皆有所本”一段。三兄来塾闲谈，放学后同回，过星南不值。闻孙师有疾。

八月初二日(9月15日)　父命到店。写扇一柄。午刻到泰和午饭。午后与三兄至三昧寺废园，登古空棺，大谈钱、王、孙、洪而今安在。县课题，“子曰：色厉而内荏”四章；绿杨城郭是扬州。七点半钟拟作文，至八点半钟成，并诗一首。闻“科考二十取齐”之信。

八月初三日(9月16日)　毓琳生日。早到塾，抄昨卷后戏作小友题“如日月之食焉”文一首，计二十比，极有趣。两卷皆托五弟交去。下午与三兄谒丁师，便过捷庵，不遇。读时文二篇。

八月初四日(9月17日)　心兰过我畅话，述其所作昨书院文是非字格，以末章作重。驱遣史事，颇不寂寞。芒刺在背。凭几受书，鼓三寸舌，上万言书，不言宫禁，伴食朝堂。熟时文二篇，写小字三十，点《汉书·霍光传》，诵骈文五首。还《己丑墨》至心兰家，偕星翁过崇如，大哼韫山文而不已。与三兄在店晚饭。

八月初五日(9月18日)　熟时文二首，写孙府妆奁单计八百余字，诵骈文六首，阅《金源纪事诗》毕。“崔立功德碑”，元遗山不白之冤矣。途晤祝申甫，互述前日书院作。过左十闲谈。二兄寄来手信一封。“钟庸”“大鹤”“真西山”①，为流俗所揶揄。

八月初六日(9月19日)　熟管文二首，阅骈文十首。王衍梅《与更生居士登快阁记》一篇极妙。晚与三兄、星南兄至孙府问疾，便至三昧寺方丈狂谈。寺无僧，仅我三人；室无灯，赖有一月。在店晚

① “钟庸、大鹤”乃优人以谐音来揶揄四书中的《中庸》《大学》，“真西山”即南宋后期著名理学家真德秀，曾遭史弥远党羽贬窜。

饭。虎兄高轩过我，去冬求志书院膏火，张某[①]已交至端处。虎臣赠我墨盒等件。

八月初七日（9月20日）　熟管文二首，阅骈体十篇，斟定求志书院夏课各稿。晚阅《虞氏易义》。星南送来辨志书院文稿，托明弟书之。晚月色颇好。

八月初八日（9月21日）　早与三兄过虎臣闲话，晤及孙师。祝李府十二太太寿。晚晤作舟。阅"王西庄、钱晓徵两先生事略"。

八月初九日（9月22日）　写小字百二十，熟文二篇。三兄过我。虎臣还来书籍三十四本。

八月初十日（9月23日）　杏林宅邀虎兄、星兄、吉兄午饭。过星南塾中。饭后与星南、崇如至虎兄家闲谈。兴化寄来《吾学录》《近思录》《读书日程》，当复去。

八月十一日（9月24日）　到塾放学。随大伯父至如意馆茶，坐有吉斋、崇如。昨毕俊寄来手书二封一致申谱。过祝申翁，将信交之，便至徐家问疾。

八月十二日（9月25日）　检点行装。过杏宅贺六弟生日。到店剃头。饭后偕三兄东行，途晤卢楚丈，便邀至曲江池沐浴。

八月十三日（9月26日）　早至孙府道喜，扰午饭。登舟开行，至黄村宿，月川后至。

八月十四日（9月27日）　晚饭后寒热大作，五更时微有汗。

八月十五日（9月28日）　早过仙女庙，午至扬州。卢楚卿以伊弟病故，未能前行。服午时茶，未吃饭。月色甚好。

八月十六日（9月29日）　身已渐爽，尚不思食。午后渡江，泊皇华亭。三兄进城一走。

八月十七日（9月30日）　由镇江开船，顺风，酉刻抵金坛。进城，觅定太常卿巷汤宅，时晏未进寓。

---

① 此"张某"即张绶卿。

八月十八日(10月1日) 早在瞻懿堂茶聚。旋进寓,对屋是丁建成、赵海楼诸公。晤及刘子庚、蔡禹言。吃饭小半碗,夜咳甚,不能熟寐。

八月十九日(10月2日) 谒老师闲谈。汪雨人、唐月川、张霁颜、吴十六丈、张四先生皆至。丁海山过我,颜生来拜。早约李氏昆仲茶。三兄至刘寓小牌,略沽余利而归。

八月二十日(10月3日) 是日取齐,学宪未到。汪云逵过我住司马坊。刘子耕约茶。午刻陪木清先生候吴书翁。发信一封。写扇面两柄,陈希翁为我盖章,希翁之印色妍美非常。与三哥往贡院一游。夜来仍咳,吃饭半碗。

八月二十一日(10月4日) 书扇面一个。午后与三兄回候汪云逵,未遇。约子澄先生茶。丹徒礼房吴连生以卷洁增价,贻荷校之羞。吃饭一碗,风痎未愈。过戴八先生寓,不值。过子铭叔处。闻学宪今日方起马。

八月二十二日(10月5日) 约刘子耕茶。虞某送来派保单,计三十七名。写小字五十。过子澄叔寓。

八月二十三日(10月6日) 学宪午后抵马头。

八月二十四日(10月7日) 学宪谒庙,随班讲书。

八月二十五日(10月8日) 生员经古。越凫楚乙鸿飞天首,极远难明;寂历疏松欹晚照。余弟兄一团高兴,走至门口,业已封闭,怅然而返。东翁居然思吞考饭,为余所见,而东翁遁矣,呵呵!寂歷疏松欹晚照。

八月二十六日(10月9日) 子正进场。文题"驱虎豹犀象而远之";诗"丹阳古渡寒烟积";两汉荒政;默圣谕、《易·象》义。

[驻防]汤使遗之牛羊。[府学]汤使亳众往为之耕。[丹徒]驱飞廉于海隅而戮之。[溧阳]"在王所者"一段。[金坛]"在于王所者"一段。

八月二十七日(10 月 10 日)　四学[①]童古，卯刻赴辕门候点。秋夕闻新雁雁声初到荻花洲；露冷莲房坠粉红。今日画二十余结。过吴书翁、姜子翁二处。族祖[②]来，述干臣二叔祖于四月初十作古，荫祖以足跌受伤不能行动，并述及谱[③]事云云。上灯后邀往浣香茶聚。三兄约赵绍霖寻李丈等往听更鼓，余回寓看守老营。恐边儿为人窃去，一年辛苦，教了几个童蒙，不得不郑重也崇翁笔。

八月二十八日(10 月 11 日)　画结毕。阅《困学纪闻》十页。过姜子澄、韩修甫巨川。

丹徒童正：文题"诗云他人有心"至"此心"，"杀其麋鹿者"二句；诗"蟋蟀俟秋吟"。旗童："七八月之间旱"至"沛然下雨"，余同。古学发案，词章仅次取十二名，无一正取；史学二名；经学、算学皆未取，亦一奇也。王英冕次取第一。

八月二十九日(10 月 12 日)　覆生古题："卧听渔人隔烟语"赋以题为韵；八月寒苇花。补岁试：吾未见刚者；淑问如皋陶。发家信一封。约子澄叔茶坐，未来。程范卿于前日病去，哀哉！

八月三十日(10 月 13 日)　五更不寐，拟挽范卿联句云："钩河抉洛一儒生，数吾乡杰出奇英，自惭文史三冬，未藻风流先让我；江夏琅琊两宗匠，记小子曾叨末坐，愁听留楼五月，落花时节正逢君。"丹阳童正题："请轻之"至"请损之"；未闻下乔木而入于幽谷者。一等案出，名在第三，王英冕第二。午前过王英冕家，离丹阳门不远矣。早味秋约茶。写扇子十余柄，阅《困学纪闻》数则。汪云逵、唐月川、蔡禹言、曹友白皆一等。

---

① "四学"指丹阳、丹徒、溧阳、金坛四县学。

② "族祖"指丹阳吉氏族长。

③ "谱"为族谱，即《云阳吉氏家乘》。

九月小 建丙戌

九月初一日(1890年10月14日) 五更即起,进院复试。文题“曰:行,或使之”至“焉能使予不遇哉”;诗题“水落痕留红蓼节”。正场卷批:“条理井然,词旨朗润,策称,诗稳雅。”文中有“虽马每牛”一句,阅者竟不解,加以半圈。

九月初二日(10月15日) 同寓四人提覆丁雅南、陈砚农、刘漫卿、刘春芙,“故曰:仁者”二句;“古之人所以”至“而已矣”。

九月初三日(10月16日) 发家信一封。坛、溧正场。发丹阳提牌计七十人。丹徒团案发,同寓四人皆捷,妙哉!“斯有不忍人之政矣”至“行不忍人之政”,“父母之心”至“父母之命”。

九月初四日(10月17日) 蔡三以其弟进学,候我等吃茶。过曹友白、俞少玉、严幼安。丹阳提覆:天下有达尊三;君子忧道不忧贫。午后丹阳案发,共四十名。余派保计三人,蒋巽吉、殷聘三、贡六五。贡某以得兆改名,亦奇矣。金坛提六十六名。阅《小仓山文》。

九月初五日(10月18日) 优生头场,共三人,周光高、林之祺、汤某。金坛提覆。晚祁吕招饮。午后过书岩,往林晓翁寓道喜。“虽曰不要君”二句,优生题。

九月初六日(10月19日) 溧阳提覆。汪云逵约茶。吴书岩过我。

九月初七日(10月20日) 写扇子五柄。贡、监录科。寓中陈景濂、丁建臣两公进场。尧舜之治天下,岂无所用其心哉?亦不用于耕耳;衰鬓何曾离菊花。考二场优。裴午亭来,为其徒殷兄取结。晚饭后,至宛委山庄购曾集[①]一部,陈砚农结灯后始取来。吴书岩以对联属书。途晤子澄老叔。早与贺子、吴书茶话。李镜翁属晤心兰时致言,兼索诗稿。

---

① 曾集指《曾文正公集》,下同。

九月初八日(10月21日)　新生招覆。杨蓉翁招我等进场誊卷子。写扇面一个。覆试案发,余上一名,林之祺未动。孟子曰:尚志。

九月初九日(10月22日)　新生总作。进场誊卷子是今日事,误为于昨日。登高。陈府晚酒。至沁芳园吃茶。购《晋略》一部。

九月初十日(10月23日)　辰刻进院领奖。午刻起马。房东失去算盘一把,东家母大发阃威,竟骂秀才作贼,殊属可骇。晚泊丹阳。

九月十一日(10月24日)　由丹阳行至镇江西门桥,日已瞑矣,微雨淅沥,寓泰来老栈。

九月十二日(10月25日)　刘春芙约茶。偕三兄过恒怡,晤端锡丈。往因利局会潘蠡湖。午后与三兄观剧。

九月十三日(10月26日)　锡丈约至迎春小坐。三兄进城。在寓写宫扇一柄。灯下无聊,偕崇如逛至恒怡,与张某围棋,蔡子贞同去。

九月十四日(10月27日)　金危危日①,人家争祀钱神焉。禹言约茶。偶阅《红楼梦》一二则,其用笔良不易得。闻劼刚袭侯灵榇将至京口。月上时与崇如、刘味秋等江干小步。

九月十五日(10月28日)　午初放船,至金山河小住。

九月十六日(10月29日)　晓刻渡江,午后抵扬州。李木清进城。

九月十七日(10月30日)　由扬州开至真武庙。

九月十八日(10月31日)　子正开舟,西风大作,亥正到家,计今日行八十余里。家人平安。

九月十九日(11月1日)　早到店请父安,旋至杏林宅谒二伯父。便谒孙师,过虎臣,皆不值。午刻东行,至李府略坐,十二太太之病近日稍转,吉斋未出门。午后虎臣过我。曲江池沐浴。母舅处前

---

① “金危危日、木危危日、水危危日、火危危日、土危危日”皆为民俗节日,尤以“金危危日”最为隆重。

寄来子书二十余种，灯下阅之，不胜狂喜。

九月二十日(11月2日) 检点书籍。吉斋过我。读《曾公神道碑》。虎臣招饮，坐有星南、瑞西、伯鸿、崇如。虎兄假去曾文集三本、《经史百家》十本。关桥口冶工家失慎，幸救护人多，未致成灾。过星南书塾，畅话别惆。

九月二十一日(11月3日) 早与三兄、五弟过吉斋茶话，晤及孙师。到店午饭螃蟹、豚蹄。写复母舅信一封，又致二兄一缄。虎兄复假去《经史杂抄》十二本，杂著、论文各一本。

九月二十二日(11月4日) 吉斋过我，小聚一日。阅曾公日记[①]数则。三兄取去《尔雅》三本。星南晚偕三兄至，携去《读书录》四本，崇如携去《曾奏稿》二本。到店，接求志书院去年"冬课卷"。徐朗去矣。

九月二十三日(11月5日) 早约逊斋姨丈茶话。到塾开学。星南午后过塾闲谈。读放翁诗、义山诗各二十首。

九月二十四日(11月6日) 早约星南、崇如茶话。拜张府"六七"。大伯父痢疾，招杨三诊。在凌云馆购双料紫狼毫一支。阅骈文三首、《輶轩语》数则。三兄又取去《曾奏稿》二本。

九月二十五日(11月7日) 立冬节。往道海山夫子喜。借虎兄韩集、星兄《毛诗》。点马贵与《高句骊考》，写小字半开。陪孙师牌。虎臣、伯鸿过我。点《骈文抄》五首，诵《毛传·王风》。

九月二十六日(11月8日) 小雨。写白折半页，诵《毛传·郑风》，阅曾公日记。"适馆"，《郑笺》"即今诸庐也"。读洪更生《与钱季木论友》一篇，学问、性情摹写已尽。不诳语、不晏起，文正进学之始基。见人文不佳，强作赞语，此风已久，可叹。连日家间颇有闲话，殊为闷闷。

九月二十七日(11月9日) 临《皇甫诞碑》九十六字，诵《毛

① 即曾国藩《求阙斋日记》，下同。

传·齐风》，写白折半开，点《老子》。改文一首。戈伯鸿招晚饮，坐有星南、虎臣、陆云衢、袁奏薰。二兄生日。晚接盐城来信。

九月二十八日(11 月 10 日)　重读《华山碑》，欣快竟日。写小字半页、大字半页，诵《毛传》“魏风”“唐风”，点《老子》下卷毕。改乃辉诗，“孰谓微生高直”题，乃辉竟洋洋千数百言，虽未尽善，腕底颇能不穷。三兄又假去《曾公奏议》二本。

阳月时之首，阴泉气未牙。《关雎》之应，实无麟而若麟之瑞；《春秋》之信，实有麟而非麟之时。后汉皇甫规见雁门守问：“卿前在郡食雁美乎？”

九月二十九日(11 月 11 日)　北风，小雨，甚凉。伤风，未赴塾。临《华山碑》四十字。下午头目不甚清爽，早睡。午前改子久文一首。三兄假去《曾奏稿》八本连前共十本。

十月大　建丁亥

十月初一日(1890 年 11 月 12 日)　读《毛氏故训传·国风》，点韩文。剃头。吉斋、崇如饭后来，留聚半日。刘春芙谢客。东台县试头场，“远之事君”至“夫子之得邦家者”。

十月初二日(11 月 13 日)　《毛诗郑笺·召南》“既觏，已昏也”，是觏、媾、構通。写小字半开。晚接二兄二十六日信。改六弟之“以珠”文一首。

十月初三日(11 月 14 日)　写小字半开，点《汉书·赵充国传》，阅《文心雕龙》，读《召南》毕。高句骊国出三尺马，即果下也。虎臣处送回曾集二十四本。晚至蔚如家小聚，星南、虎臣、月川、崇如，畅谈至十点钟，各各笼灯而归。汪海秋之县试文完密之至。

十月初四日(11 月 15 日)　早往贺陈砚农芹喜。至苏家吊。严二先生又得一孙。晚与三兄在李家吃蟹。三兄又携去《曾奏稿》四本。

十月初五日(11 月 16 日)　点《汉书·辛武贤传》。早偕虎臣、星南、崇如茶园小坐。假虎兄《古文辞续纂》计十二本。写小字百四十。殷云巢家开吊，五弟去。

十月初六日(11月17日) 点《汉书》半本。徐府"二七"，往拜。过虎臣不值，云往安丰矣。灯下读曾公古文二本。

十月初七日(11月18日) 早到店，请父亲安。点《汉书·游侠传》。从孙师至县署前看案。板桥自谓"老画师"，先曾祖盈科公别字跛屏，今读杜甫《送郑虔》诗云"酒后常称老画师"，苏东坡诗"但恐跛屏随赤骥，青云飞步不容攀"，乃知前人立名取意皆有自来，绝非东涂西抹。读韩文六首，临《华山碑》四十字。孙师挽殷某云"中庭剩有婆娑树；九日谁开顷刻花"，运典清切异常。

十月初八日(11月19日) 点《汉书·匈奴传》上卷。往省丁师疾。

十月初九日(11月20日) 三兄约砚农兄及唐某翁茶话。再视丁师疾，稍愈。点《汉书·匈奴传》下，灯后点《汉书》西南夷等传。四叔周忌，未克往。

十月初十日(11月21日) 五弟早往三昧寺观拜牌。禹言、崇如、心兰诸君子茶园畅谈。点《汉书》"西域传""外戚传"。晚点《汉书》薛宣等传，至子正始睡。

十月十一日(11月22日) 小雪。三兄至李府牌聚，逍遥一日。早发盐城、泰州信各一封。

十月十二日(11月23日) 点《汉书》二十页。

十月十三日(11月24日) 点《汉书》卫青、霍去病等传。

十月十四日(11月25日) 星南过我，携去《周礼》《礼记》《公羊注疏》。候伯鸿，不值。

十月十五日(11月26日) 与吉斋、心兰茶。点《汉书·董仲舒传》。

十月十六日(11月27日) 点《汉书·司马相如传》。心兰拟辑《汉书》中颜氏说《论语》处，成为一编。

十月十七日(11 月 28 日)　阴雨,未到馆。补点《汉书》张耳、陈余列传。

十月十八日(11 月 29 日)　点《汉书》“王子侯表”“项羽传”。虎臣过我,略谈子书之趣。

十月十九日(11 月 30 日)　点《汉书·五行志》。天气甚寒。

十月二十日(12 月 1 日)　点《汉书》卒业,溯自戊子冬始事,历三寒暑而乃成,精勤荒嬉,韩子岂欺我哉!

《汉书》跋语:余以乾隆甲寅点阅此书,未几南旋,书留京师。越嘉庆庚申,于役陪京,乃卒业焉。其本纪、列传自第一至三十八,前所点也,用朱黄别异;其表、志、列传三十九以下,后所点也,无黄笔,体例亦不能划一也。惠言

右张先生评点《汉书》,嘉庆丙子孟冬录于私艾斋。吴育记

右照惠定宇先生批本,用墨笔谨临一过,其朱批则又照毗陵张先生之所评而录之也。此下不著谁何,疑即赵干生先生笔也。

此赵子枚家藏本,乃其尊人干生先生司铎镇洋时所手录也。光绪甲申秋日假归录之,纯用墨笔,凡张先生说,冠以“张曰”二字。以珣

此戴以珣先生手录本,墉以光绪丙戌春日转假录之,亦纯用墨笔也。墉识

圣祖有言曰:“学贵初有决定不移之志,中有勇猛精进之心,末有坚贞永固之力。”

十月二十一日(12 月 2 日)　读曾公古文,阅《文心雕龙》。

十月二十二日(12 月 3 日)　放学一日。在西宅午饭。早与心兰茶,蔚如适着人来邀,遂同往茶园。过蔚如谈“神峰命理”,蔚翁为余排第“八字”。往蒋庵视姚太太疾。午后西宅茗谈,心、蔚诸君至,日稷而返。

十月二十三日(12 月 4 日)　早与星南贺张渭泉芹喜,兼祝贯丈七十。从禹言处借得殿本《汉书》五本。

十月二十四日(12 月 5 日)　堂屋扫洒。为吉斋斟酌姑母病求乩启。作挽杨三诗。

十月二十五日(12 月 6 日)　在李宅后楼扶乩，三兄上手，据云是华祖降坛，开方当不离经。

十月二十六日(12 月 7 日)　大雪。昨晚受寒，腹中痛泻，强步至殷东处吊七。心兰、吉斋过我，途晤蔚如。二兄昨寄来《申报》，求志书院春课发案，史学卷取超等第一，经学一等，词章特等；星南掌故亦超第一，经学亦同。下午，虎臣过我畅谈，携去《内经》十本。三兄及心、蔚偕来闲谈。晚属明远至程兰丈家，取《通鉴》四套。

十月二十七日(12 月 8 日)　心翁之阿咸芹喜，早往贺。作《通鉴订讹》一篇，约三十条，就正星南。

十月二十八日(12 月 9 日)　二伯父大人寿辰，早往恭祝。至姚寓视疾。抄秋季史学卷十余页，此卷是与心兰合作。托明弟抄“春课卷”。

十月二十九日(12 月 10 日)　姚二姨母至。抄史学卷，自早至夜。

十月三十日(12 月 11 日)　发上海卷件，交福兴润局。

十一月小　建戊子

十一月初一日(1890 年 12 月 12 日)　改明弟诗三首，阅《文心雕龙》。属明远送“春课卷”二本、并收照四纸至心翁家托其转，恳石翁代领膏火。借来浦笺《史通通释》六本。阅《经策通纂》中“考异”数十则，《读书杂志》订其讹处颇不乏也。

十一月初二日(12 月 13 日)　偕蔚如、崇如东行，视李十二太太疾，见恭甫所开方引经论症，大有孟河[①]家法。午后忽觉头痛畏寒，

---

① “孟河”地处江苏常州武进，“孟河医派”是江苏医家的一大流派，最具代表性的是费伯雄、马培之、巢崇山、丁甘仁四大家。

急放学回，服防风桔梗汤。

十一月初三日(12月14日) 头仍痛。闻十二太太夜泻十余次，往东问安。又受风寒，头痛欲裂。

十一月初四日(12月15日) 伤风稍愈。料理堂屋及书房，备明日请客。初七日是父大人寿辰，拟五、六两日小作馔筵。阅《史通通释》三本。

十一月初五日(12月16日) 约融甫、心兰、孙师及吉斋、履之诸公午饮。天气甚和。

十一月初六日(12月17日) 二兄昨晚抵家，晤谈甚乐。请女客一日。父大人在李府，午刻往东，奉觞上寿。至陈府贺喜寿安之弟合卺。

十一月初七日(12月18日) 父大人寿辰，虔祝如礼。来客五十余位，中面三桌。

十一月初八日(12月19日) 至李府，拜若山周忌。膝痛不可当，休息半日。写谢寿帖。

十一月初九日(12月20日) 父大人在家午饭，便请李姑母。烧野鸭并莲子送丁师。午后强步至西宅道谢，不良于行。心兰晚至，留粥。杨时庵《册页》二十纸，二兄自盐城得来者，晚与心翁观之大快，内有顾复祖、郭厚庵、郭兰池、应地山、长沙寄尘诸名笔。星南携去格致书院课文三本、又《申报》一本。种水仙一盆。

十一月初十日(12月21日) 虎臣过舍，坚行补祝礼而去。点《三国志·吴书》"孙破虏讨逆传"。分部书籍。吉斋午前至。西宅请客，以膝痛未往。

十一月十一日(12月22日) 冬至。蔡禹言约茶，坐有心翁、崇兄。兰畦先生六秩大庆，孙师祝之云"称觞适合庚寅度，编集重题甲子年"。为星南构寿兰丈联句，是秋岩伯口气。早岁共登龙，羡君和钵能传，派衍临川宏著作；良辰齐奉爵，有子莱衣戏舞，欢腾洛水会耆英。心兰云，此联不出前三名。

虎臣招饮，上客为吴融甫、杨恭甫，日昃始散。至李府问疾。唐虞成周，泰和一室；庄骚太史，其书满家。右心翁撰赠吴书农句也。

十一月十二日(12月23日) 迟明闻李十二太太垂危之信，急起往视，至晚归。书寿联两副。东风桥北酉刻失慎。芝泥艳拓辛家印；梅酿欢称子舍觞。寿兰畦先生句

十一月十三日(12月24日) 申刻李十二太太仙逝，往慰，晚饭后回。

十一月十四日(12月25日) 黎明往祝兰畦先生寿，即至李府候殓。

十一月十五日(12月26日) 午刻至徐府拜寿。程兰丈招饮，偕心兰往。恭甫兄至。

十一月十六日(12月27日) 和煦，似三月天。午后沐浴。作“嗜好与俗殊酸咸”试帖三首，其腹联如“五行参水木，一样耻葫芦”；“哺糟醒屈子，煮海小夷吾”；“阿醋裙痕斗，无盐镜影孤”；“演畴从一日，食炙异参乎”；“熊取鱼应舍，鸡群鹤肯趋”；“朵颐羞革伍，调鼎让公孤”云云，尚贴切。昨夜“月当头”①，虎臣、心兰敲门而来，招余及二兄升广济桥望月，小步至城头，纵谈天下事。虎兄拟作《洋务大事表》。

十一月十七日(12月28日) 东过李府，晚回。

十一月十八日(12月29日) 早偕三兄至丁师处投卷，午刻至李家，薄暮归。二哥至杨恭甫家晚饭。天甚寒。

十一月十九日(12月30日) 早至李府。晤心兰，托其撰挽联三副。写琴条一幅。灯下阅《通鉴·陈纪》十页。

十一月二十日(12月31日) 理钱生书《诗》《易》《孟》《唐律绝》《礼》《左》。

十一月二十一日(1891年1月1日) 在李家写讣签三百余封。

---

① 农历十一月十五日是俗称“月当头”的日子。

十一月二十二日(1月2日)　阅曾公日记“问孳”“省克”“治道”三门。理钱生书。

十一月二十三日(1月3日)　早至李家，与心南、崇如共写挽联。闻江永轮船在黄天荡炸裂，前不数日有上海轮船之火，伤七八百人。灾劫相仍，岂天意厌西事乎？晚与心兰、崇如过虎臣，畅话学问、经济，皆从大处落墨。今日作一诳语，中心惶惶，为之不适。自欺欺人，何乐之有？

十一月二十四日(1月4日)　早理钱生书。午后偕二兄东行，晚饭后回。

十一月二十五日(1月5日)　招左泉兄茶话，二兄、明弟俱在坐。星南为李家书撰挽句。在李家帮理一日，晚饭前归。

十一月二十六日(1月6日)　李府“二七”，卯正即往。上灯后随孙师、三兄赴徐家馔筵。孙师述《桃花诗》“怪他去后开如许，记得来时路也无”；又“寒林空见日斜时”，“日斜”二字用贾生本传事，极活。前“诗课卷”署出，明弟诗在第二，奖润则紫毫、殿策也。

十一月二十七日(1月7日)　点曾公日记下卷。拟作《冰壶先生传》，未成。读苏文[①]三首。

十一月二十八日(1月8日)　过戈伯鸿。

十一月二十九日(1月9日)　作《叶戏消寒启》《冰壶先生传》。

十二月大　建己丑

十二月初五日(1891年1月14日)[②]　又作“诗课卷”一本。

十二月初六日(1月15日)　寒甚，点水皆冻。写“诗课卷”，交至丁师处。虎臣过我。

十二月初七日(1月16日)　早到店请父大人安，即至杏林巷请

---

① 苏文为《苏东坡文集》，下同。

② 日记原稿在此缺失了一页，少了十二月初一日至初五日的记述。

伯父安。与三兄过心兰、虎臣两处。送二兄至河干，大西南风，到盐城甚顺。晚与三兄乩请仙师为大伯母诊。写李家告期、浮签等。

十二月初八日(1月17日) 早发盐城信一封。张冰臣取去《史通》一部。

十二月初九日(1月18日) 东坎汪信至，云友田丈已逝。

十二月初十日(1月19日) 泰和谢神。今日放学，随孙师往贺严笛楼芹喜。午后与心兰、崇如过兰畦先生谈诗。过虎臣小坐。

十二月十一日(1月20日) 李家"四七"内奠，在彼助理，晚饭后回。

十二月十二日(1月21日) 陈竹平还来《清嘉集》一本，并述诗课是武某卷第一。与三兄谒丁师。探诗课消息。是晚李家拜劳。

十二月十五日(1月24日) 高姓弃人至杏林宅闹毁，势甚汹汹，经中人论说，暂去。

十二月十六日(1月25日) 李家开吊，黎明往，午后陪祭兼读祝。晚饭后，□□□□在我宅。

十二月十七日(1月26日) 天未明偕三兄起，往送夏子良公之丧表。雨雪甚寒，以不能张盖而返。在李府中饭，料理还物等事。

十二月十八日(1月27日) 李家五七，往拜。一夜未睡。

十二月十九日(1月28日)①

十二月二十二日(1月31日) 发镇江、盐城信各一封。在西宅午饭。

十二月二十三日(2月1日) 发丹阳信一封与张佩兰，托代崇如报丁艰洋一元，连起服费在内。午后到店，即过西宅。读韩文三首。送灶，至十一点钟始睡。明远弟今早回兴化。

十二月二十四日(2月2日) 检点书屋各件。星南过我，携来

---

① 日记原稿此处被前人裁剪掉一页，此页记述的是十二月十九日至二十一日之事，而吉城的二伯父吉焕正是十二月十九日病逝的，故而不知当日详情。

春课史卷，批云："抉皮里之书，制胸中之锦，金石声流，波涛吻纵，非浸淫于汉魏者不办，《阉党篇》尤粲。"星南卷云："一朝综文，千秋凝锦，巍巍灵光，非文考隽才莫属也。"午后偕心兰过西宅，晤及俊民、虎臣、融甫三君。据云蔚如已归。到店请父亲安。

十二月二十五日(2月3日)　二伯父"首七"，三昧寺大悲忏，晚观音堂和尚大班焰口。早过西宅。在店写春联、帐簿面，饭后回。戴彦伦母夫人仙逝。

十二月二十六日(2月4日)　立春节。"分司"及"两场"[①]郊迎。早往戴府慰，时风雨甚骤，几不能张盖。至李府省姑母疾。陈府送来粽糕两事，虎臣遣伻送来糕团四事。读曾公古文三首。灯下诵香山《新乐府》。二兄寄来手信一封。

十二月二十七日(2月5日)　到店请父亲安。东过笏丈，问善后事。曾祖母周忌。今日东西两行，不觉伤气，饭罢地丁下坠，小卧片时，服青果茶稍愈。晚刻酬神。遣高奴还虎臣《通鉴》，即赠以益智粽、延龄糕。烧烛，阅《晋略》一卷。

十二月二十八日(2月6日)　早饭后沐浴，池清汤暖，元气浑然。毕俊过我，留谈竟日，午后自煮香茗。二兄带来手函二十一之信已收。灯下读《黄帝内经》三卷。

十二月二十九日(2月7日)　命仆至虎臣处取地图。走笔成一诗云："一幅荆州记借吴，而今合浦要还珠。纵横万里山河壮，好作寒家岁兆图。"

到店小坐，即过杏林巷，旋复谒孙师，又东至笏老处问话。至李府省姑母恙，携回杏花二枝，一与内子、一与魁郎。在店午饭，便呼苏子来剃发。

---

① "分司"指扬州盐运司与泰州盐运分司，此分司衙门并不在泰州城内，而设在东台县城内。"两场"指分司所管辖的东台场与何垛场这两个盐场的场署。

第五集　将就斋日记
（光绪十七年　辛卯）

正月小　建庚寅

正月初一日（1891 年 2 月 9 日）　晨起祀神，诣堂上大人前叩头，复诣祖堂行礼。辰正出门贺节东西二十余处，申刻回。天气晴而霏雪。夜过半，梦见乡闱题“叶公问”两章，后注七字云“命在卯午登云天”，旁注云“陈某命属午”。又忽觉身上有水，见汤、曾二文正衣冠而来。梦中自解曰“此湘洛有灵之谓也”案“湘洛有灵”四字是丁亥日记简端语。

正月初二日（2 月 10 日）　补贺两家。西宅“二七”，敬往行礼，陪客至晚回。在泰和三饭。寒甚，点水皆冻。

正月初三日（2 月 11 日）　鸡鸣即醒，拟课格八句云：“经玩辞，子取液，朝《汉书》，夜韩集，熟制文，日必一，写与作，功莫息。”掷“状元筹”。到泰和午饭。灯下读韩文数首，《答李生翊一书》宛转尽致。

正月初四日（2 月 12 日）　至李府祝姑母寿，即在彼午饭。房慕禹今早病故。灯下读韩文五首。

正月初五日（2 月 13 日）　早由泰和至杏林巷，拟办挽联等件，午后星南亦至。晚与心翁在店小饮。

正月初六日（2 月 14 日）　发兴化贺柬一封。二兄由盐城归，计行两日程。吉斋谢孝。在杏宅午饭，饭后与星南过虎臣，值其家有摊钱之局，虎臣今日南风不竞。下午偕星南小步城南。晚阅《戊子江南墨》，刘树屏不愧作者。

正月初七日(2 月 15 日) 孙师早至,以挽联属书。由泰和至杏宅。下午与二兄、心兰东行,剪烛小牌。

正月初八日(2 月 16 日) 金危危日。拜戴府“二七”。祝丁太师母寿。午刻过杏宅部署一切,亥正始回。

正月初九日(2 月 17 日) 卯正即起,至西宅谒灵行礼,来拜七者五十余客。虎臣招饮,未去。下午陪袁浩翁金泉沐浴。月下吉斋过我,细谈家事,难哉!

正月初十日(2 月 18 日) 招蔚如、虎臣、心兰、伯鸿、俊民啖汤圆,掷“升官”以为乐,三局皆胜。午刻即同过济安堂,为孙师陪客。日稷,虎、蔚、星偕至华王庙观剧。

正月十一日(2 月 19 日) 雨水。到塾开学,钱生未来,仅二李耳。钞《刘树屏闱墨》一篇。祝由[①]某为姑母治疾,仿佛若有神异矣。即邀之来为大伯母一诊,云不难愈。

正月十二日(2 月 20 日) 地气上升,晚月朦胧,殆将雨矣。早随堂上两大人及诸兄弟在杏宅核议家务。因生齿日繁,用费甚浩,改定章程,限每月十三之数分三大房,一是支项都属其内,十下钟归。六弟今年拟到泰和,恐不能读书矣。

正月十三日(2 月 21 日) 早刻果雨,天未明时闻雷。辰刻到塾,抄文一首。从蔚如处借来《望溪集》二本,《与李刚主》一书甚言朱子不宜非毁。

正月十四日(2 月 22 日) 仍阴。读望溪古文十首,抄文一篇。直谅多闻,益友如是。甚矣,交之不可不慎也。蔚如招饮,坐有孙师、程丈、星南、虎臣诸君。下午过杏宅,闻《法华经》。即写信三封,将各路讣音发去。

正月十五日(2 月 23 日) 晴。散学。虎臣取去《续古文辞类

---

① “祝由”是中医的一种心理治疗法,对某些疾病有一定的效果。也有神汉、巫婆等附会“祝由”之名,做迷信的事情。

纂》。阅储六雅《原势》、赵瓯北《论地气》、曾文正《劝学》诸大篇。吉斋来约午饭,未往。代二兄作挽岳联。

正月十六日(2月24日) 早至西宅拜七,晤及蔚如、虎臣。晚过泰和。灯下读方集[1]。

正月十七日(2月25日) 春雨潇潇。辰初起,书挽联。阅《骈体文抄》,读望溪古文、蕴山时文,温《周南》。毕俊民午后来道别。

正月十八日(2月26日) 阴。星南过我畅谈。点《骈体文抄》,诵《国朝骈文》及《经世文编》。虎臣下午过我,劝予且捐去一切书,并力于时文。蔡禹言日间过我舍,不值。

正月十九日(2月27日) 大风,颇寒。午后谒丁师,便托寄竹轩讣。拟作《大风歌书后》,未果。晚阅《汉书·沟洫志》《后汉书·窦融传》一过。

正月二十日(2月28日) 晴和。请孙师、星南、虎臣、蔚如、吉斋午饭,卢楚适至,即留饮焉。读《晋略·表序》。

正月二十一日(3月1日) 先伯妣十周忌辰,早诣西宅行礼。午刻,赴星南之招。丁师借《庚寅会墨》《己丑乡墨》一阅。

正月二十二日(3月2日) 早往戴府拜"四七"。吉斋邀午饭。乃辉于昨晚偕下雨由兴化至。汪继声寄我手札。虎臣今日晚舟南行。

正月二十三日(3月3日) 到西宅行礼,今日"五七"。乃辉入学。

正月二十四日(3月4日) 拟《书〈大风歌〉后》一篇,以悔杀韩信为骨。瑞西过我言袁生。

正月二十五日(3月5日) 成《〈瓠子歌〉书后》及《"赐赵佗"书后》《"赐窦融"书后》,共文三首。子初始睡。

正月二十六日(3月6日) 以白折二本誊求志书院史课文,共

---

① 方集即方苞《望溪集》,下同。

千八百余言。晚陪伯母牌，起手得四、八索，又得全条，一举而兼双彩焉。

正月二十七日(3月7日) 晨至杏林巷，邀近仁姨丈茶话。寄昨卷交福兴润局，封面填二十五日发。到泰和请父亲安。午后至杏宅料理。阅《孤忠录》一遍。

正月二十八日(3月8日) 西宅开吊，卯初即起，敬往行礼陪谢，子初始回计客三百二十余位。为星南测一"未"字，本年卯木透地而出，飞鸣象也。

正月二十九日(3月9日) 袁子翁约茶，坐有陈瑞西、李吉斋。点《史记》吴、齐两世家。灯下阅石印《春秋大事表》，字极纤细，非显微镜不可。彭蠡之泽所以至今不变徙者，四高而中下也，固始无终，可补曲园《春秋地名对》所未及。

二月大 建辛卯

二月初一日 乙未(1891年3月10日) 袁生来学。陈瑞翁过我。范三丈年几八十，精神奕奕，异哉！改乃辉诗文。开诗、文题各三则，交杨屏翁与其弟德恒。明日黎明西宅发靷，今日午后先往襄事，彻夜未睡。

二月初二日(3月11日) 卯正，二伯父灵柩登舟，叩奠泣送。三兄随柩南行，一路有吉斋兄照应，极善。巳正复睡，午正起。剃头。阅《胡曾要略》。

二月初三日(3月12日) 文昌生日。袁生文题"是以谓之文也"，诗题"文昌新入有光辉"。钱生题"舍馆未定"。读杜律。□□□□壬午江南元作，颇有名家气。圣庙丁祭。

二月初四日(3月13日) 诵时文一首，改两生文。融甫招它日午饮，辞之。早过徐府贺生日。读《汉书》陈余、张耳列传。

二月初五日(3月14日) 宜祭祀。至王家祝寿。诣泰和请父亲安。袁、李两生皆往西溪敬神。晚在杏宅陪近仁姨丈杯酌，归时见心兰。

二月初六日(3月15日) 阴雨。点《管子》卷一，改试帖。属长荣赵去《望溪集》。《宜春雨试帖》秀而有韵，如“小楼一夜听春雨”诗云：“宛疑宵漏缓，渐入晓钟寒”；“蝶枕偕谁倚，渔舟作是观”；“赏嫌茅屋窄，归料杏仁宽”，可谓不食人间烟火者矣。《笋谱》为宋僧赞宁撰，其中援引古书多今世所不传。

二月初七日(3月16日) 早有毛雨。点《管子》“形势”及“弟子职”“地员”诸篇。明远以寒疾，两日未赴塾。晚诵《星斋文稿》。

二月初八日(3月17日) 大风，有冰。点《管子·权修》，温《召南》。心兰过我，携《石琢堂诗文集》五卷，强留其半。灯下一阅，诗才清隽。

二月初九日(3月18日) 点《管子·乘马》，改昨课文。阅《石韫玉诗词》共三卷，晚属明远交心兰。近仁姨丈启行，二兄、五弟皆送之。《石诗》有云“凄凉廿载荆山泪，拚见长安一日花”，亦可想其未遇时之攻苦矣。晚阅魏默深《齐鲁韩三家异同论》。

二月初十日(3月19日) 地气回潮。阅魏默深《夫子正乐不删诗论》。丁师书屋中设瑞香一盆，芳气浓郁。孙师及少廷大兄、恭甫、楚南两弟皆至。《剑虹居时文》甚健。

二月十一日(3月20日) 阴雨，有风。二兄之盐城以往吊朱家，未能送别。点《诗醇》中“苏集”一种。以“渔舟一叶江吞天”七字命乃辉赋之，限十三元韵。

二月十二日(3月21日) 春分。北风，晴和。涉猎时文。晚到泰和请父亲安。月色甚洁，昔人谓“花朝月夕”，殆以十五为花朝。

二月十三日(3月22日) 五弟携《江汉炳灵集》至。通阅蕴山文一过。晚沐浴。钱生题“夫子欲寡其过”；袁生题“由也，果箴其无勇也”。

二月十四日(3月23日) 种荷。通阅《江汉炳灵集》一过。改昨课艺。心兰弟来，分藕根一臂。云和日丽，风筝满天，春意盎然透矣！

二月十五日(3月24日)　选订时文两册。袁生诗题“燕乃睇”得“来”字；乃辉“初、哉、首、基”四字。月明如水，楚弟晚至，云前日小月塘有火警，并伤一人。昨夜梦虎臣赠我画二幅：一西王母戴桃而立；一沧海出日，余踞山巅而观之，日下有一凤，其尾甚长，光彩眩目，亦奇景也。

二月十六日(3月25日)　晴暖，易絮袍。点史游《急救篇》，读蕴山文。午后牌戏。二兄有书至，云二十四日到盐城。

二月十七日(3月26日)　点《尸子》一本、苏诗一本，阅王伯厚《急救补注》，读《孟子》。晚写复二兄信一函。

二月十八日(3月27日)　读《史记·鲁周公世家》，改试帖二首。钱生文题“民无得而称焉”，袁生题“兴于诗”；诗题“浓茗洗积昏”。

二月十九日(3月28日)　午刻至济安堂谒孙师。午后，孙师、袁浩翁、少廷大兄同至茶园。晚至戴府，晤及心兰。

二月二十日(3月29日)　阅苏诗两卷，改课文。融甫北上，送来取学录卷子。

二月二十一日(3月30日)　往吊戴家，便祝王母寿。阅《东坡集》一本，诵管文三首。

二月二十二日(3月31日)　宋捷三送试卷来。改试帖一首。《史记·外戚世家》“女亡匿内中床下”，“内”即室也。陆家滩夜分失慎，焚去十数家。

二月二十三日(4月1日)　李十二太太“百日”。放学。午后，与袁浩翁、少廷伯兄、恭甫季弟东至县署西北昨夜火所。读《史记·孔子世家》。

二月二十四日(4月2日)　戴府发靷，随同欣园丈、仰吾师在“震泰恒”路祭。吉斋四十初度。午后过瑞西，不遇。改子久文一首。晚觉头痛，鼻塞。

二月二十五日(4月3日)　蔚如堂叔开吊，以寒疾未往。又改子久文一首，统交屏翁。阅《孙子兵法》。补明远二十三课题“不可以风”四字。未到塾。

二月二十六日(4月4日) 仍畏风。假瑞西《戊子墨》一阅。祀祖。

二月二十七日(4月5日) 清明。早，父亲来家。午刻与心兰过兰畦丈小坐。饭时忽闻警锣，云三昧寺河南失慎。亟过桥往观，势已不可向迩，延烧近二十家，皆茅屋。其中有查某木行，亦被焚去，测字张某家亦乌有焉。今日计火五起，而以此为最烈。据五弟述，旧年清明亦火警三次。观是，则古人寒食禁烟，殆此木德，至清明而王。火，木之子也，故预禁之，以稍杀其焰乎？哀介子推者，其寓辞也。在济安堂陪孙师“升官”一局。接二兄自盐城发来手信。晚阅《石韫玉文集》一本。修灶。

二月二十八日(4月6日) 早起腹甚痛，前日之寒未尽也。阅琢堂殿撰《读左卮言》一卷。晚阅《论衡》两篇。瑞西过我，少谈即去。接汉卿舅氏手札。

二月二十九日(4月7日) 改文四首。丁师送来《己丑乡墨》《庚寅会墨》。观音庵茶花甚佳。

二月三十日(4月8日) 阅《论衡》一本。午后武庙东庑失慎。改试帖二首。复兴化信一封。三兄昨晚与吉斋同归，今早过我。妇人称丈人，汉时语也。毓琳《尔雅》今日卒业，历期三月有奇。

三月小　建壬辰

三月初一日 乙丑(1891年4月9日) 阅《论衡》一本。与崇如同过心兰，携来于受庆、汪清麒会试卷。晚到泰和请父亲安。

三月初二日(4月10日) 西宅迁居。颂杉丈七十寿，偕星南往祝。书院甄别：文题“子曰：听讼”二章；诗题“东风已绿瀛洲草”。昨托陈瑞翁代报之名为捷足者攫去，作空卷一本，仍托瑞翁处往交。又拓星南来卷一本，均于戌刻送去，遵功令也。诗中押一“翁”字韵，云

“远志空名士，神方悔少翁”。卖香柯某又至家化钱。

三月初三日（4月11日）　阅《论衡》三篇。晚过崇如，适蔚如、星南咸在，畅话至亥初始别。携回星、蔚书院课作三首，读之皆光明俊伟，迥殊凡响。视余昨文，味如嚼蜡，人之相越岂不远哉，苦不自知耳。

三月初四日（4月12日）　补录前日文稿两纸，即求星南、蔚如、崇如点政。钱生以头痛早由塾回。“历者，适也”见《论衡·谴告篇》。前日试帖翁韵，与蔚如同押，蔚用“碧翁”也。二月二十六日测一“徐”字，断以今日必雨，而果然矣。为喜而不寐，非喜言之中，喜雨之时也。通阅《旷视山房小题文》，其才思过人十倍。

三月初五日（4月13日）　崇如约茶，以风雨未往。读《史记》伯夷、管晏列传。

三月初六日（4月14日）　早过崇如，即至茶园与浩秋略谈。孙师、袁浩翁、崇如三哥皆在馆午饭。晚读《庄子》“养生、外物、秋水”诸篇，阅《墨子》一篇、《韩慕庐先生集》一本。

三月初七日（4月15日）　阅《论衡》一本，诵蕴山文两首。复毕俊民信。晚读《荀子》“荣辱、议兵”二篇。

三月初八日（4月16日）　抄时墨二篇，阅《论衡》毕。钱生在家作“则将焉用彼相矣”题文一首。陈竹平送来星、蔚评前课稿，星翁批效傅子莼选《已丑墨》体。晚到店请父安，晤崇如谈文。晚读班叔皮《王命论》。

三月初九日（4月17日）　阅《风俗通》半卷，抄文一首。晚读韩昌黎、欧阳文忠古文。

三月初十日（4月18日）　伯父寿辰，上堂恭叩，三兄、六弟皆至。卢楚卿过我，述其前日课作用甲子江南沈昌宇文法。途晤伯鸿，文亦然也。陈竹平假去《清嘉集》七卷。散学半日，与三哥小牌。晚读《离骚》。

三月十一日（4月19日）　抄时文一篇，读《舜典》，改“汉高祖伪游云梦”诗。五弟小发旧恙。

三月十二日(4月20日) 张贯之太夫人仙逝,往慰,晤及蔚如、禹言。午后沐浴。吉斋寄来手信,云初八日到兴化。姑母之恙经海翁诊视,症名“白虎历节风”。

三月十三日(4月21日) 先祖妣生忌,敬祀如礼。抄墨卷一首。蔡禹言过我,少谈即往安丰。午后闻於家巷失慎。诵管稿三首。钱生课题“适楚”。

三月十四日(4月22日) 晨与崇如履昨火所,九十余户,可怜焦土。复吉斋信今早发去。袁生以足疾,昨日未到。晚阅《列子》两本,读《孟子》第四篇。

三月十五日(4月23日) 县官、学官咸诣三昧寺,听宣圣谕。闻许阆仙监司临何垛场查盐。新安会馆春祭,六弟邀明远往观。改明远课文一首、试帖一首。晚读《上林赋》,阅《孔子集语》两本。

三月十六日(4月24日) 读《淮南子》一本、扬子云赋三篇,抄时墨两首。阅《四川戊子闱墨》十四篇,首首琳琅,爱不忍释。有折扇画“松鼠窃葡萄”,戏题一绝云:“谁撷灵根入汉家,天风八月使臣槎。张骞岂与汤同祖,老吏文章属此儿。”

三月十七日(4月25日) 雨。阅《困学纪闻》“天道、历数”两类。检视《壬午墨》。改《丁卯桥诗》一首。

三月十八日(4月26日) 仍雨。三月前有一丐,日日西行乞。今年二月中来一僧,其乞同,而身疮甚丐,与之游染焉。几不能为乞,易行而坐,时徘徊马公桥下。前日并坐亦不能,竟日偃卧,惫甚矣。今早过其侧,苇席中声涔涔然。晚复过之,寂如无物。时风雨满天,噫,其死乎!课题“曾是”二字,改《飞来峰》一首。读《孔子集语》一本。三兄小恙,五弟往视。

三月十九日(4月27日) 阅《困学纪闻》“评文、杂识”两种,读《淮南子》“地形、时则、览冥、精神四训”。

三月二十日(4月28日) 晨视崇如恙,便订二十二日为心翁上寿之举。书农夫子自河工回，陪在西宅午饭。饭后过蔚如，适虎臣由苏州至，数十日阔怀为之一吐。今日未读书，而弟昆师友畅聚一番，胜于抱册子多矣。灯下诵《犊山文》。下午在金某家观牡丹花。旧年舅氏赐我兰草，托杨性翁养视，今年挺发双箭，得花二十六枚，亦云无负矣。

三月二十一日(4月29日)　求志书院春课：

[经学题]“君子以居贤德善俗”解；“天产作阴德、地产作阳德”解；“织皮属上属下”说；“中兴之中丁仲反”说。

[史学题]《史记》《汉书》两释例；历代《舆地书》《目录书》两论。

[词章题]“良辰美景、赏心乐事”赋。

晚与崇如过虎臣，观其新购诸书，适心兰亦至。晚阅《群经平议》数则。

三月二十二日(4月30日)　风日晴和。为星南上寿，作永日之游，东道主则孙师、戈伯鸿、徐捷庵、夏虎臣、刘蔚如、崇如及予也。饭后，同至福慧庵小坐，晚饮至十二点钟半始回。今日之乐一大乐也，升官、象棋、写扇、占课、廋词、隐语、觞政、酒兵，谈锋泉涌，笑声雷动，快哉矣！福慧庵有两石钵，蔚如、虎臣能挈而行，余与心兰一起之而已。孙师则举之使植、放之使横，东西挥霍，无不如志，诚弟子所不能学也。捷庵以疮、伯鸿以癣，皆不举，崇如第摹弄之耳。

三月二十三日(5月1日)　毛雨两三点。昨日游倦，午刻假寐片时。拟作“叶公问孔子”两章文，未就。观风案出两卷，随课而已，蔚、星诸作亦然。

三月二十四日(5月2日)　贺星南生日，即在彼午面，坐有兰畦、虎臣、伯鸿、崇如诸位。午后顺过京江公所，陪孙师闲谈。

三月二十五日(5月3日)　假虎臣《南史·谢灵运传》一阅，虎翁亦借去《晋略》十本。

三月二十六日(5月4日)　晚赴兰丈之招。往吊陈家，蔚如亦去。

三月二十七日(5月5日)　祝丁师寿。会课题:“樊迟问知”一节,“今夫山”两段,“夫君子所过者化”一节;“喜见云章第一篇”,作文一首。在虎臣家陪张季直,其人言论丰采,绝去凡俗,学问大,意以实事求是为主,可敬可慕。并读其《赣榆县志·叙述》一篇,文境直与马贵与《〈文献通考〉自序》相似,良不易到也。

三月二十八日(5月6日)　午后稍暇,偕群弟观东岳会。便过杨氏典基,见斧者、锯者、绳者、椎者,高下左右,一奉命于大匠之指,艺也而道矣。观音庵猜灯谜。

三月二十九日(5月7日)　二伯父“百日”,敬往行礼,星、蔚咸在。过虎臣,拟请季直。

四月大　建癸巳

四月初一日 甲午(1891年5月8日)　作文两首。三兄过我。大哥由金沙回。读季直《屯田大策》。

四月初二日(5月9日)　月课题“纯如也”三句,草一卷,又率书一篇,应虎臣转托。

四月初三日(5月10日)　俊民寄来文五首,属为订正。为袁生写昨课卷一篇,题为“必不得已而去”第三节。丁师送来兰花三箭。虎臣过我。

四月初四日(5月11日)　录前两日文稿共四篇,又作试帖一首。吴灼孙约陪吴伯龙茶话。

四月初五日(5月12日)　小病,未到塾。星南过我,因以文稿就正。吴伯龙书法于颜为近。

四月初六日(5月13日)　山长课题:“禹稷躬稼”两句;“耕田欲雨刈欲晴”。览《淮南子》“本经训、主术训”。闻张季翁于昨日业已启行。课卷看定,而未发案。

四月初七日(5月14日)　下午闻雷。到馆后将昨卷草草了之,仅四百余字。阅《淮南子·缪称》,诵卢崟时文。过戈伯鸿,即往礼房看案，前作一卷取超等第九，蔚如特等第一。虎臣将有汉皋之行，晚刻招饮作别，崇如、蔚如、星南皆往。晚饭后步月，便至礼房处观卷，未得复。乘月归，虎臣升桥长啸。杨生寄文来。

四月初八日（5月15日）　三兄约陪卢楚翁茶，坐有蔚如。茶后到塾，腹中水气涨溢，饭不如恒。午后服姜茶，下午即回，水泻两次。

四月初九日（5月16日）　腹泻三次，未到馆。阅《三国志·魏书》两本。刘蔚过我塾，不值。

四月初十日（5月17日）　腹仍涨而未泻，将睡时下利一次。今日读《三国志·魏书》三本。六弟来。

四月十一日（5月18日）　早泻一次。到馆，阅《三国志·蜀志》一本。晚过崇如。

四月十二日（5月19日）　虎臣过我舍，不值。阅《三国志·吴志》一本，诵时文。沐浴。乘月往候虎臣。胡晓翁有灯谜之举。

四月十三日（5月20日）　孙师至。改文三首。晚与三兄请华祖鸾降，为大伯母复诊。

四月十四日（5月21日）　读《诗经·国风》。晚至吕祖宫，观诵至诰。

四月十五日（5月22日）　早请孙师、蔚如、崇如茶园清谈，大兄、五弟、六弟、明弟皆至。三兄过我塾，畅谈一日，拟灯谜数则，颇见新颖。戈伯翁过我，携其会课之稿及星翁大著来。闻明日有祈雨之说。

四月十六日（5月23日）　亥正月食，至明日寅刻。午前微雨。改袁生文二首。

四月十七日（5月24日）　县官祷雨，禁屠宰。阅《三国志》毕得儒林四十余人。

四月十八日（5月25日）　阅《三礼》，有关于东汉车制者一一录出，计四十余则。

四月十九日（5月26日）　京江公所甘蔗结实，散学后往观，晤及心兰、崇如。读《诗经》。

四月二十日(5月27日) 三兄生日,即过西宅午饭。邀蔚如、星南来,掷"升官图"为乐。星南出烧车御史遗墨相示。

四月二十一日(5月28日) 油漆街开一茶舍,名"第一楼",蔚翁约孙师、心翁及三兄与余往试新焉。前次县课发膏火,"'纯如'三句"文,评云"颇有才气,而法律尚疏";"必不得已而去"文,评云"融会题气,批郤导窾,绝不仰逼先条、俯侵后章"。是能以少评胜人多评者。星南晚刻飞传求志书院课案消息,云取史学超等第二此卷是与心翁合作,辅清兄词章两卷皆列优等。到泰和请父亲安,晚饭后回。

四月二十二日(5月29日) 点《周礼·大司马》郑注十页,阅时文数十首。星南遣送商榷订讹稿来。晚阅《晋略》。九点钟时合顺被劫,城守汤公、盐捕陆公至则行矣。闻失千金之数,并伤五六人。

四月二十三日(5月30日) 誊庚寅秋课"竹卷"。星南"商榷订讹稿"托乃辉一抄,薄暝将卷并照送星南家。从戈伯翁处取回时文一册。

四月二十四日(5月31日) 读《文絜》[①]一本,洵六朝精液也。温《大雅》,宣王中兴,人才极盛,不下文武之世。阅亭林先生《日知录》,诵时文六遍。乃辉补昨课谓孔子曰来。王公昨晚至自金陵来,今午偕城守汤公履合顺勘验,当街笞责地保及捕某各数百。韩公《南海神庙碑》脱胎于西汉《修西岳庙记》,王粲《荆州学堂记》称五业从事宋衷甚盛案:衷即仲子也。

四月二十五日(6月1日) 温《周颂》,点《大司马职》,抄时文一篇、诵六遍。三兄作七古一章,用曾文正送谢果堂均题芗泉御史遗墨。到店请父安。

四月二十六日(6月2日) 温《鲁颂》《商颂》,阅骈文七类。稚存太史《七招》一篇极妙。灯下读韩碑、柳州游记数篇。近两日颇用

---

① 《文絜》即《六朝文絜》。

曾氏家法，早起，黄昏后假寐片刻，复起读书，精神甚适。

四月二十七日（6月3日）　温《小雅》，阅骈文碑志类。抄《戊子四川墨》两首，读文六遍。

四月二十八日（6月4日）　昨晚星南过我谈近事，携去邹经甫、汪崧甫两会墨。阅《经籍考》及《左传纪事本末》，诵时文，点骈文数首。

四月二十九日（6月5日）　阅《左传纪事本末》。录益吾祭酒拟刊《续经解初目》，观《经籍考》至"诗类"。下午沐浴，见陈宣翁。

四月三十日（6月6日）　芒种。温《鱼藻之什》，阅《经籍考经部》毕，诵时文六遍。陈秋实假去《己丑墨》。瑞西来索《戊子墨》。三兄过我。晚鸣雷，疏雨一阵。

五月小　建甲午

五月初一日（1891年6月7日）　啖粽子三枚。抄时墨一首，洗砚，改乃辉文两首。官府鉴四月二十二日合顺之变，议整顿保甲，新募乡勇二十余名，分设三官殿、延生庵诸处。六弟来，约乃辉看判。谒兰丈。

五月初二日（6月8日）　"中兴之中音丁仲、张仲二反"说，见《续经解》中"隶经剩义"。"天产地产"，惠先生《礼说》中有之。拟作求志书院春课"经学门"，未成。读《两都赋》。

五月初三日（6月9日）　改乃辉试帖五首。三昧寺河南复火，卖卜张某家竟占重离之卦，亦可哀矣。午刻到泰和请父亲安。过崇如闲谈，即偕至蔚如所。蔚兄食我鲜枇杷一枚，甘美胜常。

五月初四日（6月10日）　改"李杜文章在"试帖，腹联云"大星明太白，灵地秉襄阳"，颇不雕饰。诵时文三遍。午后放学，过崇如所"升官"，坐有蔚如、星南、楚卿。归途晤作舟，坚订明日晚饮，盖于前月杪新贮阿娇于金屋也。

五月初五日（6月11日）　早起，约星南、蔚如、崇如至济安堂啖般罗密[1]，几失而复得，然亦几希矣。午后蔚如、星南、崇如复过我，掷“升官图”。蔚翁推魁官“八字”，云“半合金局，当不过劣”。下午与星、蔚、崇同赴作舟之招，其新居极远，甚倦于行，归时亥正。闻作翁谈，国朝大将军仪注四六二十四道，威盖一世矣。蝗生。

五月初六日(6月12日) 清晨起，与五弟亲取蕉实献堂上，家人亦馂余焉。阅毛西河《续诗传鸟名》，诵时文两首。六弟来晚饭。心兰以昨日受寒呕吐，未能到馆。三兄犹鼓余勇，今日在孙师所小牌。

五月初七日(6月13日) 乃辉生日，未到馆。孙师过我舍，说雍梁二州，织皮属上属下异谈。抄时文一首“子曰：道千乘”二章题，阅《史略·唐列传》三卷，温《鹿鸣之什》《南有嘉鱼之什》，诵时文二篇。晚读陆宣公《请罢大盈库奏议》，韩昌黎《谏迎佛骨表》，苏长公《上皇帝书》、又《代张方平谏用兵书》、又《在徐州上皇帝书》，皆洋洋大篇。邑侯复祈雨，禁五荤。戌初果大雨，彻夜未已。闻二兄早晚可回家，喜甚。

五月初八日(6月14日) 午前大雨，晚晴。明远课题“则苗”第二句。阅《困学纪闻·考史》一卷，点《后汉书·班超传》，读《汉书叙传》，温《鸿雁之什》《节南山之什》，抄“子所雅言”四章题文二首，熟时文二首。晚读晋叔向《贻子产书》、吕相《绝秦论》。寅谷先生《必得其寿》文云“当日者在位陟方，又何疑垂暮遐征，尚泣双妃于湘水”，本之司马温公及张文潜二诗。夕阳时巷口闲眺。闻东台科试一等案发。诵杜诗五律一卷。金骒袅，玉蟾蜍。

五月初九日(6月15日) 温《周礼·秋官》，又《诗经·豳风》阅子美五古。二兄到家。

五月初十日(6月16日) 作舟来，假去《周易述》《齐诗翼氏学疏证》各一本，又《庚寅墨》一本、《求志书院课卷》一本。阅四月份《申

---

① “般罗密”即菠萝蜜，一种热带水果。

报》，涉猎时文。晚阅《子夏诗传》。

五月十一日(6月17日)　阅三月份《申报》，格致书院春课题"《周髀算经》与西法"平弧三角"相近说。读杜诗，阅《困学纪闻·诸子类》。晚与二兄过崇如，即求华道人介方。

五月十二日(6月18日)　吴三约乃辉到典[①]午饭。合顺郭某约二兄茶话。午前遇作舟，观其注《老子》甚有精义，如"无，旡也，天阙西北为旡，故无名，天地之始者乾也；有，又也、耦也，故有名，万物之母者坤也"。引《易》谊以注《老》，可谓颠扑不破。

五月十三日(6月19日)　恒丰约早餐，与明远、恭甫弟去。星南午后过我，携去《戊子墨》四本。辨志书院题："夷庚"解；"《汉志》'郁夷'《诗经》作'倭迟'"说；"《尔雅》西方之兽谓之豎，他书作北方，何欤？"以上舆地。晚陪二兄在典[②]小酌。

五月十四日(6月20日)　竹平来假《困学纪闻》及《经解》。东台小友诗古题"蛙鸣类梵音"。诵时文二首。

五月十五日(6月21日)　放学后与二兄至城隍庙一行，晤及陈秋实、仲安，拟行会课。

五月十七日(6月23日)　阅钱献之《车制考》，内有一段则足证东汉车制。孔撝轩《诗声类》及《诗经分例》精详之至。

五月十八日(6月24日)　腹泻兼以寒热，裹絮衾卧一时许始得汗，头昏昏然，不能久坐，至晚刻稍愈。下午强起，读古文十首。

五月十九日(6月25日)　昨日一病，元气大伤，今日小休。阅《通鉴·隋纪》二卷。

五月二十日(6月26日)　始啖饭，精神稍复。母亲率魁子至西宅释服。

五月二十一日(6月27日)　到塾。阅《山海经》一卷，题《画竹》

---

① 此"典"指吴三(吴灼孙)在东台城内所开之当典。

② 此"典"指二兄(吉均)在东台城内所开之当典(福兴润局)。

八首。阅《孟子四考》,成国注:“献”犹“轩”也,无所系。虎臣偕崇如、蔚如过舍,未遇。晚过虎臣所,以便面托书。拟构“子之武城”题文。

五月二十二日(6月28日) 秋实过我。虎臣遗我荷兰水一瓶。蔚如招晚饮。星南作“子之武城”全章题文一首,跟上“性、习”二节之论,篇新词颖,机旺神流,吾欲焚笔砚矣。晚刻疏雨两阵,未得大霈,惜哉!二兄为张公子书喜笺。广东正副主考徐致祥、周楚谟,广西正副主考刘玉河、宋育仁,福建正副主考瞿鸿禨、殷友兰。

五月二十三日(6月29日) 蔚如推我“八字”,云“三十岁以后气运尚好,今秋恐难望也”;又云“命与万文敏相仿佛”,其然,岂其然乎?三兄过我塾,小聚一日。伯鸿由泰州回,过我闲谈。

五月二十四日(6月30日) 前日构文半幅,今赓成之。虎臣取去《通鉴》两函。散学后过虎、蔚、星诸君,即以文稿求政。在三兄所,为大伯母求乩方。张季直致虎翁一函,词意古朴深厚。

鲁公书法,率更书味,柳公权用笔。玉女投壶天一笑,庐丹[1],玉池清水上生肥,黄庭内景经,刻骨之至,州窍也,佛塔。[2]

五月二十五日(7月1日) 秋实兄处送来会课题三道:“季康子问政于孔子”三章;“夫孝者,善继人之志、善述人之事者也”;“未有仁而遗其亲者也”二句;“桂染中秋月色香”。到店请父亲安。竹平来取文稿。

五月二十六日(7月2日) 小雨。早过秋实,未晤。晤仲安,云会课首题,冀卿先生早年曾作一篇,散行短幅,扼重中坚,照顾首尾。阅《乙酉墨》。晚路遇星南谈文,并示我“隐居以求其志”三句题文,气象新鲜,脱去尘俗。

五月二十七日(7月3日) 翻阅《鲁三家事本末》。午后荒

---

① “庐丹”即“呼吸庐间入丹田”。

② 原稿此段乃以数种不同书体写散句以习练书法,后面各句内容不具关联意义。

于嬉。

五月二十八日(7月4日)　明远文题“谟盖都君咸我绩”。作会课文一篇。天气亢旱，阳久上升，头面之际时有湿结，今日项后偏右处忽起一军，痛楚异常。

五月二十九日(7月5日)　阅《史记》“管蔡、陈杞诸世家”。头颔为小丑所掣，颇不适意，以膏药治之，尚未见其愈也。

六月大　建乙未

六月初一日(1891年7月6日)　早赴虎臣兄所文会，余最后至以在家剃头故。琴官生日，放学。

六月初二日(7月7日)　项结甚痛，未能到馆。午后虎兄过我。孙师携文稿示城，坐谈数刻去。闻今日书院课题，“樊迟从游”一节。

六月初三日(7月8日)　到馆草草拓昨卷一本，与三兄文一齐送去。三兄之文甚正派，余以《论衡》刺鲁之意作主，未免邪教。晚与心翁同赴兰丈之约，坐有孙师、蔚如及三哥，云衢亦至，虎臣以家有事未到。十二点钟闻龙王庙火，时已寝，披衣立中庭，其光熊熊然，逾时始熄。天色黝黑，因悟曰“明日必雨矣”。庙设南门，当日或为风水起见，然水为火制不能行权。今日一炬，亢龙悔矣，悔则变，变则由乾而之坤，阳极阴来，决然可知。

六月初四日(7月9日)　二兄以两臂甚痛，昨夜不能寐。早邀蒋小云来诊，云络虚受风。陈竹平还衣来，携去《金冬心先生杂著》六种。天将明，即有雨，喜甚。连绵一日，计得寸许。

六月初五日(7月10日)　又雨一日，合共三寸，快极。以雨大未到馆。午后二兄属向西，与三哥请仙为大伯母复方。宅神甚风雅，即以“喜雨”题三人联句，得三十韵，神占十五韵，余分得十四韵，三兄仅作二韵。诗不具录，其中警句如“已枯农父眼，终转碧翁情；得势滩声急，摧炎魃鬼惊；鱼虾来日贱，蟊螣八方平；如绳担酒猛，欲滴础潮生；蚁智先迁舍，鸥行不计程；书成皆谏草，天巧补亭名；风敛灯垂粟，波空水吐晶；跳梁蛙上井，贺表凤吹笙；未秋何处笛，弹月昨宵筝”云云，皆可诵也。探桂花消息，则云“奇才宜有遇，在三山两水之间”，观其语气，似不甚妙。

六月初六日(7月11日) 作“夫孝者”二句题文一篇。秋实过我，少谈即去。放学后闻父亲昨夜受寒，今日寒热交作，楚翁诊视，急到店禀安。时楚翁适来，云内湿外寒，以桂枝汤加厚朴。父亲坐车回寓，服药后静睡，夜来未有寒热，病似稍解。捷安缴课卷来。

六月初七日(7月12日) 到馆，作《孟子》文一篇，共十八比，颇不费手。父亲外感已去，饮食不甚香。孙师在李府瞧牌。午后东南云起，急雨一阵，着蜡履而归。过捷安。拈笔成“桂染中秋月色香”诗一首。

六月初八日(7月13日) 誊“会课卷”。秋实来催文。早二兄命同往邻馆茶话，坐有三兄、五弟、六弟、明远弟。放学后，过星翁书塾畅谈，并趣其作二、三篇。父亲饮食稍香。

六月初九日(7月14日) 二兄有事至润州，今午坐信船去，云尚不甚局促，人少故也。

六月初十日(7月15日) 以文稿就蔚如正之。在崇如所午饭，星南亦至。午后，延前日宅神降坛，云赵姓，字楚帆，会稽人，明末避乱海东。今日以“消夏即事”为题联句，得四十韵，上灯后始回复。续理其诗，共成五十韵。虎臣以宣谷先生家有事，一到即去。

六月十一日(7月16日) 蔚如家周期，早与星南、崇如往拜。贺胡干、张协两家喜。将各课卷携缴秋实处，见朱柳翁、陈仲翁及高鹤兄文，皆矫矫。熟时文一篇。四点钟放学。沐浴。作一缄。过陈辅清借文。

六月十二日(7月17日) 早至陈府拜冥寿，虎臣属余助之作祝文，适汤守翁至，余遂乘间行矣。过房筠卿，见初二课案，“刺鲁”之文居然见赏，亦意外事也。晚到店，途晤孙师。涉猎时文，戊子顺天陆震福、浙江汤震及陈汉章，皆妙作也。

六月十三日(7月18日)　早剃发，诵时文。作舟午后至，借去《经解》二本，并述其“樊迟从游”节题文，甚有趣。

六月十四日(7月19日)　姑母等由兴化回。指节间肿痛已减太半，膝际尚未愈也。通读《文章轨范》一过，此本乃淮扬道谢君家刻。父亲亦来视姑母，日落后随父亲归。热甚，不能寐，子正以后稍复清定。

六月十五日(7月20日)　虎卿携三兄落卷来。

六月十六日(7月21日)　山长课题：“夫子循循然”至“卓尔”；左右修竹。从星翁所假来《戊子墨》四本。

六月十七日(7月22日)　拓一卷交去，楚、明二弟均作一卷。虎臣偕伯鸿过我。

六月十八日(7月23日)　明远未到馆。读《啸云轩诗文集》，作五律二首以题之。午后雨势蓬勃，急向西一行。大嫂生日。

六月十九日(7月24日)　在李府午饭，坐有孙师及崇如。孙师以团扇属书，赠金生霞秋。午后小牌。

六月二十日(7月25日)　李府七十冥寿[①]，放学一日，亥正始归。熟时文一篇。

六月二十一日(7月26日)　熟时文一篇。夜风雨甚急，披衣趋视。

六月二十二日(7月27日)　与崇如合孙师共作东道，邀请兰丈、星、蔚、虎诸君，坐设京江公所，甚凉爽。下午齐过虎臣，小为牌聚，蔚翁似甚局促。

七月小　建丙申

七月初十日(1891年8月14日)　午前走别诸戚友，晚饭后上船，同舟者孙师、卢楚、徐捷、星南昆玉也，开行至西溪小泊。

---

① 指李殿传的先父、吉城的岳父李云轩七十冥寿。

七月十四日(8月18日) 下午抵扬州,住宿舟中。联句,限十四盐韵,有"装轻不载盐"之句,讥卡吏也。

七月十五日(8月19日) 划子口阻风。观盂兰会,其地对栖霞山,江潮甚大。谈及当日大河口轮船失事一节,为之惋然。

七月十六日(8月20日) 午刻到省。因雨小,泊在城桥,未上岸。

七月十七日(8月21日) 随孙师进城觅寓。经燕乃睇之劳,始识雁来宾之乐也。择定石霸街尾周宅楼屋。

七月十八日(8月22日) 发安禀,由徐捷翁封内转寄。书农夫子至。于陈公祠晤及继声。

七月十九日(8月23日) 随孙师走谒书农夫子。昨日无事,步至东关头蒯家试馆,其地有茂林修竹。半夜未卧,楚、捷、辅三公明日进场。

七月二十日(8月24日) 镇属[①]录遗,文题"君子不亮,恶乎执";诗题"江共蒹葭远"。早谒丁师。寻林仲钦,不遇。心兰入市,购得彭羡门先生《延露词》一本。

七月二十一日(8月25日) 书坊中有《曝书亭集》一部,价约三元有奇,其本已旧。

七月二十二日(8月26日) 至许家巷买卷子。杨恭甫、曹鉴缨至,书农夫子至。

七月二十三日(8月27日) 过丹阳书斗所,询荫祖消息,今年张大未到。

七月二十四日(8月28日) 丹徒补录,"求也为之"三句。夜未睡。

七月二十六日(8月30日) 贡[②]正场,天将明时送孙、丁两师赴

---

① "镇属"指镇江府所属各州县。

② "贡"指贡生。

考棚，日上始开点。月川、绍丈午后至。

七月二十七日(8月31日) 与卢楚老同邀孙、丁两师及同寓诸君至问柳茶。

七月二十八日(9月1日) 石印《有正味斋骈文》，王广业、叶联芬合注，甚精美，在著易堂定一部。又在宛委山庄谈《经训堂丛书》价，甚相悬，未成。

七月二十九日(9月2日) 细雨潇潇，在寓陪孙师"斗叶"。天气忽凉，卷席易褥。

八月大 建丁酉

八月初一日 壬辰(1891年9月3日) 早为孙师、星翁往许家巷买卷子。谒子澄先生，略谈。

八月初二日(9月4日) 丁师约陪卢楚卿先生茶话。以折扇求恭甫书画，未遇，托曹鉴翁转求。孙师、星翁联句，咏白秋海棠三十均，余分得一韵。

八月初八日(9月10日) 辰初入闱，坐平江府北段容字号。夜半，梦三兄属余买《管子》一部，又"蕴山文前半最为要紧"云。觉时，题纸适下。首题"子曰：桓公九合诸侯"一节，与梦言相合，奇哉！次题"考诸三王"四句，三题"经界既正"三句；诗题"鳌背参差日气红"得"红"字。

八月初九日(9月11日) 首艺至下午始脱稿，以"讽子路"为主起讲，以"管仲人也"作宾。次、三艺于三更后续成，诗亦完草。

八月初十日(9月12日) 天明誊真，巳正交卷出场。见星南文，立意与余不谋而合，而局格则甚新。孙师扶病入场，三艺皆高远，逼近蕴山。

八月十一日(9月13日) 坐操字五十号，左舍为丹徒邬某，谈贸易甚精，殊聒人耳。此号为对号，无著风炉所。将封号时，袁少鹤先生赠我火肉饭一察，美哉美哉！

八月十二日(9月14日) “兑，正秋也”三句；“懋迁有无”三句；“既伯既祷”二句；“夏，公会晋侯、卫侯于琐泽”；“牺象，周尊也”。五艺于三鼓时告成，又为孙师作礼文一首。首艺前半解经，后二以“地之江河、人之文章”作两譬，以“兑为泽、兑为口”二语释之。次艺八比，后二一言“救荒”、一言“互市”。三艺前后四比，中一段。四艺以“恶宋”为说。五艺五比，先对上虞、夏、商作三比，后二读牺为献，云可以拾《周礼》之遗，可以补《鲁颂》之阙。

八月十三日(9月15日) 午刻完卷出场，伯鸿匆至，与之沐浴于东沧浪。两足冷，筋大抽，痛不可忍，逾时始愈。

八月十四日(9月16日) 坐多字第一号，茶水甚便。策题五道，四更时即下：一经学，一史注，一乐律，一元史舆图，一丛书小说。乐律一道，于迟明对成。

八月十五日(9月17日) 移号就孙师处。经、史、舆地、丛书四策皆取之于星南为多，卢楚卿亦与有力焉。戈伯翁冒雨来取元史稿，今日写三真五草。天气阴雨，减却中秋风景矣。

八月十六日(9月18日) 辰刻完卷出场，与孙师偕行归寓。今年监临宽典，贴卷仅数百本。

八月十七日(9月19日) 小雨竟日，午后略购零物。此次赀尽，不能购多书，惟购《经训堂丛书》及《吴谷人骈文》而已。晚与心翁逛贡院前，拈来魏碑数种，仅费五百青铜。

八月十八日(9月20日) 仍坐窦船回东台，午前上船，未开。随孙师及星翁辈游莫愁湖，湖上新建曾公阁，阁中悬公像，龛颇题“江天小阁坐人豪”七字。许仙屏有跋，又联云：“出西州门风景不殊，想见圣相经营之烈；此一湖中潢污可荐，留待后人讴咏而归。”又集杜一联甚佳：“岳牧用词人，诸葛大名垂宇宙；骅骝开道路，元戎小队出郊坰。”湖上石榴、莲子皆芳香可口。午后开行，泊下关。

八月十九日(9月21日) 日昃抵镇江，泊皇华亭东。

八月二十日(9月22日) 早与孙师、楚翁登岸，式如兄约在第一楼茶。茶后过式如所，见其小君。孙师招同为北固之游，有式如、楚卿。山麓新建彭、杨两公祠堂，瞻拜清高，肃然起敬。祠旁筑三层楼，登楼一望，惟见长江如带，金焦两点，数帆往来，几似飞鸟。询之山僧，云大风起时楼窗皆觉摇动，盖此处为全山最高地也。在山午饭，有酒、有肴、有面，皆素食。余以今日生，无意中却好借山僧福寿也，东向庭闱行三叩礼。式如邀晚饭。

八月二十一日（9月23日）　黎明渡江，午后抵扬州。同孙师、星翁、捷翁、九如小坐。

八月二十二日（9月24日）　顺水过夷陵。舟中阅《制义丛话》两卷。

八月二十三日（9月25日）　开行至港口宿焉，风不甚顺。阅《制义丛话》，丹阳胡鹤清"子所雅言"闱墨局意甚奇，以《乐》配《诗》，以《春秋》配《书》，以《易》配《礼》，三大比。

八月二十四日（9月26日）　逆风斜雨，巳刻至靳家潭小住。随孙师、星翁上岸，见一古庙，入而少憩。殿东偏有屋三楹，中堂卧古树丈许，无枝叶，树身缠红罗金花无数。叩之土人，云今年湖水浅时始出此树，以其貌质魁古，相与灵奇之，心有祈辄应。吾等神其说，适值阻风闷甚，遂与孙师、星翁同行三叩礼。余默祷云："今科如有望，则叨神之灵，俾风以转，否则，虽风终逆而不怨也。"祷毕，各书国朝先正阻风事一则，留字而去。午刻，忽转东北风，帆可半展。下午北风渐微，西风愈大，倏忽间，已历溱潼而近时堰矣。天向黑，西南风大作，舟行如马，二更遂抵东台。时余等不意其至，已高卧矣，惟星南昆仲鼓勇还家。

八月二十五日（9月27日）　清晨，先诣泰和店请父亲安，复至家请母亲安。家人皆安好，慰甚。怀文稿就虎臣正之，虎臣极相赏。孙师命陪赵宽翁午饭。下午，孙师、星南、蔚如、虎臣同聚于崇如处，谈饮尽欢。

八月二十六日（9月28日）　吉斋约茶。虎臣新置田百亩，邀余等观之。乘船去，行未里许，风雨大作，遂逍遥于河上。雨久不止，蔚如、星南、崇如、虎臣共约，以扁舟为夜谈之地。各遣仆携絮袍、薄被来，促膝共坐，纵论今古。灯下各言所志，效柏梁体成联句一首，共八十韵。酒酣耳热，歌呼动天，极朋友之乐事。诗以“男儿七尺身昂藏，五星粲之攒东方”起，以“五更欲曙鸡引吭，杲杲旭日升天阊”结，一气呵就，并不觉其为五人之杼柚也。尤奇者，迤逦吟成，并未计数，而脱稿核之，则适得八十韵，天造地设，此会非常。诗成后已三更，清谈薄茗，消磨长夜。天曙，雨犹未止。

八月二十七日(9月29日) 黎明，群至孙师处盥面，即以昨稿就正，同至天星园小坐。午刻小寐，申初始起，饭后检理书籍。蔚如招饮，十点钟回。

八月二十八日(9月30日) 殿抡约茶。虎臣过我言：“人生不可一日不学，三十以内，正猛火煎之时也。无论词章、经济、经学、小学，皆须做到尽头方可谓学，非优游所能了也。”午后沐浴。虎翁复招作游田之举，仍前五人，有孙师在坐，归来已晚饭后。大伯母以旧恙未愈，属与三兄复求仙方。华祖所言，皆精切情理，叩以今科，则曰“星临万户动，月傍九霄多”。见季直先生为三兄书折扇，气象宽博，令人起慕，三兄云季直甚爱余也。

八月二十九日(10月1日) 与三兄同诣丁师，未遇。过李府，陪姑母小牌。回候伯翁。借虎臣《国朝词综》来。灯下阅《二家宫词》一卷。

八月三十日(10月2日) 写扇头一个、琴条一幅，腕力甚弱。伯鸿来谈字。过星南不值，即以文稿求秋岩丈指疵，赠魏碑三纸。

九月大　建戊戌

九月初一日 壬戌(1891年10月3日) 到塾，毓琳等书甚熟，吉斋之力也。圈《骈体文抄》五篇。

九月初二日(10月4日) 早起剃头。静阅《鲁公帖》。改杨子久文二首、赋一首。放学后，与吉斋挈毓琳至张午亮所相。相我云："一生无甚烦恼，左手离宫旁一纹主智慧，见在气色甚善，且眉采朗耀，今科尚不绝望。"次相毓琳云："异相也，命根即在额上一块黑，印堂宽阔，眉目秀颖，其面如目字，必早达，二十八以内玉堂中人矣。"相吉翁则云："颇能持权，将来必得三品封。"

九月初三日(10月5日)　微雨。吉斋招孙师、心翁、崇兄至天星园茶话。连日小腹气甚胀痛，午后袖文稿走谒笏丈，小坐尝茗，气痛勿减，怪极！写大字二十。吉翁规予，凡字之撇钩，皆宜涵蓄蕴藉，甚是甚是。阅《胡文忠要略》。

九月初四日(10月6日)　写大字二十、小字百二十，圈骈文三首。往张家吊，晤心兰闲谈。甚热。

九月初五日(10月7日)　与三兄陪丁师茶话。《圣庙碑》托钱二兄裱装。到店请父亲安。江西学政龙湛霖奏：黄英镇品端学粹，堪为坊表，请赏五品京衔，以示激励。明远晚由兴化至。书农夫子信致崇如，云二十二日放榜。

九月初六日(10月8日)　写大字一张、小字百八十，昨日亦然，腕力稍胜。改子久文一首，过圈骈文五首。以闱艺呈丁师政。明远、公甫、中甫皆往就张午亮相面。

九月初七日(10月9日)　写大字二十、小字百八十，阅小题文数首。丁师遣伻借去《三国志》八本。灯下咏《饮水词》十数首，冷艳欲绝。

九月初八日(10月10日)　白香山《九月八日河亭晴望》诗云"晴虹桥影出，秋雁橹声来"，以晴虹况桥景、秋雁况橹声也，谓"橹声似秋雁"，误矣。《春意》云"开迟花养艳，语懒莺含思"。写大字二十、小字百八十，临《李仲璇碑》四十字，圈骈文五首，背诵相如《子虚赋》一段。晚在店陪孙师小饮。二兄到家。

九月初九日(10月11日)　心兰早来，约至茶园闲谈，有蔚如、禹言在坐，三兄以病未能至。后至张午亮所谈相，云将来司铎一官不难至也，云蔚如官至太守。据二兄云，今年八月朔日月合璧、五星联珠。

九月初十日(10月12日) 李十二伯岳母生忌，放学一日。虎臣由泰州回，来借《骈文类苑》十六本。熟《汉书》一页，写大字二十。

九月十一日(10月13日) 先祖母忌辰。六弟午前至，云三兄恙未愈。写大字二十，熟《汉书》二页。晚，虎臣兄遣伻来招，时月色甚佳，即往畅谈，星翁亦至，共拟辑刊《皇朝骈体文》。虎兄拟刊著书六十余种，其志甚大，为之先草一目，皆有用之书也。虎臣之大，吾不如也；星南之精而博，吾不如也。由虎兄所归时已二鼓矣，复与二兄略谈，旋转三更，乃寝。

九月十二日(10月14日) 吉斋夫人生日，散学一日。从虎兄所假来《湘社集》《骈体正宗》。

九月十三日(10月15日) 风雨。阅《湘社集》竟，易叔由、程颂万尤社中之冠。读渭厓公文集[①]内"表三道、颂一首"，皆光明博大，当编入"皇朝骈体文类"。写大字一纸。

九月十四日(10月16日) 《兴和孔庙碑》[②]前日求星南署签又跋尾，今日题成，由其弟竹平交来，文笔皆超妙。云碑中引"陈蔡及门"语多一"得"字，可补陆氏《释文》之遗，考核尤为确实。写大字二十。白香山《薛阳陶吹觱篥歌》一诗，宛转而坚卓，集中仅见之笔也。

九月十五日(10月17日) 写大字二十，读《上林赋》一段过，圈香山诗两本，对《骈体文钞》与《文选》目录。摘黄、王两试牍中骈文撰人姓氏，现十八人赋不选。晚阅羡门、展成诸先生诗余。

九月十六日(10月18日) 殿抡三十初度，冒雨往祝。写大字二十，阅香山诗。

九月十七日(10月19日) 早约星、蔚、崇及禹言登小楼茶话。

---

① 渭厓公文集即吉梦熊的《研经堂文集》。

② 《兴和孔庙碑》即《东魏兴和李仲璇修鲁孔子庙碑》。

崇如兄留余及星、蔚诸公午饭，分作集锦联句。余拈得“朝考卷”郑板桥，得句云“出身翰苑一千字，回首扬州二十年”。星“围棋”王梦楼云“方罫纵横安石局，彩毫名贵右军书”；蔚“朝冠”谢芗泉云“北阙簪花承日近，西台视草署云将”；禹“端砚”刘石庵云“品超唐代澄泥上，书冠江东淡墨家”；崇“蕉扇”吴谷人云“入世清凉忘六月，出群才调忆三风”。

楚帆先生《重阳风雨观潮钱塘》七绝四首：“推篷四望意迟迟，蟹擘香黄酒熟时。风雨有神开眼界，倾城士女不曾知潮以晦、望日至。”“银涛如卷浪成堆，难得君王此地来。十万健儿同努力，一齐惊看雪山颓。”“扁舟如叶大江边，霜冷黄花九月天。一雨平添三尺水，涛头飞过万松颠万松镇在府治南。”“越王台畔无边白，扫尽人间冰雪文。旧有逋仙栖隐处，梅魂化作一江云。”

九月十八日(10月20日)　写大字四十，检对《骈文抄》与《文选》毕，背诵昌黎“陆浑山火”诗，阅韩诗一卷。吉斋晚舟往兴化。禹言早约，再至小楼盘桓，有李木清在座，余人同昨。鲍声甫先生病骨支离，与蔚如亦在此楼小坐。

九月十九日(10月21日)　写大字四十，阅曾集数篇。晚随孙师至南城观菊。灯下展读二哥所得郭兰池、石远梅、顾复祖、寄尘诸先生墨宝寄尘号八九山人，其指画兰竹最妙。改虎卿试帖，“乞巧”云“似邻分宿火，无地起愚亭”；“山到金陵不断青”云“漫讥貂尾续，未许翠眸停”。三兄晚至。

九月二十日(10月22日)　写大字三十，改明远试帖五首，读韩诗。午后过崇如兄。晚行“胡蝶会”，坐有兰丈、孙师、蔚如、虎臣、星南、禹言诸公。畅饮至月上时，兰老、孙师先散，虎、蔚诸人即留夜游，崇、蔚围棋，余与星、虎、禹三人瞧牌。

九月二十一日(10月23日)　蔚翁早约至同春茶叙，茶后偕往刘海山先生家道喜。到馆略坐即回，高卧两时许。

九月二十二日(10月24日)　孙师约至如意馆茶，坐有星翁。过蔚翁所，留午饭，饭后同至泰山西客楼坐谈，各拈四字为集锦句。

余拈“上堂说戒”，云“博稽宙合说两戒，上与昔贤同一堂”；星得“秉拂小参”四字，云“拂情漫学参军语，秉礼还储小相才”；蔚得“一食清斋”四字，云“一角丛编虫作食，半生清节马持斋”。

九月二十三日(10月25日) 邀虎臣、心兰午饭，崇兄亦在坐。看牌一日。午后蔚翁至，晚孙师至，皆探榜信，未有也。此昨日事，当互易。

九月二十四日(10月26日) 孙师、丁师、吴四先生、左八、左十两公及余，同在公局[①]小饮。崇如与张虎翁围棋。午后请土神问放榜日期，云五日。孙师述两诗，云“一管凌云隐袖中，利如宝剑气如虹。男儿不遂封侯志，大半消磨在此中”公笔；又云“袖底携来一片轻，敢将草木戏神明。可怜今夜窗前雨，少却潇潇三两声”蕉叶。此二诗皆仙翁射覆诗也，亦神矣哉。在店晚饭。

九月二十五日(10月27日) 到馆。下午放学，路遇老宋先生，言江南于二十一日放榜，镇江只中一吴鸿藻，扬属[②]十三人，兴化、泰州、东台皆脱科也。二兄到大昌见《申报》“全录”，镇江仅吴一人，丹阳王英冕，丹徒县学脱科。

九月二十六日(10月28日) 孙师过我，述闱墨元作，命意皆与之暗合。写大字四十。与丁师同至青云书室观新科闱艺，见拟作三首。崧甫兄至，晚陪到泰和小酌。三兄《寄怀毕四诗》一章，情文宛转，不减元白当年。

九月二十七日(10月29日) 二兄生日，崧甫、芍孙皆来，午面。早陪崧翁过程揖丈，未赴塾。

九月二十八日(10月30日) 到馆，写字三十二个。虎臣夫人染烂喉痧症，病势甚重，午后闻之往问，适张紫翁、谈子文都在，拟回阳方。

九月二十九日(10月31日) 到馆，孙师、二哥偕崧翁至。作

---

① “公局”指“京江公所”。

② “扬属”指扬州府所属各州县。

《有鸟吟》一首寄怀毕四，用十三联全韵。晚到店，请父亲安。

九月三十日(11月1日) 浩秋先生招至公局早点，十一下钟始到塾。写大字二十，将昨诗录稿一纸，放学后诣星南求正。晤及郭镜江，新自扬州来。与三兄携魁子至曲江池沐浴。晚过崧甫住公局。在店晚饭。

十月小 建己亥

十月初一日 壬辰(1891年11月2日) 闻虎臣亦染喉症，与崇如往视。崧甫今日拜客。改明远文一首，写大字十六。午后过蔚如闲谈，蔚教我归除法，颇易了，容暇再从二兄学之。蔚如新订课程，日阅小学书及汉书、骈散文各若干。星南过我，不值。六弟晚至。

十月初二日(11月3日) 孙师命至公所[1]早茶，陪汪崧翁。书院课题：生"孔子曰：有命"至"曰有命"，童"而餲"；诗"红蓼花疏水国秋"得"秋"字。午后作文一首、诗一首。

十月初三日(11月4日) 早起誊昨卷。到馆为袁生草"而餲"文一首，后二用"化学、气学"两意。写大字二十。钱生文题"子路行以告"。下午陪姑母小牌。散学后过崧甫。闻同春园有菊花，与二哥、六弟、两侄往观之。在泰和晚饭，晤三兄谈文。孙师昨携去《续经解》一函，云将择其精说录之。

十月初四日(11月5日) 改明远文一首，写大字三十二个，阅《宋词》一卷。遣仆问虎臣家疾，云虎臣稍愈，其夫人未见起色。

十月初五日(11月6日) 改明远文二首。六弟来取《诗经传说汇纂》。崧甫约至余六家茶话，坐有孙师、二哥、大兄。闻扬镇[2]一带有风鹤之惊，家乡[3]如某某者，皆移眷他迁。"酒阑闻塞笛"，乃辉诗

---

① 此"公所"为"京江公所"。

② "扬镇"指扬州、镇江。

③ "家乡"指镇江。

题。写大字三十二。

十月初六日(11月7日) 题《两小儿夺钱图》,改明远文一首,写大字三十二。托五弟在览华室订白纸本四册九十文一本。午后,谒丁师闲谈。晚读《离骚》,理《子虚赋》。兰畦先生招明日晚饭。

十月初七日(11月8日) 写大字三十二,读曾公七古。北风其凉,午后散学归来着衣。过崧甫,不值。谒孙师,谈王而农《论语稗疏》数则。即过兰丈处,坐有陈白石、卢颖兰及星南、蔚如、崇如诸君。据闻,今科浙墨有八十字破承,奇哉!

十月初八日(11月9日) 崧甫开贺,往为助理一日,十点钟回。读《离骚》。二兄为杨子丹约去晚饭,十二点钟方回。元泰首饰铺被劫,捕务废弛,宵小横行,吁可叹也。

十月初九日(11月10日) 白石先生招晚饭,即在济安公所。白老云:"虎字形近止戈,盖虎即武也。"午后与蔚如、星南、崇如同视虎臣疾,已愈太半,夫人亦有生机,大幸大幸。闲步西风桥畔,望盐廪两丛如远山然。二兄请崧甫及其弟颂言晚酌,坐有孙师、浩秋、星南及大哥、三哥。月色甚好,灯下读《楚骚》。

十月初十日(11月11日) 写大字三十二个、中字二十个,理《子虚赋》。五弟代订之本已至。蔡禹言约早至小楼闲叙,有星南、蔚如、崇如。读曾公《七律》、韩公《上于襄阳书》,晚阅《说文旧音》。

十月十一日(11月12日) 见新科江南、浙江、江西、顺天四省闱墨,江西、浙江尤佳。阅《说文叙》,属明远补抄部目,分均夺简。晚读曾祖《皆春书屋诗稿》①。闻三兄在济安局,乘月与二兄往寻之,不遇。归路过星南,星南已卧矣,闻余呼披衣即起,脱帽露顶,月下略谈数语而别。崧翁赠五弟团扇一握。虎臣遣纪来,借去《汉魏丛书》五十二本。大患初夷,振兴文教,勇矣哉!捷安假《前汉书》两册,玉局手携去。

十月十二日(11月13日) 写大字二十,录《离骚》二简,读"贾

---

① 《皆春书屋诗稿》又称《竹深吟榭诗集》,系吉城曾祖吉宗沅所撰。

长沙传”。张厚乃弟今日行昏礼，往贺。下午，携《经籍考》三本过虎臣畅谈，星南亦至，月上时始散，携回《金石萃编》十四本。同星翁在月塘闲步。

十月十三日(11月14日)　晴和，有风，晚月光可鉴。写《孔庙碑》四十字，点《说文》“日、月、夕三部”，阅胡承珙《毛诗后笺》，读《过秦论》。午后，与二兄同登魁星楼，时才落成，髹漆铺扣皆未完，来游者犹需稍缓，辞以异日。今日携毓琳游泮宫一周，记余八岁时，丁师携余来此，倏阅十有七年矣，而毓琳适亦八岁。宫墙万仞，得门而入者固自有衣钵与？心兰过我，不遇。归路经玉带桥，晤陈秋实谈乡试余波。初二日书院案出，长友一卷取特等，“化学、气学”之文则褒然举首矣。明远为我抄《周易姚氏学》一页，补《经策通纂》本之空。濯足。

十月十四日(11月15日)　下午毛雨。抄《离骚》一段，阅《困学纪闻·杂识》数则。八祖母“百日”。午后与二兄同过崧甫，又晤及三兄。乃辉诗题“鱼尾谓之丙”，袁生诗题“鱼肠谓之乙”。

十月十五日(11月16日)　北风，晚有月。点《说文》十页，阅《经学辑要》中“小学类”，读《葛覃》《卷耳》传笺及胡墨庄《毛诗后笺》。晚阅《易汉学》。到店请父安。丁信伯摇摊，连三七下，陈宣翁大赢。检《说文》“城，所以盛民也”，盛又训容，拟字余曰“容甫”①。王筠《说文释例》，其精粹皆采入《经学辑要》中，曲园先生序《辑要》云“非八面锋可以然哉”。

十月十六日(11月17日)　星南过我，携去曾公文三本、《清嘉集》初、二编。三哥过我，留饭后同谒丁师。山长课题：“昔者”至“得其所哉”二句，岁寒三友；童生“始舍之，圉圉焉”。点《说文》五页。晚过虎臣，观其所作《〈惜溪室读书要录〉序文》，甚浑朴。

十月十七日(11月18日)　在济安堂公为嵩甫饯行，放学一日。午后与二兄、星翁闲步至净业庵。从心兰所假得《京江鲍氏三女诗

---

① “容甫”乃吉城自拟之字，但并未使用，其后用的是“曾甫”。

抄》,又《国朝名家小题文》四本。

十月十八日(11月19日) 乃辉课题"子产使校人畜之池"。点《说文》十页,抄《离骚》一段。温《诗经》"樛木、螽斯、桃夭、兔罝、芣苢、乔木、汝坟、麟趾"诸章,理《上林赋》"宫室"一段。晚阅《庄子》两本。蕉,枲也。见《庄子》,后世假为芭蕉字。格致书院题"办理洋务人员以何者为称职论"。择录《江海连珠》《孙渊如先生诗文》数则。书农先生有信至,诒我《江南闱墨》一本。

十月十九日(11月20日) 改乃辉试帖两首酒阑闻塞笛,鱼尾谓之丙。酒阑诗用《庄子》"鲁酒薄而邯郸围",押郸字;鱼尾诗押官韵,用"子非鱼",亦《南华经》语。开卷有益,信然。前日书院"而餲"文,评云:"博通中西,兼综汉宋,高密、新安之所未解,潜邱、晴江之所未详。不图小题,获斯奇构,国有颜子,愿睹其人。"又云:"提提紧从饐字生义,方不使而字一笔抹杀。文律极细,非他手所能。"

十月二十日(11月21日) 早过虎臣闲谈。抄《离骚》一篇毕,点《说文》十页,读《汉书》"张耳、陈余传"。晚阅《庄子》。过崇如,假来《后汉》二本。在西宅晚饭,有蔚如在坐。

十月二十一日(11月22日) 点《说文》十页。旧藏武进郑氏《老子注》本,其中多以"老"注"老",并博引诸家说于左,与毕氏灵岩山馆本详略相等,甚可宝贵。年久,书末简夺去,幸只少第八十一章经文,今特据毕本补之。过星南,不遇。虎臣晚招余,观所作"通鉴释例、古文三选、骈文三选、著书叙录、藏书目录"诸序,笔意谨严,颇近蔚宗。

阅《内经》"上古天真论、四气调神大论、生气通天论、金匮真言论、阴阳应象大论、阴阳离合论、灵兰秘典论、六节藏象论、五藏生成篇、五藏别论"。按:"阴阳别论"有"故同出而异名耳"之文,可证《老子·道经》上篇,此两者"同出而异名"。近日,汪子作舟拟注《老子》,云"同"字当读误矣。

十月二十二日(11月23日) 点《说文》十页,又《后汉书》"刘玄、刘盆子列传"。阅《养新录》一本。

十月二十三日(11月24日)　午后,奉母登魁星楼,二兄、三兄、五弟、六弟皆往。借蔡禹言《汉书》四本。

十月二十四日(11月25日)　心兰遣奴子送来《道因法师碑》、外《金石萃编》二十本,还去《东魏刘君墓志铭》,又假去《宜略识字斋杂著》一本。《道因碑》文约千余言,余所存仅什之二三,拟全录一通附残本后。

十月二十五日(11月26日)　孙师呼余与二兄至济安堂啖野鸭饭,坐上客满。午后过虎臣,观其著书叙多篇,皆劲气直达,古趣横溢,他日蔚然成书,必大有可观也。邀兰宧、崇如来晚饭。二兄将南行,畅谈竟夕。

十月二十六日(11月27日)　吉斋到家。点《说文》十页。阅《金楼子》两册,中如《说蕃篇》叙"河间献王所得《周官》《尚书》《礼记》",《聚书篇》云"高道注《战国策》",皆可证讹补佚。乃校书者于"尚书"下增一"礼"字,高道之"道"漫易为"诱",殊失原本之旧。

十月二十七日(11月28日)　早送二兄启行。点《说文》十页、《毛传·邶风》四篇。阅《毛诗后笺》数则。杨生送来课文二首。阅陈乔枞《韩诗序录》。虎臣过我,留晚饭,畅话近悃,并劝余纂《两汉释例》。噫,此事谈何容易。携去《格致书院课艺》三本。作舟携所撰《易卦反对图说》来,略阅一过,未能详读,伊复挟之而去。沐浴,甚疏爽。阅《抱朴子》两篇,其文骈俪居宗。昨星南为二兄跋杨时庵所藏顾复祖、郭兰池、石远梅、寄尘上人诸墨,笔意疏宕有致。

十月二十八日(11月29日)　伯考生忌,至西宅行礼,孙师、吉斋皆在彼午饭。阅陈石父《毛诗传疏》。张季直写赠大兄联句云"骨气乃有老松格,诗境欲并秋山高"。灯下阅《内经》两篇。

十月二十九日(11月30日)　作舟过我谈《易》,扶阳抑阴,大义了了,规余以戒谨恐惧之学。点《说文》五叶,读《毛诗》"击鼓"以下四篇,阅《毛诗后笺》三段,抄《韩诗叙录》一过。虎臣过我,言作《两汉通义》必兼图、说、表、考四者乃善,假去《经训堂丛书》。今科稗卷由书农师处取回，第十六房江苏大挑知县魏士鸿阅荐。首场批云："以为尚勇者讽，立论为仁字搜根，文亦笔健气遒。次短比鳞接，研练有光。三亦无懈可击。诗工雅。"正主考批云："笔意英伟。备。"

十一月大 建庚子

十一月初一日 辛酉(1891年12月1日) 阅《颜黄门家训》《汉金石萃篇》[①]，点《文心雕龙》。散学后与崇如过虎臣闲谈。晚饭后晤心南，略话数语。"郭璞注《尔雅》，引《仪礼》亦称《礼记》。"心翁说。

十一月初二日(12月2日) 微雨。假虎兄《论衡》校误，读汉碑三道。吉斋住屋合肥李家买去，迁徙在即矣。昨晚，华祖庙后失慎。

十一月初三日(12月3日) 作舟假去《续经解》第三十二册，虎臣假去《仪礼正义》等共四册。阅《金石萃编》。西北风大作，时下雪花。过虎臣借《穆天子传》，又晤心兰闲谈。乃辉课题"周公谓鲁公曰"。

十一月初四日(12月4日) 阅《诗经·采蘩》，引《礼记》"主妇髲鬄"。案：此《仪礼·少牢馈食礼》文，是郑君称《仪礼》固为《礼记》，可补心翁前日之说。阅《金石萃编》三册。

十一月初五日(12月5日) 虎臣过我，看近日札记，携去《清嘉集》一本。崇如兄在馆中午饭，饭后同至县署前观新团乡勇，其疲茶者无虑数十。阅《养新录》一本。

十一月初六日(12月6日) 阅《华阳国志》两册，内载蜀中数子，可补《三国》"儒林"。袁生几日不赴塾，今午其弟来寻。

十一月初七日(12月7日) 父亲大人寿辰，恭祝如礼，放学一日。吉斋来，留午面。从孙师处假得《广东闱墨》一本。三兄旧恙小发，未来。

十一月初八日(12月8日) 阅《养新录》第四本，又阅《吴国山天发神谶碑》。汪崧甫邮借《诗醇》。《礼器碑》"霜月之灵，皇极之日"，《养新录》云"霜月即相月也"，《尔雅》"七月为相"。予谓，霜月当

---

① 按，此处似为《金石萃编》之误。

如欧阳公所说“九月肃霜”，故称九月为霜月，犹之《张迁表颂》称三月为蚕月，亦本《豳风》也。又，钱先生《论借书》[①]云：“世有三等人不可借，不还一也，污损二也，妄改三也。”

十一月初九日(12月9日) 从虎臣所假卢抱经《群书拾补》阅之。虎臣过我闲话，云《两汉通义》条例已定，明日当往一观。放学后携近日札记就星南论正，兼得读其古书考证若干条，甚快甚快！

十一月初十日(12月10日) 至殷、余两家吊。过崇如、蔚如。在家午饭，饭后到馆。寻虎臣，不值。阅《金石萃编》中《瘗鹤铭考》，孙渊如先生与吴思亭尺牍中有此铭，跋语云“华山，天宝间改为绛山”，此云“绛岩”，明为顾况书矣[②]。蔚如、禹言、星南、崇如同步月至，即留晚饭。

十一月十一日(12月11日) 复崧甫信，附去《诗醇》十二册。虎臣遣仆送《齐民要术》及《金楼子》来。阅《闰生先生小题文》。端锡丈有书来，云“少之初四日到镇江”。孙师以《曲塘感怀诗》二绝示阅。

《金石萃编》载：“北魏比丘法生造像记之石高一尺五寸五分，广一尺四寸五分，十一行，行十三字，正书。”跋云：“案碑为景明四年十二月立，末题比丘法生为孝文皇帝并北海王母子造。”考：北海王元详，字季豫，孝文之弟，太和九年封北海王，其母为高太妃，见《魏书·北海王传》。元详后获罪暴死，沙门之造像求福亦何益哉？余所得此本，较王昶书[③]多“接遇、法、搆、家助终、霄”八字。

十一月十二日(12月12日) 为李府写装修交收单。新看石榴

---

① “钱先生《论借书》”指“钱大昕《十驾斋养新录·借书》”。

② 《瘗鹤铭》为何人所书？先后有人说是王羲之、陶弘景、顾况、王瓒、颜真卿所书，吉城也认为是顾况书。由于各持己见，至今仍不能定论。

③ “王昶书”即《金石萃编》。

巷屋子[1]，明年馆地去家较近。在店晚饭，假来《算法》一本。作舟还来《续经解》。

十一月十三日(12月13日) 李十二太太周忌，放学一日。随孙师、三兄等上魁星楼。午后与崇如、蔚如过虎臣，以病不能见客。又西寻心兰，同至西风桥一带观夕阳流水。兰畦先生由堤上回，有"五言古"二十章，读之觉人生世上梦幻泡影耳。在三兄家晚饭。

十一月十四日(12月14日) 据闻，东地[2]诸学长有"辞望老讲席"之语。阅南菁书院[3]黄山长《经说》，又阅曲园先生《古书疑义举例》。父亲及大哥下午皆在李府。二兄有信至，云前所谋之事未成，容另图也，闻之殊闷闷。

十一月十五日(12月15日) 改子久文一首，抄《研经堂文集》"梁陵反正书跋"一则与兰宧。虎臣招晚饮，坐有兰畦先生、星南、蔚如、崇如。求志书院秋课题，词章门有"枣荔蓼歌"，不知题解何出？与星南立新坝石马头上少谈，时已二鼓。与五弟、明弟看"月当头"，一点钟睡。

十一月十六日(12月16日) 早到店，写信与二兄。过孙师，回拜姚翁，名训恭。从三兄所取来《韵府》二十六本。作舟过我说："仁义二字即乾坤也。《论语》'樊迟问仁''君子以义为质'两章，即论乾之三阳、坤之三阴也。"奇思确诂，诚足令人佩服。

放学后过虎臣，知其又病，不觉怅惘再三。著书、会友皆佳事，以此致疾，则又贤者之过也。昨日劝其静坐养神，不识听否？

十一月十七日(12月17日) 修母舅章启，交舟寄去。在店剃

---

① 斯时吉城看中了东台城内石榴巷的房屋，即租下此屋作为塾馆，并称之为"石榴书屋"。

② "东地"指东台地区。

③ 南菁书院是江苏学政黄体芳于光绪八年在江阴创建的一所书院。到光绪二十五年丁立钧接任该书院山长后，即聘请吉城遥领南菁书院阅卷之任。

头。改子久文二首。晚与三兄诣丁府，行上寿礼。点《毛诗传笺》“谷风”“式微”。

十一月十八日（12月18日）　祝丁太师母七十寿，晚饭后回。虎臣兄还来《经解》七本、《丛书》十二本。

十一月十九日（12月19日）　雨。贺姚子兄喜，孙师命在彼陪客小游，有心翁在坐。阅《群经平议》。视虎臣恙，尚未好，留字代面。丹徒荐卷，三十余人。

十一月二十日（12月20日）　大风，甚寒。点《说文·心部》，读小题文。放学后，过吉翁新屋。据抱经堂本补正《申鉴》《新论》二书。

十一月二十一日（12月21日）　祭祖，父亲来家。午后过虎臣，并托辞唐老师之馆。

十一月二十二日（12月22日）　冬至。早诣店恭贺。过三兄闲谈，蔚、星两兄及禹言皆至，同在彼处饭，摊钱小戏，日落时偕至蚌涎河堤。观星南所撰《碑记》。在泰和晚饭，坐有孙师、星翁。

十一月二十三日（12月23日）　袁生数日不来，今日忽至，午后又去。兰老以“消寒初集”见招，晚刻去。点《说文·水部》。薄暝，微飘雪花。乃辉诗题“人气钟首”。

十一月二十四日（12月24日）　李培沅生子，早往贺之。吉斋家今日发斧石往新宅。陪姑母、孙师闲牌。灯下过录《抱经堂新序拾补》。子久传来课文一首。

十一月二十五日（12月25日）　早易羊裘，昨日絮袍甚寒，得饭始暖，因思昔人言寒必先言饥，言暖必先言饱，良有以也。冬日设粥厂，是第一善政。改明远文一首。

十一月二十六日（12月26日）　改明远文一首。祀先大父成秋公。午后与三兄同过蔡禹言。禹翁前日作七古一首，笔致清老。

十一月二十七日（12月27日）　改明远文一首。二兄晚到家。以前作《有鸟吟》就兰老正之。

十一月二十八日（12月28日）　甚暖。孙师作“消寒二集”，坐客仍前，三兄以有恙未至。读段本《毛诗故训传》。求志书院去年冬课案发，史学一卷取特等第一，即誊竹卷，托星翁转寄，词章第一仍王英冕。

十一月二十九日(12月29日) 甚暖，地潮如油。与二兄同过吉斋新居。毕俊民寄来新科得意人朱卷二本，皆精选理。晚，改子久“而餲”文一首。原作中二比以“餲有始于未为食之先者，餲有见于既为食之后者”作柱，惜其词冗气塞，为之疏通证明焉。改《盘香诗》，有句“小时犹当月，围处不知寒”似尚不脱不黏，结云“团圆常似此，蜡泪也应干”以烛作陪客，亦于无可说中作说耳。校补《新序》一卷。

十一月三十日(12月30日) 雨。李、钱两生皆头痛，未到馆。改子久文三首、明远文一首。午后过星南闲谈。新学宪观风题：“壮者以暇日”四句；“署行”义；拟宋璟《梅花赋》，拟张稚让《上广雅表》；《国朝汉学师承记》书后；镇江府水利说；古昭穆庙制考。过崇兄晚饭，观其所改小题文。假心翁《湖南闱墨》一阅，文皆不疏落，非常。

十二月大 建辛丑

十二月初一日 辛卯(1891年12月31日) 东北风，转寒。改明远文三首。到店请父亲安。寻三兄，不遇。兴化复信至，“枣荔蓼”不得其解，并寄来观风题一纸。阅《顺天闱墨》。

十二月初二日(1892年1月1日) 西溪书院[①]课题：“子曰：苟有用我者”两章，“寒与梅花同不睡”得“寒”字。往余杏翁家吊。与三兄、二兄在家小牌。

十二月初三日(1月2日) 到馆，匆匆拓一卷交去。卢荫翁招“消寒集”，晚随孙师、三兄去。

十二月初四日(1月3日) 昨日柳楚翁作古，早偕三兄、星翁往唁。星翁昨作两卷，甚佳。与三哥在书房小聚。虎翁过我，不遇。

---

① 西溪书院是东台城内一家历史悠久的科举辅导学校，创建于清乾隆三十四年。清末废科举后，西溪书院改建为东台县高等小学堂。

十二月初五日(1月4日)　早霏雪花，旋晴。

十二月初六日(1月5日)　料理书件。往李家新宅。

十二月初七日(1月6日)　李家移居，早往道喜。陪孙师、二兄、三兄在局小游。

十二月初八日(1月7日)　母舅寄来手书。在家啜腊八粥。蔚翁邀晚集，荫翁、虎翁皆以病未能至。前日书院草草之作，星翁甚嘉许焉。

十二月初九日(1月8日)　到塾，改乃辉试帖诗。补昨乃辉课题“且许子何不为陶冶”。石榴巷新书舍颇密致可爱。

十二月初十日(1月9日)　改乃辉“征衣未寄莫飞霜”诗云：“后至防鸿雁，先鸣怕鹈鹕。思君云展絮，疑我月窥床。”其起句即用孙师拟作。

十二月十一日(1月10日)　兰丈过我，略谈即去。

十二月十二日(1月11日)　祝孙师生日。据卢本补《新序》一卷。

十二月十三日(1月12日)　余与三兄、心翁同作“消寒四集”，借“公局精室”①为永朝之游，坐客六人，合主宾共得九数。周子香先生善绘事，即作一《消寒图》，将九人置于其中，屋外用长松、古柏、疏竹等为妆点，极有趣。兰丈题诗先成，诸公皆候以异日，畅饮至亥正始散。

十二月十四日(1月13日)　抄《湖南闱墨》二首。俊民、次云两兄过我。午后回候俊翁，不遇。

十二月十五日(1月14日)　大伯母生日，未到馆。拜柳家“二七”。三哥偕俊翁至，闲谈扬州近事。三哥以疝气小发，午后坐车去。

十二月十六日(1月15日)　二十日为母亲五十寿辰，先期迎宾，稍致奉觞之敬，魁儿适以今日生日，亦藉往堂上，含饴一笑焉。

十二月十七日(1月16日)　到馆小坐，东过毕俊，约其明日小聚。在公局观二兄画梅竹数事。谒兰丈谈诗。下午，同二兄到店请父亲安。初二日官课案出，取特等，闻心翁所作之童卷高列第一。五弟携来镇江寄下之《后汉书》一本。

---

① “公局精室”指东台京江公所的“襄荷精舍”。

十二月十八日(1月17日)　早至三兄所，陪毕俊、曹鉴小酌。虎臣送来《寿序》[①]一篇，约六百余言。闻其顷刻而办，亦多才也夫。晚刻，虎臣来闲谈。

十二月十九日(1月18日)　伯考周年，行释期服礼。阅《竹垞词》一卷，《汾阳客感》一首集句云："无限塞鸿飞不度李益，太行山碍并州白居易。白云一片去悠悠张若虚。饥乌啼旧垒沈佺期，古木带高

---

①　按家藏字画，录虎臣《寿序》如下：例授登仕郎彩堂老伯大人德配吉老伯母钱老孺人五十寿序：一门有庆，羡莱子之采衣；三寿作朋，颂鲁侯之燕喜。兰仪腾茂，檠帨蜚华；引延每袭于棻铺，介景咸工于藻缋。如吾同学友凤墀仁兄太夫人、彩堂老伯德配钱老孺人，实邦之媛，利家以贞。女史写其彤徽，仙算绵于丹诰；敢援酌兕介眉之意，用抒献鸠祝哽之辞。太夫人系出名门，少娴内则。静专养性，补女师德像之篇；柔惠修仪光臣，向画屏之颂。珩璜应其雅节，针黹擅其天才。姻党交称，婵媛无匹。洎乎鹿车归挽，鸿案相庄。写《女诫》七篇，墨香晻蔼；弹□□一曲，琴调和平。刀尺三更辛苦，尽缝纫之职；羹汤三日调和，竭滫瀡之诚。其女德之端静也如此，其妇职之黾勉也又如彼。所谓爱敬天情，言容典礼者欤。凤墀一黉称隽，公明之谈论风生；八斗量才，子建之声名日振。即在韶年，已称大器。长与其兄崇如从孙仰吾师游，寅官忝附同门。立雪冬勤，坐风春盎，长老爱其独秀，同辈号以通才。复与同乡刘蔚如、陈星南、蔡禹言诸君，析理剪之，推襟送抱；君鱼受道，互得贤师；司马好游，并交名士。每当搦管登坛，独争险韵，横经班席，力开群言。洵七略兼长，九能并擅，己比以槐市空过，桂宫虚度。目迷五色，竟误遗李膺之文；口爹万言，徒喧诵王璘之赋。然而，骐骥千里，一蹶何贬其名；凤鸾九霄，再出益钦其瑞。塞翁之马，得失何常；公府之乌，去来靡定。凤墀之勤劬厉学，淡泊明志，亦折蓌之教致之也。彩堂老伯，优游家衖，颐养林泉；仁让可风，孝友成性。又少芝、恭甫及少廷、崇如、楚南诸兄，伯霜仲雪，云龙骙骙；姒妇婴姑，笑言哑哑。诚所谓，总集众嫰，召致百祥，和气周于前除，穆行扬乎内壶者矣！兹于腊月二十日，为太夫人五旬设帨之期。寅官获交令子，幸遇良辰，应随鞠咨□之班，籍展升堂之拜。谱寿人作房中之曲，折名花当海上之筹。玉斗一双，次第进恒春之酒；锦屏十丈，连篇书笃嘏之辞。是为序。光绪十七年十二月十八日赐进士出身翰林院庶吉士世愚侄夏寅官顿首拜撰并书。

秋刘长卿。永夜角声悲自语杜甫,思乡望月登楼魏扶。离肠百结解无由鱼玄机。诗题青玉案高适,泪满黑貂裘李白。”

十二月二十日(1月19日)　风日晴和。母亲寿辰,恭祝如礼,来客三十余人,中面四桌。

十二月二十一日(1月20日)　放学。乃辉回兴化,附庄鸿宣兄舟。

十二月二十二日(1月21日)　用《樊榭山房集》“月夜过七里滩”均为百字令词一首,题《消寒雅集图》。

十二月二十三日(1月22日)　星南携来去年求志书院冬课卷子,评云“首艺精彩,后三篇工力不敌”。饭后,与二哥沐浴。过蔚如小坐,即到店。祀灶。

十二月二十四日(1月23日)　在三哥家小牌,坐有禹言、心兰。晚饭后同二兄回,时已二鼓,挑灯成五古一首[①]《题金步云段少仙合作北固画禅册》。

十二月二十五日(1月24日)　送二哥南行。到心兰家拜冥寿。与三兄谒兰老未值,即同至李家少坐。俊民、次云过访,假去《曾公书札》八册。三兄为余正订前日词稿。从虎臣所借来词二本、骈文一本。灯下读《茗柯词》。

---

① 据吉城《鲁学斋诗钞》,录此首五古诗如下:我从秣陵归,秋气肃西颢。扁舟揽岩秀,迤逦供品藻。福地七十二,争及故乡好。岿然北固楼,下压金焦倒。所嗟历兵燹,林壑变枯槁。但冀寇氛息,遑顾游屐恼。天生彭与杨,赤手金汤保。波涛晏东走,锁钥秘北道。山高而水长,流风思二老。崇巅建祠宇,我亦馨香祷。爰瞻褒鄂姿,一洗尘世抱。推窗临大江,正气流浩浩。回视校武场,云中想旗葆。恨无丹青笔,过眼徒草草。有景道不得,中怀惄如捣。江南有美人,示我新画稿。游踪往更来,幅幅写天造。胸洁无野马,状远收飞鸟。读罢爱不置,允为艺林宝。方今遭圣明,英灵钟土媪。寰瀛五大州,图经博搜讨。地防曲而直,物宜湿且燥。职方有专司,测绘谁止考。君等皆轶才,何为骥伏皂。粉饰台省公,请以一笔扫。斯墨如嚆矢,刍言当赠缟。茫茫人海中,建树贵及早。

十二月二十六日（1 月 25 日）　午后小雨，地气蒸腾已极，而久无雪泽，异矣。书农夫子由扬州来，早陪至西宅。书农师有《感怀》诗一首云："风虎云龙际会难，途穷白眼屡相看。驾车我欲怨骐骥，栖枳谁知有凤鸾。甓社珠光霄可烛，丰城剑气斗能干。非熊待发明王梦，且把渔竿坐钓滩。"和陈寿庵韵

阅泰州陈砚乡《晚晴轩骈文》一册，又曾公古文一册。作《感怀》诗一首，即步书农师韵："终古强台径上难，登城断布耻重看。琴中有曲卑司马，灶下无温爱伯鸾。掷笔西风秋毷氉，提刀北斗夜阑干。子陵文叔原同学，为底羊裘七里滩？"

十二月二十七日（1 月 26 日）　昨微雨，今复朗晴。遗蝗遍地，春来亟亟可爱。早怀诗稿就书农师正之，未遇。从三兄所携来蔡禹言《梅村诗集》一本。闻星南在局署对联。晚酬神。读《梅村诗》一卷。陪母亲花牌。

十二月二十八日（1 月 27 日）　过心翁，即偕至公局见孙师，复同过朱次云，观其令祖琴君先生所著书。俊民、次云、心兰同过我畅谈，兰老亦至，俊民饭后去。假次云处江都史绳之《俞俞斋诗文集》阅之。晚读《梅村诗》。次云假去《曾公书札》八本。

十二月二十九日（1 月 28 日）　早偕星南至局，观伯石题《消寒图》。俊民、次云皆到局一晤。阅《俞俞斋文集》二本。六弟午后至。

十二月三十日（1 月 29 日）　二兄函至，言二十七日到扬州，即日过江。早与心兰、崇如同至局见孙师谈诗。过蔚如，不值。午后祀祖。东行至李府少坐，携回红砚等。过瑞西，将已阅袁生文托其转交。袁生上灯时送束脩及书院膏火来，内有蔚如一卷，即到店遣司缴去。五弟在店未回。家人守岁，至三点钟时少息。

第六集　台笠人家日记
（光绪十八年　壬辰）

正月小　建庚寅

正月初一日（1892 年 1 月 30 日）　客腊望雨雪久矣，侵晨彤云四布，微霰先集，曷禁额手称喜。走贺亲友十数家，东至蒋五所，西至蔚如所，顷刻而毕。归来天乃雨，随意翻书籍觇先兆，乃开卷，适有“贺喜郎君，来年必是状元”之语，亦足异焉。小雨至夜，檐滴有声。

正月初二日（1 月 31 日）　录补《新序》“刺奢”以下诸篇。午前到店，观友人作“牙牌戏”。父亲来家，祀祖。

正月初三日（2 月 1 日）　补贺数处。蔚如过我。阅史念祖《俞俞斋文集》一本。从心兰处换来文两册，以一册与三兄阅。在店晚饭。

正月初四日（2 月 2 日）　祝李外姑寿。饭后随孙师、三哥同至公局小坐，晤及袁浩秋。晚赴蔚如之招，同席九人。

正月初五日（2 月 3 日）　大风雨。阅《俞俞集》半本，虎臣假去。虎臣招春酒，兼补“消寒集”，午前与卢颖兰同去，坐上十一人。晚，与家人掷“状元筹”。

正月初六日（2 月 4 日）　风雪。立春。孙师有《喜雪》二律云：“干过三冬暖过年，雪来却却在春前。绝无躲闪方酬债，最不匆忙要算天。望岁农夫深慰藉，祈年官长罢忧煎。书生自笑空欢喜，润了人田冻砚田。”“檐牙红日报新晴，晓起冲泥冷处行。那便世途无缺陷，且饶心地大光明。润经宿麦根先固，寒逼梅花骨更清。我辈今朝能快雪，论功还让北风声。”

心兰《题消寒图》云：“人生难得开口笑，盍簪却当休沐期。峥嵘岁序聿云暮，契合交谊皆所知。酒杯三雅互倾倒，诗品百家相然疑。夜深判袂踏明月，咚咚不觉街鼓迟。”“隆冬和煦如春天，农家蝗旱忧来年。颇闻长官祈雪泽，况复大漠生烽烟。感时抚事郁怀抱，良辰美景娱目前。西园雅集有成例，周昉图画供流传。”陪书农师在店小坐。

正月初七日(2月5日)　俊民来，又假去《曾公书札》八本，前后共二十四本。

正月初八日(2月6日)　祝丁太师母七十寿。午后与崇如及李吟翁寻心兰、白石，并邀孙师到公所闲话。白石先生有五古一章《题消寒图》，稿存心翁处。

正月初九日(2月7日)　雨雪交作。在西宅陪丁、孙两师及心翁看牌。晚阅《俞俞斋文集》一本。

正月初十日(2月8日)　寒，不可能晴，日中时霏残雪。阅《金石萃编》。李吟伯、东伯约陪丁师小聚，午刻偕崇兄去，便过俊民，书农夫子今日微醉。兰丈家春酒。

正月十一日(2月9日)　晚在三哥家同请客，白石、颖兰为杨楚翁约去，未至。

正月十二日(2月10日)　张慎夫约茶，晤及柘湖。过虎臣，借来《十国春秋》二十四本。

正月十三日(2月11日)　辅清假地图一阅。作舟来，未晤。

正月十四日(2月12日)　昨二兄有信至，今早复之。柘翁过我。午前东至李家。白石生日，随孙师诸翁同在济安局小作东道。白石与子香合为《消寒图》一幅。

正月十五日(2月13日)　登泰山，见城中火起仓猝而归。是日金家失慎。

正月十六日(2月14日)　入学，馆中添黄、张、包三生。

此后十五日皆料理馆事，暇则酒食征逐，无甚佳趣。

二月小　建癸卯

二月初一日(1892年2月28日)　夜雨。阅《珍艺先生遗书》。昨从杨楚丈家借孙渊如校订《三辅黄图》一观，即录其序，仍以归之。据楚丈述，其家藏有影宋本《夏小正》，暇当借览。读《集虚斋》“知柳下惠之贤”文十遍。

二月初二日(2月29日)　雨。将检过《珍艺宧遗书目录》交竹平递与心兰。改培立、毓桂、乃辉试帖。留心兰晚饭，共阅马征麟《长江图说》。心翁假去经训堂《夏小正》一本。

二月初三日(3月1日)　乃辉课题“或曰雍也”；袁生“吾未尝无诲焉”。午后改乃辉文一首。

二月初四日(3月2日)　风日晴和。虎臣招游北村别业，蔚如、星南、伯鸿、崇如皆往。落日时放舟西溪，登泰山，六人同坐禅，约一枝香许。虎臣有五古一章《纪游》，即以留别。

二月初五日(3月3日)　大风。昨夜，聚东门侧土栈及茶食铺被盗。早与星南过蔚如。读“辞达而已矣”文十遍。补昨试帖题，“夜雨剪春韭”得“春”字。

二月初六日(3月4日)　雨。三哥取去《韵府》二十六本。伯鸿贻我红梅一枝。晚写兴化、镇江信各一封。

二月初七日(3月5日)　虎臣择日北上，作诗送之，成七律八章[①]，就心兰正谬。

---

① 据吉城《鲁学斋诗钞》，录此《七律八章》如下：一、论交回忆十年前，经共菑畬砚共田。椽屋西头谈月夜，兰陵北面坐风天。文章我愧和凝钵，事业君先祖逖鞭。得失荣枯终有数，请从缟带话因缘。二、英绝童髫已出群，湘乡家法善同薰。一心早立先生雪，五色今书太史云。祖德渊源传不斗，名场神采羡能军。萧斋求阙原无阙，稳向兰台勒茂勋。三、闻道长安不易居，黄沙莽莽走轻车。朝三暮四狙欢喜，户万门千蜃吸嘘。交谊谁同羊叔子，宦游争说马相如。逍遥赖有神仙眷，把臂蓬山读秘书。四、消寒宴罢又迎春，不为韶(注转下页)

二月初八日(3月6日) 心兰亦成五古一首,用五平五仄体,限十五合全韵,文多不录,谨记其起句云"天衢腾龙骧,海国富蜃蛤";结句云"民生头斑斑,戴泽捣蒜磕";中间警句云"拳膺师名贤,比翼配美姶",又"前修儒之林,末俗伯也黯"。

二月初九日(3月7日) 谒海珊先生。与心兰过虎臣,虎臣赠我《经传释词》,心翁以柳氏《说文引经考异》易去。晚过崇如谈诗,即观其七律六首,亦送虎臣作也。蔚如是五排六十韵,关键谨严,不减老杜。

二月初十日(3月8日) 伯祖妣冥寿,在西宅放焰口。虎臣今晚登舟,因与崇如、蔚如、星南、伯鸿五人同买一舟送至河上,深谈至五更,大家含泪而别。虎臣规我,时文宜敛其才华,词章一门当认真从事。药石之言,何可多得。

二月十一日(3月9日) 到馆后微觉恶寒,归来早卧。

二月十二日(3月10日) 遍体起粟,冷不可能,楚老药我桂枝汤,小愈。

二月十三日(3月11日) 犹觉畏风。钱生题"不以兵革之利";袁生题"不以三公易其介"。分类过录《经解正续》编目,正编百六十三种、续编二百九种。

(续上页注)光为故人。杯酒暂将浇块垒,素衣须自惜风尘。在山远志声能雪,如水交情淡亦真。此去好增吾党色,从教四角长车轮。五、寰海寥寥著作俦,期君早占一千秋。由来名山珍青眼,多少公卿误黑头。殿侧双貂都寄物,天边五凤召高楼。袖中新得凌云稿,爱惜明珠莫暗投。六、湘有贞筠澧有兰,相知何必说冠弹。依人况味三浮白,见道工夫九转丹。纵使云泥分径路,幸无花叶变温寒。客星卿月同辉映,却任人间两样看。七、赠我藏书示我师,殷勤教我惜芳时。学兼汉宋无门户,风变华戎待设施。天地人通儒者分,德功言备毕生期。此行各把流光爱,千里沧波好润辞。八、泰岱黄河八九吞,置身高处是天门。冠裳霭霭星辰气,翰墨悠悠日月恩。诗里梅花占宰相,画中芳草忆王孙。北村别业平泉境,尊酒他年细与论。

二月十四日(3月12日)　阅《宋史纪事本末》。伯鸿来视我恙。

二月十五日(3月13日)　到塾。摘抄黄氏《长江说》,晚写信寄二哥,即将此书封还。次云借去《文献通考》二册。过伯鸿,从蔚如处假来《通鉴纪事本末》六本。蔚如偕崇如过我。

二月十六日(3月14日)　乃辉课题"明日"。拟四题交杨屏翁寄子久。读"不患无位"四句题文。

二月十七日(3月15日)　改文二首。晚过星南,同至崇如处闲话,崇假去《书目答问》两卷。

二月十八日(3月16日)　禹言约至小楼啜茗,蔚、崇、星皆往。以前日诗稿就兰丈正之。

二月十九日(3月17日)　涉猎时文。案头瓶梅大开。"而无谄富";"且贱焉";红杏尚书。

二月二十日(3月18日)　午后与伯鸿过心兰。闻伯鸿述,袁奏翁购有《玉函山房丛书》。伯翁假去《骈体文抄》两册。蔚兄还来《经史百家杂抄》二本。

二月二十一日(3月19日)　书院甄别,长文题"君子去仁"至"违仁",诗题"先后笋争滕薛长";小文题"章甫"至"冠者",诗"护持新笋似婴儿"。草草成篇,晚食后与崇如同缴伯翁处。

二月二十二日(3月20日)　王嘉翁约茶。见孙师,述昨文。蔚如过我谈文夜抄补《通鉴纪事本末》三页备还蔚如。

二月二十三日(3月21日)　书院小友复试,袁生亦与焉,共提前列三十余名,作一讲、一诗。闻今年书院更章,小友每课必复。改试帖一首,熟时文一篇。次云过我。

二月二十四日(3月22日)　闻孙家前日被窃,早见孙师,云恐难追。蔚如昨日动身往富安。

二月二十五日(3月23日)　微雨。放学一日,陪孙师、崇兄小牌。晚到店,请父亲安。

二月二十六日(3月24日)　馆中小课,诗题"花时同醉破春愁"

得“同”字。改明远“风韵”云“两三邀旧雨，廿四数涤风”，原作有“城坚酒借攻”五字甚好。熟文一篇。

二月二十七日(3月25日) 晚改文两篇。这几日皆未能读书，恨恨。

二月二十八日(3月26日) 兰畦先生过我，述唐公宾戏。陈竹兄来言，前日课文是笏老弁冕。晚改文一首。

二月二十九日(3月27日) 少之兄信来催书，即缮函以答。读《〈哀江南赋〉序》。句山制艺数篇，“必得其位”一作精警非常。“如知为君之难也”，“而后谏”；“警枕”得“员”字。句山“巢由不能忧，丹朱不知乐”二语奇辟，许。

三月大 建甲辰

三月初一日(1892年3月28日) 阅《困学纪闻·论语类》。随孙师同过兰丈观诗。读句山文，“益烈山泽而焚之”云：“征苗有赞，元戎倾耳以听谈兵；草昧未开，万民安堵而观纵火。”

三月初二日(3月29日) 晚约星南、禹言、崇如小酌，星假《周颂正义》，崇假句山文二本。甄别发案，余卷第一。前日闻是笏丈首选，不解何故易去。五弟为我办书灯一张。

三月初三日(3月30日) 钱生题“惟我与尔”。兰亭修禊。属虎卿将陈、蔡诸兄卷领回。改文一首。二兄信来，云《长江图说》已收，并述镇江县试颜生列前二十。阅《困学纪闻·公羊类》。少鹤先生出学，有试卷送来，“驱飞廉于海隅而戮之”，题文极精悍，幽燕老将固自不凡。孙师招同北溪看梅。节已上巳，春寒如故。

三月初四日(3月31日) 微雨。复二哥信。雨丝烟柳欲清明。阅《困学纪闻·孟子类》。改“不以三公易其介”文。读句山时文。

三月初五日(4月1日) 风沙蔽天。到济安堂贺少鹤舅氏喜，在彼陪客，放学一日。闻虎臣以父恙在上海少留。

三月初六日(4月2日) 小课题：“清兮、明也”各一讲；“风筝”

七律。祭祖。读《太白诗》一本。

三月初七日(4月3日)　阅《通鉴纪事本末》"三家分晋，秦并六国"，读子才骈文、句山时文。

三月初八日(4月4日)　清明。风日晴和，薄暮微雨数点。过杨楚丈，阅其旧藏顾荩厓《书目》所载皆汇刻书。温《左传》，读韩昌黎《原道》及《南山诗》。在公局陪孙师、心兰、崇如午饭，饭后同游北郊。地藏庵有顾复祖楹联，笔意逼追梦楼。从心兰所携来《茶香室丛抄》四册。兰丈邀晚集。

三月初九日(4月5日)　禹言招同心兰、崇如小楼茗话，补昨日之不足。荫南、茂斋同过我。明远有恙，未到塾。镇江府试首场题："江汉"至"秋阳"；"禹恶旨酒"。

三月初十日(4月6日)　早阴，午晴，晚有月。点《论语注》卷一"因不失其亲"。周生烈，敦煌人，《七录》云"字文逸，本姓唐，魏博士侍中"；《释文序录》云"字文逢"。读曾公三《昭忠祠记》及太白《古风》。放学后陪孙师游北郊。晚诵句山"君子疾没世而名不称焉"三首。

三月十一日(4月7日)　晴。点《三国志》董卓、刘虞、公孙瓒、陶谦、袁绍、刘表列传，白马，义从张飞燕。阅《茶香室丛抄》一本。《论语》中"吾、我"非一义，吾为己言，我对人言。还次云《郑公碑》。

三月十二日(4月8日)　晴。点《论语·为政》，阅《茶香室丛抄》。孙师招啖鲥鱼，坐有禹言、心兰、崇如。东风桥口人家失慎。同三兄沐浴。明日祖妣冥诞，先期悬容上供。又从心翁所假得《俞氏续抄》六本。

三月十三日(4月9日)　大风。在西宅行礼。读《椒山公自订年谱》，为之泪下。午后，孙师、浩翁、三兄同在茶园啜茗。晚设焰口，维筏方丈首座。

三月十四日(4月10日)　书院官课题："且在邦域之中矣"至"夫子欲之"；诗"学成如麟角"得"如"字。今日文思颇艰，作一卷，又为湘翁代庖。吾才既竭，强乞三兄助成之，尾生掠美，知不免贻诮矣。小友题："不可矶"三字；"欲语羞雷同"得"羞"字。

三月十五日(4 月 11 日)　雨。点《论语·八佾》、《通鉴辑览》"唐元宗朝"十一页。过圈曾公古文三篇，青浦初刻本，选辑精当，然如《钱港舣先生制艺》《送岱云出守吉安》诸序，阙而弗载，亦可惜也。读句山"孟子见梁惠王"一章题文一首。

三月十六日(4 月 12 日)　晴。山长课，"信以成之，君子哉"；"柳眼青归处"得"青"字，拓两卷交去。禹言过我，送来《汉学师承记》。前日改钱生试帖云"替人抛泪雨，入宿化明星"，今日用之。孙师曾作此题一首云："杨柳多情甚，依依似有灵。染人衣脱白，向我眼垂青。媚态新烟罥，啼痕宿雨经。残春知易倦，终古为谁醒。顾影三分水，含芒几点星。望穿飞絮路，盼断夕阳亭。眉黛浓宜画，腰支舞未停。诗人工赋物，相对立莎汀。"月光甚好，夜与家崇老踏之。

三月十七日(4 月 13 日)　晴。阅《汉学师承记》一本。余古农先生家贫，好读书，有一书贾慕其才，即赠以《十三经注疏》《十七史》及《说文》《水经注》诸部。噫，茫茫四海，庶几后见斯人。星南过我，携我甄别卷去。放学后，随孙师、星兄同往南郊观碧桃，吟"锦屏人忒看这韶光贱"之词，白驹一驶，大是可惜。月上时，即在公所晚饭。孙师述当年考书院第一，"子谓子贱"题后比云："夫鲁至今日，风流几歇绝矣，而良俗美意，犹足使目染耳濡之辈，负大雅以成名，然后知闷宫、泮水之贻泽长也。若人之在吾门，亦可谓能自树立者矣。而砥行立名，犹必生声明文物之邦，始他山之获助，然后叹穷乡僻壤之进德难也。"洗足。

三月十八日(4 月 14 日)　大风。邀孙师及星、禹、崇三兄小楼茶话，禹言与余争作东道。蔚如有信至。阅《汉学师承记》两本，武虚谷之哭、程鱼门之笑、汪容甫之骂，皆有小人也。

三月十九日(4 月 15 日)　心兰过我，携去《师承记》一本，述其挽柳楚书联句云："君擅公权书，挥毫信是平原敌；我惭承祚史，立传期登元化方。”晚在西宅，陪笪厚翁及孙师、浩翁诸君饮。托青云斋装订《珍艺宧遗书》。

三月二十日(4 月 16 日)　抄《国朝经师经义目录》，江慎修先生有“春秋时已分兵民为二”之说，因思《孟子》所谓“壮者以暇日”云云，即是“复兵为民”之意。拟得暇作文一首，以畅其说。晚晤陈宣翁，云虎臣已安抵京门。丁立瀛补工科给事中。

三月二十一日(4 月 17 日)　三兄过我塾，逍遥一日。第二次官课发案，三兄第一，昆若季，两叨首选，得毋遭东台人之忌乎？格致书院春课题：“扬子云难盖天八事，以通浑天”说；《管子・地数篇》解；“德、奥、义[①]合纵，俄、法连衡”论。谒丁师，未见。改文一首。

三月二十二日(4 月 18 日)　改文两首。点《通鉴辑览》十叶。唐世中人预国政，自元宗任高力士始；中人预军政，自元宗用杨思勖始。阅张惠言《〈七十家赋钞〉序》。写信一封，寄二哥。

三月二十三日(4 月 19 日)　谷雨。课题“且尔言”；诗题“苔深不能扫”。改试帖十首。点《论语・里仁》。“参乎”之参，有谓宜读作骖者，谓于子舆义相合。余案：《说文》“森，木多貌，从木从林。会意，读若曾参之参”，据此则参为所金反，与森同音。盖森众也，舆亦众也，不必泥在舆、参前之说而改读为骖。点《通鉴辑览》五叶。写白折八十字，久不作小楷，规矩放弛，手腕倔强，殊为可恶。次云过我谈文，述三兄前日卷评甚好。程稚兰来述，兰丈已由崇川归。阅《尊经六刻》文，陈光宇真是健者。

三月二十四日(4 月 20 日)　雨。写小楷八十字，点《论语・公冶》。俊民寄来《题图七绝》六章。

三月二十五日(4 月 21 日)　三兄下午招往襄荷精舍[②]观桃花，

---

① “义”指意大利。

② “襄荷精舍”是东台文人学者的一处聚会场所，其址在京江公所内，吉城及其学友常来这里活动，《吉城日记》中常将其简称为“精舍”。

一朱一白，嫣然可怜。《汉学师承记》转交星南。写大字二十，阅《茶香室丛抄》。《珍艺宧遗书》六种已装成册，星南处亦有数种，尚当属其汇而订之。晚到店，请父亲安。

三月二十六日(4月22日)　点《说文》"水部"至"女部"。小课题"彼哉，使乎"，皆第二句，各作后比。阅《五经小学述》一卷。丁师明日四十寿，晚与三兄往祝，留晚饭。为李姑母写复樊川信一封。

三月二十七日(4月23日)　骤暖。至丁师家拜寿，又至黄伯涵家贺喜。地滑于油，颇难行步。写小楷四十、大字二十。过伯鸿，看其所作观风文字，颇奇而法。阅《五经小学述》及柳氏《说文引经考异》。

三月二十八日(4月24日)　昨夜大雨，晓来放晴。点《说文》"女部"至"亥部"，此书于庚寅年即从事点阅，因循到今才复卒业，不恒其德，或承之羞，可惧也夫。许慎称"《仪礼》亦曰《礼记》"，汉除挟书之律，而张苍首献《左氏传》，迄平帝时《左氏》始立学官，斯文显晦固有定数耶？寄一洋，托毕俊民代购《书目答问》等书。

三月二十九日(4月25日)　雨。将昨写致俊兄信发去。母舅有信至。阅《段注说文叙》及柳氏《说文引经考异》。改文五首。辛卯春格致书院课发案，陈培寿一等第四。写小楷八十。

三月三十日(4月26日)　雨。点《论语·雍也》，又《通鉴辑览》二十页。禄山之反，林甫酿之，国忠激成之。颜真卿，师古五世从孙；许远，敬宗曾孙。阅庄氏《弟子职集解》。《紫阳书院文》以"二秦"为最。

四月小　建乙巳

四月初一日(1892年4月27日)　雨。录朱正元《俄西伯利亚造铁路经费道里时日论》。在三哥家晚饭，坐有心兰、颖兰。

四月初二日(4月28日)　书院小课，生题"骥不称力"赋，以"顾视清高气深稳"为均；"石泉槐火一时新"得"林"字，五言八韵；《陆宣公集》书后；拟东坡先生《郊祀庆成》诗；“韨冕”解；“序则物当栋，堂则物当楣”解。晚与三兄同过心兰。

四月初三日（4月29日）　用骚体为《骥不称力赋》一首，有序。晚作试帖及拟诗。

四月初四日（4月30日）　雨。早至塾，草《宣公奏议书后》一首，又经解两首。为袁生拓《麦秋赋》及试帖论、七绝、经解。《申报》记扬州火，阅一则。铺张扬厉，极形其盛。

四月初五日（5月1日）　大雨。诸生皆以雨未至。写大小字共百二十。点《论语》“述而、泰伯”两篇，读《周易》一过，抄补《弟子职集解》一叶。向晦早息。

四月初六日（5月2日）　晴。孙师述昨作《柳絮诗》四首，有“若使天生能稳重，此身常在最高枝”之句。阅扬雄《羽猎赋》。颖兰来，言前日小课题目除童生试帖外，无一通者。山长课案，蔡名取超等，余均不取。李恒卷批云“不条妥”，“条妥”二字不知出何经典？容向望老叩之。卷中用《汉书》“廪廪”二字，彼亦不解，加以勒帛。案：此事颇与孙渊如先生用“錭錭”二字同一被冤。晚过三兄闲谈，见丁师《感怀诗》。溥玉岑宗师试松江，经古题“舟大任重”赋，以“舟大任重，马骏远驰”为均。格致书院首选“凝流二质论”极佳，其论凝流有三：有自然之凝流，有性变之凝流，有质变之凝流。阅《五经小学述》。

四月初七日（5月3日）　晴。

四月初十日（5月6日）　岁考定于本月二十一日取齐。早托春芙兄至杨聘翁处约伴。

四月十一日（5月7日）　料理文债。放学。

四月十二日（5月8日）　茶后上船，顺风，住小金沟。

四月十三日（5月9日）　顺风，午前至仙女庙，遇雨未开舟。

四月十四日（5月10日）　午前至扬州。闻会试榜信，丹徒李慎侯一人。

四月十五日（5月11日）　到镇家，见二兄闲谈一切。连日皆以

《茶香室丛抄》消遣，颇有趣。

四月十六日(5月12日) 由镇江开行，晚泊黄堰桥，去金沙十八里。

四月十七日(5月13日) 早到金坛，觅定“一峰雪”袁姓寓所，此时来者甚寥寥。发家书一封。

四月十八日(5月14日) 过李木翁寓。

四月十九日(5月15日) 游顾龙山，山之对面为溧阳诸山。南门外里许有戴叔伦墓，明万历间张翰冲题碑曰“诗伯夜台”，墓前有石阙，横书“唐名臣戴叔伦之墓”七字。吴诵芬来谈《一捧雪》故事，颇有趣。购去年《直省墨》。张书尚未至。

四月二十日(5月16日) 往书坊问《通鉴辑览》价，甚昂，购《袁文笺正》及《书目》。颜生来。

四月二十一日(5月17日) 宗师案临。过子澄先生寓闲谈。拟购《平津馆丛书》，尚容措资。学师处送来派保单，计三十五人。廪饩[1]付至辛卯冬季止，子澄先生手。

四月二十二日(5月18日) 黎明即起，随班诣圣庙，宗师听讲书毕，与诸先生谒恳而谈。过吴书岩，未晤。偶撰赋一段调晓翁，内有“眼眹洗碧，膝肤褪红”之语。

四月二十三日(5月19日) 卢楚、胡晓应诗古试，早起送之。又白来约茶聚，有味秋在坐。柘湖至。汤铭新来画诗古结。寓中白芍药一株，两年未开，今年特开花十余朵。路温舒蒲牒写书，以“截蒲为牒，编用写书”为韵；“帆带夕阳遥”。

四月二十四日(5月20日) 府、徒、溧[2]生员正场，寓中应试者

---

① “廪饩”是公家发给在学生员的膳食津贴，吉城已是廪膳生员，故可享受廪饩。由于吉城家系侨居东台，他的学籍在丹阳，故请家居丹阳的姜子澄按季度为其代领廪饩。

② “府、徒、溧”指镇江府、丹徒县、溧阳县。

连严柘湖共五人。府“如其自视”至“使民”，徒“何如斯可以器器矣”至“乐义”，溧“求在我者也”至“有命”；“菜花成荚蝶犹来”。

四月二十五日(5月21日)　童古“武服九駿”①，以《周生烈子》云“上御也”为韵通场未得题解，请解，后或疑“烈子”为“列子”，学宪遂将烈下“火”字②钩去，异哉！；“簟凉初熟麦”。答拜林晓麓。

四月二十六日(5月22日)　丹阳与驻防、金坛今日同场。丹阳“仰之弥高”至“虽欲从之”，驻防“学则三代共之”至“必来取法”，金坛“易其田畴”至“使有菽粟”；“乡老献贤能书”。余以第三人缴卷，待至二百人始行放牌。在龙门口闲坐，读圣谕一过。生古发案，经学第一林之祺，词章第一李奎昌，同寓胡晓莲亦预选焉。晚过孙维翁闲谈。

四月二十七日(5月23日)　雨。丁雨农为其徒童湛来画结。生古覆试题：“麈尾素琴”赋，以“东归，上赐麈尾、素琴”为韵；赋得“稼穑作甘”得“甘”字。夜为杨、张二公听更鼓。

四月二十八日(5月24日)　册结都已画毕，今日午后进册。早过厉玉甫、韩巨川。徒童正场：“吾欲观于转附、朝儛”至“曰巡狩”；“齐之以礼，有耻且格”；“江左之秀”得“罗”字。旗童：“且在邦域之中矣，是社稷之臣也”。

四月二十九日(5月25日)　补义考题：“毋自欺也”；“以义制事，以礼制心”。午后与子澄、巨川茶话。

五月小　建丙午

五月初一日(1892年5月26日)　丹阳童生正场“闻柳下惠之

---

①　“武服九駿”是《周生烈子》中的一句。《周生烈子》是三国时魏国征士后官侍中的周生烈所撰，而《列子》则是战国时期道家学派的著名代表人物列御寇所撰，故“武服九駿”之典与《列子》无关。

②　所谓烈下“火”字即烈下之“灬”也。

风者"至"闻者"。下午六属①发一等案，同寓胡晓、严留高取，余皆未入选。徒童提牌，东台仅袁、戴、毛三人。

五月初二日(5月27日) 淡晴。卢楚、刘春诸翁启行，不觉为之黯然。坛童"天何言哉，四时行焉"；溧童"百物生焉，天何言哉"；通场次题"为人臣者"六句。与严幼安登南城，望溧阳诸山。过晓麓谈文。木清、味秋诸君来并寓。

五月初三日(5月28日) 晓莲、篴楼覆试："不如乡人之善者好之"至"而雅说也"；"端午献尚书为寿"得"书"字。过绿荫堂购书。

五月初四日(5月29日) 旗、徒提覆，徒"于吾言无所不说"至"孝哉"；"远岩映兰薄"得"山"字。午后发团案，东台进两人，一毛、一袁。

五月初五日(5月30日) 丹阳提覆，"绎如也"至"封人"；"循名责实"。午后出案，颜觐堂第一。

五月初六日(5月31日) 坛、溧提覆。丹阳佾生两名补拨府学。

五月初七日(6月1日) 新生招复，"无为小人儒"至"汝得人焉尔乎"；"惟学逊志，务时敏"。于肆中得《谷朗碑》一部。

五月初八日(6月2日) 武生骑射童。下午约云逵茶话，略谈近作。阅《唐代丛书》一本。

五月初九日(6月3日) 写信一封，寄少芝。武童内场。购《汉冯公碑》，碑在四川。偕木清先生雇纪姓船。

五月初十日(6月4日) 以青蚨五百购《汉闻憙长韩仁铭》，大快大快！观墨卿写小篆。

五月十一日(6月5日) 与云逵茗话，述及江左书林有董氏《国语正义》，即往购之。其书甚精美，始刊于庚辰年，故香涛制府云未见传本也。又于宛委山庄得广东刻《文心雕龙》及李注《曝书亭词》。

---

① "六属"指镇江府所属的丹徒、丹阳、金坛、溧阳、驻防、旗籍。

五月十二日（6月6日）　午后偕李木清、姚铁瓛、胡小濂、严笛楼登舟，晚泊珥陵村。此次所坐是无锡快船，八窗通明，遥望五州诸山，颇豁心目。铁瓛亦笃好陈玉山文，昌歜之味，竟有同耆，亦云异矣。

五月十三日（6月7日）　早过丹阳，晚至京口。小翁、铁翁、笛翁皆进城。三更时，西门外茅屋失慎。

五月十四日（6月8日）　寓泰来栈。见二哥，畅话一切。读五弟来书，知前次"小课卷"取超等第一。夜来为蜚虫所螫，不能安枕，燃烛抄陈光宇时文八首。

五月十五日（6月9日）　包燿兄约茶，茶后过二哥店内闲谈。见《申报》，虎臣留馆[①]，丹徒李慎侯、汪庆生皆三甲。下午，吴五先生邀至惠风楼小坐。另雇吴舟往东台，晚于船上宿。

五月十六日（6月10日）　何仰兄招同二哥至鹤鸣园小聚。午后与二兄江干散步，阅轮舟上下。晚在吉盈丰见马熙台。阅《圣武记》三本，又读《林文忠公奏稿》。

五月十七日（6月11日）　晨由镇江开江，午刻抵扬州。笛楼进城，未回船。

五月十八日（6月12日）　走柬致俊民兄，候其起居。怡亭茶坐，见陆云衢诸公。杭州张稚汶附我舟到东台，其人颇爽迈，貌类季直先生。

五月十九日（6月13日）　由扬州开舟，顺风至庄家桥。薄暮微雨。阅《圣武记》三本。

五月二十日（6月14日）　午后即到家，可谓快极。请两大人安后至姑母处一省。

五月二十一日（6月15日）　早过三兄及星南、禹言。午后三兄约至清一池沐浴。谒孙师、丁师。写安信致二兄。阅《宋学渊源记》。

---

① "留馆"即新科进士被钦点庶吉士后留翰林院继续学习深造。

木清过我，不值。

五月二十二日(6月16日) 禹言招同心兰茶话。开学。心兰午后过我。汤城守之夫人仙逝，往慰。心兰索观《韩仁铭》及《谷朗碑》。

五月二十三日(6月17日) 张慎丈约茶，见孙师。阅《南菁文集》，晚阅《说文释例》一卷。

五月二十四日(6月18日) 临吴氏写本《说文部首》三十六字。点《论语注·先进》，黄儆居云："先进即先正，君子、野人以位言。"阅黄氏《礼说略》，其论《月令》非汉儒撰，足补孙平津说所未及。温句山"西子蒙不洁"文。晚阅董增龄《国语正义》，读《离骚经》一过。

五月二十五日(6月19日) 临吴大澂写《说文部首》三十六字，点《论语注·颜渊》，读《怀沙》《惜诵》。阅黄氏《经说略》，又阅方依岩《古事比》一卷。写信与明远。禹言过我。散学后过伯鸿。灯下阅《说文释例》。

五月二十六日(6月20日) 明远午后由兴化至。陪孙师小牌。晚阅汪喜荀《孤儿编》。《申报》有明年"春乡秋会"[①]之说。

五月二十七日(6月21日) 钞句山文一首，阅《说文释例》"指事例"。今科会墨极佳，如李希圣、屠寄，皆非于时文中讨生活者。阅《述学补遗》。

五月二十八日(6月22日) 虎臣有信至，云现在功课，经则日读《三礼》白文，史则拟编《辽金元三史会要》，有暇即阅《经世文编》及《东华录》诸书。星南过我云，近来颇用力于时文，大是佳事，携去《汉学师承记》二本。抄句山"王孙贾问"一章。阅《说文释例》"象形例"。

五月二十九日(6月23日) 明远文题"犹较犹可"；诗"绿阴生昼静"。钞读陈光宇时文二首，阅孙渊如《六天及感生帝辨》。点《仪礼·聘礼》。过伯鸿，未遇。晚过三兄畅话。见毕俊民《古之为关斋》

---

① "春乡秋会"指春季乡试、秋季会试。

文，气象较前迥别，士别三日便当括目，况乎吾友之进修无已也。

六月大　建丁未

六月初一日（1892 年 6 月 24 日）　禹言来，述顾涧蘋有《谷朗碑跋》，云此碑拓本绝少，王氏《萃编》[①]未收，碑文始释于大兴翁氏，其“戎车娄起”之“起”，实是“驾”字云云。余亟以新得碑证之，首尾完具，而独脱此语，恨无翁氏《两汉金石记》一一校证，不知余所得碑尚脱他语否也。从禹翁许假得《思适斋集》。晚阅《来斋金石考略》。《易·泰卦》“翩翩”，《子夏传》作“篇篇”，又《古文尚书》作“偏偏”。禹言又有《张猗谷先生文集》，容再借观。

六月初二日（6 月 25 日）　阅《圣武记·军储篇》，有云康熙年始定旗兵十二万甲、额兵十万、养育兵二万也。又《皇朝经世文编》某公《奏立营田疏》中引“雍正三年，怡贤亲王兴办畿辅水利”云云。晚读顾千里《百宋一廛赋》，赋为黄丕烈作。宋伯仁，字器之，著有《梅花喜神谱》，谱分八类，各系五绝一首，详载赋中。

六月初三日（6 月 26 日）　写吴大澂临《说文部首》三十六字，抄二陈文两首，读《〈文献通考〉总序》。伯鸿过我，述其所作《怀人诗》。阅《说文释例》“象形变例”。读《汉书》“公孙弘、张汤、张释之、于定国四传”。

六月初四日（6 月 27 日）　阅竹垞先生《蕃锦集》。为人写团扇一柄，即录竹垞词三首。阅放翁诗一卷，又《南菁文集》。晚拟仿曾文正公“看、读、写、作”四项，将经史分日从事。

六月初五日（6 月 28 日）　看《说文释例》“形声例”。读《经义目录》《论语注疏·子路》。写《说文部首》三十六字。作《直躬非直身说》，又改作明远“猎较犹可”文，又看《顾千里集》一本。

六月初六日（6 月 29 日）　看《汉书·扬雄传》。“徽以绳缠”颜

---

① 王氏《萃编》即王昶《金石萃编》。

注"徽,绳也",似误。案:《周礼注》"徽,识也","徽以绳缠"即"识以绳缠"。《读书杂志》谓"徽,束也",亦非。读《〈文献通考〉总序》一篇,勉强上口。写《说文部首》三十六字,改作试帖一首。

六月初七日(6月30日) 好雨。天久不雨,飞蝗四遍。下午,西北黑云如墨,顷刻西风飒起,雷电交作,大雨如注。至戌刻止,约得雨寸许。读林则徐《兴办水利疏》,藉悉当日怡贤亲王办畿辅水利大略,拟作一考,未成。陪孙师小牌。

六月初八日(7月1日) 晓微雨,未晴。写《说文部首》三十六字。温《经义目录》"易学"一篇,又《〈文献通考〉总序》一篇,熟《〈田赋考〉序》。阅《说文释例》"形声例"《释例》卷十一脱去第二页。通阅"直隶水利诸说",撰《怡贤王兴办水利考》一首,有序。父亲东至李府,旋坐舟到店。

六月初九日(7月2日) 大雨。早到店请父亲安。作《八旗养育兵缘起》、又《孙渊如〈六天及感生帝辨〉书后》、《〈王制、月令非秦汉人所撰辨〉书后》,共文三首。晚改作包生诗六首。

六月初十日(7月3日) 誊求志书院"课卷",通约二千字。晚携卷求星南正是,即邀禹言齐过三哥许,论谈至子初始归。观星南所撰各书题跋。

六月十一日(7月4日) 寄求志书院卷。写《说文部首》三十六字。东伯来。温《〈文献通考〉总序》,读《钱币序》。

六月十二日(7月5日) 早大雨。陈辅清至。吟伯来闲话,假去《宋史纪事本末》八本。改作黄生、钱生试帖共十首。写团扇两柄。康节云"二十岁之后朝经暮史,昼子夜集"。吟伯有《南朝咏史诗》百首,每诗必冠以论,亦甚善事。前日在金坛,见书坊有蒋氏合刻马陆《南唐书》本,甚精美,惜交臂失之,其书坊名亦不甚记忆,仿佛是"文萃"二字。如其然也,则信致镇江文萃书局,托其上问可也。竹平携去《程君行状》。拟向辅清假《续古文苑》。

六月十三日(7月6日) 既雨晴,亦佳。写《说文部首》三十六字。孙师午后来，假去《说文释例》二本。改作“以事君，未能也”文。二兄由镇江寄来鲜荔枝，家人分尝焉，味美无匹。

六月十四日(7月7日)　写《说文部首》三十六字。读《文献通考》“户口考序”。看《思适堂集》，中有考证《〈易林〉后序》一首，录稿。改作黄生文。伯鸿携其《寄怀虎臣诗稿》来。三更后忽来窃贼，胠去服物十余件。写复二兄信，并信致绿荫堂补书。

六月十五日(7月8日)　早呼更保来，将失物开单给之，并托孙师追令速捕。写《说文部首》三十六字，看《思适集》。星南遣弟来假《南菁文集》及《清嘉二集》。改作黄生文，写寄虎臣信。

六月十六日(7月9日)　诵诗句“风翻半浦乱荷背”，理已熟之《〈通考〉序》，看《说文释例》“假借例”，改作六弟试帖三首。《论语》“食氣”是复语，不得以氣为气。从星南所假来《正续古文苑》。灯下偶阅《续苑》，适有《吴九真太守谷朗碑》全文一通，得之喜不可言。往汤府吊。“光岳既分，风气日漓”，《文文山集》亦用之。

六月十七日(7月10日)　写《说文部首》三十六字，看《说文释例》“异部重文例”，改作六弟试帖，理《〈通考〉序》。晚过三哥。到店请父亲安。

六月十八日(7月11日)　读陈光宇时文。在公局请孙师及浩秋、小莲诸君。午后偕三兄会陆镐，未遇。阅《思适集》《续苑》。

六月十九日(7月12日)　写致二兄信，托寄虎臣信都门。写《说文部首》，抄玉山文二首，读《文献通考·职役考》。看《说文释例》，孙师云“逐当从豖省声”。阅《思适集》。

六月二十日(7月13日)　《文献通考·户口序》云“光岳既分，风气日漓”，“光岳”二字不知何解？后阅文文山《题张许双庙词》亦云“自光岳气分，士无全节”，知“光岳”二字为宋人习用之语，然终未得其原起。昨谒孙师，云此二字盖即言“三光五岳”也。祝陈宣谷母寿。写《说文部首》，读玉山“老者安之”合下节文。三兄晚至，携去《圣武记》二本，连前共三本。兰老有《戊己文稿》。

六月二十一日(7月14日) 写折扇、团扇各一,抄《玉山时文》。过杨楚丈,录《再造丸方》。午刻到店请父亲安,便看新制书厨。改作明远文,读《文献通考·征榷考》,寄兴化信并捐条。

六月二十二日(7月15日) 吴芍孙早来闲谈,因约之俞馆茶,坐有三哥、明弟。昨李姑母筋骨肿痛,今请杜海翁来诊。与三兄往捕署,又未会着。写《说文部首》,录《续苑》中《谷朗碑文》一通,"羽仪上京"之"京"颇似"惪"字。散学后与三兄同谒兰丈,谈及写日记甚有益。

六月二十三日(7月16日) 先祖忌辰。父亲到东视姑母恙。"与其媚于奥"一句。

六月二十四日(7月17日) 范三太太仙逝,往候殓。在店晤三兄谈文。书厨已告成。改作明远"君之视臣如手足"文,摘录顾千里《碑跋》。朱次云下午过我,云其近日从事选学。赋得"山为樽"得"樽"字,黄生枯窘万状,爰口授一联云"自有包容量,全无斧凿痕"。施金雇刻工,人谓之"施手",见《隋修佛龛颂》。

六月二十五日(7月18日) 阅包世臣《论书》一卷,又读渔洋诗①数首,读《经义目录》中《书经》一篇。

六月二十六日(7月19日) 看《艺舟双楫》一本,其中《十七帖》疏证极详核。明远"消夏即事"五排,钟泗"颖考叔纯孝论"。写《说文部首》三十六字,浙江尺八纸临帖最好。晚接二兄信,并寄来《金忠节公集》四本,此书初刻于楚中,嗣黟李宗煝重刻之,藏其板于焦山之海西庵,广东梁鼎芬现拟重印。

六月二十七日(7月20日) 晚飞蝗向西南行,前两日亦见之。看《金忠节集》四本,其《郑超宗文序》云:"余辛酉落卷一首,大书'一毫不通,观场则甚'八字,卷中横拖直抹,其意恨不欲杀割者。"观此,可想当日知音之难,而公文之深思渺虚,人不易知,亦以见矣。又,公

① 渔洋诗即王士祯《渔洋诗集》中的诗,下同。

学宗王文成，故著论动援彼教说法，然生有自来忠正之气，固非求益于佛家言而始有成者。其《与某书》有云："穷年读圣贤之书，不识所学为何事，一旦享君父之禄，几忘此恩所从来。"此四语最足长人志气。见《申报》，有辨志文会案，陈培寿词章特等，韩瑞征、韩保征、冯善征、程之骏均取列词章、算学。吾乡多英，令我增愧。

六月二十八日(7月21日)　早将《忠节集》封固，另写一缄，统交局寄镇江。袁生到馆，送来前次"小课卷"，评云："赋诗隽雅，书后寥寥数语，而源流情事了然，经说分明。"星南过我，假去《说文释例》一本。杨楚丈便箑图雪篑翁以自貌也，白石先生题《七古》最佳。《洛阳伽蓝记》有小字误移入正文者，暇当厘剔之。看《说文释例》"展转相从"及"列文次第"二篇，读《经义目录》，写《说文部首》，改作明远"阳虎曰"文。禹言、兰颐、崇如晚至，留饮畅话。

六月二十九日(7月22日)　早看《四库未收书目》，录《孙子十家注》十三卷，宋吉天保撰。理《易义目录》，读《文献通考》"'市籴、土贡、国用'三考序"，录陈光宇"老者安之"合下节题文。看《汉书·卫青传》"民母之子皆奴畜之，不以为兄弟数"，师古注：流俗书本云"先母之子不以为兄弟数"是妄增也。案：《史记》正作"先母"，且彼服虔注"先母，嫡母也"，而此"民母，嫡母也"亦作服虔注，必有误矣。唐时所谓流俗本者，固无可厚非也。

缝人王某之孙女才四岁，肥大十倍寻常儿，称之得六十五斤，每早必啖饼六枚、粥两碗，始厌其饥，亦可谓异矣。十九日《申报》，优贡朝考，卢求古以知县用。灯下阅《伽蓝记》数则。

六月三十日(7月23日)　看《四库未收书目提要》一卷，录陈光宇"原思为之宰"二节文。二十三日报言，日本崎中里旧有圣庙，今李伯行星使拟重修。看段氏《六书音均表》及王氏《读书杂志》。灯下阅《伽蓝记》，《石经》称《礼记》，无《仪礼》，可知《仪礼》亦称《礼记》，至羊衒之时未改也。

闰六月小

闰六月初一日(1892年7月24日) 托明远代录《百宋一廛赋》,看阮撰《提要》[①]五卷毕。宋钱讽撰《史韵》[②]二十三卷,其书摘史事依韵编系,尝采成语至三四句,未尝割裂原文,洵著书之良法也。据《明成祖实录》,纂《永乐大典》时,成祖谕解缙等,称尝观《韵府》[③]《回溪》[④]二书,事虽有统,而采摘不广、纪载太略云云。则搜遗补阙,来者之责。孙渊如先生《与吴思亭书》曾有"次白为余补《史韵》将成,惜不能刊刻"之语,未知即是补此书否?

谒孙师略谈。晚阅《伽蓝记》毕,其中以子注混入正文,显然可指者如"衒之按云云"是也。写《说文部首》三十六字。

闰六月初二日(7月25日) 阅王伯厚《考史》两本。"学如牛毛,成如麟角"出魏蒋济《万机论》。案《后汉书·蒋济传》,济字子通,楚国平阿人。其论本传不载,见《太平御览》四百九十六《抱朴子·极言篇》《北史·文苑传》及唐王棨自名其集为《麟角集》,皆本此。灯下阅《国语》"祭公谏征犬戎"一篇。

闰六月初三日(7月26日) 阅王伯厚《考史》一本。从吟伯处假来王偁《东都事略》一部。改作虎卿试帖。"有如时雨化之者"明[⑤],"则苗浡然兴之矣"虎[⑥];"瓜战"得"瓜"字。

录《冯绲碑文》一过,碑作"字皇卿",《后汉书·冯绲传》作"鸿卿",碑乃北宋崇宁年间出土,渠州进士张钧等重摹上石,中如"主簿"

---

① 阮撰《提要》即阮元撰著的《四库未收书目提要》。

② 宋钱讽撰《史韵》即《回溪先生史韵》。

③ 此《韵府》当指阴幼遇所撰《韵府群玉》。

④ 此《回溪》当为钱讽所撰《回溪先生史韵》。

⑤ "明"指吉城塾馆学生钱明远。

⑥ "虎"指吉城塾馆学生虎卿。

之簿、“流行”之流、“师旅”之师、“刑体”之刑，悉非俗体，则当日原碑点画，赖摹本以存者正不少也。二兄寄来《格致书院课艺》四本。

闰六月初四日（7月27日）　欲雨不雨，热甚。伯鸿午后来，闲话片时，托其监背《经义目录》一首。早发润信一封。三兄下午至，假去《读文》一册，同过颖兰未遇。《十七帖》“所在”二字不当如包氏分读。

闰六月初五日（7月28日）　阅《己丑格致课艺》三首。孙师招至公局小聚半日，有崇如在坐。

闰六月初六日（7月29日）　连日皆热不可当。校阅《百宋一廛赋》一过。阅王伯厚《考史》一本，“孙子世家”一条引潏水李氏，全谢山云：“原本作淇水，按淇水乃李侍郎清臣，有集。其年辈稍前于潏水，潏水则李复也。阎氏改淇为潏，殆以是书引潏水为多耳。”城案[①]：《东都事略·李清臣传》云“清臣，卫人”，淇水是也。汉卿母舅寄来浙局《诗文醇》。今日甚热，几席皆炙手。

闰六月初七日（7月30日）　热如昨，寒暑表已升至九十分。夜热不能寐，黎明即起。看《华阳宫记》，记为蜀僧祖秀撰，全文载在《东都事略·朱勔传》后。读《涧蒉先生集·碑铭类》，《广陵通典》《开方补记》两序已载《骈文类苑》汪容甫《哀词》《述学·别录》未载。至杨叔琴家吊。《万年宫碑阴》题名“左领军将军金仁问”，《萃编》以为“薛仁贵”，大谬；钱潜研《跋尾》读作“李仁□”，亦欠审谛也。考金仁问为新罗王子，姓名书于《新唐书》“高宗纪、新罗传”，其事迹载于《朝鲜史略》，顾千翁云然。

闰六月初八日（7月31日）　仍热。过录顾氏《〈盐铁论〉后序》。写张童子影本，即临《皇甫府君碑》字。读李兆洛撰《顾君墓志铭》。龙岩林镐著有《双树生诗草》，其诗得力于太白居多，刻徐渭仁《春晖堂丛书》中。乡人往县署报蝗。晚阅《来斋金石考略》。《张迁碑》“爰既且于君”，顾亭林以“既且”为“暨”字之分，不知非也。“既且”犹始终也，

---

① 此“城案”即吉城案。

说见《研经室集》,《来斋》墨守顾说,未深究耳。写复汉卿舅氏信。

闰六月初九日(8月1日)　午后欲雨而卒不雨,农田新禾半遭蝗食,奈何?胡晓莲看《大清会典》,托其留意“养育兵”缘起。据信局云,前月寄上海课卷已投到,卷票尚未取回。写《说文部首》三十六字,看《闰生小题文》,改作黄生诗。三兄下午至,留晚饭,携去《圣武记》又四本合前后七本。

闰六月初十日(8月2日)　午刻暴雨如注,天井成池,约三刻始止,快哉!雨后卷帘、拭几、洗砚、涤笔。写清卿临本《说文部首》一纸,楮墨间自含润气。录玉山文一首。看王伯厚《考史》“东汉”一卷。晚阅《周语》,得“天无伏阴,地无散阳”之文,以证《白石神君碑》妙不可言,前人皆未道破,快哉!今日竟有两快,亦是难得。

闰六月十一日(8月3日)　陪姑母及三兄牌。是日未看书,写《说文部首》三十字。

闰六月十二日(8月4日)　微雨甚凉,夜须絮被。写《说文部首》三十字。午刻又有牌约,倦矣!挑灯看《说文释例》“转注例”二十叶,以补昼荒。与包生讲“起讲”诸法。

闰六月十三日(8月5日)　大雨,颇有秋意。诸生皆未至。明远文题“吾执御矣”。午后才拟执笔,“斗叶”之招又至,雅不欲也。是日并字亦未写,荒唐太甚。

闰六月十四日(8月6日)　大雨。星南过我,一洗别绪,赏奇析疑,赖此良友,携去《思适集》一册。点《后汉书·儒林传》一卷,改明远“有如时雨化之者”文一篇。《申报》言,永定河漫口。晚阅王佐才《格致书院课艺》。五弟过我塾,即去。

闰六月十五日(8月7日)　江苏午初一刻立秋。看王伯厚《考史》十页,诵香山诗,写《说文部首》三十字,改虎卿文一篇。月下与五弟升桥望远,半里外有一灯,弟能见之,余不及也。记数年前,在金沙为寓中人看团案,去照壁十数武,诵案上名姓,一一无讹,以今较之,目力亦少减矣。闻有“七月二十八取齐扬州”之说。顺治门外南横街官菜园上街香山会馆对门[①]。

闰六月十六日(8月8日) 写《说文部首》三十字。看翟晴江《尔雅补郭》,内引丹阳姜兆锡《尔雅注疏参议》三条。案:姜,雍正间人。看伯厚《考史》一本,读《周语》,改作明远"今之为关也"文。

闰六月十七日(8月9日) 写《说文部首》。看伯厚《考史》。又看王光禄《尚书后案》,《伪古文尚书》即从篇数辨出,甚矣,读书宜细心也。考"牺尊"。

闰六月十八日(8月10日) 甚热。改明远"早凉天气清"赋,其"天"字一联云:"听残一夜潺湲,诗成贺雨;想到五更灯火,梦醒朝天。"看《说文释例》"异部重文例"。曝医书数种,其《济阴纲目》缺一本。又,《吴注内经》仅存一本,其为当时诸公借去,抑乱离时失去,不可知矣。

闰六月十九日(8月11日) 写《说文部首》三十字。改明远"子曰:不然"文。看《经义丛抄》。读《周语》。《汉书·项籍传》,颜监注"流俗本作遁逃"。从六弟所取回医书两种。二兄有信至,云八月间可归。

闰六月二十日(8月12日) 陈芰湖物故,早与三兄往唁。从星南所转假《玉函丛书》四册。陪三兄牌。晚阅《说文释例》"分别文、累增字"例,又看《喻嘉言医案》五则、薛叔耘《英法义比日记》。

闰六月二十一日(8月13日) 看玉函山房辑本《连山》《归藏》,又《子夏传》。蔡景君可补《前汉·儒林》。看《东都事略》"本纪、世家"及"列传"一卷。写《说文部首》三十字。《申报》云,李爵相得类中疾。

闰六月二十二日(8月14日) 昨日、今日皆热不可当。改明远"秋阳"文一首,又虎卿文半篇。

闰六月二十三日(8月15日) 仍热,明远因热生病。看费氏、

---

① 此为夏寅官在北京翰林院学习时的住址。

孟氏诸《易》。

闰六月二十四日(8月16日)　天热如昨。头晕而汗多,大有我心瘅暑之意,服荷叶茶稍愈。晚看《说文释例》及本月十四、五、六、七日《申报》。

闰六月二十五日(8月17日)　稍凉。看《说文释例》"列文变例"。六月十四夜窃案,据地保来述,赃物已有着落。六弟至。

闰六月二十六日(8月18日)　有风。读《说文释例》"一曰例",看放翁诗。吾乡谓物之不坚致者曰"溪黎洒网","溪黎"即"系缡",《说文》"系"下云"系缡,恶絮也"。《剑南诗》云"鸾旗广殿晨排仗,铁马黄河夜踏冰"。案:此读前辈诗文有感而作也,二语皆比诗文诣力。

闰六月二十七日(8月19日)　有风,转凉。孙师命陪李寿兄茶坐。晤丁师、吟翁。汪云逵寄来《金石萃编》四册。三哥晚至,为大伯母求方。塾中诸生皆以病去。

闰六月二十八日(8月20日)　早发镇江信一封,托取卷票。诵陆游诗一卷。星南过我,畅谈一时许。姜兆锡有"七经说"。晚看《说文释例》"非字者不出于说解例"。

闰六月二十九日(8月21日)　仍热,早晚较凉。看《尔雅古义》一卷、《东都事略·列传》半本,点陆游诗一本,写《说文部首》二百字,写复汪云逵信一封。吴灼孙下午由兴化来,述二母舅之恙。

七月大　建戊申

七月初一日(1892年8月22日)　祝李木翁五十生日。发泰州信并寄《国语正义》四册。点陆游诗毕。到店请父亲安。途遇程稚兰,面道生子之喜。改明远文一首,读陈光宇时文。汪嵩甫授户部广东司主事。

七月初二日(8月23日)　月课,文题"虽有周亲"三节;诗题"安得广厦千万间"得"欢"字,作一卷。

七月初三日(8 月 24 日) 偕三兄、星南、禹言往陈家吊。晚阅《文心雕龙》“征圣篇”。

七月初四日(8 月 25 日) 还去《思适集》《来斋金石考略》《艺舟双楫》《玉函山房》诸书,点校李太白、杜少陵两集。六弟晚来,约明远观盂兰会。家藏医书大半破损,重为装订至十二下钟始毕。

七月初五日(8 月 26 日) 往杨楚丈处问书,未得。写团扇一柄,摹汉隶。写寄上海信一封。云逵处有回信来,云非十二元不可。戈伯鸿来,假去《读文》一本。改黄生、包生试帖共十余首。晚招崇如为二母舅问疾。

七月初六日(8 月 27 日) 山长课题,“子曰:德不孤”两章;“轻罗小扇扑流萤”,作两卷。

七月初七日(8 月 28 日) 包燿翁约茶。往贺颜叔屏芹喜。孙师约杜海峤来诊姑母疾。过胡晓莲,借《敬修堂赋稿》。点杜诗二本、韩诗一本,《唐宋诗醇》于是乎卒业矣。溯丁亥年曾校一过,今盖再阅也。放学后到店请父亲安,即过三兄谈文。闻蔚如已归。

七月初八日(8 月 29 日) 大雨。过星南,见辨志书院题目。汪作舟自述其诗三十首,名《八角磨盘吟》。晚阅《郑氏佚书》。兰丈过我。五弟生日。

七月初九日(8 月 30 日) 有雨,而仍热。乃辉文课题,“殷有三仁焉”一句,“看书到晓那能眠”。晚写泰州复信一封,看郑康成《易注》及《易赞》。

七月初十日(8 月 31 日) 午后又复雷声殷殷,骤雨一阵,其热如故。兰丈招往茶园闲谈,坐有孙师、星翁、崇兄。本有蔚如,而蔚以病不至;本无禹言,而禹来作东道,一聚一散,一饮一啄,皆前定也。李殿抡中风而归,闻孙师云,袁绍鹤亦中风。过蔚如问疾。看《续古文苑》两册,晚看郑氏《尚书注》二册。

七月十一日(9 月 1 日) 甚热。早发镇江信一封,内附寄上海信。内子生日。看《东都事略》两册。初二县课发案,王元超第三,蔡藩特等,星南昆仲之文皆特等。

七月十二日(9月2日) 转凉。求志书院寄来夏季题目。写《正续经解目录》于各册正面。从张渭泉处抄来江文通《清思诗》五首。金鹗《求古录礼说》甚善。

七月十三日(9月3日) 卢颖翁家冥寿,偕星南、伯鸿往拜。伯鸿一东台有志之士也,其所作文赋皆卓然可观。祭祖,父亲午刻来家。看《郑氏诗谱》。晚与星南同过崇如,杯酒为乐。苏老泉有《木假山记》。

七月十四日(9月4日) 早偕星南、禹言、崇如往蔚如家拜冥寿。接二兄来信。撰"闰月,诏王居门,终月"解及《小雅》"其周德之衰"说。

七月十五日(9月5日) 颇凉,宜单衣。拟《叔孙婼不杀鬷戾论》一首。五、六两弟及徐生、钱弟皆往北郊观利孤。购团扇一柄,求白石丈画。"颜渊不舍朝歌"见《子华子》。

七月十六日(9月6日) 撰《秋声赋》一篇。戈伯鸿至。明远赋题"秋声赋",不限韵。

七月十七日(9月7日) 撰《云台廿八将序赞》,又拟江文通《清思诗》,将"汉学、词章"两卷誊真,计三千余字。下午飞蝗蔽天,遗矢于地,视之皆青芒也。

七月十八日(9月8日) 早发镇江信一封,寄辨志书院卷。谒孙师,未遇。到店请父亲安,晤及王煦卿。江标为朱虎丞题画一幅,甚妙。看《史通削繁》一册湖北局本。写《说文部首》六十字。午后由塾归,部列书厨于东宧,宧向西南,移明远之榻于室中之右偏,陈经集于左。中倚壁设案一,左右有坐,读书处也。南窗向明处又设坐案一,为明远起居所。晚饭后位置始定,虽复敝庐柴障,亦足乐矣。

七月十九日(9月9日) 放学一日。将旧藏诸书及新得各本分部料列，余斋以“将就”[①]名之，本先大父之旧也。小时闻父亲述，云先大父时藏书甚富，以避寇迁海上[②]，书大半零落，其所好者惟读本诗古文词数种及医家言数十种，皆先大父所深笃嗜好也。今去先大父时又数十年于兹矣，即此诸书常惧放失，故每岁必曝而弆之。兹又益以近年来所得各部荟萃于一室，拟命此室曰“陈经庑”。“陈经”者，城以庚子日生，即用南齐臧荣绪陈《五经》而拜故事，聊志高山景行之思云尔。至斋名则仍“将就”，不敢忘祖也。读《郑君纪年》，君以丁卯生，余亦生于丁卯，不揣僭妄，拟更字曰“同甫”[③]。

七月二十日(9月10日) 到馆，改明远文三首、赋一首，写《说文部首》六十字，读陈玉山文，看《郑志》。陈辅清来，借《经史杂抄》序跋之属。放学后，偕三兄过饮兰谈文。途遇伯鸿，云虎臣有信至，兼索《茶香室丛钞》。饮老处悬曲园先生一联云“百岁久交风月雪，六时清课画书诗”，诚不愧写作俱佳之目。

七月二十一日(9月11日) 改钟泗文十一首，看《郑记》及《中候注》。《路史·余论》引云“太尉，周官”，则“《月令》非周公作”之说，郑君殆自忘其前说而误言之耳。

七月二十二日(9月12日) 临《汉碑》四幅，看《尚书大传注》。虎臣有信至，云近日看唐镜海《学案小识》，颇思从身心处用功，且自知近年好著述之心皆是务外为人。善哉，吾友能补过也。前日闻兰丈述，虎臣近又存心于义理之学，余初聆之颇以为不然也，即思作札将宁约无博之意告之。今读来书，虎臣已自见及此，且知有义理乃能

---

① “将就”二字原系吉城祖父吉棣的书斋之名，今吉城亦将其书斋名之为“将就”，又将其《日记》题签为《将就斋日记》。后来，吉城又将其书斋之名改称为“如不及斋、式古训斋、遐年砚斋、鲁学斋”等，其题签《日记》之名亦随之而改。

② “避寇迁海上”指咸丰年间吉城祖父吉棣因避“洪杨之乱”，举家从镇江丹徒迁居黄海之滨的东台城。

③ 吉城与郑玄都是丁卯年生，故吉城拟更字曰“同甫”，但后来用的却是“曾甫”。

有考据，有词章则由根柢以及枝叶，吾友之所造，将来正未可量也。自愧不才，终日仍是为人务外，正不知良友何以教我也耳！晚写复云逵信一封，并寄《国语》四本。饮兰过我，言山长课发案，蔡藩卷仍特等，而王元超卷竟无法可想。

七月二十三日(9月13日) 看《尚书大传》。禹言以二百钱得《唐石经·礼记》一种，诚足为之意外之喜矣。蔚如偕伯鸿午后至，蔚翁携去《读本时文》一册，又云前所少之《书目答问》一本即在伊处，好极。放学甚早，即邀蔚如、伯鸿过我舍观书厨，又偕星南齐至三兄处叙阔。三兄小恙，仍留余等大嚼畅谈。一知半解，何足道哉当务大者！

七月二十四日(9月14日) 开元十七年唐碑六纸。寄泰州信并书四本。陪孙师小牌。星翁过我，即赠以《守山阁书目》一本。家藏《石经·左传》两纸，笔意与蔡君所得不同，暇当携去互观。

七月二十五日(9月15日) 俊民有信至。朱次翁赠予昆仲笔各一枝。读放翁诗。卢饮翁昨示我周子嘉先生时文，甚善。吕子纯养女名宛童，区区小名，亦非经生不办也。孙师《咏白门某妓》云“羡他清绝青溪水，饱看惊鸿照影来”，与放翁《沈园》句暗合，当时大为薛慰农先生所叹赏。读玉山文。晚接二兄来信二十一日发，并补到《说文释例》一叶。又，汪崧甫来信，云八月出京。

七月二十六日(9月16日) “生不并时怜我晚，死无他恨惜公迟。”查慎行吊钱虞山联也六弟辈会文题，文学，赋得“二三豪俊为时出”得“时”字。看《史通·内篇》。

七月二十七日(9月17日) 写复二兄信，明日发。诗题“满庭风雨竹萧骚”得“庭”字。

七月二十八日(9月18日) 兰颐过我。读杜诗。晚阅“会课卷”，六弟文第一，钱生、王生次之，陆生、徐生又次之。

七月二十九日(9月19日) 看《史通·外篇》，又《说纬》一种。晚偕崇兄至蔚如家一聚，坐有星南、禹言。徐天球《咏风筝》云“任他风信东西转，百丈游丝在掌中”，与郑板桥《题竹》云“千磨万击还坚劲，任尔东西南北风”同一风厉。仁和翟晴江有《烟草》五十韵，绝佳。

七月三十日(9月20日)　改包生试帖。辨志书院寄“课卷票”来。

八月大　建己酉

八月初一日(1892年9月21日)　有雨。检《宋大观算学考》，未得。阅《渔洋山人精华录》，改黄生试帖。题《程小郲诗卷》。

八月初二日(9月22日)　西溪书院题：“颜渊问为邦”两章；“蒹葭霜冷雁知秋”。陪三兄瞧牌，至晚始将课卷草成，时已三更矣。《申报》言，夜三点钟时见彗星，光分为八。

八月初三日(9月23日)　为三兄题《程君诗卷》。晚在三兄处同邀蔚如、星南、禹言三君小聚，畅饮至十二下钟。

八月初四日(9月24日)　托五弟送扇子至三兄处，转交蔚翁，恳其乞白石先生画。蔚翁云，所借之《读文》容他日来还，蔚翁真介介也。

八月初五日(9月25日)　阅《随园诗话》，有朱草衣赠其宰溧水云“自惭龙尾非名士，肯把猪肝累使君”。案：朱无子，子才先生为题其墓云“清故诗人朱草衣先生之墓”，墓在清凉山侧。《史学备纂》中“杂史、编年”等全采《四库提要》。复二兄信一封。

八月初六日(9月26日)　朱柳门携其所作前日课稿来，文系三段，颇有龙门笔意。山长课题，“习相远也”至“不移”，草一卷，至日稷时始完。诗题“桂林一枝”，偶得句云“青莲才子笔，红杏尚书词”。

八月初七日(9月27日)　早为袁生略改文稿。闻扬属有十八取齐之说。六弟等文会，第二课钱生称最，余次之。晚到店请父亲安。“乌曹始造砖”，孙师述，案《文选》韦曜《博弈论》注引《世本》“乌曹作博”，容细考。

八月初八日(9月28日)　阅《〈文献通考〉序》，《经籍考》最善，其中包括隋、唐两《艺文志》及《宋中兴馆阁书目》、陈振孙《直斋书录解题》、晁公武《郡斋读书志》等。写影格一纸，读杜律，点《宋史·太祖纪略》。

八月初九日(9月29日) 初二日课发案,朱柳门第一,予第四,三兄第十。心兰过我,假去《续经解》四册,《均府》[①]一册。七月二十八日报载宋燕生《六字课斋抗论》,据述其旨与《校邠庐抗议》相同。读《〈文献通考〉序》,写《说文部首》六十字,阅《说文释例》。

八月初十日(9月30日) 《班志》[②]言"豫州,民二男三女",可证《周礼·职方》郑读之不误,下午以此说走告星南,为之大快。"十二食"恐是"十二鼎","十二衣"恐是"十二章",容考。作舟送来所作《八角磨盘吟》,其中如"锄草须开当下眼,看花要见小时心";"道成灵府初三夜,佛在浮图第八层"诸联,皆超然见性之语。

八月十一日(10月1日) 伯鸿、禹言先后至。作《〈汉学师承记〉一首书后》,阅《逸周书》。

八月十二日(10月2日) 笏老招予,述王公相知之意,并云欲为文会旁征他友,余即以崇如、星南荐。下午将此意告之星、崇二人,均以为可。在三兄所晚饭,饭后三人同步月。

八月十四日(10月4日) 改明远文五首、钟泗文六首又试帖,并有包生试帖四首。馆债一清,逍遥过节,真乐趣也。晚与星、崇同谒笏丈。饮翁过我,恳其代购《东华录》。三兄、星兄在家晚饭,畅谈。

八月十五日(10月5日) 孙师招同三兄、星南在公所闲聚一日。在店晚饭。星南假去《经解》一册、《萃编》一册。复虎臣信于昨早发去。

八月十六日(10月6日) 午前偕三兄、星翁过笏丈所,王公招往聚谈,见其二子一侄。午后过兰老,兰老有姑苏之行。孙师有《和汪作舟诗》八首,早读其稿,足令顽石点头,闻此稿尚未竟。

八月十七日(10月7日) 拟作《颜渊不舍朝歌赋》,未完。散学

---

① "均"与"韵"同,《均府》即《佩文韵府》。

② 《班志》即《汉书·地理志》。

后，与三哥过白石先生。

八月十八日（10月8日）　早，三哥邀同白石、星南小楼闲话，便过禹言。将昨赋续成。

八月十九日（10月9日）　读陈句山文。晚与兰颐、崇如过笏丈。

八月二十日（10月10日）　生日，茹斋一日。前日请孙师撰《读唐人集》四首，今已撰成。留兰颐、禹言、崇如在舍小聚，老崇携去陈玉山文三稿。

八月二十一日（10月11日）　拟《青餸饭》五古一首、《木假山》七古一首。从禹言处转假《笠泽丛书》，当送呈孙师。

八月二十二日（10月12日）　早过星南。誊求志书院课卷。吉斋于昨晚回来。新得诗若干首，古音朴节，非读书人所能办，阜陵郝干臣亦颇能诗。晚饭后与三兄同过白石，观其所藏《礼器碑》"鲁"下"侯"上之字，著录家或疑为"夏"字、或疑为"复"字，今按此碑，上为"艹"，下右半为"㇏"、左半"夕"字隐隐可辨，分明是"蔡"字矣。

八月二十三日（10月13日）　钱生题"亦将有以利吾国乎"，王生"不耻下问"，黄生"孰谓微生高直"；诗题"木假山"得"泉"字。读《〈通考〉序》及句山文。灯下看《儒林外史》一卷，严大诳人财物，终身无艰窘之忧；严二拥十数万家赀，而终日忧贫，二者均足发笑。求志书院卷托星翁寄去。

八月二十四日（10月14日）　偕三兄及星兄与王氏昆仲会文，题为"千乘之国"至"且知方也"，畅聚一日。王大字稷堂，次叔鸿，其从弟字楚白，三人皆不群，以稷堂为最。晚饭后，得观其所藏钱衎石先生手校《汉书》，其书大半用何小山本校也。又闻稷堂述，沈果堂先生亦有校本《汉书》，其摘讹刊误率有千余条，他日倘得合钱、沈两校与惠、张二先生说，汇而刊之，则善甚矣。发泰州信一封，向云逵索书。

八月二十五日（10月15日）　与三兄、星翁、禹翁在西宅招白石先生晚饭，作舟在坐。将昨文呈笏丈一政。读《上林赋》，写小字八十。白石先生为予兄弟画团扇二柄。作舟谈《易》甚精。

八月二十六日(10月16日) 阅《笠泽丛书》,陆龟蒙有《春秋通例辨》。看李兆洛《地图》。

八月二十七日(10月17日) 看《乐县考》《扁舟载酒词》。晚与三哥过白石,留饮畅话。晚饭后携茶至星南所。

八月二十八日(10月18日) 读句山文,写小字一百,看《说文释例》"删篆例"。改包、黄二生诗,包生《咏秋海棠》有句云"淡红烧夜烛,惨绿换春妆",甚佳。晚偕星翁过三兄。在店晚饭,闻二哥二十五日由镇江启行。

八月二十九日(10月19日) 钱生"夫子何哂由也",王生"由也为之",黄生初作全篇"敏而好学"。改赋一首,写中楷百字。看杜茶邨诗,其《王嫱故里》四首绝佳。看《说文释例》"删篆例"。还书至蔡三处。二兄由镇江归,快谈竟夕。汪崧甫劝余下北闱,伊可为房饭主人,亦是一策,容细筹之。

八月三十日(10月20日) 早发一信至伯鸿,申明买书之说。午后陪二兄沐浴。晚到店请父亲安。

九月小 建庚戌

九月初一日(1892年10月21日) 改钱生、黄生、王生文各一首,看《说文释例》"篆例",读句山、蕴山两先生文稿。

九月初二日(10月22日) 吉斋约啖一品锅。父亲晚至家,邀杨屏翁吃螃蟹。

九月初六日(10月26日) 同二哥、三哥往泰州,早茶时开,于夜半到。

九月初七日(10月27日) 在书肆购书,午后登岳墩,见江南山色,又游小香岩及吉羊花苑。

九月初八日(10月28日) 由泰州开船,月上时回东台。细检所购之《说文》三种,乃《小学汇函》刻本。

九月初九日(10月29日)　登泰山。下午随孙师至南郊相地。

九月初十日(10月30日)　在李府周旋一日。留白石先生在店晚饭。看《〈汉西域图考〉序》。

九月十一日(10月31日)　祝王公母寿。过白石茗话。看《聪训斋语》。

九月十二日(11月1日)　天气久晴,农人望雨种麦。看《聪训斋语》。写寄汪云逵信,托代购《水经注》。检点书籍,《鲍海门诗集》失去一本,惜哉!

九月十三日(11月2日)　看张鹏翮《治河论》。晚读《举业正轨》。作舟邀在公局午饭,饭后聆其奇论数则。

九月十四日(11月3日)　读归熙甫古文、陈其年骈文,看时文。

九月十五日(11月4日)　看《人表考》,读《明允论》①。星南送来"会课卷",仍是钱生第一。

九月十六日(11月5日)　案头石菖蒲经雨之后生气勃勃。改王生文一首、钱生文两首。读《洪稚存骈文》,看《人表考》。"李斯,字通古"梁玉绳引吾丘衍《学古编》。

九月十七日(11月6日)　写小楷八十字,看《人表考》、《江南通志》"山川类",读《卷葹阁》乙集。

九月十八日(11月7日)　改钱生文一首。朱柳门携所作"千乘之国"八句题文来。过星南。

九月十九日(11月8日)　改袁生"秋阳以暴之"文。过三兄。写小字一百。

九月二十日(11月9日)　写《谷朗碑》三十字、《说文部首》三十字、小楷九十字,看《尚书今古文集解》。《墨子·亲士》"神蛇近暴",与上"灼"字韵,因悟《尔雅》"毗刘暴乐也"暴即剥,与"毗刘"连读,皆

---

① 《明允论》当为苏洵《辩奸论》。

训落也,《郝疏》[1]以“暴乐”连读,似未尽善。又疑“泌水乐饥”乐、落也,即“解饥”之谓也,容询。

九月二十一日(11月10日)　夜起大风,日来尤甚。改袁生文一首,读《恽子居古文》,看《艺文类聚·天文部》“郑玄别传”二则。

九月二十二日(11月11日)　看《老子》“却走马以粪”许慎注。写对联一副,读曾公古文,看《邳州志》。晚看《结一宧文》,《火轮船赋》一首极为宏阔。

九月二十三日(11月12日)　“焉有君子”钱生;“以忠”三生同。读曾公古文。过楚老,护火草一名景天。过星南畅谈。看《邳州志》“沿革、建置、山川、运道、河防、民赋”共四卷。

九月二十四日(11月13日)　早在三兄所见蔚如。兰丈由姑苏归,即往视其恙,已愈,医某亦可谓针神矣,假来《显志堂稿》。蔚如午后过我。写篆六十、隶六十。晚录左文襄文一首。

九月二十五日(11月14日)　笏丈逝矣,不免动受知之感。写篆六十、隶六十。沐浴。

九月二十六日(11月15日)　“流水琴亡,音沉绿绮;斜阳燕语,巷冷乌衣”,孙师拟挽笏老联。写篆、隶、真字。兰丈招饮。楚老家藏宋本《说文》,是依《韵谱》分编。

九月二十七日(11月16日)　雾雨。早与蔚、星、崇至王家吊。虎臣有复信来。二兄生日。孙师招午饭。过蔚如,观其近临帖。晚从二兄学数。看《老子》“塞其兑”,因思“阅”“穴”通假,《诗·曹风·蜉蝣》“掘阅”,即“堀穴”也。《毛传》“容阅”,谓“自容于堀穴之中”,自陈氏以“容悦”释之,则失其旨矣。

九月二十八日(11月17日)　小雨霡霂。读《二南传笺》,毛、郑异义已不下数十事。看《说文释例》,“单”有车义,因疑之“单”亦是从车得义,如“千乘”矣。《说文》“霹”字下解云“从雨鲜声,读若斯”,又

---

① 《郝疏》即郝懿行《尔雅义疏》。

可为“斯”“鲜”通一证。录《张謇时文》一首。卢饮翁招晚酌。

九月二十九日(11月18日)　在李家一日，并不能帮忙，不过弄笔墨而已。晚看“会课卷”，陆兄及楚弟、明弟文皆佳。李梓林公[①]明日一百冥诞。“万物静观皆自得；一生爱好是天然”此联绝佳。

十月大　建辛亥

十月初一日(1892年11月19日)　放学两日，李府有事。

十月初二日(11月20日)　母亲昨夜寒热，喉有白糜，请楚丈诊，用甘橘清咽法。书院课题，“如用之”至“子夏”；“林外钟声开宿霭”，未及作。

十月初三日(11月21日)　微雨。昨日李家亦幸矣。午前草草成篇，誊毕即请明远送去。母亲寒热已解，喉糜自吹珍珠散后亦渐消。晚从二兄习归除法。三兄携文来共赏自能标绝响，未许著浮埃。

十月初四日(11月22日)　晴而回潮。小雪节。读梅伯言古文、方百川时文、孙渊如骈文。

十月初五日(11月23日)　大风雨。早偕星南至陈家祝寿，即到塾共论初二日文，三兄亦至，皆应吉斋之招也。点《论语注疏·宪问》，晚看《说文释例》“存疑例”一卷。

十月初六日(11月24日)　大风。点《论语注疏》“卫灵公、季氏、阳货、微子、子张、尧曰”。俞曲园“朱张”之说即本郑注，阳货两“曰不可”皆非孔子言焉。注甚明白，至“孔子曰：诺”句。马始注曰“以巽辞免”，乃邢疏以“两‘曰不可’皆谓孔子之巽辞”，则误会马注矣，后来注家皆沿此而误。改作包生试帖。

十月初七日(11月25日)　仍西北风，甚寒，早有雪花。点《毛诗传笺·唐风》，余旧点本为虎臣易去，此乃虎臣点本也，原点至“羔裘”章止。“烦擩抄也”，疑吾乡所谓“啰苏”即此“擩抄”二字，盖以言

---

① 李梓林公是李殿传的祖父。

烦也。改黄生文两首。汪崧甫由东坎来，略述虎臣近况。

十月初八日（11月26日） 风稍微，寒愈甚。禹言还来《杜于皇诗》并补逸诗三首、诗余一首，诗中讹字皆经其厘订。借书如禹言其人者，诚大为有益矣。过星南。昨读《毛诗》，有拟搜辑其言礼者之意，乃今见包世荣《毛诗礼征》已先我为之矣，其书援据详赅，允为河间、高密之功臣。

十月初九日（11月27日） 点《毛诗传笺·秦风》。“竹闭”之闭，音必结切，因悟俗所称“柲物”之柲即本此。改钱、袁两生文共四首。晚阅《毛诗礼征》。

十月初十日（11月28日） 点《毛诗传笺·秦风》，阅《说文释例》“存疑篇”。三兄、星兄晚至，留饮畅谈吾辈作事以诚为主。

十月十一日（11月29日） 临《谷朗碑》三十字、《皇甫诞碑》小楷百二十字。点《毛诗传笺·陈风》，“䍐迈”似作“䍐姓”解为是。作辨志文会寄来各课题。

十月十二日（11月30日） 看《说文释例》“存疑篇”，点《续汉郡国志》。看《山海经》一本刘向识“贰负”见郭璞注。

十月十三日（12月1日） 拟都郭作《郑玄说》一篇。塾课题“当仁”。

十月十四日（12月2日） 拟《后汉书·东夷传》“干夷”，《杜氏通典》作“千夷”；说及《文选》“斥斥”，或作“斥斥”对。晚就星南正之。

十月十五日（12月3日） 撰《执牛耳考》，用郑君“尸盟者执之”谊。李殿抡于十一日道卒，昨日藉庙殓。

十月十六日（12月4日） 又撰《大路或以为玉或以为木说》及《景伯负载解》，合前共成两卷，属明远代誊。

十月十七日（12月5日） 三兄招午饭，未往。拟作《汉文帝论》，未成。看《汉书·文帝纪》。

十月十八日（12月6日） 改作《大路说》。《左传疏》前后或不相照应，如“定八年执牛耳”与“哀十七年执牛耳”说即两岐，殊为疑也。时觉畏风,服药茶少许。

十月十九日(12月7日)　微雨。早约星南、三兄陪孙师茶园小坐,即过襄荷精舍牌聚一日。《辨志书院课卷》两本,托星翁处交。晚看陈乔枞《鲁诗叙录》。又看《说文释例》计二十卷,看至今日始毕。

十月二十日(12月8日)　仍雨。李家有事,放学一日。晚过录俞曲园《墨子平议》一本,《亲士》之"战虽有陈"一条,《尚贤中》之"无故富贵"一条,《尚同上》之"五刑"一条,《尚同中》之"靡分"一条、又"有苗之制五刑"一条,俞说似皆未安,另有说正之。

十月二十一日(12月9日)　书房收拾未齐,草草背书而罢。晚过星南,见其所作《乞陈白石画郑君遗像诗》四首,甚佳。

十月二十二日(12月10日)　蔡禹言至,谈至午后去。晚过录《墨子平议》。星翁携其所撰《王寅侯墓表》来,文境简老,推弃一切。

十月二十三日(12月11日)　甚寒,须着羊裘。改明弟文二首。课题,"亦飨舜"明,"见贤"虎,"见贤思齐"黄。

十月二十四日(12月12日)　改袁生文二首,批明弟文一首。

十月二十五日(12月13日)　撰七言古诗一首[1],效"蒋铅山咏各贞节"体,《纪王寅侯事略后》。

---

① 据吉城《鲁学斋诗钞》,录此首七言古诗如下:山西堂堂一男子,保宗其名王其氏。父知府公母则李,本身之考赠征仕。家贫未足供甘旨,且向南河作典史。是时粤贼祸方始,湘鄂皖吴各风靡。袁江粮台继以毁,父偕太守宣公死。闲关觅骸血被趾,贼踪麕集遍郊鄙。父骨不得号天祇,缘忧去官家复徙。自常之苏二百里,马迹山头坏云起。乡邻四走贼至矣,生考贻虏祸未已。有季弟彬□遘否,君于其时迫无比。天下万事皆敝屣,亟趋贼前舔言诡。曰父老惫弟弱齿,我躬愿承两臂使。贼众居然竟释彼,以担授君君唯唯。及度远去非天咫,掷担兀立发上指。大声骂贼尔虱蚁,我固官也肯降尔。贼怒遂以刀刃抵,纷纷并下楚与棰。棰楚有尽骂不止,须臾气绝道旁委。彬来负归泪泉水,时年三十有一耳。吁嗟乎,忠君孝亲本人纪,而君特非寻常拟。阅宗廿五庚至癸,嗣君增楣以状视。一再展读颈延企,敬缀长歌代铭诔。

十月二十六日(12月14日) 过禹言、星南。“夜半钟声到客船”赋,以题为韵。

十月二十七日(12月15日) 雪。

十月二十八日(12月16日) 星翁撰成《王太淑人寿序》一篇,公请姜致翁隶书,三日乃毕。

十月二十九日(12月17日) “而况不为管仲者乎”明,“乞诸其邻而与之”袁、黄;“闲嚼梅花伴酒樽”。求志书院寄来秋课题,限十二月初交卷。

十月三十日(12月18日) 改文五首。

十一月大 建壬子

十一月初一日(1892年12月19日) 二兄赐我披白紫毫,于今日开写。贝松泉[①]元笔一枝,不知何往。改文一首。大兄又举一男。阅蒋苕生诗。

十一月初二日(12月20日) 书院小课题,赋为“邓仲华仗策北渡从光武”,以“得效尺寸,垂名竹帛”为韵,余经史、杂作甚夥。闻限三日交卷,恐应之者无多人也。午刻祭祖,父亲来家。二兄有南中之行,晚饭后送之上船。

十一月初三日(12月21日) 冬至。过星南、崇如,皆未值。

十一月初四日(12月22日) 荒嬉一日,未能作小课,晚见星兄所撰赋,又复心动。

十一月初五日(12月23日) 竭一日之力,将小课全卷撰成,嘻,甚矣惫,计十七题。

十一月初六日(12月24日) 晚看《说文・目部》,“瞋”下引秘书云云。

十一月初七日(12月25日) 父亲寿辰,早诣店叩祝。乃辉以

---

① “贝松泉”系苏州湖笔店之商号。

祖母七十寿，今日料理启行。

十一月初八日(12月26日)　母亲偕乃辉到兴化，今早动身。前日小课经说题，匆匆未能详解，今复改作一卷，赋题亦别寻一解，共撰经说二、记一、赋一、议一。

十一月初九日(12月27日)　撰《十台咏》及《刘琨、祖逖论》，灯下手誊一过，约共五千字。

十一月初十日(12月28日)　将昨卷属袁生交去。十月初二课发案，予文取超等第六，朱柳门第一。孙师招啖凫饭，有兰丈、作翁、星兄诸人。

子陵一钓传千古，七里岩滩绝底清。光武故人作天子，先生避世弃公卿。不贪爵禄谁能饵，爱着羊裘岂为名。东汉以来多节义，开端于此客星明此星南《子陵台》作也。

十一月十一日(12月29日)　二兄有信至，云于初六日平安到镇江。拟撰《车如流水马如游龙赋》，未成。蔡雨亭云，古无出口音。“可惜万家挥血汗，供他商贾斗繁华”孙师《咏东台八景》[①]中“万灶清烟”之句。看《梅伯言古文》。

十一月十二日(12月30日)　沐浴。看《曝书亭词》。陈奴由兴化回，带来《图书集成》二册。

十一月十三日(12月31日)　早发镇江信一封、兴化信一封。改明远赋一首，看曾公古文。三兄假去《常州骈文》一册。周受天能诗，前由吉斋处传来草稿数十纸，今吉斋又将往淮安，爰题七截四章以寄之。

十一月十四日(1893年1月1日)　改明远文三首。近来读书时甚少，皆为人之心误之也。何兰老由苏州代购紫毫笔数枝，晚分送星南、三兄两处。

---

① 东台八景为：新厅明月，古堰清风，万灶青烟，千峰白雪，南亩春耕，西湖夜钓，苇湾夕照，圣果晨钟。

十一月十五日(1月2日) 月色甚佳。改文七首。吉斋将北征,前读其所作诗,聊志四绝以为别。还笔钱至何兰皋处。在店晚饭。

十一月十六日(1月3日) 改试帖二十首。“天生以为社稷;人望之若神仙”寿李相国联句。

十一月十七日(1月4日) 放学。吉斋道过兴化,故订同舟之约。

十一月十八日(1月5日) 阅蒋苕生诗。辰正由东启行,至大垛宿焉。

十一月十九日(1月6日) 茶后到兴化。过海仙,未起。出北门,至笪家拜生日。悦庵丈来。写安禀一封,待发。

十一月二十日、二十一日、二十二日、二十三日(1月7日、8日、9日、10日) 此四日皆未读书。

十一月二十四日(1月11日) 看《图书集成·理学篇》“智部”,略记心得于后。

《扬子法言·寡见篇》:“或问:侍君子以博乎?曰:侍坐则听言,有酒则观礼,焉事博乎?或曰:不有博弈者乎?曰:为之犹贤乎已尔。”据此,则汉以前相承旧说,《论语》“博弈”之“博”不作“局戏”解。

徐干《中论》:“《易·离象》称‘大人以继,明照于四方,且大人圣人也,其余象皆称君子,盖君子通于贤者也。聪明惟圣人能尽之’。”案:此说甚新,历来讲《易》家未论及此。

又“殷有三仁,微子介于石不终日,箕子内难而能正其志,比干谏而剖心。君子以微子为上,箕子次之,比干为下。故《春秋》,大夫见杀,皆讥其不能以智自免也。”案:此论可补《论语注》,戴子高注《论语》附会《春秋》,未识见及此否?

“智囊”之名不始于晁错,《史记》“樗里子,秦人,号曰智囊”;又《后汉书·鲁恭传》亦有“智囊”之称。

《老学庵笔记》载“张杲卿知润州，鞫茹人杀夫投之于井”一则，《聊斋》即本之。《关尹子·六匕篇》“好智者，多梦江湖川泽”，余恒梦水，然则亦好智之过焉。又《四符篇》“人勤于智者，精不外移，可以摄精”。

《韩非子》：“澹台子羽，君子之容也，仲尼几而取之，与处久而行不称其貌。故孔子曰‘以容取人乎，失之子羽’。”案：此说则“以貌取者”乃谓“误取其貌之美”，后人以“貌陋”说之，非也。

十一月二十五日(1月12日)　雪。从继声兄所假句容陈立《句溪杂著》阅之，其论说有王益吾《续经解》所未收者。

十二月大　建癸丑

十二月初一日(1893年1月18日)　过庄鸿宣，见阮晋朋所撰《待轩随笔》，其大略是目录之学。据鸿翁云，伊将分“经、史、子、集”四类编次，今仅见其“经类”耳。鸿翁又藏有《静志居诗话》，是竹垞编。洪稚存序云其书实仿《汉书》之例，首明代帝王，次名臣，次儒林、高士、外夷，终以童谣、乐府，盖名则诗话、实则史体也。过继声书室，案头设乐石一枚，计五峰。叩其声清越，且五峰音各不同；又，天将阴雨，则石体周润，亦神物也。是成子清藏物，今归杨氏矣。

十二月初二日(1月19日)　连日苦寒，河冰坚腹。据乡老云，道光二十五年寒若此。还《待轩笔记》至庄鸿翁处，其书大半抄撮《通考·经籍部》，故于宋独详，宋以后诸书大谊，则又取之朱彝尊《经义考》。阅《句溪杂著》数则。T，古甲字，后人借为花押字。今人用押画十字，实本此，而义则非矣。本字别训则为“读如、读若”，异字别训则为“读为、读曰”。

十二月初三日(1月20日)　转南风，稍和。看陈卓人《句溪杂著》，《〈白虎通疏证〉序》一篇亦载入。又看《忠雅堂词集》，其中《秋月》十余阕甚妙。悦丈托看润鸿赋。

十二月初五日(1月22日)　母舅命拟挽卞雨公联句云：“与子

属同袍，晦雨潇风，回首廿年成一梦；有孙才负褓，寒冰酷雪，伤心三世剩孤雏。”又，母舅拟一联云：“伯道本无儿，天若多情，定诒文孙能绍述；封人犹有母，君今撒手，怎教垂老不凄清。”

十二月初六日(1月23日) 夜雪。午后谒瀚如舅氏，赠我《悔庐诗钞》一函。

十二月初七日(1月24日) 大雪一日，三九、四九皆有雪，蝗蝻无妄矣。往汪家拜寿，房中小儿呼余名以为笑，司马君实，余何敢当。晚来雪霁月出，月旁长庚星畔别有一小星，未知天文家考之以为谁何也？

十二月初八日(1月25日) 母舅早起，命至福来茶话，坐有徐步洲先生，其人以管蕴山文为不然，是或一道与？明远课题：“仁者寿，子曰：齐”；“一窗晴日写黄庭”。邀崔亮畴来诊母亲恙，其方以治脾胃为主。据舟子来述，河冰已开。

十二月初九日(1月26日) 雨雪。

十二月初十日(1月27日) 午后过继声兄书塾，见陶焘、汤润之两君册页。《孟子·万章》“此五人者，亦有献子之家”，此“亦”字当属“五人”说。

十二月十一日(1月28日) 又雪。继声赠我《中兴颂》及《李君碑》碑出于同治年，仅半截。继翁汉碑，容待校证。

十二月十二日(1月29日) 早在福来见继声、鸿宣，述镇江二月初一县考、三月初一日府考取齐之说。看《汉书·艺文志》《隋书·经籍志》《新唐书·艺文志》《宋经籍考》、辽金元三史《艺文志》、明焦竑《经籍志》。

十二月十三日(1月30日) 大雪。闻镇江万恒昌倒闭，晋源店颇受其累，未卜有无关大碍。四路河冻，二兄久无信至，故不得其详。后见二兄信，此说不确，幸甚幸甚！乃辉课题，“间于齐楚，事齐乎”；“明其政刑”；“布衾多年冷似铁”得“多”字，尽晚完卷。

十二月十四日(1月31日) 看焦竑《〈经籍志〉序》。继声塾中有冯应榴注苏集[①]甚善。与恭弟围棋。

十二月十五日(2月1日)　丁建丈约茶,坐有继声兄,谈及词曲,建丈固是知音。阅乃辉文,看《〈隋书·经籍志〉序》。连日皆以"叶子"消遣,偶见《敏求轩述记》中载"看牌"两则,其情景颇与吾暗合。

《新唐书·艺文志》"吉中孚诗一卷,楚州人,始为道士,后官校书郎,登宏辞,谏议大夫、翰林学士、户部侍郎、判度支,贞元初卒"。《汉书·平帝本纪》"元始五年,征天下通知经史、传记及术数之学者,在所为驾一封轺传,遣诣京师"。

十二月十七日(2月3日)　立春。天气甚和。见兴化刘公迎春。走别悦丈。顾兄幼贞,年裁十三,七经成诵,且精选理。午后过我,出其所为文,读之固自不凡也,与谈史事,亦颇周晓。拟明日动身。

十二月十八日(2月4日)　晚饭后上船,宿北水关。

十二月十九日(2月5日)　由兴化开行,至北安丰宿,计行七十里。舟中无事,听母舅唱"思凡"一折,其中如读"水"为"许尾",读"佛"为"符勿",皆自然之反切。

十二月二十日(2月6日)　由北安丰开行,至草堰宿。路过白驹场,谒武帝庙,据云庙中圣像是由水上浮来。母亲寿辰。

十二月二十一日(2月7日)　由草堰开行,二十五里到东台。先过三兄家,见蔚如、星南致中诸君。到店请父亲安。午后剃头、沐浴。下午过李家,请姑母安。读《太元经》[②]。

十二月二十二日(2月8日)　知照各生,今日到塾。母舅及三兄、蔚翁午前至,留饭。以"李某乞款启稿",托三兄撰文。门斗张佩

---

① 此苏集指《苏文忠公诗合注》。

② 《太元经》即《太玄经》。之所以将"玄"改作"元",是为避康熙皇帝玄烨之名讳。

兰窘不可当，与三兄合给一元，明早寄去。晚写复二兄信一封，又致明远信一封。

十二月二十三日(2月9日) 改袁生文两首、包生试帖三首。虎臣有信至，计数千言，现拟撰《珠巢丛录》及《国朝学略》二书，又附录其夫人及京中诸女史唱和诸作。蔚如、星南、伯鸿同过我。午后至济安堂谒孙师，并道谢一切。济安堂今年以严寒民多冻饿，集款施粥，甚善事也，现已约行二十日。前次小课发案，星南第一，予第二，袁生将课卷领来。读《秦文伯文》十遍。

十二月二十四日(2月10日) 改黄生文两首，读蕴山文十遍。偕星南谒兰丈，见所作《冰泮行》。灯下过录《墨子平议》"节葬、天志"两篇。

十二月二十五日(2月11日) 三兄及星翁请白石先生写楹联各一副，予以往迟，未克分其墨宝，容俟异日。

十二月二十六日(2月12日) 散学。往恒丰请母舅安，即在彼午饭。还书至伯鸿处，未遇。晚过录《墨子平议》"明鬼、非乐"两篇。丁禾生新购石印《士礼居丛书》，见其带来《国语》《国策》两种，字迹甚爽朗，又有《梁公九谏》一本，乃赐书楼藏物，亦《丛书》之一。

十二月二十七日(2月13日) 过星南，见影抄本《悔庐文稿》，将来稍有余力，合予所得《悔庐诗稿》重刊之，则善甚矣。晚过录《墨子平议》两篇。悦丈信来。

十二月二十八日(2月14日) 丁禾翁约晚饭，坐有吟伯、蔚如。复悦老信。禾翁颇熟史事。

十二月二十九日(2月15日) 孙师招同三兄、星兄、禹兄在局牌聚，来者皆以为如许消闲，实不多见。晚接二兄祀灶日发来手书，并寄到橘子等件。

十二月三十日(2月16日) 沐浴。寄镇江镇屏山巷内德新源洋行吴晋孚太爷收下转交。

第七集　如不及斋日记
（光绪十九年　癸巳）

正月小　建甲寅

正月初一日（1893年2月17日）　晴。早起贺节。午后陪孙师在李家小聚。于丁师处见吟伯手抄欧史①，述其所作《南朝评咏》。二兄寄来《时宪书》一册。晚读陈句山"必得其位"文十遍。夜梦人以二百六十文购两鸭赠我。《荀子》"干越"，干、国名。过录《墨子平议》三篇。

正月初二日（2月18日）　晴。上半日补贺十余家，午后过录《墨子平议》。虎臣贺节名片，去年已由京都寄到，昨由蔚如所传来，即此可见其神志有余气象。过录《墨子平议》。

正月初三日（2月19日）　过录《墨子平议》毕，计十五卷，计时两阅月。此书自毕氏、孙氏、王氏校议，而后复得俞氏以补阙拾遗，毫发无憾矣。

正月初四日（2月20日）　晴。求志书院寄来壬辰冬课题。看王伯厚《艺文志考证》，"厥兆天子爵"是《尚书》佚文。

正月初五日（2月21日）　过录《荀子平议》三则。

正月初六日（2月22日）　阴。看《艺文志考证》，"芊子"当是"芉子"，《史记》作"讦"。

正月初七日（2月23日）　阴，夜微雪。写寄吉斋信，交金舟

---

①　欧史指欧阳修编纂的《新五代史》，下同。

带去。

正月初八日(2月24日) 阴,甚寒。黄生来。与三兄同至丁师家祝寿。

正月初九日(2月25日) 晴,冷。请母舅午饭,“升官”一局,吴灼孙及三兄皆至。

正月初十日(2月26日) 阴。偕三兄、星南、吟伯在丁师家小聚。

正月十一日(2月27日) 晴。誊李某《乞款启》一呈母舅处。接二兄第一函,述“恩科”确信。揖如自兴化至。

正月十二日(2月28日) 晴冷,有冰。点《通鉴·周纪》十页,胡三省《序》言注史之难;章怀注、范松之注陈广异闻者多,阐本义者少。

正月十三日(3月1日) 晴。母舅回兴化。

正月十四日(3月2日) 晴。随孙师、星南过王稷堂闲话。夕观龙灯。京江公所粥厂复开,甚善事也。

正月十五日(3月3日) 晴和。孙师、大兄、三兄同游西溪。稷堂贻我及三兄、星南《赣榆志书》各一部。张季直考,赣榆即弇榆县,以山得名,信然。

正月十六日(3月4日) 晴。稷堂有京都之行,早偕三兄、星南往送,已开舟矣,不及握谈为怅。今日开学。晚饮兰招春酒,坐有孙师、三兄,星南以馆餐未到。写《说文》四十字。

正月十七日(3月5日) 晴,惊蛰节。点《毛诗传笺·桧风》,阅时墨。晚写致虎臣贺柬,托二兄处转寄。

正月十八日(3月6日) 晴。点《通鉴·周纪》十页,阅时墨。蔚如至自镇江,二兄托带下石印《李傅相七十寿序》及番禺梁鼎芬书《崇义祠碑》。晚与三兄、孙师、蔚、星、禹诸君同作东道,介白石先生寿,禹言大醉。

正月十九日(3月7日) 晴,夜有微雨。白石丈过我,携去《谷朗碑》，云代加校证。临《李君碑》，阅时墨。

正月二十日(3月8日)　阴，欲雨。临《李君碑》。春海送其弟来。改乃辉文，培立、鸿绪诗。晚写上母舅及二兄两禀。

正月二十一日(3月9日)　晴。读《邳州志》。点《诗豳谱》，"周公居东"一事，郑、王异议，迄无定论。汪作舟过我云，《易》之为书，不外五礼，震主祭，巽主斋，复即皋。某复之复，故曰"七日来复"；又，"承剥、后剥"，丧也，即丧礼也。阅《尊经、紫阳两书院稿》。

正月二十二日(3月10日)　晴。蔚如约茶，坐有星南、三兄，茶后在济安堂陪孙师花牌。晚读《夏小正》一过。

正月二十三日(3月11日)　晴。"鸡鸣而起"，"养弟子以万钟"；"柳边风去绿生波"得"生"字。谒兰丈、伯老。吴杏楼先生藏有《谷朗碑》一本，容假阅。在伯老处见《夏承碑》，神采非常。

正月二十四日(3月12日)　晴，颇暖。困于酒食，晚觉腹中不适。羼，初雁切；亯音庸，用也。二兄寄来二十一日发手书。点《通鉴·周纪》十页。求志书院壬辰春课发案见十九日《申报》，蒙卷取特等。复镇江函。

正月二十五日(3月13日)　晴。看《圣武记》。周济有《山东乐府》三十首，内一首咏"刘青天杀贼"事，婉而多风。

正月二十六日(3月14日)　晴。写《皇甫诞碑》四十字，点《通鉴·周纪》五页，晚阅《竹垞词》。浴马知冤，天下非无义士。

正月二十七日(3月15日)　晴。作舟招饮，坐间见仪征刘诚甫，其人肫挚可亲，不苟言笑，于此见孟瞻、伯山两先生相传之家法也。午后陪孙师、星兄、崇兄郊游，杨柳都含绿意。过录《荀子平议》。

正月二十八日(3月16日)　晴。作舟携朱柳门来，订会课之约。读百川文稿。录《荀子平议》，"吟口"疑即"凶贪"之误。

正月二十九日(3月17日)　晴。改作俞、黄两生文。阅《竹垞词》，"散卓"二字出《文房四谱》。"将之楚"至"自楚反"，"人力不至于此"。

二月小 建乙卯

二月初一日(1893年3月18日) 雨。改作乃辉文一首。读韩公《谏迎佛骨表》。

二月初二日(3月19日) 风。读《后汉书·党锢传》,改乃辉《登龙门赋》,阅时文。

二月初三日(3月20日) 晴,春分节。燕京人于立春日食萝卜,谓之"咬春",见《吴梅村诗注》。吾乡以立秋日食瓜,谓之"咬秋",意盖与此同。过录《荀子平议·王制篇》,"仁眇天下,威眇天下",疑即《汉书·贾捐之传》"言语妙天下"之谓,颜师古注"言语之精妙过于天下",似非。再案:《易经·说卦传》"神也者,妙万物而为言者也",王肃本正作"眇",可证。读《举业正轨》。饮兰午后至。乃辉课题"若夫润泽之"。过星南及崇兄,兄来寻我,彼此相错。晚观龙灯。

二月初四日(3月21日) 阴有风,夜微雨。临大字四十。二兄寄来二十八日信,云《读书杂志》已代购到。点《通鉴·周纪》九页。蕴山文往往采外注说,如"季氏使闵子骞"一节题起二比,"柳下惠为士师"一节题第二篇中段,所云皆然,读者不察,但惊其奇伟耳。

二月初五日(3月22日) 阴而冷。吉斋招饮,坐有孙师、浩翁及家昆仲。复二兄信,附还《崇义祠碑》。

二月初六日(3月23日) 晴。乃辉题:"吾闻用夏变夷者,然则治天下";"日长花气扑人衣"。星南午刻过我。改乃辉文。通阅《艺文志考证》一过,"汉律"条下失引。《说文》"箪,小筐也"。

二月初七日(3月24日) 晴。看《毛诗礼征》"冠、昏"两类,临《李君碑》。毕俊民有缄至。吉斋今夕上船往南。

二月初八日(3月25日) 晴。撰《秦边考实》一篇,就星南正之。禹言过我,散学后偕至南郊。

二月初九日(3月26日) 月色甚明。写大字四十。看《毛诗礼征·郊禘类》,又看卢学士《钟山札记》"官学在四夷"。《汉书·王子侯表》晋灼注有“内言”,“内言”即“笼口呼”也。过禹言借《梅村诗》,见《鹤征录》。三兄晚饭后步月过我,假去《〈文献通考〉序》。

二月初十日(3 月 27 日)　晴。改乃辉文诗。点《豳风·七月》,疏“枣须树击之”与笺“条桑枝落之”句法正同,《校勘记》疑“树”为擣误、又为扑误,皆非也。读《梅村诗》一册,《下玉京弹琴歌》《永和宫词》两篇尤觉哀艳。《咏雄文似相如》云:“才少它扬并,情同慕蔺殷。”尝阅江慎修先生《春秋时兵农已分论》,因悟《孟子》“壮者以暇日”之“壮者”即指兵言,不然孝悌忠信凡民皆宜修,何独壮者应然也。前日以此说质之禹言,禹言亦以为允。“鱼轩”即以鱼皮饰轩也,见《尚书大传》郑注,俞正燮《癸巳类稿》说非也。

二月十一日(3 月 28 日)　阴。临《李君碑》二十字,点《豳风》毕。下不可以贻上,《鸱鸮》之诗当从郑说。晚与星南、孙师步月,师云:“‘三分天下有其二’一节,乃孔子申才难之旨,言周之德非不如舜也,特天之生才愈降愈少耳。”此说可补传注所不及。读梅村七古。

二月十二日(3 月 29 日)　晴。丹徒县试赋题,张衡《二京赋》,以“精思附会,十年乃成”为韵。孙师述陈海门《咏秋柳》云:“草草南朝一梦醒,攀条我亦惜星星。玉关羌笛多哀怨,莫上旗亭带酒听。”尹宫保固当代才人。“吾十有五而志于学”一章,疑皆指算学言也。晚阅《毛诗礼征》一本“巡狩、朝会类”。读俞长城“卿以下”二节文十遍。看《金石萃编》魏朝诸碑,吴官有“立忠”“立信”诸名。

二月十三日(3 月 30 日)　晴。早与灼孙、星南、揖如茶话。灼兄推魁儿“八字”,云“半金局”,由十岁至五十岁皆行“木火土”,运甚佳。阅《易林》。改俞、黄两生文。晚到店请父安。三兄新得《步月诗》六章,今日为予述云。

二月十四日(3 月 31 日)　雨。阅《明史约编》,点《小雅谱》,读柳州文。晚阅臧寿恭《春秋左氏古义》,寿恭字伯辰,长兴人。《经典释文·序录》云:“汉大中大夫许淑,字惠卿,魏郡人,注解《左传》。”案:《左传正义》引“刘、贾、许曰”云云,所称许者即其人也。《左传·

成公二年》[经]“曹公子首”,《公羊传》作“手”。

二月十五日(4月1日) 晴。临《李君碑》,看《潜研堂金石文跋尾》。三哥、星兄晚至,畅话至一更时始别。三哥前夜看月,有诗六绝甚豪,今夕月光愈胜,亦拟六诗和之。“一树梨花双白燕,个人相对倚闾时”,此二句颇自得。虎臣信来,述恩科之信。

二月十六日(4月2日) 晴。海盐王公将去任,早与三哥、星南送之。另札一封,致稷堂,顺治门外棉花九条胡同海昌会馆[①]。看《梅村诗》一卷。

二月十七日(4月3日) 阴。点《后汉书·儒林传》,看《毛诗礼征》。

二月十八日(4月4日) 午前晴,下午微雨。清明。看《读书杂志》一本。偕三哥、星兄郊游。晚复镇江信一封。

二月十九日(4月5日) 阴。临《李君碑》,点《通鉴·周纪》毕,读赵鹿泉文一首。程揖翁招晚饮。

二月二十日(4月6日) 晴。送钱生南行。临《李君碑》,点《通鉴·秦纪》十页。吉斋由镇江回。

二月二十一日(4月7日) 晴。姚弟自兴化来。吉斋赠我湖笔、宫烛。看《安帝纪》范晔序例一条,见李贤注。

二月二十二日(4月8日) 晴。临《柳公权帖》,改包生文。过伯鸿,还去《王渔洋集》。晚写致继声兄一缄,托姚弟带去。

二月二十三日(4月9日) 晴。改黄生文,点《小雅》四章,录《荀子平议》数则。案头插海棠一枝,甚艳。

二月二十四日(4月10日) 晴。县官求雨。读《举业正轨》文一首。改俞生文。“春城雨色动微寒”。

二月二十五日(4月11日) 微雨。壬辰春课求志书院卷领回,批云“大致简明”。改文两首、试帖十余首,看《荀子·大略篇》。

---

① 此为王稷堂在北京的住址。

二月二十六日(4月12日)　晴。读曾老诸墓志铭，临《李君碑》，写小字二百四十，点《通鉴·秦纪》。晚看《通鉴外纪》，引《史记》曰“九皇氏没，六十四氏兴”一条，容考所出。读百川文。

二月二十七日(4月13日)　晴，午后阴，雷雨、冰雹一阵，上灯后复雷雨。点《史记·始皇本纪》，读蕴山文。晚大雷雨，因成三绝云：“而翁大度本温温，留得春和爱子孙。无奈嚣尘看不惯，故将雷雨荡乾坤。”“养晦多时偶一鸣，闻声那顾俗人惊。阿香要算文章祖，脱口居然便不平。”“龙卧深渊息怒涛，无端速驾阵云高。苍生待汝为霖雨，但许驰驱莫告劳。”看《荀子》。

二月二十八日(4月14日)　晴。临《李君碑》，写小字百二十，读蕴山文，点《毛诗传笺·小雅》，读《两都赋》。《说文》“蹩”、《毛诗》“闭”，皆“边”之入声，俗用“秘”字，当本此。种兰。

二月二十九日(4月15日)　晴。撰“子曰：文，莫吾犹人也”一节题文一篇，走就星南、崇如正之。

三月大　建丙辰

三月初一日(1893年4月16日)　晴。写扇面一个，又誊昨文七百二十字。点《毛诗传笺·小雅》至“彤弓”，读《西征赋》及蕴山文。

三月初二日(4月17日)　晴。临《李君碑》，读《举业正轨》。

三月初三日(4月18日)　晴。孙师招同星翁、三兄及荫南、杏楼、吉斋诸辈，在襄荷精舍修禊。午后沐浴。晚看《淮南子·说山训》，又得“反宗”一证。

三月初四日(4月19日)　晴。写小字百二十，临《李君碑》一纸，读蕴山文。明日乃伯祖妣周忌，邀三昧寺僧礼忏，先期设坛在西宅。

三月初五日(4月20日)　阴，有雨数点。谷雨节。晨往西宅行礼，晚回。五弟候和尚焰口毕时已夜深，即与六弟共榻。

三月初六日(4月21日)　晴。写小字三百，读赵鹿泉文。晚阅

《说文·虫部》,“蝝”字下引刘歆、董仲舒说,盖《春秋》说也。母舅午后过舍,以《韩仁铭》呈鉴,大加赏赞。

三月初七日(4月22日) 晴。点《毛诗传笺·小雅》,读《两京赋》。

三月初八日(4月23日) 晴。观风课题,“其故家遗俗,流风善政,犹有存者”,草一卷,即夕交去。二哥下午由镇江来。乃辉寄来头场文稿,平稳而已。

三月初九日(4月24日) 晴。放学两日。

三月初十日(4月25日) 晴,晚月有晕,三日内似当有雨。大伯父六十寿辰。

三月十一日(4月26日) 晴。写小字八十,晚阅《啸亭杂录》。在局公饯袁浩翁。

三月十二日(4月27日) 阴,午后快雨,至夜始歇,人以大慰。汪崧甫由兴化来。与崇兄往问丁师疾。左目微痛,未能看书。

三月十三日(4月28日) 临《李君碑》《皇甫诞碑》各一纸,阅《啸亭杂录》一本。目仍红痛。

三月十四日(4月29日) 临《李君碑》两纸,写小字一百,阅《举业正轨》,改包生起讲。李培沅送来石菖蒲一盆,于目疾甚有益。《正轨》中文,陈句山、赵鹿泉、管蕴山而外,余尤爱储在文之文。

三月十五日(4月30日) 夜雨。过兰颐书塾闲谈。阅《啸亭杂录》,改黄生文,写中字一百。

三月十六日(5月1日) 好雨一日。看《啸亭杂录》,改俞生文。左目红未减,右目复微红。晚与二兄话国朝掌故。蒲草剃头,颇似秀才翘脚,吉斋闻之能无一笑。

三月十七日(5月2日) 雨止,微寒。临《李君碑》,阅《啸亭杂录》。目疾六日未愈,岂以多看书之故耶?于文襄公敏悟非常,得膺天眷有以也,然不免“簠簋不饬”之议。

三月十八日(5月3日) 晴。目红逾甚。二月二十八日所植之兰中开素心一枝，喜出望外，以折扇请二兄写之。

三月十九日、二十日、二十一日、二十二日(5月4日、5月5日、6日、7日)　以上四日目疾，未到塾。继声兄去年赠我《李含光碑》，趁暇手装成册。

三月二十三日(5月8日)　雨。到馆。看《自怡轩楹联剩话》。书院发案，蒙卷特等，批云“一讲钩勒不紧”。

三月二十四日(5月9日)　晴。临《李君碑》，改俞、黄两生文。晚过三兄。

三月二十五日(5月10日)　晴。过伯鸿。阅时文。星南生日，晚与三兄、蔡三同在西宅为酒寿之，孙师、二哥作陪。

三月二十六日(5月11日)　晴。写《李君碑》。晚为外祖母求方。星南为蒙题画兰扇两则。

三月二十七日(5月12日)　晴。改黄生文一首。午后沐浴，过星南谈文。晚复论处家处世之难，惟有一诚而已。晚阅《圣武记》一卷。

三月二十八日(5月13日)　晴。杨氏之宅上梁，送糕、馒来，因往贺焉，便谒舅氏。明远有信至，云在镇江待院试。改俞生文一首。伯祖考茂林公周忌。午后，孙师、禹言约游北郊，至永圣庵小憩，壁间有虎臣题名，其当日游兴想亦不浅也，路经明儒葛先生之墓。

三月二十九日(5月14日)　欲雨。早寻《莲花经》不得。与包生讲“点，尔何如”一节。“浴”疑为“沿”，前人已有其说，然予以为上文“春服”一语有呼无应，此“浴”字疑即“浴衣”也，后来“湔裙”之说即本乎此一说。此说如然，则不烦改字，而自释“正月尚寒，未能浴沂”之疑矣。

三月三十日(5月15日)　改文一首。

四月小　建丁巳

四月初一日(1893年5月16日)　晴。蔚如自富安回，招晚饮，兰丈，孙师、星、禹、崇皆在坐。

四月初二日(5月17日) 晴。书院课题，“居是邦也”至“乘殷之辂”；“士先器识”得“先”字，作一卷。

四月初三日(5月18日) 晴。公约蔚如在襄荷精舍小聚。蔚如有“子路有闻”三章题文一首。禹言假《啸亭杂录》两册。

四月初四日(5月19日) “谢却海棠飞尽絮”得“飞”字，孙师和蔚如昨稿。

四月初五日(5月20日) 晴。改试帖数首。目又微红，未敢读书。写扇两柄。问丁师疾，已愈。

四月初六日(5月21日) 小满。晴，有风。“独携天上小团月，散作人间万窍风”，集苏咏团扇，甚妙。改俞、黄两生试帖十六首。录孙师文稿。伯鸿来，述初二日课作。

四月初七日(5月22日) 早雷雨，旋晴。读太史公《汉武本纪》。录蔚如文稿，经孙师斟订之后绝无瑕璺矣。晚在襄荷精舍小坐。饮兰过我。孙师、星兄、崇兄同拟“花牌、号舍”二铭。

四月初八日(5月23日) 晴。阅时墨。灼孙由兴化来。

四月初九日(5月24日) 晴。五弟聘戴氏女，过合书来。往蔚如家拜冥寿。送舅氏登舟。写扇面两个。

四月初十日(5月25日) 晴。阅《春秋大事表·列国谥法考》。拟“子路有闻”三章起讲一个，主谥法立论，孙师为作后二比，前三段属星南成之。月下，孙师、星南同过我。

四月十一日(5月26日) 阅《大事表》，春秋不绝笔于获麟论甚是。看《蒙香草堂文》。

四月十二日(5月27日) 阅《易例》一卷。蔚如、伯鸿过我。扬州人马遇春，其言论不减敬亭，设席汪氏茶舍，午后便邀星南、孙师、蔚如、二哥、三哥往听说书。阅《圣武记》一本。壬辰冬季辨志书院课发案，蒙卷特等。吟伯约茶话，坐有蔡雨翁，论韵学数事。

四月十三日(5月28日)　诣孙师贺喜。以宁波卷票[1]顺托星南邮领并“秋课卷”。改包生起讲,临《妙法莲华经》百字。晚阅《圣武记》“平定三藩纪”一册。圈读《望溪文稿》。

四月十四日(5月29日)　雨。吴灼孙约茶。点《通鉴·高帝纪》二十叶,圈读《望溪文》十五首,过录《荀子平议》“儒效、王制”两篇。

四月十五日(5月30日)　晴。早起,过录《荀子平议·富国篇》,圈读《望溪时文》二十首,阅《开成石经校勘说》。

四月十六日(5月31日)　晴。书院课题:“子曰:事君尽礼”两章;“惜分阴”得“陶”字,作一卷。

四月十七日(6月1日)　雨。早起录昨文,由伯鸿处缴去。散学后过星南谈文。孙师拟题“色斯举矣,翔而后集”。

四月十八日(6月2日)　晴。阅《国朝平准部纪略》一本,阅《春秋大事表·引经考》,写字三百个,阅《辛卯直墨》。

四月十九日(6月3日)　阴,夜雨。改文三首,阅《文心雕龙》。

四月二十日(6月4日)　雨。三兄生日,往祝。阅《辛卯直墨》,看《文心雕龙》。晚写致明远信一函,又缮母舅处安禀。论文莫过于《雕龙》,论史莫过于《史通》,二刘之书不可不读、不可不熟。

四月二十一日(6月5日)　雨,芒种节。写小字二百,读《太史公自序》。“九皇”之说,寻《史记》不得。《封禅书》仅有“九皇”,无“六十四氏”句。据《御纂周礼义疏》云,此《史记》系指纬书,非司马迁书也。看《通鉴外纪》。初二日课发案,仍特等。甚矣,超等之难也。孙师、崇兄皆特等。《荀子·强国篇》曰“积微,月不胜日,时不胜月,岁不胜时”;注云“言常须日日留心于庶事也”。

四月二十二日(6月6日)　晴。过录《荀子平议·强国篇》。孙师、星南午后过我,便至书院看课卷。何廉昉《咏项羽》云:“愤气而今

---

① “宁波卷票”指宁波辨志书院所发的课卷票。

已可消，史公本纪义昭昭。楚人不作降天子，秦汉之间又一朝。”儿童走卒知君实，典册高文媿子虚。蔡三晚过我。

四月二十三日(6月7日) 晴。阅《圣武记》一本。壬辰求志书院课发案，余卷特等。午后陪孙师、饮兰、星南、禹言、崇如诸人登魁星阁。

四月二十四日(6月8日) 晴。潘某，曲阜人，携碑帖数种求售，以青蚨一千购得《史晨前后碑》《张猛龙碑》《圭峰碑》，三碑中以《史晨》《清颂》[1]两者为胜，然以千文得之，亦云廉矣。质之星南，亦以为然。

四月二十五日(6月9日) 过录《荀子平议》。陪孙师牌。晚看《毛诗礼征》两本，“车制”一门征引颇博，兼足发明汉制。有数十百人以假逃荒为名，暗用邪术算人家赀财，西溪某家失去银洋数百，襄荷精舍之仆巧小者，亦为算去四圆。左道惑众，王法所不宥也。

四月二十六日(6月10日) 晚大雨，至亥正以后未止。写蝇头楷数百字，过录《荀子平议》一册，读《史记·过秦论》。过楚丈闲话。

四月二十七日(6月11日) 大雨，下午始止，从马公桥上望之，南北溪流，汩汩有声。过录《荀子平议》二十卷毕，俞氏[2]此书实为杨倞注，订误者十之九，辨正本文者十之一，考据赅洽，钩稽详审，王氏[3]《读书杂志》未能专美也其中间有未妥处，别为订正，书肩志之。看《南北史捃华》“任诞、宠异、巧艺”三类。读香山诗。复观前日所得《史晨碑》，以王氏[4]《萃编》较之，前碑稍稍脱落，后碑之“并列本表”四字显然无讹，而王本作“并列本奏”，此则今本独胜者也。晚阅《隋书·经籍志》。《申报》述张香涛先生为徐致祥所劾。

---

① 《清颂》即《张猛龙碑》。

② 此“俞氏”为俞樾。

③ 此“王氏”指王念孙。

④ 此“王氏”指王昶。

四月二十八日(6月12日)　晴。以《清颂》《圭峰》二碑,托二兄带镇江装裱。阅《悔庐诗钞》。归楚老《诸子平议》三册,又假禹言《梅村诗》六册。晚饭后送二兄登船,此别且三月也。

四月二十九日(6月13日)　"高位疾颠"见《易林·大有之师》,此条可于《文选》"暴兴疾颠"外,为《国语》又添一证。"车上建鼓"见《国语·吴语》。舒铁云孝廉《咏汉高祖》云:"诸将尽从蛇后斩,而翁几向狗前烹。"

五月小　建戊午

五月初一日(1893年6月14日)　午后震雷,急雨旋晴。三兄购得《魏敬史君碑》,携来共赏。禹言亦购汉《夏承》、魏《高贞》、唐《同州圣教》诸碑。阅《南北史捃华》。母亲携魁子至兴化见外祖母,今早登舟。

五月初二日(6月15日)　晴。书院课题:"孔子曰:君子有三戒"一章;"论诗惟对竹窗灯"得"诗"字,作二卷。孙师文成最速,下午即交去。又作童题"鸡鸣而起"文一首,中间以"鹤鸣、蝇声"为陪客,尤天然入妙。

五月初三日(6月16日)　晴。禹言来述昨文,以"智、仁、勇"立柱,词义周匝,足成一队。过饮兰先生看文,其文老洁非常。闻三兄昨文以短比鳞接。

五月初四日(6月17日)　晴。晚来发热,一夜未退。杏楼先生赠我《谷朗碑》一纸。

五月初五日(6月18日)　雨。卧病一日。

五月初六日(6月19日)　晴。邀楚丈来诊,云是湿温来,派用三仁汤,另煎普洱茶一碗,饮之良已。

五月初七日(6月20日)　仍昨方。孙师、丁师、三兄皆来看予,追述五、六两日之游,闻之神往。

五月初八日(6月21日)　大雨。夏至。身热已退,惟患咳耳,兼数日未更衣。楚丈云，肺与大肠相表里，以宣肺愈风兼通府气法。

五月初九日(6月22日) 看《庾子山集》及《梅村集》。三兄又得《娑罗树碑》，索《金石萃编》校证。

五月初十日(6月23日) 看《庾子山集》。仍咳，咽为之瘖。二兄有信至，云端午节抵镇江。

五月十一日(6月24日) 兴化蝎子风[①]，吹去城外居民数百家，此语未识然否。看《国语·吴语》。

五月十二日(6月25日) 天气潮暖。力疾到馆，改文两首，下午即归。沐浴。

五月十三日(6月26日) 晴暖，宜着葛衫。改文三首，阅《文心雕龙》。三兄晚过我。

五月十四日(6月27日) 愈暖。改文五首，宿债一清。看《史通》。每日早起及下午必咳嗽，吐去坏痰数口胸次方宽。下午沐浴。

五月十五日(6月28日) 甚热。

五月十六日(6月29日) 热。山长课："大哉孔子"二句；"一水护田将绿绕"得"田"字。日间暖不可当，未能作文，放学后草草拟成。二兄有信至，述辨志书院夏课题。兴化信来，云母亲以次平安。

五月十七日(6月30日) 热，午刻起风，雷微鸣，洒雨数点转凉。午后大雨，旋霁。早起写昨卷交去。星南之弟入学[②]，往贺，见全单，颜生承庚亦进。白石丈为汉卿母舅题《王小梅画扇》。

五月十八日(7月1日) 午后暴雨。改包生起讲，阅《举业正轨》。赵鹿泉先生"人人亲其亲，长其长，而天下平"文快利无匹。睡至中夜，大咳不已，湿痰去其太半。

五月十九日(7月2日) 晴。改包、俞两生试帖十首，写母舅安禀一封。六弟晚过我闲谈。

---

① "蝎子风"即龙卷风。

② 此"入学"指童生通过院试而成为附学生员。

五月二十日(7月3日)　午后雷雨。阅《文心雕龙》,欹器有铭,不知何据?揖如弟自镇江回。

五月二十一日(7月4日)　午后雷雨,由城南远望,见天际挂黑龙一条。

五月二十二日(7月5日)　闻鸣蝉。阅《说文义证》,写小字五十。虎臣有信至,云考差已取,名次尚高。

五月二十三日(7月6日)　撰《尔雅》"丹穴"考,《左传》"郚、郭"辨,"仲丁所迁之嚣,或云在河南,或云在河北,未知孰是";"策问"一道。皆辨志书院夏课"舆地题"。星南夫人病亟,往问焉。

五月二十四日(7月7日)　小暑。书院初二课案发,仍特等,惟孙师卷升列超等。星南夫人大去,与三兄往慰。晚写寄二哥信并浙卷。

五月二十五日(7月8日)　母亲率魁子由兴化回。丹阳有同学朱猗谷、张仪亭二君过我,未遇。看《六朝文絜》及《时墨》。兰丈《啸云轩续集》诗,如《观绳伎》《食车螯[①]》及《书事□□挽诗》,皆格律老成,可诵可法。

五月二十六日(7月9日)　禹言携其兄所撰辨志书院汉学卷来托交,即付局递去。孙师约过礼房,看书院文案,首江作霖,文亦以《易诂》题。午后在公所陪星南闲话,云其夫人易箦时忽闻异香从空来,因忆吾家先姊亦然,大约此辈英灵皆不在鬼列。饮兰过我。

五月二十七日(7月10日)　阅《战国策》"周、秦"两篇,浏览时文,写团扇一柄。母舅下午至。《宋史·李沆传》"厅事前仅容旋马"。"摩兜坚"即妙吉祥菩萨。"北风图"[②]。

五月二十八日(7月11日)　往曹家拜"二七",便谒母舅。过三兄,闻东元泰文,不愧吾乡作家。在店小坐。

---

① "车螯"即文蛤,是盛产于东台海边的一种贝类海鲜。

② "北风图"之全句当是"愁披刘氏北风图"。

五月二十九日(7月12日) 往冯府,便过兰丈。阅《战国策·秦策》,涉猎时文,点《毛诗传笺·节南山之什》。

六月大 建己未

六月初一日(1893年7月13日) 申刻急雨一阵,大东风,转凉。阅《战国策》"秦、齐两策",晚看《颜氏家训·书证篇》。过星南。点《毛诗传笺·节南山之什》毕。

六月初二日(7月14日) 晴。写致子澄先生信,由二哥处转寄丹阳。杏楼先生过我。看《今水经表》。

六月初三日(7月15日) 酉刻大雨,雷电交作。甚热。与孙师、禹言、崇如同作东道,在公所为星南解恼,招兰丈、楚丈、饮老作陪。

六月初四日(7月16日) 昨雨后回凉。点《毛诗传笺·北山之什》。三兄过塾,又牌一日,嘻甚矣惫。室人病暍,乃辉又复病疟,医药纷纭,乃识平安是福也。晚看《鉴诫录》数则。

六月初五日(7月17日) 雨。改试帖五首。丁师过我,言托三兄起文事。邀楚丈为室人诊,云系瘅疟。

六月初六日(7月18日) 微雨。伯鸿还蔚如稿来。兰丈过我。家人患病,馆徒文课又复棘手,连日殊无佳趣。晚阅《文选》"丙部"以消遣。写小楷三百,神气稍定。

六月初七日(7月19日) 晴。午后放学,归陪楚丈,用和解法。

六月初八日(7月20日) 仍邀楚丈来诊。往星南家拜"二七"。

六月初九日(7月21日) 雨,大风雷。室人病稍解。午后阅《烟霞万古楼集》,其才气殊不可及。

六月初十日(7月22日) 晴。伯鸿约茶话,兰丈及星、蔚、崇诸兄皆至。

六月十一日(7月23日) 大暑。早往蔚如家拜周忌。改王生文一首。由星南处领回辨志书院卷。三兄晚来。

六月十二日(7 月 24 日)　孙师至，便为兰丈诗集略加斟定，如《归里》一首结句、《观绳伎》一首结句，或删或易，皆有至理。晚兰丈招饮。

六月十三日(7 月 25 日)　前日三兄撰“子问公叔文子于公明贾”一章文一篇，今日窃效而为之，午后以稿走求削政，复同至公所请孙师鉴阅。月下复为三兄斟酌原稿，孙师亦拟作一首。

六月十四日(7 月 26 日)　星南之弟芹喜，留我辈逍遥一日，即假襄荷精舍。荫兰前托星老撰《东台修路募启》未有结笔，予妄为续之云：“倘使手援，天下齐歌不日于灵台。从兹脚有阳春，永沐仁风于载路矣！”星、荫两君皆大加赞赏。

六月十五日(7 月 27 日)　盆兰开后久无人问，今早视之已茁芽矣。地近茶舍，不免受人间烟火，亟移置后堂，他日拟带至石榴书屋[①]。二兄信至，云前信已收到，姜子澄处已有回信至镇江，壬辰廪既[②]亦领来。卢、杨两老招午饮。晚阅陈瑑《说文引经考》、许棫《读说文杂识》。

六月十六日(7 月 28 日)　阅《说文引经考》。日食日以干面二斤搓圆，如龙眼大，初亏时起搓，至复元时止，此面圆治噎隔神效。

六月十七日(7 月 29 日)　阅《战国策》“齐策、楚策”，看《孟子四考》及《群经义证》。“门巷阴阴竹放梢”。

六月十八日(7 月 30 日)　读《啸云轩续集》，题一律于后云：“匆匆又是一星周，天遣才人竟白头。东海故巢桃泛梗，南边烽火杞怀忧。直将家国频年感，并入江河万古流。何事殷勤珍片羽，开编已见吉光裘。”阅《淮南子》。陆氏[③]《庄子释文》“研”下引《说文》云云。案：非《说文》也，当是《淮南子·修务训》许注。东台蔡映辰有《两汉

---

① “石榴书屋”即吉城的塾馆，在东台城石榴巷内。

② “廪既”即“廪饩”，“既”通“饩”。

③ 陆氏指陆德明。

咏史诗》刻入黄漱兰宗师《江左校士录》,其诗甚佳。

六月十九日(7月31日) 午后暴雨一阵,快极。读《史记》四公子传。阅顾千里《说文辨疑》一册,有驳《校议》者,指严氏[①]说也;其称旧说云云,则未知何人之说。

六月二十日(8月1日) 西南黑云蓊起,隐隐闻雷声,而境内并无大雨。饮兰拟作文一首,以稿传示。读《史记》"老子、司马穰苴、孙武、伍子胥等传"。晚谒孙师,便过三兄。到店请父安,晚饭后偕五弟回。

六月二十一日(8月2日) 改文二首,读《史记》一册。前日将兰草一盆移置塾中,不意遭黑子倾覆之患。

六月二十二日(8月3日) 甚热,夜大风雨。见新稻。改文一首,读《史记》一册。母亲微受暑湿,体觉欠爽,服煨姜少愈。

六月二十三日(8月4日) 雨。改文二首,读《史记》一册,浏览时墨。祖考忌辰。晚复改文三首,子正睡。

六月二十四日(8月5日) 午前大雨,天气忽如深秋。书院课题,"子路率尔而对"至"异乎三子者之撰";"举孝兴廉"得"廉"字,作一卷。邀楚丈为母亲诊,云长夏杂感,用开饮理湿法。

六月二十五日(8月6日) 晴。饮兰幼女先雄患惊痫,医治未愈,故饮老亦无心作文,早与孙师往视。午后西行,视大兄疾。晚阅苏诗。

六月二十六日(8月7日) 立秋。看《西堂文稿》。

六月二十七日(8月8日) 晚闻大兄病甚。读《史记》魏其侯、武安侯传。

六月二十八日(8月9日) 午后雨。早起视大兄疾,今日稍定,已成暑疟,楚老云无碍。读《史记·李将军传》。

六月二十九日(8月10日) 读《史记·公孙弘传》,阅《己丑直

① 严氏指严可均。

墨》,改文二首。二哥寄信来,云江南乡试主考徐会澧、文廷式。颜生寄试草来。晚读《〈通考〉序》。往陈、殷两家吊。便谒孙师,未见。

六月三十日(8 月 11 日)　末伏。早到店请父安,父亲昨夜腹泻。便往视大哥病。读《史记》“礼书”“乐书”。

东华环顾愧群贤,悔著新书近十年。木有文章曾是病,虫多言语不能天。略躭掌故非匡济,敢侈心期在简编。守默守雌容努力,毋劳上相损宵眠。龚瑆人《释言四首》之一。

七月小　建庚申

七月初一日(1893 年 8 月 12 日)　早雨,旋晴。伯祖考茂林公忌辰。夜梦至一处,见案头画册一本,册面书一“林”字。揭开审视,首叶为桃花,笔致甚挺拔,再翻次叶,即为石榴,花实茂密。而所游之地仿佛是书斋,仰首而观,却有石榴一株,绿叶四布,当顶结一大实,圆而红,光如日然。于是题一诗云:“○○○○此境遭,○○暮暮○朝朝。举头喜见安榴实,不遣明珠怅寂寥。”题后梦忽醒,邻鸡正唱,天将明矣。景象宛然,惟诗忘其七字。

七月初二日(8 月 13 日)　改文二首,钞读陈光宇文一首,读《〈文献通考〉序》。三兄晚至。

七月初三日(8 月 14 日)　戈伯鸿以近作见示。

七月初四日(8 月 15 日)　往曹家吊。过伯鸿,未值。

七月初五日(8 月 16 日)　过荫南闲谈。晚阅《随园女弟子诗》,颇有佳者。写复二兄信。

七月初六日(8 月 17 日)　放学。

七月初七日(8 月 18 日)　午刻与孙师偕邀式如在公所便酌,有浩翁、禹翁诸君作陪。午后头目昏昏,假寐片刻。

七月初八日(8 月 19 日)　到塾,料理书籍。见荫南,云案尚未发。五弟生日。姜子翁来信,即复去。

七月初九日(8 月 20 日)　雨,甚凉。二十四日案发,我辈皆未取,唯孙师取一超等。

七月初十日(8月21日) 阅《颜氏家训》"勉学、文章、书证"三篇,"遗言徐行","徐"当是"余"字之误。晚觉微倦,早睡。孙师、浩翁呼啖烧卖,又未果。

七月十一日(8月22日) 明早去行,晚食后登舟。

七月十二日(8月23日) 顺风晓发,住黄村口。

七月十三日(8月24日) 过彝陵。

七月十四日(8月25日) 午后抵扬州。谒书农师,未晤。

七月十五日(8月26日) 早至京口。随三兄进城,旋出城。见二哥,晚二哥约同舟卢楚、蔡禹诸君迎春小酌,星南昆仲亦在坐。

七月十六日(8月27日) 由镇江发,至石埠桥小泊。

七月十七日(8月28日) 午刻抵金陵省城,一路皆顺风无阻,快哉!觅定大夫第刘宅。

七月十八日(8月29日) 写寄二哥信,交王舟带镇江。赴阳学[1]报名。

七月十九日(8月30日) 书农师至,畅话半日。

七月二十日(8月31日) 午后微雨。赴院录科。"子曰:君子而不仁者有矣夫"三章,问"历代都邑";"暮烟秋雨过枫桥"得"秋"字。场中见颜生,略谈近况,其文笔颇健之。

七月二十一日(9月1日) 三哥出场后不甚舒服,邀柘湖来诊,便将信件交之。

七月二十二日(9月2日) 夜雨,早晴。星南坐江裕轮船早至。吴诵芬、汪继声来。三兄服昨方稍愈,午后与卢楚老围棋。

七月二十三日(9月3日) 晴。阅《焦理堂先生事略》一册。汪云逵至,写寄二兄信一封,即托伊交恒益庄。渭厓公主讲安定书院时,理

---

① "阳学"当指"丹阳县学"。

堂先生曾以所著进质[①]。

七月二十四日(9月4日)　过云逵，兼候继声。文澜以《务慤斋杂著》见示，其中如“李腾论、钱烈妇传、袁遂生传”，笔意迥绝尘俗。吴诵芬来，述所撰舆地数作甚精当。

七月二十五日(9月5日)　夜雨。孙师乘轮舟至，路中备尝艰苦。与三兄为文澜斟定《杂著》。阅张方平《谏用兵书》。

七月二十六日(9月6日)　孙师题《啸云轩集》云：“英绝程夫子，生年值乱离。干戈郁奇气，珠玉吐清词。感旧心如结，忧时鬓若丝。何须论齿德，风雅已吾师。”“好句人争爱，谁知锻炼难。光明五色石，员转九还丹。一字寸心惬，千秋万目看。除非曹子建，若个好讥弹。”阮文达寿某联云“撑肠文字五千卷；弹指光阴六十年。”丁师午后至。

七月二十七日(9月7日)　颜生来。寻子澄先生，不遇。

七月二十八日(9月8日)　大雨。丑正，送孙师、星南录科，题为“何莫由斯道也”至“则史”。阅《湖海诗传小传》：“秋帆尝以方正澍、洪亮吉、黄景仁、王复、徐书绶、高文照、杨伦、杨芳灿、顾敏恒、陈燮、孙星衍诗合选之为《吴会英才集》。不足十人之数，乃取渊如配王采薇诗以足之，寓才难之意。”

“凉入帘栊欲下钩，西风吹雨稻花秋。贪睡玉人慵乍起，高烧红烛照梳头。”此孙师早年梦中所见诗也。

孙师《记今日苦雨》云：“赴试亦已苦，其如天更阴。唤醒方熟梦，滴碎作文心。漏永夜难晓，衣单风故侵。寄人檐宇下，犹说感恩深。”“领略秦淮味，汪伦佚事长。寻芳来曲巷，选胜到柔乡。浮白情何快，偎红兴更狂。魂销琴里曲，心醉鬓边香。豆蔻方含蕊，芙蓉待换妆。

---

① 渭厓公即吉梦熊。按《云阳吉氏家乘·乡贤录》所记，吉梦熊于清乾隆五十九年告病回籍后，曾掌教扬州安定书院，这在《焦理堂先生事略》中也有相关记述，这些记载可补扬州安定书院史志。

绸缪方入彀，羞涩已空囊。鸳瘦嫌孤枕，蜂闲过别墙。无心游石窟，有意觅巫阳。醉矣佳公子，贪哉夜度娘。烟花原下贱，云雨太荒唐。阔别三秋似，恩情几度忘。传言烦蝶使，索聘到牛郎。操券当前迫，赠书远道商。分金期鲍叔，倚玉快王昌。黄犬音乖舛，青蚨事渺茫。饔飧虚厅给，典质到衣裳。高上扬雄阁，虚悬孺子床。债台深避处，更漏尽凄凉。"

左文襄挽曾文正公云："谋国之忠，知人之明，自愧不如元辅；攻金者砺，错玉者石，相期无负平生。"

七月二十九日(9月9日) 大雨。

八月大 建辛酉

八月初一日(1893年9月10日) 雨。连元馆早茶。丁师午刻至，清谈许时。连日体觉不适，晚来寒热大作，至三更后始汗解。

八月初二日(9月11日) 晴。录科案出，三兄取第一，蒙取第三。孙师《咏闺怨》云："来往秦淮廿七春，凤鞋踏遍六街尘。入宫姊妹承新宠，结队鞦韆少旧人。眉妩学描才子样，腰支还是女儿身。年华老大风情减，拟托良媒亦怆神。"

八月初三日(9月12日) 晴。寒热复作，汗多惫甚。梁鼎芬词云："又是阑干惆怅处，酒醉初醒，醒后还重醉。此意问花花不语，日斜肠断横塘路。何事词人心太苦，侬自摧残，岂被秋风误。昨夜月明今夜雨，人生安得长如故。"

八月初四日(9月13日) 早微雨，午晴热甚。严柘湖来诊脉，云弦细骤难望，解以全蒜外治。

八月初五日(9月14日) 疟大作，夜不能寐。

八月初六日(9月15日) 小疟。

八月初七日(9月16日) 疟又大作，夜得大解，腑气稍通。

八月初八日(9月17日) 夜雨。二兄附轮到省，为我雇船等等。疟如故。

八月初九日(9 月 18 日)　午后乘舆上船，是日服神符，热至而寒不至。

八月初十日(9 月 19 日)　船泊高旻寺。连日疟虽轻，而不寐如故。

八月十一日(9 月 20 日)　抵扬州，换船，当晚行至仙女庙。服仙方，病渐愈。

八月十二日(9 月 21 日)　二兄回镇江。此次之病，在寓赖有三兄，在路赖有二兄，因得句云"身当疾病忘名利，事到艰难重弟昆"。服仙方。

八月十三日(9 月 22 日)　逆风苦雨，小舟病客，未免有情，谁能遣此？

八月十四日(9 月 23 日)　转西风，由溱潼开船，午后到家。

八月十五日(9 月 24 日)　中秋。咏《对月杂感》云："撄人愁绪上心头，谁遣风尘作壮游。二十七年[①]明月好，最无聊赖是今秋。""热火寒冰汗泼浆，不才竟以此身尝。书生例少清闲福，得病还如赴战场。""遥想闱中二万人，人人都比月精神。阿崇今夜酣眠候，曾否池塘草正春。""记得年逢乙酉时，强台半上忽旋师。干将岂竟需时发，有意教予出匣迟。""归来弱弟病魔侵，无故齐占八月临。已疟问谁饶善策，琅琅空把杜诗吟。""九日何曾颗粒尝，公然辟谷有良方。近日一病无他妙，傲过留侯张子房。""戚友相看各暗惊，眼中瘦态已分明。思量恐触高堂恼，强起看书藉慰情。""迟迟蟾影上窗纱，消渴相如病未差。却喜山妻能解事，五更亲煮密云茶。"

八月十六日(9 月 25 日)　雨。食粥少许。丁师及海珊先生皆来看。在寓及舟中皆板床，连日得棕屉始获安睡。

八月十七日(9 月 26 日)　雨。

八月十八日(9 月 27 日)　王、黄、俞三生来。

---

① "二十七年"指吉城该年二十七岁。

八月十九日(9 月 28 日)　雨。食粥几日，稍有精神，强起剃、沐。

八月二十日(9 月 29 日)　雨。今日生日，病不能行礼。接二兄信，始知各省闱题，江南乃“子曰：巍巍乎，舜禹之有天下也”两章，“上律天时”一句，“何独至于人而疑之”二句；“江上飞云来北固”得“云”字。

八月二十一日(9 月 30 日)　雨。写复二兄信。大解一次，计由初七至今已十四日矣。

八月二十二日(10 月 1 日)　雨。吉斋由曹甸至，述其近作数首，笔意颇古。母舅自兴化来。

八月二十三日(10 月 2 日)　夜泻七次，疲惫不堪，身又发热。一波才平，一波继起，怪哉！

八月二十四日(10 月 3 日)　邀仲玉先生来诊，云脾虚蓄湿，进桂、附等味，大吐三次，纯是绿痰。

八月二十五日(10 月 4 日)　黄仲丈来诊，仍以温中为治。

八月二十六日(10 月 5 日)　身热已解，腹泻亦疏，惟口吐清水不已，进温下焦之剂。

八月二十七日(10 月 6 日)　服昨方后，口中淡水始止。甚矣，寒湿中人之深也。照闱题作文一首，不战驽马犹思一鸣也。

八月二十八日(10 月 7 日)　仲丈为予拟和脾胃方。伯鸿至，未晤。

八月二十九日(10 月 8 日)　孙师早至，述别后一切。今日始饭。

八月三十日(10 月 9 日)　禹言午前来述闱作，以“禅让”为主。孙师、星南午后至，叙谈一时许。

《夜雨不寐》：“已觉秋情淡，翻教雨意浓。繁声惊琐屑，凉梦逼惺忪。漏急无闲点，灯残有倦容。茂陵愁病客，禅稿也应慵。”“忆昨传畿辅，洪涛卷地来。秋偏成雺霿，天未厌凶灾。河上呼无渡，城中避少台。书生数椽屋，且莫缮诗哀。”“一棹金陵发，横风压舵楼。汪洋遍江水，顷刻过扬州。北望田都没，西来浪正流。今宵寒不寐，身恍在归舟。”“还家已十日，日日怅秋霖。云破天疑漏，潮回陆更沉。蜉蝣争挺出，蟋蟀闳清唫。管取朝阳起，登高一振襟。”

“中落门庭势式微，无依弱女强于飞。生憎夫婿如霏絮，一出红窗永不归。”“拼将钗饰化青蚨，利觅蝇头仗我夫。母女茕茕家四壁，那堪经岁信音无。”“家贫偏更病相侵，百计维持累母深。针黹供儿汤药费，一回下咽一酸心。”“朝来恶耗噪啼鸦，夜静寒灯冷不花。为问窗前今夕月，照人还得几回斜？”“魂归冥漠魄归泉，从此逍遥不计年。属母莫拼殡葬费，珠襦玉箧也徒然。”

以上五绝是孙师述某女子绝命时而作。

九月小　建壬戌

九月初一日（1893 年 10 月 10 日）　昨夜未寐，今觉不适，下午微有寒热。东台县试首场，“回也”至“赐也”，闻一。

九月初二日（10 月 11 日）　又复啜粥。《魏志·武帝纪》注引《司马法》[①]云“将军死绥”。

九月初三日（10 月 12 日）　禹言早至，携来《樊川诗集》五册。孙履之吉席。星南、伯鸿下午偕来，时适寒热，未晤。“翠鸳鸯”乃人姓名，见《急救章》。

九月初四日（10 月 13 日）　钟泗来问予恙，便请仲玉丈过诊。

九月初五日（10 月 14 日）　仲玉先生早至，诊云非疟也，乃“营卫不和、肝胃不调”之症。开方，服两帖，药后病小作。三哥由镇江回，快谈一切。

九月初六日（10 月 15 日）　服昨方。二哥信至问疾，兼寄示格致书院特课题。杨生来。

---

① 《司马法》即司马穰苴所撰《司马兵法》。

九月初七日(10月16日) 母舅至,即留小牌,借以消遣。是日病未作。

九月初九日(10月18日) 孙师早至。静坐两日,居然无恙,仲玉先生真洞垣一方矣!

九月初十日(10月19日) 连日无事,皆以《曾公奏牍》消之,三兄午后过我,携去五册。俊民有信至。

九月十一日(10月20日) 禹言过我,留借《南唐书》一阅。孙师午后至,谈谈近事。母舅下午至。

九月十二日(10月21日) 母舅饷野凫一盂,食之美不可言,两月来第一佳味也。阅《樊川集》。《过华清宫》绝句三首云:"长安回望绣成堆,山顶千门次第开。一骑红尘妃子笑,无人知是荔枝来。""新丰绿树起黄埃,数骑渔阳探使回。霓裳一曲千峰上,舞破中原始下来。"何廉昉赋云"莫遣江山舞,始下霓裳宫",即用其诗,注家未及。"万国笙歌醉太平,倚天楼殿月分明。云中乱拍禄山舞,风过重峦下笑声。"

九月十三日(10月22日) 黄昏微雨数点。阅马令《南唐书》毕。又看陆游《南唐书》一卷,此物乃张冰翁所藏。据陆书末简有"用汲古阁毛氏刊本校一过,广圻记"十四字,未知果是千翁经眼物否?

九月十四日(10月23日) 阅《曾公奏稿》两卷、陆游《南唐书》一卷。

九月十五日(10月24日) 缮复二兄信并托裱《圭峰碑》。午前又复腹泻,服干姜少许。肝气上侮,直至日落时始稍愈。夜眠不安,身微热。

九月十六日(10月25日) 腹泻三次,邀仲丈来诊,仍以温脾理中为治。

九月十七日(10月26日) 腹泻两次,再诊,昨方加减。黄生来问候。

九月十八日(10月27日) 腹泻已愈,不甚思食,昨方加麦芽煨木香。二兄处寄来颜生闱作并平日所作诗词两卷。

九月十九日(10月28日) 阅颜生诗稿,其志颇大,笔力亦复健举,将来加以学养,远到才也。其警句如,《斋居》云"绕岩千万树,映水两三星。更静不鸣雀,囊空惟有萤";《舟中》云"云深天欲雨,岸阔水生风";《咏月》云"隔水淡描渔父影,穿空欲照旅人心"。又,《登山》云"世事有成败,山光无故新";《即事》云"月描临水塔,风拭捣衣砧"。其余颇多豪放之作,如《夜寒不能寐》结句云"愁深挂起青绡帐,拔剑酣歌唱大风";《忆金山游》云"安得苍天傅吾翼,奋身飞过大江东";《游北固》云"山深日无色,风起水生波。世事皆鸿雪,英雄半灭磨。生平不凡志,同此势巍峨"。其《辞袁府归》五古一首尤佳。

仲玉先生来订膏方。

九月二十日(10月29日) 母舅遣人送来浙局书二十八本,假去《曾公奏稿》八本。

九月二十一日(10月30日) 据云昨日发榜,望信者纷纷矣。吉斋来略谈,云明早动身。

九月二十二日(10月31日) 东台本籍及寓公[①]仅中朱次云一人,闻说镇江丹徒属亦只有四名。噫,抑何难也! 在种善堂合膏一料。

九月二十三日(11月1日) 孙师、三兄偕来,皆愤闷异常,予亦不觉代为扼腕。阅《曾公奏稿》,"办理天津"一节不免盛德之累。晚刻,孙师见"全录"来告,云卢楚卿中矣,镇江丹徒两正、两副,上届吴鸿藻即在今年所觅之寓,而此次又得一卢。甚矣,人地自有因缘也! 解元王姓,高淳人。

九月二十四日(11月2日) 饮兰过我,述丹阳中贺焕章、姜瑞麟两人。揖如午后由兴化至,快叙一切。

九月二十五日(11月3日) 阅《双佩斋诗集》。向读吴谷人

---

① 此"寓公"指"非东台学籍而寓居于东台的生员"。朱次云就是寓居于东台城而学籍为丹徒的生员,这次江南乡试(恩科)考中了举人。

《〈金陵杂咏〉序》,“松柏万树,蒋侯之径萧萧;凫雁一波,元武之湖澹澹”一联,心甚爱之。今观吴撰《〈双佩斋骈文〉序》,云葑亭当日即特赏此联。可见文之佳者,有目共睹也。虎臣由京归,赠来杏仁等件。

九月二十六日(11月4日) 母舅、三兄皆至。闻旭斋老伯仙逝。晚看《金陵杂咏》。

九月二十七日(11月5日) 二哥三十生日。孙师早至,述闱墨多出才气之作。阅《陆放翁诗钞》,其《秋夜读书》云“秋夜渐长饥作祟,一杯山药进琼糜”,颇与吾近来不寐情景相似。阅《双佩斋文集》“正师、正友”两篇,于世道大有关系。禹言来假《常州骈文选》四册。王虚舟书篆、隶、楷、行、草《千字文》各二种,每种一自运、一临古。今见其放褚河南一本后跋云:“以《汉韩敕孔子庙碑》摹褚,乃适得合。”其言良然。

九月二十八日(11月6日) 午餐以肉糜佐之,盖三月不知此味矣。三兄前示我《赠颜生诗》,其叙述不无郁郁,因步原韵成二首,以慰之兼自勉也:“秋风争赋鹿鸣歌,衮衮前波接后波。君有高文饶福最,我缘卧病悔愁多。功夫九转丹才熟,灵慧三生墨漫磨。试向中道看星来,好留宝剑斫蛟鼍。”“美人何事恨难平,受辱如忘宠不惊。琴演新声归贺客,枕留残梦让卢生。枥中骥足仍千里,窗外禽音正五更。东壁西园两辉映,莫将朴学误虚名。”

九月二十九日(11月7日) 雨。立冬节。阅《六经天文编》一卷。杨子翁招后日午话,辞以未往。

十月大　建癸亥

十月初一日(1893年11月8日) 晴。禹言以《常州骈文钞》四册见归,复假去三册。阅《汉金石萃编》。《鲁诗》有《韦君章句》,见《武荣碑》。《续酉阳杂俎》述旁□兄弟一事,颇可讽世。三兄晚至。颜延年《〈曲水诗〉序》注引《司马法》“国容不入军,军容不入国”,又引蔡邕《独断》“天子以天下为家,自谓所居为‘行在所’”,《序》本文作

“行所”。“拼将宝剑委蒿莱，倔强余生漫自哀。且听清歌饮醇酒，谅无富贵逼人来。”此孙师作。

十月初二日(11月9日)　卢楚卿至，自述其闱墨，并无异人处。孙师至畅话，已将饭矣，因局使来寻，匆匆别去。述云、钟泗以文来。

十月初三日(11月10日)　大风。拟与颜生书。观揖如临《黄庭经》。母舅午前至。

十月初四日(11月11日)　晴和。早起谢神。招孙师、三兄及履之午饭。阅《双佩集》，中有《三兄生日诗》一首，适二哥信至，述今年生日作金山之游。因用葑亭先生韵为诗以寿二兄云：“寰宇谁能性格同，天教海屋扇和风。悬弧岁月三年长，橐笔驰驱廿载中。画意喜添松叶翠，酒痕分上菊花红。卢缄告我山游好，知是催诗向阿戎。”

十月初五日(11月12日)　写复二哥信并诗。“谥胜旗常闺有史，诛严斧钺鲁无卿”，此王葑亭《过柳士师墓作》也。

十月初六日(11月13日)　杨子翁又复来约，午刻过之，观其所得《戏鸿堂法帖》数十种，又见《麻姑仙坛记》及《颜家庙碑》。二兄寄来代购之燕修，另《两浙防护录》二册。母舅前日购得《兴和孔庙碑》，碑阴完好，容暇当一校；又《钱梅溪临汉隶》，神气亦佳。

十月初七日(11月14日)　将闱外所作文录一稿，并题诗于后云：“龙门高直与天齐，却曲伤吾唱凤兮。司马尚能修病稿，晏殊何必试他题。赏兹奇特傒真友，笑我呻吟任老妻。红日一周天又晓，闻声莫当失晨鸡。”午后到店请父亲安。早发镇江信一封。

十月初八日(11月15日)　母舅至，出家所藏碑帖数种呈鉴。看《儒林外史》两段，不觉喷饭。

十月初九日(11月16日)　王生送文来，述荫南病甚。

十月十一日(11月18日)　往东试行，颇得安步当车之妙。到塾少坐。山东王叟以帖来，便购《慈恩寺圣教序碑》、余清斋拓黄山谷行书及《高贞碑》《鲁公三表》诸种。《三表》据述是京口包家所藏者，细验之究，疑是后人伪托，然于鲁公笔意亦已得其八九。写《兴和孔庙碑》数纸，阅《求阙斋日记》。

十月十二日(11月19日) 午后过禹言、星南，见星南所撰《张公寿序》。上灯归寓，两足甚乏。

十月十三日(11月20日) 晚微雨数点。黄生家藏《香光先生小品》三种，其一为《壬戌出都留别七律四首》，其二为《书跋》，诗用楷书，不及两跋之一气流转也。从星南所假得《汪梅村集》四册，又有《东塾集》，容借看也。

十月十四日(11月21日) 晴和。拟将旧藏零帖粘集成册，以便览观。午后沐浴。

十月十五日(11月22日) 小雪节。过虎臣谈近况。阅《汪梅村集》。虎臣述沈桐、吴士鉴皆好学有志之士。购《东方朔画赞碑》，即属王叟装裱。

十月十六日(11月23日) 冷，早有薄冰。三哥过我小聚。二兄昨寄到《三公奏议》，作一缄复之。尔日拟过从师友诸处，以足力尚乏，未能也。海珊先生来述胡某事。

十月十七日(11月24日) 骈文中最喜《更生集》，古文则《求阙斋》以外非所愿也。问荫南疾，已愈八九，荫老亦写日记。下学后过兰丈，见核报节孝单式。晚读稚存先生骈文。《鲁公草书三稿》仅见《与郭仆射》一本，《祭侄》《告伯》皆未之见。

十月十八日(11月25日) 阅《求阙斋读书录·集类》。杜少陵“恰似春风相欺得”、白乐天“如何不相离”，“相”字皆作入声。扬州王义门至，今日在虎臣家见之，如旧相识然。作舟拟编《孟子易参》。《儆居集》宜看。母舅午后来，云不日回兴化。

十月十九日(11月26日) 午后谒孙师未遇，即过三兄，见杏楼先生。从禹言所假得《曲园四书文》一阅。读《卷葹阁乙集》文十余首，“元松濯濯，不偃汉家之大风。青垄阴阴，犹上秦时之明月。”

十月二十日(11月27日) 阅《林文忠奏稿》一册。阅《荀子》“大略、宥坐、子道、法行、哀公、尧问”诸篇，凡有疑悟，皆用眉识。

十月二十一日(11 月 28 日)　见义门所为骈文、诗词,皆卓然名家,倾倒之至,几焚笔砚。作舟述易顺鼎《赠田某诗》云:“君作吴歌我楚歌,松间大月照山阿。千春碧血销沉易,一代红颜流落多。莫把年芳供涕泪,相看此树为婆娑。祢衡盛宪同萧瑟,搔首青天奈尔何。”

十月二十二日(11 月 29 日)　与三兄、星兄同假虎臣所,招义门杯酌,快谈彻夜。义门多才情,其骈文如《〈送桂蔚丞方泽山南归〉序》《〈悼酚集〉自序》,诗如《题江郑堂先生募梓图》《赠金蘅忆》,皆有根柢、有情韵之作。著书须迟学须早。张葊,字梧卿。

十月二十三日(11 月 30 日)　孔子言“志学”,孟子言“尚志”,志其要矣。然究非一志遂已也,曰“立”、曰“不惑”、曰“居仁”、曰“由义”,此即孔孟论“志”后切实功夫。蒙尝志小学,志经史学、词章学矣,浮沉倏忽,更岁二十七,此志成否固不可问,且恐并此“有志于斯”之志而遂亡之也,敢不悚然。吾之名无以字之,字之曰“成侯”。

十月二十四日(12 月 1 日)　学问之事,固当务其大者、远者,尤当务其通者、要者。写《曹子建碑》。蔚如归来,虎臣招往聚谈。兰丈拟编近十年《怀旧录》。晚接二兄信,述王可庄太守仙去,惊惜无已。

十月二十五日(12 月 2 日)　阅《国语》“其靡有征兮”,因悟孟子、子思“征也”之义。读《问字堂集》骈文。

十月二十六日(12 月 3 日)　阅《国语》。拟与某友书。读《文选》。复二哥信。点《毛诗传笺》。

十月二十七日(12 月 4 日)　晚诣三兄畅论。看山阳丁晏《毛诗古学》原序,其于毛公师承及学业所赅皆了如指掌。

十月二十八日(12 月 5 日)　二伯父生忌,早往西宅。兰丈昨过我。点《三国志・魏武纪》五叶。

十月二十九日(12 月 6 日)　点《三国志・魏武纪》五叶,看《朱子语类・读经法》。禹言晚至,述昨所作某文跋一首,三月来牢愁藉以发摅,一快事也。义门写《黄门家训》一则诒我,其劬学可敬。

十月三十日(12 月 7 日)　大雪节。有冰。阅《朱子文集・读经法》,看《国语·晋语》一本,批改钱生赋及王生、俞生文。石印《六书通》一元六角。烧门、穿壁,确为一对。《潜夫论·相列篇》云“或王公孙子,仕宦终老,不至于榖”,“榖”亦作善解。

十一月大　建甲子

十一月初一日(1893年12月8日)　读《贾子新书》,据《经典序录》“谊受学于张苍,苍为荀卿弟子”,《史记》《汉书》称谊能诵“诗书”[①]、精《左氏》,盖皆原于荀卿云。写《东方朔画赞碑》三纸。过饮兰。点《毛诗注疏》“信南山、甫田”。“敶”有治义,辑《司马法》两条。看《汉书》“谷永、杜邺传”。点《三国志·魏武纪》五叶,哭袁绍、祀乔玄,一诚一伪,迥然相判。

十一月初二日(12月9日)　点《三国志·魏武纪》毕。改钱生文一首。阅《孙子十家注》,旧为宋吉天保辑本,得渊如先生精校,美矣、备矣!辑《司马法》八条。看丁晏《毛郑诗释》。

十一月初三日(12月10日)　点《毛诗注疏》“大田”至“頍弁”。“胥”者,有才之谓。写《东方朔画赞碑》三纸。观徐浩《不空碑》,乃知吾乡梦楼先生书法纯从此脱胎。点《三国志·魏文帝纪》五叶。改作钱生文一首。读《贾子新书》,“富煴”之“煴”即温厚之意,《汉书》作“媪”,形近而讹也。钱生易名乃镤,字曰伯声。看《孙子》[②]三册,辑《司马法》十余则。

十一月初四日(12月11日)　天色黯黯,颇有雪意。观钱梅溪所摹汉隶,虽未尽合古,而于初学最易。王叟赠我翁方纲临《砖塔铭》拓本、又海岳翁写词拓本。孙师招午饭,并有浩翁作东道。看《尹文子》《公孙龙子》《慎子》《鬼谷子》,录《〈武英殿聚珍板丛书〉缘始考》稿一通。到店请父安。

---

① 此“诗书”为《诗经》与《尚书》之合称。

② 《孙子》即《孙子兵法》。

十一月初五日(12月12日) 大风,甚寒。点《三国志·魏文纪》五叶,裴注[①]所载禅让众事,阅之殊足喷饭。丕也何人,抗颜舜禹,虽曰曹氏,岂非诸臣乎?厥后竞相效尤,祸衍南北,罪首之诛丕何辞焉?午谒孙师,即过三兄,观《娑罗树碑》。晚阅《唐金石萃编》。

十一月初六日(12月13日) 点《三国志·魏明帝纪》五叶,"兴雨祁祁"得一确证。写山谷《梨花诗》,看《世说新语》。孙师拟购苏灵芝《田公德政碑》,未成,此碑在今直隶省。

十一月初七日(12月14日) 南风,晴和。父亲诞辰,诣店恭祝。局委朱公代理县事。点《三国志·魏明帝纪》三叶,点《毛诗注疏》"青蝇"至"菀柳"。"平平左右",《左传·襄公十一年》引作"便蕃左右"。写《梨花诗》一纸。

十一月初八日(12月15日) 西北风,有冰,甚寒。早与三哥往吊夏家。观《麓山寺碑》,笔意雄杰遒厚。阅赵秋谷《声调谱》。

十一月初九日(12月16日) 易羊裘。写《东方朔画赞碑》两纸,点《毛诗注疏》"都人士"至"何草不黄"。辑《司马法》一条,点《三国志·明帝纪》五叶。看《〈历代儒林传〉序》及《汉传经名儒列传》,董仲舒奏对中多有《论语》精义。伯声看予新购《不空碑》,云:"'则时成佛之速',王氏《萃编》'则'误作'即',此拓为正。"

十一月初十日(12月17日) 写《东方朔画赞碑》一纸,阅《经典释文序录》,读《国朝才调集》,点《三国志·三少帝纪》。

十一月十一日(12月18日) 改作俞生、王生文各一首。阅《唐金石萃编》。徐浩三世善书,其子名现,为父写碑,颇有家法。点《三少帝纪》毕。少康优于汉高。阅《谈龙录》。

十一月十二日(12月19日) 大雾。与三兄往贺次云,便过饮兰。改作乃镤文一首,又鸿绪、魁官文各一首。

十一月十三日(12月20日) 往袁家吊。在店见丁师及汉母

---

① "裴注"指裴松之注。

舅。看《汉书·儒林传》。

十一月十四日(12月21日) 连日皆和暖非常。冬至节。到泰和请父亲安。写《灵飞经》一纸、《麓山寺碑》三纸。看《石笥山房文集》骈文四首,又《小仓山房文集》三首。读《国语·楚语》,得《荀子》“天地比”一证。读《两都赋》。

十一月十五日(12月22日) 阴,颇有雪意。初七、八日《申报》述镇江祈雨。午后晴,向夕月色皎然。点《三国志·魏后妃传》。昨日解学反得写读,今日上学忽招叶戏,世事变幻,每出意外。兰丈招晚饮,酒罢随孙师、三兄升溪桥看月。禹言过我,论吾侪东涂西抹作何了局?言之惘然。禹言去后,静坐独念,著书一事谈何容易?专门覃精,性又非近,且笔耕劳人,神智日减。唯有多读多看,广为储积,默用考据,使闻见不荒。学为词章,俾性灵常炯,是则循序渐进,万有一得者也。曾文正“看读写作”四法,近颇师而行之,细思此中仍当明立“主辅”。终身有终身之“主辅”,一时有一时之“主辅”。即如见在读《毛诗注疏》,则《毛诗》为主,群经学、小学书皆是辅;看《汉书》、点《三国志》,则《汉书》《三国志》为主,群史学书皆是辅;考证《荀子》,则《荀子》为主,群子书为辅;念《经史百家简编》及《国朝八家四六》,则《简编》《八家》为主,群古文、骈文皆是辅;写《东方朔画赞碑》,则《画赞》为主,群碑帖皆是辅;批改制艺、诗赋,又自学为骈文,则制艺、诗赋、骈文为主,群撰述皆是辅。如此,则“主辅”上而“看读写作”亦备。终年芸人为事,蓄计原不能摒绝一切,依学僮读书故事。然念兹在兹,造次不舍,驽马十驾,道焉远人。古诗有云“志士惜日短”,又云“志士多苦心”,苦心惜日,古今志士有异揆耶。子正,月当头。

十一月十六日(12月23日) 点《毛诗注疏·大雅·文王之什》,“鼻不闻香臭”,闻犹知也。赵瓯北《落第诗》云:“也知得失等鸿毛,舍此将何术改操?亲老河难人寿俟,时清星散少微高。长鸣栈马犹思豆,未解庖牛忍善刀。回首短檠残烛在,搬姜自笑鼠徒劳。”读《史记·汉兴以来诸侯王年表序》。点《三国志》“董卓、袁绍传”。改作包生起讲十首。泰西善举,如疯院、盲哑院、育婴院、童艺院、保良院,皆有实效,颇足依法。十一日报记:杭州城外凤凰山崩裂,四围约丈许,深几七八尺;又,金川附近地方名噶达汛,于本年七月十八日卯刻地震①。

十一月十七日(12月24日)　点《毛诗注疏·文王之什》。看《毛诗后笺》,又看赵圣传《文王受命考实》。点《魏志·列传》八十叶,赵昱受綦毋君"公羊学"。《易·系辞下》云"易其心而后语",说经忌向壁虚造,非苦其说之难通,正苦此心之难信耳。

十一月十八日(12月25日)　上灯后微雨,夜大风。点《毛诗注疏·文王之什》。"雍雍在宫",《毛传》"宫,辟雍宫也"。案:"天子曰辟雍",此亦文王受命之一证,赵圣传《考实》未及。荫南新瘥,过我。点《魏志·列传》七十叶。陈兰甫先生之文孙名庆和,现为广雅书院分校。

十一月十九日(12月26日)　早微雨。日本通国现计七百八十一万七千五百七十户,都四千一百八万九千九百四十人,亦可见生齿之日繁矣。点《毛诗注疏·文王之什》。《易·噬嗑》"聪不明也",疑即俗所谓听不见。明不属耳,而耳可言明,犹之闻不属鼻,而鼻可言闻"鼻闻"见《毛诗郑笺·大雅》。点《魏志·列传》七十叶。

十一月二十日(12月27日)　点《魏志·列传》三十叶。午后过恒丰谒母舅,即观《华山碑》,又见板桥写词一幅。过三兄论文,常州某友购马骕《绎史》一部,三兄曾从假阅,云本末详核,实留心古文者必不可少之书。据闻香涛《书目答问》有通行本,似不难办也。"佛出于老"见《魏志》裴注。

十一月二十一日(12月28日)　三哥假去《曾公奏议》十一册又《骈文》三册。点《魏志》百叶。

---

① 查《中国地震目录》,此为1893年8月29日发生在四川乾宁的6.75级地震。

十一月二十二日(12月29日) 点《魏志》六十叶,“常林传”注引《魏略》“清介传”,称吾家叔畅公[①]“好书,不耻恶衣恶食,而耻一物之不知”。孙师、饮老同过我。三哥晚至,述秋岩先生于今日遽逝。

十一月二十三日(12月30日) 早往虎臣家奠辞,即过慰星南。到店请父亲安。点《魏志》毕,计共五册。看《诗传说汇纂》,读《史记》“魏其侯、武安侯列传”,温《楚辞》。县官祈雪。

十一月二十四日(12月31日) 读韩子《祭张员外文》,又读《史记·伯夷列传》。此乡[②]风俗,丧以久停为孝,昨读《三国志》,扶余国俗正复如是。虎臣此举,可谓“用夏变夷”矣。写《东方朔画赞碑》一纸、《子建碑》一纸。晚作楷字三百,备宗儿[③]识仞。读《汉书·霍光传》,改作乃镤文一首。三哥假《儒林外史》。

十一月二十五日(1894年1月1日) 孙师挽秋岩先生联云:“本太邱雅量而接物,谦光令德,和蔼可亲,幸叨陪阶砌,芝兰侍坐,恍如临霁月;衍南城家学以传经,宿义新机,沾濡不少,愿寄语门墙,桃李成阴,莫便负春风。”《蜀书》旧已点至“先主传”,今复点“后主传”。过饮兰,未值。读魏文帝《与吴质书》,情谊悱恻,百代兴感。“少壮真当努力,年一过往,何可攀援?古人思秉烛夜游,良有以也。”数语尤为可念。读韩子《伯夷颂》“彼独非圣人而自是如此”。

十一月二十六日(1月2日) 孙师寿朱雨秋六十联云:“驰誉丹青,将军不好武;蜚声庠序,稚子总能文。”四语集成不难,难在却如其人身分。点《蜀书》三十叶,改乃镤赋一首。

十一月二十七日(1月3日) 早与吴灼孙茶。乃镤今晚回兴化,清改课艺归之,又拟文赋诗题一纸。在俞馆见一人横不可当,与茶博士片语不合,遂掀案而起,意将用武,经人劝阻乃罢,询系新令尹

① 此“吾家”指吉氏家族;叔畅,三国时魏人吉茂的字。

② “此乡”指东台。

③ “宗儿”即“魁儿”,皆为吉城之子吉荣泰的乳名。

家奴。二兄寄到二十日信，内附致杨恭兄函，又颜生报书。读韩子《罗池庙碑》《平淮西碑》，又读《通鉴》“赤壁之战”。“丙辰”作“景辰”。

十一月二十八日(1月4日)　微雨数点。连日东南风而并无甘泽下沛，何也？阅《汪梅村集》，又阅《世说新语》“贤媛、术解、巧艺”三篇。点《蜀书》毕，篇终附杨戏所为各赞，《吴书》《魏书》特无此例，亦隐隐“帝蜀”之一证也。读《荀子》“非相、非十二子、大略”诸篇。复二兄信。汪梅村有《释汪》三篇，又《释帛》《释缘中衣》，均详核。写《东方朔画赞碑》一纸。

十一月二十九日(1月5日)　《申报》看至二十二日。阅《尚书大传》郑注，两言今制。孙师招午饭。过三兄问安。母舅晚至，述“所居在廉让之间”，上拟一对云“寄兴于琴书以外”，默用渊明“无弦琴”及“读书不求甚解”两意，颇耐寻味。阅王念孙《荀子杂志》，“劝学篇”之《杂志》记“非相篇”之“士仕”两条，皆经说过。著书翻恨古人多，良然。写《东方朔画赞碑》一纸，“比德于温润而泽”七字较为现成。

十一月三十日(1月6日)　《论语》“百官之富”，当读如“在官言官”之官。官，舍也，方与宗庙为类。点《吴书》百叶，“张纮、严畯、程秉、阚泽传”评曰“严、程、阚生，一时儒林也”，是盖以人少不足成篇，而隐标“儒林”二字于后云。写《东方朔画赞碑》。过饮兰。《蜀志·先主传》“斩渊郃”之“郃”字疑衍。今夕点书迟至子正，童奴厌倦，几至头触屏风。“记喉转意”四字未解，容问。《陆贾新语》《贾谊新书》《桓谭新论》《薛莹新议》，古人著述每号为新，甚矣，老生常谈易招厌恶也。《唐樊府君碑》为《关中金石志》及诸家目录所不载，道光八年周贞木学使得之献陵，舁置使署，字画完好，具褚薛[1]规模，钱唐沈兆霖有记。孙师为汪桢甫拟挽秋岩先生云：“桃李成阴，何幸鲤庭容小草；蓼莪陨涕，敢从萤案诵伊蒿。”

---

① 此“褚薛”之“褚”指褚遂良、“薛”指薛稷。

十二月大　建乙丑

十二月初一日(1894 年 1 月 7 日)　点《吴书》八十叶。从雨岩许假得《钦定三国志》,每卷皆有“校勘记”,甚善。

十二月初二日(1 月 8 日)　虎臣过我,并递来义门手致星南、三哥及予公函一封,其大旨以致力于文为第一义。过饮老闲谈。点《三国志》卒业,关羽谥“忠义”,见乾隆四十一年七月二十六日“上谕”。

十二月初三日(1 月 9 日)　过三哥,即诣大母舅所。读《华山碑》,写《东方朔画赞碑》。往作舟家唁。

十二月初四日(1 月 10 日)　母舅明日五十初度,今日为酒以介眉寿。

十二月初五日(1 月 11 日)　阅报至二十七日。散学三日。孙师、大兄、三兄皆至,共陪母舅逍遥竟日。虎臣假去《经史百家杂钞》二十册。往星南家拜“二七”。写《麓山寺碑》。

十二月初六日(1 月 12 日)　写《东方朔画赞碑》,看《金石萃编》第三卷。饮老招饮。夕阳时随孙师、三哥城北闲步,见群鸦无数集荒坟上,孙师出句云“鸦栖荒冢黑”,蒙妄拟对云“鲸卷海波红”。禹言有送某友《花烛诗》两首,中如“箫史喜邻方相氏,木兰新得尚书郎”,洵雅切之至。周四先生为饮老摹《东坡笠屐图》,翛然有出尘之概。又断屠求雪。

十二月初七日(1 月 13 日)　微雨,旋晴,天何吝惜乃尔。改俞生文四篇。前以鹅管眼药饷蔡三,昨见之,居然大愈。

十二月初八日(1 月 14 日)　阅报至三十日。改包生起讲四首、试帖六首。阅《潜夫论》“赞学”以下十八篇。《汉魏丛书》本甚恶劣,惜无汪继培笺本以校之。据王谟书后云:“《后汉书》本传不言王符治何经,考其所引诗与韩诗[①]为近,符当是治韩诗者也。”然《后汉书·

---

① 此韩诗系指《韩婴诗经》,而非《韩昌黎诗集》。

班禄篇》引“惟此二国，其政不获”，正用《毛诗》说，王谟所云亦非定论。灯右写数语，寄钱生。假雨岩《龚定盦集》。

十二月初九日(1月15日)　阅报至初三日。微雨。读《龚定盦集》，其人的是奇才，曹竹君《题词》亦复不恶。孙师招晚饭，坐有虎臣、三兄。看香涛制府《国朝著述诸家姓名略》，经学、史学、古文、经济皆列定盦，诚不愧也。

十二月初十日(1月16日)　阴雨。新县课题，“入其疆，土地辟，田野治”；赋得“海旁蜃气象楼台”得“官”字，撰一卷。饮老、禹言皆至。《温病条辨》新印本，码洋一元六角。写隶一纸。

十二月十一日(1月17日)　阴雨。早将昨文誊真送交饮老处。陈瑞西翁作古，前以病未能往拜，今闻将葬矣，即诣奠辞。写成杨家挽章，交泰和店送去。读《定盦集》及《续集》。

十二月十二日(1月18日)　阅报至初六日。晴。早谒孙师，未值。山长课题，“巽与之言”三句；赋得“数点梅花天地心”得“心”字，率写一卷。蒋楚老招晚饮。与三兄论前日文。饮老过我，述“马谡逃亡”，亦与本传有异。

十二月十三日(1月19日)　祝徐石卿母寿。店中酬神，群集早面。母舅于昨日公干回兴化。改包生试帖两首。三兄转假蔡子龚集[①]。读定盦诗，其《常州高材篇送丁若士履恒》一首，尤有关于学术源流，特录之云：“丁君行矣，龚子忽有感，听我掷笔歌常州：天下名士有部落，东南无与常匹俦。我生乾隆五十七，晚矣不及瞻前修。外公门下宾客盛谓金坛段先生，始见臧在东顾子述来裒裒。奇才我识恽伯子，绝学我识孙季逑。最后乃识掌故赵味辛，献以十诗赵毕酬。三君折节遇我厚，我益喜逐常人游。乾嘉辈行能悉数，数其派别征其尤。《易》家人人本虞氏，毖纬户户知何休。声音文字各窔奥，大抵钟鼎工冥搜。学徒不屑谈贾孔，文体不甚宗韩欧。人人妙擅小乐府，《尔雅》

---

①　此“龚集”指《定庵文集》。

哀怨声能遒。近今算学乃大盛，泰西客到攻如雠。常人倘欲闻常故，异时就我来咨诹。勿数耈耋数平辈，蔓及洪孟慈管孝逸庄卿山张翰风周伯恬。其余鼎鼎八九子，奇人一董方立先即邱。所恨不识李夫子申耆，南望夜夜穿双眸。曾因陆子祁生屡通讯，神交何异双绸缪。识丁君乃二十载，下上角逐忘春秋。丁君行矣，龚子忽有感：一官投老谁能留？珠联璧合有时有，一散人海如凫鸥。噫，才人学人，一散人海如凫鸥，明日独访城中刘申受丈。"

十二月十四日(1月20日)　学隶两纸。点《毛诗注疏·文王之什》毕，又点《生民》一篇。"先生如达"，先生者，初生子也，即吾乡所谓"头麦儿"。改俞生试帖六首、包生起讲二首。读定盦诗。蔚如至，晚在三兄许共谈。

十二月十五日(1月21日)　禹言还来《常州骈文抄》一册，蔚如假《汉西域图考》。往王家奠辞。点《毛诗注疏》"行苇"以下三篇，看《潜夫论》毕。"众鱼、旐旟"皆是象，梦与"熊罴、虺蛇"为类。晚读《洪更生游记》数篇。往公局候吴巘卿，见孙师、三兄。

十二月十六日(1月22日)　阅报至初九日，寓言一则，大可发笑。到李家拜"二七"，便与饮老同过三兄。巘卿偕楚山丈至。《潜夫论·叙录》一篇，笔致甚简雅。点《毛诗注疏》"笃公刘"以下二篇，"三单"疑不如《毛诗传笺》诸说，王筠《说文释例》"蕲"字下记曾及之，颇可采也。看《风俗通》，《汉魏丛书》本不完，当别有辑本也。晚看《骈文类苑》"序类"。中国仿行西法纺纱织布，应如何筹办，以俾国家、商民均沾利益论。《史记·五帝本纪》"正义"引郑玄云"黄帝仰天地置列侯众官，以风后配上台，天老配中台，五圣配下台"，《说文》"凤"字下《尔雅疏》引"天老"云云，即斯人与？

十二月十七日(1月23日)　阴雨。昨见某铺有《龙威秘书》中《说文系传》一种，今索之已杳。假饮老《史记测议》，陈子龙、徐孚远本。昨见李廉波家挽联皆有剑拔弩张之态，孙师别拟一联云："事业维艰，频年尽瘁，乃寄怀坦白，公财不蓄私囊，想平生谊笃家庭，皎日可盟心似水；弟兄垂老，相见几时，奈避债仓黄，小别遂为永诀，料伯氏情深手足，经天定有泪成河。”点《毛诗注疏·卷阿》一篇，看张守节《史记正义》、司马贞《〈史记索隐〉序》。看《骈文类苑》“书启类”。崧甫由东坎书来。

十二月十八日(1月24日)　阴雨。放学。孟子深于《诗》，“掊克在位”即用《荡》篇也。点《毛诗注疏》“民劳、板、荡、抑”。《公刘》“君之宗之”之宗与《板》“大宗维翰”之宗，《毛传》一也。《史记·乐书》亦未成之书。饮酒“闭门不出客”曰“湎”，《释文校勘》云“闭门不出客者，如陈遵投辖井中”，是也。刘开《与王子卿太守论骈体书》可为学骈门径，裴松之《三国志补注》亦骈体津梁之一。裴骃为《史记集解》，即松之之子。黄安涛《复友人商游幕书》“笔耕墨耒，自可逢年，马磨牛医，无伤溷俗”，此四语实吾辈安身定心法。点《史记》“五帝本纪、夏本纪、殷本纪”，“嗟然”二字误倒，未识殿本《校勘记》曾及之否？

十二月十九日(1月25日)　阴，午晴。往星南家吊，又至西宅拜周忌。卢楚卿至。晚点《史记·周本纪》，“椟而去之”，“去”即“藏”也，犹之“废”为“置”、“乱”为“治”；“烈王二年之太史儋”疑即“幽王二年之伯阳甫”。

十二月二十日(1月26日)　晴。阅报至十二日。写致二哥信，又复崧甫笺。恭祝母亲寿辰。伯声由兴化寄来文、赋各一首。柘湖来，留饭闲话。六弟由镇江回。录丁晏《毛诗古学》“原序”。贺吴黻卿。蔚如招饮，坐有虎臣、月川、禹言、捷庵、三哥诸君，三兄几乎大醉。柘湖述王肯堂《证治准绳》甚善。

十二月二十一日(1月27日)　微雪旋霁，北风甚寒。还禹言书十八册。过饮老，盆梅已开。点《史记·秦本纪》“阡陌”一条，《史记测议》本引《风俗通》云云，并未标明为“正义”、为“索引”，定是“集解”无疑，而局本脱载，何也？午后到店请父亲安。点《毛诗注疏》“桑柔、云汉、崧高、韩奕、江汉”五篇。《论语》“及门”谓及仕进之门，《桑柔》郑笺已言之，《韩奕》正义引服虔《左传解》赞云“右扶风贾君是也”。

案:服虔《左传解》有“赞李氏”,《左传贾服注辑述》当引之,容检。阅“笺牍类”骈文,彭兆荪、刘开、乐钧三君骈文,实国朝八家外必当续选之作。乐钧《答王痴山先生书》云“昏灯校字目眵,犹披冻笔写书,手皲难辍”,亦可见其劬学矣。

十二月二十二日(1月28日) 微雪。饮老招同孙师小楼茶话。便过三兄,在家读《晋书》。点《大雅》毕,又点《颂》至“噫嘻”终。“三十里”,《毛诗传》言“各极其望也”,《毛诗正义》解王申毛云“言人目所望三十里,而天地合于三十里外不复见之,是为极望也”。“不显成康”言成大功而安之也。六弟午后来,述在镇江近况,云及中泠泉水,今年尝之,味较他泉圆厚百倍。汪海秋由兴化来,述伯声到兴化后琐事。书院案迟迟不发,未解何故。卢楚老已往通州,新孝廉开贺,而吴黻卿、卢楚卿二君先后以他事去,岂懒见贺客耶?一笑!点《史记·始皇本纪》,篇末载“秦纪”一段事略而文奥,杨升庵云“太史公所以载之,欲互证而备遗也”,诚然!“郦生传”附郦生书亦其例。“裋褐”一作“短褐”。案:下文对以“糟糠”,则作“裋”者为是。郭频伽骈文,亦自名家。

十二月二十三日(1月29日) 飘雪花。《周颂·小毖》,《笺》云“不登诛之”,《正义》云“不登时诛之”。然则“即时”为“登时”,承汉语也,《三国志》注亦有“登时”语。点《周颂》毕,又点《鲁颂》,《正义》中引《司马法》两条。白石先生偕禹言、崇兄至,把酒纵谈,颇纾积闷。先生新习算学,天上恒星已一一了然,悟何如也。六弟由镇江带来新孝廉朱卷若干本,阅之皆各有所以然。《鲁颂》里克所作,非奚斯手笔也。浙江冯毓孳,中式第十三名举人,其文云“非为齐事”,发案题为“子曰:见善如不及”一章,近□跟上为文,数见不鲜;跟下立论,亦复屐齿,所及以撇为用,则其智不可及也。蔡禹言之东翁有《五礼通考》。写中楷数十。白石先生云执笔不可过高。“今夕止谈风月,几生修到梅花”,守愚先生嘲某肥翁联也,其人颇好声色,故上联讽之云。祀灶。

十二月二十四日(1月30日)　微雪,甚冷。《毛诗注疏》自本年二月初开点《豳风》,直至今日全书乃毕。读者费力如是,撰者费力可知,于此见古人著成一部,未可厚非也。目微红。在襄荷精舍邀孙师、浩翁、白老及虎臣、蔚如、崇兄午饭。午后随孙师过饮兰先生。昨日准拟将《毛诗注疏》点毕而竟不能,今又以目痛中辍,凡事至将到圆满之候必有魔障。上灯后鼓勇点阅,居然卒业,庶不为魔道所败矣!白石先生写春联一副,精神团聚,不知为何人所得。一部《毛诗正义》,中有无限古书古义,拟分类摘抄,惜无佣书客也。孙师拟公所对联,得句云"何人不起故园情",他日当集唐句以成之。静观李北海书,长人厚气。晚饭后起大风。陈白石先生为予评"八字"丁卯、己酉、庚子、壬午,据云"宜行木火运,所以扶官也",蔚如说与之同,汪作舟说"天干一气相生,地支卯木又复蝉嫣不断,是干禄恺悌之象",吴灼孙云"此四柱局也"。

十二月二十五日(1月31日)　霏雪一阵,晴冷,滴水皆冰。略观《高贞》《圣教》诸碑以养目。店中约写春联,信意书之。大母舅自兴化至,又带来伯声表弟时文一首。十五日报云,钟山书院现聘钱樨庵先生主讲。白石先生述彭刚直公登泰山楹联集唐,婉妙多味,特志于后:"我本楚狂人,五岳寻山不辞远;地犹鄹氏邑,万方多难此登临。"点《史记·项羽本纪》。何廉昉诗"秦汉之间又一朝"可为霸王雪愤。董份谓:"项羽论宋义一段,虽学书无成,而所见非学士大夫可及。"案:份论稍误,羽之学书即"六书"也,本非学为文章之类,其论议之工不工,固不系乎此也。

十二月二十六日(2月1日)　孙师命书挽汪云阁先生联云:"停车欲吊桃潭水;编集刚齐杜甫年。"丁禾翁招午饭,与蔚如同去,坐有禹言。下午复偕过崇兄茗话,见兰丈。闻书院案出,日夕往观,孙师、饮老超等,禹言特等,蒙卷漫置第一,殊有"高位疾颠"之惧。在饮老许略谈,饮老新洒扫一室,旁列史籍,静坐其中,领略盆梅香意,神仙中人也。点《史记·高祖本纪》,"雍齿雅不欲属沛公”,服虔曰“雅,故也”,苏林曰“雅,素也”。案:“子所雅言”之“雅”,即当“如此”解。俗常云“亲不借友”。案:即《史记·汉孝文纪》所云“右贤左戚”也。

十二月二十七日(2月2日) 晴有霜,稍和。阅报至十七日。点《史记》“吕后、孝文本纪”,“发仓庾”下列胡公注;又“结轶于道”,韦昭曰“使车往还,故辙如结也”,相如曰“结轨还辙”。案注言,则本文“轶”字当是“辙”字之误,未识校勘家以为如何也?《史记·孝文纪》如淳注引《长安图》“细柳仓在渭北,近石徼”;又引《三辅黄图》“棘门在横门外”;“朕之不明与嘉之”,如注未了。《读书杂志》“《汉书·高帝纪》‘万民与苦甚’条下谓‘当依如说’”。古时“先生”二字不必并称,或称“先”、或称“生”,如《史记·晁错传》“学于张恢先所”,《汉书》云“张恢生所”,颜注云“皆先生也”,之类甚夥,说见《十七史商榷》。沐浴。孙师下午至,述山长案出,周嘉玉首,蒙前作卷超等。阅《长安志图》。灯下又点《史记》“景帝、武帝本纪”。“武帝纪”是褚少孙所补,全取《封禅书》为之,《测议》本抑一格写,甚是;“景帝纪”亦未成书也①。“牡荆”,“荆之无子者,皆以絜齐之道也”或纪如淳注。案:“牡丹”之“牡”亦应如是解。“群儒既以不能辩明封禅事,又牵拘于诗书古文而不敢骋”,此古文不知何指,容核。“吾欲见巨公”,《汉书音义》曰“巨公谓武帝”,然则天子亦可称“巨公”。秦始皇谓“后世以计数,二世至于万世”,汉武帝云“元宜以天瑞命,不宜以一二数”,雄才大略,各有见地。

十二月二十八日(2月3日) 晴和。明日立春,县令汤公于今日先迎春于东郊。与崇兄、蔚如同至三昧寺观施春典礼。闻白石先生小病。孙师招啖猪头,坐有兰丈、饮老、杏老、蔚、虎、禹、崇诸

---

① 按唐司马贞之说,司马迁的《史记·景帝本纪》有录无书,今篇乃取班固的《汉书·景帝纪》补之;或说《史记》《汉书》两篇略有不同,非取《汉书》以补。现在看来,司马迁“景纪”确有一些疑点,尚待考证,班固“景纪”则完全是真品。

公，饭后渴甚，群过张冰臣索茶，便读鲍声甫先生字、陈白石先生画，可谓双绝。杏老命检《浯溪》、《吾亭》二铭，因备录顾氏[①]《金石文字记》一则于后："《峿台铭》元结撰，篆书，大历二年；《浯溪铭》元结撰，瞿令问篆书，大历三年；《广亭铭》元结撰，瞿令问篆书，大历三年。右三铭并在祁阳县，元次山爱祁阳山水，遂寓居焉，名其奚曰浯溪，筑台曰峿台，亭曰广亭，所谓'三吾'者也。台铭刻在台之后，甚完整；溪铭、亭铭刻于东崖石上，随石欹斜，藓厚难拓，而篆笔特佳，视台铭更胜。别有黄山谷书百余字，云与陶介石披榛剪秽，得次山铭刻，喜而志之。又有皇甫湜五言诗一首，次山之子让五言长律一首。"又，《金石存》云："右唐《峿台铭》。黄山谷云'溪铭季康篆，亭铭江华令瞿令问篆，惟台铭篆书无姓名'；又云'以字法观之，亦季康篆也'。"吴下搢

点《史记·礼书》，读《史记·十二诸侯年表序》。"及如荀卿、孟子、公孙固、韩非之徒，各往往捃摭《春秋》之文以著书"。据此，则《孟子》一书本《春秋》而作也，他日拟为《孟子春秋义证》。张冰翁新得声甫先生之鲍刻《太平御览》。阅"笺牍类"骈文，王衍梅颇复繁缛。

十二月二十九日（2月4日）　和风拂面，大有春意。剃、沐。饮老携前课膏奖[②]来。进士公手笔，容不如造化小儿，孙师卷赞及于字，宜学宪项分转外，又得一知己。昨夜丁公桥河南茅屋失慎，便以膏奖零蚨四百翼聊作杯水之赠。至公所见孙师，即将蔡三卷膏奖分存。董祐诚骈体甚工，诚不愧龚定盦大可人之目。闻东台山长[③]明年仍是翟老。过杏楼先生，不值。到塾取《不空碑》。母舅午前至。晚点《史记·乐书》，杨升庵谓非尽褚少孙补。

---

① 此"顾氏"为顾广圻。

② "膏奖"指书院发给参与课试生员的膏火奖励。

③ "东台山长"指东台西溪书院的山长翟登云。

十二月三十日(2月5日) 晴和。阅报至二十一日止。阅《史记·律书》,"律"与"历"相次,"律"与"兵"相因,太史公以"寝兵息民"为主,深得"律"意。下午至各处辞岁,祀祖祭神,亥正睡。灯下阅毛西河《醉司命辞》,意趣横发。二兄寄到二十四日发与五弟手书。写拜年笺。

第八集　式古训斋日记
（光绪二十年　甲午）

正月小　建丙寅

正月初一日（1894 年 2 月 6 日）　晴和。往贺各亲友，亲友亦各来贺。“春风所至不言惠，化日初长又一年”，鲍老家春帖也。点《史记》“律书、历书”，“东壁居不周风东，主辟生气而东之；清明风居东南维，主风吹万物而西之。”“东之、西之”，皆是实字虚用法。读书毕，得一诗云：“朝看斗柄又移东，符甲欣欣直岁雄。磨我功夫还守墨，骄人名字也书红。儿愚不解高轩贵，亲老弥珍寿酒同。引首苍天说心事，羽毛毕竟藉长风。”魁官讽《三字经》至“苏老泉，二十七”云云，自念年齿已逾其一，发愤此其时矣。夜分时恍若身在闱场中，首场业已试过，二场《五经》，《诗经》题“采菽”用韩诗说，《春秋》题“蝝生”用《公羊》说，孙师、崇兄催予完卷。

正月初二日（2 月 7 日）　阴雨。点《史记・天官书》，“从正月旦比数雨，率日食一升，至七升而极”，然则今岁，民有二升之食也；又云“日直其月，占水旱”，今日雨，二月必水矣，俟验。“孔子论六经，纪异而说不书。至天道，命不传。”据此，则《论语》“天道”即史公《天官书》所列云云也。蕴山文曾见及此，得迁书[①]以证之其说益确。禹言夕至，留饮畅谈。向读《史记・孝文本纪》，“结轶”疑“结辙”之误，今读《天官书》“车辙”为“车通”，乃知避武帝讳而言也。“山河两戒”，“戒”

---

① 迁书即司马迁《史记》。

实“戍”字之讹，说见《读书杂志》。史公“海旁蜃气象楼台，广野气成宫阙”诸语，正以辟武帝求仙之谬。此论未经人道，留质大雅，以定然不。为“西方秋司兵”，“秋、兵”二字疑互倒。见袁澹生为其同邑吴某作传，笔致古茂，名下固无虚士。

正月初三日(2月8日) 晴。点《史记·封禅书》。《龙门》笔妙，允无其敌。“有黄白云降之”，“白”字疑衍。禹言过我，觅《始皇本纪》刻石文。午后偕五、六两弟游春东郊。

正月初四日(2月9日) 晴。往东祝姑母寿，虎臣寻至，共话片时，述日本女子小华生四绝句，吐属清婉，斐然可诵。随孙师、虎兄同赴兰丈之招，在襄荷精舍啖京江旗[①]数枚。

正月初五日(2月10日) 雨。俗以“发财”谀人，不啻以“不仁”骂人也，而人竟安受不怪，何耶？“或问禘之说”一节，可本《史记》“圣世无封禅”立论。点《史记·河渠书》，“东郡烧草”《测议本》作“东流郡”。过白石丈。

正月初六日(2月11日) 西北风，晴。陈秋石家春帖云：“事或有之，吕宋正二月头彩；想当然耳，浙江第一名举人。”点《史记·平准书》，“欲留留处”作“之处”，容核；“太史公曰”以下，实此篇发端语也，故《汉书》颇采用之，今本列为赞语，误甚。伯声弟笺来，即写答之。三兄买得东台袁义竹《画竹》一幅，笔致健爽。在白石丈许见两佳联云“世上两丸忙日月，人间一个散神仙”；“元龙湖海之士，靖节羲皇上人”。

正月初七日(2月12日) 晴。写寄二兄笺。过饮老未值，遇杏楼先生。掷“升官图”，起手得一“不同”。禹言招饮，白石丈为禹言书半农先生联云“解经遵服郑；制行法朱程”[②]。

---

① “京江旗”又名“金刚脐”，因其外形像泥塑金刚之肚脐而得名，是江苏等地汉族的茶食糕点。

② “服郑”指服虔和郑玄；“朱程”指朱熹和程颢、程颐兄弟。

正月初八日(2月13日) 偕饮、杏二老及家崇兄往祝丁太师母寿,饭后补贺虎臣夫人生日。晚假三兄所春宴,客十一位,以子香、柘湖为最东,兰丈倦矣,即呼舆送归。饮老读书精细非常,《三国魏志》裴注引《魏略》"复某人官爵"一条无根,疑涉上文而误。

正月初九日(2月14日) 读《赵瓯北诗》,其《论诗》云"少时学语苦难圆,只道功夫半未全。到老始知非力取,三分人事七分天";又云"不识字人真快活,是求钱处必艰难",皆阅历之言。晚饭后,杏老约泛舟西行,即邀崇兄过子恂。杏老处有《两当轩诗集》,许假观。

正月初十日(2月15日) 阴。早诣丁师白事,旋至星南家奠辞。途遇虎臣,立谈数语别去。六弟南行,往送之。在西宅午饭。杏老赠予昆季《棘闱夺命录》各一册,后附《举业琐言》,颇有可采。改作伯声"窃比于我老彭"文,"生商中叶,享世大年"二意已被蕴山说过,中幅只得以"商贤大夫、周柱下史"分柱。著书翻恨古人多,作文亦然。饮老月下过余。

正月十一日(2月16日) 晴暖,春气大透。读《文子缵义》,牟献《序》称"计然受业于老子,非区区废居操纵可比",其说甚是。案:《文子缵义·道原篇》云"能因即大,作即细",此论当与《论语》"述而不作"同,皆老氏之宗旨也,郑注谓"老为老聃",固非无稽之言。又改作伯声弟课文一首,此二艺皆旧年腊底寄来者。过三兄,同赴蔚如之邀。孙师出新令,三人猜拳,除同算异,异者饮,殊简静有趣。

正月十二日(2月17日) "节寝处,适饮食,和喜怒,便动静",此治身养性之要诀。柘湖过我,代观魁子"八字"。伯声由兴化至。午后过饮老,偕至周四先生家茗谈片刻,翠竹两行与绿萼梅相掩映,脱尽尘俗矣。写《莲花经》。阅《文子缵义·符言篇》,"举直与枉"与《论语》异。

正月十三日(2月18日) 雨水节。天气暖如三月,虫皆启蛰。虎臣招游西溪,步往舟回,同游者孙师、崇兄,蔚如惮行未往。饮老检得《水经·淇水篇》注引《论语比考谶》云"颜渊不舍朝歌,仲由蹴宰予堕车”，此亦圣门一轶事也。昨闻周蕴卿仙逝，今闻鲍声甫先生逝，文星递陨，岂天上重修白玉楼耶？下午散步北郊，在虎臣家晚饭。阅《思辨录》数则。

正月十四日（2月19日） 柘湖茗话。与三兄过杏楼。孙师命至襄荷精舍午饭，饭后崇兄、白石、杏楼诸君泛舟过子香先生家，对竹静坐片时。禹言为泰州吴廷灿作《墓表》。临《黄庭经》一纸。在白石丈家又见海盐吴修所刻《国朝名人法帖》数种，庚寅辛卯间，二兄曾自盐城假得《江海连珠》四册，即吴君手刊也。杨恭甫来。

正月十五日（2月20日） 大风，月色皎洁。禹言来论文，即共过杏老，邻屋银杏一株，风来遇之婆娑欲舞。回忆儿时寓此，每晨闻乌鸟哑哑声，即与三哥并起攻苦。秋冬时黄叶乱下，半杂翠果，争相拾取，以为笑乐，此情此景，不可复得。冯生祖善请诗文题去。在白石丈家晚饭。

正月十六日（2月21日） 早赴塾，诸生大半仍旧。阅初五、六日两报，纪内外臣工以万寿典蒙赏赐者不一其人。颜生书来，其诗文题业由六弟附去。晚阅乐钧骈文。

正月十七日（2月22日） 阅初七、八、九日三报许星叔谥“恭慎”。写赵文敏字三纸。《汉书·食货志》“军功多用超等”，“超等”二字始见于此。瓯北有《和友人落花诗》，疑即和随园也，然究不如随园；又，《送某公诗》云“虮虱早知生介胄，貂蝉今竟出兜鍪”，其运用精妙，当时争服之。读韩文《碑志》数首。阅《史记·孔子世家》“君子疾没世而名不称焉”，是作《春秋》缘起。“子之燕居”“子与人歌”诸节皆是《论语·乡党篇》佚文。孙师、饮老、杏老晚至，杯酒论文。

正月十八日（2月23日） 微雨。阅初十、十一、十二日三报，可庄太守殁后，雪盐城李某之冤。兰丈过我，述当日曾文正幕府某君手上两书，不愧文正益友。沈分司之犹子驰马入市，马蹶致仆受伤而归，此可为少年好驰骋者戒。读《史记》“陈涉、外戚两世家”，阅《庚子山年谱》。

正月十九日(2 月 24 日)　晴。南城远望,绿意盎然。吉斋昨晚自曹甸回,邹佩兄偕来。写《莲华经》一开。周子翁招饮,见板桥字。“神仙官职双凫舄,才子文章五凤楼”,梁同书写赠周北堂先生联也。与三兄到店晚饭。

正月二十日(2 月 25 日)　读《史记・楚元王世家》。《江左校士录》刻姚文楠诸作,固自不凡。饮老述曲园拟墨俱才气横发。

正月二十一日(2 月 26 日)　阅十三、四日两报。写《莲华经》一开。陆瀛生画,据白石丈云大有功夫。读庾子山文。杏老午后至,略谈即去。

正月二十二日(2 月 27 日)　甚冷,早有雪花。阅十五日报,前载治河探源论。白香山诗“燕姬酌蒲萄”,“蒲”字不作平声读。同孙师、崇兄招佩青、吉斋午饮,便为蔚如饯行。三官殿西寮有古树一株,根在屋中,枝柯横布屋外,翠色葱郁可爱。杏楼先生邀晚饮,五味使人口爽,连日困于酒食,真不胜杯酌矣。读《史记・齐悼惠王世家》。

正月二十三日(2 月 28 日)　“曹参,字敬伯”,见《史记集解》引张华说。自汉以来,说“眉寿”者皆不甚了了,白石先生见《礼器碑》“牟寿”字,因悟“眉、牟”一声,“眉寿”即“牟寿”,牟,大也。读《史记》萧相国、曹参、留侯三世家,萧《赞》云“淮阴、黥布皆以诛灭,而何之勋烂焉”;曹《赞》云“及信已灭,而列侯成功,唯独参擅其名”,太史公于淮阴侯有无穷爱惜之意。有擅口技者作鸟兽音及男女老少音,无不惟妙惟肖,亦绝艺也。留侯《赞》“然言有物”,《索隐》曰“物谓精怪及药物”。城案:物实精怪,与药物无涉,《史记・齐悼惠王世家》以为“物而伺之”,即是“物”字之义。吾乡昏礼必先拜“天地君亲师”,相沿已久,莫得其说,今读《荀子・礼论》云“故礼,上事天,下事地,尊先祖而隆君师,是礼之三本也”,然后知“天地君亲师”五字之义实始《荀子》。《礼论篇》有“足礼”二字,疑即《论语》“足恭”。

正月二十四日(3 月 1 日)　雨。早往作舟家中吊。读《史记・陈丞相世家》,“平为人长美”与《史记・封禅书》“大为人长美”文义同也,《索引》彼注乃引颜师古"甘美之言"之说,而以"言"字连属为句,误矣!与伯声诸弟讲《论语·述而篇》,"文,莫吾犹人也",疑当从"黾勉"说;"听讼,吾犹人也"句上并无"莫"字,可证。蔡禹言令兄雨亭先生精均学,尝谓"胥、索"一声字,得通用;"胥靡"之"胥",即拘挛罪人之黑索,"靡"谓羁縻之也。案:此说甚新。写一笺寄二兄。读《荀子》"臣道""议兵"二篇。"师术有四,而博习不与焉。尊严而惮,可以为师;耆艾而信,可以为师;诵说而不陵不犯,可以为师;知微而论,可以为师。"见《荀子·致士篇》。在白石先生家晚饭,先生为某书大隶楹联,笔力横绝。闻虎臣述,王益吾师刻有《荀子集释》,板存湖南。

正月二十五日(3月2日) 雨。阅王念孙《读荀子杂志》,郝兰皋、刘端临、邵二云《杂志》皆尝引其说,又时引陈硕甫说,此数家都在卢文弨校本所列诸君之外,未识益吾师均已搜辑否也?虎臣过我,云札记可用政事人文例。晚与三兄过虎臣论学,即假《儆居集》一阅。

正月二十六日(3月3日) 阴冷。阅十六日报。元官生日,在西宅游宴一日,与虎臣、吉斋、三哥打"马将牌"[①],初试似觉繁重,三五次后颇若简静有趣。虎臣假曾文正《文集》《日记》《杂著》三种。

正月二十七日(3月4日) 阅十七日报,陈六舟升顺天府尹。写折楷半开,改作冯生文,读《曾文正诗集》。在凌云馆市笔两枝。孙师、崇兄同游北郊。楝树有"神发方"疗病,求治者皆剥树皮少许以为药,此亦佛家所谓"舍身济世者"与?虎臣送蔚如北行,招往酒话。

正月二十八日(3月5日) 晴。阅十八、九日两报。《历代黄河变迁图考》,英洋一元二角。写折楷半开,读《儆居集》。晚诣店。湘乡刘蓉著《养晦堂文集》。虎臣假《通考》《通鉴纪事本末》《续经世文编·礼类》。夕闻九头鸟鸣,俗谓鸣则天将雨。

正月二十九日(3月6日) 雨。写折半开,改作伯声赋。读《养晦堂诗集》,有《哭曾文正》百首绝句,甚沉痛。兰丈投我《啸云轩续

---

① "马将牌"即麻将牌。

稿》。《史记·三王世家》，褚先生[①]引《传》曰“青采出于蓝，而质青于蓝者，教使然也”；又引《传》曰“蓬生麻中，不扶自直，白沙在泥中，与之俱黑者，土地教化使之然也”；又引《传》曰“兰根与白芷，渐之滫中，君子不近、庶人不服者，所以渐然也”，此三条可证《荀子》。

忆昔闻声相思，谓亲至夫人之侧，愿坛席奉之，无斁也。洎乎接膝，而饥渴慰矣。饥渴既慰，而酒醴笙簧之节，亦因之以纷。夫始则动于倾慕之方新，不惮其烦也。既而谬托知心，以为吾两人之永好，岂在此戋者乎，而脱略之端见矣。薄物细故之遗忘，识微者早引身而思避，非有意督过，鉴于其情之已怠也。善交者惟谨持其不忘而已。溯当相见恨晚，谓自今以往之年，愿臭味共之无忒也。洎乎转盼而约结深矣，约结既深，而言笑宴乐之端，亦因之而习。夫始犹怵于严惮之未替，不及于亵也。既而雅侍莫逆，以为吾两人之厚爱，奚屑此断断者乎，而狎侮之萌作矣，戏语庾词之媟黩。饮恨者辄刺骨而寻仇，固猝遇倾危，亦狃于其情之甚昵也。善交者惟共防其昵而已。

右蕴山先生“晏平仲”一节题文，虽曰制艺，而古今全交要道实不外此，爰敬录之。

二月大　建丁卯

二月初一日(1894年3月7日)　雨。写折半开。读《史记·周勃世家》，《索隐》引《淮南子》许注两条。读《荀子·宥坐篇》，改作伯声赋。夕阅《儆居集》，其书得力于宋学居多，而亦不废汉学。白居易《新乐府》百诵不厌。

二月初二日(3月8日)　晴。蔚如过我，云初四北上。写折半开，读《淮南子》“本经”“缪称”两篇，改作伯声文。

二月初三日(3月9日)　早过蔚如。阅顾炎武《日知录》。“戎菽”一作“茂菽”，因疑“戎”有茂音，《诗经·小雅·常棣》与“侮”韵者

① “褚先生”指褚少孙。

此也，然未敢据孤证以说经，容他日详核。写折半开。读《史记·梁王世家》，名"揖"者为是。阅《淮南子·时则训》，"候雁来"句，"宾"字属下"爵"为句。又，高诱注："读如《诗》'小珙'。"案"珙"字为《商颂》异文，第未知诱所受为何家诗也？三兄晚至。

二月初四日(3月10日)　阅报至二十四日。午后忽雨，雪花一阵。魁儿上学。禹言过我云，《荀子·王制篇》"具具而王"以下，考为《王霸篇》错简，王念孙《杂志》、俞樾《平议》皆未之及，亟宜钩识，以诏来者。写折半开。读《史记》五宗世家、三王世家。萧何谥"文终"；"公户满意习于经术"，《索隐》曰"公户，姓；满意，名"。案：公户满意官太中大夫，不知治何经？据本文称其"称引古今通义，国家大礼，文章尔雅"，此"尔雅"字即《尔雅》经也。禹言假去《荀子》。

二月初五日(3月11日)　写折半开。归兰丈赵瓯北诗。义门旧岁来书，其致力古文之意甚盛，今与三兄公作一缄答之。过虎臣论学。

二月初六日(3月12日)　阅二十五、六日两报。看《养晦堂集》，其《与曾文正书》曾言"乞为文，以题其堂"，曾集中未知有此作否？《与曾伯涵、郭伯珍书》极能道为文甘苦、固阅历有得之言。格致书院冬课题三道：首"拟中国立议院"，次"技艺书院"，三"善举"。虎臣笺来，为我述其大略，惜全书留京，未能畅发也，他日书籍寄回时可作一卷。写折半开。《史记·吴太伯世家》，"死士"一作"亶士"，因忆《荀子·议兵》"其可诈者，路亶者也"，彼"亶"字之义似当如是，俟质之禹言。"《尚书》首《尧典》、《舜典》，《春秋》首隐公，《世家》首吴太伯，《列传》首伯夷，贵让也。"升庵此论甚新。二兄书来，述去年科场舞弊，丁某、饶某两主试皆罹不测之祸。

二月初七日(3月13日)　夜雨。湖上春来似画图。读《史记·燕世家》，改述云文，阅《养晦堂集》。写一笺寄二兄，写折半开。

二月初八日(3月14日)　晴。阅正月二十九、二月初一日两报，中间脱去二十七、八。吉斋约茶，晤饮老。题周某《放歌纵酒图》

云"我道虚和能养福,最难歌半酒中时"。写折关开。读韩集及蕴山时文。过饮老闲谈。孙师、禹言同过我,煮酒论文,极一时之乐。《易·兑卦》之象曰"君子以朋友讲习",甚矣,人生快事无过此也。三兄携去《养晦堂文》两册。甘泉黄奭辑有《汉学堂丛书》,今扬州某公重为刊印,计八十册,禹言以"史类"数册见示,其搜揖之功略见一斑,第价值太昂,未敢问津耳。

二月初九日(3月15日)　阅初二日报,阅去年《广东乡墨》。读《左传·昭公》,看《养晦堂集》。

二月初十日(3月16日)　读《左传·定公》,看《养晦堂集》。崇兄、禹言夕约看灯,不见一灯而还,在禹言家晚饭。

二月十一日(3月17日)　春社。冯生晚来,述乃祖务堂先生①遗言余行,令人钦仰无已,著有《淮扬水利图说》《易经图贯》《测海蠡言》诸书,其余著述甚夥,惜渐就散佚矣。

二月十二日(3月18日)　母亲往兴化省外祖母恙。改作钱、戴两生文。"仲弓为季氏宰而问政"与"冉子退朝,对曰有政"迥别。

二月十三日(3月19日)　阅初三、四、五、六日报。读《史记·管蔡世家》。"使史鳝言康叔之功德",《左传》作"祝鮀"②。又读《史记》"陈、杞、卫、宋世家"。"宋王偃淫于酒、妇人,谓之桀宋";《史记·田敬仲完世家》亦云"淫于酒、妇人"。

二月十四日(3月20日)　春分。阅初七、八日报,湖北织布局招商。改作述云文两首。孙师命至襄荷精舍观烟火。案:烟火,国朝

---

① "务堂先生"即东台水利学家冯道立。冯道立(1782—1860),字务堂,号西园,东台时堰人。其一生好学不倦,勇于实践,不仅精于水利,而且"经史诸子、天文历象、舆地河渠、九章谶纬、医药兵器"等都有研究。其著作甚丰,已刻6种,未刻36种。

② 《左传》中的祝鮀就是《史记》中的史鳝,春秋时卫国的大夫,因其人字子鱼,故亦称之为史鱼。

谓之“哈拿皮”。晤星南、禹言、崇如诸君。二哥函至，云代购之书交吉斋带回。颜生寄文来。

二月十五日(3月21日) 亥正月食，夜雨。禹言赠我梅花一枝，香洁可爱。改伯声文一首，读《史记·晋世家》。虎臣假《策学备纂》两本、《续古文辞类纂》四本。花曾识面香仍好，唐到开元业未衰。

二月十六日(3月22日) 雨。改伯声文两首。披云社又出句云“称觞共庆千秋节”，孙师对之曰“奉使虚随八月槎”，工美无匹。

二月十七日(3月23日) 晴，午刻微雨数点。闻每年四甲子皆不宜雨。禹言夕过我，论及《荀子》每以“贤罢”对言，疑“罢”即“不贤”之谓，假去《艺文类聚》三册。改述云文。

二月十八日(3月24日) 阅初九、初十日两报。改述云、颂年两生文。兰丈过我。阅《淮南子》。晚到店请父亲安。晤三兄论文，三兄携去《养晦堂诗》。丹徒李慎传著《植庵集》。

二月十九日(3月25日) 改谷人文三首。母舅假阅《曾文正公年谱》二册。晚刻兴化信来，述外祖母病增剧，母舅挈伯声回兴化。读《史记·楚世家》。

二月二十日(3月26日) 阅十一日报。看《养晦堂集》。读《史记·越王勾践世家》，附“陶朱公仲男杀人事”，实有感而言。读白香山诗。湘乡钟近衡，字莒洲，为罗忠节公讲学弟子，咸丰四年殉节羊楼司，刘蓉为《墓表》。《曾公年谱》载：“公初生时，公曾祖梦巨蟒绕庭；公殁时红光烛天，江宁、上元两县令趋节署救火，第见天际有圆，赤如镜者，然倏即堕没。”杨楚丈过我。晚看益吾师《劝学琐言》，其治经、缉史按县分门，力半功倍，法良意美。惜乎轺车三载，未获观成，倘有志者实心奉行，不特一时伟观，抑亦千秋盛业也。

二月二十一日(3月27日) 风，午刻雷鸣，急雨一阵。读《史记》“郑、赵两世家”，武灵王胡服骑射，卒能灭取代北，固是豪杰之士。读《蕴山文稿》三集，多自立新解，能补传注所未及。吉斋由镇江回，递到二兄前日代裱之《清颂》《圭峰》二碑。晚阅《真州两生诗存》。据王兰泉《金石萃编》云，《圭峰碑》末载"某施碑石"云云，与本文复，疑为后来重刻。然楷法遒媚，直逼率更，其精神固不少损也。看《隋经籍志考证》，惜仅有"史部"耳。母舅信来，述外祖母恙近两日稍定，然夜来究无好睡，为足虑也。

二月二十二日（3 月 28 日）　阅十二、三、四日三报，写楷半开。近来言官有所参劾，或往往罚及属员，而为之上者转可无恙。阅《左传》，杨干乱行而魏绛戮其仆，此事盖不自今始。读《史记》"韩、魏、田敬仲三世家"，阅《孔子集语》《隋经籍志考证》。

二月二十三日（3 月 29 日）　阅十五、六、七日三报，补正月二十七、八日两报。读《史记》伯夷至仲尼弟子诸传。"羿善射，奡荡舟，俱不得其死然"句，"然"字疑为属下读。写致二兄信。晚读冯务堂先生《测海蠡言》及《淮扬水利图说》。过饮兰所。虎臣假《国朝文栋》及《古文辞类纂》。《史记》"司马穰苴、孙武、吴起诸传"皆以各人兵法为主。置老子于"列传"，尊孔子于"世家"，班氏谓《史记》"先黄老而后六经"非确论也。仲弓德行、子游文学皆有，孔子以为字，则《论语》"德行"一节实合上"从我于陈蔡者"，皆为夫子之言。疏浚近海各口，非独东台一邑之利，实淮扬全属之利。

二月二十四日（3 月 30 日）　十八日报述，本月初一日午刻，日四周有白色一圈。读《史记·仲尼弟子列传》，观《清颂碑》。午后与三兄同过虎臣论学，学惟期其有用而已，不急之考据，无谓之词章一概摒去为是。法辛侣谓"攻治荀、墨书者，即今日之佛、老也"，此说未免太过。子夏序《诗》、传《易》，又孔子以《春秋》属商，又传《礼》，著在《礼志》。而《史记》不论，亦其疏也。写兴化信，问外祖母恙。

二月二十五日（3 月 31 日）　读《史记·商君列传》，"商君变法"与"赵武灵王论变胡服骑射"大义略同。饮老补行春宴。朱浣岳画马近沈中丞，列入贡品，饮老处得其一，可宝贵矣。晚阅《读书分年日程》，分写功课于日记，即所谓填“空眼簿”也。作舟云，定海黄先生[①]有辑《司马法》，拟示我一观，现存孙师许。陈白老还来三兄手录惠栋校《汉书》六册。

二月二十六日(4月1日) 晚饭后，东风桥东边茅屋失慎，焚去二十余家。写折半开。读《史记》“苏秦、张仪、樗里子、甘茂列传”，史鱼以尸进谏，苏秦以尸行诈。晚看曾文正、左文襄两公致郭意城先生手札。“燕雁有代飞之候，鸳鸯少独宿之时”；“善戏谑兮，不为虐兮”，可为曾公咏矣。

二月二十七日(4月2日) 天晓时一梦，裁觉，忽念“决”从“夬”声、“蹶”从“厥”声外亦从“月”声，此两部音定是相通，俟质之蔡雨老。《史记》“平原君负韊矢”可证《荀子》“负服矢”之文。《史记·孟尝君传》“朝趋市”疑为“趋市朝”之误。读《史记·四公子传》，信陵君当为第一。禹言夕过我。看《方望溪集》。《尚书》《周官》《仪礼》皆经刘歆增窜。

二月二十八日(4月3日) 晚饭后雷雨。汤公观风，长友题“既庶矣”至次句“又何加焉”，“不知谁是谪仙才”；小友题“有澹台灭明者”，“远闻佳士辄心许”。晚草一卷，由饮老处交去。阅《司马法考征》。晚得外祖母二十四日仙逝信。

二月二十九日(4月4日) 戌正大雨。早写兴化唁函并代拟挽联。过饮老，同至精舍[②]见孙师、星兄。三兄昨作与吾同起讲作法。

二月三十日(4月5日) 清明。阅十九、二十、二十一日报。左八先生令母八十寿，早往祝。午后踏青，在饮老家晚饭。拟挽外祖母联云“辰岁记称觞，何期两度梅花，春酒已终王母宴；丁年惭橐笔，定许千秋彤管，丰碑留待外孙题。”又闲款挽云“艰苦历中年，不觉春秋高矣；清明逢亡日，何堪风雨凄然。”

---

① “黄先生”即黄以周。

② 《日记》中凡单言“精舍”者，均系“襄荷精舍”之简称。

三月小　建戊辰

三月初一日(1894年4月6日)　巳正日食，未初复圆。阅二十三日报。夜雨。吉斋往曹甸。张虎臣四十生日。阅黄以周《司马法考征》，其诸文之近于兵法者，皆出之。朱柳门来述前日文，乡覆一等第一，方补庆。

三月初二日(4月7日)　改包生文。看《养晦堂集》，其"谕儿"数则尤为恳至，世家子弟宜书之以当座名①。

三月初三日(4月8日)　阅二十四、五日报，格致书院春案特课题。天气颇寒。"春服未成翻爱冷"。孙师、饮老、浩翁、崇兄同修禊于襄荷精舍。禹言过我论文。

三月初四日(4月9日)　"乐岁终身饱"，"终身"二字系指"父、母、妻、子"。改包生文毕。阅《史记·李广传》。

三月初五日(4月10日)　乘舟往兴化，东南风，巳正开行，酉初即到。请母亲安，述及外祖母易箦之际神明不衰，谆谆以"勤俭"二字为戒。徐某挽外祖母联云"听天上笙歌争迎寿母；恨人间闺阁顿失宗师。"

三月初六日(4月11日)　雨。母舅新赁屋面溪负郭，双桥旁峙，登楼小望，日夕多佳。

三月初七日(4月12日)　晴。外祖母"二七"，来客数十位。下午偷闲与汪云逵登拱极台，台为道光年间知县余正平重修，其楹联云"常倚楼台瞻北极；每因烟雨忆西湖"余浙人，故云；又"六七月间无暑气；二三更后有渔歌。"

三月初八日(4月13日)　夜梦闱题，"子曰：诗三百"一节；"万物覆焉"；三题忘之矣。登观音阁，佛像系丈六金身，其方丈号觉三；兴化成沂赠联一付，写撰兼美。

---

① "座名"即座右铭。

三月初九日(4 月 14 日) 乘原舟回东台，晚泊丛柏林，月光皎然。看《吾学录》三册，一路桔槔声触耳，望雨甚殷。

三月初十日(4 月 15 日) 饭后到家。大伯父寿辰。到店请父亲安。沐浴。三兄晚至，共论近绪。

三月十一日(4 月 16 日) 往丁家吊。写《清颂碑》。读蕴山文。"有子曰:其为人也孝弟"一章，"君子"当指"有位者"而言。阅《十三经集字》。晚看《望溪文集》"议序两类"，《〈古文约选〉序》一篇，其论选文之例颇严。

三月十二日(4 月 17 日) 晴。阅报至本月初一日。读《望溪文集》"序跋类"。到店请父亲安。过饮兰，未遇。

三月十三日(4 月 18 日) 写楷百字。读《史记》范雎、蔡泽、廉颇、蔺相如列传，间廉颇者郭开也，间李牧者亦开，小人性情始终不改。改包生试帖十一首。晚读《曾公年谱》。由"恒丰典"寄去伯声书四十八册，笔袋、镇纸各一。

三月十四日(4 月 19 日) 阅初二、三、四、五、六、七等日报。微雨，鸣雷。读《史记・田单列传》。改俞生试帖十首。阅《曾公年谱》及《望溪文集》，读子、史诸篇，《史记》"八书"皆完书。其杂引《荀子》《乐记》，皆褚少孙先生为之。

三月十五日(4 月 20 日) 晴，转凉。读《史记》鲁、邹、屈、贾列传。淮南王为《离骚传》，太史公《屈原传》大半取之。"庚子日施"，施，斜也;《孟子》"施从良"，人知所知正是此意，屈、贾传《赞》转折尤妙。禹言过我。晚读《望溪文集》"书"类，其《与某公论治河》一篇，实洞明利害之言。班固不足为古文大家。读曾公诗。

三月十六日(4 月 21 日) 大雨。甄别案出，王介寿第一，予第三，饮老第六。"九侯"一作"鬼侯"，疑声近通用。《史记・鲁仲连传》"使其子女谗妾为诸侯妃姬"。案:"谗妾"二字未解，岂即"善谗之妾"耶? 疑为"蚕"字之误。读《史记》吕不韦、刺客列传。"何太子遣"句"往而不反者，竖子也。""竖子"系荆卿自明其非，非指秦舞阳也，"评林本"批为"指舞阳言"，误矣。又，舞阳系将门之子。记曾于别书见之，今忘之矣，志之以俟他日寻检。《史记·匈奴列传》："燕有贤将秦开。舞阳者，开之孙也。"三月廿七日补记。改戴生文一首。

三月十七日(4月22日)　雨。读《望溪文集》。孙容保二十生日，往贺之，即见孙师。会试题："达巷党人曰：大哉孔子"；"道不远人"至"忠恕，违道不远"；"庆以地"。改戴生文一首，诵香山诗。

三月十八日(4月23日)　阅初八、九日两报。读《史记》蒙恬、张耳、陈余列传，蒙氏临卒自明无罪，与白起相同。饮老招往看书院全卷，即留午饭，时兰花盛开，香溢一室，煮茶坐对，顿化尘鄙。阅《望溪集》，其记事数首尤有关于掌故。"一头教放出，万口此争传"，此孙师前日课作，汤公竟未赏及，亦可惜也。改颂年、述云文各一首。

三月十九日(4月24日)　阅望溪"家训"数则，写折半开。读《史记》"魏豹、彭越、黥布、淮阴侯列传"，杨诚斋诗曰："少年胯下安无忤，老父圯边愕不平。人物若非观岁暮，淮阴何必减文成。"又读《史记》韩王信[1]、虞绾列传。改述云文一首，阅《遁窟谰言》。

三月二十日(4月25日)　雨。山长课，"子路率尔"三节，"心正则笔正"得"心"字，孙师卷成最早。姑母连日咳嗽身热，仲玉先生诊，未愈。晚将课卷誊毕。

三月二十一日(4月26日)　晴。阅初十、十一、十二、十三日诸报，台湾省会改建于台北。早过颖公论文。邀黄仲丈为姑母诊，云是风湿。写折半开，读《史记》樊、滕、郦、灌列传。问三兄恙。到店请父亲安。

三月二十二日(4月27日)　大雾。姑母服昨方稍愈，仍招仲丈诊。读《史记·张丞相传》。午后随孙师过子香老所，子香为孙师画芍药一枝。闻三兄恙未愈。魁官水痘，邀杨楚翁诊，服药一帖。写折

---

① 韩王信曾被刘邦封为韩王，后又投降了匈奴，此人不是打败项羽的淮阴侯韩信。

半开。寄二兄信。

三月二十三日(4月28日) 阅十四、十五、十六日三报。雨。"他日君出"。姑母服昨方,十愈八九,热退咳减,胃口渐开,仍延仲丈诊。写折半开,读《史记》傅靳、蒯成、娄敬、叔孙通诸传楚丁公名固,见《楚汉春秋》。《叔孙通传》著两生之论。又"请生皆喜曰:'叔孙生诚圣人也。'"褒刺皆在言外。又读《史记》季布、栾布、袁盎、晁错、张释之、冯唐列传。"王生老人","人"疑"入"字之误;《张释之传》时以"久之"二字作顿笔。午后坐舟往视三兄恙。到店请父亲安。阅望溪"家训"。

三月二十四日(4月29日) 晴。读《史记》扁鹊、仓公列传,"人之所病,病疾多,而医之所病,病道少",斯言良然。过杏公,假得《四书随见录》九册,其书为江西乐平邹凤池、南昌陈作梅所辑,别解新义,搜罗备尽,会而通之,何尝非紫阳功臣。晚改冯生文一首。阅《竹汀居士年谱》,居士甫晬能言,家人指"玉而"二字试之,百识不误。其早慧,殆不让香山云。杏公邻舍银杏一株,绿叶扶疏,已含夏气。融甫闱义,气象宏阔,据朱次云云:"扬州会馆中诸君文皆不及也。"读《竹汀年谱》,因拟一联以志仰慕云:"一龄识字白居易,四品休官邴曼容。"皆就《年谱》所序言之。

古人以周岁始增年。孔子"生于襄二十一年,至哀十六年实七十四算。而贾逵云'年七十三'";绛县人"生于文公十一年,至襄三十年,当为七十四年,而《传》称'七十三'",皆是也。十驾斋养新录

三月二十五日(4月30日) 阅十七、十八日两报。兴化寄告期来,四月初七开吊。读《史记》魏其侯、武安侯列传。看《四书随见录》一本。孔子弟子有鞠语,事见《晏子春秋》及《孔丛子·诘墨篇》,曾参、闵损、高柴、仲由、孺悲而外又一孝子也。案:"鞠语"疑即"皋鱼"。"鱼、语"古通字,"鞠、咎"声近,"皋陶"作"咎繇",则"鞠语"即"皋鱼"矣。《檀弓》载:"门人问诸子思曰:子之先君子丧出母乎?"此殆指夫子之于施氏而言,非谓伯鱼之于亓官也。晚过三兄所,禹言适至,共

论竟夕，学问当从敏行慎言始。改祖善文。二兄将归，久不至，殊深翘企。

三月二十六日（5月1日）　浙西朱氏增订《汇刻书目》。读《史记·李将军列传》。阅《四书随见录》“太师挚适齐”一节，确为殷之乐工。

三月二十七日（5月2日）　父亲往兴化，东南风，舟行极顺。读《史记·匈奴传》。“始古”对“终今”，可谓有一无二。阅《四书随见录》。改祖善文二首。

三月二十八日（5月3日）　往李家吊。孙师、颖老、崇兄小聚于襄荷精舍，即邀子香老啖鲥鱼，晚复聚于子翁家。诣圣庙，瞻仰廊庑诸贤名次。

瓯山管粤秀《冬日小窗即事》四首甚佳，录后：“陈蕃壮志竟何如，一室还来事扫除。尚有闲钱先种竹，更无长物尽堆书。地炉火暖霜寒夜，窗纸晴烘日落初。坐久便应穿木榻，未须重说子云居。”“打头不碍膝堪容，草草真如客赁舂。一任人疑昼居内，最便我意僻能慵。挑灯慈母宵常伴，煮茗山妻晓易供。莫道闭门尘事少，韭菘时复累周颙。”“毕竟风流我辈真，数椽虽狭未伤贫。案头集有三雠本，壁上诗无一要人。睡起斲冰生碗面，客来残墨在杯唇。笑他临汝安成室，锦轴纵横触手新。”“轩窗倚遍蓦还怜，把酒孤吟欲暮天。到手已成鸡肋味，息心今爱马蹄篇。营巢自哂鸠原拙，食字人言蠹可仙。黄卷青灯吾分事，或将著述待他年。”

三月二十九日（5月4日）　阅十九、二十日报。接二兄二十四日手书，知四月初方得回来。颜生又寄来文六首。读《史记》平津侯、主父偃列传。三兄过我。沐浴。周子香所有川刻《三国志》，系仿殿本。改颂年文一首。

四月大　建己巳

四月初一日（1894年5月5日）　立夏。阅二十一日报。读《史记》南越尉佗、东越列传，南越武王与西楚霸王名号颇复相类。父亲由兴化回。二兄寄到《吴澹泉文集》《薛星使日记》《洪经略笔记》三种。

四月初二日(5月6日) 阅二十二、三日两报。县课题，“此谓诚于中，形于外，故君子必慎其独也”；“四月南风大麦黄”得“黄”字，晚写一卷。

四月初三日(5月7日) 过饮老论文。改作戴生、俞生文各一首。过子香老所。读《澹泉文集》。

四月初四日(5月8日) 早李家举柩，往陪引。午刻偕鲁弟坐舟往兴化，南风半帆，夕泊大垛，北斗柄指正南。阅《洪经略笔记》一册、又《薛星使日记》一册。

四月初五日至十五日(5月9日至19日) 皆在兴化，未能读书。十一日重游拱极台，细视台址，知当日实为城阙，未识何时封闭也。阅《薛星使日记》毕。又至南门游泮宫，兴化圣庙创始于宋范文正公，迄国朝道光年已经五修矣。悦丈附交吴洋二圆。瀚舅有端砚一方，细滑可爱。

永字八法：点为侧，横为勒，直为努，钩为趯，仰横为策，长撇为掠，短撇为啄，捺为磔。

四月十八日(5月22日) 辰刻由兴化奉母亲回东台，未刻到家。二兄于十五日先已到家，相见喜极。晚刻三兄亦至，即同过虎臣。到店请父亲安。

四月十九日(5月23日) 补看二十四、五、六、七、八、九日诸报。到塾。读《史记》朝鲜、西南夷、司马相如列传。“诗大泽之博”，“诗”字作歌咏解。“相如传”是史公笔，《史通》疑为自叙，似误。阅《五十名家手札》，其札皆系与湖州陆存斋者，陆刻有《十万卷楼丛书》《续疑年录》《古砖录》，其大名名心源，容核，手札第载其字也。杏楼过我，交来五弟托子香画扇一柄。晚看《沈道宽集》。

四月二十日(5月24日) 补阅初一、二、三、四、五日诸报，翰詹大考文云阁第一，会榜王英冕获隽。看《合肥相国寿言》全集。“四裔人传相司马，大年吾见老犹龙”，香涛制府手笔固自不凡。圣人不讳求名，《论语》称“君子疾没世而名不称”，又云“君子去仁，恶乎成名”；《孝经》言“扬名声以显父母”，皆是也。晚在襄荷精舍，与孙师同招兰丈、禹言、浩秋、虎臣及家韵如、崇如兄小饮，崇兄今日生辰。吴杏老于昨晚北征。读《史记》淮南王、衡山王、循吏、儒林、酷吏列传，“父世县也”与《汉书·灌夫传》“父世观津人”文法同。图书局印《二十四史》计三百九十二册。求志书院春季题目载初五日报，“薛钦使请开海禁疏”书后，此疏见某日《申报》。

四月二十一日(5月25日)　《史记·游侠列传》“虞舜窘于井廪，伊尹负于鼎俎”。案：文“负”字当如“胜负”之负说，后人每言“伊尹负鼎”，似误。读《史记》游侠、滑稽、货殖列传，《汉书·地理志》间取“货殖传”。虎臣招饮。阅《沈道宽文集》。

四月二十二日(5月26日)　读《史记》毕。以《梅村诗》十本归禹言。兰丈招饮，见《潘养一文集》《李炁伯诗集》。《史记》计十二“本纪”、十“表”、八“书”、三十“世家”、七十“列传”，共百三十卷，由去年十二月十八日开点，至今日卒业，为时四阅月又奇。现虽粗读一过，然此书实文章之祖，当以烂熟为度，未可须臾或废者矣。

四月二十三日(5月27日)　阅报至十七日。虎臣过我畅谈，考古、治世、修身心，凡人为文不离此三者乃得，假去《张猛龙碑》，又《清嘉集》一册、洪星使《中俄交界图》。晚看《嘐嘐言》一册。玉岑宗师与梁星海同年，赠之《南菁书院丛书》一部。读《左文襄奏议》数篇。范当世古文亦以曾文正为师，而溯曾所得力，则不外“史汉庄韩”[①]四家。

四月二十四日(5月28日)　读韩文及蕴山时文。晚阅《望溪集》《庸闲斋笔记》海昌陈其元子庄著。“燕窝三钱、冰糖三钱，先一日炖

① “史汉庄韩”指《史记》《汉书》《庄子》《韩非子》。

起，至次日疟作之前一个时辰，加生姜三片、滚三次，将姜取出服之。倘胃不能纳，即止啜其汤亦可。一剂不愈，则再至三剂，无不愈者矣。于久疟尤宜。”庸闲斋笔记

四月二十五日(5月29日) 阅《庸闲斋笔记》一册。过三兄所午饭。下午与二兄、三兄同过虎臣，观其近年所得各种图书，假来《中俄交界图》及《舆地丛抄》等。范当世代李相国撰《〈黑龙江述略〉序》，笔气古厚。

四月二十六日(5月30日) 阅十八、九日两报。读《汉书·谷永传》。阅《庸闲斋笔记》。陈其元安澜园中梅花大者夭矫，轮囷参天蔽日，袁简斋先生题诗一绝云：“百亩池塘十亩花，擎天老树绿槎枒。调羹梅亦如松古，想见三朝宰相家。”改述云文三首。

四月二十七日(5月31日) 虎臣假《沈道宽集》二册，孙师假《庸闲斋笔记》二册。阅《望溪文集》“墓志类”，读《汉书·扬雄传》。

四月二十八日(6月1日) 微雨。阅二十、二十一日两报。虎臣复假《李仲璇碑》及《梨花诗》。左公请立船政局，李公请减苏松浮粮，两疏皆绝大文字，载在《庸闲斋笔记》中。“读书人惟这重衙门，可以无妨出入；做官的当此等职分，也要有些作为。”某司铎门联也。改作包生起讲及提比数首。

四月二十九日(6月2日) 雨。看《东塾集》一册，其《科场议》三首、《推广拔贡议》一首、《讲书议》及《离经辨志斋记》一首，均经世切要之言。不读书者不足言，其号为读书者则又涉猎零杂，今日读《诗》、明日读《礼》，其学必不成。今日读此卷、明日读他卷，其学亦必不成。非特不成而已，涉猎零杂则性情浮躁，此学者之大弊也。夫救天下之大弊，必以古法救之。自汉以来，儒者必专治一书，专治一书，必始于章句。行己有耻，博学于文。《韩诗外传》曰“好一则博”。四部书皆学也，当以经为主。改作包生试帖八首。虎臣假《经史百家杂钞》。

四月三十日(6月3日) 晴。看《东塾集》。孙师述殿试信，张

季直第一，吴竹楼第四。鼎甲、传胪，江苏得其二人，可云盛事。改俞生文一首。过虎臣，假得《东塾读书记》。在店晚饭，坐有孙师、白石、虎臣、崇如。

五月小　建庚午

五月初一日(1894年6月4日)　阅四月二十二、三日两报。看《东塾集》，丹徒柳宾叔《穀梁大义述》亦有采用兰甫说者。改作戴生文两首。白石先生偕崇兄夕至，与二兄纵论画理。

五月初二日(6月5日)　阅二十四日报，京师于四月初五日陨石。二兄招白丈作画，流连一日。见黄犖伯，据白丈述，其人胸中有数百卷书。“好一则博，吹万不同”，此联他日拟请白丈书之。

五月初三日(6月6日)　阅二十五、六日两报。看《三才略》《东塾集》。禹言过我，假《庸闲笔记》一卷。

五月初四日(6月7日)　阅二十七日报。看《左文襄奏稿续编》两册初编是在浙闽时，续编是往陕甘时。过白石丈，丈云：《庄子》之言与《易》理通，《逍遥游》“去以六月息”，谓由子数至巳，阳气充塞已极；又“冥灵”者即“幽魂”也，故以五百岁为春秋。又“穷发之北”至“此小大之辨也”一段，疑是注文羼入者。又“彼于致福者，未数数然也”，“福”是“福”字之误，《孟子》云“必有事焉俞樾以“事”为“福”字之误，而勿正”，《庄子》则必去其福，以存其正，《庄子・齐物论》云“荅焉似丧其偶”即“不数数于致福”之义。以上数则，钩疑摘误，证据昭然，足征老辈读书不轻放过，暇日仍当再往求教。

五月初五日(6月8日)　看《东塾读书记》一册。其论《易》云：“王辅嗣注未可厚非，注语精慎处颇得费氏[1]家法，范宁谓其罪浮于桀纣，过矣！”“惠定宇以‘箕子’为‘其子’，力主‘荄滋’之说，不免与虞

---

① 此“费氏”为费直。

翻相背。"其论《书》云："蔡仲默《书经集传》亦有知古文之伪处，与阎氏[1]《疏证》暗合尤多，阎氏摒而不引，何也？《尚书·禹贡》非以《班志》证之不可。"其论《诗》云："西汉经学存于今者，惟《毛传》为最。服，思之也；镬，煮之也，皆体会诗人用韵因以字代之意，思之、煮之，即是诗人本意。《大序》是子夏作，《小序》是子夏、毛公合作。"

五月初六日(6月9日) 雨。写《二十四史》标识。看《庄子》"逍遥游、齐物论"两篇。

五月初七日(6月10日) 看《东塾读书记》，录其精要者数条。山东王叟又携汉、魏碑及杂帖来。

五月初八日(6月11日) 阅二十八、九日两报。改颜生文一首，看《东塾读书记》。卢楚翁晚至，适虎臣亦至，共话竟夕。

五月初九日(6月12日) 阅三十、初一日两报。批阅颜生文两首。

五月初十日(6月13日) 骤热，晚欲雨不雨。孙师命至襄荷精舍午饭，坐有白石、虎臣、兰老、崇兄。孙师为京江公所集联句云"竟日淹留佳客坐；何人不起故园情"，白老书之。志怪者也，即知大者也。白丈为五弟书扇诗一首，录后："当代扬雄赋最高，口传天语下云霄。十年旅食长安米，一日趋庭昼锦袍。风化远宣蛮子国，星轺速渡浙江潮。偕偕不必歌靡盬，堂上严君未二毛。"阅梁玉绳《瞥记》、王引之《春秋名字解诂》。下午偕二兄过子香所。

五月十一日(6月14日) 雨，向夕至夜未止。阅《春秋名字解诂》下篇，公孙宿，字成；太宰盈，字荡；曾参，字子舆，诸解似有未安，未识俞氏[2]《春秋名字解诂补义》曾及之否？读《庄子》"养生主、大宗师"两篇。以洋蚨一翼购《张迁》《孔宙》《乙瑛》《孙夫人》四碑，《孔宙》惜无碑阴。陈澧说：《论语》"巧言令色"是孔子引《尚书》以解"仁"字。

---

① 此"阎氏"为阎若璩。

② 此"俞氏"为俞樾。

五月十二日(6月15日)　阅初二、三日两报。看《东塾记》。读《庄子》“外物”以下三篇。“天倪、介倪”，“倪”皆“然”字通假。质之禹言，禹言以为然；质之白丈，白丈始不然，而终然之。禹言、饮老夕至，即留杯酌，饮老述泰州科试事。

五月十三日(6月16日)　禹言约茗谈，坐有孙师、白丈、饮老及韵、崇两兄。

五月十四日(6月17日)　夜雨。假禹言《湖南闱墨》一册。阅金鹗《求古录礼说》。饮老招往观白石、子香两丈画。

五月十五日(6月18日)　雨。阅王氏引之《经义述闻》，《诗·北山篇》“或尽瘁事国”，《左传·昭公七年》引作“憔悴”，“憔”即“尽”也，“尽、瘁”二字平列，因悟武侯《出师表》“鞠躬尽瘁”四字皆骈语，“鞠、躬”义见刘氏宝楠《论语正义》。王充《伏生尚书二十九篇考》罗证精确，足破大惑。阅俞氏《春秋名字解诂补正》，余前日所疑“公孙宿、太宰盈及公子奚斯”诸条，俞已及之，俞另有“说伍员”一条，似尚未安。

五月十六日(6月19日)　县课题，“子华使于齐”两章；“修竹弹甘蕉”，草二卷。母舅挈伯声由兴化至，伯声为余撰试帖一首，其警句云“法肯美人宽”。

五月十七日(6月20日)　早誊昨稿，三兄适至，为予撰试帖一首，即同过饮老交卷。孙师诗警句云“虚声风雨大，劲节雪霜寒”。阅《吕氏春秋》。

五月十八日(6月21日)　上灯后大雨如注。白石丈招至襄荷精舍午宴，并为余书。放学一日。晚过虎臣，晤心兰。

五月十九日(6月22日)　雨。白石丈过我。疏证《庄子》疑误十数事，“爨无欲清之人”，解喻尤妙。读班孟坚《两都赋》、张平子《两京赋》，平子虽步孟坚后尘，而一种瑰玮肃穆气象，自不为所掩。晚读《庄子·外篇》。雨风阴阳大和会，郡国守相长寿年。

五月二十日(6月23日)　山长课题，“舜，人也”至“忧之如何”，草一卷，即交饮老所。戈伯翁以《新科乡会墨》见赠，假去黄山谷大字一册。冯晋翁笺来，即答之。

五月二十一日(6月24日)　阅初十、十一、十二、十三、十四、十五日诸报。王英冕、孙同康皆庶吉士，杨蔚、管德泉皆知县。读左思《三都赋》，改颂年文。蔚如还来《汉西域图考》。楚老赠余昆仲白折十数本、《乡墨》一部。父亲来家。

五月二十二日(6月25日)　阅十六日报。到京江公所祝书农先生寿。读《文选》"郊祀、畋猎赋"。晚过白石先生，假来《陈伯生[①]遗集》，朱曼君为《序》及《墓表》，古雅醇厚，当代罕见。

五月二十三日(6月26日)　改述云、颂年文共五首。读《文选》"畋猎赋类"。阅《陈伯生诗》，"王侯公，蒿艾蓬"六字甚有味。

五月二十四日(6月27日)　阅《左传纪事本末》"子产相郑"。虎臣过我，云拟通选皇朝大文，分"奏疏"类、"碑铭志状"类、"解说辨论"类、"典制"类、"记事"类。虎臣又述，近人刻有《辽金纪事本末》，上海新印。

五月二十五日(6月28日)　阅十七、八、九日三报，高丽乱耗闻已渐平。阅《左传纪事本末》"秦穆公创霸、勾践灭吴及春秋灾异"。录陈兰甫《黑水说》《长白山考》。阅俞正燮《盖地论》、华湛恩《天下形势考》、龚柴《历代都邑考》、姚文栋《东北边防论》。读《庄子》"达生"以下数篇。

五月二十六日(6月29日)　雨。阅二十、二十一日两报。录陈澧《月令考》。读《庄子》毕，《庄子》似终于《列御寇》篇，《天下》一首疑为总论。颖澜、白石过我。

五月二十七日(6月30日)　阴雨。阅《左传纪事本末》"齐桓创

---

① "陈伯生"即陈宝(1835—1879)，东台安丰人，字伯生(百生、白森)，道光三十年院试进生员；同治六年江南乡试举人，授知州分发湖北；同治十年殿试三甲第104名进士，授翰林院检讨。著有《陈伯生遗集》《小迦陵馆文集》等。

霸”。“必也正名乎”有以责赵鞅师出无名，立论者中四川副榜。读《子虚赋》《上林赋》。《庄子·说剑篇》“论以刑德”，可证《史记》“传剑论兵”。

五月二十八日(7月1日)　阅《左传纪事本末》“王朝交鲁及宋卫交鲁”。读宋玉、景差诸文，阅《管子》《庄子》。

五月二十九日(7月2日)　甚热。阅《史记·四公子传》。阅《管子》“海王、水地”诸篇。夏，“令禁扇去笠”岂不暍杀，而民反无病，何也？阅《文选·杂拟诗》：“秋色三山雨，江流六代烟。偶谈孙楚事，因过酒楼前。花月唐天宝，风流李谪仙。凭阑同一醉，此乐二千年。”①

六月小　建辛未

六月初一日(1894年7月3日)　热。读《史记》孟子、荀卿列传，阅《管子·轻重》乙篇。下午过白石丈，论《庄子》“指不至，至不绝”似即“指穷于为薪，火传也”之意。吓，许嫁反，音夏。吾乡谓“恫喝人”为“吓喝人”，当即此字。

六月初二日(7月4日)　热。阅《管子》“宙合”“枢言”篇，“凡国有三制：有制人者；有为人之所制者；有不能制人，人亦不能制者。”

六月初三日(7月5日)　热至百分。阅二十三、四日报。早随二兄邀孙师、白老在襄荷精舍小聚，坐有三兄。下午即过三兄茗话。

六月初四日(7月6日)　仍热，酉刻雷雨，稍稍转凉。阅二十六日报，漏去二十五。读《庄子》“天地”“秋水”等篇。读《史记》白起、王翦、范雎诸传。须贾绨袍之赠，似已窥破张禄行径而巧为补过耳。

六月初五日(7月7日)　补看二十五日报，高丽乱未已。改作颂年课文两首。过白石丈，未遇。“不如以非指喻指之非指也”，“如”作“犹”解，“也”作“耶”解。

---

① 此系陈文述《孙楚酒楼》诗。

六月初六日(7月8日)　又热。阅二十七、八、九日三报。看《管子》"八观、法禁、重令、法法、兵法、大匡、中匡、小匡"诸篇。大谏，官名，疑《诗》"是用大谏"即斥谏官而言。《管子·小匡》"施伯曰：管仲者，大器也"。据此，则孔子"器小"之论是对鲁人而言。

六月初七日(7月9日)　阅初一日报。热，雨。看《管子》全书毕。王应麟《困学纪闻·杂识》纯粹无疵，俞樾《诸子平议》精粗并见。

六月初八日(7月10日)　热甚，又至百分。崇兄招至襄荷精舍茗话，孙师留牌，藉以忘暑。

六月初九日(7月11日)　热。写扇三柄。兰丈过我，云现续《贡举年表》，将去年各省题目钞去。

六月初十日(7月12日)　热，夜间虽至一点钟以后，仍无清凉之气。三兄早至，同过丁师。读《管子·弟子职》，忽得"指穷于为薪，火传也"真解，与前此"指不至，至不绝"之说并不相涉。读《晏子春秋》，孙氏[①]《音义》未能尽精核，黄氏[②]《校刊记》录王念孙、俞樾诸家甚善。

六月十一日(7月13日)　热，日落后黑云从西北起，雷声隐隐，北风转凉，夜分大雨。看初二日报、又初三日报。看《晏子春秋》全书毕，晏子入儒家，与孟荀并列。又阅《吕氏春秋》一册。夕看《隋书·经籍志》。

六月十二日(7月14日)　尊经书院课艺中有谢绪曾文，笔气颇大，在姚燧、卢挚之上。阅《吕氏春秋》四册，"刃若新磨研，民死量乎泽"，皆足证明《庄子》；"遗葆于路"可以证明《管子》。甚矣，古书非通读全书及会参各书，不能轻言论也。

六月十三日(7月15日)　热。读《吕氏春秋》，毕《审时》。案："其禾"乃非可证本书"一上一下，以禾为量"之文，高诱注不误，俞樾

---

① 此"孙氏"为孙星衍。

② 此"黄氏"为黄以周。

据《庄子》改“禾”为“和”，不知《庄子》亦本作“禾”，传写者误改也。

六月十四日(7月16日) 热，晚凉。偕二兄过子香老所，见其所画《伯乐相马》幛子。复读《庄子》。

六月十五日(7月17日) 阅初四、五日两报。饮老约茗谈，孙师、二兄、三兄在坐。阅曹寅谷时文，其才其学在周犊山之上。复读《庄子》。

六月十六日(7月18日) 下午急雨一阵，转凉。读《〈北史·儒林传〉序》。《经义丛钞》中有“总论经义”数则，甚善。

六月十七日(7月19日) 戌刻大雨。假饮老处《五经汇解》首册一阅，据朱序，谓抉经心室主人本辑《群经汇解》，其大旨分经甄录，先列经文为“经”，然后取国朝诸老之说都一百四十一家，得书二百八十七种，最粹排比，件系其下以为“纬”。因卷帙浩繁，先取《五经》石印，都一千万言，分为二百七十卷。俞曲园谓“思无邪”之“思”是语辞，如“思文后稷”“思乐泮水”之等。录俞正燮《盖地论》。改作包生试帖。

六月十八日(7月20日) 晴，复暖。书院发案，官课特等、斋课超等，官课特等中有吴锡麒。卷以春秋书法立论，甚精警，不识何人所撰。阅《史通削繁》。改作伯声文一首。晚饭后偕二兄、三兄过浒岑畅话，假来《汉儒通义》《汉志水道图说》《切韵考》。夏粹卿学问精深，有致浒岑一书，颇以纪河间为不然。

六月十九日(7月21日) 阅初八、九日两报。读《汉儒通义》一册，其书盖以宋儒讥汉儒“明训诂，不通义理”而作，所录都二十二家，皆汉儒之言有宋儒之理者，观此可以释门户之见矣。

六月二十日(7月22日) 阴。阅初十、十一、十二日三报。读《汉儒通义》毕，其专采经说，《白虎通》之例也；题某家之说，《近思录》之例也；每一类中各条次第以义相属，则《初学记》之例也。改作白声文一首。

六月二十一日(7月23日) 晴暖。阅十三、四报。阅《毛诗礼征》。

六月二十二日(7月24日) 热不可当。书院课题，“子曰：知之者不如好之者”一节；“绿槐高处一蝉吟”得“吟”字。禹言过我。

六月二十三日(7月25日) 尤热。祖考成秋公周忌，在西宅悬容奉祀，孙师、禹言均至，晚放焰口。禹言昨文以“为四科[1]诸贤发”立论，《论语》惟“雍也”一篇备载“四科诸贤”，而于颜子“好学”及“不改其乐”三致意焉，则“知之者”一章实归重颜子。禹言此文可补《论语注疏》所不及。

六月二十四日(7月26日) 热极。午后雷声隆隆，大风突起，好雨都被吹去，黑云过境，急点一阵而已。看十三、四日两报。将《经解续篇》分经重订。二兄积受暑湿，致成疟疾，间日一发。

六月二十五日(7月27日) 午刻忽得大雨，向夕未止，快哉！阅《续经解》，装池之功，理董之力，惟伯声是赖。

六月二十六日(7月28日) 雨。看十六、七日两报。阅陈乔枞《礼堂经说》、郑珍《巢经巢经说》。“外丙二年、仲壬四年”迄无定论，郑珍以《春秋外传》《大戴礼》言“殷为天子三十余世，而周受之”证之，乃知不数外丙、仲壬，则商止二十九王矣。读《礼仪》有三法，曰“分节”、曰“绘图”、曰“释例”。蔡雨亭云：《论语》“文莫”定为双声，“躬行”叠韵字，证以《中庸》“君子之道四，丘未能一焉”；“有所不足，不敢不勉”，益知此一节非文行并论。城案：蔡说良然，《论语》“听讼，吾犹人也”，“吾”字上无“莫”字，则此“莫”字断属上读。

六月二十七日(7月29日) 雨。看十八日报。邀仲丈为二兄复诊。兰丈招午饭，坐有孙师、钦老、虎臣、崇如。阅《经传释词》。

六月二十八日(7月30日) 山长课题：“太宰问于子贡曰”二节，“众仙同日咏霓裳”。二兄疟来甚厉。

六月二十九日(7月31日) 阅二十、二十一、二十二、二十三日

---

① “四科”为“德行、言语、政事、文学”四科。

四报，中日战事将成。两日腹泻，支倦无力，与三兄强往姜家吊。午前假寐片时，神气少振。批阅冯生文。

七月大　建壬申

七月初一日(1894年8月1日)　读陈兰甫《朱子通论》。二兄服仲翁方，病尚未已。虎臣招饮，述二十六日报，记日、高开仗两次，高王被虏，韩京已失。

七月初二日(8月2日)　仍邀仲丈为二兄诊，以宣湿清暑为治。阅《韵学·诸论》。

七月初三日(8月3日)　改作课文八首，批阅颜生文六首。

七月初四日(8月4日)　阅二十四日报。阅《舆地丛钞》内"国地异名略"，"寻思干"即"邪米思干"。午后黄仲丈来为二兄诊，仍以前法为治，加旋覆花、香附。夜间有人缘墙升屋，适为家奴所见，惊而逸去。

七月初五日(8月5日)　阅二十五、六日两报。孙师有抱孙之喜，往贺。虎臣过我，述近日时势。作一缄达汪云兄。

七月初六日(8月6日)　雨。遣仆送还前假虎臣诸书，另假来《西域三种》《子史精华》八册。阅《周官·纲领》。沐浴。

七月初七日(8月7日)　仲丈早来为二兄诊，昨用厚朴，今去之，以半夏、姜、茯苓汤法。与三兄同约兰丈、孙师、虎臣、履之公所午饭。

七月初八日(8月8日)　检理书籍，以《经解》《前后汉书》《辽史拾遗》《通纂》分托饮老带去。

七月初十日(8月10日)　由东台开行。

七月十四日(8月14日)　抵省，薄暮游莫愁湖。

七月十五日(8月15日)　进城，至府县学处，觅汪寓不得，遂与孙师同寓东牌楼街查姓宅内。复游莫愁湖，孙师撰联云："海燕双栖，絮语如谈千古梦；野荷万柄，花光犹带六朝烟。"

七月十六日(8月16日)　写安禀寄家。见丁三夫子。

七月二十日(8月20日)　镇属录科，文题"素以为绚兮"；策问

“书院源始”;诗题“苔文翻古篆”得“苔”字。

七月二十一日(8月21日) 发家书一缄,由端锡丈转寄东台。饮老寓秦状元衖,姜子丈寓堂子巷。

七月二十二日(8月22日) 由抵省以来天气奇热,至今不或稍减。

七月二十三日至二十八日(8月23日至28日) 天气愈热愈甚,饮老来帖,云死者纷如。

七月二十九日(8月29日) 晚得雨,转凉。

七月三十日(8月30日) 连日困倦,今夜发热、腹泻,服宋志翁方两剂始愈。

八月小 建癸酉

八月初八日(1894年9月7日) 首场坐平江府北段兰字号,孙师、崇兄皆坐平江府。禾生来订三场对策之约。

八月初九日(9月8日) “夫子之墙数仞”至“得其门者或寡矣”;“故君子语大,天下莫能载焉”;“有布缕之征”至“缓其二”;“大将龙旗掣海云”得“云”字。三更时,三文一诗草成。

八月初十日(9月9日) 巳刻出场。

八月十一日(9月10日) 二场坐东文场日字号,三兄仍平江府。

八月十二日(9月11日) “兼三才而两之,故六”;“如月之恒”二句;“我乃卜”至“及献卜”;“公会晋侯及吴子于黄池”;“天子之阁”至“士于坫一”。三更时成四艺,倦极遂寐。

八月十三日(9月12日) 黎明将第五艺补成,午刻出场。饮老病矣,往视之,尚可完场。

八月十四日(9月13日) 三场坐状元新号体字号,邻舍生为太湖赵曾湘,其人气味甚佳。

八月十五日(9月14日) 第一问《仪礼》“宫室”,二问《晋史》“艺文”,三问《水经注》,四问晚出《金志》,五问六朝人物。场前适与孙师各购得《水经注》一部，今以《汉书·地理志》校之，几于十事对九。丁禾翁来，以余四道易去，事省功倍，两得其利矣。与三兄同移至孙师地字号内。

八月十六日(9月15日) 与孙师、三兄未刻同出场。饮老平安完卷而出，亦幸矣。

八月十七日(9月16日) 雨。过饮兰，业已下船。晚备公酌邀书农夫子，而夫子忽病，高年客邸，颇费调持。

八月十八日(9月17日) 雨。

八月十九日(9月18日) 由金陵开行，即夕风雨，不能渡江，游清凉山诸葛祠以遣闷。

八月二十四日(9月23日) 秋分。由镇江开行。舟中无事，日读《水经注》作卧游。

金陵诸葛祠楹联："一战定三分，功在东南，公瑾甫能成霸业；二难羁异国，名齐龙虎，子瑜端合祔祠堂。""卧龙跃马终黄土；老木寒云满故城。""风景不殊，名士曾抗衣带水；云霄如在，寓公为集草堂赀。""驻马此重经，莫问渠天发残碑，临硎断阙；卧龙如可作，愿为我翦除他族，开济清时。""山围故国，潮打空城，在昔吴宫已禾黍；隔叶黄鹂，映阶碧草，于今丞相有祠堂。"

九月大　建甲戌

九月初一日(1894年9月29日) 午刻到家，家人平安，与二兄畅述一切。

九月初二日(9月30日) 往过各戚友。虎臣闻往通州。

九月初三日(10月1日) 禹言先我三日到东台，今早来约小楼茶话。过陈白丈。

九月初四日(10月2日) 兰丈招饮。

九月初五日(10月3日) 虎臣函索闱稿，作一笺交来使寄去。读《史记·项羽本纪》。晚在店陪孙师、白老闲话。《史记·始皇本纪》"厚招游学",《史记·游侠传》"厚招天下贤者"。

九月初六日(10月4日) 阅《日知录集释》"政事类"。过饮澜,见其闱稿。读《史记·高祖本纪》。

九月初七日(10月5日) 玩《等慈寺碑》。捷庵、禹言晚至。阅白居易诗,读《史记·封禅书》。沐浴。

九月初八日(10月6日) 还虎臣书。过云衢,问陆姓屋子。杨恭甫寄来日记,在楚丈许。过星南。

九月初九日(10月7日) 孙师、白丈、饮老、二兄、三兄同在襄荷精舍逍遥一日。阅《金石续编》。《大吉昆弟六人》①白丈云有此拓,他日当以相遗也。禹言来述,又得一女。

九月初十日(10月8日) 早邀禹言、老崇茗谈。阅《水经注》,"羊里""帝原"皆得之矣,惟"祠桐"未见。

九月十一日(10月9日) 祖妣四十周忌,在西宅奉祀。初三日报有义州失守之言,考义州紧逼鸭绿江口。

九月十二日(10月10日) 阅《金石续编》。蔚如前寄来一函,略叙近况。

九月十三日(10月11日) 阅初四、五、六日三报。丁师、吟翁同在俞馆茗话。白石、子香两先生同作东道招饮,即观其作《射鹿图》。夏日在襄荷精舍桐树上指画一"吉"字,今视之不减汉隶也。

九月十四日(10月12日) 阅《日知录》,读香山诗。改课文三首。临《等慈寺碑》。

九月十五日(10月13日) 改课文三首。饮老约过子香老。"白社会中曾聚首,青云路上又相逢。时人莫笑池中物,尺水何妨有卧龙。"②子香先生家梅花已开两枝。

---

① 此为杭州西泠印社小盘谷北面之摩崖石刻。

② 此诗与唐窦庠《醉中赠符载》相似,其诗为:"白社会中尝共醉,青云路上未相逢。时人莫小池中水,浅处何妨有卧龙。"

九月十六日(10月14日)　阅《尤悔庵集》,其《论语诗》笔意新颖,颇足破寂。晚饭后与二兄、五弟步月。六弟笺来,述王孟翁哲嗣韶九兄捷音,盖山西初七日发榜云。

九月十七日(10月15日)　阅《西堂杂俎》,"临去秋波那一转"制艺曾见赏于世祖云。

九月二十日(10月18日)　送二兄南行。阅《紫石泉山房文诗》。

九月二十一日(10月19日)　吴杏翁归来矣。晚在襄荷精舍吃螃蟹。

九月二十二日(10月20日)　阅《日知录》"经义类"。饮老假去《儒林外史》。

九月二十三日(10月21日)　虎臣自如皋回,过我述《中外舆地图说集成》与《小方壶斋舆地丛抄》相袭。

九月二十四日(10月22日)　虎臣约自精舍茗谈。杏老赐我名印及季直先生试策一本。闻省中昨日放榜消息杳然,事不谐矣。孙师夕至,云东台脱科。

九月二十五日(10月23日)　何三中了,然后知乩仙屡言"何"字之有以也。阅《澹泉文稿》。范仲林第二,名下固无虚士。

九月二十六日(10月24日)　过杏楼,不值。与孙师、饮老散步至净业精舍小坐。写一笺达二兄。

九月二十七日(10月25日)　改包生文二首,读《日知录》"法书类"。夕看《晋略·本纪》至"愍帝"止,晋之得天下无甚理解。

九月二十八日(10月26日)　改伯声文四首,阅《日知录》"法书类"。夕改颂年文四首、述云文一首。

九月二十九日(10月27日)　王叟携来张嘉贞书《恒山碑》,笔意遒浑,当日曾文正、忠襄昆弟楷法皆由此出。改述云文三首。阅《江南新科闱墨》,文中有"秦王"二字者无不入选,虽拉杂纰缪不问也。

九月三十日(10月28日)　过三兄论文。栎阳张瑶圃不知何人,藏有《高懿侯碑》,其签乃让之所题,又有"茗柯过眼"小印一方;又

《石门颂》一册，亦茗柯经眼物也。看《晋略·帝纪》。

十月小　建乙亥

十月初一日(1894年10月29日)　二哥信至，云二十五日到镇江，诸事照常，即作一笺答之。点《后汉书·光武纪》，据庄允彝读本。虎臣送来《舆地图说集成》。诣白石先生析疑数事。

十月初二日(10月30日)　禹言病差过我。书院文题"以天下之所顺"至"故君子有不战"，诗题"师克在和"得"和"字，晚撰一卷。

十月初三日(10月31日)　晓过饮老。点《后汉书·光武纪》毕。晚看《晋略》"割据、方镇、执政三表"。

十月初四日(11月1日)　阅二十八日报。点《后汉书·明帝纪》毕。饮老招饮。三兄、禹言同过我论文，晚饭后偕行观万寿灯。禹言以《陈思王碑》易《兴和孔庙碑》去。

十月初五日(11月2日)　点《后汉书》和帝、章帝纪，阅《舆地图说》。杏楼述，融甫比年积得汉碑数十百本。

十月初六日(11月3日)　点《后汉书·安帝纪》。杏楼先生以北碑数十种见示。二兄寄来初三日手书，述九连城失守之信，并示我"广学会"①题目五道。《窦固破呼衍王于天山赋》诸将并出，唯固有功。

十月初七日(11月4日)　假浒岑《日本新政考》及《朝鲜图》阅之。日本学校章程有"体操"一条，每月运动手足，以振作其筋力，原为养生而设，即本是以练兵，甚善策也。晚看《宋史·朱子传》。

十月初八日(11月5日)　阅初二、三日报，点《后汉书·顺帝纪》。胎养谷、践更钱。晚阅《图书集成》"经义考"，中脱去《春秋》《论语》诸类。

---

①　"广学会"是光绪十三年由英、美基督教新教传教士和外交人员、商人等在中国上海创立的出版机构，其前身为广州的"实用知识传播会"和上海的"同文书会"。

十月初九日(11月6日)　阅初四、初五日报，点《后汉书》冲、质、桓三帝纪，阅《图书集成》“经义考”。

十月初十日(11月7日)　微雨，旋霁。点《后汉书·灵帝纪》。阅臧寿恭《左传古义》。玩《近思录》。假浒岑《思辨录辑要》。

十月十一日(11月8日)　阅臧氏《左传古义》。点《后汉书·献帝纪》，未毕。晚在西宅会文。二兄寄来《沪报》[1]一纸。玩《近思录》。阅《陈亦峰词话》三卷，后附亦峰所自为诗词两卷。亦峰狂士也，惜死矣。

十月十二日(11月9日)　阅李氏[2]《左传异文释》。点《后汉书·献帝纪》。写一缄寄蔚如。

十月十三日(11月10日)　点《后汉书·皇后纪》。“汤梦及天而咶之”可订曲园《诸子平议》“《荀子·强国篇》”之讹。读《近思录》。

十月十四日(11月11日)　阅初八、九日《申报》。辑《左传》古字。点《后汉书·皇后纪》。“范蔚曾有十志托谢俨搜撰垂毕”语，见沈约《宋书·谢俨传》，今《宋书》却无此传，何也？禹言过我，述汉高功臣有两绛灌。

十月十五日(11月12日)　阅初十、十一日《申报》，倭兵猛攻旅顺口。假禹言漱兰师批“嘉定、武进、丹徒三学调取遗书札单”阅之，其批丹徒有云：“张崇兰《古文尚书私议》操阎惠之戈，《悔庐文钞》张汪方之帜，柳荣宗《说文引经考异》破段氏之拘、补钱氏之阙，三书皆戛戛独造，决当汇案送咨。”后闻柳先生付国史刊传，张先生书未收，惜哉！读《近思录》。

十月十六日(11月13日)　书院文题“过位”至“复其位”。郑君

---

① 早期的《沪报》为《字林沪报》，清光绪八年四月初二日创刊于上海。光绪二十五年(1899)，《沪报》出让给日本在上海开设的东亚同文书会，报名也改为《同文沪报》。

② 此“李氏”为李富孙。

谓“过位”之“位”，即“燕礼”路门以内北面君揖之“位”，与下“复其位”相应，凌氏[1]《典故纪闻》核用之。朱子谓“过位”为君之虚位，“复位”为臣位，江氏[2]《图考》用之。刘氏[3]《论语正义》独援据“聘”义，谓此章自“入公门”以下，皆言夫子为“聘宾”之仪节，“过位”者，过其国主君之位，“复位”是复宾位。案:刘说于义为优，否则“其言似不足者”一语究难安插。“过君虚位”与“过北面之位”，斯时似皆无所谓言也，若宾主有揖让之礼，必有揖让之辞，且上章言“摈”、下节言“执圭”，三章联法实为一贯，即起高密、新安问之，亦当首肯。母舅自兴化来。

十月十七日(11月14日) 早起纂一卷，送交饮老所。点《后汉书》刘玄、刘盆子、王昌、刘永列传。“王昌传”“赖知命者将护朕躬”即上“识命者郎中李曼卿”，注引《东观记》谓为韩公等，似误。晚谒母舅。

十月十八日(11月15日) 二兄寄来《沪报》两纸，并属我撰“广学会”卷子。浒岑过我，述近拟仿《陈亦峰词话》体作《散体文话》，此纂果竟，实为古文者必不可少之书。点《后汉书》张步、李宪、彭宠、卢芳传，辑录《说文》所引《左氏》毕。茗柯过眼汉魏两碑今竟得之，平生快事。别有不完之《北岳恒山祠碑》一并得之，其上眉有顺治元年李汉题云“此碑是明初拓本”，今又三百年矣，未识原石尚存否也？据《萃编》所载，缺文已多。

十月十九日(11月16日) 点《后汉书》隗嚣、公孙述传。阅李富孙《春秋异文释》。过白石老问业。

十月二十日(11月17日) 落卷领回，与三兄同是“备荐”，一第十五房、一第十七房，予卷批尾有“诗劣”二字。案:诗大圈特圈，业褒之，何贬耶？迷离颠倒，大率如此。十七房是刘正教，即以“素王拟墨”者。点《后汉书》宗室四王三侯传。

---

① 此“凌氏”为凌汉。

② 此“江氏”为江永。

③ 此“刘氏”为刘宝楠。

十月二十一日(11月18日)　杏翁过我，携示《元次山碑》。《北岳恒山祠碑》重装成，谛审之，王昶《萃编》所缺之字，此拓皆完具。旧题云明初拓本，不错也，独惜夺其首段正文百四十余字及张嘉贞题衔，亦是此本缺陷。过禹言，不值。

十月二十二日(11月19日)　点《后汉书》李通、王常、邓晨、来歙、邓禹、寇恂、冯异、岑彭、贾复列传。

十月二十三日(11月20日)　改包生文一首。假禹言点过《荀子》本阅之。写《元结碑》。

十月二十四日(11月21日)　改包生文三首。阅《春秋异文笺》。读《思辨录》。

十月二十五日(11月22日)　读《左文襄奏稿》一卷。点《后汉书》吴汉、陈俊、盖延、臧宫、耿弇列传。阅《春秋异文笺释》。

十月二十六日(11月23日)　批阅伯声文二首。读《思辨录》“格致类”。

十月二十八日(11月25日)　沐浴。三哥偕禹言过我，畅谈竟昔。

十月二十九日(11月26日)　阅《左侯奏稿》三卷，读《思辨录》“诚正类”。传闻刘渊亭军门克复九连城、凤凰城之喜①。

十一月大　建丙子

十一月初一日(1894年11月27日)　西北风，骤寒。读《文襄

---

①　此传闻失实。当时守九连城及江岸的清军是刘盛休所部铭军，并非刘永福(渊亭)部。光绪二十年九月二十七日，日军分三路猛攻九连城东北清军的虎山阵地。守虎山的马金叙、聂士成腹背受敌，形势危急，总指挥宋庆急调刘盛休铭军派队支援。刘盛休率铭军仅凭垒施炮，不出战，宋庆几番令其接应，竟拒绝赴援，抗命不至。及见虎山失守，先自惊溃，各军亦相继败退，鸭绿江防线即被日军攻破。九月二十八日，日军不费一枪一弹，唾手占领了九连城。三天后，凤凰城也被放弃。不久，东边道几乎全部失陷。

奏稿》"浙闽事"毕,点《后汉书》耿国至耿纯各列传。过饮老,不值。

十一月初二日(11月28日) 夜雨。书院课题"子曰:小子何莫学夫诗"一章,晚撰一卷。二兄寄来二十六日《申报》,纪九连城、摩天岭、大连湾、旅顺口诸路捷音。

十一月初三日(11月29日) 雨。早誊昨卷,属述云缴去。改正颂年、述云文各二首,读《文襄奏稿》一卷剿捻。晚阅段氏[①]《〈周礼汉读考〉序》,"读如、读若"一类,"读为、读曰"一类,"当为"又一类。

十一月初四日(11月30日) 阅刘礼部《左氏春秋考证》。《左氏春秋》犹《晏子春秋》《吕氏春秋》也。直称《春秋》,太史公所据旧名也;冒曰《春秋左氏传》,则东汉以后之以讹传讹者矣。改正课文六首。点《后汉书》朱祜以下至刘宽各列传。

十一月初五日(12月1日) 《杨孟文颂》重装成,其中如"其泽南隆之","泽南"二字在王氏昶时已缺,而此拓犹存,决为茗柯先生经眼之物无疑,惜当日装本已脱去首叶第二行计"川泽股躬泽"五言,又末叶一行计"长"一字,然而已足宝矣。读《思辨录》"修养类""治平类",其记"区田之法"甚详,然究不宜于今。

十一月初六日(12月2日) 阅二十九日报,有旅顺失守之耗[②]。录何义门《后汉书校语》数十则庄本似即何校本。读刘向《说苑·贵德篇》,"余胥"可证《庄子·天道篇》"余蔬"。晚写寄二兄笺。

十一月初七日(12月3日) 父亲寿辰,诣店恭祝。午后偕三兄过陈廨老,廨谓:历朝所谓"钱法堂"之"钱法"字即《汉书·食货志》"圜法"也,圜,钱也。晚读《贾谊新书》一过,"地富煴"即《汉书》之"后土富媪"。

十一月初八日(12月4日) 录何焯校《后汉书·帝纪》语。晚

---

① 此"段氏"为段玉裁。

② 光绪二十年十月二十五日,日军攻占旅顺制高点椅子山炮台,周围各炮台相继失守,清军纷纷溃散。紧接着,日军占领旅顺并血洗全城。

阅马总《意林》。二兄寄来初二、三、四日《沪报》，并某侍读学士等奏稿两纸。

十一月初九日（12月5日）　阅《意林》引桓谭《新论》，“服习似神”即《庄子》《列子》所谓“用志不纷，乃疑于神”也。假窳老《金壶浪墨》一阅，诙诡有范，四农之墨，浪而不浪。

十一月初十日（12月6日）　阅仁和孙志祖《读书脞录》，《伪古文尚书》《孔子家语》《孔丛子》皆王肃伪造，孔安国《论语注》亦伪书。改课文三首。阅《老子》一过。“重为轻根”，俞氏《诸子平议》说与余同。“大制不割”，余以为“制”即“折”也。《庄子》“岁更刀，割；月更刀，折”，“折、割”一义，“大制不割”亦犹“上德不德、至名无名”之类。读《左文襄奏稿》一卷。

十一月十一日（12月7日）　雨。阅《经传释词》二十字。读《贾谊新书》，其说《诗》处多与毛公同，盖俱事荀卿故也。录何焯校《后汉书·帝纪》毕。

十一月十二日（12月8日）　仍阴。复读《贾谊新书》，思为《诸子经证》《诸子史证》《诸子小学证》三书。录何焯校《后汉书·皇后纪》。

十一月十三日（12月9日）　阅《说苑》一卷。录禹言兄《荀子校语》数则，其《成相篇》有雨亭先生订正两条，实前贤所未发。《申报》记“某侍御奏请直省书局各书皆当存福衔圣宫”此论陆桴亭曾发之。

十一月十四日（12月10日）　二兄寄来初八、九日《沪报》，详述旅顺失守情形，某大员毁装私遁，以国家频年经营之要隘不啻输之于敌，凡有血气者莫不发指矣！晚作一缄复二兄。阅《经传释词》“抑、意、或”等字。录《白石神君碑》诸题跋。陈奕禧《金石遗文录》不解“鱻阳”为何语，因书向日《国语》之说以正之；又校出“程疵家门”之“家”字当为“守”字。饮老代予领出前月两次卷奖，其“过位”题文中有“鞠穷”字，竟遭山长勒帛。

十一月十五日（12月11日）　月色甚佳。前日塾课诗题为“清晨再拜铺丹墀”，伯声有句云“手容传揖让，眼福饱公卿”。校正《庄子》“二缶钟”一条。襄荷精舍文会。

十一月十六日(12月12日) 山长课题:“子曰:不有祝鮀之佞”两章,“梅妻鹤子”得“梅”字,晚撰一卷。兰丈过我。

十一月十七日(12月13日) 早誊昨卷,送交饮老许。阅《说苑》毕。《说苑·修文篇》云:雍之所以得称南面者,问子桑伯子于孔子,孔子曰:“可也简。”仲弓曰:“居敬而行简,以临其民,不亦可乎?居简而行简,无乃太简乎?”子曰:“雍之言然。”据此,则《论语·雍也》“可使南面”一节是倒叙之例,非如《论语集注》“仲弓因夫子许己,乃问子桑伯子”之说矣。《说苑·说丛篇》多名言,如“喜夜卧者不能早起也”一语,已将“此盛必彼衰”之理道破。《说苑·指武篇》“宰我夜伏卒,将以攻田成子”,是宰我固不附奸党者也。王谟跋云“其言秦始皇谋禅天下,以鲍白令之谏罢”至公;又“卢生既亡后得侯生,侯生历数始皇过失,始皇默然,遂释不诛”反质。俱与《史记》大异,而距汉初不远,必非无据而为此说。写《说文部首》于桂氏[①]《说文义证》本上。禹言夕过我,假去《左侯奏稿》六册,又某奏稿两纸。

十一月十八日(12月14日) 大风。阅《经传释词》二十余字,其诸拟议之词,《南菁文集》中驳之是也。阅《文献征存录》“孙奇逢、李容、徐枋、应扮谦、毛奇龄、万泰诸传”,孙奇逢年十四,即知“效死勿去”之大义;应扮谦生有卦文在掌,右目重瞳子,其《说易》曰“孔子得易之乾,老子得易之坤”。

读《新序》一过,此本向尝假卢氏[②]《群书拾补》校正之,今日复读,如行康庄矣。甚矣,书贵有精校本也。《隋唐志》作三十卷,今六十卷,其三十卷不知佚于何时?王谟跋引《三国志·刘廙传》注一条云“赵简子以胖牛肉迎孔子于河上”。案:此事甚新,可补《史记》《孔子家语》之缺。读《左公奏稿》卷第十三、四剿捻事毕。

---

① 此“桂氏”为桂馥。

② 此“卢氏”为卢文弨。

十一月十九日(12月15日)　改课文三首。读《左公奏稿》甘肃回务,刘锦棠乃刘松山之侄。

十一月二十日(12月16日)　读《经传释词》十余字。冷不可当。

十一月二十一日(12月17日)　尤冷,笔砚皆冻。阅《经传释词》毕,凡百六十字。过禹言略谈。孙师拟为《寒柳诗》。

十一月二十二日(12月18日)　冷,砚仍冻。阅《思辨录》"治平类"。往周家吊。晚改课文三首。

十一月二十三日(12月19日)　寒稍杀。虎臣由扬州回,来字索《诸子平议》去,并假《读书杂志》七本。阅《南菁文集》,孙同康固是作者。晚阅《思辨录》"治平类"。

十一月二十四日(12月20日)　晴和。阅《经义述闻》"左传类","鸟兽之肉不登于俎","鸟兽"句"之"当作"其";又"东关嬖五","东关"复姓,"嬖"字误衍,《人表》作"东关五"。阅《文献征存录》柴绍炳、曹本荣、王命岳、许友、余怀、丁炜、范郭鼎、陆陇其、陈梦雷诸传。王命岳《廷试策》千余言,皆论当日云贵事,是国初对策并无"禁言时事"之例。余怀,字澹心,与杜浚、白仲调齐名,其殁也,尤西堂吊之曰"赢得人呼鱼肚白,夜台同看党人碑""鱼肚白",金陵染人谚语也。

下午,白石先生、孙师、崇兄同过我,崇兄假去《得月楼赋》四本。过浒岑,观其所得《北朝碑帖》十数种。到店请父亲安。晚饭后读《文襄奏议》一本。禹言过我,未值。

十一月二十五日(12月21日)　谒兰丈,不值。过饮老,略悉近日《申报》所记军情。读《文襄奏议》一本。阅《文献征存录》陈迁鹤、冯景、颜元诸传。冯景字山公,有《周正改时论》十篇,赵圣传《文王受命考实》以《中庸》《孟子》《公羊传》为据,今乃知其说皆本之山公也此"十论"《皇清经解》未载。

以《北岳恒山祠碑》呈白丈鉴定,其前呈之《高贞碑》已跋成矣。禹言晚过我畅谈,以《诗》"旐维旟矣"之"旐"即"兆"字,与上"众"字一义,两“维”字皆语词。此论明快之至,禹兄读书精细,不让前贤,拜服拜服!白石先生云“众维鱼矣”二句是繇词,“实维丰年”二句是“大人”所释也。

十一月二十六日(12月22日) 冬至。晴和。在襄荷精舍为消寒第一集,主客九人,至夕始散。颜生寄书来并文三首。雨亭、白石两先生谈韵学甚精。雨老思得《广韵》分部次序之所以然,将著说以诒来学,甚善事也。

十一月二十七日(12月23日) 连日天气暖然似春。下午微雨。改伯声《白乐天〈别种东坡花树〉赋》一首,读《文献征存录》杨瑀、顾炎武、吴任臣、张弨、张尔岐诸传。亭林先生云“博学于文,行己有耻”,此两言已包汉学、宋学在内。亭林先生又云“经学即理学”,案:此言足以破除空谈“惟命”诸弊。作一缄寄颜生,并将课文批阅附去。

十一月二十八日(12月24日) 过录何焯校《汉书》列传一本。读《大戴礼》三篇。改伯声《窦固破呼衍王于天山赋》一首。作一缄致冯生,访求其祖务堂先生遗书。读《文襄奏稿续编》毕,计七十二卷,皆办理陕甘新疆事,其新疆立行省、设郡县规模皆公手定,而“俄人偿还伊犁”一节,奏稿中虽未明叙所由,然揆审当时情事,实由外夷目睹兵威所致也。公之用兵如神,尤善取远势,其由甘肃中路进兵,以策南北两路;又由关外北路进兵,以策新疆南路,皆为扼吭挈领之要着,习兵家言者不可不知也。综计新疆幅员周二万里,沦与化外者几十数年,一旦还隶职方,永作国家西北屏蔽,公之功岂复与寻常论哉!特谥曰“襄”,固有之也。

十一月二十九日(12月25日) 前假三兄处庄校范书[①]四册录毕,今复往假后数册。浒岑过我,述其所得《北碑》二十余种装成,属有暇往观。阅《文献征存录》“施相、吴伟业、马骕、尤侗、黄宗羲、黄宗炎、王士正诸传”。宗羲尝取明代儒者区分之,定学案,冠以师说,弟

---

① 范书指范晔《后汉书》,下同。

子附焉。首崇仁，吴与弼康斋也；次白沙，陈献章白沙也；次河东，薛瑄敬轩也；次三原，王恕石渠也；次姚江，王守仁阳明也“姚江之学”至广，又分浙中、江右、南中、楚中、北方、粤闽，王门学案附焉；次止修，李材见罗也；次泰州，王艮心斋[1]也亦自姚江出也；次甘泉，湛若水甘泉也；次诸儒，首方孝孺逊志，终孙奇逢钟元；次东林，顾宪成泾阳也；末为蕺山，刘宗周念台也。其“论学”，师“蕺山”、诠“良知”，不用“姚江”说。后其子百家[2]为徐乾学延入史局，宗羲以书戏乾学曰：“昔闻首阳二老托孤于尚父，遂得三年食薇，颜色不坏，今吾遣子从公，可以舍我矣。”又论文以为唐以前句短，唐以后句长；唐以前字华，唐以后字质；唐以前如高山深谷，唐以后如平原旷野。故自唐以后为一大变，然而文之美恶不与焉，其所变者，词而已；其所不变者，千古如一夕也。改课文七首。

十一月三十日（12月26日）　批订伯声《寒不被裘赋》一首。阅《文献征存录》朱彝尊、周亮工传。彝尊子昆田游闽粤还，作《罗浮蝴蝶歌》云：“我曾南游南海披图经，朱明之洞恨未探幽扃。一寸二寸花开菖蒲节，千个万个竹篆蝌斗形。巡山哑虎履尾亦不咥，修蛇毒虿焉敢来栖停。惟闻青羊黄麟雪花鹿，宝衢云术往往逢真灵。更有碧鸡五距雀五色，千年老鹤弹舌声泠泠。麻姑酿酒舀尽东海水，书邀王母昼下扶珠軿。云珰霞珮冉冉众仙集，九灵之箫一奏群山青。花前烂醉不复顾礼法，拍肩挹袂彼此相撩拎。烟裙雾袖一笑看尽裂，化为蝴蝶百万飞玲㟹。蓬莱左肱上有田七亩，乱抽紫芝黄独参术苓。纷纷饮香吸露嚼琼蕊，一一黏枝裹叶悬金铃。五羊城边昔遇梁太史，喜获一双之茧浮归舲。蛮江春风未满五十日，雌雄并出光射船窗棂。惜无入神好手为图画，但见珠娘织绵梳珑玲。垂虹亭长昨岁客岭表，石

---

① 王艮（1483—1541），江苏东台安丰人，字汝止，号心斋，明代哲学家，起初投入王守仁门下只为求生，后经王守仁点化转而治学，并创立传承“阳明心学”的“泰州学派”。后人辑王艮之著作为《王心斋先生遗集》。

② 此“百家”指黄宗羲之子黄百家。

楼千仞直上追飞蜓。白藤笈中亦携凤凰子，远分一茧粲粲同华星。挂之红罗复帐近端午，谓已干死有若囊中萤。朝来忽闻簌簌破茧出，仰眠床上不觉神魂醒。陆离光怪更异昔所见，纵有孔雀局缩羞开屏。张如东洋折叠扇翡翠，掠如古洞扑鹿蝙蝠翎。绿毛倒挂无此好颜色，何况金花虫子红蜻蜓。何当客粤岁致茧百斛，一花一蝶绕我幽茅亭。”

十二月大　建丁丑

十二月初一日(1894年12月27日)　冷。阅《思辨录》第十六、七两卷“治平类”。歌谣有极切时事者，亦有不足据者。贾似道当国行“推排法”，民间大扰，太学生为诗云：“三分天下二分亡，犹把山河寸寸量。纵使一丘添一亩，也应不似旧封疆。”此切时事者。万历时，江陵相公当国，丈量田地，吴中诗云：“量尽山田与水田，只留沧海与青天。如今那有闲洲渚，寄语沙鸥莫浪眠。”然是时吴中经界大坏，赋役不均，得此始正，于今赖之。此不可尽据者也。又言“尝欲辑兵书为三卷，曰道，曰法，曰术”。“道”只是道理，凡《四书五经》中言兵处，以及古今圣贤论兵格言，必有合于王者之道者，乃取。“法”则法制，如《司马法》《李靖兵法》及《纪效新书》《八阵发明》之类。“术”则智术，如孙吴兵法及古今史传所纪攻战之迹。

晚读左文襄《盾鼻余沛》一过。二兄寄来十一月二十五、六等日《申报》《沪报》，卫汝贵、叶志超、龚照玙皆拿问。三兄近治荀卿书，假去《读书杂志》一册。

十二月初二日(12月28日)　过浒岑假《黑龙江述略》《亭林文集》，并得畅谈其所得三国、魏晋、南北朝诸碑，其隋碑如《般若经》《龙藏寺》尤妙。阅《文献征存录》“宋琬、施闰章、查慎行、杨雍建、韩菼、姜宸英诸传”。宸英旅食京华者垂四十年，圣祖闻其名，尝问内直诸臣，江南有四布衣尚未仕乎？即李因笃、严绳孙、朱彝尊、姜宸英也。

十二月初三日(12月29日)　读《黑龙江述略》徐忠亮著一过。黑龙江省以水为名，古肃慎氏遗墟，其地计东西三千一百余里，南北亦三千一百余里，东南至西北三千七百余里，东北至西南亦三千七百余里。咸丰十年，中俄改订界约，东以黑龙、松花两江汇流处黑河口为界，北以黑龙江中分右岸为界，东北亦以黑龙江中分右岸为界，其左岸自西北安巴格尔必齐河至东吉林属毕占河，原界三千七百余里统归俄属；而自北外兴安岭脊至南吉林属伯都讷，原界三千一百余里，亦仅一千三百余里。案徐君所述，则龙省之削浸甚，此范当世序所以谓为极志士之悁郁者也。而"开兵屯、立水师"两策，尤为龙省要举，当轴者何不急施行之？浒岑招至精舍，为消寒二集。

十二月初四日（12 月 30 日）　读《亭林文集》一本，其"生员论"三篇虽指明末积弊而言，然所谓合天下之生员，县以三百计，不下五十万人，而所以教之者仅场屋之文。然求其成文者，数十人不得一；通经知古今可为天子用者，数千人不得一，此患盖直至于今而未有改也。《北岳辨》述及《张嘉贞碑》，宋初岳祠为契丹所焚，淳化二年重建，而此碑未尝毁云。

十二月初五日（12 月 31 日）　霏雪。读《思辨录后集》毕。"焚书正所以存书"，此论极是。今日之书繁芜极矣，而尤无益者莫如时文，安得祖龙一炬也！二兄寄来初十至二十六日《申报》《沪报》，灯下阅之，知北洋封河，南洋防务綦严矣。父亲、母舅两大人皆在家午饭。

十二月初六日（1895 年 1 月 1 日）　晴。孙师云，《韩非子》中有"解老""喻老"两篇，其与《老子》同传，非无因也。阅《申报》至本月初二日止，中日闻有议和之说。读《荀子・成相篇》，校出"治之志、好以待"两条。录《〈黑龙江述略〉序》。

十二月初七日（1 月 2 日）　读《荀子》"天论""礼论"诸篇。

十二月初八日（1 月 3 日）　过陈白丈。《高懿侯碑》共校出二十余字，得此精勘，此拓尤足宝矣。改伯声文四首。

十二月初九日（1 月 4 日）　六弟自镇江归，晤叙一切。伯声明晨往兴化，作一诗以送之。读《荀子・非十二子篇》。

十二月初十日（1 月 5 日）　往吊周家。书院发案，取超等。过兰丈，读所作《杂感诗》有云："天子固圣哲，元戎信仁厚。笑杀苦战儿，何须名不朽。"意寓讥刺，而不失为诗人之言。

十二月十一日(1月6日) 问山先生七十寿，与三兄往祝。阅初三、四、五日《申报》、《沪报》，闻有和议矣。

十二月十二日(1月7日) 改课文十首。饮老家消寒三集。读《文献征存录》"顾祖禹、方迈、李锴、张贞生、陈潢诸传"。"海日远觇三軓静，德星高会八慈来"，白石先生门联也。

十二月十三日(1月8日) 写字一幅。撰《韩信张耳破赵军泜水上赋》。案《汉书·韩信传》所云，"背水"即背此泜水也，证之《说文》"洨、济、泜"三水，可知张氏《正义》[1]乃析为二，非也。

十二月十四日(1月9日) 龙大宗师观风题目："致中和，天地位焉，万物育焉"；太史公[2]《论六家要指》赋，以"阴阳、儒、墨、名、法、道德"为均；赋得"江南江北青山多"得"多"字，五言八韵；"艳妻煽方处"，艳或作阎、或云剡，艳、阎、剡三字通释；"罄折一矩有半"解；柳宾叔《穀梁大义述》补义；何注《公羊传》多明殷周质文殊礼疏证；《尔雅》篇目考；拟鲍明远《河清颂(并序)》；拟苏东坡《方山子传》；拟庾子山《屏风诗》；海防策。以上生员题，三艺为完卷。"仁不可为众也"；《诗说解颐》赋，以"荐衡经明，当世少双"为均。以上童生题，余题与生员同。

十二月十五日(1月10日) 雪，晚晴有月。读《亭林文集》一卷。阅方观旭《论语偶记》。阅《申报》《沪报》至初八日。

十二月十六日(1月11日) 又雪，晚晴有月。读《荀子·解蔽》"昔宾孟之蔽者，乱家是也"，俞樾解"宾孟"为"宾萌"，聪慧之至。《汉志》著录《尔雅》二十篇，今止十九篇，有谓中脱《释礼》一篇者，有谓《尔雅》有《叙篇》亦当一篇者，此二说似皆未可据。白石家晚集。

十二月十七日(1月12日) 奇冷。孙师赠颖老《纳姬》诗两首

---

① "张氏《正义》"为张守节《史记正义》。

② 此"太史公"指司马谈。

云："惨绿年华逝水过，剩将翠鬓对青蛾。新翻乐府金堂曲，好唱开元得宝歌。""明知妇见必生怜，且构新巢缔宿缘。难得风人知此意，江沱不絜小星前。"改课文毕。

十二月十八日（1月13日）　放学。午后过白老论学，"艳妻"之"艳"当从《毛传》，郑氏虽易篇第，而"淫色"之说则与毛同也，《正义》乃以郑说本《鲁诗》，与《毛诗》为异，其实非也。

十二月十九日（1月14日）　录左文襄文一篇。晚在杏楼家消寒四集。《续古文苑》载《高贞碑》。

十二月二十日（1月15日）　母亲寿辰，母舅至。晚阅《文献征存录》汤斌、李光地、朱泽沄、彭定求、李因笃、傅山、严绳孙、潘耒、陶元淳、王兰生、卢文弨诸传。冯景已见前，又于"卢文弨传"下附出，宜删。

十二月二十一日（1月16日）　母舅约陪禾翁茶话。与三兄李家陪姑母"斗叶"竟日。晚读《亭林文集》卷六，其《〈天下郡国利病书〉序》云："共四十余帙，一为舆地之记，一为利病之书。"又《广师篇》云："学究天人，确乎不拔，吾不如王寅旭；读书为己，探赜洞微，吾不如杨雪臣；独精三礼，卓然经师，吾不如张稷若；萧然物外，自得天机，吾不如傅青主；坚苦力学，无师而成，吾不如李中孚；险阻备尝，与时屈伸，吾不如路安卿；博闻强记，群书之府，吾不如吴任臣；文章尔雅，宅心和厚，吾不如朱锡鬯；好学不倦，笃于朋友，吾不如王山史；精心六书，信而好古，吾不如张力臣。"读《荀子·正名篇》。

十二月二十二日（1月17日）　袁香南述其家藏有竹垞旧砚一方。阅《申报》至十三日止。虎臣由金陵回，云见丹徒刘鹗其人者，有大志，自述"用则为胡文忠，不用则为包安吴"。读《亭林文集》毕，其与桴亭札云："昨岁于蓟门得读《思辨录》，乃知当吾世而有真儒如先生者，《孟子》所谓穷则独善其身，达则兼善天下，具内圣外王之事者也。"其《王硕人行状》当录稿，《庙号议》《庙讳御名议》亦当录。《〈肇域志〉序》云："此书自崇祯己卯起，先取《一统志》，后取《各省府州县志》,后取《二十一史》,参互书之,凡阅志书一千余部。本行不尽,则注之旁;旁又不尽,则别为一集,曰“备录”。叹精力之已衰,惧韦编之莫就。庶后之人有同志者为续而传之,俾区区二十余年之苦心不终泯没尔。”录文襄文两篇。

十二月二十三日(1月18日) 禹言招至小楼茶话。过禾翁快谈,坐有吟伯及蔡雨翁先生,禾述二酉堂丛书《世本》极佳。过白石先生,其《高贞碑》已校成,孙氏[①]《续古文苑》本较陆氏[②]《金石续编》多二十余字,此拓较孙本又多十字。阅《文献征存录》汪绂、劳孝舆、胡方、邵廷寀、潘天成、方苞、沈彤、邵长蘅、李光坡、任启运、孙志祖、茹敦和、陈芳生、洪亮吉诸传。亮吉尝言,君子疾没世而名不称焉,是圣贤不能忘名也。名亦可假乎?曰,不能也。圣之名而可假,则庄周、列御寇之徒假之矣;贤之名而可假,则郭解、楼缓之徒假之矣;忠孝之名而可假,则王莽、赵宣之徒假之矣。诗文之名亦无不然,文有文之精神,诗有诗之精神,则传之历劫而不磨焉。欲救天下好名之弊,亦惟使之各务其实而已。

十二月二十四日(1月19日) 兰丈家消寒小集。过子香老,观《杨孟文颂》。白老云:《荀子·宥坐篇》“縠已破碎,乃大其辐”,“辐”读如“輹”,輹,伏兔也。陈硕甫《毛诗传疏》引《荀子》以证《诗》“员于尔辐”。

十二月二十五日(1月20日) 点《大戴礼》哀公问篇,孔广森注颇有足补《荀子》者。复读《荀子·成相篇》,“刑称陈”之“陈”,疑为“程”之误字。《汉书·刑法志》“读文书,日以百二十斤为程”即其谊,“程、陈”声近,故误。阅汪容甫《荀子通论》,春申君并无因客说谢荀卿,卿因去楚之事。

十二月二十六日(1月21日) 读《大戴礼》三本礼察、保傅、武

---

① 此“孙氏”为孙星衍。

② 此“陆氏”为陆耀遹。

王践阼、卫将军文子诸篇。《践阼》“惕若恐惧”可证《易》“夕惕若厉”，当以“厉”字绝句，武亿《经读考异》未引及此。《天员》篇：“阴阳之气，各从其所则静矣，偏则风，俱则雷，交则电，乱则雾，和则雨。阳气胜，则散为雨露；阴气胜，则凝为霜雪。阳之专气为雹，阴之专气为霰，霰、雹者，一气之化也。”以上诸文，即电学、气学、化学之权舆也。

第九集　式古训斋日记
(光绪二十一年　乙未)

正月大　建戊寅

正月初一日(1895年1月26日)　读《荀子·劝学篇》。与三兄同出贺朔。过伯石丈,论《荀子·成相篇》"先"字不必改作之,又《汉杨孟文颂》"年"字、"诵"字垂笔皆长,盖寓绵绵无已之意。

正月初二日(1月27日)　从浒岑所假得《铁桥漫稿》,阅其"荀子从祀议",诚定论也。

正月初三日(1月28日)　荣宗①开读《论语》。阅《铁桥漫稿》。《四录堂类集》总目七十三种,千二百五十一卷;《答庾仲卿书》云:《系辞下》"微显阐幽,开而当名","开而"即开天也,"而",古天字。孟母仉姓,"仉"者,"爪"之误;爪从反,"爪"读若掌。

正月初四日(1月29日)　禹言招饮。禹新购得戴望《管子校正》,其中除王念孙、俞樾两家外,兼采陈硕甫、洪颐煊、丁士涵、张文虎诸家说,戴为陈氏②高弟也。蔡雨翁所撰《音韵次序表》以"因伊"二字联贯全韵,而实以"一"字为首,舒言则为"因伊",促言则为"一"。阅《铁桥漫稿》,其后汉秦嘉妻"徐淑传"可补范书《列女传》之阙。《漫稿》载有丁秋水,疑即士涵之字。

正月初五日(1月30日)　孙师、白老、星南、浒岑共论竟日,孙

---

① 此"荣宗"为吉城之子吉荣泰。

② 此"陈氏"为陈硕甫。

师成感事诗数首。录严可均《〈管子〉书后》一篇。

正月初六日(1月31日)　同案杨少云来，意欲补廪，并道姜子翁近况。

正月初七日(2月1日)　阅去年腊月二十五、六、七等日《申报》《沪报》，山东登州有警。

正月初八日(2月2日)　约少云茶话，竟成其事。子香老为消寒会。三日未奉书本，便觉神志不贯。

正月初九日(2月3日)　午后大雪。襄荷精舍小聚，孙师、浒兄、崇兄，至夕散。写寄二兄一缄。晚读《荀子·臣道篇》，即录王念孙《读书杂志》，别校出"安礼乐利"一条。

正月初十日(2月4日)　雪。立春。写寄伯声一缄。阅《说文义证》"手部"，"得失"二字皆从手；"扻"读若莘，俗谓藏物曰"扻"，音近神，即此字也；"挼莎"二字亦俗语。读《荀子·君道篇》，"亦"无注。

正月十一日(2月5日)　阅俞樾《荀子诗说》，其与《毛诗》同者居多，荀氏明为《毛诗》祖矣；又云，《荀子·大略篇》引《诗传》曰"盈其欲而不愆其止"云云，必是根牟子以前相承之师说。

正月十二日(2月6日)　陈某书坊有顾氏[①]《音学五书》及任氏[②]《燕禧堂五种》，索价皆甚昂。过白丈论《荀子》。阅俞樾《达斋丛说》，其谓"格物"即正名，《中庸》有妄加"子曰"字，"王制"乃素王之制，诸说俱妙。

正月十三日(2月7日)　偕浒岑游西溪，不见一人而还。阅初四日以后《申报》《沪报》，山东海口连得大捷，快哉！

正月十四日(2月8日)　雨。姜子翁信来，即作一笺答之。

正月十五日(2月9日)　阴。楚丈招饮。贺卢先纳姬，成诗四首。

---

① 此"顾氏"为顾炎武。

② 此"任氏"为任大椿。

正月十六日(2月10日) 晴。开学。浒岑过我,详述山东大捷情形。录俞樾《荀子诗说》。

正月十七日(2月11日) 录俞子《诗说》。购得《礼器》《曹全》《孔宙》《熹平》四种,又《黄初修孔子庙碑》及《山谷大字》。钞左文襄文一篇。

正月十八日(2月12日) 阅初九至十二日《申报》《沪报》,威海又有失去炮台之信。读《韩叔节礼器碑》,"鲁夏侯庐头"确为"夏"字,向见陈窳丈装本,尚未能辨定也。窳亦购得《武梁祠题字》。阅《孔子集语》"回能仁而不能反",俞樾《荀子平议》改"反"为"忍",愚谓不然。"反",疑即"反经合权"之义,《说苑》亦作"反"。

正月十九日(2月13日) 东南风,晚微雨。录《荀子诗说》,阅《孔子集语》。通读《武梁祠画像题字》一过,"范睢"作"范且",可悟胡身之《资治通鉴音注》音"虽"之误,汉以前物,一字足千金也。禹言过我。

正月二十日(2月14日) 阴,夜大风雨。从浒岑所假来刘端临《荀子补注》阅之,计百二十条,其精粹者,王念孙《读书杂志》已采。读《艺舟双楫》一册,包世臣与周保绪论《晋略》书,今刻《晋略》不载,即补录之。录左文襄文一首。包世臣亦以《荀子》为文章之祖,而致力则在《吕览》[1]《韩非》,盖以韩出荀门,而吕氏诸客半皆孙卿[2]弟子也。又购得《鲁孝王碑》《武氏石阙铭》及《武梁祠题字》《开元寺钟铭》、米芾书《孔庙桧赞》。开元寺钟为后唐长兴年铸,乡贡进士李璨撰文、僧元浚书,《金石萃编》未载。

正月二十一日(2月15日) 晴。禹言约茶聚,即过颖兰老所馆何兰丈家。见钮非石所书楹联,又板桥联"检农黄旧册,薰班马奇香"。

正月二十二日(2月16日) 阅十三、四、五日等报,威海消息甚

---

① 《吕览》即《吕氏春秋》。

② "孙卿"即荀子。

恶。过窳老，论《武梁祠题字》“朱明、魏汤、董永、邢渠”阮元《金石志》无考。星南谓：无盐丑女钟离春，“盐、艳”古通，“无盐”即“无艳”，邑名乃后起，或即由此得也。读《艺舟双楫》。

正月二十三日(2月17日)　天气甚暖，戌刻雷电交作，急雨数阵。读《陇东王感孝颂》，“分财养亲、埋儿获金”事疑武梁祠所画“朱明”即其事也，《颂》谓“郭巨”，盖各有所受耳。阅《新序》钟离春事，云“人号曰：无盐女”，则星南“无盐即无艳”之说益信。又购得《孔谦碑》《孔少垂墓碣》《鲁相碣》《孔庙残碑》《孔彪碑》，又碑阴《孔褒碑》，共六本。

正月二十四日(2月18日)　北风骤冷，午刻大雪，旋霁。读《列女传》，知《武梁祠画像》夏禹之后有夏桀，文王之后有伯邑考、周公旦、蔡叔、霍叔诸人者，皆本《列女图》也。刘向《列女图》不可见，见祠画不啻见刘图矣；再，画所列诸孝子亦当本刘氏《孝子图》。过虎臣假《搜神记》阅之，董永“鹿车载自随”可证《武梁祠画像》，翁方纲、阮元未及。《列女传》“漆室女者，鲁漆室邑之女也”。案：“漆、七”古通字，“漆室邑”犹“三室之邑、十室之邑”也《太平御览》引《列女传》正作“七”，注云“一邑七宫”。录左文襄文毕，即奉还兰丈许。

正月二十五日(2月19日)　读《列女传》一过。“桀与末喜、嬖妾同舟流于海”，《武祠画》夏桀旁有六人，似即其事。“义姑姊兄子”恐非“姑侄”，案本传当是“子侄”，如今世叔母之于侄也。过浒岑假《太平御览》。

正月二十六日(2月20日)　白石老考《杨孟文颂》“绥亿衙强”为“安众御强”，此说胜于王念孙《读书杂志》。读翁方纲《两汉金石记》“武祠画”，曾有七古一首，末云：“三汉画轩不足道，更拟题篇光茀茨。”其自注云：“予尝以小松所贻肥城画并季逑所贻嵩山画像、稚存所贻射阳画像同装，题其室曰‘三汉画斋’。”

正月二十七日(2月21日)　襄荷精舍消寒九集。阅《隋经籍志考证》，其“孝子传”条下引“三州人、魏汤、邢渠、赵徇”四人，云见《艺文类聚》《初学记》《太平御览》三书。

正月二十八日（2月22日）　读《艺舟双楫》，《沈钦韩状》云："亭林《天下郡国利病书》《历代宅京记》不过捃拾之勤。《肇域志》虽未见，要亦其类也。《唐韵正五书》功同镌金，而学止一孔。唯《日知录》闳深简切，足副其守先待后之志，而间出某小，考证仍不免帖括末技。"又云："钦韩节录《太平御览》《云笈七签》《法苑珠林》共若干卷，校原书十存二三，而菁华悉萃。"三州人见《太平御览》"地部"，魏汤见"兵部"，邢渠、赵徇见"人事部"，均出萧广济《孝子传》及师觉授《孝子传》，唯朱明孝孙尚容续检也。

正月二十九日（2月23日）　戴彦伦作古，孙师前曾拟联挽之，有"黄鹂声里杜鹃声"语，今竟成谶。阅《太平御览》，得李善及李氏遗孤一事。阅十六日以后《申报》《沪报》，威海刘公岛皆岌岌。

正月三十日（2月24日）　过录王念孙《荀子杂志》、刘台拱《荀子补注·劝学篇》。晚阅《太平御览》"博学类"。

二月小　建己卯

二月初一日（1895年2月25日）　孙师、崇兄招同游西溪，和尚出其祖师时和硕庄亲王[①]写赠之《法华经》一幅，约六万余字，皆蝇头楷，用宝塔格书之，亦难能可贵之物也。

二月初二日（2月26日）　过录王、刘两家[②]《荀子杂志》《荀子补注》"修身篇"。读宋翔凤《论语说义》"学而""为政"两篇，"视其所以"一章指用人言。阅《太平御览》"学部"。

---

① 和硕庄亲王为清代铁帽子王之一，其始祖为爱新觉罗·硕塞，其后承袭者有博果铎、允禄、弘普、永瑺、绵课等，计九代十三王。

② 此"王、刘两家"指王念孙、刘台拱两家。王念孙著有《荀子杂志》，刘台拱著有《荀子补注》。

二月初三日(2月27日)　雨。从星南所假来郝氏[①]《荀子补注》。过录王《荀子杂志》、刘《荀子补注》“不苟篇”。装《武梁祠画像题字》成册。晚阅《太平御览·琴操记》“聂政刺韩王曲”,政亦孝子也,可证《武梁祠画像》。

二月初四日(2月28日)　早有雷雨。

二月初五日(3月1日)　阅《太平御览》“兵部”。

二月初六日(3月2日)　阅《太平御览》“兵部”。书院甄别:“子曰:文,莫吾犹人也”一章;“武乡侯《出师表》”得“师”字。

二月初七日(3月3日)　阅《太平御览》“皇王部”。燧人握机矩,伏羲承之。疑《武梁祠画像》持曲尺者燧人也。

二月初八日(3月4日)　兰丈招饮。过周子香,见《司马景和妻墓志》,近来吴诵清辈皆师之。录翁氏[②]《两汉金石记》数则。“头衔诸葛相,心事采薇诗”,前日孙师试帖句也。

二月初九日(3月5日)　伯声信至,述县试首场题:“用之者舒”至“非其财者也”;“使于四方,不辱君命”。三兄、禹言晚过我。

二月初十日(3月6日)　阅正月二十七、八、九日诸报。二兄信至,述杨少云事。“双柑罢载春林酒,一棹虚维雪夜舟”,孙师挽戴某联。录翁方纲《两汉金石记》,阅《论语说义》。过三兄及白石。

二月十一日(3月7日)　阅二月初诸报。阅《论语说义·里仁篇》,录翁方纲《武梁祠画像诗》。兰丈、孙师、六弟茶话。张香涛[③]制府见在起马路一道,由金川门至下关,据闻此门闭塞数百年,前日开门时有巨蟒巢其中。饮老招饮,坐有星南,述甄别文亦用“文莫”说。录王《荀子杂志》、刘《荀子补注》“不苟篇”校语。

二月十二日(3月8日)　雨。阅《论语说义》“里仁”“公冶”两

---

① 此“郝氏”为郝懿行。郝懿行也著有《荀子补注》。

② 此“翁氏”为翁方纲。

③ 指时任两江总督的张之洞,号香涛。

篇，颜渊“闻一知十”即“天下归仁”，子贡“闻一知二”即“人已立达”也。录王《荀子杂志》、刘《荀子补注》“荣辱篇”。晚阅《太平御览》“州郡部”。《帝王世纪》：“武王娶太公女，曰邑姜。”

二月十三日(3月9日) 母舅自兴化至。录王《荀子杂志》、刘《荀子补注》“荣辱篇”，阅《太平御览》“居处部”。

二月十四日(3月10日) 录王《荀子杂志》、刘《荀子补注》“非相篇”，阅《太平御览》“人事部”。陆春江至东台看团练。

二月十五日(3月11日) 校录王《荀子杂志》、刘《荀子补注》“非相篇”。旧赁陈家屋苦偏仄，今复向赁东边屋五间①，折券为定。

二月十六日(3月12日) 雨。与三兄同作东道为春宴，于襄荷精舍观白石、子香合作画。

二月十七日(3月13日) 雨，薄暮震霆疾电，未识天之谁怒也？移书室于新屋，先行扫除。

二月十八日(3月14日) 雨。六弟往镇江应郡试，因作一缄致杨少云，又一缄致伯声。三兄晚过我，云明早启行。

二月十九日(3月15日) 雨雪，甚冷。孙师至，云李相已往日本议和，明文。阅《太平御览》“封建部”。

二月二十日(3月16日) 大雪尤冷，滴水皆冰。阅《太平御览》“封建部”。以上数日料理新屋，未到塾。

二月二十一日(3月17日) 晴冷。阅二月初八至十二等日《申报》《沪报》。过录王《荀子杂志》、刘《荀子补注》“非十二子篇”。阅《太平御览》“职官部”。《申报》载，金陵金川门中得一石碣，云：“金川门，城洞开。筑马路，阜民财。”

二月二十二日(3月18日) 过录王《荀子杂志》、刘《荀子补注》“仲尼篇”。阅《太平御览》“职官部”。伯声县试三场第七，赋题“汲黯

---

① 吉城自家的住宅既非家族的祖屋(吉泰和商号)，也非前面所言之东宅、西宅(杏林巷宅)，而是租赁别人家的房屋，其塾馆的房子也是租赁的。

少憨宽饶猛”，以题为均。

二月二十三日(3月19日)　禹言将往镇江，过我一谈，便托其为毓琳买《左氏》《礼记》。录郝氏《荀子补注》“修身”“勤学”两篇。阅《太平御览》“职官部”，引《汉书》注颇有今本所无者，可汇辑之以补缺也。

二月二十四日(3月20日)　阅十三至十九日报。录郝《荀子补注》“不苟篇”。二兄有信至，云二十一日过江，今日可到，翘盼一日未至。

二月二十五日(3月21日)　春分。戴家“四七”，早往吊。二哥午后到家，快论一切。种荷。

二月二十六日(3月22日)　阅《太平御览》“职官部”毕。为朱俊兄改诗两首。阅《通商各口总册》。

二月二十七日(3月23日)　写寄三兄一笺。孙师命至精舍聚谈。白石丈过我。

二月二十八日(3月24日)　阅二十、二十一、二十二、二十三日报。东边道张锡銮得一胜仗[①]，吴大澂全不足恃。湘潭王闿运《上李傅相书》词气激切，亦当世有心人也。

二月二十九日(3月25日)　吴灼孙由盐城来。读京江公[②]《停止封禅议》及《昭代乐章恭纪》，圣相所见，固越寻常。丁师晚至。荣宗《论语》“学而”“为政”读毕。《吴志》丹阳太守李衡妻曰：“不患不富贵，若贵而能贫，方好耳，用此何为！”

---

① 在甲午中日战争中，至光绪二十年(1894)十月底，日军连陷安东、九连城、凤凰城，不久又陷岫岩、宽甸等东边道诸城镇，此时张锡銮被授为东边道，统定边军移屯通化，并准备迎敌。光绪二十一年二月二十六日，张锡銮督军分三路奋击日军，乘胜收复了宽甸县城。

② 此“京江公”指“京江相国”张玉书。

三月大 建庚辰

三月初一日(1895年3月26日) 骤暖,夜大雷雨。五弟往菱川①迎娶,今晚启行。读《会典》"江苏水道图说"。

三月初二日(3月27日) 西北风,雨转凉,有雪。购得《石门铭》《元次山碑》《八关斋记》。《石门铭》为魏太原郡王远书,超逸可爱,惜后磨厓一段未拓。此卖帖者云,以上数种皆自上海市来,果尔,则价必廉甚也。读《经世文编》"江苏水利门"。

三月初三日(3月28日) 晴。改述云文。白丈为五弟新房书联云"七宝庄严修月手,三商蕴藉洗红词"。大母舅来论诗。闻四月初二镇属院试取齐信,三兄、六弟可以一鼓南下矣。本月初一报有李相受伤②之说。书院甄别发案,两卷皆取。

三月初四日(3月29日) 县课题:"饭疏食"至"乐在其中矣";"捷书夜到甘泉宫"得"宫"字,晚撰一卷。

三月初五日(3月30日) 南风,转暖。五弟等想可到临泽也。早起复撰一卷,誊交饮老所,并为饮翁拓诗一首,有句云"汉文留碧瓦,周赐祝彤弓"。浒岑过我,述澎湖得一胜仗。

三月初六日(3月31日) 晴和。阅二十四至二十九日《申报》《沪报》。五弟吉期,来客四十余位,晚留饮孙师、汉舅诸君。

三月初七日(4月1日) 夜微雨,晓起大有"三月春阴正养花"之意,晚又雨。从汉舅所假来兰花两盆,清气馥郁。晋源徐序五兄有复信至。山长课:"子曰:晏平仲"两章;"春风风人"得"人"字,作一卷。孙师、饮老过我述文。禹言由镇江回,三兄传语一切。传闻李相

---

① "菱川"即江苏高邮临泽古镇的旧称。

② "李相受伤"指1895年3月24日李鸿章在日本马关遇刺受伤之事。

国因伤而逝[①]。

三月初八日(4月2日)　晴。阅宋翔凤《论语说义》“述而、泰伯、子罕、乡党”诸篇。“入公门”一节是摈者之事,《尔雅》无释《易》《春秋》之文。“性与天道,不可得而闻也”,故“子所雅言,诗、书、执礼”。阅《续经世文》“固圉”“培才”两类。冯林一《采西学议》、曾文正《请出洋游习疏》,皆为洋务开原矣。

三月初九日(4月3日)　孙师《于荒榛中见晚梅有感》云:“李艳桃浓后,寒梅破蕊才。月为描影去,风替送香来。赏识虽云晚,荒芜漫自哀。本生岑寂地,不傍战场开。”阅《论语说义·先进篇》,君子、野人以贵贱言,殷以前由野人而皆得仕进,周时世卿非君子不得与其列,故下章曰“从我于陈蔡者,皆不及门也”,郑注“不及门”谓“不及进仕之门”,足见两章一贯。案:宋氏[②]此义甚精。阅《论语说义》毕,其书大旨以《论语》为孔子微言,“张三世[③]”“治太平”多参公羊家说。

三月初十日(4月4日)　阅初一、二、三日《申报》,李傅相未死。读《校邠庐抗议》四十七首,中如“公黜陟、汰冗员、复乡职、折南漕、复陈诗、变科举、停武试、减兵额、采西学、变捐例、绘地图、改河道、复宗法、重儒官”诸议尤要。曾文正《复冯宫允书》云:“天下之大,岂无贤哲窥见,阁下苦心而思,所以竟厥功绪。”呜呼,文正而后,谅冯先生意者有矣,而孰则克施其言者哉! 吉斋自淮城来。汉舅今晚往兴化。读《经世文编》“储才类”。随孙师过杏楼、伯石。

三月十一日(4月5日)　早微雨,旋晴,东北风。孙师、浒岑约往北郊踏青。

三月十二日(4月6日)　仍东北风,雨。二兄先由兴化来。

---

①　此传闻不实,李鸿章并未因1895年在日本遇刺受伤而亡,他是在1901年《辛丑条约》签字后才去世的。

②　此“宋氏”为宋翔凤。

③　“三世”指“衰乱世、升平世、太平世”。

三月十三日(4月7日) 晴。五弟船到,戴翁及乃郎送亲来。

三月十四日至十六日(4月8日至10日) 连日皆周旋酬酢,无所事事。

三月十七日至十八日(4月11至12日) 又在李府应酬。

三月十九日(4月13日) 闻北郊新筑营垒,午后往观,孙师得句云"女郎不识将军垒,犹约清明斗草来"。

三月二十日(4月14日) 夜雨。山长课题"子曰:三人行"一章。头痛身热,殊不适也。招白石丈饮。

三月二十一日(4月15日) 晓犹雨,午晴。早起强拓一卷交去,下午恶寒身热。禹言过我,少话即去。

三月二十二日(4月16日) 黎明热乃解。写复三兄信,并附去谱二册。孙师述台北得一大捷,未卜确否?楚丈来为余诊,以韮白汤加味。颂年来辞行。

三月二十三日(4月17日) 授荣宗《论语》"子曰:启予者商也,始可与言诗已矣",疑"者"字为句,"商也"属下为句,如《学而篇》"赐也,始可与言诗已矣"之例,此"者"字句在上,彼"者"字句在下,略有颠倒耳。笪姨丈由盐城至。头痛寒热已愈,惟腹仍不快。

三月二十四日(4月18日) 阅《申报》《沪报》至十八日。装《北魏石门铭》成两册。会试题:"主忠信";赋得"褒德录贤"得"廉"字。

三月二十五日(4月19日) 兰丈早过我。阅《太平御览》"天部",写《石门铭》。腹中时痛泻。蔚如有信至,时犹未进场也,不日当更有佳音到矣。康步翁送石菖蒲一盆来。

三月二十六日(4月20日) 孙师、吉斋午后至。晚请笪姨丈杯酌。写《石门铭》。

三月二十七日(4月21日) 读《孙渊如文集》三本,纯乎其为经术气也。浒岑假《经解目录》四册。

三月二十八日(4月22日) 祭伯祖考周忌。荣宗折扇前日老𢈪书之,今复得子香老画,诚合璧也。

三月二十九日(4 月 23 日)　殷固生优贡开贺，往道喜。大兄命陪笪姨丈午宴，坐有孙师。读《问字堂集》，末有《赠言》一卷，是钱晓征、阮伯元诸老手札，亦可想其一代倾倒矣。读曾、左《与郭意城书》。"奔流万里河之曲，上下千年汉以来。"翁方纲赠钱箨石载句也

三月三十日(4 月 24 日)　孙师、吉斋同请固生，招往作陪。读《孙渊如文集》。过浒岑所，闻和议将成，其条约有"台湾及东三省要隘均属日本"云云，果如是，则是万不可行之道也！

有和尚住尼庵说法，亦一奇事。陆燿辑《切问斋文钞》，自序有曰："道备于经，既有汉之笺故、唐之义疏、宋之章句，微言大义已可无憾，而复寻撦细琐，抉剔幽隐，纷如聚讼，此何为者也？学案、语录之书日出而不穷，异同宗旨之辨相攻而不已，高明者堕入禅宗，笃实者窘于应务，此又何为者也？""苛节删于相熟后，淡怀长似订交初。"朗夫诗句

四月小　建辛巳

四月初一日(1895 年 4 月 25 日)　读《孙季逑集》毕，其《冶城集》中有《卫水汉碑》一首，序云："既官安德之明年，有告卫河第三屯出有古碑，注视为《北魏营州刺史高贞碑》，中有载'卡'字不可识，予审'卡'即'弄'字，因为移置州学。高氏族葬在此，先出有高湛、高植两碑，楷法工致，藏安德封氏。"到塾。晚读鲁通甫文稿，其《胥吏论》五篇，有王者起，必当取法。沐浴。

四月初二日(4 月 26 日)　在襄荷精舍为饮老作生日。过伯石许，见孙渊如先生遗墨。读《通甫类稿》。

四月初三日(4 月 27 日)　读《通甫类稿》。看三月《申报》《沪报》至二十八日止，和议尚未有成。阅《太平御览》"天部"一本。

四月初四日(4 月 28 日)　午前微雨一阵，酉刻雷鸣急雨，旋霁。孙太师母仙逝，早往慰唁，晚回。读《通甫稿续编上》，其《续编下》容再向虎臣假观也，稿中两论东坎王翁以善种菊名，今不知其家法尚

在否?

四月初五日(4月29日) 午前雨,旋晴。东台县试首场发案,陈倬第三,窳老令子也。晚老窳过我,说《论语》"子见夫子乎"之"夫子"当是指"大夫"之称,下文"孰为夫子",正见丈人心目中久无当代搢绅矣。案:此论甚精,且与下"隐者"及"不仕无义"诸语相贯。阅《太平御览》"天部"。

四月初六日(4月30日) 过录郝懿行《荀子补注》"仲尼篇"。读《黄山谷诗》,其道子瞻诗妙云:"我诗如曹郐,浅陋不成邦。公如大国楚,吞五湖三江。"句法健傲,逼近昌黎。阅刘贵阳《经说》,摘出《荀子》"躁傲"一条。晚阅《太平御览》"天部"四时。吴灼孙由兴化来。家藏有笪重光、鲍皋、徐时允字三幅,又张百禄画一幅,名贤手迹,永可宝贵。

四月初七日(5月1日) 酉刻微雨。过录《荀子·儒效篇》刘、郝、王三家说毕。阅《太平御览》"时序",夏至后三庚为伏,冬至后三戌为腊。改述云诗、文各一首。放学后与二兄散步南郊。

四月初八日(5月2日) 雨。过录《荀子·王制篇》刘、郝、王三家说毕。

四月初九日(5月3日) 过录《荀子·富国篇》刘、郝、王三家说,刘说王颇采之,郝则十采一二,其精核实不及刘、王也。阅《舆地图说》中"南洋述遇"一则。

四月初十日(5月4日) 过录《王霸篇》至《议兵篇》三家说毕。钞书多暇,愈觉长昼之可爱也。晚与二兄约白石、杏楼来论文。

四月十一日(5月5日) 雨。过录《强国篇》至《礼论篇》三家说毕。

四月十二日(5月6日) 晴暖。过录《乐论篇》至《正名篇》三家说。过饮老所,下午诣孙师。

四月十三日(5月7日) 闻蔚如会试捷音,为之一快。过录《性恶篇》至《赋篇》三家说。

四月十四日(5月8日)　至蔚如家道喜。过录《荀子》刘、郝、王三家说毕，凡事因循则难成，此书于去年开录，迁延不卒业，今竭数日之力而已竣事，又一快也。他日再将洪颐煊《荀子校语》录之，此书无遗憾矣。过白老。

四月十五日(5月9日)　补录顾涧蘋《荀子校语》，其《成相篇》"十一字为句"一条与余说暗合。阅《春在堂随笔》。

四月十六日(5月10日)　阅《春在堂随笔》，丁濂甫先生①视学浙江有"叠喜轩故事"，曲园和诗有云"自从老杜留题后，又见双丁竞爽时"杜谓石樵先生。宋于庭谓《说文》始"一"终"亥"，即《归藏易》也。阅王之春《瀛海卮言》。

四月十七日(5月11日)　孙师家"二七"，早往陪客。阅《太平御览》"地部"。阅十一、二日《申报》《沪报》，记"中日和约"②已成，台湾及东三省皆须分割，偿兵费白银三万万两。

四月十八日(5月12日)　阅《太平御览》"地部"。夜梦禹言寄来一函，其中述春夏风景可乐者凡几。

四月十九日(5月13日)　陆春江阅北营操，倾城士女皆往观焉。兰畦、窳萌、子香三老先后至，闲话片刻。阅《春在堂随笔》。

四月二十日(5月14日)　阅十四、五、六日《申报》《沪报》，崔保龄、陈恩洽俱中进士，江苏以蔚如为第一。今日为三兄三十生日，想蔡禹老必可偕其登顾龙绝顶置酒一聚也。读《五代史·梁本纪》。晚读刘礼部《公羊释例》"张三世"例。吴杏翁往仪征。

---

① "丁濂甫先生"即丁绍周(1821—1873)，江苏丹徒人，字濂甫，号亦溪，丁立瀛、丁立钧之父。道光三十年殿试进士，翰林院编修，历任詹事府中允、国史馆协修、实录馆纂修、功臣馆纂修、湖广道、京畿道监察御史、内阁侍读学士、太仆寺少卿、光禄寺正卿、浙江学政等职。咸丰三年，因避"洪杨之乱"而举家迁居东台城，其书斋号"浮玉山房"，著有《蜀游草》《甲乙编》《清画家诗史》《浮玉山房试帖》等。

② "中日和约"指《马关条约》。

四月二十一日(5月15日)　读《公羊释例》。卖帖赵某至，购《润州魏法师碑》，亦足备吾乡金石一种。学宪于十五日考丹阳生员、十八日覆试，十九日考丹阳童生、二十三日提覆。

四月二十二日(5月16日)　雨。《申报》有"富强策"数篇，颇多可采者。读《公羊释例》，其"时月日例"与"地例"即子思子"上律天时、下袭水土"之说也。《荀子·宥坐篇》"大编"与《哀公篇》"大辨"似一谊，王念孙谓"大编"之"大"字衍，疑非也。《诗·周颂》："于穆清庙，肃雝显相。济济多士，秉文之德。对越在天，骏奔走在庙。不显不承，无射于人斯。"老巘述："穆与庙韵、雝与相韵、士与德韵，皆循音之次序。"蔡雨翁云："士与下庙字韵，德与承韵，天与人韵。"余因悟《荀子·大略》"亲迎，命之，往迎尔相"，迎与相韵，其下事与嗣韵，正与《诗·周颂》用韵次序同，异日当再质雨翁，求其详细也。

四月二十三日(5月17日)　晴。读《仁静观魏法师碑》，观在丹徒焦山，山在马迹山之东；法师名降，字道崇，唐上元三年卒，仪凤二年树此碑。此碑王昶、陆耀遹两《萃编》所未载。阅《公羊释例》。

四月二十四日(5月18日)　读《春秋繁露》。其论"仁义、阴阳、五行"皆是西汉精义，非第守公羊家法已也；《山川颂》文笔渊懿，班、扬诸赋所祖。其论"人性"，不主《孟子》"性善"之说，与荀卿书合。伯鸿过我，述其所撰《海防图考》。镇江有信来，云寓东小友提覆者四人：丁柏梁、钱伯声、柳某某、王某某。晚阅《五代史》晋、汉、周本纪，周世宗为一代良主。

四月二十五日(5月19日)　午后得三兄岁试优等信，旋又得伯声入学[1]信，欢慰无既。阳属提覆较徒属迟两日，楚弟如有好消息，亦当在路矣，翘盼之至。晚写复三哥一缄，又寄母舅处贺章一缄。阅龚柴《亚洲图考》，图甚略，其各省分考已载入《舆地集成》。阅《茶香

① "伯声入学"指钱明远(伯声)经院试成为附学生员。

室经说》。去年卖帖之山东王叟又至，此次无善本，惟《敬使君》一拓耳。

四月二十六日(5月20日)　东台武童今日试骑射，丁公桥南失慎。据水龙公所云，历届武童外场之期，居民往往火灾，频验不爽，亦一奇也。阅《茶香室经说》。“五百年必有王者兴，其间必有名世者”，“其间”谓五百年之间，盖去王者二百余年也。《孟子》之意，盖以孔子当一王者，自命名世，故下文曰“七百有余岁”，除去五百当孔子托王于鲁之时尚余二百余年，正所谓“其间”也。案：俞樾此说极是。

四月二十七日(5月21日)　阅《茶香室经说》。袁子明过我，索阅《丹徒新进全学》。

四月二十八日(5月22日)　阅二十二、三日《申报》，云台湾士民有不愿属日本之意。阅《达斋丛说》，其“东迤北会于汇”一条，漱兰宗师已发之，余尝申其义，说见《江左校士录》。送二哥南行。

四月二十九日(5月23日)　阅《太平御览》“草部”。闻星南归，缴去郝氏《荀子补注》暨《圣武记》十四册。过饮老所。晚钱仲英来，云伊有王虚舟《四体千字文》之一，容假观也。阅《俞楼杂纂》。星南述：六弟场内为同号者所诳，误填名于卷面，故未能提覆也。颜光敏《昭君曲》云：“一辞宫阙出秦关，长得丹青识旧颜。为报君王休爱惜，汉家征戍几人还。”沈确士谓此诗用意忠厚。

五月大　建壬午

五月初一日(1895年5月24日)　旧有《兴和孔庙碑》一本，禹言以《曹子建碑》易去，今复买得，重装成册。其文有云“故其隶兖部也，曽未浃旬，言觐孔庙”，疑“曽”为“尚”。盖书碑者误于“尚”字之下连写一“口”其意殆作“當”字，旋又加点灭去耳。如“曽”即“當”字，则本碑“當州大都督”何以作“當”不作“曽”也。阅《太平御览》“方术部”。伯声有信至，云此月初可回来。读韩文。

五月初二日(5月25日)　复读《兴和孔庙碑》。“天怀直置”，

“置”与“正”通见余《荀子说》，“直置”犹言“正直”“直置”乃“自然”之谓，见温鹏举《常山公主碑》；又“孰云修置”，“修置”即“修正”也；“神尽妙”上一字当是“穷”字，诸家皆阙释。阅《太平御览》“方术部”。六弟到家。

五月初三日(5月26日) 有欲雨之意。六弟过我，细述一切。三兄岁试题为“昔者王豹处于淇”四句，学宪评语极妙。族人有名“显曾”者，人颇不妥；有名“树滋”者，人当诚朴。阅四月二十四、五、六日《申报》《沪报》，状元骆成骧，四川人。《敬史君碑》云“宿抺轻肥”，《萃编》以为“抺”即“装”字移置，余谓王昶说是也。今人谓“装帖”为“裱帖”，案《玉篇》“裱，领巾也”，绝无“装潢”之意，盖亦“装”字移置，因误为“裱”耳。王叟为余装成《元次山碑》共四册。《太平御览》“工艺部”引《西京杂志》云：元帝遣昭君去后悔之，乃穷案其事，画工皆弃市。其时画工有毛延寿、陈敞、刘白、龚宽、阳望、樊育，并同日伏罪。今人谈昭君故事，独丛咎于延寿一人，何耶？

五月初四日(5月27日) 午后放学。仲英来为余剪《敬史君碑》，共二十六行、五十一字。

五月初五日(5月28日) 过老窳，不值。复校《张猛龙碑》。

五月初六日(5月29日) 读老苏文。小时诵《目耕斋制艺》，中有“虞不用百里奚而亡”四句题文一篇，用“今日割五城，明日割十城”两语，不知所出，今于老泉文得之。三哥晚到初四由镇江启行，却好与二兄相值也。

五月初七日(5月30日) 三哥、禹言俱过我。二兄寄来夹竹桃一盆。县官求雨。

五月初八日(5月31日) 晓有雾。午前诣孙师处，为写神主。午后到塾，写寄二哥一缄，又兴化一缄。读东坡文。《张猛龙碑》末有“一五日”云云，案：即今所谓“初五”也。

五月初九日(6月1日) 孙师家开吊，恭往襄理。星南于金坛得钞本李上交《近事会元》共五卷，此书仅有守山阁本，而此本或尚在守山本前也。禹言亦买得常熟丁某[①]《补晋书艺文志》、钱泰吉《曝书杂记》，又芮维城《匏瓜录》。过窳老，读《无叀鼎铭》。

五月初十日（6月2日）　前得《石门颂》一本，摹拓尚不恶，即赠三兄。《颂》中“受命”之“命”字垂笔甚长，断章取义，聊假为“南山”之祝云。三兄亦贻予郭忠恕《汗简》及《校邠庐逸笺》。王叟为予装《开元寺钟铭》及《山谷大字》。

五月十一日（6月3日）　微雨。自装《敬使君碑》。改述云课文。读《开元钟铭》，文残坏，仅十字。

五月十二日（6月4日）　微雨。改述云课文。兰丈过我，述蔚如点主事，因即往贺。过三兄论文。

五月十三日（6月5日）　伯声寄来试稿。《敬使君碑》装成。改述云课文毕。禹言过我，送来《文献征存录》后半部。二兄寄来初旬《申报》《沪报》。

五月十四日（6月6日）　阅《文献征存录》卷五，蓝鼎元曰：“土地有日辟、无日蹙，经营疆理，则为户口贡赋之区；废置空虚，则为盗贼倡乱之所。台湾山高地肥，最利垦辟，利之所在，人所必趋。不归之民则归之番、归之贼，即使内贼不生、野番不作，又恐寇自外来，将有日本、荷兰之患，不可不早为措置者也。”玉霖此论发于康熙六十年。

五月十五日（6月7日）　雷雨。申刻疾霆震耳，声响所过，硫磺气逼人，不知击何物也。阅《太平御览》“器用部”。《曲园杂纂》中有《读盐铁论》一卷，共四十七条，因录之。

五月十六日（6月8日）　晴。录俞荫甫《读盐铁论》毕，其末言“尔桓公之与戎狄、晋取郊柳”三条，尤能推本《公羊传》，有功此书不浅。阅《太平御览》“器用部”。三哥晚至论文。

五月十七日（6月9日）　诣丁师请业。录俞荫甫《〈潜夫论〉说》，此书有汪继培笺，俞多证之。

---

① 此“丁某”为丁国钧。

五月十八日(6月10日) 过饮兰所,不值。斟定伯声文稿。录俞荫甫《〈潜夫论〉说》毕,汪笺据元刻本也。阅初八以次《申报》《沪报》,台湾现在为民主国,五月初二日公举唐景嵩为总统[①]。过兰丈。晤三兄、饮兰、窳萌诸君于青云斋。闻浒岑、融甫皆归来。晚又得"台湾总统逃、抚署毁"之信。三兄出岁试稿示余,前幅散行有致,后二偶掷笔空际。

五月十九日(6月11日) 写寄二兄一笺。阅《太平御览》"舟车部"。浒岑过我,云本拟至西湖一游,以病未能。"三年不辞为部职,正直扬名于州里。"此十四字在荆君画像后,不知何代何人所为也?浒兄云《郑文公碑》笔意亦是。孙师家明日举柩,晚与三哥同往叩奠。过浒岑。融甫诒余《北魏造像》及宋拓《九成宫》《板桥画兰》诸件。晚改课文三首。

五月二十日(6月12日) 晓大雷雨。《太平御览》"叙车"中引汉晋诸说,颇可证明司马彪《续汉书·舆服志》,因摘出数十条。读《文献征存录·胡天游传》。其《禹陵铭》二千余言,横恣奇丽,不可有二之作;《烈女李三行》表章孝烈,千载后读之,自足廉顽立懦。"是知陵谷忽尔变迁,惟彼声华庶为不殁",胡先生贻友人书中语,敬以移赠。

五月二十一日(6月13日) 午后雷雨。伯声自兴化来。浒岑假襄荷精舍招饮,坐有赵君杏衫及兰丈、杏楼、融甫、次云、星南暨吾家老崇。大母舅下午至,略述一切。阅十四、五等日《申报》《沪报》,

---

① 台湾民主国是光绪二十一年(1895)五月初二日在台湾成立的一个共和国政体。其因是台湾人民为免于将台湾和澎湖割让给日本,而推举台湾巡抚唐景嵩为总统,刘永福为大将军,丘逢甲为副总统,林维源任议长,改元"永清",铸印"民主国之宝印",制"蓝地黄虎"国旗。随后唐景嵩内渡大陆,台湾民众又在台南拥立大将军刘永福接任总统。同年九月下旬,刘永福兵败,内渡厦门;十月初四日台南陷落,台湾民主国亦随之而亡,存在时间共150天。

台湾民变，日人已有登岸之说。

五月二十二日(6月14日) 录胡天游《禹陵铭》。阅《文献征存录》卷五毕。十六、七、八等日《申报》《沪报》云，台北已失。

五月二十三日(6月15日) 阅《文献征存录》卷六，彭任字中叔，魏禧尝谓任曰："人独居惟见有己，有己则曰蔽；群居惟见有人，有人则曰乱。吾非独居时则群居时也，受其一患，足以自贼。使不察而二患交至，身心之患有不可胜言者。"

五月二十四日(6月16日) 读胡稚威骈体文。伯声诒予彭甘亭所辑《南北朝文钞》。偶出句云"雨过蕉添绿"，育琳对以"风吹草又青"，颇能变化唐律，可喜也。

五月二十五日(6月17日) 好雨。夜梦至浙江书肆，买得洪颐煊《读书丛录》。孙师云，二十日安丰杨家遭火劫，惟贞节王氏服物无恙，于此足征天道。韩昌黎《试大理评事王君墓志铭》云"鼎也不可以柱车"，此"柱"字实字虚用；《荀子·劝学》"强自取柱"与"柔自取束"为配，亦实字虚用也。《读书杂志》必改为"取折"，似非。

五月二十六日(6月18日) 雨。阅《文献征存录》卷七，汪容甫所为文真得汉魏六朝神髓者。禹言过我。"六书转注说"以许宗彦为最允。二兄信至，云代买《县志》[①]一部。

五月二十七日(6月19日) 夜雨，至今晓不绝。乡农得此，乐可知矣。阅《文献征存录》卷八。

五月二十八日(6月20日) 雨。阅《文献征存录》卷九、卷十，此书录人诗多于文，疑取裁《湖海诗传》等书。过融甫，读汉魏各碑。"莱子侯石刻"《金石萃编》未收，《金石续编》有存疑四字。

五月二十九日(6月21日) 雨。窳丈释《裴岑纪功碑》"兵"字为古文"兵"。城案：古文"兵"疑从"庚"声。读《丹阳县志》，为光绪十一年凌焯督修、林福源总纂。巴里坤为汉蒲类国。

---

① 从三天后的《日记》所述可知，此《县志》为《丹阳县志》。

五月三十日(6月22日) 夏至。雨。闻蔡君雨亭说音学。阅《太平御览》“器物部”。

“贵馆居金谷,关扃隔稿街。冀君见果顾,郊间光景佳。”“高阶既激涧,广阁更交柯。葛巾久乖角,菊径简经过。”此二首见《庾子山集》,皆双声诗也。

闰五月小

闰五月初一日(1895年6月23日) 雨。阅二十三、四、五、六等日报,台湾亦无好消息。写寄二哥一缄。阅《太平御览》“布帛部”。临《般若经》,融甫云此北齐碑也包世臣定为晋碑。雨后偕兰丈观溪头活水。

闰五月初二日(6月24日) 雨。阅《太平御览》“百谷部”,补《郑君纪年》两条,读《说文篆韵谱》。

闰五月初三日(6月25日) 雨。昨夜梦见星南论文,甚惬,今晓到塾,却喜于马公桥下见之。年来寤寐所遇往往而验,岂醒一世界、梦亦一世界,抑醒转为梦、梦转为醒耶?三哥过我。读庾子山诗及乐府,补正倪璠注一二事。阅《太平御览》“饮食部”。

闰五月初四日(6月26日) 雨。彭甘亭辑《南北朝文钞》,与李申耆《骈体文钞》所选多半相同。阅《太平御览》“休征部”。

闰五月初五日(6月27日) 雨。浒岑招游北郊别墅,上午随孙师、星兄、三兄乘舟往。入门正堂三间,堂左右有亭,左曰“阅帆”,濒大河也;右曰“陟岵”,孝子瞻望坟墓之思也。亭西南一碧无既,则四环绣错,雨后新插禾也。小坐清话,寸尘不生,素月既上,梧阴在地。日处嚣市中,愈觉此间足乐矣。兵谓之兵,持兵者亦谓之兵。

闰五月初六日(6月28日) 阅《太平御览》“咎征部”“鬼神部”。左思《蜀都赋》初有“鬼弹”句,后易去之。蕉叶比得快雨,新绿油然可爱。

闰五月初七日(6月29日) 阅《太平御览》“鬼神部”。读《南北朝文钞》，裴子野，良史之子。陈白丈假《汉西域图考》。

闰五月初八日(6月30日) 阅《太平御览》"兽部"，郭璞有"犀赞、驳赞"。

闰五月初十日(7月2日) 晚微雨。假襄荷精舍为浒岑作生日，畅聚一日。

闰五月十一日(7月3日) 伯鸿假去《曾文正奏议》三册。二兄寄来台湾大捷喜讯。

闰五月十二日(7月4日) 融甫过我。连日疲倦殊甚，未能读书。

闰五月十三日、十四日、十五日、十六日(7月5日、6日、7日、8日) 复二兄一缄。此数日应酬宴会，毫无善趣。

闰五月十八日(7月10日) 假禹言新得之钱泰吉《曝书杂记》阅之，因录其《文选注例》一篇。浒岑过我。阅《太平御览》"鸟部"，改述云课文一首。

闰五月十九日(7月11日) 《说文》"六甲五龙"迄无定解，窳丈云：南菁书院某友曾有此作，通戊于矛，因以"矛"字象形说之，惜其稿已失，仅记大略如是。改课文三首。

闰五月二十日(7月12日) 大风，甚凉，以风咳未到馆。阅《师郑堂集》，《论公羊礼疏篇》及《黑水考》《浅水辨》最为精审，《诗郑笺释例》《拟重修四库全书条例》《修志刍议》三首亦极闳括。阅《太平御览》"兽部虫鱼"。写寄二哥一缄，托购《读书丛录》。

闰五月二十一日(7月13日) 早微雨，旋霁。阅十四、五、六日报，吴大澂开缺另用。夜分大雨一阵。阅《太平御览》"百卉部"，此书为卷千、为部五十有五，其中古书、逸说足资订正者触目皆是，其首卷列引书目计一千六百九十件，古诗赋箴铭等不及具录，亦可谓浩大矣。

闰五月二十三日(7月15日) 阅邓显鹤《玉篇札记》一部。"丆，竹瓦切"，沈道宽以为：北方谓禽兽蹄足曰"丆"，即"爪"之转声，篆文无从著笔；邓显鹤以为：亦“爪”之省是也。《玉篇》用许书[①]部分，而略有变更。

闰五月二十四日（7月16日） 雨。《沪报》载萧开泰《洗耻刍言》。阅《玉篇札记》，末附引证经传异文，亦有裨校勘。二兄寄来二十一日手书，并台湾大捷详细情况[②]。杨少云有信至。三兄午刻来拟会课法。《玉篇札记》中引钱宫詹说甚多。

闰五月二十五日（7月17日） 雨。《申报》载安陆及六合出蛟。读左思《蜀都赋》。綦毋邃有《三都赋注》，《隋志》[③]云今亡。前阅《太平御览》得“鸽鹈”一条，其说与刘渊林注大同小异。写复二兄一缄。

闰五月二十六日（7月18日） 雨。读《吴都赋》，“扶留”疑即“扶老藤”。《后汉书·马融传》云：“融尝欲训《左氏春秋》，及见贾逵、郑众注，乃曰：贾君精而不博，郑君博而不精。既精既博，吾何加焉！”今案《吴都赋》“组甲、被练、骕骦”下引融注三条，是融注《左传》固自存也，《隋志》不著录。

闰五月二十七日（7月19日） 雨。读《魏都赋》。左思别有《齐都赋》，《太平御览》九百六十引“胜火之木，冲水之草”云云。阅苗先麓《说文声读表》，其第六表“庚”下收“兵”字，曰古文“庚”声。然则，余与庣老前日论《裴岑碑》“兵”字为不谬矣。

闰五月二十八日（7月20日） 伯声回兴化，晚至冯四家送之。

闰五月二十九日（7月21日） 阅《公车上书记》，康祖诒主稿，

---

① 许书指许慎《说文解字》，下同。

② 此次“台湾大捷”详细情况为：光绪二十一年五月下旬，日军3100多人分东西两路南犯台湾大湖口、新竹。新竹、苗栗义军首领吴汤兴、徐骧、姜绍祖等率部顽强抵抗后撤离新竹。闰五月十七夜，义军分三路反攻，因消息走漏，未能成功，姜绍祖被俘自杀，义军退守台中尖笔山。不久，日军攻占尖笔山、苗栗，渡大甲溪南侵，黑旗军乘其不备，突起猛击；日军败退北岸，又遭徐骧伏兵截击，落水溺死者甚众。

③ 《隋志》即《隋书·经籍志》。

惜此奏未得竟上。读曾公文十首、《骈体文钞》"箴类"十首。扬雄《太仆箴》"厩焚问人，仲尼深丑"，武亿《经读考异》以为释文，一读所本，非也，拟为说以正之。

六月小　建癸未

六月初一日(1895年7月22日)　过三兄及禹兄所。《秦风·无衣》之诗是周余黎民所作，诗中称"王"谓"周王"也，禹言出《瓠瓜录》说而申之曰"春秋时秦未称王"。校《后汉书》伏湛以下诸传。

六月初二日(7月23日)　校《后汉书》。写复二兄一缄。阅武亿《经读考异》。

六月初三日(7月24日)　雨。校《后汉书·冯衍传》。读《骈体文钞》"诔谥哀策类"。《平原懿公主诔》："骧眉识往，俯瞳知来。"

六月初四日(7月25日)　雨。金星与月同度。

六月初五日(7月26日)　大雨。校《后汉书·列传》，读《骈体文钞》"诏书类"。

六月初六日(7月27日)　天气转热，至十八日立秋始稍凉。

六月初七日至十七日(7月28日至8月7日)　皆每日校范书一卷，前八册毕，复从三兄假后八册。

六月十八日(8月8日)　立秋。夕雨，萧飒有秋意。潘某送来旧碑数拓，择留《扬淮》《韩敕》《尹宙》《受禅》及魏碑数种，其《汉中》全拓则窳老留之。读《续尤西堂拟明史乐府》一过。过三哥。写复二哥一缄。

六月十九日(8月9日)　大风，雷雨。潘某又有《北魏寇谦之碑》及《隋开皇六年高平县造桥碑》，此二种王、陆[1]两《萃编》皆未收。《寇碑》剥蚀，存字不多，详视之乃嵩山石刻，而毕氏[2]《中州金石记》

① 此"王、陆"指王昶、陆耀遹。

② 此"毕氏"为毕沅。

亦不载此碑，何也？读西堂《外国竹枝词》。

六月二十日(8月10日)　凉甚。装《北魏司马景和夫人墓志铭》，《萃编》谓其书法如散僧入圣，良然。二兄寄到洪、孙两《读书录》[①]，快慰无比。

六月二十一日(8月11日)　复二兄一缄。录洪颐煊《荀子说》。盆莲又开两枝，香白可爱。阅《读书丛录》。《申报》载，宝山县马、江都县林俱于前数日作古。昨又闻徐鹿林述，兴化县刘亦仙去。

六月二十二日(8月12日)　阅吴颍炎辑《策学备纂》，“金石类”载：“《中岳嵩高灵庙碑》有阴，文多述寇谦之事，当立于太武帝时也。”又云：“孙星衍谓立于太安二年，寇谦之撰正书，在河南登封县。”又：“《隋开皇六年仲思那等造桥碑》在山东邹县，碑有侧。”据此，则昨潘某之两碑少一阴一侧，非全拓也。

六月二十三日(8月13日)　校《后汉书》一卷。

六月二十四日(8月14日)　太白昼见。读郑君《〈诗谱〉序》。校《后汉书》一卷。温《荀子·成相篇》。

六月二十五日(8月15日)　校《张猛龙碑》。

六月二十六日(8月16日)　读郑君《诗谱》。《尹宙碑》云：“文则作颂，武襄猃狁。二子著诗，列于风雅。”玩文是两尹吉甫[②]矣，容考。校《麓山寺碑》，多于王本[③]者十余字，足征此拓之旧。

六月二十七日(8月17日)　二兄贻书规予云：“好古遗今，非有用才也！”噫，予之不闻箴戒也久矣，年来颇有金石之癖，读经、读史不时为琐屑考据，名曰好古，实则无用耳！微兄言予，几终身迷此不醒矣，切记切记！母亲以受暑不适，请楚丈诊，用分消法，服一帖得汗，

---

① “洪、孙两《读书录》”指洪颐煊《读书丛录》和孙诒让《籀庼读书录》。

② 《尹宙碑》“二子著诗”之句并非说有两个“尹吉甫”，而是说“尹吉甫(兮伯吉父)有二子都能著诗”。

③ 王本指王昶《金石萃编》。

热稍解。

六月二十八日(8月18日)　温《荀子·解蔽篇》,吾辈之"蔽"即所谓"宾孟之蔽"也。读《文选·京都赋》。阅《西堂杂俎》。

六月二十九日(8月19日)　读《三公山碑》。"初四年"上谛视是"元"字,衢州张德容《金石聚》谓是"建"字,恐非。"乃来道"下是"要"字,不知《萃编》何以释为"叟"?"惟三公"上一字诸家缺释,今案是"洪"字。"莫不行"上一字诸家阙释,今案疑是"艨"字,又疑是"供"字,其左旁作"舒",容考。

读《唐邕写经碑》。碑云"写经始于天统四年,尽于武平三年",意碑亦建于武平三年矣。此碑诸家皆不著录。吴颎炎《金石备纂》有《北齐晋昌王唐邕题名》,云无年月,在山东邹县。此碑或并在山东欤?碑有云"于鼓山石窟之所"。考《太平御览·地部》,"鼓山"下引《冀州图经》云:"邺城西有石鼓,鼓自鸣,即有兵。《魏都赋》云'神钲迢递于高峦'是也。高齐末,此鼓鸣,未几邺城有兵而齐灭。"据此,则当日于鼓山写经,或亦厌胜之意,而卒归于尽。合"同泰寺舍身"观之,亦可悟佞佛之无益矣。

七月大　建甲申

七月初一日(1895年8月20日)　读曾文正文十首,阅《西堂杂俎》。张少兄信致朱俊声,述台湾与英美各国前日开战一次,刘军①大捷,毁洋舰至百余只之多,不足据。

七月初二日(8月21日)　《申报》有镇江至天津创造铁路之说。县课未作,题为"可以寄百里之命"二句。三兄过我。母亲同母舅晚舟往兴化。阅《西堂杂俎》二集。室人病连日,邀楚丈诊用车前、秦艽等药。

七月初三日(8月22日)　东北风,自东台至兴化当顺帆也。读

---

①　"刘军"指刘永福的黑旗军。

曾文正文十首。阅《西堂杂俎》，真率会约甚简，当可行。阅《文选·纪行》。作札复二哥。六弟午后至。

七月初四日(8月23日)　读曾文正文十首。阅常熟丁国钧《补晋书艺文志》。阅《小学考》"声韵类"。

七月初五日(8月24日)　奴子自兴化回，云母亲次日安抵，即缮禀交舟递去。读曾文正文，校范书《列传》。

七月初六日(8月25日)　读《骈体文钞》"笺牍""杂文"两类。从虎兄所假来《寰宇访碑录》阅之，乃知吴颎炎辑《金石备纂》全用孙星衍书。阅《西堂杂俎》三集，其《〈理气集成〉序》云："神农之《易》，夏人因之为《连山》；黄帝之《易》，商人因之为《归藏》。""连山"山也，"归藏"土也，山体高，故风落焉；土脉厚，故水蓄焉，其风水之始乎？

七月初七日(8月26日)　校范书《列传》，"钟皓"以后庄本未校。阅《西堂杂俎》三集。改俞生文两首。

七月初八日(8月27日)　读《诗经大序》。校范书《列传》。三兄假《荀子杂志》三本。阅《史晨碑》，"褒成"下"世享"二字完好，王昶《萃编》缺，予今所见本洵旧拓也卖碑帖王翁携来者。

七月初九日(8月28日)　大雨竟日。读《骈体文钞》"弹劾""檄移"两类。

七月初十日(8月29日)　小雨。饮老早送一帖来，云昨日有课题为"过宋而见孟子"至"复见孟子"。走笔成之，不计工拙矣，巳刻交去。到塾，不见一生而还。读《骈体文钞》"书类"，臧洪《答陈琳书》"身传图象"，何校"象，一作篆"。按《三国志》作"身著图象"，李氏①《骈体文钞》作"身篆图象"。

七月十一日(8月30日)　晴。读《崔子玉座右铭》。以昨日课稿呈孙师正，云此文甚佳，弟恐伊人不解耳。

七月十二日(8月31日)　雨。黄仲则《咏项王》云"好寻鬼母挥

---

①　此"李氏"为李兆洛。

余泪，自有狮儿作替人”，下语未经人道。读《骈体文钞》“对策类”。

七月十三日(9月1日)　大雨。读曾文正文十首。阅《骈体文钞》“奏事类”。校《后汉书》。

七月十五日(9月3日)　丹阳门斗来信，云吕调阳丁艰出缺，三兄以次当补廪。夜来腹泻，终日神倦，孙师及三兄晚至纵谈，稍愈。母亲自兴化传来手谕，云舅母得中风之恙，现在为之助理各事，回东台须缓少时也。

七月十六日(9月4日)　雨。早写寄兴化一缄，交舟寄去。书院课题，“子曰：礼云礼云”一节，“红蓼花疏水国秋”得“秋”字，撰一卷。

七月十七日(9月5日)　誊昨卷交去。读曾文正文。写致杨少云一缄，由二兄处转寄。

七月十八日(9月6日)　大风。读曾文正文毕。阅《西堂集》。孙志祖《读书脞录》有辑郭璞《尔雅图赞》若干首。

七月十九日(9月7日)　阅《骈体文钞》杂颂、赞、箴、铭类。

七月二十日(9月8日)　阅《骈体文钞》“设辞类”。读李义山《七律》。校《后汉书》。

七月二十一日(9月9日)　阅《骈体文钞》“连珠类”。校《后汉书》。向买《李翕西狭颂》无《五瑞图》，今日于市上以钱二百得之。过兰畦、窳萌两老，皆未值。

七月二十二日(9月10日)　读李义山《七律》。阅《骈体文钞》“碑记”“墓碑类”。

“五剧车声隐若雷，北邙唯见冢千堆。夕阳劝客登楼去，山色将秋绕郭来。寒甚更无修竹倚，愁多思买白杨栽。全家都在秋风里，九月衣裳未剪裁。”黄景仁诗也，孙星衍谓值二千金。

七月二十三日(9月11日)　校《后汉书》。阅《骈体文钞》“论类”。

七月二十四日(9月12日)　阅《骈体文钞》“序论类”。写兴化信一缄。山长课,“季氏将伐颛臾”至“无乃尔是过与”,撰一卷。

七月二十五日(9月13日)　校《后汉书》。过饮兰所。阅《骈体文钞》“驳议”“劝进类”。

七月二十六日(9月14日)　阅《骈体文钞》“序类”,此书卒业。禹言过我略谈。

七月二十七日(9月15日)　母亲自兴化回,在兴化即觉体有不适,到家后上灯时又复恶寒身热,二更时汗出热始解。

七月二十八日(9月16日)　请楚丈为母亲诊,云暑湿内蕴化为□疟,用阏提法,药后得吐,胸次稍宽。

七月二十九日(9月17日)　楚丈复诊,用前方。

七月三十日(9月18日)　读《金刚经》,第一分云:“世尊食时,着衣持钵,入舍卫大城,乞食于其城中,次第乞已。”余谓此二“乞”字,义皆与“施”同,古“乞”有“与”义,“乞食”即施食也。不然“黄金布地,佛又与千二百五十人俱”则供养已,至何烦持衣钵向人家讨化耶?再案“千二百五十人俱”者,正以舍卫大城非佛一人所能布施周给,故与之俱也。今日和尚奉如来衣钵募缘求化,此则张角所称“五斗米道”耳,岂如来家法哉?

八月小　建乙酉

八月初一日(1895年9月19日)　读《金刚经》。佛教兴于东汉以后,故亦有章句之说其云“应如是住、如是降伏其心”,即《孟子》“勿忘、勿助长”之说也。作舟云:“‘如是我闻’,‘如是’指实词也,《金刚经》是佛家真实法门。”蒙按:作老说甚是。《金刚经》云“如来是真语者、实语者、如语者”,以“如”与“真、实”类言,是“如”字有“真实”义。

八月初三日(9月21日)　母亲是日疟未来。兴化来信,云舅母之恙稍愈。

八月初四日(9月22日)　明日秋分。母亲是日疟又作,楚丈诊云已转阳明,用疏通腑气法。

八月初五日(9月23日)　母亲疟退，仍不甚思食。孙师至，云县课发案，前所作卷第一，孙师卷亦超等。

八月初六日(9月24日)　写寄二兄一缄。阅《读书丛录》。吉斋自曹甸回，过我。

八月初八日(9月26日)　县课题："配义与道，无是，馁也。是集义所生者。"按《孟子》，此两节当是叙养气之功，言气必配以义，有气无义则气馁矣。"与道"犹言以往也，非"配义又配道"也。下节第言义、不言道，可证"配义以往"，即上文"自反而缩，虽千万人，吾往矣"之谓。义如此，方与下节"是集义所生者"云云一气贯注。"行有不慊于心，则馁矣"，正以申明"无是，馁也"之故，而"馁"字亦相呼应。惜书院作文，不能畅发我意，且题又割截不完，仅随俗作一卷缴去。

八月初九日(9月27日)　校《后汉书·文苑传》。阅《五代史》梁、唐家人传。

八月初十日(9月28日)　校《后汉书·文苑传》。祢正平《鹦鹉赋》亦甚明保身之义，而嫚骂达祸，其殆有狂疾欤？

八月十一日(9月29日)　雨。校《后汉书·独行传》。录亭林《与李子德书》。

八月十二日(9月30日)　午后急雨一阵，旋霁。校《后汉书·方术传》，"计子驯"疑即"蓟子训"，范氏[①]"两人之传"似误。读放翁诗，其君国之念未尝一日去怀也。"绝世本来希独立，刺天不复计群飞。"

八月十三日(10月1日)　写答二哥一缄。校《后汉书·列女传》。"叔先雄"定是"雒"字之误，证以《益都耆旧传》"僰道有张帛"之语，可无疑矣；王伯厚以为当作"叔先"，终非也。晚接二兄初九日手书，并刘鹗《上恭邸请办铁路章程》，其意专主商办，分中国为六道，经、纬各三，先拟从京师至江南之东经道办起，其奏稿中有"不敢劳国

---

① 此"范氏"为范晔。

家养路保息之费，且能为国家筹添兵置械之资”云云。按：光绪六年，刘省三曾奏请开办铁路，后以刘锡鸿参议力辨其不可而止，傅兰雅《铁路纪略》又为论以驳之。此事恐究非治中国要务。

八月十四日(10月2日)　校《后汉书·东南夷列传》。午后沐浴，三兄过我，快谈一切。

八月十五日(10月3日)　过白石，见江都汪氏三世收藏《隋龙藏寺碑》，其末“张公礼”下明是“之”字，诸家或以为“撰”字，或以为“书”字，皆误。白老因悟，此碑本是《张公礼碑》，王孝仙为龙藏寺立碑，即用张公礼碑石磨去书之，故碑中有“虔心徙石”之语，恐张公礼官族姓名遂因此埋没，特于碑末题写之，此古人忠厚之意也。“之”下阙字不可知，然断非“撰”字、“书”字矣。又，碑中“谲”作“谪”，可证《荀子》。

八月十六日(10月4日)　校《后汉书》西域、乌桓、鲜卑各传。三兄过我。

八月十八日(10月6日)　书院课题，“阳货欲见孔子”一节，撰一卷。

八月十九日(10月7日)　伯鸿遣使还来《曾公奏稿》二十八本。前闰月十一日由伊仆借去是三十一本，今少去三本，即书一笺，属原使往询。读《荀卿子》。

八月二十日(10月8日)　伯鸿晚来，云《曾公奏稿》实失去三本，容细觅，否则定购还也。

八月二十一日(10月9日)　《鲁论语》始“学而篇”、终“尧曰篇”，《荀子》始“劝学篇”、终“尧问篇”，因悟《鲁论语》之学出于《荀子》。又，《季氏篇》“言未及之而言，谓之躁”，《鲁论语》读“躁”为“傲”，《荀子·劝学篇》作“故不问而告，谓之傲”，荀卿传《鲁论》尤其显证。亟以质之白老，白老亦大快，谓此可于荀子传《诗》《礼》《易》《春秋》而外，又得一“荀氏论语学”矣。寄二兄一缄、伯声一缄。

八月二十三日(10月11日)　校《续汉书·律历志》。

八月二十四日至二十九日(10月12日至17日)　此数日皆为俗子所揶揄之境，然编述《荀子鲁论义》[①]适成穷愁著书，殆有故与。校《续汉书》“礼仪、祭祀”两志，得卢植《礼记注》八事。作舟云“《荀子鲁论义》当改名《荀子鲁论学》”。

九月大　建丙戌

九月初一日(1895年10月18日)　禹言夕至，即求其审正《荀子鲁论义》。

九月初五日(10月22日)　以《荀子鲁论义》草稿就窳丈及星南正焉。

九月初六日(10月23日)　校《续汉书·天文志》。“太白昼见”占为“强国弱、小国强、女主昌”，今年曾有金星昼见之验，天文家说未可厚非。

九月初七日(10月24日)　蔚如自京师回，过我述一切。

九月初八日(10月25日)　浒岑招集阅帆亭[②]，共论时事，叹当代无管子、商君其人者，有则天下不足为也。予谓治今之天下，当以“孟荀为体，管商为用”，庶几一变至道。

九月初九日(10月26日)　三兄食饩[③]之吉，宴客两席。

九月初十日(10月27日)　前夕由夏祠[④]泛舟回，略受风露，重以昨之酒食，遂觉骎骎有恶寒意。禹言过我，适病卧，未能晤言。

九月十一日(10月28日)　头痛神倦。祖母忌日。阅《陆游

---

① 《荀子鲁论义》是吉城为证荀子传《鲁论》而撰的一部国学论著，后定名为《鲁论语大义述》。

② “阅帆亭”是夏寅官在东台城北郊家庙(祠堂)中所建的一座亭子。

③ “三兄食饩”指吉墉也由增广生员升格为廪膳生员，从而可享受廪膳补贴。

④ “夏祠”即夏寅官建在东台城北郊的祠堂。

诗钞》。

九月十二日(10月29日) 寄二兄一缄。萧萧暮雨，静对黄花，忧从中来，不可断绝，作《咏菊》四首以遣之：“始识花中有古狂，疏恣散态倚斜阳。了无言语成蹊径，也抵春华贡庙堂。才不才间容啸傲，空非空处悟文章。索居莫漫悲岑寂，篱下教人更断肠。”野菊“低头入肆气难豪，驵侩纷纷说慕陶。未必薰莸真共臭，欲从枝叶故吹毛。尘中顾影怜风雅，世上多情爱错刀。同调春兰君莫怨，误人终古是名高。”市菊“寸土能蟠大地秋，埋根铲节见真修。风云路断休伸脚，霜月天高让举头。白屋要非开捷径，朱门苦自战山邱。泥涂瓦砾儒生分，解组何尝为督邮。”盆菊“竹窗棐几井华泉，似此安排境欲仙。如水永交三益友，不风刚到四禅天。愿将素胆倾当代，常把朱颜铸少年。一霎岁寒冰雪里，好留冻蕊伴梅妍。”瓶菊

九月十三日(10月30日) 过窳丈，见其新装诸碑拓精致绝伦。昨读某君撰述，心慕其人，拟联语赠之云“公羊家法张三世，邹衍雄谈大九州”。

九月十四日(10月31日) 二兄寄来一缄并《申报》等，台南已有让倭之信，军无后继，虽贤者无能为也。

九月十五日(11月1日) 风雨。读刘逢禄《公羊释例》，其叙有云：“郑众、贾逵之徒曲学阿世，扇中垒之毒焰，鼓图谶之妖氛，几使羲辔重昏、昆仑绝纽。”读《五代史》“晋、汉、周家人传”又“梁臣传”，首云：“仕不及二代者，作梁、唐、晋、汉、周臣传；其余仕非一代者，作杂传。夫入于杂，诚君子之所羞，而一代之臣，未必皆可贵也。”欧阳公此论可与观左。

九月十六日(11月2日) 骤寒，午刻大雪，至夕始止。前日诗及冰雪，今果然，人心之动天亦应之也。山长课，“今有无名之指”至“则知恶之”，草一卷。雪霁月出，碧天如水，因念虎臣阅帆亭上光景，当更十倍。前数游无题志，今缘意所涉，补为《阅帆亭铭(并序)》：

循东台北关河行数里许，有周村焉，川原外处，林薄内暎。光绪

乙未，吾友虎臣夏君既占此地建家庙，乃筑亭于其东偏。即秀神皋，因基广陵；苹蘩薀藻，可荐可羞；鲦鲿鰋鲤，以享以祀。邱垄右顾，雪涕欧阳之表；平堤①直对，风流范老之泽。况乃伯珍劬学，丛柏万蕉；元亮小隐，纷垂五柳。每剩春迎夏、背秋涉冬，草树发其芳晖，烟涛流其净色。庶几窥瞰户牖，不异登临升降阶墀，已穷历览者也。

颜曰"阅帆"者，虚室止之，见水必观；浮生泛泛，如舟不系；千舻万舳，过形续景。睹移盐之上郡，有怀管氏；听中渡之击楫，莫先祖生。是以胜构式创，英俦毕萃；清酌未厌，塍以杂疏。高春既夕，申之良夜。留此佳处，宜十赉于通明；愧希德音，备九能于君子。爰为铭曰：

繄江以北，维海之东。万畴农服，五亩儒宫。摒烦涤溷，开明牖聪。尺咫云表，大千芥中。群帆往还，不可凝止。欢并潮送，怒随风使。泾裔杂还，恍惚谲诡。仁静曰观，智乐实喜。地盖圜转，猋伦西来。雷激电礴，阴雪阳开。语其线漏，亦成劫灰。居经捂变，孰维巨材。用营寰法，迹寄大泽。诸葛君庐，徐孺子宅。林垌虽遥，衣带不隔。渺渺微波，稳挂片席。

九月二十日(11月6日) 校《续汉书·五行志》。阅《光绪丹徒志》，金山本名氐父山，焦山本名谯山。

九月二十二日(11月8日) 立冬。天气甚和，与十六日气候迥别。过饮老，知县课案出，取第一，山长课亦超等。

九月二十四日(11月10日) 赠味儒徽墨一奁，因为铭曰："默而志，矜也廉。其文蔚，君子占。"

九月二十五日(11月11日) 校司马彪《续汉书·郡国志》。何义门谓"旧志地理之名不可改名，郡国反改去司隶矣"。读《公羊义疏》。寄伯声一缄，附去《文选》十册。孙师和我前日《野菊》《市菊》二首云："秉赋金秋得气真，冰霜能耐况风尘。聊从荆棘丛中隐，幸是沧

① "平堤"指东台的"范公堤"。

桑局外身。白屋同心犹有侣,黄金撒手不言贫。无端认取延年药,多事丹砂井畔人。”“俗目何曾有定论,且随老圃入朱门。知名原是清高累,得价聊酬灌溉恩。斗米折腰陶靖节,泉刀齿冷卓王孙。屈身莫虑苦馨辱,终古沅湘赋礼魂。”

九月二十六日(11月12日) 校《续汉书·郡国志》。《新闻报》[1]有“台湾未失”之信。

九月二十七日(11月13日) 二兄寄来九月二十三日手书,即复一缄交局递去附守券。假襄荷精舍公宴蔚如。

九月二十八日(11月14日) 读《公羊传》。校《续汉书·郡国志》。母舅回兴化有事,即写一缄附寄伯声。

九月二十九日(11月15日) 改述云课文。闻李吟伯述,台湾绝无败耗,且有台北并为刘渊亭所收复之说[2]。果尔,则如天之福矣!

九月三十日(11月16日) 校《续汉书·郡国志》。读《公羊传》。

十月小 建丁亥

十月初一日(1895年11月17日) 校《续汉书·郡国志》。读《公羊传·桓公十四年》,何休注引《礼记》“天子亲耕东田”,乃知《礼记·王制》称“今东田”云者,非汉初齐鲁儒者语也。《王制》非汉人作,得此益验。过陈甒丈,假来康有为君撰述大要,谓国师公刘歆窜改六经,因疑凡古文之学,皆其一手伪造。所论甚骇然,并许郑大儒亦置于狱,得无少过。

十月初二日(11月18日) 过荫老,托其至泰州便购书籍。校

---

① 《新闻报》于清光绪十九年正月初一日创刊于上海,初期由中外商人合资兴办。

② 此说不确,斯时刘永福已兵败而内渡厦门。

《续汉书·郡国志》。

十月初三日(11月19日)　校《续汉书·郡国志》。

十月初四日(11月20日)　过浒岑，假来康君试策等，其试策有云“方今为治，当以开创之势治天下，不当以守成之势治天下”，诚中窾之论。校《续汉书·郡国志》毕。

十月初五日(11月21日)　校《续汉书·百官志》，义门云此志最优。录康广夏《万言书稿》。日报记京师新设强学书院，倡其事者即康君也。二兄来信，云收到致杨少云件。

十月初六日(11月22日)　读《文中子》一过，汉有“七制之主”，乃王通论也。向校范书，义门评语有“七制”字，不得其解，今始知之。校《续汉书·百官志》。

十月初七日(11月23日)　校《续汉书·舆服志》，《续汉书》卒业。

十月初八日(11月24日)　五弟哮喘旧恙九月来频发，甚至不能安卧，招袁蓬仙诊之，用苓桂术姜汤，稍愈。读张景岳《质疑录》。浒岑过我，畅论一时许。

十月初九日(11月25日)　读《内经·灵枢》，疑东汉以后人伪作，然所述者固汉以前旧说也。

十月初十日(11月26日)　读《内经·素问》，知《灵枢》所谓“三焦之间、五焦之间”诸“焦”字皆“樵”字之误。今世人有所谓“血不归经”者，按《灵枢经》谓之奇邪病，然则“血不归经”之人，即奇邪人也，此等语固自有本。

十月十一日(11月27日)　作一札寄伯声。读《内经·素问》。阅《曲园杂纂》。

十月十二日(11月28日)　《素问》甚古，当在《灵枢》前，南皮《书目答问》独以《灵枢经》为晋人作，是也。夜有雨。

十月十三日(11月29日)　读《史记·越世家》，勾践亦称霸王。

十月十四日(11月30日)　寄二兄一缄。读《史记·始皇本纪》,结语云:“项羽为西楚霸王,主命分天下王诸侯,秦竟灭矣。”是秦灭于项羽,非灭于汉也,故“始皇本纪”后即次以“项羽本纪”。

十月十五日(12月1日)　伯声寄来一缄,云近读《史记》,悟出“假守腾”即“内史腾”。按:梁耀北《史记志疑》亦有此说,伯声初读《史记》,其神解已不让古人,克此实事求是之义,以为考据词章义理,所造未可量也。即作札,以有善之。颜生幼莲自镇江来,畅谈近绪,颇致力于舆地之学,不讲沿革讲形胜,实获我心。今日得两快事,伯声之书、幼莲之论翩然来集,友朋之乐,乐可知也。读李翱《复性书》。

十月十六日(12月2日)　《难经阐注》丁锦撰,高邮赵氏刻本,徐鹿林自兴化来,赠予一本。其所论释颇简要,内以古本正今本之误,如古“三难”今误列“十八难”、古“十二难”今误列“七十五难”云云,皆可信。惟诡解“三焦”有名而无形,谓“三焦”即皮肤肌肉里面之一层,殊为大谬不然,拟为论以正之。

十月十七日(12月3日)　读《文选》“曲水诗序”,知《汉书·高祖纪》“义年”之误。过禹言论文。

十月十八日(12月4日)　见孙师及李吟伯论《晋略》。作舟、禹言、崇如次第夕至,留共畅论。作舟论《易》理精辟无伦,令人大快。

十月十九日(12月5日)　早微雨。读《史记·扁鹊公传》及《三国志·华元化传》,所谓“麻沸汤”,即《孟子》引《书》称“瞑眩之药”也。撰《三焦考实》一首。

十月二十日(12月6日)　微雨。读《史记·夏本纪》“与益予众庶稻”,今《尚书》作“暨益奏庶鲜食”,因悟“稻”有鲜义、即有鲜音,《方言》云“江南人呼秔为籼”,即其明证。而《穀梁传》吴人谓“善伊”为“稻缓”,其理不烦言解矣。撰《吴谓善伊稻缓说》一首。浒岑许送来《陈修园医书》四册。

十月二十一日(12月7日)　微雨。吉斋招饮,坐有兰丈、孙师、颜生。扬州岁试诗古题为“郑当时置驿通宾”赋,以“任侠自喜,有声梁楚”为韵。偶论首段“任”字难稳惬，因漫拟云“不是虚开东阁，讥彼相于周任”。为荣宗说“卞庄子刺虎”事，言徒勇不足恃。荣宗忽悟曰，此《论语》所以云“文之以礼乐”也。又为说“王浚至建康受降”事，忽又问曰：“此建康即前日所说孙策据江东之建康欤?”举一反三，此儿将来或可与于斯道。

十月二十二日(12 月 8 日)　东北风，转寒，晚霏雪花。读苏、王[①]两《上皇帝书》。自闰五月后，申、沪各报随看随置，丛杂成堆，今日偶暇，命荣宗排比之，分闰月至九月为五束。

十月二十三日(12 月 9 日)　寒甚，水始冰。写一笺寄致二兄，又一笺致伯声，皆于今日发去。

十月二十四日(12 月 10 日)　虎臣过我，共颜生、六弟茗话。阅戴子高《论语注》。

十月二十五日(12 月 11 日)　读三苏文，增长笔气不少。程兰丈送来《江贞烈女征诗启》。

十月二十六日(12 月 12 日)　孙师命拟“自柬文”一篇。过虎臣。

十月二十七日(12 月 13 日)　毕俊民自泰州来，留共话旧，此次岁试高等，盖闻其弟之丧而遄回也。

十月二十八日(12 月 14 日)　二兄、伯声昨晚皆有信至。

十月二十九日(12 月 15 日)　读《穀梁传》。《穀梁》鲁学[②]也，《鲁论语》即穀梁学也，如《穀梁传》开篇云“《春秋》成人之美，不成人之恶”，即《鲁论语》所谓“君子成人之美，不成人之恶”；又云“《春秋》贵义而不贵惠，以行小惠曰小道也”，即《鲁论语》“言不及义，好行小惠”。《鲁论语》读“慧”为“惠”，正与《穀梁传》合。由此推之，凡穀梁

---

① 此“苏、王”指苏轼、王安石。

② 《穀梁传》《鲁论语》《鲁诗经》皆为鲁学，而《荀子》则为齐学化的鲁学，这些都是吉城治学之重点，故吉城亦系鲁学家。

家说之关通《论语》者，是真《鲁论》旧义也。前纂《荀子鲁论义》，今得此益信。穀梁赤作《传》传孙卿杨士勋疏，穀梁赤亲受子夏。《孝经》“钩命决”称以《春秋》属商，而《论语》即为子夏、仲弓合撰。然则，穀梁赤固受《春秋》《论语》于子夏，而并传之孙卿也。二千年来，《鲁论》之真不复可见，今乃因读《穀梁传》而得之，此诚“圣人之道”有不容湮没者矣！特敬记之。二兄有信至，即合前信写复。

十一月大　建戊子

十一月初一日（1895年12月16日）　读《穀梁传》。俊民过我。

十一月初二日（12月17日）　与三兄共邀兰丈、孙师、杏楼、俊民、浒岑诸君在西宅午饭。饭后过作舟，不值。阅方东树《汉学商兑》《书林扬觯》。

十一月初三日（12月18日）　作一柬致伯声。拟《〈江贞女事略〉书后》一首。

十一月初四日（12月19日）　禹言过我论《穀梁传》义。读《尔雅》“途出其右而还之画丘”，乃知《穀梁传》“以其画我”、《论语》“今女画”两“画”字本义。

十一月初五日（12月20日）　父亲来家祭祖，下午时忽咯血十数口，亟用古墨磨汁冲服，稍愈。

十一月初六日（12月21日）　邀袁蓬仙为父亲诊，云冬至阳生，肝经气火煽络，血随之而升，用平肝、降气、破瘀等药服之，咯血渐止，竟夜未作。

十一月初七日（12月22日）　冬至。父亲寿辰，虔祝如礼。读《穀梁大义述》。

十一月初八日（12月23日）　邀袁蓬仙为父亲复诊，仍主前方。读《穀梁大义述》。

十一月初九日（12月24日）　阅丁晏《诗考补遗》，知《鲁诗》出于浮邱伯，浮邱伯为穀梁赤再传弟子[①]，《鲁诗》亦穀梁学也。拟《论语鲁学原序》一首。

十一月初十日(12月25日) 浒岑招饮，坐有祝子云、陆云衢、星南、禹言诸兄，子云精算学。

十一月十一日(12月26日) 读《公羊传》，“其诸”之“诸”为齐人语词。

十一月十二日(12月27日) 禹言至，属代撰《江贞女题诗》。

十一月十三日(12月28日) 父亲复咯血，仍请袁蓬仙诊，服药二帖愈。

十一月十四日(12月29日) 过三兄论诗。禹言赠六弟喜联云：“夫妇和而家道顺；姬姞耦则子孙繁。”

十一月十五日(12月30日) 薄暮微雪。读《公羊传》，多谶纬之说，不如元始君书也。

十一月十六日(12月31日) 阴，有雪意。送六弟泰州迎娶之行。阅《困学纪闻》“穀梁类”。

十一月十七日(1896年1月1日) 阴冷，有风，时或飞来雪花数片。诣孙师，未值。读《论语述何》，益知《公羊传》为《齐论语》所出。

十一月十八日(1月2日) 舌边破痛，禹言夕至，不能多谈，殊以为苦。

十一月十九日(1月3日) 写一缄寄伯声。

十一月二十日(1月4日) 六弟喜期。县课题“大师挚”一章，孙师以“圣人不忘师友”作主。

十一月二十一日(1月5日) 早起草文一首，送饮老所。二兄来初五日手书，即写复，明早发。

十一月二十二日(1月6日) 阅《文史通义》。

---

① 穀梁赤曾将《穀梁传》传给荀子，而浮邱伯是荀子的学生，故浮邱伯为穀梁赤的再传弟子。

十一月二十三日(1月7日) 连日和煦如春。阅《文史通义》。

十一月二十四日(1月8日) 阅《文史通义》。随孙师游南城一带,居高视远,情景廓然。晚留孙师茗谈,适三兄亦至,共话竟夕。

十一月二十五日(1月9日) 晓雾,其雪征欤?晚大风。阅《文史通义》。读《穀梁传》,《春秋》大义与正而不与贤。

十一月二十六日(1月10日) 大风。阅曲园《茶香室经说》。大兄自泰州回。汉卿舅氏诒酱蟹一瓶,因为七绝六首以报:"枸酱由来号蜀中,相如才调更豪雄。西南二美天教并,不藉人间合传工。""九月团脐十月尖,魁材选制最精严。空空自信无肠胃,凌杂从今着米盐。""瓮里春秋井不波,回头海国记横戈。将军神武全无用,调鼎功夫只主和。""马迁货殖传云云,千乘千瓨比较勤。对此失声成一笑,少年公子老封君。""留得江湖郭索身,不因涂饰损天真。文章终古横行在,覆瓿何妨听后人。""平生躁念惯东西,入瓮看君烂若泥。我读南华经正熟,为求同调有醯鸡。"

十一月二十七日(1月11日) 母舅命共徐丈步洲茶话。

十一月二十八日(1月12日) 昨略受风,晓起体觉不适。读桂未谷《晚学集》,孔宪彝《后序》云:"《诗疏》《广韵》《尔雅》诸篇,驳正尤见精核;惜才一谕,则自道学力,诱掖后进;传志诸作,则气体古茂,克见典则,非浸淫于三代两汉,未易臻此也。"夜雨。

十一月二十九日(1月13日) 雨。头痛不适。读章大来《后甲集》云:"古无以诗文医病者,有之自宣帝之于太子始。"

十一月三十日(1月14日) 服蓬仙药一剂,恶寒愈。戴生来问文题。"卢悚"两见《晋书》"废帝纪""孝武帝纪"。

十二月小　建己丑

十二月初一日(1896年1月15日) 避风静坐,诵《金经》[1]。

---

① 《金经》即《金刚般若波罗蜜经》。

十二月初二日(1月16日)　孙师至,云今年书院无课矣。写寄二兄信一封。

十二月初三日(1月17日)　虽不畏风,仍不甚思食。阅沈涛《铜熨斗斋随笔》。

十二月初四日(1月18日)　雨雪。阅沈涛《随笔》。

十二月初五日(1月19日)　晴,午前后飞雪。阅沈涛《随笔》。

十二月初六日(1月20日)　晴。阅《钟山札记》。二兄寄来三十日手书及《强学报》[①]一纸。

十二月初七日(1月21日)　孙师至,云"大师挚"课出案,丁锡畴、蔡藩皆超等。阅《龙城札记》。写汉碑四纸。复二兄信。

十二月初八日(1月22日)　阅胡天游《春秋夏正》,其意谓终古皆夏时也,商、周改正之说出于纬书,不足据,考辨极精。

十二月初九日(1月23日)　阅《春秋夏正》。子香老招饮,因病未能往。三兄过我,云六弟在泰州,近日平安。

十二月初十日(1月24日)　阅钟文烝《穀梁补注》。

十二月十一日(1月25日)　读《穀梁补注》。阅孙星衍《平津馆藏书记》。

十二月十二日(1月26日)　阴雨。邀孙师、兰丈、浩翁茶话。阅孙星衍《廉石居藏书记》,"真诰"一条云:"按其书记,神仙降形书写歌诗之属,似近世所谓技箕降仙书者。道术小数,能致鬼物亦或有之,所云仙人名目皆寄托也。人阳也,而接于阴,非致福之道。明郑鄤以家数世降仙扶箕,父母信之,其父以仙人责过其母。温体仁附致其罪不得,遂以此事罢鄤,以逼父杖母罹于极刑,天下冤之。扶箕之弊如此,可不畏欤?"

---

① 《强学报》是强学会的会刊册报,为中国最早宣传维新变法政论的报纸,其创刊号于光绪二十一年十一月二十八日出版。《强学报》为清廷所不容,仅出版二期后即遭查禁。

十二月十三日(1 月 27 日) 风沙蔽天,晚有月,寒甚,滴水皆冰。三兄来闲谈,假去《钞诵骈文》一本。阅王叔和《脉经》。

十二月十四日(1 月 28 日) 晴冷。浩翁假襄荷精舍置酒,坐有孙师、虎兄、三兄。饭后同三兄过作舟。检点旧钞杂稿,中有陈句山"子游为武城宰"一章文,其于"人才盛衰、长吏憎爱"洞若观火,用笔尤精悍绝伦,洵名作也。

十二月十五日(1 月 29 日) 晴有霜,转和。作舟云"《金刚经》是真实法门",因悟经中多言"是名众生、是名世界"等等,皆责实之论也。

幼读《论语·公冶篇》两"未知焉得仁",疑既云"未知"、又云"焉得",于词为复。今阅释文,郑本读"未智",因悟徐干《中论·智行篇》述"殷有三仁,君子以微子为上,贵其能以智自免也"云云。《智行篇》又云:"或曰:然则仲尼曰未知焉得仁乃高仁耶?"此更知读"智"之明证。徐说正得《论语》大义,盖"三达德"智列仁先,《论语》言智者每先于仁者,即其例。子文、文子之"必告"与"弃而违之"无愧清忠,然子文之"三仕三已",文子之"之一邦、又之一邦",以云明哲尚未能也,焉得遽称为仁乎?盖以智全仁,《春秋》所贵本《穀梁传·襄公二十七年》"专之","知"合乎《春秋》。《论语》与《春秋》相表里,郑君音知为智,定是《鲁论语》旧读也。质之崇如兄,兄云"未能事人,焉能事鬼?人、鬼亦是两事",正与此"未知焉得仁"文法一律,郑君之读益信。又质之星南,云"《汉书·古今人表》引此文,师古亦读知为智",可见唐以前悉用郑音也。

十二月十六日(1 月 30 日) 净业庵和尚招午饭,述起屋大概。晤虎臣、星南诸兄。东台明年拟开小课,县君延星南阅卷。县课膏火已发,孙师并卷代为领出。

"每慨经生之见,多半拘牵。宾筵之简亵已萌,而犹必持为尊者讳、为亲者讳之文,过深其缱绻,率至见几不早。醨酒于始,何莫非胥靡于终。则未知古君子之抱器遥征安所往?而不足放歌自得者,为可望而不可及也。由来国是之衰，最难收拾。官梗之浮沉何定，正可以即深焉则厉、浅焉则揭之义，自适其宽间。纵令良觌难期，名山不亡，终决其竹帛不废。于以叹后君子之怀才寡合，壹所事而不肯改弦更张者，为可敬而实可痛也。”此余前日“大师挚”一章题中二比，系拈“师”字为说，县君评云“笔致超浑，雅近韫山”。

十二月十七日(1月31日)　阅元和蔡铁耕《癖谈》。铁耕名云，为钱竹汀高弟。此书考古泉制极精核，其论《汉书·食货志》：太公为周立九府圜法，黄金方寸，而重一斤；钱圜函方，轻重以铢；布帛广二尺二寸为幅，长四丈为匹。云“圜法”二字，统金钱布帛言之。自李奇混解上下两“圜”字，世遂谓“周家泉法”皆如孟康所云“外圜而内孔方”者，其误殊甚。观下文“利于刀，则钱中有刀矣，不言布者，恐混于布帛之布”。实则“周家圜法”泉、布、刀俱有，故师古举《周官》“大府”以下九职当九府，而以“圜”为均而通也。上“圜”字主义，下“圜”字主形，泉为“圜法”之一，函方之泉又为“泉法”之一，班氏①以是为周家创制，故特言之。其它作刀形者，柄端如肉好，若一之环作睥睨形者，足间如大以圜之半环，皆不离乎“圜”，而为函方者之别种。谓“圜”即钱，李奇妄说。

十二月十八日(2月1日)　读潘维城《论语古注集笺》，前日所论“未知焉得仁”《中论》及《汉书》两证，潘皆引之，可见前人著书援据赅赡矣。

十二月十九日(2月2日)　晓起开门，弥望皆雪。春前玉屑，足可宝也。

十二月二十日(2月3日)　雪。母亲寿辰，虔祝如礼。官府迎春。二兄寄来手书、并颜生信，又《行素轩算学》六本，即作复函交局递去。

十二月二十一日(2月4日)　阅《行素轩笔谈》，其大指专主笔

---

①　此“班氏”为班固。

算，先列加减乘除四法。

十二月二十二日(2月5日) 晴。过虎臣略谈。诣孙师，借《水经注》首卷，补钞夺叶。过丁禾翁，晤蔡雨翁、李吟翁，畅谈一切。雨翁论音律，谓太史公书而外即无足据；又谓陈兰甫《声律通考》于此道甚精，间有一二可议；又谓“凤皇”二字倒之即是“黄钟”二字；又谓音学以十八部为准。余因以前所撰《吴谓善伊稻缓说》质之，雨翁大叹曰“然，是尤既合也”。吟翁论《论语》“非其鬼”两节是责季氏与冉求，“非鬼而祭”责季氏也，“见义不为”责冉求也。禾翁论《论语》“己欲立而立人，己欲达而达人”，此“立、达”字即谓久坐思立、久止思行，方与下文所譬之意相贯，否则将“立、达”看成“仁道”襄边话头，无所谓取譬矣。过禹言。闻书农夫子至，即过三兄所谒之，未值。

十二月二十三日(2月6日) 虎臣过我，述所撰《自强学塾记》，其笔致气息皆得力于曾文正，假去华蘅芳《行素轩算学》二册。三兄午后过我。

十二月二十四日(2月7日) 沐浴。虎臣明春释服北晋，其所藏全史册甚繁，不便舟车，因将予前购《图书集成》局印本易去，计送来自《宋书》至《明史》都四百六十册，《史记》以下至《晋书》阙。

《宋书》十六册，《南齐书》六册，《梁书》六册，《陈书》四册，《魏书》二十册，《北齐书》四册，《周书》四册，《隋书》十二册，《南史》十二册，《北史》二十册，《旧唐书》四十册，《新唐书》四十册，《旧五代史》十六册，《新五代史》八册，《宋史》百册，《辽史》十二册，《金史》二十册，《元史》四十册，《明史》八十册。

十二月二十五日(2月8日) 雨。检理史册，分积两厨始给。

十二月二十六日(2月9日) 晴冷。禾翁过我，适蔚如自镇江回，亦至，共叙夙悃。读《陈书·王元规传》，“因不失亲”正作“昏姻”解。

十二月二十七日(2月10日) 晴冷。过蔚如，不值。三兄过我论医学。

十二月二十八日(2 月 11 日)　过三兄。

十二月二十九日(2 月 12 日)　除夕，祀祖。读《南史》，吾宗[①]列“循吏传”者一人，列“孝义传”者一人，又见列传者一人。爰备录之，以志不忘。

吉翰，字休文，冯翊池阳人也。初为龙骧将军道怜参军，随府转征虏左军参军，员外散骑侍郎。随道怜北征广固，赐爵建城县五等男。转道怜骠骑中兵参军，从事中郎。为将佐十余年，清谨刚正，甚为高祖所知赏。永初三年，转道怜太尉司马。太祖元嘉元年，出督梁、南秦二州诸军事、龙骧将军、西戎校尉、梁、南秦二州刺史。三年，仇池氐杨兴平遣使归顺，并儿弟为质，翰遣始平太守庞咨据武兴。仇池大帅杨玄遣弟难当率众拒咨，又遣将强鹿皮向白水。咨击破，难当等并退走。其年，徙督益、宁二州、梁州之巴西、梓潼、宕渠、南汉中、秦州之安固、怀宁六郡诸军事、益州刺史，将军如故。在益州著美绩，甚得方伯之体，论者称之。六年，以老疾征还，除彭城王义康司徒司马，加辅国将军。时太祖经略河南，以翰为持节、监司、雍、并三州诸军事、司州刺史，将军如故。会前锋诸军到彦之等败退，明年，复为司徒司马，将军如故。其年，又假节、监徐、兖二州、豫州之梁郡诸军事、徐州刺史，将军如故。时有死罪囚，典签意欲活之，因翰入关赍呈其事。翰省讫，语“今且去，明可便呈”。明旦，典签不敢复入，呼之乃来，取昨所呈事视讫，谓之曰：“卿意当欲宥此囚死命。昨于斋坐见其事，亦有心活之。但此囚罪重，不可全贷，既欲加恩，卿便当代任其罪。”因命左右收典签付狱杀之，原此囚生命。其刑政如此，其下畏服，莫敢犯禁。明年卒官，时年六十。追赠征虏将军，持节、监、刺史如故。录《宋书·列传第二十五》，《南史》入“循吏传”。

吉翂，字彦霄，冯翊莲勺人也。世居襄阳。翂幼有孝性。年十一，遭所生母忧，水浆不入口，殆将灭性，亲党异之。天监初，父为吴

---

① “吾宗”指吉氏宗族。

兴原乡令,为奸吏所诬,逮诣廷尉。翂年十五,号泣衢路,祈请公卿,行人见者,皆为陨涕。其父理虽清白,耻为吏讯,乃虚自引咎,罪当大辟。翂乃挝登闻鼓,乞代父命。高祖异之,敕廷尉卿蔡法度曰:“吉翂请死赎父,义诚可嘉;但其幼童,未必自能造意。卿可严加胁诱,取其款实。”法度受敕还寺,盛陈徽纆,备列官司,厉色问翂曰:“尔求代父死,敕已相许,便应伏法。然刀锯至剧,审能死不?且尔童孺,志不及此,必为人所教。姓名是谁,可具列答。若有悔异,亦相听许。”翂对曰:“囚虽蒙弱,岂不知死可畏惮?顾诸弟稚藐,唯囚为长,不忍见父极刑,自延视息。所以内断胸臆,上干万乘。今欲殉身不测,委骨泉壤,此非细故,奈何受人教邪!明诏听代,不异登仙,岂有回贰!”法度知翂至心有在,不可屈挠,乃更和颜诱语之曰:“主上知尊侯无罪行当释亮观君神仪明秀足称佳童今若转辞幸父子同济奚以此妙年苦求汤镬?”翂对曰:“凡鲲鲕蝼蚁,尚惜其生;况在人斯,岂愿齑粉?但囚父挂深劾,必正刑书,故思殒仆,冀延父命。今瞑目引领,以听大戮,情殚意极,无言复对。”翂初见囚,狱掾依法备加桎梏;法度矜之,命脱其二械,更令著一小者。翂弗听,曰:“翂求代父死,死罪之囚,唯宜增益,岂可减乎?”竟不脱械。法度具以奏闻,高祖乃宥其父。丹阳尹王志求其在廷尉故事,并请乡居,欲于岁首,举充纯孝之选。翂曰:“异哉王尹,何量翂之薄乎!夫父辱子死,斯道固然。若翂有靦面目,当其此举,则是因父买名,一何甚辱!”拒之而止。年十七,应辟为本州主簿。出监万年县,摄官期月,风化大行。自雍还至郢,湘州刺史柳悦复召为主簿。后乡人裴俭、丹阳尹丞臧盾、扬州中正张仄连名荐翂,以为孝行纯至,明通《易》《老》。敕付太常旌举。初,翂以父陷罪,因成悸疾,后因发而卒。录《梁书·孝行传》,《南史·孝义传》同。

吉士瞻,字梁容,冯翊莲勺人也。少有志气,不事生业。时征士吴苞见其姿容,劝以经学,因诵鲍照诗云:“竖儒守一经,未足识行藏。”拂衣不顾。得逾四十,忽忽不得志,乃就江陵卜者王先生计禄命,王生曰:“君拥旄杖节非一州,后一年当得戎马大郡。”及梁武起兵，义阳太守王抚之、开门太守王智逊、武陵太守萧疆等并不从命，镇军萧颖胄遣士瞻讨平之。齐和帝即位，以为领军司马。士瞻少时尝于南蛮国中掷博，无裈袰露，为侪辈所侮。及平鲁休烈军，得绢三万疋，乃作百裈，其外并赐军士，不以入室。以军功，除辅国将军、步兵校尉。建康平，为巴东相、建平太守。初，士瞻为荆府城局参军，浚万人仗库防池，得一金革带钩，隐起镂，甚精巧。篆文曰："锡尔金钩，且公且侯。"士瞻娶夏侯详兄女，女窃以与详，详喜佩之。及是革命，详果封侯，而士瞻不锡茅土。天监二年，入为直阁将军，历位秦、梁二州刺史，加都督。后为太子右卫率，又出为西阳、武昌二郡太守。在郡清约，家无私积。始士瞻梦得一积鹿皮，从而数之，有十一领。及觉，喜曰："鹿者禄也，吾当居十一禄乎？"自其仕进所莅已久，及除二郡，心恶之，遇疾不肯疗。普通七年卒于郡，赠左卫将军，谥曰"胡"。子子琨，时在戎役，闻问一踊而绝，良久乃苏。不顾军制，辄离所部，遂以孝闻。诏下旌异。录《南史·列传第四十五》，《梁书》无传附见"夏侯详传"。

《晋书·愍帝纪》：建兴四年，刘曜军逼长安，愍帝出降。御史中丞冯翊吉朗叹曰："吾智不能谋，勇不能死，何忍君臣相随，北面事贼虏乎！"乃自杀。

《晋书·孝武帝纪》：太元四年，秦陷魏兴，太守吉挹战死。

吉挹，字祖冲，冯翊莲勺人也。祖朗，愍帝时为御史中丞。愍帝将出降，朗感叹自杀。挹少有志节，没胡不得还，桓温伐秦至霸上，挹乃携二弟来归。孝武初，苻坚陷梁益，荆州都督桓豁表挹为魏兴太守，寻加轻车将军，领晋昌太守。以拒苻坚功，拜员外散骑侍郎。苻坚将韦钟攻魏兴，挹遣众拒之，斩七百余级，加督五郡军事。钟率众欲趣襄阳，挹又邀击，斩五千余级。钟怒，回军围之，挹又屡挫其锐。其后贼从继至，挹力不能抗，城将陷，引刃欲自杀，其友止之曰："且苟存以展他计，为计不立，死未晚也。"挹不从，友人逼夺其刀。会贼执之，挹闭口不言，不食而死。挹参军史颖，近于贼中得还，赍挹临终手疏以归，并具说意状。帝嘉之，追赠益州刺史。《晋略·笃行传》。

吉茂，字叔畅，冯翊池阳人也，世为著姓。好书，不耻恶衣恶食，而耻一物之不知。建安初，关中始平，茂与扶风苏则共入武功南山隐处，精思数岁。州举茂才，除临汾令，居官清静，吏民不忍欺。《太平御览》二百六十七引《魏志》。

《三国志·魏书》"献帝建安二十四年"注引《三辅决录》注曰："时有京兆金祎、耿纪、韦晃、吉本、本子邈、邈弟穆等结谋。邈字文然，穆字思然。以祎慷慨有日磾之风，又与王必善，因以间之，若杀必，欲挟天子以攻魏，南援刘备。"按范晔《后汉书·献帝纪》，但书"少府耿纪、司直韦晃起兵诛曹操，不克，夷三族"，漏言"金祎、吉本等谋杀王必，挟天子以攻魏"。《魏书》云"汉太医令吉本与少府耿纪、司直韦晃等反，攻许昌，烧丞相长史王必营"，此当从《魏书》，以吉本为主谋也。《风俗通》云："吉氏，周尹吉甫之后，汉有汉中太守吉恪。"

刘宋散骑常侍吉文甫撰《释字同音》三卷；又撰《十五代略》一卷，起庖牺至晋。《隋书·经籍志》。

宋吉观国撰《孝经新义》一部，卷亡。《宋史·艺文志》。

吉中孚诗一卷，楚州人，始为道士，后官校书郎，登宏辞，谏议大夫、翰林学士、户部侍郎、判度支，贞元初卒。《唐书·艺文志》。

第十集　式古训斋日记
（光绪二十二年　丙申）

正月大　建庚寅

正月初一日（1896年2月13日）　晴，东北风。与三兄同出贺朔，因共论虎臣所撰《自强学塾记》笔意雅近曾文正。

正月初二日（2月14日）　读何承天《安边论》。

正月初三日（2月15日）　偕虎臣过蔚如，见所藏《〈水经注〉图》，甚便读者。读范武子《〈穀梁传集解〉序》。

正月初四日（2月16日）　巘老过我。阅旧年十二月申、沪各报，其"俄尊圣教"一则云："俄罗斯数年来建立圣庙，务极尊崇，欲三倍于中国。又搜罗中国书籍，延聘中国文人，待以优礼。"噫，圣道广大，极于天覆地载，莫不尊亲，理有必然，无足怪哉。独惜我中国沐浴遗泽，而于所以奉行之实，转不能百一焉，是可叹也！

正月初五日（2月17日）　是拜经日也，焚香敬祀。开读《论语》。过巘老，见其厅事所悬楹联云"读经因识熹平字；阅世如披山海图"。读马国翰辑《范武子论语注》，即全录之。此注《晋书》本传、隋唐两志皆不载，马氏从《皇侃义疏》录出。又，江熙亦有《论语集解》，并见马辑。范、江二家皆治《穀梁》学者，而皆有《论语注》，于此见治《春秋》必通《论语》家法，至有晋尚未泯也。

正月初六日（2月18日）　录马辑江熙《〈论语集解〉序》。

正月初七日（2月19日）　晴。伯声信至，即写复之。读《荀子·子道篇》，因悟《鲁论语》"由，悔女知之乎"本义，即告老巘，一快！

书农夫子至，共论近绪。

正月初八日（2月20日） 读马辑晋代诸人《论语注说》，其为《朱子集注》所本者甚多。

正月初九日（2月21日） 阅《梁书·帝纪》。读《荀子》。二兄寄来初五日手书，云今年改就扬州同康和书启。

正月初十日（2月22日） 过老窳，见蔡雨亭《论音学》，分十八部清真、清支、阳鱼、真脂、盐祭、蒸之、清角、清商、清宫、清徵、仙歌、谆宵、东侯、侯尤、咙、喉、咽、嗌。读《穀梁传》，《春秋》大义在“责已”，《论语》“克己复礼为仁”，《皇疏》引范宁注：“克，责也；复礼，谓责克己失礼也；非仁者则不能责己复礼，故能自责己复礼则为仁矣。乱世之主不能一日克己，故言一日也。为仁由己，而由人乎哉？言为仁在我，岂俟彼为仁耶？”

正月十一日（2月23日） 李雏青来，云颜生今年在姜堰杨家教读北后街聚东茶社隔壁。录黄楙材《金沙江源流考》寄颜生。读《穀梁传》“苟焉以入人为志者，人亦入之矣”，此即《鲁论》所谓恕道也，一贯之道也。

正月十二日（2月24日） 晴。《荀子》“亿万之众而傅从刘台拱改若一人”，“善用兵者先附民”，“和傅而一”，此数“傅”字疑可证《鲁论》“可使治其傅也”之义。杨生来请目。虎臣、禹言过我，畅论至晚饭后始罢。

正月十三日（2月25日） 晴暖。虎臣招游西溪。孙师过我午饭，饭后同过三兄未值，案头有余江干先生诗稿，因快读之。其诗为沈确士选、王梦楼钞，卷首刊确士及贺柘庵宽两序，卷尾附《梦楼跋诗》二首云：“一卧江干不计年，吟诗谁识布衣贤。阳春实异当时调，封禅虚求殁后编。今雨轩窗犹月满，草堂湖海忆星联先生构有今雨轩桥西一草堂。雪泥鸿爪同狼藉，检罢遗文自怆然。”“故人惟有沈尚书，曾访桥西处士庐。车笠心期成往昔，文章生死见终初。孙能问字扬前烈集为令孙南耕所辑，我学钞诗愧小胥。从此名山千载事，未应重恨蠹篇余。”

正月十四日(2月26日)　过老窳快谈。察兽,察战,察书。读《史记·六国表》“论秦之德义,不如鲁、卫之暴戾者”,因悟《论语》“夷狄之有君,不如诸夏之亡也”正同此义。

正月十五日(2月27日)　孙师、窳萌、子香、星南、虎臣、蔚如、禹言、崇如同游西溪,游罢过襄荷精舍午饭,作舟以斋戒未至。

正月十六日(2月28日)　旧写《史记》及《后汉书》目录太草率,重装写之。

正月十七日(2月29日)　读《三国志·蜀书》“黄忠,字汉升”,《太平御览》引作“汉叔”,疑“叔”字是。“叔”“升”形近致讹,亦犹《晋书》“袁乔,字彦叔”,皇侃《论语义疏》引作“彦升”也“大车无軏”句下江熙《论语集解》。

正月十八日(3月1日)　写复二兄一缄。月食。

正月十九日(3月2日)　雨。节录《冯务堂行述》。“斗室啸歌天地小,万编俯仰友生多。”汪作舟句

正月二十日(3月3日)　晴。禹言过我。阅《晋略·帝纪》。兰丈以所著文钞①见赠,其《避寇纪略》一篇情景真实,可别刊行世也。复阅旧点《三国志》,其错误处甚多。董遇百遍,不能有子才一适也。陈寿史才允可,上继班马。

正月二十一日(3月4日)　阅《晋略·诸表序》,录家祖冲公传②。三兄过我。为朱俊卿改诗。

正月二十二日(3月5日)　撰长歌一首赠饮老三兄昨诒我七紫三羊毫,余退矣,白折也、殿试策也,都不敢从事,因以转赠饮老,歌以媵之:“阿兄饷我七紫三羊毫,温润若玉快若并州刀。刚内柔外两美一以操,毫兮毫兮信是侍中豪。忽落吾手安非毫之遭,闭关却扫久已甘蓬蒿。不

---

① 此文钞为程畹《啸云轩文集》。

② 此家祖冲公传即《晋书·吉挹传》。

过骋逐日月驰镫膏，公穀史汉孟荀庄列骚。糅黄杂丹慓朱帜墨徒劳劳，讵复能向云路翻身雄翔翱。先生文章声价当今高，生平蕴蓄不可终久韬。会当谢绝巢许跻夔皋，标举麟采搴掇鸾皇毛。此毫庶几亦在追随曹，敬以持赠幸汝置为无上髦。吁嗟乎，人才衮衮波浪淘，得一知己则伸否则挠。毫兮毫兮，而今而后无首搔、无心忉、无索绹、无屈氅，常与楮侯、墨卿、端子游嚣嚣。"读《三国志·蜀书》。

正月二十三日(3月6日) 冷。过饮老。读《三国志·蜀书·法正传》"又为其州邑俱侨客者所谤无行"。按：此"所"字非语词，乃指"斥之"，谓与"谤"字同意。《穀梁传》"侠者所侠也"，糜信注云"所，谓斥也"，是也。徐邈引尹更始注云"所者，侠之氏"，恐非。点《穀梁传·隐公》终。

正月二十四日(3月7日) 读《蜀书》毕，中如"汉乐二城，汉中王，听敌入平"等，证以《通鉴》皆得，潘眉、梁章钜诸家未及也。习凿齿"圣人以为难"一语，足证吾前日"伯氏"之说。

正月二十五日(3月8日) 伯声自兴化来，畅叙甚快。读刘礼部《左氏春秋考证》一过。读《史记·十二诸侯表序》，乃得"论语"二字之确解，乐何如也。

正月二十六日(3月9日) 孙师至。读太白《梁甫吟》云："力排南山三壮士，齐相杀之费二桃。吴楚弄兵无剧孟，亚夫哈尔为徒劳。梁甫吟，梁甫吟声正悲。张公两龙剑，神物合有时。风云感会起屠钓，大人嵲屼当安之。"玩太白此篇，可知诸葛君好为此吟，亦感遇之意。齐杀三士，晏子主谋，是其短也。诸葛自比管仲不称晏子，有以夫。

正月二十七日(3月10日) 阅雷浚《睡余偶笔》。又阅俞樾《群经平议》"论语类"，"知之即知之"，俞已言之矣。

正月二十八日(3月11日) 读《穀梁传·桓公》。伯声开课："言必有中"；"顶高元气合"得"高"字。读《荀子·劝学篇》"无冥冥之志者，无昭昭之明；无惛惛之事者，无赫赫之功"，又云"真积力久则入”，盖古之学者一由是也。禹言偕令弟子贞过我。

正月二十九日（3月12日）　读《穀梁传·桓公》终。阅柳氏[①]《述日月例》云：“《穀梁传》日月之例，莫详备于诸侯之卒葬，二百四十二年月日例，各事之与夺，又皆自诸侯卒葬例来治诸侯，即所以尊天子，此《穀梁传》所以为善于经。”读《荀子》“不苟、修身、荣辱、非相”四篇。

正月三十日（3月13日）　读《穀梁传·庄公》终，“十八年”范宁注引《玉藻》“天子玄冕，而朝日于东门之外”云云作“王制”。老瘷过我，以《太平御览》校出《荀子》“狐父之戈镉牛矢”“鼻目取具”两条，皆视今本为优。幼莲信至，云收到《金沙江源流考》文。

二月大　建辛卯

二月初一日（1896年3月14日）　读《史记·律书》“吴落”，因悟“吴”“吴”一字，吴音话，吴、瓠声近，“吴落”即《庄子》所云“瓠落”也。虎臣过我。读柳氏《述日月例》。心兰过我，喜赋一诗：“不觉三年隔，常怀独学忧。遥知沧海量，肯弃百川流。离合原关数，尘寰奈少俦。开门欣揖客，双鹊噪枝头。”阅严可均《说文声类》，奥从采声，即是尤仙通之，证蔡雨老前日之论，乃知其精。从老瘷所见康广夏《广艺舟双楫》，其论执笔宜低、用指宜实，皆书家三昧也。候禹言、心兰。从禹言所见当日刘云生参议《请罢行铁路奏稿》，假归读之，甚快人意。兰丈过我。

二月初二日（3月15日）　读柳宾叔《述穀梁日月例》毕，此书信为《穀梁》功臣。写寄扬州信。

二月初三日（3月16日）　复幼莲一缄。读《穀梁传》庄公、闵公终。阅《说文·声类》。读《荀卿·儒效》。与伯声论《论语》“惟酒无量”，“惟、虽”通用，“惟酒无量”与上“肉虽多”文法一律。

---

① 此“柳氏”为柳兴恩。

微雨。《儒效篇》“如是，则可谓圣人矣”云云，其下复结之曰“如是，则可谓圣人矣”，因悟《易·乾文言》“其惟圣人乎”云云，其下复结之曰“其惟圣人乎”，古人文法故是如此。向读《三国志·谯周传》，引《易》无上“其惟圣人乎”句，疑《易》本无此句，今知非也。

二月初四日(3月17日) 读《穀梁传·僖公》。窃谓：《鲁论语》为穀梁学，《中庸》《孟子》皆公羊学也，“大德敦化”“所过者化”两“化”字皆同“画”解，亦其一证。读《史记·司马相如传》。阅《韩非子》“初见秦”以下至《解老篇》，其言“持禄养交、比周朋党”诸弊，悉本《荀子》也。复读《儒效篇》。

二月初五日(3月18日) 阴雨。阅《韩非子》“喻老”至“外储说”。禹言过我。

二月初六日(3月19日) 大风，甚寒。阅《韩非子》终，“外储说右”记“子夏曰：《春秋》之记”一条，尤足发明《穀梁》大义渊源，有自信不虚也。《荀子》“干越”为吴越，于《韩非子》得其两证。

二月初七日(3月20日) 大风，霏雪。读《管子》。春分。

二月初八日(3月21日) 晴和。吉斋早至，便往答候。虎臣假去《汉书》四册。二兄信至，并寄来李雨人先生《劫余仅存》一册，即写复、并附去《丹徒志》四册。

二月初九日(3月22日) 谒孙师，未值。颂年来，开学，改子久文一首。

二月初十日(3月23日) 读《穀梁传·僖公》。改子久文一首。三兄过我，假去《蜀志》一册。

二月十一日(3月24日) 禹言假去《丛脞两录》八册。往包生家吊，便候禹言、虎臣。改子久文一首。读《穀梁传·僖公》终。“陨霜不杀草，未可杀而杀，举重也；可杀而不杀，举轻也”，此孔子之言也，见《韩非子·内储说上》“七术”。《穀梁》多述圣言，而《公羊》无之，此亦近孔之一征也。午后往候白石、雨亭，皆未值。过三昧寺，观和尚晚课，法律井井，亦有道也。种荷。阅《苏孝慈碑》。

二月十二日(3月25日)　读《穀梁传·文公》终。读《史记》李将军及汲、郑列传,李、汲皆汉代第一流人物,史公写此两人尤极用笔之妙。阅徐楚金《说文通论》,颇有引据《穀梁》之处,柳兴恩《大义述》未及,当补之。三兄假去《得月楼赋乙编》。夜雨雹。

二月十三日(3月26日)　雨。读《史记·李将军传》。阅徐洄溪《伤寒类方》。读《太白诗》。

二月十四日(3月27日)　读《穀梁传·宣公》终。读《李白诗》,其《把酒问月》云"人攀明月不可得,月行却与人相随",记得当年亦尝有此问。录丁晏《鲁诗考补遗》。兴化顾念祖寄来一缄。

二月十五日(3月28日)　读楚金《说文通论》。阅臧庸《拜经日记》,其《春秋经传源流考》叙公、穀两家,亦以穀为先。"哀、矜、革子成"皆《鲁论》旧字。向读《论语》,"其诸、为恭"两言与《公羊传》同,知为《齐论》,然不知何以皆涉子贡?今读《史记·儒林列传》云"子夏居西河,子贡终于齐",乃恍然无疑矣。改颂年文一首。读《庄子》"逍遥游""养生主",云"善刀而藏",古"藏"字但作"臧",《尔雅·释诂》"臧,善也";《说文·臣部》"臧,善也";《草部》无"藏"字,盖"臧"本训"善"。物之善者必珍藏之,故"臧"即读"藏"。《庄子》此文当本作"臧",加"草"者,后人所增也。

二月十六日(3月29日)　候老窳畅论学旨,假来《广艺舟双楫》读之,其论学魏碑以《张猛龙》为最善,颇契夙嗜。颜生寄来写篆数纸、近作若干首。

二月十七日(3月30日)　读《庄子》。候三兄,即过禹言。

二月十八日(3月31日)　二兄寄来一缄附颜生旧年来信。读《史记·孔子世家》"听讼,文辞有可与人共者,弗独有也",乃悟假"文莫"为"黾勉"之非。

二月十九日(4月1日)　五弟往临泽,附去上母舅禀。写复二兄信,附去《海关总册》一本。三兄晚至。读《庄子·外篇》。九者数之极,《庄子》多言"十九年"亦其一证,非真十九年也。于是翻《十二经》以说老聃“要在仁义”。《音义》云：“十二经，春秋十二公[1]经也。”

二月二十日(4月2日)　读《庄子·外篇》毕。南荣趎见老子，七日七夜至其所。《列子·仲尼篇》记“子贡茫然自失，七日不食，以至骨立”，乃知《后汉书·孔融传》“南睢之骨立”。南睢即南趎也，省称南趎者，犹言葛亮矣。

二月二十一日(4月3日)　读《列子》“天瑞、黄帝、周穆王、仲尼”四篇。颜生自姜堰来，详论近业。

二月二十二日(4月4日)　二兄寄来《申报》数十纸。读《列子》“汤问、力命、杨朱、说符”四篇毕。“汤之问棘”，棘，夏革也。《庄子注》以为“汤，大也；棘，狭小也”，误。孟子距杨、墨[2]，墨书今尚存，杨书则亡矣，疑可以《列子·杨朱篇》当之。三兄往镇江。今日清明，北郊游者甚繁，余懒不欲往也。禹言夕至。

二月二十三日(4月5日)　包家“二七”，往吊。便过窳老，观其执笔作书，神妙欲绝。读《穀梁传·成公》。阅《吕氏春秋》。戴望《〈论语注〉自叙》云“庶几先汉齐学所遗”。今审阅之，如“其诸异乎人之求之与”，下当引《公羊》“其诸”以释《齐语》，乃置之不言，转援《穀梁传》“求之为言，得不得未可知之辞也”，以释“求得”两字。《穀梁》为鲁学，与《公羊》判然不相入，戴既知《齐论》与公羊家言相近详见原叙，而其为书仍杂糅如此，则所云“庶几齐学”者，正未敢信也。夜雨。

二月二十四日(4月6日)　饮老至，述明日书院甄别。读《穀梁传·成公》终。改戴生课文。读《史记·孔子世家》“硁硁乎，莫己知也夫而已矣”，读者皆依《论语》于“也”字句绝、“夫”字属下。按陆德明《经典释文》，“斯已”音“纪”。《朱子集注》读“斯已”为“以”，刘宝楠《论语正义》从《释文》以朱子为非。今玩《史记》，此文似以“夫”字属

---

① “春秋十二公”指春秋时鲁国的隐公、桓公、庄公、闵公、僖公、文公、宣公、成公、襄公、昭公、定公、哀公。

② 此“杨、墨”为杨朱、墨翟。

上为句，与“莫我知也夫”一例，“而已矣”上无“斯已”二字，可知《论语》本意只在“已”、不在“己”也，故可省去“斯已”二字，若“斯已”之“已”本读“纪”，则史公不得省此两字矣，朱子读“斯已”为“以”确不可易，陆德明说不必从也。

二月二十五日（4月7日）　晴。书院甄别，文题“傅说举于版筑之间”四句，草两卷，缴饮老所。孙师至，论文。

二月二十六日（4月8日）　候窳老。撰《论语·阳货篇》两“子欲往”说。

二月二十七日（4月9日）　伯声前有夙恙，今回兴化休养数日。五弟往临泽回。母舅自兴化至。兰丈闻有扬州之行，往送之。读《穀梁传·襄公》终。

二月二十八日（4月10日）　读《穀梁传·昭公》，此数卷杨士勋疏，笔意略变。玩《孟敬训碑》。天气甚暖，有如初夏。

二月二十九日（4月11日）　仍暖，午后大风，下午毛雨，转凉。读《穀梁传》定公、哀公终。张皋文《论荀子赋》“礼”一篇为总冠，知所以行礼也。“灵”以喻“粹”而王，“蚕”以喻“驳”而霸，“箴”以喻“无一焉”而亡。此说洵精确无伦，惟释名号不美，谓“蚕”音近“残”，似非。《穀梁传·哀公十二年》“正义”引《孟子》“轻于尧舜大貊小貊，重于尧舜大桀小桀”；“什一而税，颂声作”，与《公羊传》文同。《史记·十二诸侯年表序》称“孟子往往捃摭《春秋》之文以著书”，此即其一证。而《孟子》“春秋之学”可断为公羊家矣。郑君谓公羊高为六国时人，亦不虚也。读刘蕡《对贤良方正直言极谏策》，中如“继故不书即位，所以正其始也”，类皆《穀梁》说，《旧唐书》称其明《左氏春秋》，非也。

二月三十日（4月12日）　读《荀子·成相篇》“尧不德，舜不辞”，因悟《尚书》“舜让于德弗嗣”，“嗣”即“辞”之假“辞”通作“词”，《释名·释典艺》曰“词，嗣也”，故“辞”亦通“嗣”，“弗嗣”，“不辞”也。此六字与上“汝陟帝位”同是尧语，语“舜”字一读，重呼之也。“让于德弗嗣”言“吾实让于德，汝其勿辞也”。尧让于德，故云“尧不德”；舜受之以德，故云“舜不辞”。《荀子》此文得《尚书》古义矣，国朝治《尚书》诸家惜未采之。读曾祖遗诗[①]，《五十生日自感》云“朋侪有赠怜新句，春色无边爱杏花”，当年情况可概见也。曾祖遗诗凡一百有七首，除重一首，得百有六首。午后，孙师、窳老同至三昧寺，看和尚念佛。

三月大　建壬辰

三月初一日(1896 年 4 月 13 日)　阅汪中《经义知新记》，《国语校讹》云“器无彤镂，彤乃雕之误”。蒙谓：“彤”乃“虫”之假，《扬子法言》云“雕虫篆刻”，“虫”即“雕”也。撰《大司马固谏辨》一首。读《荀子·正论篇》，“治古、乱今”即“始古、终今”也，非“古必治、今必乱”也。

三月初二日(4 月 14 日)　雨亭、吟伯过我。阅宋翔凤《过庭录》。

三月初三日(4 月 15 日)　孙师、星南、虎臣招往精舍为上巳之游。阅黄以周《经说略》，“六甲、五龙”者，所以正缪篆之“卜”作“├”、“┌”、“[illegible]”作“[illegible]”也，此说于字之形义较为有当。

三月初四日(4 月 16 日)　候吟伯，阅其所撰《南唐纪事本末》，大略都三十二篇。读许叔重《五经异义》，可证《穀梁》《论语》者甚众，摘钞一二，以备检校。

三月初五日(4 月 17 日)　雨。改颂年文一首。阅《穀梁大义述》。二哥信至，述三兄十二、三日可以回东台，又寄来二月份《申报》《沪报》，阅一过，知强学会[②]中止。大兄往镇江，翌早启行。

三月初六日(4 月 18 日)　微雨，不快人意。读刘台拱《论语骈

---

① 曾祖遗诗即吉城的曾祖吉宗沅所撰《竹深吟榭诗钞》。

② “强学会”成立于光绪二十一年十月，是戊戌变法时期改革派和帝党相结合的政治团体。北京强学会列名会籍的有康有为、梁启超、沈曾植、文廷式、陈炽、丁立钧、杨锐等，李鸿藻、翁同龢等也予支持；上海强学会列名会籍的有康有为、梁鼎芬、汪康年、张謇、黄遵宪等。时隔不久，因遭后党御史杨崇伊上疏弹劾，北京强学会遭封禁，上海强学会也随之解散。

枝》,中如:“《关雎》乐而不淫,哀而不伤”,据《乐书》,“乐”谓《关雎》《葛覃》,“哀”谓《卷耳》。“犁牛之子”乃举天牲以况,仲弓谓骍角之材,纵不用诸上帝,山川次祀亦岂得舍之?“摄齐升堂”,摄非抠衣,摄,敛也、整也。诸说皆精当。“告朔饩羊”谓天子遣微者行,诸侯以其命数礼之,或以少牢、或以特羊,幽王以后不告朔于诸侯,而鲁之有司循例供羊,至定、哀之间犹秩之。此说亦足备一义。

三月初七日(4月19日)　读刘逢禄《论语述何》。

三月初八日(4月20日)　读《仪礼·丧服·子夏传》,其称“传曰”云云,钟文烝谓《穀梁》亦多称“传曰”,皆是七十子[①]所记。是也。吟伯假去《纪事本末》二十册。

三月初九日(4月21日)　“素王”之说出于纬书,《公羊传》无此语,《春秋》改制“三科九旨”。又,何劭公推衍董生之说,《公羊传》无此语也。读《公羊传》隐公、桓公、庄公之篇。雨。

三月初十日(4月22日)　读《公羊传》僖公、文公、成公、宣公、襄公、昭公、定公、哀公之篇。《公羊》多足证《孟子》,孟子受于子思之门,故《中庸》亦与齐学家言合。子思受于曾子,《公羊》多引鲁子[②],《公羊通义》谓皆曾子之误,或非无征欤?读《论语·子张篇》,乃悟《穀梁》、《春秋》“开篇三传”皆本于子夏,大乐大乐!改颂年文。子久寄来课文三首。

三月十一日(4月23日)　黎明有雨,旋晴。读《礼记注疏·中庸篇》,“壹戎衣”正是《齐语》,向谓《中庸》为齐学,果然。谒大母舅论诗。午后散步郊野,触目皆春。

三月十二日(4月24日)　黎明复有雨,晓起看芭蕉新绿。孙师过我。撰《六甲五龙辨》。

三月十三日(4月25日)　杜冠卿入学,偕老甗往贺,其所刊试

---

① “七十子”指孔子门下七十二贤。

② “鲁子”乃是对鲁地传《春秋》学者的统称。

卷即孙师前属拟之稿也。浒岑招饮，坐有孙师、星南。

三月十四日(4月26日) 撰《甲乙丙丁戊己庚辛壬癸释篆》一篇。写寄二兄一缄。

三月十五日(4月27日) 禹言自镇江来，叙阔多时，孙师亦至。书院甄别发案，两卷皆取，孙师第一。杨生来，即改文三首视之。

三月十六日(4月28日) 雨。候窳老，即以《十干释篆稿》就正。浒岑有友项晴轩至，约往晤谈。二兄寄来《申报》数纸，其中记二月二十二日户部火，亦奇变也。

三月十七日(4月29日) 写《说文部目》一过。

三月十八日(4月30日) 晴。往西溪王家吊。山长课题："孟子曰：待文王而后兴者，凡民也"一章，以公羊家言撰一卷。晚在浒岑所酒话。项晴翁有金石癖，其赠浒岑《兰亭集序》一本，神韵浑厚，非近拓所能万一也。

三月十九日(5月1日) 候饮老，即观昨文。孙师过我。

三月二十日(5月2日) 雨。候窳老，见所藏子才先生手札数通，皆是七十余岁时所作，其笔疏老，雅有逸致。假襄荷精舍公饯浒岑，即邀晴轩、子香共话。废箧中藏杂书数束，鼠因以为宫焉。晓闻龁龁有声，亟呼奴子移箧于庭，逃其一，猫获其二，其一为奴子所扑杀。复检其书，破碎不可胜计。三鼠死固当，独此逃者岂智足自免欤，抑贯犹未盈欤，抑本未染指而天怜以纵之欤？颜生来信，论"水北曰阳"。

《沪报》述，南菁书院去夏自宗师甄别后，每月上、下旬分经学、古学二门，由张、凌二山长轮课，本年添西学一门，以资造就。其二月份古学题："石壁九经赋"，以依后汉蔡伯喈刊碑为韵；"苏秦为纵约长并相六国"论；读《竹书纪年》五古。

三月二十一日(5月3日) 写寄王义门一缄，又复颜生一缄。

三月二十二日(5月4日) 饮老、孙师皆至。虎臣将入都，写钮匪石集句赠之。"温不增华，寒不改叶；山以虚受，水以实流。"上为诸葛忠武论交语,《御览》四百六引;下未详。彭竹平出所藏《停云汇帖》三种索题,略说数语志之。

三月二十三日(5月5日)　三哥自镇江回。晚在浒岑所观窳萌、子香二老作画。晴轩天真烂漫,亦不多得之友也。

三月二十四日(5月6日)　禹言还来孙诒让、洪颐煊两《读书录》。

三月二十五日(5月7日)　过饮老。禹言约茶话。

三月二十六日(5月8日)　浒岑启行,偕禹言、三兄往送之,即邀至茶室一聚,便招饮老。候子香老。读《荀子》。

三月二十七日(5月9日)　大母舅在三昧寺为外祖母念上首佛,黎明往叩头。阅《群经平议》。饮老约往晚饭。

三月二十八日(5月10日)　改杨生文三首。从窳老所假来《古经解钩沉》,此书乃镇江鲁氏重刊,柳翼南为之序。

三月二十九日(5月11日)　戴生课题"皆不及门也",郑注"皆不及仕进之门,而失其所也"。按:《毛诗正义·桑柔》云"仕进者得入君门",故谓不居位者为"不得及门"是郑此义。《李仲璇修孔庙碑》引《论语》云"皆不得及门也","皆不"下有"得"字,疑《论语》原文本有"得"字,而郑注、孔疏一以贯之矣。设从朱熹注,以"不及门"为"不在孔门",则当日碑引此文"皆不"下无缘著"得"字矣,此金石文字所以可宝也。

三月三十日(5月12日)　改戴生文三首。

四月小　建癸巳

四月初一日(1896年5月13日)　父亲近来神气觉减,自膝以下微肿,夜甚而早已。五弟诣华王庙求方,神曲三钱,黄昏服。五弟又为哮喘自求方,莱服子。读《公羊传》"王者孰谓"云云,又篇终"君子乐道尧舜之道与?末不亦乐乎尧舜之知君子也"云云,疑即所谓

《问王》《知道》[①]也。

四月初二日(5月14日) 县课题:“仲叔圉”至“夫如是”,撰两卷。

四月初三日(5月15日) 写昨稿,送饮老所。

四月初四日(5月16日) 二哥晚到家,快叙一切。

四月初五日(5月17日) 早起赴华祖庙复方。与二兄、五弟茶话。

四月初六日(5月18日) 读《古微堂内编》,其才情、学问两说与平生所见隐合。项晴轩赠我《孔羡碑》一、《汉沙南侯钩本》一、《爨龙颜碑考》一,君子不夺人所好,他日读过拟仍还去。窳老、孙师、星兄亦各有赠,皆谓然也。

四月初七日(5月19日) 读《古微堂外集》,其《圣庙请祀周公议》谓“《五经》皆原本周公,惟《春秋》是孔子笔削”。予谓《春秋》亦周公作始,孔子因之,《左传》“韩宣子语”可证,此可申明先生之意,而周公应祀无疑矣。

四月初八日(5月20日) 读《古微堂外集》。杨生送文三首来,即将前改三首附去。晚读《荀子·非十二子篇》其非子思、孟子者。思、孟皆齐学,荀卿鲁学也,所学不同,故相非耳。不然,思、孟皆孔子之徒也,荀亦孔子徒也,非思、孟是非孔子矣,荀卿断不出此。读《庭训格言》:“《荀子》云‘身劳而心安者为之,利少而义多者为之’。此二语简而要,人之一世能依此二语行之,过差何由而生。”

四月初九日(5月21日) 改颂年文。读《中庸》《表记》《坊记》《缁衣》四篇,多与《公羊》言相近。此四篇据《旧唐书》引沈约之言,皆子思所作。子思受于曾子,而“公羊高”据洪颐煊谓即“公明高”,赵注“高,曾子弟子”。是子思、公羊皆曾氏之传,故其言多同也,而其所引《论语》亦可断为《齐论》。

---

① 《问王》和《知道》均为《齐论语》的篇名,而《鲁论语》中并无此二篇。

四月初十日(5月22日)　寙丈过我。读《缁衣》。

四月十一日(5月23日)　芷芗、饮兰同过我。阅《红楼梦》,其文笔与《聊斋志异》异曲同工,亦说林中巨擘也。

四月十二日(5月24日)　改颂年文。

四月十三日(5月25日)　临"三希堂"钟繇《荐季直表》。

四月十四日(5月26日)　三月斋课、本月官课俱出案,一超两特。

四月十五日(5月27日)　读《荀子·富国篇》。

四月十六日(5月28日)　山长课题:"子曰:予欲无言"至"则小子何述焉"。前课"孟子曰:待文王"一节题以《春秋》立论,仅列特等,然文则大快;此题又得藉手发挥《公羊》本义,山长此二题不可谓非知我也。

四月十七日(5月29日)　誊昨文,遣交饮老所。孙师至,论昨日题消息甚大,特不敢作佳文耳。《说文》"王"下引"孔子曰:一贯三为王",然则《论语》所谓"吾道一以贯之"者,"吾道"即"王道"也。董子《春秋繁露》云:"古之造文者,三画连其中谓之王。三画者,天地人,而连其中,通其道也,谓之王。"此必公羊家大义,故曰"孔子明王道"史记,故曰"人道浃",故曰"加乎王心焉"春秋繁露,故曰"作《春秋》以当王法"《史记·儒林》,故曰"继商周而素王"古今注,故曰"制明王之法"六艺论。三兄晚过我,亦云昨题子贡不当看浅。

四月十八日(5月30日)　读《穀梁传·隐公篇》。禹言过我,共论近学。左脚患湿气。不便于行。

四月十九日(5月31日)　改子久文三首。

四月二十日(6月1日)　阅郭柏荫《嘐嘐言》,其补益官方者居多,然凡人立身行己,大端亦能隐括,不啻右坐铭也。二兄前年得旧本《嘐嘐言》,读而善之。惜其传不广,出资重付石印,都一千本,遍赠同志,远堂先生之盛心,庶不没也夫!

四月二十一日(6月2日)　左足苦湿,杜海翁以药少许敷之,云不数日即愈。卖碑帖潘老来，留魏、齐数种备阅。阅黄以周《经说略》，其论《周易》为“变易”，邶、鄘、卫为西周之变，郑、齐以下为东周之变。精确不磨。钞补刘逢禄《公羊何氏释例》“张三世、通三统①”两例。其论《诗经》“三颂”当“三正”，以鲁为新王当“夏正”，而复系《商颂》于后者见，三王之道若循环。亦精确不磨。

四月二十二日(6月3日) 雨。连日病足，静居陋斋，放翁云“衡茅终日人声绝，卧听芭蕉报雨来”，实有此种情景。二兄约汉舅、孙师、三哥来午饭，饭后与母舅论范石湖诗。阅黄以周《经说》“释彻度曰是”数篇。

四月二十三日(6月4日) 向买《张猛龙碑》无碑阴，今补购之，其神隽过于碑阳，无怪《广艺舟双楫》赞叹不已也。别有《隋开皇年仲思那等造桥碑》，又无年有月《造交龙像碑》，审玩片日，仍还潘某。《张猛龙》用方笔，《郑文公》用圆笔，于此二种致力既久。北碑思过半矣，即隋唐以下诸碑亦思过半矣，此两种外，予尤酷嗜《孟敬训》，不知海内书家于意云何也？

四月二十四日(6月5日) 用老巘裁帖法装成《兖公颂》一册，包文该书法远蒙《爨龙颜》《寇谦之》诸碑而来，实唐代罕见之物。碑文亦绝佳，“杏坛花白，素王哀一臂之交；槐市叶青，丹史焕四科之首”一联尤善。又云“鲁明御败，卫通哀泄”，“御败”是用东野毕事，“哀泄”未详，容考。孙师命至精舍晚饭，勉强而行，归来足颇决裂。

四月二十五日(6月6日) 装成《张猛龙碑》一册附碑阴，碑阳直书用横装，碑阴横书用直装，即老巘法而变通之也。读《礼记》“儒行”“投壶”二篇。

四月二十六日(6月7日) 装成《唐张处士墓志铭》一册，连题首共二十七行，行二十七字，处士以贞观二年卒，以龙朔元年葬于故邺城西八里。禹言晚至，见《张处士墓志》极加赞赏，谓是褚河南一

---

① “三统”为“天统、地统、人统”。

派，予谓是学《兰亭》者。好雨。从颖兰老乞秋菊两本。

四月二十七日（6月8日）　观二兄画竹，其《石笋风�战苍绿》一幅尤胜。潘某此来，花去英泉数圆，得自汉以下碑若干种：《汉沙南侯获碑》永和五年，《汉三公山碑》光和四年，《魏道宝造像记》武定，《魏李宪墓志铭》，《魏张猛龙碑》此碑向有一本无碑阴，今并碑阴重买，《魏郑文公碑》，《魏兴和孔庙碑阴》，《隋开皇十三年造菩萨像碑》，《唐究公颂》，《唐张处士墓志铭》龙朔元年；又赠我《汉庐江太守碑额》。

四月二十八日（6月9日）　邀老瘢、老颖啖苋菜饼。读刘逢禄《何氏释例》，其释不书例，云《鲁史记》之例，常事不能不悉书备载，《春秋》尽削之，其存什一于千百。以著微文刺讥为万世法，故曰“非记事之书也”。《连山》《归藏》之古《易》不著存，而《周易》为文字之祖；《时训》《月令》之解不备，而《夏时》则学者多传。正于圣人者，文弥约而旨弥博也。“定四年”，何注引《孝经》“资于事父以事君，而敬同”，以说子胥之得与。盖《孝经》与《春秋》通，故曰“志在《春秋》，行在《孝经》”；又曰“《孝经》属参，《春秋》属商”。

四月二十九日（6月10日）　雨。杏楼过我，以《三老碑》一本见赠，畅谈碑学蒋照，字文若，江都人；张德容，号松坪；张裕钊，字廉卿；杨铎，字石卿，假去《武梁祠题字》及《金石通纂》。

五月大　建甲午

五月初一日（1896年6月11日）　从吟伯假陈卓人《白虎通义疏证》。为父亲请楚丈诊，云脾经、小肠经为病，用夏枯草、空沙参、冬瓜子、薤白等服之，甚安。

五月初二日（6月12日）　县课题，“有为神农之言者”二节。楚丈来，前方增减，服二帖。

五月初三日（6月13日）　写两卷，交饮老所。蔚如过我。二哥往扬州，河水甚浅，先以小舟渡至西溪方能长行，日夕送至蚌涎河堤而别。

五月初四日(6月14日) 雷雨。阅《白虎通·爵篇》。

五月初五日(6月15日) 斟改前日书院课稿。蕉叶畅展三尺余,雨之为功大也。阅《白虎通·号篇》。孙师云,《论语·乡党》一篇皆礼也,"入太庙,每事问"当是古礼,文非重出也;《论语·八佾篇》"子闻之曰"是礼也,盖言"入太庙,每事问"是礼当如此。城按:吾师此论实发前人所未发,于庭、楚桢诸先正闻之,亦当心折矣。

五月初六日(6月16日) 午刻风雨骤至,昨日新展蕉叶竟为吹折,可惜!阅《白虎通》五祀、社稷、礼乐等篇,"社稷在中门之外,外门之内",引《论语》"譬诸宫墙,不得其门而入,不见宗庙之美、百官之富";又引《祭义》"右社稷,左宗庙"。然则,子贡设譬正取王侯之制。

五月初七日(6月17日) 自昨夜至今晓,雷雨甚盛,河流暴通,一快!阅四月下半月《沪报》,其二十九日记松江太守观风题,至精且博,计"经学、史学、舆地、时务、天算、掌故、校勘、目录、金石、词章"十门,每门四道。楚老来,增减前方。写碑四幅。

五月初八日(6月18日) 自昨夜至今晓,又得大雨。阅《白虎通》"封公侯""五行"篇。《春秋》法天,"天不言而四时行","行"即"五行"之行。《白虎通·五行篇》中"人事取法五行"一节,皆《春秋》之法也。读金鹗《乡党正义》,其谓"必有寝衣"一节当在"当暑"节后,是也。

五月初九日(6月19日) 晴。阅《白虎通》"三军""谏诤"篇。《后汉书·范升传》"闵子以人不间于其父母昆弟为孝",是读"间"为"非间"之间,言父母昆弟,至于外人无可"非间",则闵子三孝大也。舜之"烝烝乂,不格奸",闵子有其道焉。《论语》多"之言"二字,则"人不"之"不"作"无"字解,亦通。《四书考异》引《亢仓子·顺道篇》"不"作"无"可证。焦氏[①]《论语补疏》亦同此议。

五月初十日(6月20日) 阅《白虎通》乡射、致仕、辟雍、符瑞、

---

① 此"焦氏"为焦循。

灾变、巡狩等篇。吴木工造地屏三十方。

五月十一日(6月21日)　夏至。微雨几点。改颂年文。授荣宗《孟子》至《公孙丑》"智足以知圣人污不至阿其所好",应以"智足以知圣人污"为句①。俞曲园《诸子平议》以为"智、污"对文,引《孟子·万章》"曾不知以食牛干秦缪公之为污也,可谓智乎"为证,是也！曾公《求阙斋日记·问学篇》云:"孔子之所以异于伯夷、伊尹者,不在高处,而在平处;不在隆处,而在污处。"读西堂制艺。二兄发来初八日手书,已安抵扬州矣,杏楼托送之件亦投去。

五月十二日(6月22日)　阅程瑶田《古剑考》,《庄子》"吹剑首"之说至今乃明。又阅其《三江考》,据经为断,力申郑注,谓《班志》"三江"之说是《周礼·职方》之"三江",非《禹贡》之"三江",亦明辨以哲。

五月十三日(6月23日)　改颂年文。禹言过我,畅论半日。

五月十四日(6月24日)　伯声自兴化来。阅吴谷人《游泰山记》。

五月十五日(6月25日)　孙师昨日得孙,往贺。过浩秋。饮老过我,述泰州观风题。

五月十六日(6月26日)　大雨。山长课题,"可与言"至"不失人"。此等题莫解其是何用意,唯有就题编演而已,无所谓文骈、无所谓时文也。

五月十七日(6月27日)　假饮老《燕禧堂五种》阅之,《列子释文》《列子释文考异》《深衣释例》《释缯》《字林考逸》,《深衣》《释缯》两种已刊入《经解续编》。二兄寄来手札又《申报》数纸。赐魁子罗袿一件。

五月十八日(6月28日)　复扬州信。大兄自镇江回,云新买山

---

①　此节见《孟子·公孙丑下》,通常断句为:"宰我、子夏、有若,智足以知圣人,污不至阿其所好。"吉城从俞樾《诸子平议》、曾国藩《求阙斋日记》中得到启示,认为应断句为:"宰我、子夏、有若,智足以知圣人污,不至阿其所好。"

地在龚家湾，去画字桥祖茔不远。

五月十九日(6月29日) 伯声前恙由肝旺胆虚，今又觉偏左头痛，目亦左昏。阅《白虎通·嫁娶篇》。俊民兄来。

五月二十日(6月30日) 昨夜大雷雨。阅《白虎通·绋冕篇》。

五月二十一日(7月1日) 自昨夜至今早又大雨。阅《白虎通》毕，都十二卷，陈氏立为公羊家，故其《疏证》发明《公羊》大义者多，于分别"今文、古文说"亦极明辨。唯《白虎通》引《论语》有异于今本者，陈谓汉时《鲁论语》盛行，皆定为《鲁论》，则尚容考核也。

五月二十二日(7月2日) 晴。孙师、饮老俱至，饮老属予撰《淮海维扬州解》一首。按《禹贡·导水》言，入于海者六，唯导黑水云"入于南海"。南海必言南，则单言海决非南。《伪传》[①]云扬州"南距海"，则扬州越荆为界，至于后世所谓"闽广矣"，禹时当不如此。郑注谓"自淮而南，至海以东"，是也！晚拟稿，即本此意破《伪传》而申郑注。

五月二十三日(7月3日) 阅徐灵胎《兰台轨范》。晚阅《聊斋志异》一二则以消遣。颂年课题"雨集"，此题乃孙师出与会课诸人者。按《孟子·离娄》，此文似以"雨集沟绘皆盈"六字为一句，然自赵注已于"集"字断读矣。

五月二十四日(7月4日) 雨。阅胡匡中《仪礼释官》。晚阅吴塘《温病条辨》，其于"三焦、温病"分属之，各为一卷，后一卷为"杂说"，又后一卷为"治产与小儿痘证等"。

五月二十五日(7月5日) 雨。方午闻蝉鸣，正小暑前三日也，万物随气化为转移，行乎其所，不得不行；止乎其所，不得不止。时哉时哉，特一雌雉也哉！读《温病条辨·上焦篇》。

五月二十六日(7月6日) 雨。改颂年课文一首，读《温病条辨·中焦篇》。三兄过我。

---

① 《伪传》指孔安国《尚书传》。

五月二十七日(7月7日)　雨。改颂年课文,阅《温病条辨·中焦篇》。

五月二十八日(7月8日)　雨。觳斋主人《字触补》,主人桑氏,名霦直。伯声云,姓名亦廋语也。据其自序谓:"《字触》为栎园著,然而卯金禾子,具在纬候;言午两日,见收正史,故剌近事及其漏略者,依类附益,得七百余事云。"读《温病条辨·下焦篇》。

五月二十九日(7月9日)　阅《叶氏[①]医案》,其评不知何人所为,甚有见地者。

五月三十日(7月10日)　改子久课文。晚阅王仲瞿骈体文。据钱泳序称,其著作甚多,有《西夏书》四册。曲园有《癸巳拟墨》,其"江南"题云:"'巍巍乎,其有成功'句有'也'字,下句无'也'字,此两语不平列,谓尧之成功不可见,可见者文章而已。"按:俞氏此论,前人未经道及。

六月小　建乙未

六月初一日(1896年7月11日)　雨。改子久课文。阅王仲瞿骈文。《西楚霸王》《孙夫人》两庙碑论事精,造语奇,真霸气也。晚接二兄二十九日书。

六月初二日(7月12日)　阅《辽史·本纪》,南唐于太祖、太宗、世宗、穆宗朝屡遣使来贡。《辽史·太祖纪》不书南唐事,别见《后妃传》中。写复二哥信。屋漏处不计其数,积书皆湿,如之何?

六月初三日(7月13日)　晴。杏楼之太夫人仙逝,往慰。阅《辽史·本纪》。

六月初四日(7月14日)　读《辽史·本纪》。"大石立国"仅附见《天祚纪》末,无乃太简乎?辽起朔野,享国三百余年,当太祖、太宗时,英风伟略,不可遏抑,及至天祚末运,金兵一集,四面瓦解,何亡之

---

① 此"叶氏"为叶天士。

速也？

六月初五日(7月15日)　写寄扬州信、并件。读《辽史》“志”“表”，大石悉有“松漠以北旧马”见《食货志》，“大石所经诸部”见《部族表》，此亦撰《西辽本末》者所取资也。

六月初六日(7月16日)　晚雷雨。读《辽史·列传》。南唐贡猛火油，疑即今洋油也。《辽史》百十六卷，苏局仅百十五卷，其一卷未刊，当是《国语解》，他日须补购《三史国语解》以成之。辽俗称妇人主事者为“奥姑”，“奥”“威”一声之转，当如汉人云“威姑”矣。

六月初七日(7月17日)　阅《辽史》毕，接阅《金史》。

六月初八日(7月18日)　阴。阅《金史·本纪》。读《荀子·大略篇》。浒岑自京递来一缄，寓东城内东单牌楼栖凤楼胡同火神庙路西。

六月初九日(7月19日)　阅《论语考异》“学而”“为政”。“子曰：君子不器”与下节当是一章，昨读《荀子·大略》得其一证。读《荀子·宥坐篇》，“虚欹、中正、满覆”疑皆古韵，故《文心雕龙》以此为铭词也。阅《金史·本纪》，海陵无道，世宗益形其贤。读《金经》，因悟佛称金刚者。金主西方，其用刚，佛来自西方，其用正以刚也。佛与儒反对，儒兴于东方，其行在木，主仁柔矣。又思宋翔凤《过庭录》谓：《中庸》“南方之强”为老聃，“北方之强”为墨翟。然则四方各有教主，儒实为之冠者，此《易》所谓“帝出乎震”也。

六月初十日(7月20日)　阅《论语考异》“八佾”“里仁”。读《荀子·子道篇》。《礼记·王制》云“不及以政”，郑注“赋役不与”，因思《孟子·万章》“不及贡以政接于有庳”，当以“政”字句绝①。“不及贡以政”犹《礼记》之言“不及以政”，上文“使吏治其国，而纳其贡税焉”正“不及贡以政”之谓也；“常常而见，源源而来”正“接于有庳”之谓也

① 《孟子·万章》此节通常断句为“不及贡，以政接于有庳”，而吉城断句为“不及贡以政，接于有庳”，其言似有理。

“接”读如“昼日三接”之接。盖“不及贡以政”二语是《尚书》逸文，《孟子》释之，以晓万章即以晓天下，后世之疑“舜放象”者。

向阅洪颐煊《读书丛录》，以公羊高即公明高。驳之者谓：“《孟子》有公明仪，何独无公羊仪？”因以洪说为不然。余谓：穀梁名赤，又名俶，又名喜，公羊名高，安知不又名仪乎？据《礼记·祭义》郑注“公明仪，曾子弟子”，而《孟子》赵注“公明高正曾子弟子”，则高也、仪也，断为一人。钱生伯声云：《公羊传》开篇即道文王，而公明仪正言“文王我师”，此尤可为“高、仪一人”之确证。

六月十一日（7月21日）　阅《论语考异》“公冶长”“雍也”。禹言过我，畅谈竟夕。“知之者”一章，禹言谓为十哲[1]学问浅深之总评也。通《论语》二十篇，唯《雍也篇》备具十哲言行，于此见禹言读书精细过人。读《荀子》宥坐、法行、哀公篇。“居今之世，志古之道”，益信曲园读《中庸》“反古之道”之“反”为“变”有以也。阅《金史·世宗纪》。二兄寄来初八日手书、并鼻烟六包是送孙师者。

六月十二日（7月22日）　往胡家吊。复二兄信，并寄去长羊毫两枝。阅《论语考异》“述而”“泰伯”。阅冯登府《十三经诂答问》，其以梅赜上《古文尚书》及《孔安国尚书传》，此孔安国乃东晋之孔安国据《续晋阳秋》，与梅赜同时。果尔，则省却国朝诸儒无限攻击矣。“兹予其明农哉”，明农皆勉也。《诗》“邦国殄瘁”，“殄，尽；瘁，病也”，“尽”亦“病也”。《孟子·滕文公》“春秋，天子之事也”，“事”为“史”字之误。读《荀子·尧问篇》。

六月十三日（7月23日）　大风怒起，竟日始已，雨亦随风而至，蕉叶损折不少，它可知也。族叔耀西来。

六月十四日（7月24日）　晴。阅《论语考异》“子罕”“乡党”。读《荀子·王霸》。阅《金史·章宗纪》。

---

① “十哲”指“颜回、闵损、冉耕、冉雍、冉求、端木赐、仲由、宰予、言偃、卜商”这十位孔子的弟子。

六月十五日(7月25日) 阅《论语考异》“先进”“颜渊”，读《荀子》“君道”“臣道”“致士”。三兄晚至。写复二兄信，寄去片夹。子久寄文来，即付文题去。

六月十六日(7月26日) 阅《论语考异》“子路”“宪问”。读《荀子·议兵》。

六月十七日(7月27日) 雷雨。阅《论语考异》“卫灵公”“季氏”。读《荀子·儒效》。

六月十八日(7月28日) 阅《论语考异》“阳货”“微子”“子张”“尧曰”。读《荀子》“王制”“富国”。读《金经》。

六月十九日(7月29日) 热。父亲患脾泻，邀楚丈诊，用分运法。

六月二十日(7月30日) 热不可当。仍邀楚丈。二兄寄来新闻纸。

六月二十一日(7月31日) 仍邀楚丈。复二兄信。读《荀子·礼论》。

六月二十二日(8月1日) 仍邀楚丈，药后脾泻已解，惟气未纾。

六月二十三日(8月2日) 仍邀楚丈。蔚如过我。

六月二十四日(8月3日) 伯声左目不肿不痛，目皮下垂，自五月起直至前日，始开朗如常，医者皆莫名其证。检书藏，有《目科一策》云：“目皮坠者，气虚也；目皮不坠而视物不明者，肝肾虚也。”

六月二十五日(8月4日) 读《荀子·性恶篇》。

六月二十六日(8月5日) 酷暑八日，不少转凉。读《荀子·成相篇》。阅《东塾读书记》，其申《孟子》“性善”数则甚精当。白芙蕖来四朵矣。

六月二十七日(8月6日) 仍热。阅《说苑》。

六月二十八日(8月7日) 巳正一刻立秋，金风微动，炎蒸稍杀。入夜，快雨复来，枕簟生凉。曝书一厨。

六月二十九日(8月8日)　自十八日至此月尽，读《金经》三十遍。曝书两厨。阅《说苑》。

七月小　建丙申

七月初一日(1896年8月9日)　伯声求华祖方目疾愈，今日报神。早起读《金经》，益觉清醒。曝书。

七月初二日(8月10日)　书院课题，“自诚明，谓之性”二句，草两卷，一谓“孟荀两家所原”，一谓“《春秋》大义”。孙师至。

七月初三日(8月11日)　早起钞昨稿，送饮老所。阅《西方公据》。

七月初四日(8月12日)　曝书。

七月初五日(8月13日)　阅《癸巳类稿》。

七月初六日(8月14日)　夜有雨。

七月初七日(8月15日)　蔚如入都，未及为饯，赠以《书古微》一部，“书”者《尚书》也，君高升极鼎，足藉用颂祷耳。曝书。

七月初八日(8月16日)　曝书。夜有雨。

七月初九日(8月17日)　曝书。

七月初十日(8月18日)　父亲近数日每于三更后大便，邀楚丈诊，云乃前次泻后脾土未复之故，以补火生土法，服一帖，此夜甚安。饮老过我，携泰州观风卷来，即前日为撰《淮海维扬州经解》也，评云“能举其要，或其然与”。阅陈敬庭《经遗说》。

七月十一日(8月19日)　阅陈敬庭《经遗说》。

七月十二日(8月20日)　仍邀楚丈。阅敬庭《经遗说》，其《周礼车服志》甚详，悉包氏①《毛诗礼征》取之以为《车舆总叙》。

七月十三日(8月21日)　雨。写寄二兄一笺。阅陈敬庭《养志居笔记》诗古文。丁师午后至，论十二经脉何以加之曰手、曰足？谨

---

①　此“包氏”为包世荣。

案：古以针灸为治，称手、足者，谓此经脉之穴道在手在足也。

七月十四日(8月22日) 晴。阅陈子勤诗稿及步良诗词稿，步良有逸才，然所作词有鬼气，宜其年之不永也。颜生寄所作求志书院课卷来，其《读子四首》颇善。阅六、七月间《申报》。

七月十五日(8月23日) 早雷雨。邀楚丈。

七月十六日(8月24日) 山长课，"求也退"四句，撰一卷。邀楚丈。

七月十七日(8月25日) 写卷送饮老所。邀楚丈。作舟过我。

七月十八日(8月26日) 禹言令弟食饩，早与伯声往贺。阅《说文》"叹，吞叹也"，因悟《尔雅·释天》"太岁在申曰涒滩"，谓阳气为阴气所束而吞叹也，呻吟之呻从申，以此"涒、吞"一义。《说文》"涒"，已食复吐是涒，即吞也；滩者，叹之假，故《汉礼器碑》作"涒歎"。又思"太岁在酉日作噩"，作噩亦作咢，咢从两口、从屰，亦谓气干逆而不得出也人谓欲吐为作咢，即其义。酉为闭门，故阳气受闭而作噩噩、咢一字。拟为《尔雅太岁所在通释》一篇。

七月十九日(8月27日) 《通释太岁所在》稿成，"玄黓"之"黓"从弋，弋即一字，古文一为弌可证。一者，阳也，草木应病而微阳，怀壬于其中也；癸承壬后，故曰昭阳。"著雍"是"屠维"之误。

七月二十日(8月28日) 作舟前日过我，见《十干释篆》稿极加叹赏，谓发千古所未发，并属更作《十二支释篆说》，今日特补为之。子者，中之句者也。许君云"人以为称"，明子非人之初生本称矣。以下"丑象手形"云云，可以类推。他日当以此稿就正。《十干释篆说》作于今年三月，后以"子、亥"二字未知于草木何取，遂不复撰，《十二支释篆说》终缺然也。今以作舟一语，更撰斯篇，且"子、亥"二义忽焉开朗，此中殆亦有机缘欤？

七月二十一日(8月29日) 读惠氏[1]《易说》。《说文》"相"下引

---

① 此"惠氏"为惠栋。

《易》曰"地可观者,莫可观于木",此当是观卦象辞,非纬说也。授荣宗《孟子·滕文公》,读至"《鲁颂》曰:戎狄是膺,荆舒是惩,周公方且膺之",疑此诗是颂僖公,《孟子》以为周公者。周公封鲁,其子孙从其封国言之,谓之鲁公;从其始封言之,亦可谓之周公,此周公即鲁公也。因悟《论语》"季氏富于周公",其周公亦谓鲁公。不然,周公本不以富名,孔子何取以与权臣絜长较短哉?晚伯声自学归,因与论之,伯声云周公作鲁公解,则"方且"二字益觉有神,盖《孟子》意谓虽以中人如鲁厘《班表》鲁厘列在中中,"方且膺之"与"管仲且犹不可召"文法一律。

七月二十二日(8月30日)　读惠学士《易说》。

七月二十三日(8月31日)　撰《释单》一篇。王叟来,因以《郑文公》《魏法师》《唐中兴颂》三碑属其装池。写寄二兄一缄。

七月二十四日(9月1日)　录《郑文公碑文》一过,《萃编》检之不得,不识何故?雨。

七月二十五日(9月2日)　录《魏李文静公碑》。母舅自兴化来,遣送素心兰一茎。静坐对诵《金经》,意趣清绝。

七月二十六日(9月3日)　母舅至。阅《说文释例》。

七月二十七日(9月4日)　王叟送来苏灵芝写《易州铁像碑》,又阮文达摹刻《诒晋斋》《清爱堂》两帖,读一过。饮老携书院"自诚明"课卷来,孙师卷评云:"无晦义,无支词,水净沙明,方斯文境。"

第十一集　素籀日记
(光绪二十二年　丙申)

十月大　建己亥

十月十九日(1896 年 11 月 23 日)　呜呼，吾父弃予竟六十日矣！此六十日中仅梦见吾父者三一梦吾父殁而复生，予跪侍，父语予曰"毋伤吾足"；一梦父殁后，□□□□；一梦父挈予游郊外，倦憩于野肆，肆人以目镜加予，予愠甚，回瞻吾父，父若谓此不足怒，且怡怡然，若有喜色者，吾父之不怜予，与予之精诚不足以至也。

八月之初，吾父戒予《四书》[①]不可不读，要以顾大局为主。自今思之，吾父一昔之言，其即为小子终身之诲矣，痛哉！吾父生平爱读《论语》，易箦前数夕，犹命城进读一章章为"子路问政。子曰：'先之劳之。'请益。曰：'无倦。'"

古所谓忌日者，非必逾年而又值某月某日始忌之也，周六十日复遇其干支，即为忌。俞氏樾曾有此说，并引《三老碑》为证，是也。《礼记·曲礼》曰："居丧未葬，读丧礼。既葬，读祭礼。丧复常，读乐章。"孙希旦《礼记集解》谓："凶事不豫习，故丧葬之礼，至居丧乃读之。"

今按：读，非口诵之谓，乃紬绎之谓。《毛传》"读，抽也"，《说文》"籀，读书也"，《史记》"紬史记石室金匮之书"，如淳注"紬"谓"抽彻旧书故事而次述之"。此"读，丧礼；读，祭礼；读，乐章"三"读"字断，当从"紬绎"解。不然，丧礼、祭礼或不宜豫习，岂"乐章"亦必专待除丧

---

① 《四书》指"论语、孟子、大学、中庸"四种经书。

之人而始可读乎？郑君注“为礼各于其时”，是郑固以经之读礼为“礼”，“礼”不作诵读解矣！

十月二十日(11月24日)　读《礼记·檀弓篇》，《檀弓》于《别录》属通论。今按：记丧礼为多，似当属凶礼。《檀弓》是子游所作，《檀弓》“昔者子之先君子丧出母乎”①，甘氏跋谓“叔梁公娶施氏，生九女，无子”，“丧出母”当指孔子“丧施氏”。此说亦非。

十月二十一日(11月25日)　读《仪礼·丧服》。吴氏廷华云：“古礼之行于今者唯此篇，盖圣人折中于天理人情之至，以为王者教孝之要法，学者最宜详审，不徒丹黄占毕而已也。”《仪礼·丧服传》文法与《穀梁传》极相似，信为子夏作。《仪礼·丧服》斩衰章传曰“父至尊也，天子至尊也，夫至尊也”，此实发明“三纲”之大。

杨君式丈递来手书，择攒殡之期为“丙申、庚子、甲辰、壬申”。呜呼，先灵将自此远矣，小子何心尚忍言哉！

十月二十二日(11月26日)　读《仪礼·士丧礼》上下篇。

十月二十三日(11月27日)　读《仪礼·士虞礼》。虞，安也，虞祭所以安神也，其祝辞有曰“适尔皇祖某甫”，吾乡“适灵”疑即此“适”字。

十月二十四日(11月28日)　《尔雅·释亲》与《仪礼·丧服》相应。《尔雅》周公作，子夏附益，正犹《丧服》周公作，子夏为传也。《尔雅·释亲》“姑之子为甥，舅之子为甥，妻之昆弟为甥，姊妹之夫为甥”，此四称今未闻。窃谓：“姑之子、舅之子”在礼为“外兄弟、内兄弟”，断无甥称，此文下二句当是为上二句作注，盖言“姑之子孰甥之？

---

① 对于《礼记·檀弓》“昔者子之先君子丧出母乎”这句话有多种解释，朱熹认为“先君子”是指孔伋的父亲孔鲤，吉城认为“先君子”是指孔伋的祖父孔子。按吉城之释，孔子的父亲叔梁纥娶施氏为妻，因为生了九个女儿、不生儿子而被休，但施氏去世时，孔子仍然为施氏办了丧礼。所谓孔氏之“不丧出母”，乃是从孔伋的儿子孔白这一代开始的。

舅甥之也；舅者何？妻之昆弟也；舅之子孰甥之？姑夫甥之也；姑夫者何？姊妹之夫也”。据此，则姑夫于舅之子得有甥称，舅之子于姑夫亦得有舅称也。《尔雅》“谓我舅者，吾谓之甥”，正以甥舅之称不独母舅之于外甥也。

十月二十五日(11月29日)　读《仪礼·丧服》。圣人作《易》与《春秋》，皆以日月为用，《丧服》亦然。日积为月，月积为年，由是而期焉，由是而再期焉，断至三年，三而改也。

近世居丧用“七七”之例，不知谁始？窃谓当自“士丧礼”之复推而行之也。《易》曰“七日来复”，故由始死之复广为七日之复，由七日之复广为七七四十九日之复。尽七七而启殡，则于礼所谓“士逾月而葬”者亦有合焉，此诚亡于礼者之礼也。国朝定“周月初祭、百日奠献”之制，百日者丧更一时也。

十月二十六日(11月30日)　《仪礼》十七篇次叙，今依刘向《别录》郑目录引。按：刘向所定次叙必《仪礼》原本之次序也，周公制作实祖《伏牺易》[1]。孔子《说卦》云“帝出乎震”，震为长子，二十而冠，成人之道也。《说文》“夫”下云“一以象簪”，夫从大一，天从一大，夫也、天也、士也、帝也，故首为“士冠礼”。“齐乎巽”，巽为长女，妻者齐也，故“士昏礼”次之。“相见乎离”，离也者明也，万物皆相见，故“士相见礼”次之。“致役乎坤”，致役者，致养也，故“乡饮、乡射”次之射亦养礼，《孟子·滕文公》曰“庠者养也，序者射也”，“燕礼、大射”，则由“乡饮、乡射”而大之者也。“说言乎兑”，兑为朋友讲习，是其聘问之义焉，故“聘礼”次之，今“大夫礼”则“聘礼”之下篇也。“战乎乾”，乾为天子，位于西北，西方秋也，诸侯见天子，春曰朝、秋曰觐，故“觐礼”次之。“劳乎坎”，坎正北方之卦，万物之所归也，人死正北首，鬼者，归也，故“士丧礼、丧服、既夕、士虞”次之。“成言乎艮”，艮，万物之所成终而成始也，艮为宗庙，丧礼属凶，祭礼属吉，凶终而吉始，故“特牲馈食、

---

① 《伏牺易》即《伏羲易》。

少牢馈食、有司彻”次之。艮复为震，震为长子，长子主器，主祭器也，“特牲馈食”诸礼而后，其复为“士冠礼”矣。

十月二十七日(12月1日)　孙师云，天球之南北乃上下也，两极终古不通，人皆倚附于四旁。谨按：斯理极精，《说文》“人”篆为编立之形，即其义也。“丧礼”有所谓重者，今无其制。竑丈云：东台于人始死之后，必置一锡器于棺旁，实以米饭等。此即重所悬之物与？

读《礼记·檀弓》：“有殡，闻远兄弟之丧，虽缌必往；非兄弟，虽邻不往。”据此，则家有殡宫，惟兄弟之丧始得出门往吊。乃其下文又云：“所识，其兄弟不同居者皆吊。”疏家以为，此或与上文不相蒙，盖别出一记也。今按：此与上文正相蒙，《记》意盖谓：有殡不得出门吊丧，然果所识之友而有丧，则欲吊于礼不宜，不吊又于情不忍，则属其不同居之兄弟往吊可也。此文当以“所识”二字为读《礼记·曾子问》：“相识，有丧服可以与于祭乎？”亦以“相识”为读，其“兄弟”联“不同居者皆吊”为句，其字指上“有殡”者言，皆字谓：凡不同居之兄弟皆可往吊也，若同居，则期功之兄弟亦不得出门吊丧。

十月二十九日(12月3日)　《丧服》是一家之学，汉夏侯胜善说“礼服”，萧望之以“礼服”授皇太子，其所谓“服”即“丧服”也。《隋志》于礼类有“丧服”一种，则六朝经师犹传授未绝《汉书·萧望之传》又云“从夏侯胜问《论语》《礼服》”。望之为《鲁论》大宗，则《丧服》亦鲁学也，传为子夏所作，奚疑。常熟吴卓信顼儒著《丧服经传约》一篇，简要精通，礼家必读之书。

十月三十日(12月4日)　《礼记·曾子问》“昏礼既纳币，有吉日”章云：“婿，已葬，婿之伯父致命女氏曰：‘某之子有父母之丧，不得嗣为兄弟，使某致命。’女氏许诺，而弗敢嫁，礼也。婿，免丧，女之父母使人请，婿弗取，而后嫁之，礼也。女之父母死，婿亦如之。”郑注“致命”云“必致命者不敢以累年之丧使人失嘉会之时”。孔疏误会郑意，因以“弗敢嫁，而后嫁”两“嫁”字为“别嫁”，不知将昏遭丧，丧免而男必别娶、女必别嫁，万无此理。郑君“不敢以累年之丧”云云者，正释“致命”之意。“致命”者盖谓前已有吉日，因遭丧而不能行亲迎之礼，此后复为吉日，则“惟吾子之命是听”郑注“嘉会之时”即是重为吉日也。于“昏礼”即为“请期”，女氏许诺者，昏礼请期，女氏必谦，而仍能听命于婿家。今则婿遭丧，断无心于吉日，若固辞则是以非礼处人，故且许诺。然许诺而终不敢言嫁，则以婿未除丧，不可以行嘉礼也。至免丧之后，则女氏使人请，此“请”云者犹昏礼“请期”，所谓“对曰：某女父名既前受命矣，惟命是听”之意。“婿弗取”者，弗忍言取也；“而后嫁之”，此“嫁之”由女氏。犹昏礼“请期”。所谓“不许，某不敢告期，曰某日”之意彼文是婿家使者词，此当易为女氏。万氏期大谓“婿弗取”为“不亲迎”，其说极是。《礼记·曾子问》此下数节皆论“昏娶遭丧”之事，如云：“除丧则不复昏礼乎？”按：“昏礼”名“昏”，“阳下阴”也，谓“亲迎”也，“除丧不复昏”正谓“除丧不复亲迎”，有来嫁而无往娶，可为此文“弗取，而后嫁之”之确证。又云：“嫁女之家，三夜不息烛，思相离也。取妇之家，三日不举乐，思嗣亲也。三月而庙见，称来妇也。择日而祭于祢，成妇之义也。”注家但知下二句为“舅姑殁”，不知上二句亦是“除丧以后嫁取”之礼。不然，礼属嘉会，其亲见在而忽作不祥之思，先王此制转为颠倒，且“不息烛、不举乐”明是凶礼《仪礼·士丧礼》亦曰为“燎于中庭”，《□□》亦曰“不乐”。又《仪礼·士昏礼》云“若不亲迎，则妇入三月，然后婿见”，与此“三月庙见，称来妇”互相发明，此尤可为“弗取，而后嫁之”之确证。“不息烛”郑注“亲骨肉也”，“不举乐”郑注“重世变也”。按郑意，谓女适人而舅姑先殁，则倍觉己之父母之可亲，“世变”则明指亲没矣，郑君此注极为可据。伯声云：“《礼记·曾子问》一篇多言凶礼之变，‘不息烛、不举乐’如是，泛言嫁娶通制，则不应类记于此也。”

《周礼》故书“郊或为蒿”，杜子春云“蒿读为郊”。《礼记·曾子问》：“凡殇，与无后者，祭于宗子之家，当室之白。”

《说文》：“医，治病工也。殹，恶姿也，医之性然。得酒而使，从酉。王育说。”治许书者于此说解多不憭。今按“醫”篆，次“醉、醺、酗、醟、酲”之下。酲，病酒也，医为治病工，当是治酒病之工，治酒病必用“恶姿”之人者，盖犹“欺头逐疫”说见“欺”字下，惊而使之醒也。性者，生也，“医之性然”，谓医工生有此恶姿也；“得酒而使”，谓人得酒病而使此恶姿之工以治之也。盖三代以上多患酒，故仪狄造之而禹绝之。饮必至于醉，醉则病矣，因病而有医，许书之次叙然，事理之先后然也。医为治酒病者之专称，后则凡治病者亦为医耳。

《说文·金部》：“铬、镗”二篆相次，“铬”下云“鬄”也，“镗”下云“击”也。“锤”，段云即俗“歪”字之正者。

《说文·言部》：“诔”，云“铺旋促也”，“谀”，“数相怒也，从言隽声，读若画”。

十一月小　建庚子

十一月初一日(1896年12月5日)　写上二兄一禀，特告启殡日期。

《礼记·丧大记》有“疾病，废床”之文，注谓：“置病者于地，以始生在地，庶其生气复反。”今按：以病困之体而置之于地，是速之亡也，此“废”字当读如《左传》“废六关”之废，废者，设也。《士丧礼》明云“设床”，此云“废床”，正与礼应。盖疾病将终，预设一床于正寝，下文云“始死，迁尸于床”，即迁于此所设之床耳。又：“子、大夫、公子、众士食粥，纳财，朝一溢米，莫[1]一溢米。”郑注：“纳财，谓食谷也。”孔疏：“纳财者，财谓谷也，谓所食之米也。”今按：“纳财”以下十字一句读，财者，仅也，谓食粥之所；纳，朝仅一溢米、莫仅一溢米也。

十一月初五日(12月9日)　辰初启殡，乘何四船，东风，行六十里。

十一月初六日(12月10日)　东风，行九十余里，泊永安镇。读《礼记·杂记上》：“士丧有与天子同者三：其终夜燎，及乘人专道

---

① 此“莫”字即“暮”也。

而行。”

十一月初七日（12月11日）　东北风。大雾，自晓至午始散。读《礼记·杂记下》：“卒哭成事，附，皆大牢。”“卒哭”谓之“成事”。晚泊马桥。祖者，且也，祖训始，且亦训始。《礼记·丧服小记》“既练而反，则遂之”，“遂之”谓终三年也。

十一月初八日（12月12日）　东风，早有雾。上午过仙女镇，下午过六闸，晚抵扬州徐凝门。读《礼记·丧大记》。

十一月初九日（12月13日）　早至砖街，诣二哥所，面禀一切，二哥到船谒灵。上午由扬州开行，晚泊瓜州。

十一月初十日（12月14日）　早渡江，泊金山河。《说文》“哭从狱，省声”。“不必□笑”，“笑”之上体疑当为“𠂇”。《说文·口部》“嗌”，“嗌”之籀文云“上象口，下象颈脉理也”。“笑”上作𠂇，正象口也，其下当从夭。《汉书》有壹“芺”字，此乃“笑”字之正体也。

昨夕瓜州民居失慎，夜半梦父谕曰“穷人遭厄可怜，宜有以恤之”，觉后语犹在耳。时已开舟过江，因遣王司复至瓜州，择尤周急。宿金山河，俟二哥渡江来。《说文·可部》“哥”，古文以为“歌”字。按：今人呼兄为哥者，兄弟之称非“兄、弟”二字之本义，兄者，况词也，况谓增益，增益者，长也古“长”字无平去之别，长短即长幼。“歌、咏”互训，“咏”为“永言”者，“长言”也。然则以“哥咏”之哥为“哥弟”之哥从今称，正如以“兄”益之，兄为“兄弟”之兄，皆从“永言”之义而引申之者也。夜微雨。

十一月十一日（12月15日）　早雨未已，至夕西北风作，雨少止。以无雨具，未能上岸。读邵位西《礼经通论》，其以《仪礼》十七篇当用《大戴礼》之次序，谓有合于《礼记·礼运》“冠、昏、丧、祭、射、乡、朝、聘”，然不足包“士相见”一类，不若予前说之为安也。邵又云：“子游传礼，荀卿书云‘仲尼、子游为兹厚于后世’，以子游与仲尼并称。荀卿隆礼之学似由子游来，然其后文又并举‘仲尼、子弓’，子弓不知谁氏？意者檀弓，鲁人，善于为礼，或者即子游之门人，檀其氏而子弓其字与？不可得而考矣。”以上邵说今按：邵氏此疑极有理。窃谓：“檀弓”即“子游”之别字，《说文》“游，旌旗之流也，从㫃汓声”，盖“子弓”名㫃，字檀弓，义正相应，省言之亦可称“子弓”。《礼记·檀弓》“檀弓免焉”，后又称“子游问诸孔子”；荀卿书以“仲尼、子游”并举，后又称“仲尼、子弓”，盖惟子游、子弓正是一人，故两字不嫌杂举也。

二哥下午渡江来。

十一月十二日(12月16日)　谒君式丈，细叩一切，晚仍回船。山主王承俊到船看视。上岸地步。

十一月十三日(12月17日)　此下数日皆十二月初八日补记。

黎明开船，由金山河移至三摆渡。王承俊雇乡人十名来，挽柩登岸。新茔在镇江西南乡王家嶂山地近龚家湾，山去城约二十里，去王承俊家约四里许。与二兄哭扶到山时，已午正申初，请柩登位。是日日光不甚晴朗，届申刻云开日见，太阳照向冢，人咸谓曰宜。杨丈君式、陈翁耀如皆到山审视一切，据云今年权用坤艮向浮攒，明年利用丁癸向安葬。

此山祖脉为常山枝，土人呼为嶂山，或即“长山”音转，当读如“长”，“一身有半”之“长”。山地坐南朝北，南壁隆起，绵延数峰，即“长山”也。实为坐山之枕背，由南壁诸峰迤逦左旋，遂平衍而为坐山之对面，术家所谓“青龙带案”者是也。案山自左而右，遥望之仍若有回顾主峰之意。案山而外，左角有五峰，团聚者为“五州山”；右角有数峰，遥立者为“某某山”俟考。此两山为案外护山，然必丁癸向，方得形势之正也。是日因日晏未能傅土，宿王承俊家。承俊有兄名承纪，其人较承俊为朴诚。

十一月十四日(12月18日)　雨。午刻雨稍小，急属王承俊偕乡人发土攒柩，日晡始毕工，用土坺约二百余方。承纪精匠事，可无虞罅漏也。昨夜三更后闻雨声，心忡忡然，忧柩之暴露，今幸冒雨竣事，盖先灵实式凭之。夜梦仿佛在山，见对面案山而外，有一蛇与一牛斗，惊而醒。

十一月十五日(12月19日) 雨。吾乡例,用葬之三日行复三礼,盖当古之“虞祭”矣。敬治酒饭、豚鱼、蔬菜、香烛、明主等,诣山哭奠。呜呼,号吾亲而不闻,攀吾亲而不见,呼天抢地,身不能续,哀哉痛哉!

十一月十六日(12月20日) 雨。上城,偕二兄走谢君丈。大风,行经江边几为风吹倒。寓泰来客栈,楼上寒风刺人。

十一月十七日(12月21日) 冬至。冷不可当,夜觉恶寒发热。

十一月十八日(12月22日) 二兄走邀王某翁来为我诊,云是奔劳感冒,用疏解法,服一帖,稍愈。

十一月十九日(12月23日) 随二兄坐课船到扬州,暂宿同康和店。店中有黄行之翁,是江西人,与谈甚有致。

十一月二十一日(12月25日) 晤卢楚卿,新自湖南岳州归,明年馆天津杨家也。

十一月二十三日(12月27日) 拟坐何四舟回东台,而何舟在镇江装货,久之不至。

十一月二十四日(12月28日) 二兄约出北门谒史公祠,拟献一联云“一生大节出师表;再世孤忠正气歌”,即暗“师生有自来”一联大意。

十一月二十五日(12月29日) 又发寒热。随身服用诸物皆在何舟,为此牵掣,不得附他船回东台,殊闷损也。程兰丈来看予病。

十一月二十六日(12月30日) 病愈,何舟适来。

十一月二十七日(12月31日) 何舟因挤河路,未能即开,予亦未上船。

十一月二十八日(1897年1月1日) 今日为吾父“百日”,迁延于外,不得躬亲祭祀,罪莫大焉。午刻别二兄上船,行十数里,同舟者为蔡幼安。

十一月二十九日(1月2日) 雨,不能行。

十二月大　建辛丑

十二月初一日(1897年1月3日)　行过仙女庙。

十二月初二日(1月4日)　西风,行百许里。

十二月初五日(1月7日)　午前到家,走谢戚友。

十二月初六日(1月8日)　雪。孙师命至精舍午饭,晤子香、白石、心兰、吟白诸老。写安禀寄二兄。

十二月初七日(1月9日)　又写一禀寄二兄,托买《荀子集解》。

十二月初八日(1月10日)　补写以上数日记。戴生、杨生各来文数首。

十二月初九日(1月11日)　与三兄合为孙师作寿,邀子香、白石、饮兰、鉴殷诸君为陪。连日阴雨。

十二月初十日(1月12日)　仍雨。写上君式丈禀。

十二月十一日(1月13日)　仍雨。

十二月十二日(1月14日)　孙师寿辰,早往叩祝。虎臣自京递来手毕,云明年拟为美国之行,尚未定计。禹言来,示我益梧师《荀子集解》,先睹为快。按其序例,要以王念孙、郝懿行、俞樾"三家说"为宗,其余儒先诠释寡所采掇,似尚有未备之憾。他日拟通读一过,即年来管窥所及者,录寄湖南,以求我师削正也。君式丈递来致大兄、三兄手书,其意谓新茔将来不能三穴平列,仍宜多选他山。

十二月十三日(1月15日)　写上二兄禀启,并附去英洋十圆。星南过我,以《种蕉馆诗集》二册见赐,诗为丹徒郭厚庵堃著。厚庵为立斋先生家驹子,立斋以能诗称见《丹徒县志·文苑·李御传》,惜未见其遗集。读此刻,亦可觇其家学矣。伯声回兴化。

十二月十四日(1月16日)　午后往晤心兰,以旧藏《汉沙南侯获碑》拓本为报,畅话至夕。碑云"侯获,字伯夺","夺"与"获"名、字相应,今人多释为"伯奋",似误。

十二月十五日(1月17日)　改杨生文四首。

十二月十六日(1月18日) 写寄二兄禀。改戴生文六首。笔砚皆冻。

十二月十七日(1月19日) 阅《荀子集解》。

十二月十八日(1月20日) 阅《荀子集解》非相、非十二子篇,中有郭嵩焘、郭庆藩说。颂年来,假《史记集解》二册。

十二月十九日(1月21日) 子香老招陪孙师,坐有白石、饮兰、杏楼、融甫诸君。杏楼云,《曾公奏稿》湖南宝善书局可单卖。晚写寄二兄一禀。

十二月二十日(1月22日) 母亲寿辰。三兄午至。三兄近习《易筋经》外功。晤禹言。

十二月二十一日(1月23日) 阅《荀子集解》。

十二月二十二日(1月24日) 读邵位西《礼经通论》,"《毛诗》《左传》《逸书》《逸礼》皆刘歆伪为",近南海康氏有为著《新学伪经考》,其说未必不本于位西也。

十二月二十三日(1月25日) 檀弓即子游,其所记皆丧礼,因撰《檀弓补注》①。

十二月二十四日(1月26日) 以下数日皆撰《檀弓补注》。

十二月二十六日(1月28日) 二兄为予买《荀子集解》,由邮递来。

十二月二十七日(1月29日) 还《荀子集解》与禹言。

十二月二十八日(1月30日) 雪。

十二月二十九日(1月31日) 雨。

十二月三十日(2月1日) 风雪。

---

① 《檀弓补注》是吉城为证檀弓即子游而撰的一部国学论著,后定名为《檀弓壹学》。

第十二集　素籲日记
（光绪二十三年　丁酉）

正月小　建壬寅

正月初十日（1897年2月11日）　祀孔子。命荣宗入学。

撰《檀弓补注》越三旬而草稿成，盖未一日辍也。

二月大　建癸卯

二月初一日（1897年3月3日）　重录《檀弓补注》稿，有疑义就正于白石、禹言两君者为多。读《穀梁传》，足征《檀弓》者不下数十处。

二月初二日（3月4日）　禹言、吟伯过我，茗话竟夕。吟谓"古先有文字，乃有语言"，其论极精确。盖黄帝始"正名"，名即文字，无以名则无以为言语矣。予为引其说曰："未有文字以前，言语只存于声音；既有文字以后，声音始成为言语。"二哥自扬州回。

二月初三日（3月5日）　读梁卓如《学校议》。

二月初四日（3月6日）　雨。《礼记·檀弓》"吾未尝以就公室"，禹言谓"公室"疑是"宫室"通假。今读《说文》，而得"宫、公"通用之原焉。《说文》"门部"之后别立"宫部"，其部所属仅一"营"字。"宫"者公也，"营"者私也，仓颉作字，自营为私，背私为公。许君别立"宫部"，特系一"营"字于下，所以明"一公一私"之大义也。敬姜所言"公室"，断为"宫室"假字，目妻子也。"宫、公"通用，《论语·乡党》"入公门"谓"入宫门"也。又，五刑有"宫刑"者，绝去其"私"也，正取

“背私为公”之义。

二月初五日(3月7日) 雨。读《楚辞·天问》“地方九则,何以坟之”,王逸注:“坟,分也。谓九州之地凡有九品,禹何以能分别之乎?”按:王读“坟”为分,是也。《左传·昭公十二年》:“是能读《三坟》《五典》《八索》《九丘》。”“三坟”当即“三分”,《书·武成》曰“分土惟三”,《论语》云“三分天下有其二”,是古即有“三分”之说,此“三坟”即其书也。典,则也。“五典”当即《禹贡》之“青壤、赤壤、黄壤、白壤、黑壤”。屈原《天问》曰“九则”,从其田言;《左传》曰“五典”,从其壤言。“索、薮”声近,“八索”即《尔雅》之“八薮”。“九丘”即《尔雅》之“九丘”。“三坟、五典、八索、九丘”四者皆“古地志”也,故楚灵王谓倚相“能读”,而子革特举“穆王周行天下,倚相不知《祈昭》之诗”以为难,又结之曰“若问远焉,其焉能知之”。正谓倚相能读“古地志”,而王畿以内之事彼尚不知,况地之远者乎。汉儒说《三坟》《五典》迄无定论,盖未明“坟、典、丘、索”皆“地志”也。

二月初十日(3月12日) 西溪书院甄别,“老者安之”三句。按:此节亦《公羊春秋》大义。《公羊传》曰:“颜渊死,子曰天丧予;子路死,子曰天祝予。”是《春秋》一书,夫子盖为“渊、路继逝,吾道不行”而作也。女曷、仍叔、荀息、天王锡命,是此三言之见端。

二月十二日(3月14日) 三贤书院[1]甄别,“多闻,择其善者而从之”三句。按:此节亦《公羊春秋》大义。《春秋》“张三世”,闻、见、识是也。择善而从者,世远略也;识之者,世近详也。“朋友信之”“贱货而贵德”“仲尼不为已甚者”,又“不知命,无以为君子也”。

二月十三日(3月15日) 前日伯声来一缄,今答之。

二月十四日(3月16日) 孙师、庥老、禹兄偕至,论说竟夕。

二月十五日(3月17日) 读《大戴礼·王言篇》“负序而立”,补

---

① “三贤书院”是吉城学友汪济于光绪二十三年(1897)创办的,该书院直至光绪三十三年才停办。

注引《礼记·文王世子》“终则负墙”。按:《论语·阳货》“正墙面而立”,当亦伯鱼问终,夫子即其“负序”之常节,而反言为譬耳。“王言”之“言”疑当训为“道”。《夏小正》即夏之春秋也,故传文亦与公、穀之传《春秋》同,其中与《穀梁》合者尤多,当亦鲁学家书也。

二月十六日(3月18日)　读《大戴礼》。

二月十七日(3月19日)　以下数日皆读《大戴礼》。

《尚书》“黎民祖饥”。蒙按:“祖”即“且”也,“饥”谓“荐饥”。读《夏小正》,因明《穀梁》旨例皆从此出,黄叔琳、李调元谓“子夏作传”,信矣。拟撰《夏小正约义》[①],从杏楼所假得黟程鸿诏《夏小正集说》。我朝治是经者四十余家,《集说》网罗甚备,程从俞理初学,篇中俞说称“子俞子”。此书刻于同治十一年,据其《后序》云“咸丰辛酉以存本呈曾文正”,故版端曾文正有“同治四年三月校于金陵”之语。

二月三十日(4月1日)　此月绵阴多雨,疏材〔蔬菜〕腾贵。

三月大　建甲辰

三月初一日(1897年4月2日)　乃晴。禹言过我,论学永夕。

三月初二日(4月3日)　读《吕氏春秋·孟春纪》。

三月初三日(4月4日)　清明。祀先。

三月初四日(4月5日)　昨杨芷湘过我未见,今往答候,赠我丹徒《谢湘谷集》及《经说丛钞》。谢名庭兰,其人盖归往宋学,诗、古文极饶雅趣。《经说丛钞》排击汉学,至东吴惠氏、高邮王氏之书,亦痛加诋斥,于《书》必宗伪孔[②],于《诗》及《四书》必宗《集传》《集注》,不免门户私见。

三月初五日(4月6日)　戴生以文来,即将改过两首付去。

三月初十日(4月11日)　以上三日,皆在襄荷精舍饮食,陪君

---

① 《夏小正约义》是吉城所撰的一部国学论著。

② 伪孔指伪造的《孔安国尚书传》。

式丈也。

三月十一日(4月12日) 二兄项际有小疣,已有年矣,近略觉痛,与杜海翁看,云系渣疣,无害。大母舅自兴化至。阅《第一楼丛书》《易贯》五卷。《贾谊新书》"春秋、连语","惠王之后而蛭出","后"谓"如厕"也。

三月十五日(4月16日) 兰丈作古。

三月十八日(4月19日) 浒岑自都门递一札来。

三月十九日(4月20日) 撰《夏小正约义》既成,为序曰:

盈天地间皆物也。黄帝正名百物,禹主名山川。刑名从商,爵名从周,三王绵延,相嬗不敝。孔子修其绪而作《春秋》,亦曰"正名而已矣"《穀梁·僖十九年》传文。"名不正则言不顺,言不顺则事不成,事不成则礼乐不兴,礼乐不兴则刑罚不中。"礼为刑统,名为礼统,三代之礼,三代之名也。故曰:"我观夏道,得夏时焉;我观殷道,得坤乾焉;我观周道,舍鲁何适?"夏时、坤乾、鲁史,一也。

坤乾不可知,学者至今传《夏小正》。"小正"之"正"曷正乎?正名而已矣!周公作《尔雅》《尔雅》即"小正",说详《夏小正篇》题下。《尔雅》亦云"自《释地》以下至九河,皆禹所名",则虫鱼、草木、鸟兽,何一非黄帝以来所有事也?春秋始于元年春之正月,终于获麟;而小正始于正月,终于陨麋角。先后制作,若合符契。君子之于名,岂苟焉已哉?

孔子以《春秋》属子夏,子夏授穀梁。《小正传》相传为子夏作,《穀梁传》利旨多在于是。其"记时"云者,《穀梁传》"日月例"所自出也;其"养、祭、冠、昏、耕、蚕、田、狩"云者,则又《穀梁传》"礼"所沿流而访源也。《穀梁传》曰:"五石,耳治也;六鹢,目治也。故五石、六鹢之辞不设,则王道不亢矣!"夫石、鹢微也,而极以王道,岂不以明堂"四时"出政,虞舜辟门,明目达聪"辟门"为明堂礼说,详惠氏《明堂大道录》。夫子语颜渊"为邦",首行夏时;而复礼归仁,莫先视听,耳治、目治、一身治,天下治矣!"雁北乡,雉震响",以下不皆当作石、鹢观哉!

《荀子·正名》云:“期命辨说也者,用之大文也,而王业之始也。”《正名篇》又云:“形、体、色、理以目异,声、音、清、浊、调、竽、奇声以耳异。”此物此志也。我朝治《小正》者四十余家,黟程氏鸿诏始为《集说》,其所采入者至赅备矣,然不明为鲁学宝书《穀梁传》为鲁学,见《汉书·儒林传》,精粗杂揉,卒鲜折中。蒙乃不揣固陋,依经举证,亦幸冀为我穀梁子挟其孤微也。其已详本程氏书,而无关《穀梁传》旨例者,皆不复论。次述既竟,窃取《春秋》“约而不速,义而不辨”之谊,号曰“约义”云。

三月二十日(4月21日) 从子湘许假黎庶昌刻《古佚丛书》《论语》《穀梁传》《尔雅》四种,校读一过。《论语》为正平本,其根据在隋唐以上阮文达所称高丽本即此,此为原本,其异同溢出阮元《校勘记》外者极多。《穀梁传》为宋绍熙本,即余仁仲本也《穀梁注疏》何休校本,其所见余本仅自宣公以下,未窥全豹也。《尔雅》为宋蜀大字本,书末有“将仕郎守国子四门博士臣李鹗书”一行,李鹗即李锷,黎序以为后唐平蜀时命李鹗书者,是也。《穀梁传》有宜都杨守敬校札,《论语》《尔雅》则无。

三月三十日(5月1日) 校毕。复假《玉烛宝典》《庄子注疏》《日本见在书目》三种。

四月小 建乙巳

四月初一日(1897年5月2日) 卢荫老自泰州来,畅述试事。冯石翁至。窳老为予题扇云:“翻帑蠹简日初长,坐听松风竹有香。一任门前车马过,先生胸次在羲皇。”窳老殆自况也。《玉烛宝典》为隋著作郎杜台卿少山撰,其书计十二卷,按月一卷,以《月令》为主,《七经纬说》及《小正》《吕览》《淮南》各家附之,先以之校今行《月令》,异文轶义,触目皆是。

四月初四日(5月5日) 校《月令》毕。从蔡雨老谈韵学。

四月初五日(5月6日) 校《夏小正》，杜氏[1]引传文甚略，然如“撩、宎[2]、穴、寂、菽、糜”之类，足征隋以前旧本不差也，惜无《九月》一篇。

四月初七日(5月8日) 雨后寻老窳闲话。

四月初八日(5月9日) 《玉烛宝典·四月》述“佛生本末”极详，并云“闻韶忘肉味”即是爱养生物之意。昨日老窳赠我《贝叶经》一翻，苦不识其字，杨恭甫云是印度文也。诵《金经》一过。

四月初九日(5月10日) 还去《日本书目》《玉烛宝典》《庄子注疏》，续假来《文馆词林》《尚书释音》《史略》《汉书·食货志》四种。写寄伯声一缄，便请二母舅代购《碑传集》。

四月十一日(5月12日) 二伯妣生忌，诣西宅行礼。

四月十二日(5月13日) 孙师假去《公羊释例》三册。改颂年课文。尤西堂“吾其为东周乎”文一篇，解题精确，足补《论语注疏》所未及。

四月十五日(5月16日) 《文馆词林·教类》载李固《祀胡毋先生教》一首，内述胡毋生有《春秋章句》，此足补《西汉艺文志》。还去《尚书释音》《汉志》二种，别假来《公羊礼疏》及咫进斋刻《说文》数种。

四月十六日(5月17日) 西溪书院县课，“子曰：齐一变”两章，撰两卷，一主“春秋立论”，一主“礼立论”。

四月十七日(5月18日) 伯声寄来文赋数首。

四月十八日(5月19日) 连日阴雨。读《公羊礼疏》。

四月十九日(5月20日) 从芷湘所复假得《洪北江集》阅之，据其未刊书目有《公縠古义》二卷，惜不可复见矣。

四月二十日(5月21日) 西溪书院斋课题，“子曰：道不行”合下二节，率书一卷。阅梁章钜《楹联丛话》十二卷。

---

① 此“杜氏”为杜台卿。

② “撩”为“潦”假，“宎”为“窔”假。

四月二十一日(5 月 22 日)　芷湘午后来。

四月二十二日(5 月 23 日)　点阅伯声课作及会文三卷寄去。读《晓读书斋杂录》。

四月二十三日(5 月 24 日)　录洪氏[①]《晓读书斋杂录》数十则，其卷首自记云："余自绝域生还，或扃户浃旬，或授徒百里，皆日课读书二卷，非人事牵率，岁腊倥偬，未尝辍也。"先正劬学如此，敢不勉诸。

四月二十四日(5 月 25 日)　阅郑珍《说文新附考》，说多其子伯更名知同所益，其校正钮氏[②]处皆审当。

四月二十五日(5 月 26 日)　阅《说文新附考》。

四月二十六日(5 月 27 日)　三兄偕六弟赴金坛。

四月二十七日(5 月 28 日)　将旧藏《李超》《苏孝慈》《张玄》《李道宝》《根法师》《唐邕》《伊阙佛龛》诸碑一一装成，其《唐邕》《佛龛》《苏慈》三种则属王叟装也。

四月二十八日(5 月 29 日)　装碑。晚读《汉书》严助、朱买臣、吾丘寿王诸人传。

四月二十九日(5 月 30 日)　《汉书·东方朔传》"伯姬燔而诸侯惮"。按:此穀梁家说也。

五月大　建丙午

五月初一日(1897 年 5 月 31 日)　会稽赵之谦著《补寰宇访碑录》，项晴轩去年自通州寄来钞本一册，今属颂年录之。其录至隋而止，似非完书，篇中多有不著碑之所在者，盖转写夺落也。潘某来，留其汉魏数拓。潘名咸忠，兖州人。

五月初二日(6 月 1 日)　西溪书院课题："所谓立之斯立"四句，

---

① 此"洪氏"为洪亮吉。

② 此"纽氏"为钮树玉。

赋得“湘水无情吊岂知”得“知”字。按：今日庚寅，诗题主吊屈原，宜也。晚作一卷。

五月初三日(6月2日) 早起，复写一卷。阅《说文校定本》宝应朱士端。

五月初四日(6月3日) 阅吴玉搢《说文引经考》。潘咸忠送来《刘平国碑》，云新疆初出土物，谛审之，其文有“龟兹左将军刘平国”又“永寿四年”云云。按：永寿为汉桓帝年号，史载永寿止三年，四年乃延熹元年，碑仍称永寿，盖荒域未知改元也。

五月初五日(6月4日) 风雨。诵《金经》三遍。去年此时，我父病起，强行至书屋中坐，须臾见庭前蕉绿，略为解颜。今则景物犹是，音容终古矣，痛哉！

五月初六日(6月5日) 校看济宁学宫诸汉碑，《尉氏令郑季宣碑》最阙蚀。还芷湘处《公羊礼疏》三本、《史略》一本，复假来《思进斋丛书》三本合前共十三本，《古佚丛书》尚存《文馆词林》二册未完璧归赵也。芷湘以《唐赋》刻样两本属校。戴生来问文。

五月初七日(6月6日) 写一函寄伯声。改颂年课作四首。

五月初八日(6月7日) 为芷湘校《唐赋》选本，其《高适赋》有云“曾莫蚕芥”，盖是“蒂芥”之假“蚕芥”即“蒂芥”，见《西京赋》。

五月初九日(6月8日) 《唐赋》两本校过还芷湘，即观其所藏江宁新拓诸碑，皆唐以后物，《王法师神道》一种，大字极佳，余良苦杂出，不尽可宝也。补撰志乘者，盖不得略之耳！武念伯来，略谈碑学。颜生幼莲寄信来，云今年仍馆姜堰。晚录《安吴论书》数纸。

五月初十日(6月9日) 写答幼莲一缄。还芷湘《古逸书》二册，又《思进书》三册。

五月十一日(6月10日) 钞《安吴论书》毕。复从寙老所假得康广夏《广艺舟双楫》录之，其书计六卷二十七篇，寙乃手写本也。

五月十二日(6月11日) 此下数日皆钞书。

五月十六日(6月15日) 书院斋课题，“子曰：能以礼让，为国乎何有？不能以礼让，为国如礼何？”一节。按：此节是《穀梁传》恶隐公大义，让出以礼，是谓礼让，隐公知让而不知礼，故曰“如礼何”。此节读法当于“让”字句绝，言“能以礼让”，则其“为国何有”“乎”字语助，不为义；“不能以礼让”，则其“为国如礼何”。即本此议作时文一首，别据上文“利”字作一首。

五月二十日(6月19日)　录《广艺舟双楫》毕，与《安吴论书》合装一册。康氏[①]才气勃越，其表奉北碑可谓至矣，论执笔法及卫觊派别，实足补正包氏[②]，至其考“八分”名义，则未可信。别有校语，附记其书后。

五月二十一日(6月20日)　还书至寙所，假来《灵庙碑》。

五月二十二日(6月21日)　读包氏、康氏论书[③]，得其执笔之道，仍不外乎“虚掌实指”而已。欧阳询之《黄叶和尚》、颜真卿之《离堆记》，康氏皆尝举及，康亦可谓冷眼博窥者矣。

五月二十三日(6月22日)　镇江科试，三哥及禹言、子贞皆一等；丹徒入学者，此地[④]只有李木翁之子声永。读《穀梁传》，义字、道字、正字，开篇即已揭出《春秋》大义，炳如日星矣。

五月二十四日(6月23日)　读《论语·先进篇》，《乡党》专言“礼”，此篇兼记“乐”，以礼乐起，以礼乐结，中间诸贤言行，皆礼乐之选也。仲由最失乐之和，故曰：“不得其死。由之瑟，奚为于丘之门？”闵子，知乐意者，“訚訚如”即是闻乐时之容。“子乐”之“乐”，不必改误，“行行、侃侃”亦然。曾点“暮春”数语皆有韵，即是鼓瑟乐章，夫子兴之，兴其知乐也。

五月二十五日(6月24日)　读《周官》。

---

① 此“康氏”为康有为。

② 此“包氏”为包世臣。

③ 此论书即《艺舟双楫》和《广艺舟双楫》。

④ “此地”指东台。

五月二十六日(6月25日) 三贤书院课题,“人洁己以进”三句。按:此节文甚顺,“与其进”三句是就童子言,此三句则申明《春秋》与人之例,特著一“人”字以为识别。乃后世屈经徒传,必以朱子疑惑之词据为绳准,甚至将经文乙转授读,此大不可也。作二卷。

五月二十七日(6月26日) 从窳老讲《论语》“暮春”之说,窳极称同。读《周官》。

五月二十八日(6月27日) 芷湘过我闲话。

五月二十九日(6月28日) 从子湘所假《穆天子传》阅之。读《周官》。求雨有日矣,今早急雨一阵,旋晴。

五月三十日(6月29日) 校《夏小正》,据《士礼居》本①,其所谓“韩本”,向与程鸿诏所据“韩本”有异。久不得雨,昨小雨无益,二兄拈字属予占之,得六月初五、初六宜有雨。

六月小 建丁未

六月初一日(1897年6月30日) 读《周官》。校《春秋繁露》。

六月初二日(7月1日) 读《中庸》“春秋,修其祖庙”云云,“春秋”疑即鲁之春秋,韩宣子所谓《周礼》者是也;“修其祖庙”四句,当为春秋旧制。以下“宗庙之礼”云云,正释礼法,盖《春秋》者周公所作,子思推崇祖德,原本周公与仲尼。“祖述尧舜”云云,遥遥相映,公羊学所自出,信不虚也。

六月初三日(7月2日) 读《公羊传》“隐公、桓公”两篇。

六月初四日(7月3日) 读《公羊传》“庄闵,僖公”两篇。

六月初五日(7月4日) 读《公羊传》“文公、宣公、成公、襄公、昭公、定公、哀公”七篇。“获麟之岁”孔子年七十一。禹言昨晚过我。午前往候三兄未值,午后三兄过我,畅谈金沙试事,丹阳拔贡为林亮功仲钦。

---

① “《士礼居》本”指《士礼居黄氏丛书》本。

六月初六日(7月5日)　西溪书院县课,"季康子问:仲由"两章,草二卷。孙师过我。雨。

六月初七日(7月6日)　午前微雨,闻他处已得大雨。候禹言。

六月初八日(7月7日)　从窳老所得读《曹恪》《刁遵》《皇甫骥》三碑。

六月初九日(7月8日)　读《中庸》。

病湿数日。

六月二十二日(7月21日)　三贤书院课,"君子尊贤而容众"二句,率写两卷。读《古文辞类纂》八册。三兄赠我桂未谷《札朴》。禹言假去《续经解》一册。

六月二十六日(7月25日)　从禹言所假来姚鼐《公穀补注》读之,惜太少。

七月大　建戊申

七月初一日(1897年7月29日)　温《檀弓》。

七月初三日(7月31日)　改颂年课文五首。

七月十一日(8月8日)　孙师命作"子曰:躬自厚"一节文,以《春秋》大义说之。孙师晋省,伯声附去。

七月十九日(8月16日)　复点《古文辞类纂》,六月间过半,近数日补点完毕。读《鲁灵光殿赋》,始恍然于《武梁祠画像》是殿中物,黄氏[①]以为武氏者,非也。以此说就正窳老,窳老亦为狂喜,不图西汉神物于今复见。

七月二十日(8月17日)　从窳老所假得刘宝楠《汉石例》读之。

七月二十一日(8月18日)　还《穆天子传》至芷湘所,未晤。

七月二十二日(8月19日)　撰《武梁祠堂画象记》一首。

七月二十三日(8月20日)　三兄赴省,往送之。以《武梁祠堂

---

① 此"黄氏"为黄易。

画象记》稿就正窳丈。过芷湘所，假阅冯氏[①]《金石索》，其《武梁祠画象图说》较王氏《萃编》加详，其伏羲以下诸像，亦间引《鲁灵光殿赋》以为证，惜终未明此石即殿刻也。又，其所图前后石室，有孔门弟子七十五人，此则足为吾说"鲁恭冢前石刻亦即此物者"作一明证。灯下补记之再告窳老也。

七月二十四日(8月21日) 过窳老，前稿已为我改正，稿末批云"千年疑案，一日而断。征引详博，确斯无疑"；又云"非精思过人，鬼神安肯来告"，未免奖藉过当。潘咸忠来，因以《九成》《皇甫诞》《开元钟》易彼《延陵碑》及《法华经》。《延陵碑》为江南石刻，圣绩所系，尤可宝也。

八月小　建己酉

八月初一日(1897年8月28日) 撰《嘉祥西汉石壁画记疏证》[②]旧名《武梁祠堂画象记》，今正，约二万言，脱稿后窳老为我录副，可谓嗜痂有癖矣。

八月十八日(9月14日) 显考忌日，诵《金经》十过，夜梦见谕，云有珠在城[③]处，是祖及伯祖所诒也。读《〈吕览〉序》，知高诱注本于卢氏[④]，拟辑其说为《月令卢氏义》。录王氏[⑤]《墨子杂志》。

南门外都天庙后樊家大山，坟主陈如双，四址界石，徐志本堂，又有寿堆、寿圹，红叶树三株。

---

① 此"冯氏"为冯云鹏。

② 《嘉祥西汉石壁画记疏证》是吉城所撰的一部国学论著，全著约二万言，此著原名《武梁祠堂画象记》。

③ 此"城"指吉城本人。

④ 此"卢氏"为卢植。

⑤ 此"王氏"为王念孙。

九月大　建庚戌

九月初一日(1897年9月26日)　录《墨子杂志》毕。

九月初四日(9月29日)　以《淮南子》音读就正雨亭，云于音学大有益。闻孙师已从金陵归，往谒未见。

九月初五日(9月30日)　偕老窳散步月塘，遇孙师及吟伯、禹言。孙师述“文学：子游”文，从容大雅，卓尔不群。吟老过我，留饮剧谈。

九月初六日(10月1日)　晤三兄，其闱作气势浩瀚，所谓“吞若云梦，曾不芥蒂”矣。

九月初十日(10月5日)　窳老、吟伯相约为“论学之会”，十日一集，各志所得，以赏以析，甚盛举也！

九月十三日(10月8日)　以《嘉祥西汉石壁画记疏证》稿本就正星南。

九月十四日(10月9日)　三贤书院小课，“呦呦鹿鸣”第三章，“芙蓉镜下及第”赋。撰一卷，晚送饮老所。

九月十五日(10月10日)　芷湘约同候星南，未晤。过雨亭略谈。

九月十六日(10月11日)　西溪书院观风，“无适也”三句，草一卷。雨老过我，论前日《尔雅·释鸟》“爰居、杂悬”补义。按《急救章》“乘风杂悬华洞乐”，是“杂悬”亦名“乘风”，“乘风”即“晨风”，《尔雅》有“晨风，鹯”，则此“爰居、杂悬”皆“鹯”之合音。《急救章》颜师古注：“乘风一名爰居、一名杂悬，盖海鸟也。言为乘风之状，作簨簴以悬钟。”“簨簴”疑又即“爰居、杂悬”之转音也。质之雨老，亟谓曰然。

九月十七日(10月12日)　读《问字堂集》。

九月二十二日(10月17日)　读吟白《南朝评咏》，因推本《南齐书·舆服志》数语以张之。仲舅自杭州递来书百九十四册。

九月二十三日(10月18日)　通读《中庸》一过，断为《公羊》所自出无疑。

十月小　建辛亥

十月初一日(1897年10月26日)　孙师命为春舅拟闱墨三首，昨晚走笔成之，即呈师政。评云："博通经术，淹贯史才，一语抵人千百。"

十月初二日(10月27日)　书院课题，"舟车所至"八句，撰一卷。从饮老所见石印《渊鉴类函》。

十月初五日(10月30日)　读《孙子》《吴子》[①]《司马法》，平津馆本。从雨老问音学。子卯，南交，相见乎离。江西黄永年云："读书之要，圣贤备言之矣。阙疑、逆志、论世、知人，失一不得谓之通儒。"

十月十三日(11月7日)　三贤书院课，"三十而立"三句，撰二卷。

十月二十日(11月14日)　录《月令》高诱注毕。

十月二十一日(11月15日)　读《董子》[②]，其说《春秋》皆本《中庸》，拟为《中庸齐学述》。

十月二十二日(11月16日)　读《中庸》三过。读张揖《上广雅表》，云"昔在周公六年，制礼著《尔雅》一篇，以释其意义"，然则《尔雅》乃周公释礼之书也，拟为《礼雅》以发明之。二兄自镇江寄来书三百五十二册。

十一月大　建壬子

十一月初一日(1897年11月24日)　读胡氏[③]《仪礼正义》、黄

---

① 《吴子》即《吴起兵法》。

② 《董子》即董仲舒所撰《董子文集》。

③ "胡氏"为胡培翚。

氏[1]《礼书通故》。

十一月初七日(11月30日) 星南将往湖南,为序一首赠之,星南贻我《濂亭文集》。

十一月初八日(12月1日) 连日读胡《正义》。代饮老作《重修东台土城东西阙疏》。

十一月十四日(12月7日) 西溪书院斋课,"登泰山而小天下"按:鲁有海水,门言皆均,此即铭赞也[2],作一卷,以韵语为之。

十一月二十一日(12月14日) 斋课,"人之有技"四句[3]按:"彦圣"与"有技"对文。"彦"《说文》云"美士有文,人所言也",则"彦圣"者人自道其圣也,故下曰"其心好之,不啻若自其口出"。

连日读《礼》,因得其原于《易》,于是兼读《易》。近年为学之次,盖由《论语》而《春秋》,由《春秋》而《礼》,由《礼》而《易》也。"乾卦"包《仪礼》十七篇,"坤卦"专言《昏礼》,"履霜坚冰"即是"霜降逆女,冰泮杀内"之明证,荀卿、毛公旧说信有征也。读《仪礼·特牲馈食礼》,乃知《论语·为政》"子夏问孝"全主祭言,"色难"之大义备见于《礼记·祭义》。千年疑狱,一日而决,甚矣,解经之难也!

从窳老论"亥、豕"一字,知"家"不从"豕",亦起数西北之义。戊戌读《礼记》知"家从豭省声"之说为不可易,此论非也。

十二月小 建癸丑

十二月初一日(1897年12月24日) 读焦循《易通释》、金鹗《求古录礼说》。

---

① "黄氏"为黄以周。

② "登泰山而小天下"句出自《孟子·尽心上》,全节文为:"孔子登东山而小鲁,登泰山而小天下。故观于海者难为水,游于圣人之门者难为言。"

③ 此四句出自《尚书·秦誓》,全节文为:"人之有技,若己有之;人之彦圣,其心好之,不啻若自其口出。"

第十三集　素簃日记
(光绪二十四年　戊戌)

正月大　建甲寅

正月初一日(1898年1月22日)　李审言于除夕前一日寄来王壬父《庄子注》二册、朱蓉生《遗札》一册,并手书二纸;又寄来作舟书三纸、外诗七首。阅蓉生《遗札》,皆与康广夏论学之言,其纠正广夏《新学伪经考》极得其是。读壬父《庄子注》,其书太略,惟以"寓言""天下"两篇皆为《庄子》自序,所见甚核。

正月初五日(1月26日)　昨以壬父《庄子注》未善,拟别为《庄子间诂》[①],即用壬父篇第先成《寓言》一篇,就窳萌正之。

正月十三日(2月3日)　又成《天下》一篇。《庄子》大旨是合"儒、墨、道"而一之,其议论多本于《墨子》。

正月十五日(2月5日)　《墨子》"经上""经说上",读之精致无匹,细思之乃知《经上》一篇为夏禹正名之遗说,则墨子自著以释经者,如《公》《穀》之于《春秋》也。爰作《墨子经说句指》[②]。

正月十六日(2月6日)　为《〈墨子经说句指〉序》一首。

正月十九日(2月9日)　答审言书,附去《六甲五龙说》。

正月二十六日(2月16日)　张姑母殁,寿八十有三,前年犹扶病来哭吾父,未再期而亦弃世,痛哉!

---

① 《庄子间诂》是吉城针对王闿运《庄子注》之不足而撰的一部国学论著。

② 《墨子经说句指》是吉城所撰的一部国学论著。

正月二十八日(2月18日)　丁书农师自上海来,于襄荷精舍公宴,雨老是日五十生日。二哥前日往南。

二月小　建乙卯

二月初一日(1898年2月21日)　二兄来信,云于今日渡江。

二月初十日(3月2日)　亥刻雨雪。

二月十一日(3月3日)　早雨雪始止,晚又雪。

二月十二日(3月4日)　雪未已。扬州书院甄别题,“子曰:士志于道”二章。偶思得《鲁论》读“诲”为“悔”,悔者,变迁之谓也,上章“志道”以下皆是古谓。“十五已上”为束脩[①],夫子云“吾十有五,而志于学”,“志道”即志于学,“立”与“不惑”即据德,“知命、耳顺”即依仁,“从心所欲,不逾距”即游艺。

二月二十一日(3月13日)　三贤书院甄别,“左右皆曰贤”至“然后去之”,述二卷。温《汉书》四册第八、第九、第十、第十六。观《汉书·叙传》,知班、马同为颛顼之后。南正司天,世掌史职,亦一奇也。从白石所假得杨汀鹭文集阅之,其经术文章具有根底,以咸丰十一年佐黄赞汤幕府,死粤匪之难,其母先骂贼死,汀鹭殉之也。洪北江、汪容甫而后,此其继矣。

三月大　建丙辰

三月初一日(1898年3月22日)　芷湘构屋既成,属为楹语,即用其家子云[②]自序赠之云:“河汾之间,岷山之阳,有田有宅,世以为业;深于离骚,善于仓颉,一纵一横,论者莫当。”剪装《龙门造像记》二

---

① 《论语·述而》“子曰:自行束脩以上,吾未尝无诲焉”,而在《鲁论语》中,诲读悔,束脩意为束发修饰,代指15岁的男童。

② “其家子云”指扬雄(子云)。

十种，其中十种为旧藏，十种新得也。录《汀鹭文钞》“正祭、次序记”。

三月初五日（3月26日）　扬州人王儒林挟书数十百种来市，其中如《木犀轩丛书》《小学类编》等等，皆有益于经学，并劝芷湘留之。南清河苏秉国字均甫，撰《周易通义》二十二卷，嘉庆戊寅刻本，汪廷珍为序云：“其言象也，一本之《周易本经》《易传十翼》，参以《尚书·洪范》‘贞、悔’、《左氏》‘内、外传’之说。其言理也，一本之‘卦德、卦象、卦体、本爻、变爻、比爻、应爻、互爻’。文字准乎古训，名物证以群经，章句审乎义理，解义衷诸类例。”苏秉国又有《四书求是》，见刘宝楠《论语正义·先进篇》引。

王贾有江宁本《玉海》，因以钱仪吉《碑传集》、茆泮林《古逸书》易得之。据浙局书目，《玉海》凡百册，此止九十七册，然固无阙脱也。癸巳年托友至浙局买书，曾得《玉海校补琐记》一册，今不期而得《玉海》，亦可云巧合矣。

温《汉书》八册第一、第二、第七、第十一、第十二、第十三、第十四、第十五。从芷湘所假得汪容甫《旧学蓄疑》、凌晓楼《群书答问》《仪礼礼服通释》阅之。

三月十五日（4月5日）　韩令观风，“舜明于庶物”至“予私淑诸人也”，撰两卷。

闰三月小

闰三月初一日（1898年4月21日）　伯声寄书来，云近亦治《汉书》，并索赋题，因拟“五饵三表以系单于”赋题答之。温《汉书》四册第三、第四、第五、第六。

闰三月初六日（4月26日）　三贤书院课题：“子曰：晏平仲”一章，撰两卷。读《史记·仲尼弟子传》，云出孔氏古文，其三十五人有年及受业，四十二人无之。则古文所存者，名字而已。王氏引之尝为

《春秋名字解诂》，拟搴出之，复补其阙，为《论语弟子名字古义述》[1]云。

闰三月十六日(5月6日)　西溪书院甄别："子曰：里仁为美"三章，"采旗风暖看春耕"赋以"春省耕而补不足"为均，"守望相助"论，"春水船如天上坐"得"如"字试帖，撰两卷。卢楚卿中进士[2]，读书人固当善耐寒约，天岂尽负之耶？《欧阳文忠诗钞》中《答谢景山遗古瓦砚歌》大略颇似昌黎。读顾复初《春秋大事表》。

闰三月二十七日(5月17日)　撰《论语弟子名字古义述》脱稿。

闰三月二十九日(5月19日)　改颂年课文四首。

四月大　建丁巳

四月初一日(1898年5月20日)　通读《说文解字》"音均表"一过。

四月十一日(5月30日)　三贤书院小课，"火轮车"赋，以"轻先疾雷而驳遗风"为均；"惟事事，乃其有备，有备无患"经文；赋得"樱笋厨"得"厨"字，撰三卷。江宁傅苕生春官撰有《金陵建制沿革表》，昨偕芷湘过我，即赠我一册。

四月二十三日(6月11日)　二兄自镇江回。由苏局买来《读礼通考》三十二册。

五月大　建戊午

五月初一日(1898年6月19日)　三兄偕六弟往金坛岁试。读吴野人《陋轩集》一过，苕生适以《过安丰吊吴野人诗》索和，因依韵和

---

① 《论语弟子名字古义述》是吉城为补王引之《春秋名字解诂》之阙而撰的一部国学论著。

② "卢楚卿中进士"指吉城学友卢元璋于光绪二十四年进京赶考，经会试和殿试而中了二甲第100名进士。

之云:“不治生产石寒贫,不屈公卿郑子真。海上至今余老屋,史家应为录遗民。一篇落叶诗谁和,三月溪桥水自春。此意因君重洄溯,紫菱花冷白鸥驯。”

从雨老所假得戴东原《方言疏证》阅之。按:戴氏此书亦不甚精详,闻广雅书局有《方言笺疏》,托茗生为余访购。连日与茗生论学,其于各家门径皆能洞达,年少、志大、严友也,惜家省城,不能常讲习为恨。闻六弟入学[①],慰甚,同堂弟兄六人各有成就,祖宗之培植深矣。从芷湘所假严可均《说文校议》阅之。

六月小 建己未

六月初一日(1898年7月19日) 严可均《说文校议》末有《说文问》四十六科,皆其所以为不可通者,予因作《说文对》。

六月二十日(8月7日) 立秋。

六月二十一日(8月8日) 欧阳文忠生日,茗生招集芷湘所,吟伯首倡为诗,茗、芷赓和之,予亦勉为四绝句[②]。为六弟拟《管仲论》一篇。从伯石假《一切经音义》阅之,茗生云,近日本有八十册之《一切经音义》。

七月大 建庚申

七月初一日(1898年8月17日) 茗生赠我《两汉刊误补遗》二

① “六弟入学”指六弟吉逵经院试而成为附学生员。

② 据吉城《鲁学斋诗钞》,录此四绝句如下:一、昨夜西风动井梧,早凉开径喜相呼。才人便有通灵术,张得秋声好画图(茗生先一日得张庚画《欧阳子夜读图》)。二、史笔能飞万丈光,纷纭五代综兴亡。彭刘补注翻新本,敬为先生寿一觞(彭元瑞、刘凤诰《五代史记补注》版存东台,蘅皋拟重印)。三、吾道飘零不可闻,阿谁集古至遗文。商盘孔鼎岐阳石,此事殷勤属子云(谓蘅皋近搜集金石拓本)。四、绮丽文章几个传,漫将腐草掷华年。南归我送徐无党,为述当时序一篇(茗生将旋里,为序赠别)。

册,将归矣,因为序一首以赠之。吟伯以七月七日为南唐后主生日,征诗,予疏于史,因即小徐[①]《说文解字系传》中涉国闻者,为四绝句以应之。从禹言所假阮福《孝经义疏补》读一过。刘宝楠《论语正义》,前点读一册,今补点一过。读钟朝美《穀梁补注》。奉母亲往兴化。二兄于月杪归。

王士禛《居易录》八云:《两汉刊误补遗》十卷,宋河南吴仁杰南英著,盖因刘敞原父、攽贡父《刊误》而增补厘正之。有汴人曾绛淳熙己酉序,称其的富精确,如目击东西都事者。周益公子充遗人书曰"吴斗南博物洽闻,今之五总龟也"。

八月小　建辛酉

八月初一日(1898年9月16日)　奉母亲自兴化归。审言有书至,适余生往盐城,便答一缄。读《日知录》。读钟氏[②]《穀梁补注》毕。

九月大　建壬戌

九月初一日(1898年10月15日)　母亲病湿温。

九月初九日(10月23日)　霜降。

九月十四日(10月28日)　母病乃解。

九月二十一日(11月4日)　母亲乃复初。

九月二十四日(11月7日)　立冬。是月未读书。

十月小　建癸亥

十月初一日(1898年11月14日)　先公灵柩敬卜"于二十二日壬寅升葬西库山村双珠山枝曾祖茔内"。

---

① 此"小徐"为徐楷。

② 此"钟氏"为钟文烝。

十月初六日(11 月 19 日) 随同大兄、二兄由东台发行。伯考蔚廷公柩亦卜"于本月十五日升葬曾祖茔内"。

十月初九日(11 月 22 日) 辰刻抵镇江,住老新街长兴客寓。

十月初十日(11 月 23 日) 往候日者陈耀如,其人住打索街,其间壁为金公发石师老店,即属金翁刻墓碑二石。

十月十三日(11 月 26 日) 二兄至西库村,大兄至画字桥。画字桥者祖考茔,即伯考厝地也。

十月十四日(11 月 27 日) 大兄送伯考柩至双珠山。是日督匠破土,土包光润而质完厚。

十月十五日(11 月 28 日) 安葬伯考柩,用石灰和土细填缓筑。

十月十六日、十七日、十八日(11 月 29 日、30 日、12 月 1 日) 此数日,起造蔚廷公坟圹。

十月十九日(12 月 2 日) 二兄先至西库村。

十月二十日(12 月 3 日) 黎明至王家嶂山先公厝地,告灵启柩。自嶂山至双珠山约二十里,因十八日大雨,恐山径有滑处,改由平路,多行五六里,日夕柩始到山。是日二兄亲视破土。

十月二十一日(12 月 4 日) 定穴开地,初拟先公与伯考平列两圹,后以曾祖圹右有兆元公[①]厝柩,让下数尺,盖肩随伯考云。

十月二十二日(12 月 5 日) 今日为壬寅日,依礼安葬,乌虖痛哉!奉土加封,小子尚忍有言哉。

十月二十三日、二十四日(12 月 6 日、7 日) 起造先公坟圹,壹如伯考仪。

十月二十九日(12 月 12 日) 两圹成。曾祖圹加土,茔前补土浚地等事,又数日始毕工。

---

① "兆元公"为吉城曾祖吉宗沅的堂弟吉承源(1762—1853),字兆元,号秋圃,曾任衍圣公东阿屯官,例授登仕佐郎。

十一月大　建甲子

十一月初七日(1898年12月19日)　显考生忌，五弟在家摄祭。连日暴风，未能报返，私心自疚，如负荆棘。

十一月初十日(12月22日)　随同大兄由镇江发行。二兄先一日回扬州，有经手事。

十一月十三日(12月25日)　初更到家。

十一月十四日(12月26日)　清晨祀祖。

十一月十六日(12月28日)　除服。

十一月二十日(1899年1月1日)　二兄到家。写复傅苕生、李审言、汪云逵各一缄。

十二月小　建乙丑

十二月二十日(1899年1月31日)　散学。跋《歌风碑》。读郑所南《心史》。阅《中兴名臣事略》。

第十四集　鲁学居日记
(光绪二十五年　己亥)

正月大　建丙寅

正月初一日(1899 年 2 月 10 日)　承水砚墨发笔书端,得新意矣。从星南所假得新化《邹叔绩遗书》,观其《读书偶识》一种,其自叙云:"予结发就傅,读一书辄置书盈案,资其左验,必旁通曲征,有得于心然后释。乃复性多遗忘,昔日所得,有寻思数日而始复悟者。于是识之篇简,裒然成卷,非敢云著述,亦非藉以求知于人,但记此心得失尔。然见必出诸已理,不阿于人。虽见书未广,容有暗同者;交士未多,容有遥合者。亦唯自信,亡剿袭焉尔。破前人之训故,必求唐以前之训故方敢用;违笺传之事证,必求汉以前之事证方敢从。此私心自告无过者也,恒愿天下藏书之家、好学深思之士,教之、诲之、资之书,使翻译之,则此生之大幸也。"

正月初二日(2 月 11 日)　读《邹叔子书》。

正月初三日(2 月 12 日)　读《邹叔子书》。从虎臣所假得《农学报》[①]数册,阅一过。

正月初四日(2 月 13 日)　孙师、白石、子香、雨亭、禹言同至襄

① 《农学报》原名《农学》,自第十五册起才固定报名为《农学报》。《农学报》是农学会的机关报,创刊于光绪二十三年四月二十四日,停刊于光绪三十一年十二月,共发行三百一十五册,为中国最早的农学刊物,也是戊戌期间发行的报刊中寿命最长的一家。

荷精舍茗谈。

正月初五日(2月14日)　《周礼》所称“六艺”，今之士多不讲，“礼、乐”近道，“射、御”违用，“书”若“数”又为彼学所抑，居今言“六艺”迂矣。然予谓：六者之名不必尽徇，其实则未能舍也。古无所谓经也、史也，胥号之曰“礼乐亡矣，诗则存”，今之所为诗，安知非古之所为诗？“赋、咏、歌、颂”皆“乐”意也。“射、御”所以正礼者勤手足，其操也尔、其行也远。然则吾辈日程，凡诵习经典，考览史籍，讴谣往古，咏叹忧喜，是曰“礼乐”，不必其帛玉而鼓钟也；凡起作洒扫，服劳奔走，庆吊酬酢，言行出纳，是曰“射御”，不必其弓矢而鞭辔也。至于《说文》《尔雅》，备识字原，运筹点笔，略通数理，本吾故物，无烦远求保氏之教。盖粲然具在，亦确然可行也。受业身通，不敢不勉。

正月初六日(2月15日)　读叔绩《五均论》，其疏通《广韵》处与蔡雨老多合。去年，予见《一切经音义》中“超声、比声”之说，质之雨老，未得其解。按叔子论颇及此，然其篇独佚，终无由识之也，恨恨！

挽姚逊斋姨丈云：“虽涂人不越秦，在口成碑，四海于今称长者；与吾父相僚亚，论心把酒，九京重始话平生。”

正月初八日(2月17日)　早微雨，庭前春草都觉发萌。

正月初十日(2月19日)　读《邹叔子书》毕。曾惠敏有《转注说》，盖本于叔子也。

正月十二日(2月21日)　白石、杏楼来，约立“稽古文会”，后更名“青冰文会”①。李文澜就馆江宁，附去一诗寄茗生云：“佳士相违动隔年，江梅颜色梦南天。孤弦却有同声和，旧学从无异物迁。我愧清名先沐并，君储伟抱匹张骞去年君以《三国志》“沐并”事下问，并与吾家叔畅同入《魏略·清介传》；又来书，云近兼通西国文字。玄亭待论千秋业，莫使销魂赋黯然。”和来韵

---

① “青冰文会”是吉城、陈汝玉、吴春棪等人于光绪二十五年正月发起的东台文人学者集会，其宗旨是“以文会友”。

正月十三日(2月22日)　读司马相如《封禅书》,其文有云“文王改制,爰周郅隆”;又云“正列其义,校饬厥文,作《春秋》一艺”。然则,齐学家谓王为文王,其指可睹矣厥。

正月十五日(2月24日)　天晴,朋好同游西溪。

正月十六日(2月25日)　星南就馆姜堰,于襄荷精舍为祖行,席中论及“同学宜各为藏书目录,并附述自著书目录”。

正月十七日(2月26日)　念白、仲安来约茶会。料量全史册子一过,间有蠹鱼,足征读书不勤。此后拟凡思及史事,必检元传,则时时翻及矣。

正月十九日(2月28日)　从芷湘所假得聚珍版《论语意原》,此书自辟畦町,不专守考亭学派家法,其议可采者十有四五。

正月二十日(3月1日)　看《论语意原》,录其佳者数十百条。

正月二十二日(3月3日)　子湘招集,便请松甫,考古郡国之以丹阳名者有几?

正月二十三日(3月4日)　禹言过我,论定吾家太医令讳“本”,其云“平”者,俗书瞽说也。

正月二十四日(3月5日)　子湘使来索《论语意原》,未能详录,自“先进”以下概从删节,然大要已得矣。

正月二十六日(3月7日)　象三房伯母七十寿,往祝。

正月二十七日(3月8日)　从虎臣处假得《初学记》。读《穀梁传・庄公》二十三年“丹桓宫楹”、二十四年“刻桓宫桷”,因得《论语・公冶长》“宰予昼寝”之义,“昼”当读“斲”。雨亭、禹言同过我。

正月二十八日(3月9日)　读《史记・赞》一过,其有均者凡六七处。

正月二十九日(3月10日)　连夜大雨。相传历曰:月建下三白平头者,其月必多雨,果然。读《穀梁传・庄公元年》,因得《论语》“赐不受命”及“予所否者,天厌之”之义。

正月三十日(3月11日)　读《史记・孔子世家》。

二月小 建丁卯

二月初一日(1899年3月12日) 《汉书·艺文志》"鲁论语"二十篇、"传"十九篇,然则"尧曰"一篇为"叙篇","鲁论语"二十篇者连"叙篇"数之,"传"十九篇者不数"叙篇"也。"传"当是鲁学家说《论语》之书,说《论语》之书称"传",则《论语》在汉称"经"矣。读《史记·太史公自叙》。

二月初二日(3月13日) 象三伯母无疾而终。于肆中偶得北魏正光五年《孙辽浮图铭记》。念白、仲安过我。

二月初三日(3月14日) 述《史记公羊学》一篇。松甫过我,云丹阳之名除吾邑[1]外,考古郡县凡有数处。《史记·楚世家》"周成王封熊绎于楚蛮,居丹阳",《通典》以为"楚初都丹阳,今秭归东南故城是后移枝江亦曰丹阳",此两丹阳也。《史记·秦始皇本纪》"三十七年,过丹阳",以《括地志》"海渚,云在舒州"推之,其丹阳即两汉治宛陵之丹阳郡,此又一丹阳也。《宋书·地志》"晋太康二年,分丹阳为宣城郡,而丹阳移治建业",其郡治在今上元东南五里,此又一丹阳也。《隋书·地志》"江宁梁置丹阳郡及南丹阳郡,陈省南丹阳郡",其建治之地虽不可考,然亦一丹阳也。《隋志》又云"开皇九年废丹阳郡,大业初复置",其郡治即今上元县治,此又一丹阳也。郡治而外,又有县治,自《汉志》迄《续汉志》《晋志》《宋志》《南齐志》[2],丹阳县皆属丹阳,其建治皆在今当涂县东五十里之地,此又一丹阳也。《魏书·地形志》"北扬州"亦有丹阳县,在今陈州府项城县东北,此又一丹阳也。以上丹阳凡八。城案:《新唐书·地理志》"关内道丹州咸宁郡本丹阳郡",此又一丹阳也;又"江南道润州丹阳郡,武德三年以江

---

① "吾邑"指丹阳。

② 《晋志》即《晋书·地理志》,《宋志》即《宋书·州郡志》,《南齐志》即《南齐书·州郡志》。

都郡之延陵县地置”，此吾郡[1]之名丹阳者，亦吾邑而外一丹阳也。又按：《水经注·河水篇》：“河水又南，丹水西南出丹阳山，东北径冶官东，俗谓之丹阳城。”赵一清曰“丹阳山在晋河东境”，此又一丹阳也。

二月初四日(3月15日)　二兄往南扫墓。

二月初五日(3月16日)　撰《史记籍柯考》，就正松甫。

二月初七日(3月18日)　重易稿，就正松甫。去年拟为《易象礼征》[2]，其草稿杂乱未就，今重定删。

二月初十日(3月21日)　西溪书院甄别，文题“诗曰：周虽旧邦”二节；诗题“雨过落花红半溪”得“红”字。诗题当与三贤书院互易，随笔误录也。

二月十二日(3月23日)　三贤书院甄别，文题“子路、曾皙”七节；诗题“砚涵竹露夜还潮”。积五六日未能读书，甚矣，时文之累人也。

二月十五日(3月26日)　吟白、雨亭来约茶会。吟编《南唐两编广韵》，今年日月皆不虚掷。“友谅，友多闻”，吾得之于二君。昨日晤窳萌，从许书中抽出《古文孝经》，奇作也。

二月十八日(3月29日)　写寄二兄禀，视大兄恙。从伯声假《东南纪事》《西南纪事》，其《东南纪事》云“南明唐王不次用人，擢镇江诸生钱邦芑为御史”。邦芑即伯声远祖也。

二月十九日(3月30日)　大风彻夜，雨雪杂下，寒甚。

二月二十日(3月31日)　看黄伯思《东观余论》，中有《考史伯硕父鼎文》“已子”一条。

二月二十二日(4月2日)　松甫过我，论及《禹贡》“三江”自汉至今无定说。松甫去后，挑灯展《禹贡》读之，因悟“北江”之“北”当训

---

① “吾郡”指镇江。

② 《易象礼征》是吉城所撰的一部国学论著。

“别”，无北江自无南江，可省无数葛藤阚骃曰“别济即北济”，北江正如北济矣。

二月二十三日(4月3日)　作《三江辨》一篇，携草从白石订正。白石《古文孝经》已写定，都凡一千八百一十二字。

二月二十五日(4月5日)　清明。大风，夜霏雪。

二月二十六日(4月6日)　连十余日时作腹痛，盖水病也。去年偶为“朋盍簪”及“宵雅肄三”解，刘我山见之，以为不凡，且以“宵衣”为“绡衣”、“稍地”为“削地”证成吾说。闭门造车，其尚有一二合者耶？惜我山不来，末由面论也。

二月二十七日(4月7日)　雨亭示我《易卦通转表》。

二月二十九日(4月9日)　西溪桃、杏、梨诸花畅开，子湘、子香、吟白、雨亭约往同游，便邀孙师、吉斋及三兄去，携宝塔[①]残砖一方归。白石懒游，今日亦鼓兴与往。不知谁家有朱桃一株，高可出墙，颜色都丽，在碧霞宫桥南。白石假去严可均辑《孝经郑注》一册。茗生来书，云刻有《春秋识小录》，异日可持赠也。

三月大　建戊辰

三月初一日(1899年4月10日)　孔子曰“吾志在《春秋》，行在《孝经》”，《春秋》孔子前已有，则《孝经》亦当起孔子前。吾以为《春秋》《孝经》皆周公作，故韩宣子见《鲁春秋》曰“吾乃今知周公之德”，孔子述《孝经》曰“则周公其人也”。今所传之《孝经》盖齐学家说，一篇记孔子述《孝经》以属曾参者也。

三月初二日(4月11日)　《孟子》引《泰誓》“杀伐用张”章，故伪《古文》[②]者谓其“袭《孟子》而略变其文”。吾谓：“杀”之《古文》近

---

① “宝塔”指东台西溪古镇的一座七层八角砖塔——海春轩塔。此塔建于唐代，现为全国重点文物保护单位。

② 此伪《古文》指伪《古文尚书》，下同。

"我",《说文》"我"有谓从"杀"者,然则《古文尚书》东晋时实存,故皇甫谧以下得亲见之,但附益增损或所不免。此"杀伐"改为"我伐",正由不识《古文》而臆为易之耳。如谓"袭《孟子》",则《孟子》明明作"杀",无由改为"我"也。今之《尚书》,阎若璩、惠栋诸儒辟为伪,吾乡张氏[①]《古文尚书私议》又反为真。吾谓经文真,而有晋人附益增损处。他经多有此类,如汉人献书冀立博士,其书必经其润色矣。《孔安国传》则确为伪物,孔本无传也。

三月初三日(4月12日) 雨。读《水经注·滱水编》有"穀梁亭",知"穀梁"以地为氏也。

三月初四日(4月13日) 念白来,论春秋左氏学。

三月初五日(4月14日) 过伯声,属其读《尔雅》留心礼注。读《大戴礼》"曾子十篇"。

三月初六日(4月15日) 读《大戴礼》。

三月初七日(4月16日) 读《大戴礼》。撰《古文孝经字读考》,"膝下"即"揤下",白石赏吾说之奇。禹言过我,云有以当涂夏炘《景紫堂文集》求售者。

三月初八日(4月17日) 过伯声。

三月初九日(4月18日) 雨亭过我,示我《周易》"九宫表"。

三月初十日(4月19日) 伯父寿辰。约雨亭、禹言、吟白、伯声文会。往禹言所观书。夏炘《景紫堂文集》中有《檀弓辨诬》序,又有《三纲制服》《政事疏考补》诸序。《制服》及《考补》俱刻附集行,《檀弓》独无,询之其人,云逸失之矣。此书见有七册,疑当八册也。

三月十一日(4月20日) 看《景紫堂文集》,其言论主张宋学居多。

三月十二日(4月21日) 三贤书院副课:经文"西方曰狄鞮";赋"推十合一为士",以"数始于一终于十"为韵试帖;"池面鱼吹柳絮

---

① 此"张氏"为张崇兰。

行”得“吹”字漫云“行不得偏，以息相吹”，点“吹”字颇觉自然。

三月十三日(4月22日)　撰课卷。芷湘送来《景紫堂全书目录》：《檀弓辨诬》三卷、《述朱质疑》十六卷、《三纲制服尊尊述义》三卷、《学礼管释》十八卷、《读诗札记》八卷、《诗章句考》一卷、《诗乐存亡谱》一卷、《朱子诗集传校勘记》一卷、《诗经二十二部古韵表》二卷、《学制统述》二卷、《六书转注说》二卷、《汉唐诸儒与闻录》六卷、《讦谟成竹》一卷、《息游咏歌》一卷以上三种名“养疴三编”、《贾长沙政事疏考补》一卷、《陶主敬先生年谱》一卷以上十六种皆已刊；《春秋左传祛疑》《春秋公穀存是》《易学旁通》《转音纪始》《小窗日记》《闻见一隅录》以上皆未刊。然则《景紫堂全书》不止八册，然此目不载文集一种，或附集刊行本共八册，亦未可知。

三月十四日(4月23日)　前日“狄鞮”无确诂，偶思《说文》有“啻，读若鞮”之语，“啻、谛”一字，“帝”声之字本从“朿”声，“狄”从“朿”省声，则“狄鞮”者“谛”也。复述一卷，以专明之。

三月十五日(4月24日)　与伯声茶会，论及《礼记·王制》与《公羊》《孟子》合是齐学也，中故有《齐语》“肦”字、“俐”字之类，疑皆是“狄鞮”，或亦其一。

三月十七日(4月26日)　撰《狄鞮说》上下篇。

三月十八日(4月27日)　招禾生、芷芗、松甫文会。读《尚书·微子篇》。晚集襄荷精舍，坐有孙师、雨亭、禹言、吟白、白石、石荪诸君。越数十日而诸友一大集，致足乐也。

三月十九日(4月28日)　读《汉书·五行志》，有“箕子在父师位”之语，则“微子问于父师”正是箕子。“箕子”典《洪范》，故微子就以稽疑。

三月二十日(4月29日)　撰《尚书微子注》[①]一篇。

三月二十一日(4月30日)　以《尚书微子注》就正雨亭、白石。

---

① 《尚书微子注》是吉城所撰的一部国学论著。

三月二十二日(5月1日)　以“集解、索隐、正义”合刻《史记》校“单行集解本”，颇有异同。校《史记·本纪》一册。舜为“瞽子”，疑非盲者子，“瞽”当读“寡”，与“有矜在”下相应。

三月二十三日(5月2日)　校《史记·本纪》。

三月二十四日(5月3日)　校《史记·始皇本纪》。伯声来问《穀梁》。

三月二十五日(5月4日)　伯声假去《穀梁补注》五册。此经冷落已久，予志此有年，愧未能一一考读，伯声措意于斯，甚善甚善！释《说文》“舟”。校《史记·项羽本纪》。

三月二十六日(5月5日)　释《说文》“我”去年曾为《释我》一篇，今知其非也。

三月二十七日(5月6日)　校《史记·高祖本纪》。昨伯声来问《中庸》“三重”，告以即《公羊》之“三统”。读《韩敕修孔庙礼器碑》，知伏羲“十言之教”，即《说文》所谓“始一终十之数”也。孔子承之“制元孝”碑文，“元”谓春秋，春秋之“元”从“乾元”来，元即一也，数至十而备说文。《春秋》云“何以终乎哀十四年？曰：备矣”，此《春秋》“始一终十”之道也。《孝经》发明“天经、地义”，始一终十，天地之数也，此《孝经》“始一终十”之道也。而皆本于伏羲“十言之教”，故《礼器碑》以孔子之“制元孝，承伏羲画卦”言之。卦之画极于九，乾三坤六，十复还一。《说文》“计从言十，算也”。算家亦极于九，十复还一，故曰伏羲之“十言”，即《说文》所谓“始一终十”之数也。《孝经》终篇亦云“备矣”，与《春秋》云“备矣”正是一例。边韶《老子铭》谓“聃然，老旄之皃”，此可备“老聃”一解。

三月二十八日(5月7日)　伯祖二十周年忌。二兄自浙江归。

三月二十九日(5月8日)　为白石校《孝经义疏补》，此本道光九年初刊于滇，十四年再刊于滇，今通行本皆十四年刊也，校毕还去。晦木斋刻《隶释》极善，从子湘处假看一过。闻禾生说，近有善本《十三经》是同文书局印行者。星南前日过我，云于姜堰见刘小麓家藏北宋单行《尔雅疏》，精美无伦，惜无由影钞。

三月三十日(5月9日)　去年，儿子荣忠问《论语·卫灵公》"知德者鲜"是否谓"当世知圣德者鲜"？今读汉《唐公房碑》，有云"道牟群仙，德润故乡，知德者鲜，历世莫纪"，正如此解，因命荣忠记之。其"告子路者"，盖以解其愠也。闻星南说，《盐铁论》有"悠悠皆是"之文，郑本《论语注》"滔滔"作"悠悠"固有自来也。余谓：桓宽公羊家，《盐铁论》是齐学，"悠悠"《齐论》也。襄荷精舍芍药盛开。二兄昨发寒热，楚老诊云是湿温。

四月小　建己巳

四月初一日(1899年5月10日)　禾生过我，因为二兄立方。午后雷雨。

四月初二日(5月11日)　读《孔彪碑》。

四月初三日(5月12日)　襄荷精舍公祭李小花先生，将集泉[1]以刊其遗诗也，灯下校小花诗六册[2]。

四月初四日(5月13日)　读《正定王氏家传》。禾生昨为二兄更定方，服之热解矣。读《孙根碑》，孙氏为比干后，洪迈云"四月四日为比干诞日，承平时祠具甚盛"。

四月初五日(5月14日)　二兄表热解而结胸下利，请禾生诊治，以半夏泻心汤。自三月以来无快雨，溪水渟浊，不便人饮。今日仍微雨，未能厌望也。《隶释》载《广汉绵竹令王君神道》，记得星南曾有此种，俟问。读《石经残碑》，又《广汉太守沈子琚绵竹江堰碑》"竹"字皆作"竹"，与《王君神道》同。

---

① "集泉"即集资。

② "小花诗六册"即《八松庵诗集》九卷。该书是光绪二十五年由东台陈汝玉、吉城等学者集资刊刻行世的，收录的是清中期江苏丹徒诗人李御(字琴夫、号小花)的遗诗。

四月初六日(5 月 15 日) 二兄昨药后胸结渐开,下利亦止,惟上焦为结热所蒸,耳不清聪,舌本稍强,夜来呓语,肤尚带微热。

四月初七日(5 月 16 日) 诣华祖庙求方,得"酒洗归身"。禾生昨属延他友助之,审酌因约夏仲翁来,其论病与禾生大同。

四月初八日(5 月 17 日) 二兄病未已,神致间昏。亟请禾生来,云此邪近心包之势,视清宫汤大意,易犀角为羚角,服一剂,胸腹见红点。

四月初九日(5 月 18 日) 仲扬昨夜来,云清宫汤后仍主清宣,其方复求禾生定之,服一剂,病亦未退。三兄闻科试十四日取齐,于昨晚匆匆动身。

四月初十日(5 月 19 日) 二兄恙势颇棘,下午时神昏舌燥,唇裂耳聋,鼻塞舌短,危迫之至。仲扬来时已二更,亟服万氏牛黄丸,夜来势稍定。

四月十一日(5 月 20 日) 黎明泣祷于祖,三以阄卜,皆得阴兆,神魂飞越,方寸乱矣。叩禾生门,以昨夜情形告,并以仲扬昨拟之犀角清宫方,祈其为我审决。辰正服药,至下午舌稍润、神稍清。仲扬来,拟增液汤。

四月十二日(5 月 21 日) 禾生来定方,二兄病势较昨又稍清减。禾生、仲扬皆云可望转矣。

四月十三日(5 月 22 日) 二兄神志渐清,仍服禾、仲合方。大、二两母舅同自杭州回。

四月十四日(5 月 23 日) 禾生早诊,见脉数象已平,昨方增减。

四月二十日(5 月 29 日) 数日来,二兄病势似解,而不甚思食,时作呓语。复诣华祖师庵求方,得"枣仁",服两剂。

四月二十五日(6 月 3 日) 禾生拟麻仁丸,服之。

四月二十六日(6 月 4 日) 仲扬拟五子五仁丸,服之。

四月二十八日(6 月 6 日) 二兄得大解,即请禾生来,拟汤以清余热,服一剂。

四月二十九日(6月7日)　二兄颇思食,不作呓语矣。此病自三月二十八日起,至今适满一月。尝皆谓“温病者,蕴病也”,其蕴愈深,其发愈烈。兄体质视余及季稍强,然恃强遂不甚慎疾。此番病愈,实出祖宗神人之灵、良工明师之力。惟愿因灾加儆,同保此身,前之险兆,或转以玉成后昆也。

五月大　建庚午

五月初一日(1899年6月8日)　校《史记》三代世表,不与书亲盖一月矣。三月十二日三贤书院课卷发回。试帖“吹韵”,我山云“以‘禽言’对‘庄子’工妙绝伦”,敝帚自诩,乃复同之耶?

五月初二日(6月9日)　校《史记》十二诸侯年表。二兄思食鸡汁面,放胆与之,病后饮食起居,固有必不可易之次序,然兄颇不耐,亦未便以常法拘也。

五月初四日(6月11日)　校《史记》秦楚之际月表。复请禾老为二兄拟清热化痰方,服之。

五月初五日(6月12日)　校《史记》汉兴以来诸侯王年表。禾生招食角黍。

五月初六日(6月13日)　校《史记》高祖功臣侯者、惠景间侯者两年表。今日为“壬子破相”,传以为必雨,闻说黎明时有雨数点。

五月初七日(6月14日)　校《史记》建元以来侯者及王子侯两年表,又校汉兴以来将相名臣年表。晚看梁章钜《夏小正通释》。

五月初八日(6月15日)　吟老饷我蕉花八瓣。看洪震煊《夏小正疏义》。

五月初九日(6月16日)　雨,望久矣,得此大快。看《夏小正疏义》。

五月初十日(6月17日)　昨雨未足,晓起仍有微雨,喜甚、望甚。午前后乃复转晴,噫,望之久而始得,得又不尽如望,奈何。禾生晚至,留共酒会,良友畅叙,其乐不下旱之得雨也。看《夏小正疏义》,

洪氏此书亦精亦博，发挥经旨，盖无余蕴，治夏小正者，以之为鸿宝可也。

五月十一日(6月18日)　看纪昀《阅微草堂笔记》五种。

五月十二日(6月19日)　三兄昨自金坛归。自泰州以下皆不能舟行，烈日车驱，颇复惫顿，晨往候问，尚倦卧也。雨老约往茶园清会，坐有禹言。禹亦自金坛来，略述试院琐事。禹此行得《周官指掌》《说文释例》。与雨、禹同候禾生。

五月十三日(6月20日)　大雨自昼至夜，约得六寸，快哉！三兄午刻来，略谈。

五月十四日(6月21日)　早起观水。松甫来论《说文》。

五月十五日(6月22日)　夏至。昼微雨，夜复大雨。看《金石契》。

五月十六日(6月23日)　以“𝍥 𝍦 𝍧 𝍨”为“六七八九”字，始见于宋司马光《潜虚》，又以“X”为“五”，以“𝍠 𝍡 𝍢 𝍣”为“一二三四”。至元李冶《测圆海镜》记算有”纵、横“二体，“纵”作“𝍠 𝍡 𝍢 𝍣 𝍤 𝍥 𝍦 𝍧 𝍨”，“横”作“𝍩 𝍪 𝍫 𝍬 𝍭 𝍮 𝍯 𝍰 𝍱”。其积算也，首为横，则次为纵，次又为横，如“百二十三”作“𝍩 𝍡 𝍫”是也；首为纵，则次为横，次又为纵，如“六百六十八”作“𝍥 𝍮 𝍧”是也。月食。

五月十七日(6月24日)　雨亭、吟伯过我，即同候禾生。订文会之约，吟伯为启，禾生为条例。子湘前见余所为《嘉祥西汉石壁画记疏证》，不以为大谬，属余理正其稿。因删易数处，复作一目录，以备迷忘。“自序”第一，“伏羲以来忠孝人物画记疏证”第二，“伏羲以来忠孝人物表”第三，“伏羲以来祥瑞画记疏证”第四，“老子送孔子画记疏证”第五，“子路画记疏证”第六，“车骑官属画记疏证”第七，“颜渊、公子无忌、王陵母、范赎画记疏证”第八。

五月十八日(6月25日)　昨夜、今昼皆大雨，夜复大雨。与五、六两弟同过伯声。读《荀子·赋篇》。“《战国策札记》遗春申君书厉怜王”云云，其文亦见《韩非子·奸劫弑臣》，说者或以《韩非》为是、《国策》为误。余谓：韩非为荀卿弟子，《荀子》“遗春申君书”本有此文，《韩非子》因述之，于理无害也。

五月十九日（6月26日）　青冰文会第一集，陈白石、吴遨甫、蔡雨亭、李吟伯、杨子湘、丁忍斋、蔡禹言及余共八人。从忍斋所假来《小学汇函》《月令章句》一种。夜，天雷雨。

五月二十日（6月27日）　早霁。录《月令问答》。

五月二十一日（6月28日）　录《月令章句》。虎臣自上海来，略论近况。

五月二十二日（6月29日）　录《月令章句》。答候虎臣，其所种蕉亦结实矣。

五月二十三日（6月30日）　天气骤热。

五月二十六日（7月3日）　三日来，热不可胜。

五月二十七日（7月4日）　遨甫于痘神庙旁赁屋，其地甚宽，有大树两株，补以花竹便觉改观，白石题其门曰“沤园”①。午后偕吟白往游，其东北隅有一亭，亭之柱有“吉廷椿”三字，纵横约六分，谛视之，是以指画者。廷椿为余族祖字荫堂，二十年前曾在东台授读，此盖春秋佳日朋辈偕来，偶然留志也。然不知二十年前，此屋是何人所住？容质之寺僧。

五月二十八日（7月5日）　三贤书院课题：“子曰：为政以德”二章；“天王出居”。《穀梁传》有“居其所”之文，考其时正当鲁僖公，即本斯义，略为排比成篇。

五月三十日（7月7日）　写《月令章句》。吟白前为《青冰文会启》云：“溯昔卫尉豪华，侈佳游于金谷；右军觞咏，叙盛事于兰亭。但相尚以风流，本无关于素业。方今寰瀛通道，胡越一家，户习卫侯之夷言，人效参军之蛮语。颓波云逝，大雅其沦，怅虎观之经荒，慨鹅湖

① 此“沤园”系吴春棪所租建，其址在东台城痘神庙巷。

之业辍。言寻队绪，事在乐群，商弦诵于平生，萃兰言于一室。所愿彪文体质，同赋茂先励志之诗；从兹送袍推襟，永无子夏索居之惑。”

六月小　建辛未

六月初一日（1899年7月8日）　录《月令章句》。

六月初二日（7月9日）　往西宅问恙，即与三兄同候禾生。

六月初三日（7月10日）　录《月令章句》毕。偶捡废书中有《孟子年谱》数叶，其纸已腐烂，因为装理完好。粗看一过，其谱似不甚精。《古微堂集》有“孟子年表”，异日当据校也。

六月初四日（7月11日）　读魏源《孟子年表》，其意主《竹书纪年》，谓与《孟子》本书合，《史记》则不足据也。子湘过我，携去《汉石壁画记疏证》稿本。伯声来论学。

六月初五日（7月12日）　此数日天气甚凉。读柳宾叔《穀梁述礼》，原稿阙二十许事，拟补完之。白石过我，为我题《张猛龙》《兖公颂》《皇甫诞》三碑签。

六月初六日（7月13日）　雨。读《楚辞章句》。洪兴祖云“汉宣帝时，九江被公能为《楚辞》”。按：“被公”见《汉书·王褒传》。

六月初七日（7月14日）　读《楚辞章句》。

六月初八日（7月15日）　读《荀子》“成相”“赋”二篇。按：《成相》三、《赋》七，《成相》亦《赋》也，合之正符《汉志》“孙卿赋十篇”之说。

六月初九日（7月16日）　假沤园为文会①，又得念白，共九人。读雨老《诗韵例》、吟老《遁斋随笔》。下午急雨，旋霁。沤园有桑树，叶叶皆明润可喜。“公冶长缧绁非罪”是虚设之词，吟老《遁斋随笔》说与余同。

六月初十日（7月17日）　念白携王筠《夏小正正义》来。

---

① 此“文会”为青冰文会。

六月十一日(7月18日)　《说文》"挥"读若"纬",可证"农纬厥耒",当录入《小正说》[1]中。撰《孙卿赋章句》[2]。

六月二十二日(7月29日)　沤园文会。

六月二十七日(8月3日)　撰《孙卿赋章句》毕。又为《赋谱》《赋韵》。朱伯纯来问学。

七月大　建壬申

七月初一日(1899年8月6日)　写《孙卿赋章句》草稿,至十五日毕。

七月初二日(8月7日)　三贤书院副课:"弦木为弧,剡木为矢"经文;"贾谊登堂,相如入室"赋,以题字为均;"帔拂疏霜簟秋玉"得"霜"字。

七月初七日(8月12日)　集会于忍斋所,遬甫、松甫皆未至。忍斋近有《随笔》。

七月十六日(8月21日)　雨老近为《古韵表》《古韵通转表》,窳老治《庄子》亦时出精义,吟老则每半月必撰录《南唐纪事本末》一篇,忍斋《随笔》亦日有所积,念白辑录《汉书引论语》。茗生前赠我江宁《严道甫诗》一册,曰《玉井搴莲集》、曰《金阙攀松集》,今读一过,其《秦五大夫松歌》最可喜。昨适有持北周天和二年《华岳颂碑》求售者,略阅其文。《严道甫集》有《书后》一首云:"或云形与声,义实祖篆籀。新字延始光,象类太讹谬。"果不诬也。

七月十七日(8月22日)　读《青溪旧屋集》。刘孟瞻先生著有《左氏旧注疏证》,据集首汪士铎序云"以次付梓",则近当刊成矣。《青溪旧屋集》共十二卷,今但从窳老所假得卷一至卷六阅之,异日拟偕遬甫向刘氏后人乞全帙也。

---

① 此《小正说》指吉城所撰之《夏小正约义》。

② 《孙卿赋章句》是吉城所撰的一部国学论著,孙卿即荀子。

有王某[1]画《卧牛图》自况，介遨甫索余题，不获已。因为《五古》志之云："向观洨长书，万物从牛起。语小半以分，语大件而理。坤离法地灵，甲子效星纪。冉耕司马犁，某甫岂不美。云何今之人，一呼见夷鄙。苍苍倘下视，孰者非形委。王生殊振奇，妙解许君指。封尾角头三，厥象著在纸。安知子非我，莫谓公无是。图成命予题，予也愧无似。周南以麟终，春秋以麟始。麟兮不得见，见尾亦可喜。百夫此其特，六义一曰比。任重而道远，当代畴肩仔。颇德端木言，息耕且息仕王某自记有"息耕息仕"之意，故正告之。"

七月二十一日(8月26日)　集文会于子湘所。禹言为我正《孙赋章句》。

七月二十三日(8月28日)　以《孙赋章句》就窳老正焉。积日苦舌痛，禾生属予服天王补心丹。

七月二十五日(8月30日)　读《毛诗传·生民》，陈奂《毛诗传疏》亦不能申明毛谊，作《毛诗传补疏》一篇。三兄有意治《文选》。

七月二十六日(8月31日)　读《评学丛刻》。于窳老所见刘梦熊《竹枝词》十五首"梦熊字蕙圃，与王梦楼同时"，窳老说云："赋罢江梅思黯然，闹红天气抱愁眠。欲知静婉娟娟意，多在清明寒食边。""似与韶华暗有期，春前春后易相思。趁他蜂蝶无知觉，潜向东风写恨眉。""定有缠绵无限情，才眠又起未分明。晓风残月官桥渡，一段娇慵画不成。""拂面烟痕袅袅吹，迎人青盼故教垂。等闲错认无情物，几向君前枉费思。""灞岸离筵客思逢，丝丝都逐泪痕飘。供君攀折差堪慰，敢惜长条与短条。""楼边池畔易成阴，十五才过弱不禁。横吹一声人静后，几曾抛却故园心。""绿波荡荡沙棠舟，长堤翠幕交中流。美人容仪青绸缪，何以遗之碧玉钩。""枝枝叶叶乱毵毵，百尺楼头酒半酣。却似燕山为客夜，乌啼时节梦江南。""只管欢愉不管愁，琅琊大道接金沟。侬家亦有封侯婿，莫遣飞花入绮楼。""渡口牵衣曾共

---

[1] 此"王某"为王复初。

挽，陌头携手两相□。漫嗟秋至侬情吟，只恐风来君意疏九月中旬复加墨围以志之。”“漫说丝狂絮更狂，管弦声里度流光。春衣綷縩凭君染，不染青青只染香。”“晴怜苏小门前影，雨断贞娘墓上魂。多少柔条互映水，东风莫乱一溪痕。”“梢头轻拂酒家帘，蘸水新条雨后添。正好舞腰人作伴，缘何长隔一重帘。”“跨风住水美情怀，力弱难胜燕燕钗。婀娜天教柔到骨，不妨当面立官街。”“楼头初放影婆娑，小试慵妆病欲瘥。揉作相思挼作结，可怜天气奈君何。”原稿云“三十首之半”，然则尚有十五首也，惜无从窥见矣。连阴旬日。

七月二十七日(9月1日)　雨亭、吟白雨中过我。

七月二十八日(9月2日)　饮麦冬、生地汁，舌痛遂愈，禾生所言可谓洞垣。

七月三十日(9月4日)　与三兄论学半日，又至窳老处略述近业。

八月大　建癸酉

八月初一日(1899年9月5日)　雨。从吟老处假冯务堂《易贯》读之，其书以“易之太极即天之北辰”，分图系说皆本此义，为推完书。凡十册，其前二册曰《周易》《太极图贯》，其后二册曰《易经》《爻辰贯》。

八月初二日(9月6日)　偶得麟游本《醴泉铭》，虽有凿损，其真面尚未尽没也。松甫来论舆地，并为我校出《史记集解》误字数处。日夕送之归，径城南远眺，景物新鲜，心目大快。读《离骚》，《离骚》为忠孝之至，皇考锡名，有此内美，恐修名之不立，独好修以为常。其孝非犹夫人之孝也，故独就重华以陈辞，灵修数化，余情信姱，伏清白以死直，固前圣之所厚。其忠非犹夫人之忠也，故独抱彭咸之遗则。

吴绍箕《笔梦清谈》云：经略温公之驻金川也，参赞为阿公桂。时朝廷望捷音，以吉渭厓太仆精于数学，召占之，其兆先凶后吉。侍卫恒春自言为冥间值殿判官，每五日一大睡，禁人往视，历一昼夜始醒。

太仆占毕而退，相遇于别殿，恒公曰："占兆如何，然温将军已阵亡矣？某于昨夜值阎罗殿，闻将军至，阎罗趋出，将军入，阎罗随行，将军手捧簿书高尺许，揖阎罗而授之，则从亡军士册籍也。"越数日，败报至，始信恒公言不虚。未几，阿公捷书驰至，并信兆之不虚焉。

八月初三日(9月7日) 读《离骚章句》，王逸用贾逵说居多，拟疏通证明之。

八月初四日(9月8日) 松甫假《史记集解》六册、《佛国记》一册。读《离骚》。

八月初五日(9月9日) 看李贻德《左氏贾服注辑述》。读《后汉书·贾逵传》。逵父徽习《左氏春秋》《国语》《周官》《古文尚书》《毛诗》，逵悉传父业，弱冠能诵《左氏传》及《五经》本文。以《大夏侯尚书》教授，虽为古学，兼通五家《穀梁》之说。尤明《左氏传》《国语》，为之解诂五十一篇注：《左氏》三十篇、《国语》二十一篇。又数为章帝言《古文尚书》，与经传《尔雅》诂训相应。诏令撰欧阳和伯、大小夏侯《尚书古文同异》，复令撰《齐鲁韩诗与毛氏异同》，并作《周官解故》。又擿出《左氏》三十事，尤著明者皆君臣之正义，父子之纪纲，其余同《公羊》者十有七八，或文简小异，无害大体。至如祭仲、纪季、伍子胥、叔术之属，《左氏》义深于君父，《公羊》多任于权变。逵所著经传义诂及论难达百余万言。又许仲《上说文表》云："慎本从逵受古学，考之于逵，作《说文解字》"；而叔重《自叙》云"其称《易》孟氏、《书》孔氏、《诗》毛氏、《礼》周官、《春秋》左氏、《论语》《孝经》皆古文也"。据此，则贾逵兼通群经古今之学，其博大盖与康成适也。范晔论云"郑贾之学，行乎数百年中，遂为诸儒宗"，诚哉，是言也！因表其通经目录于下：

易：《传》[1]云"通《五经》本文"，当有《易》也。逵为古学，其经本文当为古

① 此《传》指《后汉书·贾逵传》。

文；孟氏[①]据《许序》[②]。

尚书：孔氏[③]据《传》；大夏侯氏据《传》；小夏侯氏据《传》；欧阳氏据《传》。

诗：毛氏据《传》；齐诗据《传》；鲁诗据《传》；韩诗据《传》。

礼：周官据《传》。

春秋：左氏据《传》；穀梁据《传》；公羊据《传》；国语据《传》。

论语：孔氏[④]据《许序》。

孝经：孔氏据《许序》。

尔雅：据《传》。

小学：据许作《说文解字》。

八月初六日(9 月 10 日)　何兰皋于前月仙逝，今日往吊。从子湘所假吴仁杰《离骚草木疏》、钱杲《离骚集传》，复于伯声处假朱子《楚辞辨证》、龚景瀚《离骚笺》。

八月初七日(9 月 11 日)　吴仁杰、钱杲之两书读过，还子湘。读《离骚笺》，其以“乱曰”以下数语定通篇之节次，可谓卓识。陈秋实患腹泄，禾生前决其不起，今竟卒。年甫三十，美才早落，哀哉！兰以素心为最，舅氏昨以一枝见诒，馨香累日。

八月初八日(9 月 12 日)　假沤园文会，吟白、白石、遬甫、子湘、崇如及予共六人。读吟白所撰《南唐纪事》“升元君德篇”。

八月初九日(9 月 13 日)　二母舅五十寿，晨往庆祝。过禹言论学。午后至白老处，商榷《离骚》章句疏证。《说文》明引贾侍中说者六条：牜部牺下，辵部遱下，言部諆下，県部県下，象部豫下，女部嫢下。

---

① 此“孟氏”为孟喜。

② 《许序》指许慎《〈说文解字〉序》。

③ 此“孔氏”为孔安国。

④ 此“孔氏”为孔子。

八月初十日(9月14日) 看《国语正义》"周语、鲁语"。

八月十一日(9月15日) 看《国语正义》"齐语、晋语"。雨老约至咏香文会,坐有吟老。夜中偶思"六书"之义,即著于本题:"事"即指事字也,"象"即象形字也,"声"即谐声字也,"意"即会意字也,"转注"即转注字也,"假借"即假借字也。许慎释"转注"云"建类一首,同意相受"。"转"之从"车","注"之从"水",所谓"建类一首"也;"专"古通"转"《释名》"专,转也","主"古通"注"《荀子·宥坐》"主量"即"注量",所谓"同意相受"也。许慎释"叚耤"云"本无其字,依声托事"。古无训"非真"也之"叚",亦无训"假"也之"耤",所谓"本无其字"也;以"叚"为"假",以"耤"为"借",所谓"依声托事"也。以本题定本义,似无烦他求,候质之通小学者。

八月十二日(9月16日) 六弟三十生日,前月初八日为五弟三十生日。午后寻竄老论学,遨甫亦至,因共酒会。初更乃归,月色大佳。

八月十三日(9月17日) 雨。读《国语》毕。《史记·太史公自序》云"左丘失明,厥有《国语》"。《汉书·艺文志》有《国语》二十一篇,左丘明著。是《国语》与《左氏春秋》同为丘明所撰无疑。姚鼐尝疑《左氏》有吴起附益。

今案:《国语》终于《吴语》《越语》。《越语》下卷专载"范蠡灭吴"事,《汉书·艺文志》"兵家"有范蠡二篇。吴起善用兵,故其言附入《国语》。吴起尝事魏文侯及武侯,后师楚悼王,吴、越之地至战国时皆为楚有,而郑又为三晋所分。《郑语》仅"桓公寄孥"一事,其文有云:"武王之子,应、韩不在,其在晋乎!"《吴语》《越语》又仅"夫差勾践相伐"之事,与周、鲁、齐、晋、楚五国详略悬绝。此郑、吴、越三国,丘明原书本无其语,吴起张晋而以《郑语》附之,张楚而以《吴语》《越语》附之也。

又按:《齐语》仅"桓公用管夷吾"一事,其文具在《管子·小匡篇》中,有"作内政而寄军令"之法,疑亦吴起取《管子》文以附入之,左氏书盖无《齐语》也。

今定《国语》目录于下，俾读者知“左氏本”与吴起附益焉：《周语》左氏本有，始穆王，终定王；《鲁语》左氏本有，始庄公，终哀公；《齐语》左氏本无，吴起附益；《晋语》左氏本有，始武公，终懿公；《郑语》左氏本无，吴起附益；《楚语》左氏本有，始庄王，终惠王；《吴语》左氏本无，吴起附益；《越语》左氏本无，吴起附益。右除齐、郑、吴、越，则左氏本有者周、鲁、晋、楚四国语耳。《孟子·离娄》尝云“王者之迹”，又云“晋之《乘》、楚之《梼杌》、鲁之《春秋》，其义一也”。然则，周、鲁、晋、楚四国史书自孔迄孟传习不绝，而齐、郑、吴、越四国语为吴起附益愈明。①

八月十四日(9月18日)　雨。

八月十五日(9月19日)　雨。读《颜氏家训》一过，《勉学》云：“明《史记》者，专徐、邹而废篆、籀；学《汉书》者，悦应、苏而略苍、雅。”盖太史公从孔安国问，其书多古文家言，故颜以为治《史记》当先明篆籀也。《汉书》亦多古字古义。

晚晴有月。《白虎通·考黜》云“孝道备者，赐秬鬯”；又云“内外行备，孝道乃生”；又云“孝道纯备，故内和外荣，玉以象德，金以配情，芬香条鬯，以通神灵”；又云“玉者，德美之至也；鬯者，芬香之至也。君子有玉瓒、秬鬯者，以配道德也”；又云“《王制》曰：赐圭瓒，然后为鬯；未赐圭瓒，则资鬯于天子。《王度记》曰：天子鬯，诸侯薰，大夫芑兰，士蒹，庶人艾。”陈立《白虎通义疏证》云：《周礼疏》引《王度记》“芑兰”作“兰芝”，“蒹”作“萧”；又《广雅·释天》作“茝兰”。据此，则《离骚》重言“兰”与“玉”者，屈子之孝也，屈子为三闾大夫，“兰”所应用矣《考黜》在《白虎通义疏证》第七。

---

① 《国语》的作者历来存有争议。吉城认为《国语》中的《周语》《鲁语》《晋语》《楚语》系左丘明所撰；《国语》中的《齐语》《郑语》《吴语》《越语》系吴起所附益，其中的《齐语》则是吴起抄自《管子·小匡》。吉城的这些见解在当今学术界都得到了证实。

八月十八日(9月22日) 显考三周忌期,呜呼痛哉!日月奄忽而已至斯,呜呼痛哉!大伯父为予述显考幼学及冠时事,谨志于别方。

八月二十日(9月24日) 三十三岁矣,古所谓“德美芬香”万分无一,回思当日“揽揆锡名”不禁涕下。

八月二十二日(9月26日) 从子湘假玉函山房辑贾逵《周官解故》。

八月二十三日(9月27日) 还老窳书。看王充《论衡》,其《自纪》云“本魏郡元城一姓”,则是与新莽同族,其引说莽事不甚加贬斥,正以是耳。中有“解《论语》”数节,刘宝楠《论语正义》采之,然亦未尽得其指。

八月二十六日(9月30日) 为风寒所侵,卧息数日。

八月二十九日(10月3日) 禾生自江阴来,略述吴门风景。叔衡先生画扇见诒[①],惭无以当。

八月三十日(10月4日) 澹台灭明,孝子也。《礼记·祭义》云“不亏其体,不辱其身,可谓全矣”;又云“壹举足而不敢忘父母,是故道而不径,舟而不游,不敢以先父母之遗体行殆”。灭明之“行不由径”“非公事不至偃室”,正“不亏、不辱、不敢忘、不行殆”之谓也。子游问孝,夫子语之“以敬、取人以身”,子游得灭明,正是同声同气。

---

① 光绪二十五年八月,时任江阴南菁书院山长的丁立钧,用左笔绘制了一帧《山水画扇面》奉贻吉城,并乘其堂弟丁立棠(字禾生,号忍斋)来江阴之机,托其带至东台送交吉城。此扇面画之题款为“忍斋弟省余澄江,为语曾甫先生今之学者。余谨制此奉贻,因忍斋君交于先生,先生其许之乎?己亥八月 弟钧寄。”

九月小　建甲戌

九月初一日(1899年10月5日)　清理上月馆课三日。

九月初四日(10月8日)　集会于忍斋所。

九月初六日(10月10日)　二兄往扬州,送至河干,叮咛保重。城南菊花消息尚未。

九月初七日(10月11日)　禹言假东雅堂韩集。禹言馆中芙蓉盛开。沐浴。禾生、子湘、白石过我。从禾生假梁端校注《列女传》。

九月初八日(10月12日)　从禹言假芮城《匏瓜录》。录梁端校《列女传》。

九月初九日(10月13日)　白石、子湘、禾生、吟伯、老崇及余六人迭为宾主,尽一日之乐。子湘有楼[①],高五丈许,以古尺准之,盖百尺矣。余与禾生偕登,开窗四望,全境在目,亦伟观也。饭后,放舟游西溪,循泰阜之南麓信步而往,野趣横生。三贤祠椒树红出墙外,各折一枝以归。禹言初约同游,后因事不得与舟行。晚在忍斋所食蟹。

九月初十日(10月14日)　三贤书院"副课卷"发出。我山以为旁通算术亦不虞之誉也。从白石假《南菁丛书》六册,中有元和蔡云编《蔡氏月令》五卷。孙师挽陈秋实诗云:"西风吹冷桂花天,听说斯人不永年。循吏孙儿名父子,一时太息口争传。""唾手功名掇乙科,会看释褐谢岩阿。回风忽阻蓬山路,争怪才人唤奈何。""唾余牙慧杂腥臊,得手曾无指摘遭。偏是些些纰缪子,独劳明眼解吹毛。""到死名心未肯忘,直将性命换文章。遥知遗稿焚如日,定吐光芒万丈长。""顾况酸吟剧可哀,哀音应早彻泉台。英灵不昧因缘在,会见非熊再世来。"读《匏瓜录》一册。芮先生字岩尹,逸民也,其阐明易象吉凶进退之故,皆默指当时情事。

---

① 此"楼"之名曰"凝晖阁",俗称"杨家大楼",乃杨世沅(子湘)于光绪二十四年所建的一座三层楼房,系当时东台城内最高的建筑物。

九月十一日(10月15日) 祖妣周忌。向夕暴风，木叶零落，秋气深矣。仰视皓月，愈觉清瑟，摧廓之烈，故非常也。

九月十二日(10月16日) 旧窗易新纸。挽陈秋实："忆昔论文托鲤庭，识君神采早亭亭。不惭闻喜当年长，能乞椒山再世灵《行述》云小时病危，祷杨忠愍祠获生。云路乍看鸣玉佩，水泡何意证金经。案头盈尺丹黄本，凄绝中宵火尚青。""万里何曾惜羽翰，春风消息向长安。蓬莱有约邀灵圉，草稿无端触上官。跃冶本来金太烈，抽刀从此水难干。玉楼尽道修文去，只恐劳形又鼠肝。""西园文酒会群贤，偏值维摩卧病天。闻说养痾思水木，如何结想付云烟。大招难续灵均魄，早慧翻成子晋仙。神鸟山前多少树，可能为我起颜渊。""风露横添景物愁，凄凄摇落感梧楸。洼中神物空朱汗，彀里英雄误黑头。信有遗文光万丈，愧无健笔诔千秋。遽然一觉成然寐，此梦迷离蝶与周。"

九月十四日(10月18日) 携昨挽诗就三兄正定，同过白石、子湘、浒岑。

九月十五日(10月19日) 久不写大字，偶一为之，体格全非。微雨。《白虎通》所言多《春秋》大法，时引《论语》为证，辑而疑之，固齐、鲁二学之渊海也。闻雁。写《蔡氏月令序》，顾千里序于道光四年重九后三日，今适重九后六日也。

九月十六日(10月20日) 《尚书·召诰》"王其疾敬德"可为"苟敬"之证。

念白及他友人同祭秋实，属予为文："维天铸物，变化亿千。清淑凝萃，乃命曰贤。卓彼伟质，光兹德门。如何中道，息兮九原。颜氏之苗，龚生之兰。丰栽猝折，摧人心肝。老庄达观，达观实难。忆君髫龀，仪容凤鸾。椒申桂重，玉方珠圆。及君十五，鸿闻播宣。博士藉藉，称弟子员。豫章蔽日，斯其萌蘖。君益奋发，翱翔艺园。晨钞夕纂，昼贯宵温。紬绎众妙，扬扬笔端。岁在强圉，云起龙蟠。谓万人敌，而今果然。鹿鸣歌来，君翁大欢。曰前丁酉，家有国宾。昔武今践，庶几无愆。明年三月，集于长安。寒族破壁，在眉睫间。云何不幸，横遭讥弹。九天可登，而绝羽翰。君神怅惘，君涕潺湲。德来宅膺，联联绵绵。药石已疾，君疾难捐。一朝万古，竟夭天年。嘉君之孝，格于严亲。承志受过，绍踪参骞。美君之悌，让于诸昆。推财割产，抗迹昙渊。痛君之才，过扬子云。当世碌碌，安知玄文。悼君之遇，几屈灵均。闾中邃远，遽遏清芬。闻君九岁，曾病伤寒。实哀于神，濒亡而存。今兹复祷，神胡不怜？命也非邪，宁无憾天。读君词翰，思君笑言。呜呼已矣，咫尺河山。鹏起贾舍，麟经孔编。闻者凄怆，矧余朋伦。幽明可通，奉觞告虔。云车风马，照临几筵。尚飨！”

九月十七日(10月21日)　过白石，论《白虎通》。

九月十八日(10月22日)　吊秋实。禹言夕至，论《匏瓜录》。雨。

九月十九日(10月23日)　伯声来论学。忍斋来。

九月二十日(10月24日)　读《匏瓜录》，写寄二兄一缄。

九月二十一日(10月25日)　忍斋劝余“用心无过锐，旧日所得，以时温理之”，皆药石也；又云“为学之弊，泥古嫌疑不化，翻新又虑凿空，用其二长，去其两短，斯善矣”，尤为甘苦有得之言。余以为，“温故知新”四字中著一“而”字最妙。

读《匏瓜录》“论语类”，其解《子罕》“吾有知乎哉，无知也”云：“凡人自视，若无所不知，至于教人之际，反多厌倦，一旦遇渊博颖悟之士，能以智辨胜我，我既以师资自负，犹好夸矜见所长，若乃朴陋之夫，则亦姑且应之，姑且塞责而已。圣人则不然，圣人自视，若一无所知，至于教人，必尽诚为之，无论成德达材之徒，指示无隐，即空空之鄙夫，不敢忽也，必将究其发问之意，然后为之断其是非，疑似而归于一途，虽倾困倒廪，所不惜也。嗟乎！岂非天地父母之度欤？”

九月二十二日(10月26日)　读《匏瓜录》“论语类”。三兄近治《文选》，因以李审言《选学拾沉》贡之。伯声乞《嘐嘐言》。读许书。

虎臣招集，坐有孙师、禾生、老窳诸君。

九月二十三日(10月27日) 偶拈伯纯试帖题“金石刻画臣能为”，因为解说：本诗其题为韩愈《平淮西碑》，对段文昌《平淮西碑》而言也，其诗皆从此着意耳。禾生至，同往候鉴翁。读《匏瓜录》“论语类”。过伯声，托补浙局书缺叶。

九月二十四日(10月28日) 《匏瓜录》“《通鉴纲目》书法存疑”云：“少府耿纪、司直韦晃起兵讨曹操，不克，死之。是举也，金祎始谋，吉本与焉。《纲目》但书耿纪、韦晃，而附祎、本于分注于疾，无礼录忠贞之义。似有所阙，宜补书京兆金祎、太医令吉本，而本子邈、邈之弟穆附见可也。”过忍斋，看丁敏卿疾，医云秋邪化疟未正，中间又误下，症颇险。

九月二十五日(10月29日) 敏卿疾稍转。

九月二十六日(10月30日) 敏卿疾如昨，据禾生及张浦生云，是邪留而正虚之象。心如午后来，问《穀梁》及许书。

九月二十七日(10月31日) 二兄生日。禾生诊敏卿疾，云所见症皆是太阴脾病，宜专治水土，前所立方尚未中窍要。于此见禾生之虚心明眼，而医术之难，亦可知矣。校改课艺。读宝应成蓉镜《郑志考证》。

九月二十八日(11月1日) 敏卿果有起色。过禹言，禹校勘韩集。读成蓉镜《释名补正》。

九月二十九日(11月2日) 读成蓉镜《驷思堂答问》，其考定孔子生卒，云孔子生于鲁襄公二十二年十月庚子，为今之八月二十八日；孔子卒于鲁哀公十六年四月己丑，己丑者十一日也。“枳椇”之异名有“蜜枳椇、蜜屈律、木蜜、木饧、木珊瑚、鸡距子、曹公爪、癞汉指头”诸名详《驷思堂答问》之《礼记·内则》“芝、栭、蓤、椇”条下。据成说，疑《说文》“多小意而止也”“而”当读为“如”，“止”即“距”也；《礼记·曲礼》“妇人之挚椇”注“椇木名枳也，有实”，则“小意”为“小实”，甚明。当补入《说文对》“金沙江”即“泸水”，亦名“绳水”，乃西南一大川，《说文》《水经》所称“淹水”即其水也。录梁端校《列女传》。还禹言《匏瓜录》。丁敏卿病已愈。

十月大　建乙亥

十月初一日(1899年11月3日)　读《后汉书·郑康成传》,范晔论曰:“王父豫章君每考先儒经训,而长于玄。及传授生徒,并专以郑氏家法。”按:范所谓豫章君,范宁也。宁为《穀梁集解》,中多引据《释废疾》及《驳五经异义》文,是范注《穀梁》明以郑氏家法矣。因作《穀梁范注家法考》①。

十月初六日(11月8日)　假坐切斋文会。集禊帖字为联句赠切斋云:“稽古乐群,以永岁暮;环山抱水,曾无世情。”

十月初七日(11月9日)　雨,夜雷电。

十月初八日(11月10日)　雨。

十月初九日(11月11日)　雨。

十月初十日(11月12日)　切斋过我,适与伯声、守一同过白石,因不相值。伯声处秋华可爱。

十月十一日(11月13日)　《说文》“秋华,菊,名日精”;《尔雅》“鞠治墙”,郭注又谓是“秋华菊”。伯声治许学,因属其考正。

十月十二日(11月14日)　伯声来问“治墙”,因举《周官·蝈氏》之“牡菊”可以“焚灰,洒除蛊害”以答之,盖蝈氏与赤犮氏相次,“赤犮”下有“除其墙屋”之文,则“牡菊”名“治墙”义得通焉。

十月十三日(11月15日)　往候切斋,亦不相值。《穀梁范注家法考》草稿成,为序曰:

范晔《后汉书·郑玄传》论曰:“王父豫章君,每考先儒经训而长于玄,常以为仲尼之门不能过也。及传授生徒,并专以郑氏家法。”

---

①　《穀梁范注家法考》是吉城所撰的一部国学论著。范即晋人范宁,范宁曾撰《春秋穀梁传集解》。

按：豫章君谓范宁也，宁为《穀梁集解》，中多称引《释废疾》及《驳五经异义》说其云“郑君释之”者皆《释废疾》说，其云“郑君曰”者皆《驳异义》说。据其《自叙》有云：“释《穀梁》者虽近十家，皆肤浅末学，不经师匠。”则其“刊落众氏，归向高密”，蔚宗所言洵不诬矣。

夫起废之作，第解何难；驳义诸论，惟因许文。然而即本见末，以一持万。东京鲁学，断推大师；武子之生，去郑未远。缅其时江左波靡，清谈成俗，尔乃讨王弼、何晏之首恶，崇子游、子夏之北面，裒辑绪业，尊而不名。其视平叔杂收伪孔，元凯攘匿贾服，心术悬绝，岂可道里计哉！至或著以未详，申之宁按，抑亦毛传之须笺，而非圣证之设难也。

今谨依注条举，分列二卷。自余群经郑义，有为范所师用者，亦无不眘录以附，名之曰《穀梁范注家法考》云。

十月十四日(11月16日)　以《穀梁范注家法考》就正白石。

十月十五日(11月17日)　吟老约同雨亭、禾生诸君文会。前日丁丽老过我，今往答候。有献瑞麦于大令者。

十月十六日(11月18日)　东台行报神之典。连夕月色皆佳。

十月十七日(11月19日)　白老饷我葛精一盒，云可以清热，非如康成“目痛方”之诳范武子也。读钟氏《穀梁补注》。

十月十八日(11月20日)　读钟氏《穀梁补注》“隐公”篇。

十月十九日(11月21日)　读钟氏《穀梁补注》“桓公”篇。

十月二十一日(11月23日)　念白、仲安假好云居文会。

十月二十二日(11月24日)　外祖八十生忌。

十月二十三日(11月25日)　族弟名祥，号松乔，于今年科试入县学进生员，携其试草来。

十月二十四日(11月26日)　读钟氏《穀梁补注》“庄公篇”。讱斋赠余尤在泾《金匮心典》《濒湖脉学》。

十月二十五日(11月27日)　碑贾潘某来，购得《王基碑》《宇文公碑》《延庆寺碑》《樊府君碑》四种。校录《列女传》。

十月二十六日(11月28日)　校录《列女传》。

十月二十七日(11月29日)　校录《列女传》。

十月二十八日(11月30日)　校录《列女传》。子湘送来钱坫《说文斠诠》,约略读之即还去,据云值英泉四五圆也。

十月二十九日(12月1日)　校录《列女传》。

十月三十日(12月2日)　校录《列女传》毕。梁氏[①]所据盖建安余氏本,其视今刻黄鲁曾本精善固多,然黄本亦自有佳处,不可没也。二兄自镇江归。

"众仙同日咏霓裳"试帖一首:"同作霓裳咏,开成贡举年。义山怀往事,曲水集群仙。题自蟾宫得,名都雁塔传。郑曹齐把袂,严李竞摊笺。獭祭思尤捷,鸿胪诏共宣。中唐新格调,上界旧班联。醉本兰亭在,浮踪桂管迁。盛游空复忆,此别又东川。"

十一月小　建丙子

十一月初一日(1899年12月3日)　读《颜氏家训》。

十一月初二日(12月4日)　还讱斋梁端校注《列女传》,因以《颜氏家训》赠之。周子香五十寿,于老崇处朋酒宴乐一日。

十一月初三日(12月5日)　又买得《魏郑君残碑》碑叙其先德用"郑当时招贤"及"郑国穿渠"、"郑崇尚书履声"诸文,又有"君与从兄先护"云云。按:先护为郑思明之子,《魏书》有传,故知为《郑君碑》也,惟其名字无考、《魏高盛残碑》及《九十人造像》。《续金石萃编》有造像,无郑、高二种也。

十一月初四日(12月6日)　与伯兄、季弟同看黄氏屋。

十一月初五日(12月7日)　与讱斋同过白石。

十一月初六日(12月8日)　儿子问《论语》"一贯"之义,因告以读书当明其上下文。《论语·卫灵公》语子贡之"一贯",其上文明有"多学而识"云云,是子贡务博,而夫子示以不必博也;《论语·里仁》

---

① 此"梁氏"为梁端。

语曾子之“一贯”，其下文明有“忠恕”云云，是曾子未能忠恕，而夫子示以不可不忠恕也。《董子》云“心止于一中者，谓之忠；持二忠者，谓之患”，上节记“不患无位”云云，则此章正发明“一中”之义。一中者，忠也，曾子、子贡为学之初心皆未能专壹，夫子故以此救其弊。后儒乃谓“二子为能得道统所寄”，未免看得太高。

十一月初七日(12月9日) 看《北周书》“帝纪”及“列传”第一、二。显考生忌。

十一月初八日(12月10日) 校改伯纯课文。

十一月初九日(12月11日) 校改伯纯课文。

十一月初十日(12月12日) 候星南，因假襄荷精舍杯酒论文，坐有孙师、白石、吟伯、讱斋。星南于姜堰书市得宋刻陈龙川选《精骑集》、明钞《李卫公集》，皆泰兴季沧苇旧藏，致足乐也。星南有诗以记之云：“时节得清暇，招邀大出游。钱刀何足惜，珠玉闪纷投。梓里数名宦谓《李卫公集》，吾宗开选楼谓《精骑集》。延令旧书目，不厌恣搜求两本均载《延令书目》。”“传世会昌本，兹题李卫公。澄心笺可热，书手楷能工。外集穷愁志，衰朝辅弼功。平泉重贻厥，罄石意相同。”《卫公集》为中吴钱氏谷物，有楷字绿色长方图记云：“卖书习书志亦迂，爰获不异隋侯珠。有假不反遭神诛，子孙粥之何质愚。”图记四角作鱼尾形。“佞宋真成癖，无缘梦见之。不图永康学，有此古文辞。宝待双龙合《精骑集》凡六卷，此上册三卷，斑先半豹窥。龙川吾有幸，元椠亦称奇。”《龙川文集》而藏有元龙川书院椠本，为琴川孙氏从添物。

十一月十一日(12月13日) 心兰过我。

十一月十二日(12月14日) 三贤书院课题，“吾说夏礼”四句；“自锄明月种梅花”得“锄”字，撰二卷。

十一月十三日(12月15日) 讱斋过我，月中同过书肆，得亭林《音学五书》，叶树藩本《文选》两种，贾英泉二番也。

十一月十四日(12月16日) 杨生子久入学，其文题为“民之归仁也”五字，此题当以不凿破为妙，因即原稿增删之；诗题为“野人与之块”得“文”字，通场皆以为谓“晋文”，不知谓“卫文”也。

十一月十五日(12月17日)　雨。读沈编修鹏《应诏直言疏》，词气谨严，忠义奋发，与郭琇参明珠、钱澧参和珅鼎足而三。

十一月十六日(12月18日)　讱斋招饮。

十一月十七日(12月19日)　读钟氏《穀梁补注》“庄闵”篇。赁定牌楼巷黄氏屋。《春秋》言“降”，后则言“下”矣；《春秋》言“取”，后则言“拔”矣；《春秋》言“败”，后则言“破”矣；《春秋》言“灭”，后则言“屠”矣；《春秋》言“伐”，后则言“击”矣；《春秋》言“师”，后则言“兵”矣，此春秋至战国语言之异。《孟子·告子》之“不搂”疑即《公羊传·庄公二十四年》之“不偻”此条当录入《孟子》《春秋》文征。

十一月十八日(12月20日)　雨。读《穀梁补注》“庄闵”篇。吟伯前日云：“汉以鲁公礼葬项王，盖以项氏国为鲁灭，其子孙为鲁人。后鲁地入楚，故楚有项燕也。”今按：《广韵》“项”字下说正与同，惟不云“鲁灭”，而云“项，姬姓国，为齐桓所灭盖主“公穀说”，其子孙以国为氏，楚有项燕、项梁、项籍也”。《诗》有“鲁僖”，疑《史记》文亦以僖公为备，故《左传》于隐、桓、庄、闵四公事多阙误。

十一月十九日(12月21日)　读《穀梁补注》“僖公”篇。《论语·宪问》“正而不谲”，《汉书·邹阳传》引作“法”，钟文烝谓字误。余谓“法”即“正”也，《穀梁传》“法厩、法门”即“正厩、正门”也。

十一月二十日(12月22日)　冬至。先一日祀祖。雨亭约至茶园文会，因过讱斋午饭。偶说《颜氏家训》“车下马”当是“果下马”之误，禹言举《汉书》为证，余复引《三国志·魏志·东夷传》以申明之，因共拟依《困学记闻》会课例见《曝书杂记》为《颜氏家训》校注。讱斋云“赵曦明已有注矣，刻在《知不足斋丛书》中”。他日当从子湘假观也，倘赵注未尽详，仍可补为之。午后同过白石。

买得曾惠敏《四体书》二册，重装为一册，其面地用讱斋所赠之云蓝纸。《齐论语》多《问王》和《知道》两篇，疑即“子张问”及“不知命”两章。

十一月二十一日(12 月 23 日) 大风甚寒,始裘。丽生、吟白、讱斋同过我。《春秋·闵公元年》经文中“齐仲孙来”,吟白主《左传》,谓是“仲孙湫”;余谓《春秋》经文单言“来”皆讥,如隐公元年之“祭伯来”,桓公六年之“州公实来”是也。果是“仲孙湫来省难”,无嫌直书其事,今惟书“来”,明非“省难”之仲孙湫矣,当从《穀梁传》说[①]。雨老假去《音学五书》。

十一月二十二日(12 月 24 日) 早微雪。白石、讱斋、老崇约往子湘处说画。改伯纯课文。讱斋晚过我,论学竟夕。拟效《求阙斋画像》,得自汉至国朝十二人,皆生平所服膺者。汉六人:董仲舒、贾谊、司马迁、刘向、许慎、郑康成;唐一人:杜佑;宋二人:司马光、朱子;国朝三人:顾炎武、汪中、曾国藩。

十一月二十三日(12 月 25 日) 雨。改伯纯课文。

十一月二十四日(12 月 26 日) 读《穀梁补注》“僖公”篇。《孟子·尽心》:“诗云‘忧心悄悄,愠于群小’。孔子也。”赵岐注谓“孔子论此诗”。按:赵盖据《荀子·宥坐》《尹文子·圣人》《说苑·指武》“孔子诛少正卯,与门人论及此诗也”。焦循《孟子正义》读“论”为“伦”,非也。

十一月二十六日(12 月 28 日) 祖考生忌,在时百岁矣。于子湘处观白石画山水。舌痛五日。

十一月二十八日(12 月 30 日) 三贤书院副课:“笏度二尺有六寸”三句经文;苏东坡以十一月望作《重九》赋,以“菊花开时即重阳”为韵;“刺绣五纹添弱线”得“添”字,试帖。

十一月二十九日(12 月 31 日) 雪。

---

① 通常注家按《左传》之说,认为齐仲孙即仲孙湫,二者为同一人。而吉城认为,《春秋》经文中“齐仲孙来”之齐仲孙,并非《左传》“仲孙湫来省难”之仲孙湫,并认为应从《穀梁传》说。因此,《吉城日记》整理者在编辑“人名索引”时,将齐仲孙和仲孙湫分列为二人。

十二月大　建丁丑

十二月初一日(1900 年 1 月 1 日)　租定黄氏屋，其出租人为詹、杜二姓。清理课文。

十二月初八日(1 月 8 日)　发斧石往新屋。红梅开矣。

十二月初九日、初十日、初十一日(1 月 9 日、10 日、11 日)　连日天气晴和，洒扫屋宇，合宜之至。买竹书案一方，洋泉七角。

十二月十二日(1 月 12 日)　读《容斋续笔》，其考据颇多精切者。

十二月十三日(1 月 13 日)　丽老约茗话。晚读苏诗数十首。

十二月十五日(1 月 15 日)　大伯母寿辰。

十二月十六日(1 月 16 日)　荣忠生日。子湘招饮。

十二月十七日(1 月 17 日)　检理书籍，移往新屋，约十二箱。

十二月十八日(1 月 18 日)　雨。

十二月十九日(1 月 19 日)　晴。

十二月二十日(1 月 20 日)　母亲寿辰。新宅种竹。

十二月二十四日(1 月 24 日)　进新宅。

十二月二十五日(1 月 25 日)　子湘为我买《说文斠诠》。

十二月二十八日(1 月 28 日)　讱斋过我。

十二月二十九日(1 月 29 日)　以上数日部署碌碌，未能读书。

十二月三十日(1 月 30 日)　祀先。

第十五集　鲁学居日记
(光绪二十六年　庚子)

正月小　建戊寅

正月初一日(1900年1月31日)　上午微雨,下午雪。往贺孙、丁两师及戚友数处。吟白、讱斋过我,留饮。

正月初二日(2月1日)　与雨亭、吟白同过讱斋文会竟夕。下午又雨。

正月初三日(2月2日)　雨。

正月初四日(2月3日)　晴。过白石。

正月初七日(2月6日)　母舅家有祭事,往行礼。

正月初八日(2月7日)　浒岑之太夫人初十日六十寿,今夕奉觞,席上晤项晴轩。

正月初九日(2月8日)　候晴轩,得观《张廉卿诗册》,假归录稿。

正月初十日(2月9日)　至浒岑处祝寿。

正月十一日(2月10日)　禾生赠我梅花一本。观竄老为禾生书"讱斋"二字。

正月十二日(2月11日)　同宴晴轩于襄荷精舍。晴轩云有《说文统系图》,可假摹也。

正月十三日(2月12日)　雨亭、吟白、子湘、禾生、伯声午后同过我。

正月十四日(2月13日)　白石生日。去年同人集金刊李小花先生诗样本已成，白石属校一过。张廉卿有《秋夜独坐》一首云："古人吾不见，薄俗尔谁亲。秋雨初凉夕，闲庭独坐人。虫声吟砌稳，灯影动墙新。插架陈编在，凭渠老此身。"余极爱之，白石许为我画图。

正月十五日(2月14日)　讱斋今年四十生日，耦辈即假其厅事张乐为寿。

正月十六日(2月15日)　李文澜来，今年仍馆省中。北风，夜雪。

正月十七日(2月16日)　雪。读李小花诗一过，笺出误字十数。其《读书》一首云："载籍浩于海，百川源汇东。从来章句士，未尽古今通。酒下村沽浊，灯挑夜雨红。那嫌鱼豕误，精谊自无穷。"十年前，白老曾为我书于箑。

正月十八日(2月17日)　买笔。东行经兰香巷杨氏宅外，见修竹出墙数尺许。闻心兰述其友人周孝寰《过曾文正里有作》云："为因贤里淹行李，却枉衰时起故心。余气湖山竟清减，忍心天地任昏销沉。管韩可笑多于古，迁固宁知馁至今。小雅不闻谁大雅，遗编三复一沾襟。"

正月十九日(2月18日)　晴。开学。

正月二十日(2月19日)　过冯抱一。从窳老假邓石如书《弟子职》。

正月二十一日(2月20日)　石生廷杰来问。

正月二十二日(2月21日)　看江永《礼记训义择言》。

正月二十三日(2月22日)　看《礼记训义择言》，其《檀弓篇》中亦有三五处足证吾旧说者。子湘招饮。

正月二十四日(2月23日)　看《礼记训义择言》。

正月二十六日(2月25日)　讱斋过我，畅论情愫。

正月二十七日(2月26日)　看《礼记训义择言》。

正月二十八日(2月27日)　雪。三兄赐我龙牙茶一瓶。

正月二十九日(2月28日) 好雨。

二月大 建己卯

二月初一日(1900年3月1日) 看《五礼通考·吉礼门》。朱伯纯来。

二月初二日(3月2日) 讱斋、子湘、白石、吟白、雨亭、崇如兄及余同为文会。甲戌夜[①]看灯,遇雨。

二月初三日(3月3日) 雨。检读《家乘》[②]:"粤河东雩山祖茔,前山四圹,后山一圹。"

二月初四日(3月4日) 看《五礼通考·吉礼门》。

二月初五日(3月5日) 同人游西溪。

二月初六日(3月6日) 舅氏乞白石画久不至,属为诗以催之云:"为底先生下笔迟,一方画抵百篇诗。遥知尺幅经营日,已是千秋著作时。""龙飞凤舞旧家乡,湖上归来梦肯忘舅氏故祖武肃去年曾谒祠。倘使名山都缩地,顾长康是费长房。""江河东注日悠悠,魏晋何妨有汉周。君是桃源真隐士,可能为我写渔舟。"二兄往镇江。

二月初七日(3月7日) 讱斋约观兰,兼订其《家祠草制》,晚饭后同过老崇。

二月初八日(3月8日) 假吟白许读钱大昕《声类》一过,据汪恩"后跋"及陈士安"识语",此书不在《潜研堂丛书》中。为卷凡四,其目为:释诂,释言,释训,释语,释天,释地,释器,释草,释鸟,释虫,释兽,读之异者,文之异者,方言,名号之异者,姓之异者,古读,音讹,同音通用,音近通用,形声俱远、字形相涉之讹。

二月初九日(3月9日) "此笔随人久,卷心贞岁寒。修蛾不自画,气象可能干。尘壁春泥涴,萧钞落榇乾。黑头头近秃,书退尔知

---

① 此"甲戌夜"为昨日夜,即二月初一日夜。

② 此《家乘》为《云阳吉氏家乘》。

难。”顾印愚诗读《穀梁补注》。

二月初十日(3 月 10 日)　念白、讱斋、三兄同过我，饭后偕候周子老。种芍药及桂花。念白假去年时文草稿。

二月十一日(3 月 11 日)　过伯声。读《穀梁补注》。

二月十二日(3 月 12 日)　十八日为雨亭太夫人七十寿，三兄属为联语以颂云：“通经学百家，饱雪温冰，清德不华师氏毂；展花朝三日，嫣红姹紫，春光齐媚老莱衣。”白石过我。星源之子家树来学。

二月十三日(3 月 13 日)　读《穀梁补注》。晚读姚鼐选《古文辞类纂》。贾谊《过秦论》云“秦王足己不问，遂过而不变”，以至于亡，然后知“好问则裕，改过不吝”。汤之勃焉而兴，为自来也。答《论语》问一条。与荣宗、家树讲“子张问曰：令尹子文”章，因以“清矣”二字为题，命学为时文，其言并能成理，亦可喜也。夜雨。

二月十四日(3 月 14 日)　茗生自省中来，三年别绪，一朝重理，感慰交并。此来又赠我金石拓数十本，中有贵池刘世珩字葱石《藏石记》。灯下共读《茶花女遗事》。

二月十五日(3 月 15 日)　晨与雨老谒圣庙，堂上配位凡十有六，两庑配位凡百四十有五。读茗生戊戌、己亥两年所为诗。

二月十六日(3 月 16 日)　茗生、松甫同过我，闲窗话雨，情味清永。茗生假去《鲁论语大义述》[①]草稿。昼雨夜霁。

二月十七日(3 月 17 日)　二兄书来，云已至镇江，敬写复言寄去。前日吟伯往扬州，托其为我购淮局书数种。子仪、茗生、白石、三兄同集于伯声所，其庭中有红梅一本，百余年物也，风雨之后标格尤高。晚读姚鼐选《古文辞类纂》。

二月十八日(3 月 18 日)　祝雨亭母寿。读《穀梁补注》“僖公”

---

① 《鲁论语大义述》即《荀子鲁论义》，这是吉城所撰的一部国学论著。

篇毕。三兄过我。讱斋昨自安丰来，云吴野人[①]墓在梁垛。

二月十九日(3月19日) 读《穀梁补注》“文公”篇。伯声来。

二月二十日(3月20日) 禹言过我，即同过茗生。子香为友人画翠柳黄鹂，生气远出。读《穀梁补注》“文公”篇。子湘过我，述其重刊《句容县志》颠末。讱斋招饮。《论语·公冶长》“伯夷、叔齐不念旧恶，怨是用希”，程子以为即指周武王言，此论甚大。

二月二十一日(3月21日) 春分。读《戊戌政变记》。沐浴。天气畅和，庭中牡丹皆放芽矣。

二月二十二日(3月22日) 松甫过我，索观去年杂文。子湘送《句容旧志》来。

二月二十三日(3月23日) 微雨。改朱生、石生课艺。看《句容旧志·序目》。伯声来。

《史记·十二诸侯年表序》曰：“太史公读春秋历谱牒，至周厉王，未尝不废书而叹也。曰：呜呼，师挚见之矣！纣为象箸而箕子唏。周道缺，诗人本之衽席，《关雎》作。仁义陵迟，《鹿鸣》刺焉。”据此，则《关雎》《鹿鸣》皆是刺诗。盖诗之作本为太平时，其后君德衰乱，诗人复歌之以为刺耳。《论语·泰伯》云“师挚之始《关雎》之乱”，“始”者“治”也，“《关雎》之乱”正《史记》所谓“周道缺”。师挚见《关雎》之乱，拨而反之正，故曰“师挚之始《关雎》之乱”八字作一句读。又按：《论语·子罕》云“吾自卫反鲁，然后乐正，《雅》《颂》各得其所”，疑《风》之得所，师挚为之；《雅》《颂》之得所，夫子为之也。

二月二十四日(3月24日) 与龢萌、子香、饮兰、三兄同宴茗生于讱斋所，夜分乃罢。讱斋家素心兰花特开，清芬可人。

---

① “吴野人”即吴嘉纪(1618—1684)，江苏东台安丰场人，字宾贤，号野人。出生盐民，少时多病，明末诸生，入清不仕，隐居安丰盐场。工于诗，其诗法孟郊、贾岛，语言简朴通俗，内容多反映百姓贫苦，以“盐场今乐府”诗闻名于世，得周亮工、王士禛赏识。著有《陋轩诗集》，共有诗歌1265首。

二月二十五日(3月25日)　去年种兰，夏时伤潦，茎叶败落，秋冬谨视，稍稍起矣，然不敢冀其花也。即善花如讱斋，周察审谛，亦以为断断无花。前日微雨出兰庭中，今午过之芳馨骤发，疑自邻来心回目注，乃即余秋冬谨视者也。夫以一时之伤，必息六月始振，戕贼之易，而培养之难，如此然稍起即花，天亦勇于兴善哉！孔子云"岁寒然后知松柏"，雨后乃能知兰，是余失兰也，余过矣。读《史记·伯夷列传》"不念旧恶，怨是用希"与"求仁得仁又何怨"并引，则"怨希"之怨不属人也。

二月二十六日(3月26日)　茗生招饮，下午与登文昌阁。

二月二十七日(3月27日)　三贤书院甄别，"舜有天下"二段；题"太陈难为文矣"，即《春秋》"讥世卿"亦人人能言之。茗生为我撰一篇；禾生过我，复乞其撰诗。

二月二十八日(3月28日)　过讱斋，坐有茗生、子湘、祟兄。昨日书院课卷，长小合有八百本，亦夥矣哉！王砚芬来名荣官，年十八，有雅才，可喜可畏。

赋得"不知谁是谪仙才"得"知"字。孙师昨稿："才是从仙谪，风流贺监知。问谁能继美，令我动遐思。丰采传宫锦，文章擅色丝。斯人如可作，冠众复何疑。对酒诗千首，生花笔一枝。便从庚降日，想到未来时。下界随游戏，骚坛仗主持。圣相钟育异，多士拜丹墀。"

假襄荷精舍招孙师、窳老、星南、砚芬午饭。饭后郊游，便过茗生，茗适与老祟、老饮、老禾"马吊"①，不忍乱其清兴，遂别去。春气大和，牡丹芽又高尺许，倘得畅雨，则益善矣。

二月三十日(3月30日)　与子湘、茗生同过念白，假得钮非石《江郑堂遗文》，又《稽瑞楼书目》《吴郡金石目》。过伯声。

潘祖荫《〈稽瑞楼书目〉序》："吾乡藏书家，以常熟为最。常熟有二派：一专收宋椠，始于钱氏谦益绛云楼、毛氏晋汲古阁，而席氏玉照

① "马吊"是一种纸制的牌，全副牌有40张，由四人打。

殿之;一专收精钞,亦始于毛氏晋、钱氏遵王、陆孟凫,而曹彬侯殿之。乾嘉年间,滋兰堂主人朱文游、白堤书贾钱听默,能视装潢线订即知为某氏藏本。嘉庆年间,陈子准先生及张氏金吾并以藏书称。张氏书及身而散,陈子准无子,殁后书亦尽散。吾师翁文端公与子准厚,既恤其身后,以重值收其藏本,仅得三四,散失者已不少矣。今《稽瑞楼书目》荫从翁叔平假得刊之,庶可与张氏《爱日精庐藏书志》并传。今常熟藏书家惟叔平及瞿君秉渊敬之,瞿氏所藏宋之椠尤富,叔平与荫为昆弟交,其铭心绝品,恒得见之;而瞿氏之书远隔三千里,未由一见也,能无神往也哉。光绪丁丑六月,吴县潘祖荫识。"

三月小 建庚辰

三月初一日(1900 年 3 月 31 日) 晨有雨意。读《稽瑞楼书目》一过。晚微雨。读舅氏诗稿,中如《腊八粥》云"西天浴佛何人见,食粥家风自有真";《寒柳》云"亚夫营里沉朝角,苏小门前冷暮烟";《移竹》云"主人怜惜当儿看",又云"他年得遂凌云志,莫把栽培忘旧时";《别西湖》云"如此湖山忍抛却,不妨清约订明年";《归来》云"归来不觉春风尽,剩有蔷薇隔院香";《挽某人客死岳州》云"江云渺渺空回首,尘海劳劳此息肩";《瘗齿》云"半生未辨诗书味,此夕难抛骨肉缘";《吊荆轲》云"专诸要离莫比伦,此中泾渭须分别";《重阳忆弟》云"登高欲问南来雁,可有家书慰别离";《雨》云"偏是客窗人静候,空阶点滴最分明"。皆情真语挚,不假雕饰,而自能脱去窠臼者也。

三月初二日(4 月 1 日) 早起种花。读钮非石遗文及日记,其书后四首附录于下。

《书〈墨子〉后》:两京以上儒、墨并称,故韩文公极其推崇,以为孔子必用墨子。今览其《七患篇》曰:"桀无待汤之备,故放;纣无待武之备,故杀。固已昧其本末矣。"其《尚同篇》《兼爱篇》言多荒诞,不知当时何以行其说? 其文亦委靡重复,恐亦非原本矣。

《书〈中论〉后》:《中论》二十篇,原本六经务大而略小,蔼然儒者之言也。考伟长为建安七子之一，当是时也，词华胜而经术微，伟长独能见其大，可为有志之士矣。其书得列于儒家，宜哉！

《书〈颜氏家训〉后》:《颜氏家训》词达而理胜，其讥俗儒不涉群书，盖博闻广取之士也。所辨文字之讹，十得八九，声音一类未能穷根柢，《归心篇》极论内典，非周、孔所能及，当亦暮年精气衰颓之文也。

《书戴侗〈六书故〉后》:予初读《六书故》，见其所引《说文》有唐本、蜀本，觉心目眩骇，及细核之，其所谓唐本大约本之《五经文字》《九经字样》，旁及《玉篇》等书；蜀本多本之林罕，其余多里鄙。如今本《说文》所无，唐本则有，黛亮笑惔乂，不知其字并出俗隶，昧于六书者；又如"觍作觅，訇作句，雏作雗，隼从卂，蚬即茧字，亵从礿，膚从虔省声，丰从丯声"，于形声并谬。其有精者，予备录之。然所谓唐本，往往与古书所引不合，岂真有本出二徐之外，自宋之元学者绝不见，而叔能独见也哉？

与伯纯讲《诗经·凯风》，因思舜之"歌南风"，亦是推本亲德。

三月初三日(4月2日)　读程祖庆《吴郡金石目》，其《自识》云："曩以瞿氏[①]古泉山馆所集吴中金石文字逐一编次，并摘考证，列其大端。或有未载之本就目睫所及者，补之汇为一帙。凡经前人著录，如《宝刻汇编》所载《横山顶舍利灵塔铭》严德盛制，魏瑨书，大业四年九月八日立、《清远道士诗》颜真卿与李德裕追和，无年月、《春申君庙碑》赵君贞撰，史维则书分书并篆额，天宝十载立、《重建龙兴寺碑》房琯撰序，綦毋潜铭，徐挺古书分书，忱(宣宗讳)篆额，贞元十四年重立、《新开常熟塘记》刘允文撰，刘苑书，元和四年二月、《大德元浩和尚灵塔碑》崔恭撰并书正书，元和十四年，及志乘所记尚多，以未见拓本，概未收入。今年夏偶于行箧捡得，缮出清本，郑盦潘君祖荫见而善之，怂恿付梓。惟各拓本，道远难致，不及复校，疏漏尚多，敢质博览。咸丰元年十二月，程祖庆识于

---

① 此"瞿氏"为瞿中溶。

都门寓斋。”

三月初四日(4月3日) 写上二兄禀。看《江郑堂遗文》。改伯纯、赓扬课文。兰花至今已开十日,芳气未减。

三月初五日(4月4日) 看白桃花。甚暖,欲着裈衣。

三月初六日(4月5日) 清明。问三兄腹疾。午后偕子湘、茗生、饮兰游北郊。晚为子湘拟《重刊〈乾隆句容县志〉序》[①]云:

吾邑专志,自明宏治始,至国朝乾隆年而大备,卷十有二,目九十有一,详哉著矣!咸丰间,粤匪寇省垣,邑当在冲,被贼氛尤烈,官府图籍荡然以尽。同治初,曾文正督两江,当是时,内外称中兴,修庆振落,百务具举,金陵于是有郡志之役,檄所属各以志上,而吾邑俄空焉。不得已,强以民间所获《乾隆志》不完本及《顺治志》,杂应蒇事。鸣呼,天地间号物之数有万,存与毁,若相嬗及其未毁而存之,与毁焉而务复之,用力不同而程效亦异。汉之破秦也,萧何独先入,收天下之阨塞、户口多少,强弱民所疾苦之著在丞相御史者。斯时项王未屠烧咸阳也,楚炬一作,而周秦以来宝书鸿典零落,煨灭不可偻指。厥后虽以高祖规措宏远,亦日不暇给。经营再世,大业粗定,文除挟书之律,武开献纳之路,山岩屋壁,使者纷午,一时老师、宿儒、乐人、女子,争以其“口耳所职志、怀裒所握持”者输入秘府,而所获犹百不什一焉。循是以思先后难易之故,不章章然与?

沅家旧有《乾隆句容县志》,亦以粤匪乱,与它书壹毁于兵火。先大夫每语沅及此,未尝不蠹然伤之。尝命沅以搜访力复故物,沅谨志弗敢忘。戊戌冬,闻浙江文澜阁有旧藏钞本,沅亟介吾友傅君茗生交丁君修甫,辗转假录全册。而先大夫已于甲午冬弃养,不获一睹,以慰纡郁,悲哉!沅于学毫末无所窥见,徒以先志所存,惧放队获戾,谨就写本辜较大略,付之剞劂,经始于去年七月告成。于今年三月,会

---

① 查阅《重刊〈乾隆句容县志〉序》,其落款为“光绪二十有六年岁在庚子邑人杨世沅序”。今对照《日记》知,此篇《序言》实乃吉城替杨世沅(子湘)而撰。

桐城张明府莅治吾邑，议重刊旧志、续纂新志。沅感明府惠被吾邑，且幸先大夫之德为不孤也，因以全槧一归于公，俾治国闻者得先河焉。沅又以旧志于金石脱略，掇拾自秦以来碑记数百种，仿严氏书例为《句容金石记》，先以《碑目》附入新志，或亦典献之一助云。

夜雨。

三月初七日(4月6日)　大风。子湘招游西溪，看梨花。讱斋过我，订吾昨文[①]。夜又雨，甚寒。

三月初八日(4月7日)　讱斋过我，再订吾文。三日中气候迁变，养生者当与时消息矣。

三月初九日(4月8日)　雨老自镇江回，述江州老圃云"一人种竹千日成，孰千人种竹一日成"。孰然，则种竹宜多人也。与雨老游北郊看梨花，又迤逦至华祖庙看梨花。北郊之花婉静，华庙之花幽秀，然亭亭特立如玉树临风，西溪碧霞宫为最矣。又至杨忠愍祠堂观黄杨，盖五百年物也，闻僧隆济云"东岳庙有古松，其寿与此相亚"。念白过我。

三月初十日(4月9日)　伯父寿辰。大雷雨，甚慰人意。读《穀梁补注》"文公"篇。述《鲁论语大义》一条。六弟来。书屋之前庭有芍药，雨后自吐牙蘖。

三月十一日(4月10日)　读《穀梁补注》"文公"篇毕，接读"宣公"篇，余仁仲万卷堂经注本即自宣公起。《春秋》之"赤狄白狄"疑即今"红夷白夷"之类，说者以为其俗尚"赤衣白衣"，盖非也。"赤狄"自"宣公三年"始见经，以后"赤狄"四见、"白狄"三见。《春秋》"辞例"，疑与"易象"相贯通，当钩出之。

三月十二日(4月11日)　迟明大雷雨。读《穀梁补注》"宣公"篇毕。《后汉书·循吏刘宠传》注引《春秋井田记》，《公羊传·宣公十

---

① "订吾昨文"指吉城替杨世沅(子湘)所撰《重刊〈乾隆句容县志〉序》一文。

五年》何休注颇同，其说《汉书·艺文志》有《公羊杂记》《公羊颜氏记》，何休本颜氏此《井田记》当为《颜氏记》中语，此可补王伯厚《艺文志考证》。读《公羊传·哀公十四年》“陈疏”一卷，其中奇文怪说纷杂无稽，皆何注有以开之。夜复雷雨。

三月十三日(4月12日) 祖妣生忌。改朱生、石生课艺。

三月十四日(4月13日) 晴。讱斋过我，饭后同过白石，南郊散步。于白老所见《鲍步江诗集》初集十卷，其《五州山绝顶纪游》一首奄有杜、韩之胜。集末附以《焦山记》，状景写物，廉悍雄挚，亦可喜也。天候仍寒。

三月十五日(4月14日) 从讱斋假《王船山遗书》十册。读《穀梁补注》“成公”篇。《穀梁》多发明“辞例”，如“缓辞、急辞、内辞、外辞之”等。《史记·孔子世家》云“游夏莫能赞一辞”，即“莫能赞此辞”也。“季孙行父秃，晋郤克眇”，学者疑之，今按此传，当在成公二年“齐之有以取之何也”下。王船山有《礼记章句》，其大例即昉《大学章句》《中庸章句》。阅宋于庭《四书释地辩证》，已有“《中庸》一篇明《春秋》之义”之说，余向为《中庸齐学述》，盖不孤矣。

三月十六日(4月15日) 淡晴，下午微雨。从子湘所假阎若璩《四书释地》、孔广森《公羊通义》、江永《乡党图考》、焦循《孟子正义》，共十九册。读《穀梁补注》“成公”篇毕。范老善琴，寿几九十，今忽化去。忆与三兄、虎臣月夕往候，值其抚弦动操，屏息静听，古趣盎然。一弹指间二十年矣，余三人者，昔日儿童，今都长大，浮尘角逐，莽莽无涯，夫亦输此老之闲情美意也虎臣当日曾为七古一篇以赠范老，其起句云“朱方范老琴中师”。

三月十七日(4月16日) 雨。读《穀梁补注》“襄公”篇。《史记·孔子世家》“我于易则彬彬矣”，玩“彬彬”之义，似《论语》“五十以学易”，即取交错杂综为说也。古“五”字但作“×”，正象交错形，正其×则为十。讲《论语》“夫子为卫君”章，子贡以伯夷、叔齐为问者，子贡卫人也。“吾无隐乎尔”“以吾一日长乎尔”，“乎”“尔”皆语助，不必作“尔汝”之尔。

三月十八日(4月17日)　雨。星南偕叶子实来,其剖论医家症结,精切之至,盖传学三世矣。读《穀梁补注》“襄公”篇。骤寒,束外而木气不伸,郁纡之热又发于舌际,诵说酬对,稍稍苦矣。今年新种之芍药与旧根都有花意。闻二兄有归讯,甚喜。午后雨止。

三月十九日(4月18日)　雨。浏览《左传》一过,舒铁云《嘲和尚太守诗》,其中警句云“于是始墨”“于是乎始鬈”,运用盲史[①],浑成乃尔。

三月二十日(4月19日)　晴。齿浮痛,三十年来不知人生有齿痛病,今稍识之。看苏诗,其卷一《壬寅二月五排》用“苍茫”字作上声读,盖本《庄子》,注家不知所出。服生地、西洋参汁,齿舌少闲。

三月二十一日(4月20日)　早过钱家巷访叶子实,以齿舌仍痛,不多语别去。连日阅苏诗,颇有味,子湘忽投我施元之注本,赠贻之妙,若引磁石。二兄自镇江寄来兰草数十本。自初七日阴雨至今日始快晴,静观庭宇,光景大佳。《施注苏诗》卷二《和子由记园中草木》云“觉来已茫昧,但记说秋菊”,自注:“八月十一日夜宿府学,方和此诗。梦与弟游南山,出诗数十篇,梦中甚爱之,及觉唯记一句云‘蟋蟀悲秋菊’。”城按:此与“池塘生春草”可谓天成佳耦。种兰。

三月二十二日(4月21日)　阴寒。三兄过我论文。

三月二十三日(4月22日)　晴。三兄约,过饮兰。读苏诗。

三月二十四日(4月23日)　雨老约茶会,坐有孙师、讱斋。三贤书院甄别出案,前卷一有一亡,三兄所撰亦然。午后过白老。下午与三兄同行大堤,风色稍厉,数十武即返。

三月二十五日(4月24日)　牡丹初开第一枝,伯声来看。

三月二十六日(4月25日)　早约雨亭、讱斋茶会,与讱斋同过伯声。牡丹开第二、第三枝,六弟来看。

---

① 盲史指《左传》。

三月二十七日(4月26日)　牡丹以次开矣,凡四丛,约分两色,一紫一浅红。午后过白石观书。项晴轩贻我岳飞铜印一拓。

三月二十八日(4月27日)　早与雨亭至东岳庙观古松。吴杏楼来。伯祖周忌。荣恩来。念白来,同过白石。

三月二十九日(4月28日)　晨起,以诗招讱斋云:“几日迟君君不至,牡丹开过第三枝。老芝远隔老祟阑,如此韶光却赠谁?”午后讱斋至,三兄亦至。

四月小　建辛巳

四月初一日(1900年4月29日)　三兄来最早,讱斋后至,朝花光景与夕阳迥别。县令陈君重刻华亭倪元坦辑《儒门语要》,讱斋转赠余一部。与讱斋、禹言、三兄东游,过松甫。二兄有书来,云三月杪启行。

四月初二日(4月30日)　松甫、念白来。看《闲谈消夏录》。

四月初三日(5月1日)　牡丹第一枝落,以纸封存之。午后风雨,二兄久不归,失此光景可惜。大兄来。

四月初四日(5月2日)　晴。庭中蔷薇放花。沐浴。禹言来。

四月初五日(5月3日)　春甹来。讱斋招看茶花。白石云“木与木相摩则火生,人之用心苟纯壹不杂,则心火亦无由妄动”,余因思向之齿舌发痛,皆以杂故也。

四月初六日(5月4日)　三贤书院副课:“三寿作朋,如冈如陵”经文;“陶渊明好读书不求甚解”赋,以“每有会意,欣然忘食”为韵辙;“金莲烛送归院”试帖得“苏”字。孙师、雨老至。

四月初七日(5月5日)　拟经文及赋稿。

四月初八日(5月6日)　写卷。雨。牡丹花歇矣。

四月初九日(5月7日)　晴,大风。白石约往精舍午饭,星南、雨亭诸君俱至。吟白自扬州来,为我购淮局书数种,又《南菁丛书》一部,向托丁君叔衡代买者亦从吟老寄来。

四月初十日(5月8日)　吟白过我。

四月十一日(5月9日)　看《说文发疑》。晨往西畴观麦。约讱斋茶会。

四月十二日(5月10日)　还陶诗[①]讱斋。碑贾来，无甚佳物。

四月十三日(5月11日)　晚雷雨。致理课艺。

四月十四日(5月12日)　浒岑招往午饭，坐有孙师、讱斋、星南。吉斋自淮城来。月中偕五弟过伯声。闻二兄已到扬州，不知何以迟迟不归也。

四月十五日(5月13日)　李白诗"蔷薇缘东窗"，余书屋东偏蔷薇牵连而上，次第作花，可观可喜，自初四日至今，更华代色，绝无零落之感。讱斋来，与三兄同过白石。二兄自扬州归，在外约七十日。

四月十六日(5月14日)　三兄清晨来，约北郊观麦，讱斋同往。茶会毕，更至饮兰、吟白处问病，便过吉斋。前日买得《魏高孝宣碑》，碑文脱烂，不见其名。今检《魏书·高湖传》，湖之子名谧；谧之子名翻，字飞雀，谥曰"孝宣"，或则此碑为《高翻碑》也。又买得汉碑二纸，其一纸首为"适士"字，尾为"七月六日甲子"字；其一纸似是书估题名，检金石书知为"延宁四年扬叔恭碑"也。移盆梅于地。

四月十七日(5月15日)　看薛寿《学诂斋文集》，中有《真子飞霜镜铭》，考其文云："凤凰双镜南星装，阴阳各为配，日月恒相会，白玉芙蓉匣，翠羽琼瑶带，同心人，心相亲，照心照胆保千春。"共四十字，其背上作方格，界以四字曰"真子飞霜"，铭文在四周。又，"凤"字上、"春"字下作王形，居镜边之中间，所以界左右也。前闻心兰亦考证此镜，云"飞霜"唐宫殿名也，则此镜为唐时物。又，《〈嵇庵梅植之号诗文集〉后序》云："先师梅蕴生先生于《春秋三传》肄力尤深，丁亥、戊子间欲仿孙氏星衍《尚书注疏》、焦氏循《孟子正义》疏例撰《穀梁集解正义》，草创疏证而书未成。"夹注云："集内《哀薛子韵》诗云'泛舟及

---

① 陶诗指《陶渊明诗集》，下同。

包刘，遂结著书约’谓此也。”

四月十八日(5月16日)　看刘宝楠《愈愚录》，其辨“周公摄政非摄位”最详。讱斋、老崇夕至。答《论语》问一条。去年种竹，今都活矣。

四月十九日(5月17日)　看《愈愚录》。买唐刻《感孝颂》、明刻《夏承碑》。伯声买得济宁州汉碑全拓，余向藏本属校对之。二兄云：春间谒粤河祖墓，惟后山一圹不可知，余碑碣俱在。盖自红巾乱后，阙祭扫者垂四十年。

四月二十日(5月18日)　早与讱斋同候三兄，三兄今日生日。南郊行麦。

四月二十一日(5月19日)　看刘恭冕《广经室文钞》，中有《汉延熹封龙山碑考》。

四月二十二日(5月20日)　与雨亭同看吟白。过心兰，观所为《读书不求甚解赋》。芍药开三枝。

四月二十三日(5月21日)　禹言过我。“唯留此真宰，乃不事浮华”，《瘗鹤铭》集字。看焦廷琥《尚书伸孔篇》。

四月二十四日(5月22日)　看洪亮吉《毛诗天文考》。读《离骚》。去年拟为《贾义述》，迁延至今未能从事，米盐凌杂，《孟子》所谓“非徒无益，而又害之”者也。江南进士试“天鸡弄和风”，谓《尔雅》“天鸡”有二，王伯厚谓其精于雅学。余谓谢灵运所咏之“天鸡”，非《尔雅》之“螒天鸡、鶾天鸡”也。螒为莎鸡，六月振羽，谢诗上句云“海鸥戏春岸”，明非其时；鶾鸟赤羽，出于蜀中，谢云游湖，亦非其地。《石申星经》曰“箕星，一名风星，一曰天鸡”，谢诗殆指此也此条当录入《困学纪闻》补注。

四月二十五日(5月23日)　两旬不雨，万物郁烦，书斋南檐，鸠巢其间，时闻鸣呼，验之不然。

四月二十六日(5月24日)　读《述学》。闻子湘自江宁回，晨往候之未见，云在路感冒。吉斋赁陈寿安屋，今日迁居。

四月二十七日(5 月 25 日)　看俞樾《群经剩义》。子湘为我购金陵局书五部前四史、文选。夜雨。

四月二十八日(5 月 26 日)　迟明雷雨,竹树怒发,庭中有草蔓生,叶作锐角形,孙师云是《诗》之“芄兰”。读《文选》“孔子学琴于师堂”,疑即“师襄”。种蕉。买得《唐路君墓志》盖石一拓,又《王仲建墓志》盖、底各一拓。

四月二十九日(5 月 27 日)　阴雨,晓凉,是麦秋天气。理改课艺,读《文选》。

五月大　建壬午

五月初一日(1900 年 5 月 28 日)　看王船山《四书稗疏》,其论《大学》之“大”,当从郑读。《中庸》“祖庙”与“宗庙”有别,《论语》“千乘”为国,夫制赋“千室之邑”为公家,下“邑彻”当以《孟子集注》为长;《孟子》“万乘之国”非天子畿内,“千乘之家”亦非天子公卿,“明堂”即太庙之堂;“五十而贡”谓一夫则取其五十亩之税,殷周助彻以次数推,是取民之制,非授民之制。皆精深博大,不刊之议也。余如:“子奚不为政”问答当在昭公之世;“媚奥”为“祭中霤”,“长府”为“长币”,“荡舟”为“水战”;“蹶者”之“蹶”当从《说文》,“而勿正”之“正”当依《士昏礼》;“洪水”谓“洪河”即黄河,“为高、为下”即礼器文;“沧浪楚水”,故而屈原《渔夫》其歌同;“陈侯周臣”,“周”非陈侯名,乃“周之则受”之“周”;“赵孟”犹言“某甲”①。亦皆神趣独出,开人智慧。

五月初二日(5 月 29 日)　晴。读《文选·两都赋》,“宝鼎、白雉”疑皆指东都言,注说未尽。看《乡党图考》,“鞠躬如”当断作“鞠穷如”,不得训“躬”为“身”。蒲陶作花,早起过之,芬烈勃发。

---

①　“赵孟”之意为赵氏之长,即赵氏大宗的宗主,俗说就是“赵家老大”,故曰“赵孟”犹言“某甲”也。春秋战国时史书上直接称“赵孟”的有五人:赵盾(赵宣子)、赵武(赵文子)、赵鞅(赵简子)、赵无恤(赵襄子)、赵种(赵成侯)。

五月初三日(5月30日) 读《穀梁补注》“襄公”篇毕。孙觉曰：伯夷之贤不见称于孔子，则西山之饿夫可共姬之行不见列于《春秋》，则宋国之愚妇可为伯夷，共姬又何恨哉？亦信其志而已矣。读《通鉴音注》“胡三省序”。讱斋过我。

五月初四日(5月31日) 读《穀梁补注》“昭公”篇。读《通鉴》一卷。段干木即李宗，老子之后德音未匮也。吴起云“在德不在险”，曾氏之徒嘉言可采也。与雨老同过吟白、子湘。午后与子湘同过白老。

五月初五日(6月1日) 读《穀梁补注》“昭公”篇毕，接读“定公”篇。“天王使石尚来归脤”，“脤”即“燔肉不至”孔子之年，《春秋》书此，其有意乎？《孟子》“不欲为苟去”，赵岐注“不欲为，诚欲急去也”，《孟子》本文当是“苟急”之苟，非“苟且”之苟。窳老、念白同过我。钟文烝谓：“齐一变至于鲁，鲁一变至于道，是齐已至鲁、鲁已至道，非期望语也。”其言在孔子为司寇之年，其说亦得。

五月初六日(6月2日) 读《穀梁补注》“哀公”篇。桐城张君莅东台①，今日观风，四书文题“子曰：语之而不惰者”两章，为伯声草一卷。

五月初七日(6月3日) 读《穀梁补注》毕，凡二十四卷。读《通鉴》第二卷、第三卷。周显王十四年“燕人祭北门，赵人祭西门”，注说恐非；显王三十三年“孟子见魏惠王”。读《文选・西京赋》“度曲未终，云起雪飞”，注“皆巧伪作之”。据此，则汉时已有作云雪之事，盖即今西学所本也。夕过三兄，未值。

五月初八日(6月4日) 早谒孙师，即同雨老茶会，过吟白、心兰。读《通鉴》第四卷。“宋襄公术霸不成，而其象先著于退鹢；宋康王术霸不成，而其几乃动于生鳙。”此条可转赠吟白，列入《左史》事比中。读《文选・东京赋》。过禹言。看《春秋世论》王而农撰。

---

① “桐城张君莅东台”指桐城张绍棠从句容县知县调任东台县知县。

五月初九日(6月5日)　读《文选》"南都赋""蜀都赋"。读《通鉴》第五卷。"赧王崩",周纪毕;安王二十五年,子思言"苟变于卫侯",又云"人主自臧,则众谋不进";赧王十七年,子高在赵"与公孙龙论臧三耳,理胜于辞";赧王五十六年,子顺相魏,九月陈计,不用,以病致仕,新垣衍固请不应,曰:"不出二十年,天下其尽为秦乎!"圣人之泽,绵延子孙,而其言动皆有关于世如此。看《春秋世论》。

五月初十日(6月6日)　买团扇一握,乞白老书之画之。白老云:《礼记·玉藻》释文出"饮贱"疏,亦有"野人贱"语,郑注惜"饮"下盖脱"贱"字,阮氏[①]校刊、卢氏[②]考证皆未及此也。

五月十一日(6月7日)　读《通鉴》第六卷。《秦纪》引《荀子·议兵篇》"和博而一"作"和傅而一",知宋时《荀子》不误也。读《文选》"吴都、魏都赋"。"篁篆怀风,蒲陶结阴",《魏都赋》二语不啻为余书屋写生也。

五月十二日(6月8日)　读《通鉴》第七卷。始皇二十八年"祠名山大川及八神",注引《史记·封禅书》"八神一曰天主",今西洋天主之说,盖即本此;三十四年"烧诗书百家语,孔鲋藏书以待友""诗书百家语"云者,疑诗家、书家语也。朱俊卿有《新绿诗》四首,属予校饬之。

五月十三日(6月9日)　讱斋往江阴。望雨已久,午后大雨,俗于今日祀关圣,莫不以为神雨,去年亦今日雨也。

五月十四日(6月10日)　巳初,生一女。读《文选》"郊祀、耕藉赋"。

五月十五日(6月11日)　三兄约东游半日,月上乃归。

五月十六日(6月12日)　三贤书院课题"孟子曰:古之贤王好善而忘势"一章。孙师、雨老过我。夜微雨。

五月十七日(6月13日)　草文一首,属伯纯送去。夜又微雨。

---

① 此"阮氏"为阮元。
② 此"卢氏"为卢植。

五月十八日(6月14日) 子湘约同白石午饭，寻三兄不值。午前后大雨，与十三日同，盖皆神雨也。

五月十九日(6月15日) 读潘安仁《射雉》、班叔皮《北征》、曹大家《东征》、潘安仁《西征》赋。读《通鉴》第八卷。毕俊民自扬州来，别五年矣，近为人治农，省却课徒烦恼耳。读《春秋世论》，其言及晋赵氏必痛斥之，盖意有所指。风雨萧飒，忽有秋意。

五月二十日(6月16日) 晴。读王夫之《春秋世论》终。读《通鉴》第九卷。秦王子婴降汉时已去帝号，项羽定封诸侯王，盖仍复七国之旧也；尊立义帝，隐然一天子也。读《文选》“游览、宫殿”两类赋共五篇。孙师、白老、三兄约同东游。

五月二十一日(6月17日) 同人假杭香庐为念白作寿。饭后游南城。读王夫之《春秋家说》。见梁山舟九十一岁所作书，风致安雅，不减少时。

五月二十二日(6月18日) 读《通鉴》第十卷。武涉、蒯通说韩信自王，是汉初已有三分之局也。蒯通说不见听，遂去而为巫，盖其时去古未远，巫亦常业之一也。读《海赋》《江赋》。《孟子》“七年之病”，谓此病可以延七年之久，非已病七年，管韫山缄若时文，亦见及此。俊民过我，同至茗园文会，闻其通习医算，求教一二。据云，开方亦算之至浅至易者，必明代数乃善也。

五月二十三日(6月19日) 读《通鉴》第十一卷、十二卷。读《文选》“风、秋兴、雪、月”诸赋。午后沐浴。过松甫论文。孙师过我，同过白石。六弟来。他境闻有蝗，县官求雨。晚微雨。

五月二十四日(6月20日) 从吟老乞秋海棠。读《通鉴》第十三卷。理改课艺。《论语》“居则曰”之“居”，疑当作“坐”解，盖“毋吾以也”即是命之坐之意，故“侍诸贤坐”则曰“不吾知也”云云。又，“不吾知”是夫子自谓，下文“知尔”才指诸贤。午后暴雨数点。“唯求则非邦也与”是夫子自为问答，非曾皙问而夫子答也。

五月二十五日(6月21日) 与雨亭同过禹言。“舜有臣五人而天下治”疑亦书辞，非撰《论语》人造文也，就正孙师，师亦谓然。读《通鉴》第十四卷。中行说穷汉使云“匈奴虽乱，必立宗种”，此近世言“种”之始，实夷说也。又云“约束径，易行；君臣简，可久”，此二语已尽外裔政教之长，然究非中国所能遽效。贾谊上疏云“虑有德色、虑不动于耳目”，“虑”皆语词；《论语》“虑以下人”，疑亦语词。读《文选》“赋鸟兽类、志类”，班固《幽通赋》奄有扬、马[①]之长。寻三兄不值，过白老。夜雨。

五月二十六日(6月22日)　大雨。夏至节。读张平子《思玄赋》《归田赋》。《思玄赋》“利肥遁以保名”以下皆主遁卦言，又“夕惕若厉以省愆”引《易》至“厉”字绝句。西溪书院山长课题：“不违农时”二节；赋得“茶烟织树微分缕”得“分”字。农谚谓今日不宜雨，雨则此后无雨，记以俟验。荣恩来，与之说《孟子》。

五月二十七日(6月23日)　晴。前日从吟老乞海棠并得小枝二株，种之庭前，得雨已活。孙师、雨老早至。静息半日。

五月二十八日(6月24日)　雨。谚所谓不宜雨者，盖不宜小雨也。晨起观众绿。理改课艺。

五月二十九日(6月25日)　晴。闻西溪书院古学课题：《孟子》七篇外其篇凡几？其逸文见于他书有与七篇文小异者，试详举之；释“鄣”；“唐文宗诏上魏徵故笏”赋，以此笏“亦甘棠之比也”为韵；“严子陵钓台、淮阴侯钓台”七律，不限韵；驳“温彦博安置突厥降众”议；钱币考。

撰七律《严子陵钓台》云：“浩浩江流七里滩，高栖曾此着渔竿。能将要领全侯霸，未许纷纶说井丹。大泽更从齐国徙，幽光常对客星寒。东都义气先生祖，伟业云台一例看。”

撰七律《淮阴侯钓台》云：“秦鏖楚斗莽西东，并入淮阴一钓中。片石至今犹背水，生涯如许好藏弓。我缘网密憎萧相，君竟筌忘谢蒯

---

① 此“扬、马”指扬雄、司马相如。

通。莫道龙鳞攀不得，伤心故沛尚歌风。”

闻二兄述北方乱耗。念白过我。

五月三十日(6月26日) 答《孟子》问一首，又为《释鄗》一首，就正白老。高诱《吕览》注，自序云：正《孟子章句》是《孟子章句》有于赵岐前，并有于高诱前也，疑自汉文帝立孟子博士时已有之。《吕氏春秋》“鄗”字凡五见。

六月小 建癸未

六月初一日(1900年6月27日) 读《明夷待访录》。候禹言，观所作《释鄗》。

读《亭林致梨洲书》有感云：“壹从边塞勤浏览，重向姚江证起居。谁识中年光景好，且吟风月注虫鱼。”“卓尔东南两大师，遗编都作帝王资。蟠天事业根经术，才信明夷是日知。”“金陵王气久销磨，争及关中阸塞多。我为奉春参一策，地形终不在山河。”

六月初二日(6月28日) 与白石、三兄同招吟老饭于精舍。读李二曲、王船山诸先生事略。

六月初三日(6月29日) 讱斋自江阴归，赠我《南菁札记》六册，都十四种，曰《尔雅稗疏》，曰《前汉纪校释》，曰《后汉纪校释》，曰《读四元玉鉴记》，曰《读代数术记》，曰《盈朒演代》，曰《代数盈朒细草》，曰《古文官书》，曰《仓颉篇补本续》，曰《纂要》，曰《桂苑珠丛》，曰《桂苑珠丛补遗》，曰《括地志》，曰《两京新记》。

六月初四日(6月30日) 吟白招饮。读顾亭林事略。看《尔雅稗疏》，江阴缪楷撰，其于“字从某声，即得某义”之故颇有发挥，予亦喜曩说之不孤也。

六月初五日(7月1日) 候讱斋，饭后过伯声。伯声为伯纯买《钟鼎款识》三种。“诚不以富，亦祇以异”，富者备也、异者歧也，谓既欲又欲，其用情不得谓之备，而徒见其歧，所谓惑也。县官又求雨。

六月初六日(7月2日) 伯纯有事归去，为厘改课艺。看《尔雅稗疏》。

六月初七日(7月3日)　天未明时微雨。母亲患水湿，服讱斋方，良已。

六月初八日(7月4日)　过心兰。

六月初九日(7月5日)　读章学诚《妇学篇》。讱斋过我。晚雷雨。

六月初十日(7月6日)　丽老先生晨约茗会，同过白老。

六月十一日(7月7日)　闻蝉。读柳翼南《说文引经考异》"尚书篇"，其云"上引经，下称古，文作某者，其字即其经之古文也"。议极精细，当从之。午前微雨。

六月十二日(7月8日)　杏楼以《阴骘文》"永无恶曜加临，常有吉神拥护"二句为题，属为制艺，拟一首送去。读《述学》，适有友人索题画扇者，因成七绝一首云："我读江都述学篇，伤心废苑泣婵娟。如何秀竹灵兰笔，又落风尘五百年。"

讲授《论语》"子路篇"。凡问词可于答词中推想而得者，如：定公问"一言而可以兴邦"，"言"谓人言；"叶公问政"，即问远者何以来；"子夏问政"，即问政何以达、何以成；"樊迟问仁"，即问在道何弃、何承也。过子湘、念白。

六月十三日(7月9日)　看《禹贡易知编》。过禹言、伯声。午后子湘约同过白石。盆莲有花意。

六月十四日(7月10日)　大雨，黎明至昼不歇，快极！赏雨竟日。校《史记·孔子世家》，单行集解本胜。看徐孚吉《尔雅诂》，《南菁丛书》之一也。叔衡先生昨有函致讱斋，云以赠予其书凡八集，第四、第五两集皆院中人撰。于以见益吾夫子观览多士、兴起作者之意甚盛厚也。

六月十五日(7月11日)　看于鬯《说文职墨》。同雨亭茗会。念白写石鼓文，气韵浑厚。

六月十六日(7月12日)　午后雷雨。阅成蓉镜《心巢文录》。

《孟子》"泄泄犹沓沓也"亦音训相兼，犹"庠者养也、校者教也、序者射也"之例说在"释众"条。又，《释祭名》一篇简确有用。东台人谓"煮而干之"曰"糇"，即《说文》"糇干食"之义引伸也。

六月十七日(7月13日) 晴，晚又雨，风雷大作，夜雨尤甚。看管礼耕《操养斋遗书》。

六月十八日(7月14日) 自昨夜至今昼雨不止，快足之至，河水平添三尺。柿轩巷头铁肆前老柳一株，为雷所撕，说者谓中有物云。雷象回转形，霆雷余声，电黔扬激燿也，然则雷在电前，霆在雷后，《穀梁》云"雷霆也"，是已。《大戴礼》"曾子十篇"中多《老子》文，盖曾传老学，故《曾子问》一篇四述老聃说也。"以能问于不能"云云亦是老学，恐"吾友"不定是颜渊也。

六月十九日(7月15日) 从子湘假惠氏《后汉书补注》。讱斋过我，谈竟夕。

六月二十日(7月16日) 襄荷精舍文会。看《泰西新史揽要》。雨老假《左文襄奏议》。扬州、镇江两郡纷然有来迁者，盖兵事颇棘云。前日过肆，见有《开方释例》及《艺游录》，未与议卖，今再寻之，踪迹杳然矣。

六月二十一日(7月17日) 看《泰西新史揽要》。丁晏《佚礼扶微》搜辑颇备。

六月二十二日(7月18日) 雨。《老子》云"甚爱必大费"，前日写《南菁丛书》边目既毕，摩挲审视，置于案头，夜暴雨侵窗转令湿损，即其证也。

六月二十三日(7月19日) 祖考周忌。

六月二十四日(7月20日) 为李东伯《题周子隐读书台图》云："太岁在庚子，六月暑始徂。忧心望燕翼，戎马纷驰驱。识时号俊杰，讵复言读书。李君意殊众，勤勤荼农图。展观大题字，曰晋周孝侯。呜呼孝侯孝，临战忘其躯。忠诚慑氐虏，意气昭天衢。不觊播系援，不避彤骏仇。世皆谓侯侠，谁知侯本儒。投水缚巨蛟，入山射于菟。

移彼郭清烈，洒此章句迂。默语三十篇，夫岂笺虫鱼。年逝志弥茂，砥躬贤圣途。吴中积靡弱，益显斯风孤。走生千载后，披图空踟蹰。亮无济时策，众流嗟沉浮。闭户谋一适，读书求故吾。”过禹言。

六月二十五日（7月21日） 读《通鉴》第十五、十六、十七卷。

六月二十六日（7月22日） 读《通鉴》第十八卷。孔臧世守经术。食瓜。

六月二十七日（7月23日） 读《通鉴》第十九卷。热不可当，书屋之面西北一间，下午时尤郁蒸。

六月二十八日（7月24日） 仍热。念白招饮，未去。归《泰西新史揽要》讱斋。闻张行孚《说文揭原》即《说文部首》也。

六月二十九日（7月25日） 读《庄子·养生主》。讱斋过我。热。

七月大　建甲申

七月初一日（1900年7月26日） 中伏。伯祖考生忌，追忆在时，每当盛夏长昼，自日出至日昃从不倦而假寐，当午辄默坐片刻。《易》所谓“自强不息”，《中庸》所谓“至诚无息”，盖如是也。往祝李木清太夫人八十寿。读《庄子》“人间世篇”。“寇、煎”为韵，疑《说文》“寇从攴从完声”，今本脱“声”字，前日白老曾疑及此，谓“完声何以读苦候切”？余谓“此即谓称为绫之例也”。

七月初二日（7月27日） 去年种竹，今已生笋。读《通鉴》第二十卷。阅孔广森《经学卮言》。

七月初三日（7月28日） 阶前草芜不治，心目亦为生烦，早起命僮痛加芟除，大快大快！读《通鉴》第二十一、第二十二卷《汉武纪》毕。

七月初四日（7月29日） 读《通鉴》第二十三、二十四、二十五卷。司马氏曰：“以孝宣之明，魏相、丙吉为丞相，于定国为廷尉，而赵、盖、韩、杨之死皆不厌众心，惜哉，其为善政之累大矣！”据此，则所谓称“丙、魏有声，于公宽大”亦有名无实耳。

七月初五日(7月30日)　读《通鉴》第二十六、二十七、二十八、二十九、三十卷，此一函已毕，俟续假。

七月初六日(7月31日)　雷雨。春初栽双桂于东轩，其一早发，其一至今乃发。读《庄子·逍遥游》。杜甫《西枝村寻置草堂地》云“数奇谪关塞，道广存箕颍”；王维《老将行》云“卫青不败由天幸，李广无功缘数奇”。唐人皆读“数”为命数之数，按《汉书》“本传”，孟康注“奇，只不偶也”，如淳注“数为匈奴所败，奇为不偶”，是数奇者屡奇也，当读所角反。雨后转凉。

七月初七日(8月1日)　讱斋招饮。

七月初八日(8月2日)　讱斋四十生日，恭甫弟亦今日生日。碑贾携来《唐大智禅师铭》一拓，史维则书，书家颇言其隶法整密也。

七月初九日(8月3日)　买得《北齐兰陵王高肃碑》，碑云“字长恭”，按史“名孝瓘，一名长恭”，当以碑为正。又得苏灵芝书《梦真容敕碑》。《高肃碑》金石家不载。

七月初十日(8月4日)　读孔广森《公羊通义》，其释“文王为明堂布政”甚善。看《海国大政记》。天气又热，盖当中伏之中也。黄山谷题《浯溪》，笔致雄强。

七月十一日(8月5日)　候白老，读所治《太玄经》。读《公羊通义》“隐公”篇毕，《左》《穀》是者，孔兼取证，不拘门户，此之谓通。看《海国大政记》。蕴热已极，午后得大风雨，良佳，夜又雨，晚禾气象定可观也。市上已见新稻，每石值千四百余文。

七月十二日(8月6日)　雨。读《公羊通义》“桓公”篇毕。和人《白桃花》云：“兰菊清吟续礼魂，无言端自素心存。胭脂浣雪三春水，蹊径迷云太古村。除是琼瑶能报汝，莫将飞絮认同根。肌肤淖约神人态，我拟乘鸾谒道门。”午晴，过子湘。

七月十三日(8月7日)　盆莲已开，白菡萏香，初过雨意趣甚善。读《公羊通义》“庄公”篇。候白石。

七月十四日(8月8日)　读《公羊通义》“闵公”篇。立秋节。

七月十五日(8月9日)　读《公羊通义》“僖公”篇。“徐人取舒”，孔氏[①]谓即《鲁颂》“荆舒是惩”也。拟联寿朱次翁五十云：“学易衍牺辞，玉柄风尘，抗席议能超五鹿；编诗赓燕喜，金茎露满，飞觞班拟附双凫。”伯声来。

七月十六日(8月10日)　连日皆昼热、朝夕凉。读《公羊通义》“僖公”篇毕。为伯声撰“柳边人歇待船归”试帖。

七月十七日(8月11日)　仍热。雨老约同孙师、丽老茗会。读《公羊通义》“文公”篇。过伯声。

七月十八日(8月12日)　立秋后无日不热，殆非秋雨不能廓清也。读《公羊通义》“宣公”篇，宣继弑君而言即位，其意也。

七月十九日(8月13日)　读《公羊通义》“成公、襄公”两篇。“襄公十二年传”《汉石经》云：颜氏[②]无“伐而不言围者，非取邑之辞也”十二字，然则今有者严氏[③]本也。

七月二十日(8月14日)　阶前种白凤仙、雁来红，秋来颜色都自可喜，晓起视之，露瀼瀼然，尤可喜也。读《公羊通义》“昭公”篇。晚闻二兄述北方兵事。旧有姚鼐选《古文辞类纂》十六册，改装为八册；《唐宋文醇》二十册，改装为十册。

七月二十一日(8月15日)　东北有旄头星见，夜起观之，芒角动摇，天明始没。

七月二十二日(8月16日)　葡萄已实，采以荐新并分贻朋好。

七月二十三日(8月17日)　与三兄同过蔚如家，闻其有信寄归也，即过子湘。交末伏三日，热不稍减。西溪书院小课：“以遏徂莒”解；《左传》“五叔”考。

---

① 此“孔氏”为孔广森。

② 此“颜氏”为颜安乐。

③ 此“严氏”为严彭祖。

七月二十四日(8月18日)　晚急雨一阵。

七月二十五日(8月19日)　天气乍凉,体意俱快。读《公羊通义》"定公、哀公"篇,此书从子湘所假来已更三月,今乃毕业,亦稍濡滞矣。读王选《续古文辞类纂》,吴南屏文似欧阳子。

七月二十六日(8月20日)　讱斋尊公忌辰,早往行礼。孙师、石荪茗谈。过白石,观所治《太元经》,其所赠星南联句即辑之语,云"鸣虚失刀,雕戣忘彀;朋牖善闭,方轮易邻"。翁氏《两汉金石记》,《陈德碑》云是董姓人所伪为,《黄初孙二娘碑》亦其人手笔也。余尝见《孙二娘碑》拓本星南令弟辅卿所藏,笔意雄浑,与翁说《陈德碑》正同,翁言信已。又《孙二娘》刻石,吾友吟白一见即以"黄初元年无二月"决之,尤神识也。魏松甫来,借《汉书》四册。

七月二十七日(8月21日)　晓有雨意,甚凉,单衣似未胜也。孙师、丽老、雨老、吟老同乐一日。《孟子》"转附、朝儛",焦循以为即"之罘、召石"声转。读韩昌黎《符读书城南》五古,命儿子录之。"人之能为人,由腹有诗书";"君子与小人,不系父母且";"文章岂不贵,经训乃菑畲",诸语皆痛切之至,千载下读者,能无怵然于不读书,不通经训,不为君子之不能为人欤?韩公之教我深矣。黄鲁直乃谓"此诗不免以富贵荣颐导牖后生",毫厘千里也。

七月二十八日(8月22日)　读昌黎《秋怀诗》十一首,录之:"窗前两好树,众叶光薿薿。秋风一披拂,策策鸣不已。微灯照空床,夜半偏入耳。愁忧无端来,感叹成坐起。天明视颜色,与故不相似。羲和驱日月,疾急不可恃。浮生虽多涂,趋死惟一轨。胡为浪自苦,得酒且欢喜。""白露下百草,萧兰共雕悴。青青四墙下,已复生满地。寒蝉暂寂寞,蟋蟀鸣自恣。运行无穷期,禀受气苦异。适时各得所,松柏不必贵。""彼时何卒卒,我志何曼曼。犀首空好饮,廉颇尚能饭。学堂日无事,驱马适所愿。茫茫出门路,欲去聊自劝。归还阅书史,文字浩千万。陈迹竟谁寻,贱嗜非贵献。丈夫意有在,女子乃多怨。""秋气日恻恻,秋空日凌凌。上无枝上蜩,下无盘中蝇。岂不感时节,耳目去所憎。清晓卷书坐，南山见高棱。其下澄湫水，有蛟寒可罾。惜哉不得往，岂谓吾无能。”“离离挂空悲，戚戚抱虚警。露泫秋树高，虫吊寒夜永。敛退就新懦，趋营悼前猛。归愚识夷涂，汲古得修绠。名浮犹有耻，味薄真自幸。庶几遗悔尤，即此是幽屏。”“今晨不成起，端坐尽日景，虫鸣室幽幽，月吐窗冏冏。丧怀若迷方，浮念剧含梗。尘埃慵伺侯，文字浪驰骋。尚须勉其顽，王事有朝请。”“秋夜不可晨，秋日苦易暗。我无汲汲志，何以有此憾。寒鸡空在栖，缺月烦屡瞰。有琴具徽弦，再鼓听愈淡。古声久埋灭，无由见真滥。低心逐时趋，若勉祇能暂。有如乘风船，一纵不可缆。不如觑文字，丹铅事点勘按陈景云《韩集点勘》“点，助字”本此。岂必求赢余，所要石与甔。”“卷卷落地叶，随风走前轩。鸣声若有意，颠倒相追奔。空堂黄昏暮，我坐默不言。童子自外至，吹灯当我前。问我我不应，馈我我不餐。退坐西壁下，读诗尽数编。作者非今士，相去时已千。其言有感触，使我复凄酸。顾谓汝童子，置书且安眠，丈夫夫或作人属有念，事业无穷年。”“霜风侵梧桐，众叶着树干。空阶一片下，琤若摧琅玕。谓是夜气灭，望舒贯其团。青冥无依倚，飞辙危难安。惊起出户视，倚楹久汍澜。忧愁费晷景，日月如跳丸。迷复不计远，为君驻尘鞍。”“暮暗来客去，群嚣各收声。悠悠偃宵寂，亹亹抱秋明。世累忽进虑，外忧遂侵诚。强怀张不满，弱念缺已盈。诘屈避语阱，冥茫触心兵。败虞千金弃，得比寸草荣。知耻足为勇，晏然谁汝令。”“鲜鲜霜中菊，既晚何用好。扬扬弄芳蝶，尔生还不早。运穷两值遇，婉娈死相保。西风蛰龙蛇，众木日凋槁。由来命分尔，泯灭岂足道。”

讱斋过我论诗。

七月二十九日(8月23日)　皋兰朱克敬香荪著《瞑庵杂识》四卷、《瞑庵二识》二卷，从子湘所假得读之，中有《胜保奏请垂帘疏》，大义凛然。

七月三十日(8月24日)　凉风入窗牖，晓夕起坐似若未胜，移帘幂纸，半日乃毕。昌黎云“灯火稍可亲”，动我神趣矣。读《瞑庵杂识》。禹言还来韩集，其有异同皆下校语，精细无伦。

八月大　建乙酉

八月初一日(1900年8月25日)　读朱克敬《儒林琐记》，其事皆碑传所刊落，然因类引申，亦足考见生平，自序云"论世知人之一助"，固不诬也。

八月初二日(8月26日)　舌际微痛。

八月初三日(8月27日)　大雨。

八月初四日(8月28日)　大风，雨止。舌痛稍差。雨亭过我，述车驾西狩，京师大乱①。

八月初五日(8月29日)　丽老、吟老同过我。读《瞑庵杂识》数篇。

八月初六日(8月30日)　天气转热。讱斋过我，述拟办客团②。读陆游《渭南文集》。夕与三兄访讱斋，新月才上，庭梧自鸣，晤言片刻，秋爽盈襄。

八月初七日(8月31日)　石生归。

八月初八日(9月1日)　雨。

八月初九日(9月2日)　凉。孙师、雨老早过我。虎臣、子湘午前后过我。月上时，与五弟同过伯声。

八月十二日(9月5日)　雨。

八月十三日(9月6日)　大雨。

八月十四日(9月7日)　晴。自初八日起钞《儒林琐记》，至今日写毕，即还子湘。

八月十五日(9月8日)　白露节。早起，以荷上露洗目，母亲近

---

① 指八国联军入侵北京，慈禧太后携光绪帝车驾西逃。

② "客团"即商团，是由地方商家组织起来的社会团体。

觉目花，亦洗焉。白露之露盖露之烈者也，曾记王渔洋笔录[①]中载有一方，云于此日揽禾上露合党参等熬汁，可治劳喘。惜去野远，不获取藏药笼也。从讱斋假《求志堂存稿汇编》，荆溪周济止庵著，凡《味隽斋史义》二卷、《介存斋文稿》二卷、《淮鹾问答》十五条、《介存斋诗》六卷、《存审轩词》二卷、《折肱录》全卷、《本传》附录、《柳下词》一卷、《储素楼词》一卷，共九种。读《介存斋文稿》。过讱斋观兰，适叔衡先生自江阴至，略论近事，"车驾至西安，燕都某某留守，复拟议和"云。午后与雨老候白石。

八月十六日(9月9日)　三贤书院小课，"七月食瓜"三句经文。

八月十八日(9月11日)　雨。显考忌辰。

八月十九日(9月12日)　晴。早约丽老、孙师、雨老、吟老茗会，即同往城南静业庵修禊。

八月二十一日(9月14日)　大风。读周止庵《味隽斋史义》《介存斋文稿》《介存斋诗稿》。

八月二十二日(9月15日)　大风。止庵撰《折肱录》皆论画语，其大要云"疾、涩、活"。

八月二十三日(9月16日)　大风。录《折肱录》一通，携过白石，白石云"自成一家言也"。晨雨，午后止。夜读《天问》。

八月二十四日(9月17日)　雨。读《山海经》一过。朱伯纯自上冈来。

八月二十五日(9月18日)　再读《天问》。白秋海棠开两三丛，牵牛花掩映有致。

八月二十六日(9月19日)　丽生先生过我，即同过三兄，未值。午后过白老，观所治《太元经》。为朱隽兄理诗。读《楚语》。

八月二十七日(9月20日)　读《天问》。碑贾徐某来，赠我《鲁相谒孔庙残石》一拓，此石或以为《孔宏碑》，土人又名曰《吉月令辰

---

① 王渔洋笔录即《渔洋山人精华录》。

碑》，盖以碑首有“吉月令辰”字也，此拓已不可辨。三兄、丽老同过我，即往精舍盘桓，晚饭后散。

八月二十八日（9月21日） 明日大兄四十生日，群季先于今夕奉觞，讱斋、殿传为寿客。

八月三十日（9月23日） 心兰、砚芬同过我，心兰假去《南菁札记》六册。

闰八月小

闰八月初一日（1900年9月24日） 讱斋约过谈，闻衡老云“有魏默深校注《老子》稿本”。读稚存《与季述书》，即录于简端，余今年亦三十四，所谓“竭志力以报先人者”万分无一，读此书且痛且愤也。

闰八月初二日（9月25日） 读朱子《楚辞集注》“天问篇”。孙师、丽老、雨老同茗会。

闰八月初三日（9月26日） 禹言过我。丽老于北郊租得小园[①]。西溪书院小课，“甘盘遁荒”解。按：说见蔡沈《书经集传》引苏氏[②]云云，刘道原《通鉴外纪》亦尝言之，苏说盖自可从。

闰八月初四日（9月27日） 过白老，论甘盘事。心兰假《人表考》，盖亦为甘盘也。

闰八月初五日（9月28日） 两日大风，寒意萧然。

闰八月初六日（9月29日） 读《唐宋诗醇·杜诗》。

闰八月初七日（9月30日） 读《唐宋诗醇·韩诗》。

闰八月初八日（10月1日） 同白老过丽老小园，时筑室尚未就。

---

① 此“北郊小园”系丁立瀛在东台城北所租之园子，并改建为寓所。后又因遭邻火小损而再建，且称之为“毁余书屋”。为与丁立钧在东台城南所建之“南园”相区别，吉城在《日记》中又称此园为“东园”或“丁园”。

② 此“苏氏”为苏轼。

闰八月初九日(10月2日)　从恒斋假得魏默深《老子本义》读之。步月，过白生。

闰八月初十日(10月3日)　天气近燥，又须雨润。读《竹书纪年》《穆天子传》。过禹言。

闰八月十一日(10月4日)　微雨。读梅村《五古》。

闰八月十二日(10月5日)　读《韩非子》。

闰八月十三日(10月6日)　闻北郊新立营垒以防盗匪，同心兰、讱斋、子湘、松甫往观。督其事者为饮兰、子恂两君，即留营中午饭。过讱斋，读恒老新得之翁覃溪藏本《礼器碑》。

闰八月十四日(10月7日)　候白石闲谈。讱斋过我，适碑贾来，买汉魏碑数种去。

闰八月十五日(10月8日)　早邀雨老、孙师、丽老茶会，即过精舍小坐。雨。

闰八月十六日(10月9日)　晴。商团既成，凡百二十三人[①]。读梅村《七古》。

闰八月十八日、十九日、二十日(10月11日、12日、13日)　录廖季平《今古学考》，廖尝撰《縠梁注疏》，未刊。

闰八月二十一日(10月14日)　曝书。

闰八月二十二日(10月15日)　买得《汉孔少垂墓碣》，又《汝南周府君墓志额》，又汉碑一通文不可辨，云是《无极山碑》按:《隶释》亦不相应，俟考，又《魏王偃墓志》，又《北齐乾明元年修孔庙碑》，又《白石神君碑》。予旧有今拓多碑阴。恒斋招饮。

闰八月二十三日、二十四日(10月16日、17日)　从白石假翁方纲《两汉金石记》读之，其卷首有“年月表”，甚善。

闰八月二十五日(10月18日)　北关桥右有新盛虎字营师船十余只过宿，云从盐场捕匪来者。

---

① 此“商团”是丁立棠(讱斋)等人发起组建的东台商家的社会团体。

闰八月二十六日(10月19日) 读《隶释》。《西岳华山庙碑》云“袁府君肃恭神明,易碑饰阙”,是延熹以前固别有碑也,文字摩灭,莫可存识,故金石家无以著目矣。据碑文云“案经传所载,原本所由,铭勒斯石”,“郭香察书”世多不解,则“察”即“案”也,谓案察经传所载,原本所由而书之耳,书人当为郭香。读《韩非子》。

闰八月二十七日(10月20日) 雨,夜大风。

闰八月二十八日(10月21日) 校改课艺。晴,冷。

闰八月二十九日(10月22日) 盐城陈玉树著有《后乐堂文钞》。

九月大 建丙戌

九月初一日(1900年10月23日) 早约孙师、丽老两老茗会。丽老租园昨为邻火小损,将理董之,名为“毁余书屋”云。买得颜鲁公书《宋广平公碑》一拓,禹言过我赏之,同过讱斋,未值。

九月初二日(10月24日) 理改课艺。“魏稼生,浙江人,收藏古金石拓多至二千余通”,念白云。

九月初三日(10月25日) 读《韩非子》。于白老处见古华山农《石鼓文定本考证》。

九月初四日(10月26日) 钞汪鋆《金石过眼录》目。

九月初五日(10月27日) 禹言约文会于茶园。观白石为子湘画。

九月初六日(10月28日) 读《石笥山房文集》一过。胡天游曾改姓方,名骙。

九月初七日(10月29日) 读《寰宇访碑录》。

九月初八日(10月30日) 三贤书院课:“大师挚适齐”两章时文,元好问诗“天已安排看山处”试帖。雷雨。

九月初九日(10月31日) 迟明大风,雨亦未已,午后雨霁,晚有月。雨亭、吟白过我。

九月初十日(11月1日)　城南观菊。读《寰宇访碑录》。

九月十二日(11月3日)　与讱斋南郊又看菊。

九月十三日(11月4日)　读《韩非子》毕。心兰此本，凡王引之《读书杂志余编》、俞樾《诸子平议》、顾广圻《韩非子识误》及《困学纪闻》、洪亮吉《晓读书斋初录》说及此者，无不备记，亦不啻"集解"也。沐浴。

九月十四日(11月5日)　晓大雾，巳初乃散。韩愈《秋怀》云"鲜鲜霜中菊，既晚何用好"，因反其意咏之云："不晚那复好，鲜鲜霜露中。万花归浩劫，一例误东风。自远盘蝇味，能留芳蝶丛。文章起八代，衰世调应同。"又闻北京和议，因再咏菊云："天地乍改色，野花终古香。世何论魏晋，年只记尧黄。幸有托根地，愁无杀草霜。铸金金已尽，满眼富秋光。"

九月十五日(11月6日)　吟白、白石、雨亭约同为文会于毁余庵，客则丽生、恒斋、鉴泉、子湘也，讱斋以看团练未至。早仍雾，天气甚温，几可着单衣。

九月十六日(11月7日)　三兄、讱斋、子良过我。恒老为《长沙任君墓志铭》，出稿见示。

九月十七日(11月8日)　与白石同观恒斋收藏元、明、国初诸老书画。

九月十八日(11月9日)　理改课文。读《王可庄太守传》。过雨老论韵。

九月十九日(11月10日)　读《礼器碑》，文皆有均。过毁余庵静坐，主人未至，与菊寤言。晡时微雨，市菊数种，夜遂大风，此二三君子独无恙，过时不采，可为湮没终古者发浩叹也。

九月二十日(11月11日)　城南菊花大半憔悴，亟采一二以归，复得诗二首云："莽莽人间世，相逢莫恨迟。才争后来上，天与中兴时。此境终忧患，金秋赖桂楮。延年长寿意，谱入祝花词。""生以穷为字，漂摇想固然。敢将鱼沫响，翻使凤筮牵。我亦伤孤露，情难制惵怜。木兰并高洁，朝夕两生贤。”

九月二十一日（11月12日）　读《庄子》。

九月二十二日（11月13日）　命儿子咏晚菊。二兄往镇江。

九月二十三日（11月14日）　为伯纯、长卿酌定冬课章程。丽老约毁余庵文会。

九月二十四日（11月15日）　还白老《两汉金石记》，媵以黄菊，因更为诗云：“金石有抚敝，不如花代新。唯将真性命，常照万秋春。渺渺乾嘉代，毓毓著述人。苏斋三汉画，谁为补风神。”白老得诗，乃饷予扬州菊一种，大如玉盂，世传为白凤凰者也，作诗记宠云：“闻说玄亭叟，曾吞白凤凰。爱人录蕉萃，博我露文章。脱手银如断，寻名石敢当。慕陶蒙有愿，补注定非常嘉庆间陶五柳刻《太玄经集注》，先生近为补注将成。”

九月二十五日（11月16日）　理改课艺。

九月二十六日（11月17日）　三兄挈群从同游毁余庵，木叶黄落，夕景最佳。

九月二十七日（11月18日）　先后所得菊花几三十种，以长几分位之，坐对永日，佳趣满怀。二兄今日生日。

九月二十八日（11月19日）　讱斋过我。装裱《景龙观钟铭》，又《老子送孔子像》。

九月二十九日（11月20日）　同人再集泉刊李御诗[1]。

十月大　建丁亥

十月初一日（1900年11月22日）　观《圉令赵君碑》《曹真残碑》《天发神谶碑》于讱斋，三碑皆东台吕氏[2]所藏。《圉令》佚，《神

① 李御诗指东台学者同仁们再次集资刊印丹徒诗人李御的《八松庵诗集》。

② 此“吕氏”为吕德忱（子恂）。

谶》毁,《曹真》晚出而难得,闻子老并以无意获之,洵奇遇也。黄易谓《圉令碑》"杨公辟"三字已毁,此本独完[①],亦可异。

十月初二日(11月23日)　伯声为我合梨膏,今年大受梨益,舌痛竟不作也。

十月初三日(11月24日)　细雨,晚晴,菊花尤佳,有并蒂两种,一白一紫,更可喜也。读《小戴礼记》"注疏序"。

十月初五日(11月26日)　读《曲礼注疏》。读《后汉书》王充、王符、仲长统传。王充师班彪,《论衡》中有引汉事者,可举出以彰班氏之学。恒斋赠予石印《王可庄太守传》,转赠虎臣一本。

十月初六日(11月27日)　读《曲礼注疏》。读《史记》爰盎、晁错、张释之、冯唐列传。过伯声,论韩文。

十月初七日(11月28日)　读《曲礼注疏》。读《后汉书》周燮、黄宪、徐稚、姜肱、申屠蟠列传。王充闭门潜思,绝庆吊之礼;周燮不读非圣之书,不修贺问之好。汉儒专精,至东京而此风未替也。伯声来问《说文》"有"字义。雨。

十月初八日(11月29日)　西溪书院小课:"坎为血卦,离为干卦"解;"在治忽"异文考。

十月初九日(11月30日)　"血、干"皆病名,与上"加忧、心病、耳痛、大腹"为类,吾郡人呼老而枯瘦者曰"人干",即此"干"字也,拟稿就白石正。

---

① 《圉令赵君碑》刻于东汉初平元年,碑在河南南阳,早佚,原石拓本传世有数种。清书法家黄易曾临《圉令赵君碑》,谓此碑"杨公辟"三字已毁,而东台吕德忱所藏《圉令赵君碑》为旧拓,"杨公辟"三字完好,洵可宝也。

读《周无叀鼎铭》[1]。

“叀”当读“惠”，“惠、慧”古通，《论语》“小慧”《鲁论》读作“惠”，即其证；名“无惠”者，犹名无知不识也。阮元释“无”为“鄦”，似误。

“图室”：阮谓是“藏天球河图之室”，亦泥。“图室”犹汉之画室也，“画室”字见《汉书·霍光传》；古图室存图画，见《楚辞·天问》。

“官司鳿王”：“鳿”即“鸿”字，《尔雅》“鸿，代也”，“鳿王”犹言“代王”，《书》所谓“作朕股肱耳目”；《诗》所谓“出纳王命，王之喉舌”也。阮训“鳿”为“大”，“大王”不辞。

“遉侧虎方”：“遉”即“征”之假字。《周易正义》引《子夏传》“贞，正也”，《周官》“天府”郑注“问事之正曰贞”。《说文》有“征”又有“证”，声义并同，“证”通“征”犹“征”通“遉”矣。“遉侧”谓“征伐反侧”也。《周南宫鼎铭》有“伐反虎方”之文，彼云“伐反”，此云“遉侧”，文法正自一例。阮取《玉篇》“遉逻”之训，非也。“虎方”当谓“淮夷”。曰“虎方”者，犹“西戎”曰“鬼方”也。《南宫鼎铭》“伐反虎方”之下又云“王命仲先相南国”，而《仲偁父鼎铭》亦云“仲偁父伐南淮夷”，三鼎所称皆一时事。《无叀鼎铭》云“司徒南仲右无叀入门”，“南仲”正《诗》“常武篇”之伐淮夷者也，“无叀”其“右”与之同受王命。阮以“虎方”为“西方”，大谬。

“戈王周戟”：以上下文例之，当是“戈玉周戟”四字。阮释为“戈琱戟”，亦非。“周戟”即“雕戟”，“戈玉”犹言“玉戈”也。

十月初十日(12 月 1 日)　过襄荷精舍坐谈，有孙师、白老、吟老、雨老。禹言过我，未遇。

---

① 参阮元、吴大澂及吉城等所释，现拟《西周无叀鼎铭》之释文为：惟九月既望甲戌，王格于周庙，烝于图室，司徒南仲右无叀入门，立中廷。王呼史习册命无叀，曰：“官司鸿王，遉侧虎方，锡汝玄衣带束，戈玉周戟，缟綼彤矢，攸勒銮旗。”无叀敢对扬天子丕显鲁休，作尊鼎，用享于朕烈考，用匄眉寿万年，子孙永宝用。此释文仅供学者作参考。

十月十一日(12月2日)　读《凌次仲先生年谱》。三兄借去《文选》《荀子杂识》。读韩文。

十月十二日(12月3日)　向于舅氏处读书,见《古今图书集成》中有《经义考》一种唯有《易》与《书》,疑其阙佚,今阅其序,乃知朱氏[1]进呈时,本止两经也。禹言过我。读《曲礼注疏》。

十月十三日(12月4日)　舅氏早约同讱斋、子仪、子湘茶会,即过白石、恒斋处讨论《周无叀鼎铭》。闻二兄已自扬州买船归矣,不日盖可到家。

十月十四日(12月5日)　禹言为我买得《路史》《通雅》《经义考》《校礼堂集》《更生斋集》,为诗以记其事云:"伯夷念殷衰,作歌称虞唐。靖节当晋乱,寓言多羲皇。古人意有在,假借生文章。吁嗟宋罗泌,撰述追阴康。小儒未能了,乃复腾雌黄。明室数考据,粤唯焦与杨。密之通雅出,慎竑走且僵。国朝顾亭林,差可相颉颃。上下千百年,经义纷沉扬。乾嘉故文学,最盛东南疆。秀水独英绝,苦心征存亡。编录三百卷,承学资津梁。治经莫先礼,吾思校礼堂。同时洪先生,京国齐翱翔。更生拟刘向,孤忠绍余芳。天子实明圣,日月融冰霜。视彼宋若明,在前徒粃糠。予生实苦晚,先正惊汪洋。安雅怀凌洪,感世悲罗方。年年烦曝书,腹中愁虚溓。订交得蔡子,眼底汉中郎。道义时切劘,言动勤补匡。来归夥群籍,蓬茅发奇光。感兹劝学意,奚啻球琳琅。平生抱古疾,从此增愚狂。"《路史》后为他人所得,易以《读杜心解》,余旧有此书,因转赠伯声。

十月十五日(12月6日)　禹言又为我买《洴澼百金方》《四书摭余说》《史忠正公集》三种,史集即赠禹言。二兄自镇江归。

十月十六日(12月7日)　恒斋招饮。北风骤冷,点水皆冰。

十月十七日(12月8日)　又买书数种,伯声亦买得《士礼居》《夏小正》《陆宣公集》诸书。

---

① 此"朱氏"为朱彝尊。

十月十八日(12月9日) 张冰臣赠我《求志堂集》,因以《汉鲁相谒孔庙碑》报之。

十月十九日(12月10日) 严寒三日,今稍稍解,屋里菊花犹好。

十月二十日(12月11日) 看《剑侠传》,《秘书二十八种》之一也,朱生新得物。朱生为我买《京口山水志》。

十月二十一日(12月12日) 虎臣过我。读《更生斋文甲集》一卷、融斋《艺概》二卷。

十月二十二日(12月13日) 《白虎通》"圣人篇"引《论语》"圣乎,尧舜",然则《论语》中"必也"皆句绝。读《更生斋文甲乙集》,看《艺概》二卷。

十月二十三日(12月14日) 茗生自金陵来,快论半日。读《更生斋文乙集》。

十月二十四日(12月15日) 与三兄同候茗生。读《更生斋文乙集》。又买书数种。

十月二十六日(12月17日) 看《四书反身录》。

十月二十七日(12月18日) 重装《大清律例统纂集成》共十二册。

十月三十日(12月21日) 茗生过我,同过白石,游南郊。

十一月小 建戊子

十一月初一日(1900年12月22日) 冬至申初一刻十二分。朱生、石生、两汪生及儿子荣宗同钞魏默深《老子本义》已成,校读一过。子湘、念白、松甫过我。

十一月初二日(12月23日) 三贤书院小课:"儒有忠信,以为甲胄"二句经文;《王风》首《黍离》说;《后汉书·仲长统传》书后;吴野人诗集[①]跋;"颍川百姓愿借寇君一年"赋,以"愿从陛下,复借寇君"为均;"佳士如香固可薰"试帖得"佳"字。

十一月初三日(12月24日)　撰文、赋、诗各一。

十一月初四日(12月25日)　撰《墨子·经说》书后、跋各一。

十一月初五日(12月26日)　苕生回省,假毁余庵坐谈,即以送别。

十一月初六日(12月27日)　斋沐。

十一月初七日(12月28日)　显考在时为六十生辰,夜梦考视余,以书四册题曰"友于便读,谨检一过",中皆记古来昆弟事。噫,余于昆弟多有阙失,吾父冥漠中特用训诲,今而后敢不省改哉!

十一月初八日(12月29日)　看《四书反身录》。

十一月初九日(12月30日)　恒老筑屋于南郊,今日迁居,白老为拟门联云:"开门延夕照,绕屋有寒流。"盖其门西向,而四面环水也[②]。雨老过我论韵。读《更生斋诗》。晤心兰,述其前日所为《西溪游记》。

十一月十一日(1901年1月1日)　晚与三兄同过白石。过心兰。

十一月十二日(1月2日)　连日疲于应酬。改理课文。吟老示余《三朝北盟会编书后》。

十一月十三日(1月3日)　风雨,早有雷声。孙师、吟老、丽老、恒老为"消寒会"。

---

① 吴野人诗集即吴嘉纪《陋轩诗》。

② 光绪二十六年,丁立钧(衡斋)在东台城南郊建造寓所,所筑之屋即"丁氏南园",其址在今东台市区丁公桥南之丁公馆巷。"丁氏南园"呈南北向条带状分布,穿堂五进,东侧为花园,西侧是大门,四边环水,大门外设吊桥,周围风景秀丽。《吉城日记》中亦将"丁氏南园"称之为"南园、丁桥南园、丁桥别墅、丁桥草堂、衡斋草堂"等等。

十一月十四日(1月4日) 仍阴雨,天气较昨稍冷。

十一月十五日(1月5日) 壬辰秋,于泰州书市得吾乡贺黄公所藏《宋史新编》一册,中适有“南唐世家”,今偶检阅,因赠吟白。吟老示我《岳印跋》并诗八首。阴雨。《老子送孔子像》《景龙观钟铭》并装成。

十一月十六日(1月6日) 《论语》“子罕言利”,“罕”当读“如”。《礼记》“罕譬而喻”之“罕”,谓言及“利、命、仁”则不为词费也。与白石同赏《景龙观钟铭》。据《萃编》云“近皆朱拓”,此独墨拓,一可宝也;《萃编》又云“钟移臬署旁”,白老藏本□盖“按察使印”,而此犹盖“西安府印”,二可宝也。

十一月十七日(1月7日) 早候雨亭、白石。改理课文。

十一月十八日(1月8日) 李献廷来问《春秋》。读魏默深《老子论》。

十一月十九日(1月9日) 读《曲礼注疏》上篇毕。

十一月二十日(1月10日) 改理课文。

十一月二十一日(1月11日) “消寒会”第二集。

十一月二十二日(1月12日) 讱斋过我,述“改团为练”大略,删汰精选,得二十四人。体觉不适,昨日劳于酒食故耳。夜闻南郊茅屋失火。

十一月二十三日(1月13日) 早起仍不适。叔衡先生招食蟹。雨。

十一月二十四日(1月14日) 读《四书反身录》、《论语》“学而”“为政”两篇。伯声为我办书厨两架已成,今日送来。

十一月二十五日(1月15日) 雨。

十一月二十六日(1月16日) 风雨交作,夜乃大雪。二兄招丽生、叔衡、鉴泉、讱斋午饭，陪者三兄及余，主客昆季数略相称云[①]。

十一月二十七日(1月17日)　大风，雪霁。看《宋史·奸臣传》。

十一月二十八日(1月18日)　“消寒会”第四集，丽老大醉。看《朱子世家》。

十一月二十九日(1月19日)　看《四书反身录》。大雪甚快，夜兼以雨，檐滴彻晓未已。《尔雅》“十一月为辜”，郭璞注未详，“辜”即“枯”之假借，仍就“木”言耳。往岁为“干支篇”[②]未释月名，当补之。

十二月大　建己丑

十二月初一日(1901年1月20日)　雨。《四书反身录》卷二云：“人子思孝其亲，不可不砥砺其德。德为圣人，则亲为圣人之亲；德为贤人，则亲为贤人之亲。若碌碌虚度，德业无闻，身为庸人，则亲为庸人之亲。甚至寡廉鲜耻，为小人匹夫之身，则亲为匹夫之亲。亏体辱亲，莫大乎是，纵日奉五鼎之养，亦总是大不孝。”二曲此论可谓透辟，然则人当先有廉耻，而后勤勤于德业，庶几免于小人匹夫，而超出庸人，以渐晞贤圣矣。《四书反身录》卷五又云“士人有廉耻，斯天下有风俗”。看《四书反身录》毕，凡八卷。卷五言“团练乡勇，招徕教师”，卷七言“撮《农政全书》之简易，易行者同《水利书》及《泰西水法》，酌取刊布乡社，令人人共见共闻”云云，亦可见其雅意兵农之大略也。看彭定求《儒门法语》。

十二月初二日(1月21日)　大风，甚冷。读曾文正文。吟白、讱斋过我。

---

① 此次午宴当为“消寒会”第三集，因出席者为“吉均、吉墉、吉城”三兄弟和“丁立瀛、丁立淦、丁立钧、丁立棠”四兄弟，故云“主客昆季数略相称”。

② 往岁为“干支篇”指光绪二十二年吉城所撰《十干释篆说》和《十二支释篆说》。

十二月初三日(1 月 22 日) 看《宋史·道学传》。鉴老招饭于丁桥别墅[①],衡老为《望江南》词十六首,情韵双美。晴和。

十二月初四日(1 月 23 日) 项晴轩得岳忠武铜印,曾以摹本分诒同好,星南、吟白各题绝句八首,因效为之云:"开缄隐隐作寒芒,径寸能争日月光。四字精忠三字狱,镕成两字姓名香。""山河收拾向临安,恢复何人泪独弹。毕竟良工镌不出,皇天后土此心丹。""红罗旗号动河淮,铸错争传事不谐。寄语大钧须仔细,但为铜印莫金牌。""双轮鼓浪走风雷,大地今看酿劫灰。我对公名申祷祝,澄清除是待飞来。""瑰宝因依亦有缘,交游争说项斯贤。传家长物添如许,爱印从知不爱钱。"细雨尽日。与诸生讲《孟子》"不动心"章。

十二月初五日(1 月 24 日) 雨。

十二月初六日(1 月 25 日) 雨雪。阅课文。

十二月初七日(1 月 26 日) 晴。看薛叔耘《海外文编》。

十二月初八日(1 月 27 日) 假精舍午饭,孙师、雨亭、禹言、文澜、石荪诸君。饭后过恒斋。

十二月初九日(1 月 28 日) 改课文。过禹言,见孙衣言《逊学斋诗钞》卷五有《岳忠武名印杨漱芸大令索诗》一首云:"先生手中一寸玉,马上乌珠真碌碌。精忠岂独岳家军,姓名能制啼儿哭。江州投帻失檀公,吴越江山入梦中。宣和宝玩青城土,剩有朱仙泪血红。"夜雨。

十二月初十日(1 月 29 日) 雨。子湘招饮,坐有骆君桐孙,盖即督修《句容志》者也。还《韩非子》心兰。《周易》首乾卦、《归藏》首坤卦,《连山》疑当首屯卦。

十二月十一日(1 月 30 日) 晴。三兄、禹言同过我,约往东野

---

① "丁桥别墅"之意为丁公桥的别墅,即指丁立钧在东台南城所建"丁氏南园"。

探梅，月上乃归。“漫无墙壁惟栽树，坐对烟波抵放船”泰儿过丁桥草堂[①]偶得此句，情景尚真。

十二月十二日(1月31日)　雨雪，一更时天霁月出，上下光明。看《通雅》一册。

十二月十三日(2月1日)　晴冷，滴水成冰。看《通雅》一册。

十二月十四日(2月2日)　散学。

十二月十六日(2月4日)　立春。偕群从子弟游南原。晚集恒斋草堂[②]为“消寒会”。

十二月十七日(2月5日)　以洋泉一枚易得水仙一本、盆一具、方架一座、石菖蒲盆一个。

十二月十八日(2月6日)　大风扬沙。恒斋招饮。

十二月十九日(2月7日)　二伯父十周忌期。天气晴和。郑孝胥《咏红梅》四首云：“岁阑人意苦难春，春在枝头最动人。已借风霜成烂漫，那教桃杏比精神。檐前索笑寒侵手，楼角寻诗雪满身。欲识吴姬须秉烛，摇红影里定谁真。”“浓香竟日绕房栊，绝爱横斜几簇红。疏干自生画本外，真花宜着镜屏中。春回小阁诗初就，暖入朱唇笛未终。却恐先开还易落，从渠带醉倚霜风。”“冷落诗人瘦不辞，风怀销尽费维持。断桥流水相逢地，绝代朱颜一笑时。梦到江南花艳艳，书来乡国树垂垂。眼明正觉吴妆好，莫为微赪讶玉肌。”“一段幽光初破冷，数枝奇色已含胎。正教雪重终难压，猛觉春酣只半开。酒醒乍惊翠雨坠，词成便换小红回。谁怜省识东皇后，耿耿丹心独未灰。”

朱生归去。于三兄处见虎臣，述其乡居改筑之善大有可观。年来此邦[③]从事园林者颇多，沤园首唱，毁余庵和之，丁桥草堂又和之，

---

① “丁桥草堂”即丁立钧在东台南城所建“丁氏南园”，吉荣泰诗句体现了丁氏南园的特色。

② “恒斋草堂”即“丁氏南园”。

③ “此邦”指东台。

“贤人在野”殆其征欤?

十二月二十日(2月8日) 母亲寿辰。

十二月二十一日(2月9日) 与三兄论文。看《管城硕记》。

十二月二十二日(2月10日) 精舍“消寒会”。虎臣招游北庄,舟行往返计程六七里,归时月上矣。

十二月二十五日(2月13日) 读《史记·封禅书》。

十二月二十六日(2月14日) 汤家园地方茅屋失慎,延烧五十余家。

十二月二十七日(2月15日) 再游北庄,六年前曾为虎臣作《阅帆亭铭》,虎臣以为可将书之。

十二月二十八日(2月16日) 为恒老校文[①]。

十二月二十九日(2月17日) 虎臣过我,同过白石,坐有雨亭,论中外声韵、文字,又见《埃及古碑》《朝鲜王妃像》。

十二月三十日(2月18日) 读《文史通义》。

---

① “为恒老校文”并非是为丁立钧个人校文,而是指丁立钧出任江阴南菁书院山长后诚聘吉城遥领书院阅卷,故而是为南菁书院学子阅卷校文。